Intellectual Property & Legal Risk

智慧財產權與法律風險析論

施茂林、顏上詠 編著

人工智慧商業時代的來臨

作者群

許忠信 顏上詠 李崇僖 楊智傑 章忠信
張瑞星 陳昭華 葉雲卿 沈宗倫 李素華
牛惠之 鄭菀瓊 詹晛嵋 許炳華 謝國廉
林洲富 王偉霖 王士豪 陳俊寰 莊晏詞
李佳鈴 (依文章順序排列)

五南圖書出版公司 印行

目　錄

代序言

智慧財產權與法律風險治理

施茂林[*]
顏上詠[**]

---

[*] 亞洲大學財經法律系講座教授、逢甲大學經營管理學院講座教授
[**] 逢甲大學科技管理研究所及企管系教授、英國牛津大學訪問學者

壹、智慧財產權連動鍵結網

一、品讀峇里　構思圖譜

2019 年 6 月 26 日趁開會之便，來到睽違已久的印尼峇里島，順便度假，一下飛機，涼風徐拂，心情頓覺輕鬆舒坦，坐在旅館陽臺品茗觀景，茶香清韻，眺望海園，藍天白雲，湛藍海域，浪花翻白，層層衝滾，濤聲不絕，令人心曠神怡，趕緊書寫本文，以便順利出刊。

夜晚觀賞當地民俗飛舞樂團表演，微光下，一群猴子戲耍觀光客，刹那間探照燈一亮，有如拍照，不禁想到 2011 年英國自然攝影師史雷特（David Slater）到印尼蘇拉威西島野生保護區拍照，相機為印尼黑冠猴「納魯托」（Naruto）取走隨意拍照，99% 照片模糊失焦，其中有納魯托露出牙齒狀似笑容之自拍照相當清楚，史雷特乃將二張相片放在書中及上網，引起網路瘋傳。維基百科將之收錄在供免費使用之照片收藏中，史雷特主張其有著作權，維基百科認為納魯托才是照片作者。因美國法律禁止人類以外之動物擁有著作權，應視為公共財。善待動物組織（PETA）則於 2015 年 9 月向舊金山聯邦法庭提出告訴，認為照片是納魯托主動拍攝擁有著作權，而史雷特藉書出售附有該自拍照賺錢，侵犯納魯托之權利。聯邦地區法官歐利克餘 2016 年 1 月 6 日裁定：雖然美國國會和總統能夠把法律提供的保護擴及動物和人類，但動物不能擁有著作權。引起學者專家熱烈討論，有不同的見解，因之下列法律議題值得探討：

1. 權利主體是否限於人類？如非人類不能享有，則本案之照片著作權之歸屬為何？

2. 自然人豢養之動物，如發生權利義務行為，是否由自然人享有其法律效果？

3. 在野外架設科技設備，設計動物操作，其權利義務歸由何主體？

4. 動物自動操作自然人放置之科技設備，而發生權利義務行為，是否歸該自然人？

當晚表演，將爪哇、巴布亞、加里曼丹、蘇門答臘、峇里島等文化藝術與現代舞蹈完美結合，劇情緊湊，布景綺麗多彩，劇情變化多端，節目緊湊，舞姿翩翩，靈動妙麗，肢體展現與歌舞唱詠十足道位，極富民族文化情調，真是視覺饗宴，觀眾歡愉喝采，感動之餘，不免有人用手機與相機捕捉喜愛之表演場景，劇團多次打出警語：不要拍照，不要錄影，不知不覺間將智慧財產權觀念傳達與全體觀眾認識。

印尼是世界上最大島嶼國，東西橫跨 5,000 公里，人口 2 億 2,000 萬人，居世界第四位，全國有 370 種不同種族，峇里島在印尼不算是大島，現已成為歐美觀光客度假勝地。觀察峇里島經西方文化之衝擊，在外來賓客帶來現代文明的洗禮，仍然維持相當原始與自然，將印度文化、爪哇文化與歐美西方文化匯流融合，而峇里傳統文化仍堅韌有力展現其道地民族風情，到處可見宗教文物、雕品飾物，圖影傳神，栩栩如生，服飾圖騰原味有力，宗教祭祀禮儀寬容合序，濃厚之宗教文化生活隨時隨處流露，展現堅強生命力，體現人神合一，人與自然和諧之生活模式，讓外來賓客印象鮮明，也感受其民族藝術文化濃郁氣息，沉浸其獨特魅力，對法律人而言，峇里島保存民族傳統智慧創作則有深刻體會。

此次峇里島之行，主要是應世界臨濮施氏總會主辦單位之邀，主講科技發展與 AI 趨勢，行前蒐集諸多論著文章，專心研讀新科技發展歷程，值此第四次工業革命，AI（artificial intelligence）已在各行各業生根，開枝散葉，從進入個人生活，如：下棋、導航，又應用到智慧家庭及各企業包括物流業、網電業、醫療業、各類支付工具、人工智慧傳播等已逐一實踐，而無人駕駛汽車、無人駕駛船舶、無人駕駛飛機及各類型機器人等各成為主流，AI 逐步取代人的工作，由取代藍領，再取代白領，然後取代管理人，第四階段也會取代藝術家，影響人類社會極為

深遠，霍金（Haw king）曾說：AI 進化速度比想像快，發展不可測，擔心 AI 成爲新物種。他生前最後遺作中曾表示：所有 AI 機器人需設下死亡開關，是以對人類而言，需守住的優勢地位，如情感、靈感、軟實力等項，才有立足之處。

中美貿易戰影響極爲深遠，對於產業有不同效應，其核心議題有認爲是科技戰，不只是網路科技戰，如從其呈現之面相其實是法律戰，美國運用有關 301 條款、產業秘密保護、壟斷、智慧財產權等法律處理或訴訟，其中對涉及美國企業智慧財產權將予重罰，包括 1974 年貿易法第 301 條款罰則、對中國商品實施報復性關稅或其他貿易制裁等，也可看出智慧財產權在貿易戰之重要性。

二、新科技 AI 與法律議題

6 月 27 日下午二時，專題演講：科技發展與 AI 趨勢，本人從人類文明四次重大發明談到當前第四次工業革命歷程，透過區塊鏈連結商品、AI 便利性智能機器應用、互聯網等主導性、量子運算成爲主流等逐步影響世界，從超輕薄筆電、雲端與消費型行動網路、數位化軟體、生物科技、3D 技術、人工智慧、4G 科技等帶來文明新視界，而且社群科技如 Google、Facebook、Instagram、YouTube、社群網路、Line 等改變聯絡習性，可謂「世界天天在變，唯一不變就是變」。

台積電張忠謀董事長曾提到現今物聯網與 AI 第三個數位時代已來臨，第一數位時代是 1980-1995 年的電腦時代，第二數位時代是 1995 年至現代時期，因科技日新月異，人要終身學習，創新頭腦，道盡在趨勢科技時期，迎接新挑戰，應有正向學習之態度。

在演講中，特別強調當前新科技多樣，5G 將應用到自動駕駛、遠距醫療與機器業大廣泛應用，原來科幻電影場景將成爲眞實，5G 將創造 360 兆元經濟活動、2,200 萬個工作機會，各國已先後訂出商業化時段，2018 年美、韓，2019 年英、美、南非、2020 年德、法、俄、澳、

日、加、中國等，2021年巴西等，我國將在2020年進行5G頻譜釋照作業，目前全球約有三分之二企業拚在2020年前積極部署5G。

談到AI越來越成熟之應用廣泛，如自動AI銀行、醫療AI判讀、醫療AI診斷、工廠AI生產、搬運機器人（無人機）廣泛使用自動救災運送醫療等物資送貨等，其產業包括半導體、資通訊、工具機、傳統產業、醫療業、服務業等，而AI的深度學習技術，大幅精進機器視覺、大數據分析與決策能力，賦予製造業更多的智慧，不再受限於低價生產成本，有助吸引製造業回流。

萬聯時代也將產生新經濟模式，新物流結合科技數據後，貨物可在線上、線下、倉庫、門市順暢流動，進而做到「零庫存」，降低成本，增加品牌競爭力，全球物流產值，6年上看470兆元，當實體的物流結合虛擬的大數據資訊，物流已經從過去被動的服務者，變成「引領者」或者「拉動」商流的角色，成為決策指揮中心，因之代理商之存在價值，逐漸弱化。

會後有年青學子問到可能顛覆世界之新科技有幾，本人乃舉經濟部沈榮津部長曾提到有下列數種供參：

1. 大數據—無人商店，掀起新零售革命
2. 人工智慧—— AI$^+$催動新應用
3. 物聯網——智慧音箱，最聽話的機器
4. 智慧載具——無人機送貨，掀起物流革命
5. 移動應用—— MICRO LED展現全新視野
6. 移動運用——混合鏡頭，高階手機進化
7. 雲端運算—— 5G通訊，拚2020商轉
8. 區塊鏈——特殊應用IC，引爆挖礦熱潮

又區塊鏈屬於一種分散式的記憶帳簿以支援運作，其應用日廣，在金融業有其實用價值，專家更認為醫療引進區塊鏈是必然趨勢，2018年4月歐盟數位日22個會員國共同簽屬建立歐盟區塊鏈合作關係宣言，

成立 VentureEU 的新基金，計畫投資 3.4 億歐元於區塊鏈領域，主要發展 MHMD（My Health My Date）醫療數據平臺等技術。

資訊科技的發達，人工智慧已經逐漸滲透到各種場域，各種自動化科技將進入個人生活領域，查詢、聊天、蒐集資訊將更爲便捷，在消費市場 AI 將會重組傳統的銷售循環（Sales Cycle），將重複性高、數據龐大人爲判斷少的溝通行爲，交由科技（機器人），重新組合、設計過，不僅只是作業效率極大化，並追求更細膩、更有溫度的人際互動顧客關心，可收到顧客聰明消費，AI 聰明銷售效果。

在各新科技中，本人也提到含括諸多法律議題衝擊當前法律思維，也啓發法律人需認眞並深廣思考研究，提出解決答案，其中涉及之智慧財產權之問題也多，當然法律人對於新科技之內涵也要有相當了解，否則不懂科技，很難知悉智慧財產權所在與關鍵。

多位新加坡與菲律賓僑領對於 AI 之法律衝擊非常關注，在會中也詳細解說 AI 對法學而言是完全新的領域，現有法學理論著墨不深，尚須建構新觀念與新法學理論，當前現有法制未建立，有關 AI 醫療、人工智能汽車現有法律未直接規範，連現有行政規範也較簡陋，有賴法律人費心鑽研。

關於 AI 在醫療領域上，涉及主體性問題：

(一) 是人

—是否即爲醫師？

—是否定位爲法律之人？

—能否擁有權利、負擔義務？

—人類如何操配？

— AI 過失問題，法律責任如何處理？

(二) 是物

　　—只是醫療器械？

　　—是藥事法規範標的對象？

　　—能自我學習成長管理及創新，並實在且眞實判斷，具有醫療價值
　　　之診斷，是否與醫師相近？

　　—是否爲法律上之物？

(三) 是人也是物

　　—依法律規定何者、何時爲物或爲人？

　　—人工體外受精卵爲物，進入人體爲人；器官在取出人體是否爲
　　　物？移植人體爲人，則何時爲人？何時爲物？是否依場景、條
　　　件而定？

　　— AI 產品有缺陷時，對該產品有缺陷者是否負最終責任？

　　同時，AI 在醫療上之法律角色隨著科技之進步，而有改變，在中
國醫藥大學檢察官與醫師對談中，大家關注 AI 醫療之發展，本人指出
當 AI 是醫療器械時，AI 是工具之一種，整個醫療行爲中，由醫師操縱
診斷，應由醫師負法律上之責任，AI 不是法律主體，但是 AI 功能升級
後，AI 不只是協助診斷之工具，而能提供很重要資訊，可說是醫療輔
佐人，此時醫師是否爲仍爲唯一之診斷治療主體，負完全成敗責任。又
當 AI 像醫師問診，診斷處方手術時，醫師可能是監督者，而未實質從
事醫療事務，則在法律上之角色與責任均需釐清。

　　從人類駕駛汽車之進程，原先是全神貫注，接著依儀器等得以釋
放雙手不必完全費神駕駛，當科技越進步，靠著人工智慧與大數據、地
圖導航驅動汽車前進轉向，可在行進中放鬆心情，解放四肢，進而不去
操縱監督汽車行駛，可說是駕駛者之最愛，因之無人駕駛汽車是必然趨
勢。

　　有車就有交通事故，當事故發生時，車主、乘客均為駕車，無方向盤、踏板事務，尚可做其他工作或休息，安全歸咎於彼，相信不甘願負責。對此 AI 人工智能汽車，有下列問題必須思考：

1. AI 機器是不是人？

　　→機器做很多事，甚且完全駕駛。

2. 機器是否為法律主體？

　　　→不是人在工作

　　　→是機器在執行

3. 機器人之責任是否獨立？

　　　→ AI 汽車獨立執行，完成駕駛工作

　　　→與人相同，是否完全不負責任

4. 無人駕駛汽車之主體是坐在其上者？

　　　→ 是購買者還是機器？

　　人工智能自動駕駛汽車發生交通事故，其侵權行為之法律責任之主體為何？將有下列不同見解：

1. 製造商說：由製造商負責。

2. 購買者說：出資購買者負責。

3. 系統軟體說：電腦取代人駕駛，關鍵在系統軟體供應商，系統軟體公司須負全責。

4. 使用者說：由當時使用汽車者負責。

5. 指示者說：由指示、指揮者負責。

6. 機器人說：視機器人為法律主體，解決交通事故損失。

7. 全體國民說：本大數據法則，由國民或全體使用車輛者共同負擔與分擔責任。

　　再進而言之，對人工智慧自駕車之製造商而言，在出廠前，自動化系統、軟體代碼、軟體均已標準化，產品質量均無瑕疵，於出貨後，廠商認為法律責任已切斷，何況出廠後，機器人透過自我學習、自我更

新產生新的自動駕駛程序，與出廠前大爲不同，製造商認爲由其承擔責任，顯然不該，也不合實情。

AI 人工智能自駕車爲未來之趨勢，隨著 5G 的運算能力飆速、大數據駕駛場景的複製，人工智慧將加速自駕智能車發展進展，現各國汽車大廠發現其未來商機無窮，臺灣高科技能力有目共睹，研發能力又強，應加強開展，在自駕車領域占有一席之地，而其涉及之法律事務也值得國內法律人深度研究。

AI 對產業發展固有其效能，但難以單獨發揮，需結合大數據方能有如神助，臺灣產業要創新需有效應用 AI，而人工智慧晶片（AI chip）已是半導體產業發展主軸，未來 AI 技術就如同人的活動，臺灣半導體產業實力可提供心臟功能，目前聯發科等二十四家 IC 設計業者，聯電、南亞科、力晶、華邦、旺宏等五家半導體業者；日月光、矽品等八家封測廠，新思科技等四家軟體廠，還有微軟、華碩、廣達、台積電、鴻海等九家整合系統應用及終端裝置廠共同組成「臺灣人工智慧晶片聯盟」（AITA），促進臺灣成爲全球 AI 創新研發基地與 AI 智慧系統輸出國，讓臺灣在 AI 領域發光發熱，成爲領頭羊。

新科技具備 (1) 不安定性 (2) 不確定性 (3) 不易掌握性 (4) 不能預測性等風險，其變動快速，成本難以控制，利潤未必比預期高，同時環保議題也不容忽視，本人在逢甲科技管理研究所特別提醒高科技高用水、高用電、高噪音、高汙染，導致各國對環保要求日益提高，環保法令越來越嚴格，法律程序相對複雜，環保機關之監視、查緝、取締密度加大、罰緩停工等處罰加重，也是新科技另項法律風險。

新科技發展神速，通訊器材日益精進，網路、手機等使用越方便，使用者對法律界線越模糊，越便利越忽略，隱私洩露越容易，個人資料大放送，可說自己出賣自己隱私，當資訊越外露，有如公開表演場所，許多人重點在秀，在比受歡迎度，沒有人在意保護自己，只強調個人之影響力，幾乎成爲沒有隱私的世界，法律意識極爲單薄，甚且網路

服務多、交出隱私多，用戶經使用，形同被追蹤，社群媒體容易掌握使用者之動靜，是以隱私保護很明顯為科技發展一重要議題。

創新科技之發展逐步在翻轉社會，當前從個人到企業，需不斷創新，方得以適應變化，而科技之研發與進步，帶領法律需有新思維，從既往歷程，很明顯創新常超越法律規範，當科技實用到產品，引發相關事務時，法律規範才急起直追予以增強，新的金融監理沙盒法案金融科技發展與創新實驗條例成為新的模式，啟發法律人對新科技的視野，如何取得機先，將新科技研發、試驗到應用過程，所可能涉及之法律問題予以研究，採取法律管理策略，充分做到科技創新與法律進展之平衡點，保障法治基業，並達鼓勵創新目標。

又企業從事工商活動，將逐步應用人工智慧，並可利用人工智慧研發新的發明，其如申請專利，究係屬該運用 AI 者，或予否決？又是否承認人工智慧為專利法之開發主體？其程序為何？再者，若有人利用人工智慧從事專利侵權，何者為侵權行為責任之主體？凡此使用人工智慧將逐漸浮現與現行法律規範適用上之問題，AI 是否破壞現有專利制度，亦值研議，如何解決法律適用上爭議，亦將為法律研究上大課題。

三、企業商業模式與智慧財產權應用

在這變動多端時代，各行各業均有其不同之調整與進展，以商品銷售而來，藉品牌、包裝、價格、促銷以達到與顧客交流連結互動模式，已逐漸改變，最近更直接發揮社交裂變方式技巧性鼓勵用戶協助推銷商品，其通路、商機與利潤也在翻滾，各同業間如何保持領先，預防被模仿抄襲，如何運用著作權法，營業秘密法等保護特性，將成為重要事項。

許多企業為提高產能，增進競爭力，乃全力研發新技術，開發新系統，創建新模組，並促使企業升級，但這些技術、方法、模組與系統容易被模仿參用，智慧科技也會被複製學習，先進資訊整合也會被拆解仿

冒，要確保領航局勢，唯一方法乃靠智慧財產權之保護，有企業忽視其重要性，當被同業或他業模仿應用時，逐漸喪失先機，只能後悔不及，轉而提醒同事或好友，如何防止被仿冒及被侵權。

穿戴型裝置為科技應用之趨勢，其應用範圍日廣，手腕穿戴型裝置可偵測生理情況，智慧感之機能衣也是紡織業之新突破，此種非接觸式「iSmartweaR 智慧感知衣」，將紡織品與生理偵測功能結合，提供個人化、舒適化及人性化之互動體驗，為臺灣紡織業開拓新藍海，工研院經多年努力，研發此類專利技術，讓使用者穿上緊身衣物不會產生不舒服的感覺，2 公分的距離即可近身量測到穿戴者的人體生理訊號，將可用至運動、醫療、健康照護、登山等，觀察其科技之研發，機能之增強，技術之提升，各業者研發與成果，含有著作權、專利及營業秘密成分，業者從實驗、試驗、研究成型、完成品，均需有智慧財權配合，採取保護措施，以保技術之領先地位。

科技進步改變了諸多現時生活之觀念與習慣，基因改造食物食材已逐步出現，讓消費者於購買時，需花點心力去了解是否為基因改造，再決定是否接受購買，2016 年推出第一代素漢堡肉，2019 年四月漢堡王再推出素肉堡「不可能華堡」，使用小麥、馬鈴薯及大豆原料，使用植物性甲基黏稠劑，以椰子油取代部分葵花油，其加入的血基質特殊成分培養成動物蛋白的血紅色物質，使含汁量及肉感指數，大幅提高，其口味帶有牛肉口味，宛若真肉，又美國、瑞士企業用黃碗豆中的蛋白質做成鮪魚、培根、漢堡的原料，另美國也有素食公司已可處理味道接近真正牛肉漢堡為焦點推出市面。有科學家認為人造肉可解決人類糧食危機，也可解決環保汙染等問題，其中植物基因轉殖等涉及植物品種及種苗基因轉殖植物田間試驗等法規，有關新發現、新技術、新配方等，也涉及營業秘密、專利等法規保存與應用。

現在社會流行創新，強調創意創新及創作，幾乎工商百業均以創新為目標，其在文化藝術產業，原即需有創新創意作法，推陳出新，在通

通路系統亦注重創意，推出新創活動與計畫，吸引顧客關注購買，而且社群平臺，更以創新手法引導使用者認同，增進社媒群眾，而加工食品業並掀起創意潮風，其口味在變，其口感在調換，其觀感在新奇，所推出之食品常兼用不同食材，創造新食品如芒果剉冰、冰泥蜂蜜咖啡、三星蔥餅洋芋片、紅豆麻糬夾心酥……，廣受年輕人認同享用，凡此創新創意之改變，均涉及技術改良、製程之調整、設計之製作以及調配之配方、食材之比例……，均屬營業秘密，業者自當充分認識受營業秘密法之保存，需注意三要件：

1. 非一般涉及該類資訊之人所知者。
2. 因其機密性而具有實際或潛在之經濟價值者。
3. 所有人以採取合理之保密措施者。

臺灣製造業中有許多屬於中小型企業，戮力本業，默默耕耘，經常在其行業開創一片天空，成為隱形冠軍，其間有許多對技術之研發投入甚深，有相當成果，並申請專利，成為某項產品領頭羊，有些產品不大，如豆漿機，居然有數十項專利，又全球首款自拍機器人是從 0 到 1 的發明，內建晶片模組支持 Android 及 iOS 系統手機，擁有百項專利，讓同業瞠乎其後，且產品獨特，開創新價值，常領風騷，是以運用專利等智慧財產權之優勢，必能有產品之優勢性。

企業為取得業界領航地位，進而掌握特定產品與行業以達到排他寡占效果，最上策是成為價格控制者或標準制定者，此觀之許多科技產品為少數大企業形同壟斷自明，而標準之制定，必須掌握產品或行業之關鍵性技術或遊戲規則之制定，其中握有關鍵技術或產品之重要專利成為左右戰局之利器，當專利越多，籌碼越高，其他業者或廠商只能仰賴，或是取得技術授權或產品代理或是合作聯合成為聯盟，形成企業間特有現象。

電競 e-sports 本來是一般人在消遣之物品，晚近不知不覺間竟火紅流行，國際間也逐步進行競賽，有年輕學子因技術高超，反應敏捷，常

得大獎，現也逐漸成爲幾個科技大學招生之招牌，而電競涉及產品之精進，遊戲規則之制定者均涉有其秘訣與方法，與智慧財產權議題息息相關。

拜科技發達所賜，社交媒體手機如雨後春筍，Facebook、Line、IG、TikTok抖音、微信等，係以文字、圖像、照片等傳輸爲主，用戶直接又快速傳送其喜歡或趣味性之文字與圖片，各類網紅也依之吸引大批粉絲，成爲特定族群在特定議題或某個項目上形成共識，發揮一定影響力，當各文字內容與圖檔影像影片等非傳送者所製作，其取財擷取截圖傳送，涉有侵害著作權等智慧財產權問題。

文創公司、仲介公司、通路公司分別見其同業設計人員、企劃專員及規劃處長反應靈活、設計活潑、文案新穎，乃各以高薪予以禮聘，擔任設計專案經理、企業主管及規劃總監，積極籌思規劃新設計文案，文案計畫，行銷策略，未幾公司同仁發現均係其人以前服務公司之設計成品、企劃書及通路方略等爲本，予以更新更動，均非實際之新方案，實質上亦乏創意新意。此在社會上爲常見之現象，企業主事者如未查覺，一旦對方提出訴訟，依著作權法、營業秘密等請求賠償，將必陷入法律訴訟泥淖。

文化創意產業對提升國民文化素養及促進文化藝術普及有相當助益，政府爲促進文化創意產業之發展，建構具有豐富文化及創意內涵之社會環境，運用科技與創意研發，健全創意產業人才培育，並積極開發國內外市場，已制定文化創意產業發展法。

文化創意產業，指源自創意或文化積累，透過智慧財產之形成與運用，具有創造財富與就業機會之潛力，並促進全民美學素養，使國民生活環境提升之產業，包括視覺藝術產業、音樂及表演藝術產業、文化資產應用及展演設施產業、工藝產業、電影產業、廣播電視產業、出版產業、廣告產業、產品設計產業、視覺傳達設計產業、設計品牌時尚產業、建築設計產業、數位內容產業、創意生活產業、流行音樂及文化內

容產業及其他經中央主管機關指定之產業。

文化創意產業囊括諸多產業，其業務性質範圍及實作，與著作權、商標權、專利權、營業秘密等相關，各產業不能不充分了解智慧財產權法律，並進而構築保存自己智慧財產權不受侵權，而且要辨識他人智慧財產權之性質與內容，避免有侵權行為，再者文化部應協助如文化創意產業，建立自有品牌智慧財產權保護機制之推動，其他與自有品牌建立、推廣所需之設計、包裝、行銷管道、顧問諮詢等有關事項，文化部亦責無旁貸，應予扶植協助（文化創意產業發展法施行細則第 9 條第4、5 款）。

又為促進文化創意產業之發展，政府得以出租、授權或其他方式，提供其管理之圖書、史料、典藏文物或影音等公有文化創意資產，但不得違反智慧財產權相關法令規定（第 21 條）；易言之，工商企業得依之請求使用公有文化創意資產，仍不得違反智慧財產權之法令。

凡以文化創意產業產生之著作財產權為標的之質權，其設定、讓與、變更、消滅或處分之限制，得向著作權專責機關登記；未經登記者，不得對抗善意第三人，任何人對該登記內容，均得申請查閱（第23 條），又利用人為製作文化創意商品，已盡一切努力，就已公開發表之著作，因著作財產權不明或其所在不明致無法取得授權時，經向著作權專責機關釋明無法取得授權之情形，且經著作權專責機關再查證後，經許可授權並提存使用報酬者，得於許可範圍內利用該著作。著作權專責機關對於前項授權許可，應以適當之方式公告，並刊登政府公告前述，使用報酬之金額應與一般著作經自由磋商所應支付合理之使用報酬相當（第 24 條）。

產業創新條例鼓勵產業創新，投入研發、品牌、智慧財產權及全球布局等重要活動，對企業創新有重大幫助，如何及早並深入掌握最新法制全貌，順應政策導引並掌握商機，實成為企業考量重點。企業從事創新研發，須有配套完善智財規劃及策略規劃，從策略擘畫面，研析產業創新與

智財發展相輔相成作爲，找到先機，由技術研發層面提升至產業新格局。

四、智慧財產權多元軌向

本人近年來在亞洲大學向中國大陸參訪師生演講：臺灣歷史文化印記，他們常對臺灣特有動植物格外關注。臺灣因在北回歸線附近，有獨特之地理、土壤、氣候，孕育不少稀有動植物，加上農業生物科技發展，改良技術精進，農作、水果花卉及漁業等都出類拔萃，與世界各地發展出截然不同之差異性特色，占有獨特位置，需要防止被抄襲複製，可惜國內植物界忽略品種權之保護，未能運用法律規範提升其競爭力。

爲保護植物品種之權利，促進品種改良，並實施種苗管理，以增進農民利益及促進農業發展，特制定植物品種及種苗法。所稱將適用本法之植物種類，指爲生產農產品而栽培之種子植物、蕨類苔蘚類、多細胞藻類及其他栽培植物（第 4 條），品種則指最低植物分類群內之植物群體，其性狀由單一基因型或若干基因型組合所表現，能以至少一個性狀與任何其他植物群體區別，經指定繁殖方法其主要性狀維持不變者（第 3 條第 1 款）。

具備新穎性、可區別性、一致性、穩定性及適當品種名稱之品種，得依本法申請品種權（第 12 條第 1 項）。申請品種權，應填具申請書，並檢具品種說明書及有關證明文件，向農委會提出（第 14 條第 1 項），而品種名稱第 13 條規定：不得單獨以數字表示，不得與同一或近緣物種下之品種名稱相同或近似，亦不得對品種之性狀或育種者之身分有混淆誤認之虞，也不能違反公共秩序或善良風俗，同一品種有兩人以上各別提出品種權申請時，以最先提出申請者爲準。

申請人就同一品種，在與中華民國相互承認優先權之國家或世界貿易組織會員第一次依法申請品種權，並於第一次申請日之次日起 12 個月內，向中華民國提出申請品種權者，得主張優先權。品種申請權人，

指育種者或其受讓人、繼承人（第5條），品種申請權及品種權得讓與繼承，其非依法登記不得對抗善意第三人（第6條），又品種申請權不得為產權之標的（第7條第1項）品種權得授權他人實施。品種權授權他人實施或設定質權，應向中央主管機關登記，非經登記，不得對抗善意第三人。品種權人未經被授權人或質權人之同意，不得拋棄其權利。

品種權人專有排除他人未經其同意，而對取得品種權之種苗為下列行為：

一、生產或繁殖。

二、以繁殖為目的而調製。

三、為銷售之邀約。

四、銷售或其他方式行銷。

五、輸出、入。

六、為前五款之目的而持有。

品種權人專有排除他人未經其同意，而利用該品種之種苗所得之收穫物，得為前項各款之行為。品種權範圍，及於下列從屬品種（第35條第1項）：

一、實質衍生自具品種權之品種，且該品種應非屬其他品種之實質衍生品種。

二、與具品種權之品種比較，不具明顯可區別性之品種。

三、需重複使用具品種權之品種始可生產之品種。

又任何人對具品種權之品種為銷售或其他方式行銷行為時，不論該品種之品種權期間是否屆滿，應使用該品種取得品種權之名稱（第32條）。品種權之效力，不及於下列各款行為（第58條）：

一、以個人非營利目的之行為。

二、以實驗、研究目的之行為。

三、以育成其他品種為目的之行為。但不包括育成前條第1項之從屬品種為目的之行為。

四、農民對種植該具品種權之品重獲前條第 1 項第 1 款、第 2 款從屬品
種之種苗取得之收穫物，留種自用之行為。

五、受農民委託，以提供農民繁殖材料為目的，對該具品種權之品種或
其從屬品種之繁殖材料取得之收穫物，從事調製育苗之行為。

六、針對已由品種人自行或經其同意在國內銷售，或以其他方式流通之
該具品種權之品種或其從屬品種之任何材料所為之行為。但不包括
將該品種作進一步繁殖之行為。

七、針對衍生目前款所列材料之任何材料所為之行為。但不包括將該品
種作進一步繁殖之行為。

為因應國家重大情勢或增進公益之非營利使用，或申請人曾以合
理之商業條件在相當期間內仍不能協議授權時，中央主管機關得依申
請，特許實施品種權。其實施應以供應國內市場需要為主（第 30 條第
1 項）。特許實施，不妨礙他人就同意品種權在取得實施權。特許實施
權人應給與品種權人適當之補償金，有爭執時，由中央主管機關核定
之。特許實施，應與特許實施有關之營業一併轉讓、繼承、授權或設定
質權。

關於品種權之維護，植物品種及種苗法第四章有周詳規定，當品
種受侵害時，得請求排除其侵害，有侵害之虞者得請求防止之。對因故
意或過失侵害品種權者，並得請求損害賠償，而育種者姓名表示權受侵
害時，得請求表示育種者之姓名或為其他回復名譽之必要處分（第 40
條）。請求損害賠償時，得依第 41 條第 1 項規定二種方式擇一計算其
損害領品種權人或專任備受權人之業務上信譽。因侵害而致減損時，得
依第 41 條第 2 項之規定，另行請求賠償相當金額。

目前國內申請品種權保護的植物為數不多，主要為蔬菜、花卉居
多，包含以玫瑰、紅鶴、芋、聖誕紅、蝴蝶蘭、稻米、荔枝、木瓜、柑
橘、西瓜、紅豆杉、番茄、馬鈴薯、茄子、蘿蔔等，事實上，稻、茶、
山藥、馬鈴薯等農作物，各類蔬菜，各種水果，各種花卉，都可以申

請，為提升競爭力，農民及業界應提高申請量，運用品種權保護。

在前述引論中，提到峇里島保有寶貴之民族傳統藝文創作，在島上處處可見其圖像，予人鮮明印象，此臺灣有十多種原住民，各有其不同之圖飾文物與傳統智慧創作。聯合國大會在 2007 年曾通過「聯合國原住民族權利宣言」，揭示尊重及保存原住民族之傳統文化與遺產，世界智慧財產權組織 WIPO 乃聯合國教科文組織也曾共同就原住民族傳統文化表達保護及管理等宣示，可見保護原住民族之傳統智慧財產權，乃國際趨勢。

臺灣對於原住民族之傳統智慧創作之保存，制定原住民族傳統智慧創作保護條例。凡原住民族傳統之宗教祭儀，音樂、舞蹈、歌曲、雕塑、編織、圖案、服飾、民俗技藝或其他文化成果之表達，皆納為智慧創作（第 3 條），經主管機關認定並登記，即受本條例之保護（第 4 條），智慧創作申請人應備具申請書、說明書、必要圖樣、照片等相關文件或提供試聽創作物，向原住民族委員會申請登記，其申請人以原住民族或部落為限，並應選任代表人為之（第 6 條）。

經認定為智慧創作者，依第 7 規定取得智慧創作專用權：

1. 智慧創作經認定屬於申請人者，應准予登記，並自登記日起，由申請人取得智慧創作專用權。

2. 智慧創作經認定屬於申請人及其他特定原住民或部落者，自登記之日起，由申請人及其他特定原住民族或部落共同取得智慧創作專用權。

3. 智慧創作不能認定屬於特定原住民族或部落者，應登記為全部原住民族，並自登記日起，由全部原住民取得智慧創作專用權。

智慧創作專用權，指智慧創作財產權及智慧創作人格權，享有第 10 條評定下列創作人格權：

1. 就其智慧創作專有公開發表之創作人格權。

2. 就其智慧創作專有表示專用權人名稱之創作人格權。

3. 專有禁止他人以歪曲、割裂、竄改或其他方式改變其智慧創作之內容、形式或名目致損害其名譽之創作人格權。

　　智慧創作專用權人除法律另有規定或契約另有訂定外，應以特定民族、部落或全部原住民族名義，專有使用或收益其智慧創作之財產權，並行使前述之權利。

　　智慧創作專用權人得將智慧創作財產權授權他人使用，其授權使用之地域、時間、內容、使用方式或其他選項，依當事人之約定；其約定不明部分，推定為未授權。智慧創作財產權之專屬授權，應由各當事人數名，檢附契約或證明文件，向主管機關申請登記，非經登記，不生效力。上述之授權，不因智慧創作財產權人嗣後將其智慧創作財產權再為授權而受影響非專屬授權之被授權人。非經智慧創作專用權人同意，不得將其被授予之權利再授權第三人使用。專屬授權之被授權人在授權範圍內，得以智慧創作專用權人之地位行使權利。智慧創作專用權人及各原住民在專屬授權範圍內，不得行使權利（第13條）。智慧創作專用權，應永久保護之。智慧創作專用權人消失者，其專用權之保護，視同存續：其專用權屬於全部原住民族享有（第15條）。

　　具有下列情形之一者，得使用已公開發表之智慧創作：

一、供個人或家庭為非營利之目的使用者。

二、為報導、評論、教育或研究之必要使用者。

三、為其他正當之目的，以合理方法使用者（第16條）。

　　有關侵害智慧創作專用權之保障與侵權行為之規定，與著作權相近，有詳細規範。智慧創作專用權人對於侵害其權利者，得請求排除之；有侵害之虞者，得請求防止之（第17條）。因故意或過失不法侵害智慧創作專用權者，負損害賠償責任。數人共同不法侵害者，連帶負損害賠償責任（第18條），又請求損害賠償時，被害人得依第19條第12款擇一請求：依民法第216條規定請求或因侵害行為所得之利益，如被害人不易證明其實際損害額者，得請求法院依侵害情節，酌定新臺

幣 5 萬元以上 300 萬元以下損害賠償。損害行為屬故意請情節重大者，得增至新臺幣 600 萬元。

另原住民族委員會也公布原住民族傳統智慧創作保護實施辦法，對於智慧創作之種類與內容有詳細解釋（第 2 條），有關申請之程序於第 8 條與第 24 條有周詳流程規定，第 34 條規定智慧創作經准許登記時，主管機關應依職權授予智慧創作專用權認證標記，第 35、36 條規定註銷、撤銷或廢止智慧創作專用權證書之原因與方式。

原住民傳統智慧創作可說是個原住民族共同集體逐漸開創而來，具有與一般智財不同之恆常性、共同集體性與文化差異性，因之在臺灣原住民族有阿美族、泰雅族、排灣族、布農族、卑南族、魯凱族、鄒族、賽夏族、雅美族、邵族、噶瑪蘭族、太魯閣族及其他行政院核定之民族，各族間之音樂、舞蹈、歌曲、雕塑、編織、圖案、服飾、民族技藝，及宗教祭祀等各有其不同特色，都受到保存，各原住民族可善利運用保存自己之傳統智慧創作。

在逢甲大學 EMBA 上課時，有學員提到新藥申請許可有專屬性，其性質為何？依藥事法第 40 條之 2 第 1 項規定：「中央衛生主管機關於核發新藥許可證時，應公開申請人檢附之以揭露專利字號或案號」第二項規定：「新成分新藥許可證自核發之日起三年內，其他藥商非經許可證所有人同意，不得引據其申請資料申請查驗登記」第三項規定：「前項期間屆滿次日起，其他藥商得依本法及相關法規申請查驗登記，符合規定者，中央衛生主管機關於前項新成分新藥許可證核發屆滿五年之次日起，始得發給藥物許可證」，此新藥申請資料不得擅自引據使用，符合智慧財產權之專用、壟斷之性質，可視為智慧財產權之一種。又藥事法第 40 條之 3 第 1 項、第 3 項分別規定：「藥品經中央衛生主管機關核准新增或變更適應症，自核准新增或變更適應症之日起兩年內，其他藥商飛經該藥品許可證所有人同意，不得引據其申請資料就相同適應症申請查驗登記」、「前項期間屆滿次日起，其他藥商得依本法

及相關法規申請查驗登記，符合規定者，中央衛生主管機關於前項核准新增或變更適應症屆滿三年次日起，使得發給藥品許可證。但前項獲准新增或變更適應症之藥品許可證所有人，就該新增或變更之適應症於國內執行臨床試驗者，中央衛生主管機關於核准新增或變更適應症屆滿五年之次日起，始得發給其他藥商藥品許可證」規定，亦與第40條之2規定相同。

當前無形資產之重要性遠遠超過有形資產，有一項統計資料顯示美國500大企業之市價中，無形資產已提高到八成，足見在未來經濟效益中，占極重要地位。在大肚山產業創新基金會創新菁英班進階研習時，本人曾詳實說明無形資產之重要與妙用，許多企業主心領神會，表示有許多啟發。

無形資（財）產是指不具實物外觀與形體存在的營業用資產，可辨明其內容，具經濟價值，可直接分配，排除他人干涉之資產（產業創新條例第2條），與傳統上有形存在的土地、廠房、機器設備等有形資產顯然不同，具有下列特性：

1. 非實體性。
2. 概括性。
3. 不確定性。
4. 擴張力性。
5. 高風險性。
6. 高報酬性。

無形資產中可分為法定無形資產與非法定無形資產，前者以智慧財產權圖像為主，包括：專利權、商標權、著作權、營業秘密、積體電路布局權、光碟保護、植物品種權、新藥資訊專屬權、免於不公平競爭等。後者，如數位資訊、品牌信譽、商譽、人力資源、組織文化、經營位置、技術秘訣、通路等。

商譽，是指企業的名譽、信用形象以及對該企業之信心等綜合認

識，此種形成外界對該企業的信賴與信譽、對企業的成長與永續經營有相當密切的影響，企業經營群為使公司口碑、產品或服務占有市場率，促進消費者的忠誠度與喜愛度，往往不遺餘力，當然帶來企業的實質利益。在現行法令中，如公司法第 156 條第 5 項、企業併購法第 35 條、貿易法第 17 條第 5 款等都已提及。

商品標準化，對產品與服務品質之提升大有助益，其有關之規劃、指導綱要或特性等標準、標準法及國家標準制定辦法都有詳細規定，標準法第 5 條規定國家標準之項目有七項，如產品性能或耐久度、產品設計製造使用方法、包裝、產品工程、檢驗鑑定、代號常數單位、製圖施工方法等。

經選定之國家標準項目得依廠商之申請實施驗證，正字標記即為適例，此亦為無形資產，對工商企業而言取得正字標記，對產品之行銷、信用度、品牌形象有相當助益。

取得正字標記，得將正式標記之圖示❀，連同證書字號，標示於經核准使用正字標記產品之顯著部位。但產品上無法標示時，應在其包裝或容器上標示；其為散裝者，應於送貨單上標示。

無形資產之效益甚大，企業自應體認無形資產之價值，可大可小、可伸可縮，價值無限，並積極捍衛智慧財產權與積極開展無形資產內涵，厚植企業實力，增強企業競爭力，而且提升為商業競爭力量，將之轉化為商業軟體戰之利器，在併購、融資等待價而估，提升企業整體市值。

貳、智慧財產權發展經緯地圖

顏上詠

回顧臺灣近年來產業發展的歷史，自世界二次大戰後以農業為主，作為經濟的主要命脈，在韓戰之後，在美國經濟援助及日本技術支

持之下開始與輕工業及重工業為經濟發展的主軸，在這一段時間臺灣中小企業蓬勃地發展，同時並以美國及日本技術作為模仿的核心，將產品改良並精緻化，在短短的幾年之間臺灣的仿冒技術越發成熟，臺灣製造（Made in Taiwan）聞名世界，產品更加精良並大量行銷到全世界，臺灣成為全球知名的技術仿冒者（copycat），臺灣更因此迎來了剽竊王國的稱號。然而工業產品技術的剽竊與仿冒以及盜版著作的猖厥，因其以歐美先進國家及日本出國的高度抗議並施加壓力迫使臺灣開始進行多次的修法，尤其是智慧財產權相關的法律如著作權法、專利法、營業秘密法、商標法以及公平交易法等不斷地因應國際化而一再增訂及修改法規。近幾年來高科技產業的崛起如生物科技、網路科技，光電科技以及能源科技等不斷地創新，使得臺灣的中小企業及研究機構開始不斷地大量投入研發，並且開始擁有自己的技術，逐漸壯大而慢慢地成為大型的跨國企業，如工研院、台積電、鴻海、華碩及聯發科等公司不斷地技術升級，並且擁有許多尖端技術的專利，臺灣美國專利的數量在近一、二十年之間成為全世界依照人口密度而言，排名名列前茅的國家，並徹底擺脫仿冒王國的惡名，臺灣的技術發展在智慧財產權法上的歷史沿革無疑是一部臺灣科技產業發展的歷史縮影。

中華民國在智慧財產權相關的保護漸漸廣受歐美日韓等先進國家之信任，無論在法規方面的立法以及因應全球新興產業需求的修法，以及在法律實務執行面的漸趨完整，臺灣可以說已經與世界同步了。中華民國在智慧財產權相關的法規面立法甚早，從立法的歷史沿革關機觀之，在民國 4 年即有權度法的制定公布，最早的智慧財產權相關機構也於民國 16 年成立全國註冊局，之後因應國際情勢以及加入 WTO 之後的談判協商，智慧財產局多次進行專利法著作權法商標法以及營業秘密法的法規修正，逐漸擺脫剽竊王國的不名譽名聲。

智慧財產權作為財產的概念往往被一般社會大眾及中小企業所忽視，過去大家多半認為財產為有形的、可見的如土地、房屋之類的不動

產或現金、珠寶、股票等動產，對智慧財產權相關的無形資產概念較為模糊，智慧財產權大意上是指由人類精神活動創作之成果，又有法律賦予具有價值之財產的一種權利。智慧財產權的本質上是一種無形的財產，在全球的經濟自由活動流通中，這種無形資產的價值越來越重要，近年來有許多世界上排名前茅的跨國企業乃是以手持的智慧財產權之研發及應用而使企業市值日益擴大。目前在世界貿易組織被歸類為智慧財產權的標的包含著作權及相關權利、商標、專利、產地標示、工業設計，積體電路之電路布局、未經公開資訊之保護以及契約授權時有關反競爭行為之控制。上述這些智慧財產權相關的保護標的隨著全球化自由貿易的發展與國際間國與國之間的貿易保護政策，智慧財產權已經成為許多國家的經濟談判籌碼及貿易戰爭的武器。

就智慧財產權本身而言，其所扮演的角色在知識經濟發獎為主核心的今日而言，智慧財產權法律規範已經不單單是純粹法律扮演的角色，其更是許多先進國家及跨國公司的產業發展策略以及產業政策制定的核心。近幾年來國際最著名的跨國企業幾乎都與智慧財產權脫離不了關係，在高科技產業部分如蘋果公司、Facebook、Intel、IBM、Amazon、思科、高通、Google、微軟、Tesla 等等均因為擁有許多該領域的關鍵基礎專利，而成為市場的主要壟斷者，並且主導全球的科技產業發展。而這些產業龍頭更經常以其所擁有的專利或著作權作為市場談判或法院訴訟的主要工具，臺灣有許多大型的企業更是這些跨國企業的專利權局著作權法的訴訟之下的祭品，知名的案例如蘋果公司告臺灣宏達電手機的專利侵權行為，臺灣更有許多產業及製造大廠由於不是很有智慧財產權及法律風險的概念，在第一時間就具備智慧財產權防範的能力，往往錯失良機而任人宰割。有許多國際知名的智慧財產權侵權訴訟案件，往往無法得知其法院最終的判決結果，原因往往是因為雙方在達成合意的談判之下而結束訟爭。由此可知深入了解智慧財產權法提相關的國際產業政策並全面性地進行企業法律風險管理，方為企業公司治理的最佳策

略。

美國經濟間諜法於 1996 年通過和有別於過去由各州自行訂定的營業秘密法，對於企業營業秘密的侵害開始有了突破性的規範，由州法位階提升至聯邦的層級，方面對於過去各州法院對營業秘密判決不一致的情形有了較為統一的解釋，並且對外國企業時有所聞偷竊美國科技產業營業秘密的情形開始起了嚇阻作用。美國經濟間諜法通過後首次提出國際訴訟案的處理對象極為臺灣著名的永豐餘企業集團。在當時由於永豐餘紙業公司想要發展生物科技，由於生物製藥的研發相當的費時且需要大量的投資，新藥的研發通常需要投資數十億美元，因此永豐餘的技術顧問徐凱樂以及交通大學何小臺教授前往美國洽談技術授權相關事宜，不料在美國聯邦調查局的設局誘導策劃之下，永豐餘高層授意集團赴美人員用不合正規法律途徑來取得必治妥施貴寶公司的抗癌藥 Taxol 的營業秘密，而後美國正午於 1997 年 6 月 14 日在賓州費城四季飯店將赴美兩人逮捕，並以永豐餘集團涉嫌違反經濟間諜法及意圖竊取營業秘密罪等十一項罪名提起告訴。這件國際矚目的商業經濟訴訟案件雖然涉案的臺灣人士在認罪協商後最終被判無罪或緩刑，然而永豐餘集團為此案付出高達 1 億美元的訴訟費用以及其他鉅大的損失。此案件凸顯當時臺灣大企業對於合法取得國際性智慧產權授權機制的認知，未能正確評估合法與非法取得專利權的利弊得失及風險，由此進一步凸顯出法律風險知識的重要性。

繼上述永豐餘集團在美國的訴訟案件之後，緊接著又在美國觸及經濟間諜罪的企業乃四維膠帶公司。四維公司在美國多年談判合作的夥伴為艾佛瑞丹尼斯公司，由於是為公司的創辦人楊斌彥涉及將在艾佛瑞公司任職的李天宏以高價收買其公司之機密文件，要將美國聯邦調查局調查進而在楊氏赴美國開會之餘，將他和女兒楊惠珍一起逮捕，雖然楊氏聲稱其膠帶製造技術比艾佛瑞公司還好，但是四維公司透過李天宏取得艾佛瑞公司非常敏感且具有高價值的膠帶產品的製造機密，且雙方有金

錢上交易的對價關係，這些證據在李天宏被聯邦調查局查證屬實後他轉為汙點證人而指證四維公司竊取美國艾佛瑞特公司的營業秘密，因而觸犯美國經濟間諜罪將其父女起訴，最後兩人及四維企業均付出巨額的罰金與賠償金。四維企業的案件再度引發國人在國際上進行貿易時對於智慧財產權應有的重視，尤其營業秘密除了民事訴訟上的賠償，另外還常常會有高額的懲罰性賠償以及刑事責任，很可能被判在美入獄，如何採取法律風險措施加以因應以避免個人及企業因為疏忽或認知不全而觸犯相關法律規定，並造成公司經營的危機，這已經是我國人在進行全球貿易時不可不知的知識。

臺灣的高科技產業今日不但面臨許多國際大企業專利侵權的訴訟案件以及反托拉斯行為紛爭，在國內亦常出現企業培養多年的核心技術人才，被外國公司高價誘惑之下帶走原公司最有價值最具競爭力的高科技機密給競爭公司，一旦競爭公司取得生產製造的核心機密，將大大縮短研發的成本及研發進程，而且可能以其他的合併技術優勢而打垮我國的企業，如今多起高科技機密被竊取以及高科技人才被挖角的事件發生，已經使得國內許多高科技企業人人自危。

高科技機密被竊取以及高科技人才被挖角最為人所知悉者莫過於台積電。台積電在過去多年來身居半導體代工的龍頭地位，其每年投資研發的金額高達數百億元，其科技研發的實力已經是全世界公認難以跨越的門檻，絕非一般半導體公司可以輕易加以複製模仿的，其研發的成果在 2017 年及 2018 年均在美國申請專利通過的前十名，在臺灣示屬於擁有專利的龍頭地位，因此其國內外相關的競爭廠商無所不用其極地想要從非法的管道，或是違反競業禁止的方式挖角人才來竊取台積電的核心機密，近年來其原員工梁孟松投靠韓國三星集團即為其中一個舉世聞名的竊密案。梁孟松曾經在半導體界工作達 30 年以上，曾擔任台積電研發處處長，協助台積電取得接近 500 項的專利，因此被視為掌握台積電核心機密的最重要科技人才，他在 2009 年離開台積電之後轉投靠南韓

三星，使得原本落後台積電奈米研發技術的三星在新一代的製程技術上開始有了大的進展，開始研發出 45 奈米、32 奈米以及 28 奈米的製程技術，而這一些技術都十分類似台積電的技術，因此 2012 年台積電在智慧財產權法院對梁孟松提起禁止競業的相關法律訴訟，禁止梁孟松在 2015 年前為三星工作，全案在 2015 年一月判決定讞台積電勝訴。

梁孟松隨後於 2017 年再背叛三星以更高的價碼跳槽至台積電的另一對手，即大陸中芯國際半導體公司，中芯對抗台積電的戲碼再度上演。中國大陸的中芯國際是在 2000 年由原任職台積電的張汝京聯合他人所創立的半導體公司，長期以來與臺灣的聯電和台積電競爭，然而製造技術始終落後台積電，為取得台積電的核心關鍵技術，中芯國際除了挖角台積電上百名員工之外，並且透過不正當的非法手段多次竊取台積電製造機密文件，台積電因而於 2003 年底在美國北加州聯邦地方法院對中芯國際提出多項專利侵權訴訟，2010 年中芯國際與台積電對其商業機密剽竊案達成和解，中芯國際除了賠償台積電兩億美元之外，並且給予台積電 8% 的中芯股權。訴訟案在法院的審理過程通常費日曠時，中芯國際與台積電的訴訟案纏訟長達 8 年，可以觀察出這對雙方企業的國際化發展展均有重大的影響，因此就如同許多跨國法律訴訟案件，最後都以和解結案，而未走到最後的法院判決定讞。

我國多家廠商於 2008 年開始，再度面臨新一波更為嚴峻地關於專利侵權或反托拉斯指控之訴訟，例如在 2010 年，我國面板廠商友達、奇美、華映及瀚宇彩晶四家廠商共被歐盟執委會罰款約 4.851 億歐元，折合約新臺幣 194.04 億。甚至在美國方面，等待奇美主管的則是 14 個月的有期徒刑，這更是近來震撼我國產業界的重大消息。

在全球化的今天，先進國家之企業大多有能力，且經常必須要去進行國際貿易，透過將產品出口至其他國家以提升企業整體經濟利益。我國企業進行國際貿易之情況亦非少見，但卻往往習慣性地去忽略他國的遊戲規則（相關法令），以至於在獲利之餘，卻渾然不覺自己已可能觸

犯他國法令，成為他國企業（甚至是國家）的「提款機」。對於專利侵權訴訟的攻防戰，我國企業則相對地有較成熟之處理經驗，大型企業亦多設有專利法務部門。但面對潛在的反托拉斯訴訟地雷，企業卻似乎沒什麼危機意識。

　　在以智慧財產權作為國家最高層級戰略保護科技產業的武器之中，美國 1974 年貿易法的第 301 條可說是最強有力的武器之一。尤其第 2 款為特別 301 條款是針對智慧財產權和智慧財產市場進入美國等方面的規定，授權美國相關政府組織及經貿代表可以對他國在產品有不合理或不公正貿易之嫌進行調查，對他國以國家力量進行企業產品補貼出口到美國，或是不公平對待美國產品多加課徵關稅，或者以不合理的方式禁止美國產品輸入等等對美國進行不公平貿易，可依照比例原則而採取一般 301 條款或特別 301 條款或超級 301 條款而加以懲罰，這個條款讓許多以美國為重要市場進行貿易的國家吃盡不少苦頭，如東南亞許多國家和日本、韓國、臺灣及大陸皆曾是 301 條款的受害者。美國在1980 年代祭出 301 條款針對進口到美國的產品涉及智慧財產權的部分，臺灣曾經多年被列入 301 觀察名單，對多項產品出口貿易產生巨大影響，除了高科技產業受到影響，臺灣許多傳統產業也因此而倒閉破產，迫使臺灣政府多年來不斷地修改智慧產權相關法律以及貿易相關法規。而在 2018 年所引發的中美貿易大戰，美國總統川普針對中國大陸許多出口到美國的產品涉及智慧財產權及專利侵害，開始展開大規模 301 條款的調查，在美中貿易大戰的過程中，美國總統川普直接點出中美雙方的智慧財產權的相關議題是美國政府最為關注的核心議題，應是美國總統川普在 2019 年 3 月簽署對中國採行 301 條款的制裁命令，美國政府認為過去多年來中國產業有嚴重剽竊美國智慧財產權的行為，而且基於美國貿易代表總署的調查報告內容顯示中國在許多高科技產業如人工智慧、光電、通訊、航太以及網路科技等對美國企業強制技術移轉給中國大陸私人企業，這些行為均已構成美國貿易法 301 條款的制裁要件。同

時美國亦積極處理中國製造 2025 的政策，無論是人工智慧、航太或者是 5G 等等高科技產業的科技技術，在智慧財產權的議題可以預見未來將更引起全世界的關注。

美國一連串的做法在 2018 年至 2019 年之間已經引起許多國家的政治及經濟上的恐慌，如臺灣最大的出口貿易國家是中國大陸及美國，臺灣的科技產業自然受到相當大的衝擊，其衝擊所引發的後果至今人難以評估，但是以智慧財產權作為中美貿易大戰最核心的主軸，許多投資在中國大陸市場的臺灣高科技產業，如電子五寶即受到最直接的影響，可見智慧財產權作為國家的戰略武器其影響將不只是直接的目標國家，間接的目標國家也會受到相當程度的牽連，並進而影響全球產業鏈的發展。

本論文集的作品主要由在智慧財產權領域素有專攻的學者專家撰寫而成，多數的論文於 2018 年及 2019 年由中華法律風險學會聯合各大學主辦的研討會中發表過，之後再經由送審匿名審查審稿委員採取等同國內大學法學期刊的審稿標準而錄用。

本論文集涵蓋智慧財產權個別重要領域的熱門議題，範圍涵蓋智慧財產權訴訟議題、專利、商標、著作權、營業秘密以及公平交易等方面的專論。

在法院訴訟分析層面，沈宗倫老師的著作〈再論專利使用排他權耗盡之法理基礎與適用範圍——智慧財產法院 101 年度民專訴字第 73 號判決之回顧〉，以智慧財產權法院對於我國第 82864 號發明專利的訴訟案為例，針對專利使用排他權耗盡原則的法理及適用的範圍進行論述。沈老師認為若以「對價平衡」之法理基礎，解析權利耗盡原則於本案之適用將更有說服力。這篇文章對專利權耗盡原則的分析在學理的部分引用的資料十分詳盡豐富，同時也提供法律實務界重要的論述依據。

參、智慧財產權法律風險防範管理

一、法律風險管理

當代已進入風險社會，德國著名社會學家貝克（Beck, 1992）曾提出風險文明，認爲是人類文明的新起點，主要導因於工業革命以來，現代高科技的發展，伴隨的高爭議風險，已不同於過往科技所伴隨的風險，也凸顯管理風險之必要性。

風險（risk）源自事故發生之不確定性（risk is uncertainty）與非預期之變化，因該事故發生遭受損失之可能，此可能之機會即爲風險之所生，可見風險是否客觀存在，非人類意志所能控制轉變，而且風險係相對現象，會流動轉變。觀察周遭環境與日常生活事物，經常看到存在風險現象，對現代企業之經營環境正急速劇變，不確定之因素更高，包括社會變遷、政治變動，制度變革、科技發展、環保要求、經濟興衰等，企業若要生存，必須設法迴避風險，化危機爲轉機，確保利潤目標之達成。

危險事故之不確定性，含括發生與否不確定性（whether），發生時間不確定性（when），發生狀況不確定性（circumstance）即發生結果嚴重程度不確定性（uncertainty as to extent of consequence）。由於事故引致風險，風險促發危機，危機導致實質損失，如器械損壞、使用降低、生產減弱、行銷困難、資金短缺、收益減低等，因之掌握風險，進行風險管理，首在風險確認，繼而風險評估與衡量，再作風險決策，進而作有效風險控制。

隨著時代進步，經濟活動日新月異，風險相對增加增快，其類別亦增多，包含生產風險、行銷風險、財務風險、稅務風險、資金風險、人事風險、創新風險、法律風險、經濟變動風險，以及國際情勢風險等。

其中法律風險爲個人、企業或政府機關在法律事務上面臨之風

險。就企業而言，係指從事工商經濟活動或法律行為，因法律有關之不確定因素或不可預測之疏漏等，以致引發生命、身體或財產之損失（害），包含人身危險、財產危險、財務危險、責任危險等。

　　法律風險實質上係因未遵循法律規範，導致有民事刑事及行政三種法律責任；簡而言之，法律風險其實為法律責任風險，易言之法律風險為法律之危險，乃指潛在影響個人家庭及組織利益之法律危險，對法律責任並得以預見、管理、監控為特徵，因之，管理法律風險，防免法律風險責任之發生，有其必要性與重要性。

　　對企業而言，法律風險之構面來自企業組織體與運作，組織管理，事務處理運作與企業文化、法律規範及行政監理管制等，其間相互連動影響，形成法律風險之整體面，而由法律規範所產生下列網絡圖，構築嚴謹之法律責任的制約網。

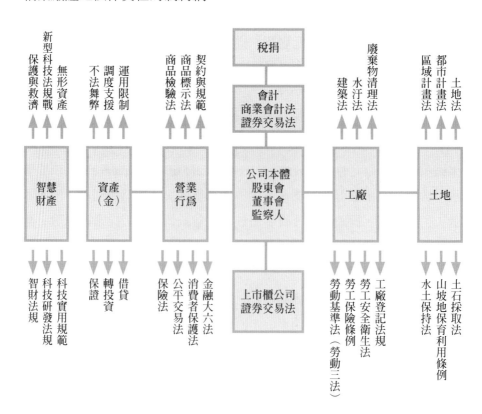

　　法律危險是一種潛在潛伏的危險，在一定條件成就後，其潛在經濟損失才會轉化為實際之經濟損失，所以管理法律風險成為企業必須正視之課題。就法律風險管理的效益：其一，做好法律風險控制，可降低責任風險的程度；其二，就企業商業活動而言，做好法律風險管理的實踐，對法律遵循的落實，可提升公司價值與經濟效能；其三，對政府機構而言，落實法律風險管理，可增強民眾的信任度與滿意度，提升公共價值；其四，對整體社會而言，法律風險管理間接也帶來降低社會成本的效益。

　　法律風險管理是指針對法律風險事件發生的可能性與造成責任損失的嚴重度，所採取的任何措施而言，其在控制面上，可分為四種：一為法律風險迴避；二為責任損失預防；三為責任損失抑制，責任損失預防與抑制並稱為責任損失控制；四為法律風險轉嫁。

　　法律風險管理是健全企業管理之一環。屬於預防管理之性質，具有強化企業免疫系統之預警功能，兼具法律與經營管理領域之效能。預測與掌握企業法律風險之方式，需透過定性與定量分析、與經驗法則、專家意見，落實企業經營管理流程之法律風險評估，與進行存在公司內部之法律風險分類、分級與關聯性分析，再由法律風險管理組織為持續性、經常性之工作，且必須具備建立預警機制，加強事前防控，掌握不斷變化或面臨隱藏而不是顯而易見法律風險能力。

　　當法律風險管理策略建置完成，進一步了解分析法律風險之發生與法律風險管理策略之實施兩者之間有無關係？關係為何？又企業法律風險管理策略之實施是否會降低法律風險發生之機率？是否能減少法律風險發生時產生之損害？是企業必須經常檢視稽考的工作，以免流於形式。

　　本人在亞洲大學、朝陽科技大學、逢甲大學、臺灣大學等研討會及演講會中，經常詳細說明管理法律風險之具體心法為：

1. 法律風險管理目標之擬定。

2. 法律風險辨識（分析、預測）。

3. 法律風險確認（鑑別、確認）。

4. 法律風險評斷（衡量、評估、回應）。

5. 法律風險決策（策略）。

6. 法律風險避讓（移轉）。

7. 法律風險控管執行（防阻）。

8. 法律風險還原。

有關管理法律風險之步驟可分爲三：

1. 法律風險預防管理

　　—認識

　　—解析

　　—辨定

　　—策略

　　—防阻

　　—避讓

　　—分散

　　—執行

2. 法律風險危機管理

　　—風險責任出現

　　—和解、調解、仲裁

　　—訴訟

3. 法律風險復原管理

　　—檢討

　　—重建

　　—復原

—新預防管理

上述三者之關係圖：

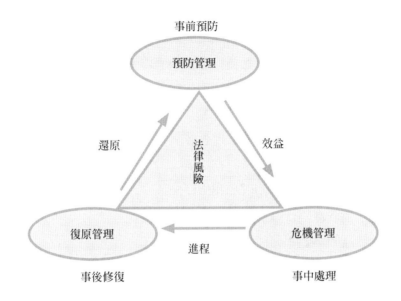

其中，當以法律風險管理預防為要，預先作好管理不讓法律風險出現，最為上策；反之，若不重視預防管理，當法律風險發生，只有進行危機管理，最多僅能做到損害之控制與損失之減低，但很多企業其實只在做危機管理，造成企業重大損失，甚而相關人員因違反刑事法律，被判處徒刑，悔不當初。

企業建立法律風險體系是減少與預防法律風險之良策，在中興大學EMBA班時，有許多位企業領袖請教其作法，本人詳細列舉具體作為：(1) 加強法律風險意識，培養優質之法律組織、(2) 建立法律風險管理體系、(3) 訂定完備法律管理計畫及手冊、(4) 落實法律風險管理於經營活動、(5) 執行公司治理策略、(6) 做好法律風險管理基礎性工作、(7) 健全法律風險管理部門與技術、(8) 重視及引進法律顧問制度、(9) 強化智慧財產權管理。

又法律風險管理標準化，也是企業努力之目標，可朝下列方式實

踐：

    (1) 提高法律風險管理意識。

    (2) 有效配置和使用法律風險管理資源。

    (3) 遵守相關法律法規及國際規範的要求。

    (4) 依照契約履行，作必要性之協調處理。

    (5) 實施主動的、前瞻性的管理作為。

    (6) 重視減少損失及降低損害。

    (7) 改善公司治理，強化治理效能。

    (8) 改善財務報告，調整財務結構。

    (9) 提高利益相關者的信心和信任。

   (10) 增強管理經營階層之決心與策略。

   (11) 提高組織的學習能力與效果。

   (12) 提高組織的生存和持續發展能力。

   (13) 改善營運效果與效率。

   (14) 改進對事故的預防和管理。

   (15) 防範法律風險可能出現。

    法律風險管理係跨越法律學與管理學兩領域之觀念，需由宏觀視野與高度思維從事科技整合之理論與實務研究，藉由兩者交互作用、相互涵容、重新認識、理解與分析，改變門戶式之既定思想，作完整之專業異質融合，其中需詮釋法律在風險管理之關鍵地位，闡揚風險管理在法律系統之貫穿效能，彰顯法律風險管理之內涵，使二者親近密合，發揮相互引導、促發、調解與整合效果，開創社會學門之新方向。

    法律風險管理新學門，係跨科技、跨領域之融合學識，可細分為預防法學、治療法學、救濟法學三區塊，其對法學板塊圖將有衝擊，預期如下：

(一) 預防法學

　　—法律風險預測

　　—法律風險評量

　　—法律風險迴避

　　—訴訟程序運用

(二) 治療法學

　　—法律風險控管

　　—法律風險防阻

　　—法律風險避讓

　　—法律風險分阻

(三) 救濟法學

　　—法律風險危機處理

　　—法律訴訟

　　—法律風險復原管理

　　本人一向對於管理學識有濃厚興趣，經多年涉略探索，以及長期在司法與法律界服務心得，體會一般人與工商百業對於法律風險之重要性經常忽略或排斥，結果當法律風險實現時帶來許多諸多禍害效應，當金融海嘯發生時，更體認社會普通缺乏風險危機感，忽略法律效果，乃與諸多關心法律風險與管理議題之熱心人士，籌組中華法律風險管理學會，大力推廣此新學門，積極研究探索，建立基礎系統性之理論體系，透過全面整體研究、闡發、實踐等軌道，逐步檢驗辯證，建立其體系。

　　學會有明確宗旨與任務，經聚集志同道合學者專家同心協力，齊心推廣法律風險理念，推廣風險識別、風險反應、風險控管策略，增強預防風險處理能力，協助實踐公司治理目標，提升企業經營效能，並建立

政府機關、企業及民間團體聯繫平臺，共同推動法律風險評量、俾讓與解決機制，發揮預防與控管之重大功效。

為推廣法律風險與治理策略，學會多年來先後舉辦法律管理、公司治理、法律風險及醫法、房地產開發、智慧財產權、科技法律、長期照護、金融法律、教育活動、工商經營、企業法律參訪創新、證券交易法等法律風險管理研討會、論壇以及大臺中法制論壇、刑事政策研討會、司法改革論壇等。

從 2018 年起啟動智慧財產權研討會，也先後與政治大學、亞洲大學、東吳大學、中國醫藥大學、臺北科技大學、臺灣大學及銘傳大學等共同舉辦論壇與研討會，也匯集各報告人之論文集結成書。

出版專書也是推動法律風險管理新學門之重要工作，已先後出刊：
(1) 2011 年出版《法律風險管理》
(2) 2013 年出版《法律站在你身邊—法律風險防身術》
(3) 2013 年出版《法律風險管理跨領域融合新論》
(4) 2014 年出版《工商事業活動與法律風險管理》
(5) 2015 年出版《醫病關係與法律風險管理防範》
(6) 2016 年出版《法律風險管理：理論與案例》
(7) 2017 年出版《法律探微今與明的新學思》
(8) 2018 年出版《證券交易案件法律風險探測》

二、智慧財產權案例

科技業重觀新科技之研發與應用，但對智慧財產權之保護規範不能忽略，否則對企業帶來嚴重之法律責任，擔負鉅額賠償，而侵害智慧財產權之案件日漸增加，從以往被關注的侵害專利權、侵害商標權事例，已擴大到其他智慧財產權案例，有關著作權之侵害也日漸增多，侵害營業秘密事例更讓大家耳熟能詳，智慧財產法院之成立，彰顯保護智慧財產權之重要性。

在中興大學 EMBA 演講時，有企業曾問及有何侵害專利權之實例，本人乃提供一份曾蒐集之案例供其參考：

(一) 2000 年 Nokia 以資料傳輸技術告蘋果公司的 iPad 平板電腦侵犯諾基亞專利權。蘋果價盤中應聲重挫逾 8%。

(二) 2001 年 9 月英特爾控訴 A 公司

    → P4 系列、晶片組侵害其專利權

    → 2 年訴訟，A 公司市場地位邊陲化

(三) 2003 年 4 月英特爾與 A 公司和解

    → 雙方撤回 5 國，27 項專利，共 11 件訴訟案

    → 簽屬 10 年交互授權協定

    → A 公司支付巨額權利金

(四) 2003 年 6 月 B 公司與美商億世 ESS 訴訟

    → DVD 韌體著作權訴訟

    → 成立和解，簽授權合約書

    → B 公司 2 年付 9,000 萬美元權利金

(五) 2004 年 8 月 B 公司與 A 公司侵權案

    → 雙方和解

    → A 公司 5 年付 B 公司 16 億元

(六) 2005 年 1 月 C 公司與 D 公司智財案

    → 雙方和解

    → D 公司賠償 56 億元

    → 臺灣最高和解金

(七) 2005 年 8 月日本松下電器控訴 B 公司

    → B 公司 DVD 侵權

    → 在美訴訟

    → 微星科技採購 B 公司晶片，一同被告

(八) 2006 年 1 月 B 公司與美商卓然（Zoran）侵權

→雙方和解，簽立專利授權合約

→ B 公司賠付 27 億元

(九) 2006 年 3 月 C 公司至美加州法院控告 D 公司

→侵害商業秘密

→又未履行 2005 年和解契約

→同年，D 公司反控 C 公司

→另又向此案法院告 C 公司違反誠信、詆毀商譽

→雙方纏訟，費神費力

(十) 2007 年 3 月惠普至美控告 E 公司侵權

→侵犯 5 項專利科技

→要求 3 倍賠償

→請求禁止 E 公司至美出售爭議科技之電腦

→同年 5 月 E 公司反控惠普侵權，要求鴻海、廣達、緯創代工廠
　同負保證責任

(十一)　2007 年 6 月 B 公司與 F 公司晶片侵權案

→達成晶片、DVD 專利和解

→支付高額和解金

(十二)　2009 年 6 月工研院至美控告三星侵害專利

→瞄準對方熱門商品

→ 6 月 19 日告 2 項

→ 10 月 19 日告 5 項

(十三)　2010 年 5 月 A 公司反撲，告蘋果 5 侵權

→禁 iPhone、iPad 販售

→蘋果告 A 公司 20 項專利

→企圖以戰逼和

(十四)　2012 年 3 月美專利控股公司（GDH）控蘋果、A 公司等侵權

→ 6 家侵害圖像處理專利

→請求禁售及權利金損失

(十五)　2012 年 4 月蘋果與 A 公司智財爭奪

　　　　→蘋果至美、德控告 A 公司侵害專利權

　　　　→蘋果至美、德、澳、荷告三星侵權

　　　　→蘋果與 A 公司和解，同意授權

　　　　→三星也至美、英、義、日、澳等控蘋果侵權，互有輸贏

(十六)　2012 年 11 月 11 日蘋果與 A 公司和解，撤銷所有 20 多項專利
　　　　訴訟，給予 10 年專利授權契約
　　　　（涵蓋雙方現有或未來持有之專利）

　　　　→ 2010 年 3 月蘋果首告 A 公司侵害專利

　　　　→ 2011 年 8 月 A 公司告蘋果侵害 4G 專利

　　　　→ 2012 年 6 月蘋果控 A 公司濫用 4G 專利，違反反托拉斯法

　　　　→ 2012 年 10 月 31 日前雙方訴訟 12 件

　　　　→ 2017 年 2 月雙方發現市場流失，三星壯大得利

　　　　→牽起對手培養競爭者制衡三星，借力求生

(十七)　G 公司於 2018 年 2 月告重慶惠科侵害光電專利侵權 15 項，惠
　　　　科則於 2018 年 3 月告 G 公司 5 件專利侵權

(十八)　全球最大晶圓與光罩盒供應商英特格（Entegris）與臺灣上市 H
　　　　公司在晶圓盒的專利纏訟，智慧財產法院判決英特格勝訴，H
　　　　公司需支付 9.8 億元賠償金，侵蝕 H 公司每股純益 13.9 元，成
　　　　為半導體業侵權賠償最高金額，恐影響供貨台積電等指標

　　再者，侵害智慧財產權訴訟中，營業秘密案件逐年在增加，茲舉下
列案例說明之：

1. 2011 年 7 月甲公司高階主管加入三星電子任研發副總，法院判決
　 2015 年前該高階主管不得為三星提供任職服務。

2. 2013 年 6 月乙公司副總經理挖角多名工程師，並攜走機密資料赴中
　 國北京，與中資合夥開公司。

3. 2013 年 8 月兩公司副總經理、研發主管多人，竊取 USB 3.0 技術，求償 41.37 億元。

4. 南韓記憶體晶片大廠 SK 海力士涉嫌竊取儲存型快閃記憶體（NAND Flash）商業機密，遭日本東芝（Toshiba）及美商晟碟（SanDisk）提告求償。東京警方 2014 年 3 月逮捕一名曾效力於晟碟的工程師，該技術人員涉嫌複製 NAND Flash 研究技術，隨後立即跳槽到 SK 海力士，並洩漏相關資料；東芝更估計公司至少因此虧損 1,000 億日圓，嚴重影響獲利。

5. 2014 年丁公司多位工程師帶走電路設計圖及銷售資料轉任港商。

6. 2016 年 9 月戊公司 5 名工程師被紫光集團、合肥智聚集成電路等公司挖腳，離職前以手機拍攝機密傳至上開企業。

7. 2016 年 12 月甲公司工程師為跳槽上海華力微電子，離職前偷偷影印 28 奈米製程機密，企圖攜至華力微使用。

8. 2017 年乙公司員工沿用原來公司之設計案，公司及負責人被對手聲請假扣押及賠償巨額款項。

9. 2017 年 5 月庚公司工程師受重金引誘，破解公司防火牆，盜取 DRAM 產品機密檔案，跳槽合肥瑞利公司，使戊公司損失 38 億。

10. 2018 年 11 月國際化工集團臺灣子公司 6 名高階主管，竊取市值 36 億元的機密技術配方，洩漏給江陰化微公司。

11. 代理芬蘭半導體設備桃園公司員工受託到高科技公司維修時，抄襲機密參數，當場被逮。

12. 2019 年己公司雇用同業工程師 3 名，對手控告民刑事訴訟，索賠 10 多億元。

13. 2019 年 1 月全球最大化工公司巴斯夫桃園廠退休廠長及主管等 6 人，竊取化學品製程、技術與配方等，出售與江陰一電子材料公司，查扣 4,300 萬元。

　　分析既往智慧財產權訴訟案例，發現科技業對於訴訟之觀念大大

轉變，其翻轉過程為：商品戰→法律戰→訴訟戰→策略戰→商業戰→壟斷戰→殲滅戰，也在訴訟策略上運用烏賊戰法先告關鍵之一產業連動相關產業，後相關企業因之控告脫不下水，並追朔及關係企業，波及連動企業，迫使相關業者，無法壁上觀，此時心理戰術越來越靈活，而且以訴訟當作商業競爭模式，以訴訟迫使對手忙於訴訟，對手疏於市場與營運，趁機搶占市場，擴大占有率；又有企業將法律當作商業新手段，其訴訟不求勝，巧妙選在上市櫃前夕，逼對方和解或企業聯盟，又有運用訴訟控告對方供應鏈之廠商，逼對方出面協調或打亂軍心，巧妙取得先機。

　　本人在中興大學越南 EMBA 班演講時，有學員對於殲滅戰法很有興趣，乃詳予解析，就其有採殲滅戰法，從手機打到平板，趕盡殺絕，目的在封殺對手，以焦土戰、滅絕戰讓對手無法競爭，甚而轉購相關專利反控對手侵權，達到所占之目標。

三、智慧財產權與法律風險管理

　　企業經營管理者需體會運用法律風險管理策略，有系統辨識法律風險、評估法律風險，並尋求合法的策略以降低法律風險實現以及所帶來的損失與法律責任。其中智慧財產權方面，不容忽視法律風險管理之效益與重要性，行政院曾公布《風險管理與危機處理作業手冊》，可參用採取適合自身企業需求之管理策略。

　　在法律預防管理方面，應該要法律風險辨識（legal event identification），了解法律規範，採行法令遵循做法；在法律風險評估（legal risk assessment）應基於固有的法律風險（inherent legal risk）及剩餘法律風險（residual legal risk），採用定性分析與（或）定量分析，以了解法律風險產生的可能性及衝擊程度，評定法律風險的等級，再據以決定因應的順序及投入之資源。

　　有關法律風險回應（legal risk response）方面，採取 1. 風險規避（risk

avoidance）2. 風險減輕（risk reduction）3. 風險分擔（risk sharing）以外，4. 風險承受（risk acceptance）；法律風險監控（legal monitoring & controlling）用以協助企業確保法律風險回應及其他指示事項能有效執行的政策與程序，做好監督稽核工作，透過持續的法律風險監控和獨立的法律風險稽核，監督企業法律風險管理的有效性。

同時，企業全體與公司負責人、經營管理層，主管以及員工，最需要有法律風險意識，有預防智慧財產權侵權及被侵權之正確觀念，培養正確之法律風險文化，了解法律風險與企業經營之比重，清楚法律風險為管理之重要成分，辨明法律風險很具殺傷力，常成為企業成敗之關鍵性，也會成為企業終結之因素，是以企業需充分認識及辨認法律責任，設法防阻法律風險事件發生。

新科學、新技術進步神速，法律未必能趕上配合，發生諸多法律風險問題，不能忽略法律規範之約制以及法律風險責任。新技術研發之成果不容被侵奪，科技業為確保其獨占優勢，需依法申請登記及實施智慧財產權保護，避免發生外國法律專家所指：作法保守，忽略智財權保護戰之重要性。

科技在開發營運中，要加強法律成分，充分體認智財權為商業競爭的新手法，提升商業競爭策略，加強智財權之商業化，靈活運用法律手段，一則保護自我權益，也可適度遏阻他人之侵權行為。

臺灣在全世界專利的申請有相當的好成績，如 2009 年共有 6,642 件，占全世界第五位，以光電、電子、機械為多，歷年來在臺灣申請專利之案件大致上有增加趨勢，依經濟部智慧局 2018 年 4 月公布第 1 季智慧財產權趨勢，申請總量為 17,674 件，小幅成長 0.03%，發明專利申請量共有 11,420 件，比去年增加 2%，分析本國法人發明專利申請數據，友達以 133 件稱冠本國法人，其他法人則有聯發科、台積電、宏碁、鴻海、宏達電、工研院、和碩、中華電信、緯創資通等。外國法人部分由高通領先，其次為應材、東京威力、富士軟片、阿里巴巴等，各

科技大廠申請專利之件數起伏不一，專家認爲專利權對企業技術升遷及市場優勢息息相關，但仍有企業未予重視，甚而忽視研發之重要性。

臺灣企業在海外進行之智慧財產權及壟斷之訴訟甚多，被裁罰及賠償金額甚高，在外國法律專家眼中，直覺認爲天價智財賠償未撼動臺灣企業，居然不怕賠，且普遍不重視，企業碰到都很甘願賠償，甚且麻木不仁。因之專家建議臺灣科技業需改變作法，應從以往被動防守策略改爲未來主動攻擊思維，不應視訴訟爲畏途，這是不正確方法，企業應將之視爲不可免之生存法則，應積極體認智財權是全球化之議題，智財戰是商業行爲必然趨勢，法律訴訟是反映商業行爲之轉變。

需如何做好管理法律風險工作，參考本人所撰述法律風險管理之論述，提出下列對應策略：

1. 有敏銳之法律風險意識
　　—不要惹火上身，惹火後患無窮
　　—強化防堵對手竊取專利機密
　　—教導員工不落地措施
　　—要使用時才傳資訊，用後立即刪除

2. 防範研發階段涉及侵權
　　—完整之智財資訊
　　—避免有雷同、相同案侵權行爲
　　—有秩序有制度開發

3. 掌握產物鏈之所有智財地圖
　　—防止過程涉及侵權
　　—做好防避措施

4. 提升研發創新能力
　　—自己擁有最實在之創新力

—培養專業優秀團隊

5. 關鍵性技術要有避險作法
　　—容易觸法
　　—採繞道作法
　　—另起爐灶

6. 廣泛登記所有專利等智財權
　　—智財網越大越好
　　—國內外一網打盡

7. 建立智財保護銀行
　　—所有技術均重視
　　—確立核心技術、高度保護
　　—技術、業務、結合人員配合
　　—建制專利地圖，成立保護軍火庫

8. 爭取智財授權
　　—支付權利金
　　—互換案件
　　—合作
　　—研發加上購買授權，加高加深專利城牆

9. 主動出擊控訴侵權行為
　　—攻擊最上策
　　—防禦只有居下方

10. 提高決策層次
　　—經營層次決策
　　—專利案智財授權

　　　　—談判權利金

　　　　—聯盟與合作

　　　　—訴訟

11. 買進新專利反擊控對手侵權

　　　　—非上策

　　　　—宏達電借重 Google 九項反控蘋果侵權

12. 向大學或工研院求援

　　　　—各大學、工研院長期從事實驗、試驗及開發新技術，可予媒合應
　　　　　用

　　　　—如掃地機器人松藤由工研院支援，與美 iRobot 龍頭廠和解

　　智慧財產權保護已為企業必須重視項目，也應有一定研發經費，培養研發團隊，積累研發能量，提升企業競爭力，反之無研發能力，必需思考智慧財產權移轉策略，其方式不外策略聯盟、合作生產、合資開發、取得授權等。

　　又在取得專利權部分，企業併購連同研發團隊移撥是習用方式，其以技術移轉則有授權、交換、購買、合作行之；採聯合開發者，有合作、合資、聯盟方法；其用代工、外包、傳授、代理者，亦為方法之一，總之，避免法律風險責任發生，仿冒抄襲常得不償失。

　　企業在海外所面臨的智慧財產權風險，約而言之，包括智慧財產被侵權、被搶註商標、仿冒抄襲盜版、員工跳槽、重要幹部被控告、機密外洩、授權糾紛、技術移轉爭執、權利金約定與支付糾紛等，因此，企業在國際化過程，智財權之策略為必修學分，在海外布局不能忽略智慧財產權之保護，必須做好平時之智財管理，當自有品牌、專利越多，自我保護越強，並及早蒐集及分析業界競爭對手專利及商標的資訊，一旦其他企業侵害本身的智慧財產權時，可作為對抗競爭對手利用訴訟打擊自身之有力籌碼。

　　企業間之競爭常有不同之面相與方式，其涉及侵害智慧財產權時，亦有其不同之對應處置方式，有則將用警告出手法規處警告對方企業，發揮警示告誡功能，一般而言，確可達到一定之預期效果。

　　事業發警告函行為，大部分以下列方式對其自身或他事業之交易相對人或潛在交易相對人，散發他事業侵害其著作權、商標權或專利權之行為者：

1. 警告函。

2. 敬告函。

3. 律師函。

4. 公開信。

5. 廣告啓事。

6. 其他足使其自身或他事業之交易相對人或潛在交易相對人知悉之書面。

　　公平交易委員會（以下簡稱公平會）為確保事業公平競爭，維護交易秩序，有效處理事業濫用著作權、商標權或專利權。不當對外發布競爭對手侵害其著作權、商標權或專利權之警告函，造成限制競爭或不公平競爭案件，曾訂頒公平交易委員會對於事業發侵害著作權、商標權或專利權警告函案件之處理原則。

　　企業對：(1) 經法院判決侵權者 (2) 或經調解確認者 (3) 或送達專業機構鑑定，取得鑑定報告，且發函前事先或同時通知可能侵害之製造商、進口商或代理商，請求排除侵害者，再發警告函者，認係依照著作權法、商標法或專利法行使權利之正當行為。

　　又企業於：(1) 發函前已事先或同時通知可能侵害之製造商、進口商或代理商請求排除侵害 (2) 或於警告內敘明著作權、商標權或專利權明確內容、範圍、及受侵害之具體事實（例如：系爭權利於何時、何地、如何製造、使用、販賣或進口等），受信者足以知悉系爭權利可能受有侵害之事者，再發警告函者，為依照著作權法等行使權利之正當行

爲。

當企業未現行前二者之先行程序，逕發警告函，且爲足以影響交易秩序之欺罔或顯失公平行爲者，構成公平交易法第 25 條之違反；又事業雖踐行前法之先行程序而發警告函，但內容涉有限制競爭或不公平競爭情事者，公平會將視具體個案，檢視有無違反公平交易法之規定。

有時，企業發出之警告函，如係不當對外發布與其非屬同一產銷階段競爭關係之事業侵害其著作權、商標權或專利權之警告函，而造成限制競爭或不公平競爭情事者，亦有本處理原則之適用。

又對研究者而言，也需防範法律風險，國家衛生研究專家曾對臺灣原住民 1,500 多名泰雅族部落作大規模基因研究，發現原住民痛風基因的位置，對外宣布：「這是臺灣獻給全世界的禮物」，2008 年向美國申請專利，爲國外人權團體質疑，在未取得原住民部落同意書的情況下申請專利，要求撤銷申請，同時向被抽血的原住民道歉，舉發者指不顧基因產權，違反研究倫理，因之：「我的血液不是你的專利」、「我的基因不是你的專利」、「你不能侵犯我的隱私」等論述，成爲關注議題，對類似研究不能忽略其法律風險。

第一章

智慧財產權才是臺灣產業發展國際化之正確途徑

許忠信 *

*成功大學法律系

智慧財產權才是臺灣產業發展國際化之正確途徑

摘　要

隨著知識經濟時代的到來，在所謂無重量經濟的生產與消費的循環中，甚少產品或服務不涉及商標、專利、著作權等智慧財產權。有鑒於此，我國產業要國際化而有國際競爭力，唯有發展智慧財產權並搭配產業聚落一途。

在土地、勞工、資金及企業家精神四個生產要素中，由於後兩者與提升生產力之技術在 1980 年代後已具國際流動性，因此，要創造一國之比較優勢，在技術及 know-how 之研發而言，應以政府與學界就產業所需之應用技術作聯合開發，以讓政府成為共同權利人而可決定在何地使用該技術。

土地而言，應以與地方結合之地理標示權形成產業聚落，以收外部經濟規模之效與品牌價值。此外，地理標示權與產業聚落結合亦可利用外部經濟規模亦可與地方結合，例如：后里樂器。另外，政府與企業共同開發（joint venture）而共有專利與 know-how 亦可控制外移與否。

至於勞工則應使其有不可分離之技能，提升產品之品質與生產力，因此應強調技職教育，即使有大學學位仍應以技能提升為導向。創造一國之比較優勢，可從勞工技能（skill）的提昇著手，因為 skill 與技術（technology）不同，與勞工緊密結合，不會像技術因專利或 know-how 授權而外移。

鑒於技術創新在創造比較優勢上的重要性，有很多國家的政府補助大學或研究機構作基礎科學研究，甚至補貼私人企業進行研發，或甚至鼓勵企業共同進行研發（research consortia）。本文認為在以中小企業為主的國家，如德國及臺灣，在共同研發方面更為重要。

關鍵字：商標、專利、著作權、工業設計、地理標示權與產業聚落、智慧財產權、技能、技術、比較優勢、know-how。

壹、前言

　　隨著知識經濟時代的到來，在所謂無重量經濟的生產與消費的循環中，甚少產品或服務不涉及商標、專利、著作權等智慧財產權，甚至連大宗穀物如大豆等傳統上不標示商標的交易，亦牽扯到基因改良的專利保護問題。資訊科技進步與國際交通的一日千里，使得天涯若比鄰，此一全球化的結果，傳統的商品貿易已非國際貿易的重心，取而代之者為國際投資與服務業貿易，而知識經濟全球化的結果，更使得智慧財產權滲透到國際投資與跨國服務的領域，此由視聽服務業所涉之著作權問題、國際投資所涉之商標授權及營業秘密問題、商品貿易所涉之眞品平行輸入問題等便可窺其端倪。有鑒於此，我國產業要國際化而有國際競爭力，唯有發展智慧財產權並搭配產業聚落一途。

貳、智慧財產權之國際化

　　智慧財產權之無體性格使其交易極易國際化，而其保護法制亦因而有國際化之內在傾向。然而由於智慧財產權法仍採屬地主義，因此，智慧財產權法之研究於對國際智慧財產權規範有所了解之後，以國際比較方式對主要國家之智慧財產權加以探討便非常重要。有美國學者即指出，在現在之技術與經濟情況下，一位不了解國際專利體系之律師及代理人，將使其顧客受到重大不利益。在今日全球經濟交易中，已沒有任一位律師只在執行美國國內業務而已，而且美國專利法易受到國際整合運動之影響，因此，一位缺乏國際專利法理解之律師將缺乏理解美國國內未來發展之分析工具。[1] 在採註冊主義之專利權皆已如此，更何況是採創作保護主義之著作權以及不採登記制度之不正競爭防止法。

參、智慧財產權之基本概念

一、智慧財產權之概念

　　所謂智慧財產權乃指對投資、心智創造活動或勞務所得之無體產品（intangible products）擁有之財產權（property right），包括專利權、商標權、著作權及對抗不正競爭之權利等。[2]由於智慧財產權所涵蓋者及於不正競爭防止法所保護之利益，而不以權利為限，因此，而認為其乃對投資、心智創造活動或勞務所得之無體產品所擁有之財產利益（proprietary interests）。[3]

二、智慧財產權之理論

　　有關智慧財產權之理論應有垂直與水平兩種觀察。首先，就垂直觀察而言，智慧財產權在十八世紀末前之重商主義時代，其之國家（國王）所賦予之特權（privilege），到了十九世紀之自由主義時代，其天賦之權利（right）。在重商主義時代，一般認為繁榮經濟是政府之職責與首要目的，而為達此一富國強兵之目標，最典型之手段為特權（如專利特許）等政府措施。然而在英國洛克（契約論與政府論兩篇）與康德哲學之影響下，德國自然法理論（Natur rechtstheorie）者在政治與法律上要求自由權，[4]並對創作人等所享有之智慧財產權當作個人權利來加以保障。

　　雖然智慧財產權在近代為一權利而非特權，但就水平之觀察而言，世界上主要國家對此一權利之正當化理由則有兩大不同理論，即自然權利理論（the natural right justification）與實用正當化理論（the utilitarian justification）。自然權利論者認為創作人等對其本身之創作享有自然或道德上之權利，或與生俱來之權利。此說乃是受到英儒洛克與德儒黑格爾之影響。例如：英儒洛克在其〈政府論〉兩篇中強調，個人在

其人身，身體之勞動與親手完成之作品享有財產權。智慧財產權學者將此一理論運用到智慧財產之創作上，而認為發明人或著作人對本身之勞動或創作成果享有智慧財產權。[5]實用正當化論者認為，智慧財產權乃為了更大之公共福祉之目的所必要之工具，因而，其為創作之誘因，揭露之誘因，與散播之誘因。此說主要是受到英儒邊沁之影響，邊沁反對自然權利說，而認為國家應採取政策最大化人民之幸福與快樂。智慧財產權乃因其對社會之用處及利益而有其合理化基礎，因為智慧財產權具有公共財產之特性（即因無實體可支配而無法排除他人使用，而且亦因無實體而使得他人之使用並不會剝奪自己之享有），因此，若不以法律去創設一排他權，他人將無意願去研發創作。因此，智慧財產權乃是為了誘發此一對社會有益之創作與投資。因此，實用正當化論者亦被稱為誘發理論（the incentive theory）。[6]

美國智慧財產權法之法哲學原理乃是欲藉智慧財產權之保障與排他權之賦予而鼓勵投資與研發，藉而確保富裕、多元而競爭之市場以增進公共利益與人民福祉。[7]可見，其與德國法系較強調著作人及其他創作人就其創造成果所享有之自然權（natural rights）者不同。[8]例如：美國聯邦最高法院在 Twentieth Century Music Corp. v. Aiken 一案中即指出，著作權之近期效果固在於對著作人之創作努力提供合理報酬，但其終極目標則在於藉此誘發創作而有利於公共利益。[9]

肆、智慧財產權法之目的

智慧財產權法之目的乃為鼓勵創作發明、促進知識傳播、刺激並保護投資、保護消費者與保障人格權。其中，著作權法保護著作（work）之觀念表達（expression），而非構想、觀念（idea）或思想（thought）本身，然其並非獨占權，而僅禁止他人抄襲；專利權保護具產業利用性之新技術發明，乃是一獨占權，嗣後之獨立發明亦受其限制；工業設計

（industrial design）乃有關工業產品的外觀形狀設計，我國以新式樣專利來加以保護；商標權則與企業形象及商譽有密切關聯，並代表所表徵商品或服務之品質及來源；至於營業秘密法則禁止被信任人使用或公開基於信任而對其透露的機密資訊，包括營業秘密、政府機密、個人秘密等，所以營業秘密的保護及於觀念或構想（idea）本身。

基於智慧財產權法之此一目的，拋開道德之問題不談，就法而言，資訊之利用應自由，因為人類乃藉模仿而發展。不論如何優秀之學者或藝術家，皆需仰賴前面之成果而後成自己開花結果。因此，若一般的禁止模仿，則將阻礙人類世界之發展。[10] 可見，某一模仿行為，除非已經構成商標權專利權等特別保護權之侵害外，原則上應允許之，只有在例外之情況，方構成不正競爭。

伍、智慧財產權之體系與概略

所謂智慧財產權有廣狹義。狹義智慧財產權包括著作權與著作鄰接權等文化創造活動成果之保護與工業財產權。而工業財產權又可分為專利權等產業創造活動成果之保護規定及商標與營業名稱之產業秩序維持與商譽保護規定。而廣義智慧財產權則除狹義智慧財產權外，亦包括營業秘密與積體電路布局等不正競爭防止法之規定。

首先，著作權法保護著作（work）之觀念表達（expression），而非構想、觀念（idea）或思想（thought）本身。因此，嚴格而言，其並非一獨占權，而僅禁止他人抄襲。大體上，著作權有兩子權，即著作財產權與著作人格權，前者有著作權限制及合理使用之限制，後者則無。其次，專利權包括發明、新型與新式樣。發明專利權保護具產業利用性之新技術發明，而且由於是一獨占權，因此，嗣後之獨立發明亦受其限制。其採註冊制度，必須申請而獲得，申請時須詳載發明與保護範圍。新式樣又稱為工業設計（industrial design），其乃保護工業產品的外觀

形狀設計等，我國以新式樣專利加以保護，英國則以工業設計法來加以保護。在英國工業設計有登記設計與不登記設計之分，前者似專利，後者似著作權，但兩者保護客體可能重疊。再者，商標（trade marks）與企業形象及商譽密切關聯，並代表所表徵商品或服務之品質及來源。商標之概念已包括商品標章與服務標章，此外，尚有證明標章（certifica-tion marks）與團體標章（collective marks）兩種標章。商標有待登記且須加以使用，若 3 年（有些國家 5 年或 7 年）未使用，則可能被撤銷。最後，不正競爭防止法，各國之規範內容不一，例如：英國普通法上的仿冒（passing off）則是侵權行為的一種類型，其要件比商標法寬鬆，因此未經允許使用而使用他人未註冊之標記、名稱、包裝等，雖未侵害他人商標，仍可能構成仿冒。我國則以公平交易法第 20 條加以規範。就本質而言，營業秘密亦是不正競爭防止法所保障之客體。然而，在英國則是以違背信任法（The Law of Breach of Confidence）來加以保護。違背信任法禁止被信任人使用或公開基於信任而對其透露的機密資訊，包括營業秘密、政府機密、個人秘密等。在美國則將營業秘密提升到權利位階，並制定營業秘密法家以保護。營業秘密的保護及於觀念或構想（idea）。我國受美國法之影響，於民國 85 年制定營業秘密法。

陸、智慧財產權的共同特性

　　雖然智慧財產權所涵蓋之法律領域甚廣，但其間之共同點大抵為排除對他人資訊之不當利用以及保障他人資訊之財產價值。不過，由於其涵蓋面甚廣，例如：包括內容不斷擴張之不正競爭法，因此，容有某些例外情況存在。[11] 由上述之智慧財產權體系與主要內容可知，智慧財產權乃屬一傘狀結構而涵蓋甚多具有不同歷史與理論之無體財產權。然而，其間仍有一些共同特徵而連結整部智慧財產權之各個領域，即無體性、排他性、財產性、公益性。

一、無體性

雖然美國憲法等將專利權當作一個人財產（personal property），但專利權與其他智慧財產權的無體性格使得其與有體物權不同處，並不會因他人之擁有而喪失，而且更如同以蠟燭點亮他人之蠟燭一般，世界更光明之同時並不會使自己之房間較黯淡，套句經濟學之用語，其邊際成本為零。[12] 例如：發明具有無體財貨之性格，因此，有如以自己之蠟燭點亮他人之蠟燭，並不會使自己較不亮。然而，若無專利權之授予，該發明之知識被傳播的結果，將使得該無體財貨之交換價值喪失。[13]

此外，智慧財產權的無體性格更使得其侵害之損害賠償計算較為困難，而須有一套有別於一般侵權行為損害賠償之計算方式，亦由此一無體性格，使得網路上之重製容易而成本低，更因此而能藉網路交易傳輸無國界之限制。

雖然如此，為確保抽象之構想仍能保持自由狀態，而使智慧財產權僅保護下游之產品而不獨占上游之構想，即使智慧財產權使創作發明人等在無體的心智創作上享有財產權益，智慧財產權仍然時常要求智慧創作必須被實體化到有形體之（tangible）之事物上，例如：美國法及要求著作須固定到有形體之形式上，發明須被付諸實施，而商標或早或晚皆須被實際使用。[14]

二、排他支配性

智慧財產權同具有排他支配權（不正競爭除外），賦予權利人專屬權以實現該權利之內容，例如：重製權等積極使用權外，亦同具有禁止未經同意或授權之行為之消極排他權。有關智慧財產權具有消極排他權較無爭執，但有關積極使用權方面，由於在自由經濟體制之下，要非有智慧財產權之消極排他權，第三人本可自由實施之，因此，近年來美國與德國漸有有力學說認為智慧財產權之消極排他權，而無積極使用權。[15]

　　雖然民法上排他支配權之標的及於如電流等具有法律上支配可能
性者，但此並不能被擴大到無體資訊之保護上，而且，由於，大陸法系
有物權法定主義之限制，因此，具有排他支配性之權利有待法律加以創
設，而使得大陸法系，在民法外尚須有著作權法及專利權法之制定，以
對無體之資訊如著作或發明等擁有類似物權之排他支配權。[16] 而且，具
有排他支配權性格者，不論是支配身體或名譽之人格權，或是支配有體
物之物權皆有不必故意或過失之侵害防止或排除請求權。然而，由於民
法中並無可對發明與著作等無體資訊加以排他支配之規定，因此，有
必要在智慧財產權法中對之加以特規定。[17] 此由我國法中如著作權法第
84 條及專利法第 84 條之規定可得到印證。

　　智慧財產權具有排他支配性，但其與有體物之物權（所有權）間
仍有如下之差異性。首先，智慧財產權常有期間限制，其次，其權利範
圍未如有體物所有權之明確，而且，由於無體性而不易被支配，再者，
由於其公益性，而有合理使用或強制授權等例外規定，最後，有些智慧
財產權之權利性格已被弱化而不具獨占的排他性格，例如：錄音著作之
報酬請求權等。[18] 日本中山教授即指出，由於智慧財產權具有競爭秩序
維持之機能，因此，其性格與單純如同所有權般之物權者不同，而且資
訊自由與獨占各有其利弊，智慧財產權即是在權衡此兩者對社會之利與
弊，已決定何時允許對該資訊加以獨占，何時應讓其自由流通。[19]

三、財產性

　　各類智慧財產權，不論是商標權或專利權，同為無體財產權，因
此，具有絕對性格，而原則上對第三人具有排他權作用，因此，具有類
似物權（所有權）之效力，[20] 而能被讓與、被授權、被出質。因為其乃
將對有體物之排他支配權運用到對無體物之排他支配上。[21]

(一) 讓與契約

　　智慧財產權既為一財產權，其可因讓與、遺囑處分或法律規定而移轉。讓與之方式常為要式。英國著作權法甚至允許著作權之部分讓與（partial assignment），亦即僅讓與一種或數種從事著作權限定行為之權利，或僅讓與著作權存續期間內之某段期間內之著作權或其分支權。[22] 至於將來著作權的讓與，此時該著作權於著作完成時，自動移轉為受讓人所有，概念上為權利移轉附條件，而非讓與契約附條件。

(二) 授權契約

　　智慧財產權之授權乃指權利人與被授權人間所為，允許被授權人從事某種限定行為之協議，若無此協議，該行為將是侵權行為。授權可以有時間、地域範圍與權利範圍之限制。授權有非專屬授權（sole licence）與專屬授權（exclusive licence）之分，前者並無排他性，而後者則可排除他人及授權人行使該權利或其分支權。

　　智慧財產權的讓與與授權各具有不同的效力，因此，有加以區分之實益。不過有時甚難判斷當事人間的契約是讓與或授權。此時，須合理解釋該契約，即使契約使用「授權」字眼，亦不能因此即認定其為授權，但若使用「授權金」一詞，則因其與讓與格格不入，很可能被判定為授權。區別出某交易為讓與或授權，有其實益。首先，若是讓與，則該權利已移轉；若為授權，則該權利未移轉。其次，受讓人可再讓與該權利，但除非契約有明定，被授權人不得再授權他人行使該權利。

四、公益性

　　智慧財產權法之目的在於以提供創造人等財產權之方式鼓勵其創造，但又同時希望能讓創造成果為大眾利用而鼓勵自由競爭，因而整部智慧財產權法充充滿公共利益與個人利益的權衡與妥協色彩，例如：合

理使用他人著作權以鼓勵繼續創作，促進有效溝通，而最後達到文化發展之目的。除合理使用或智慧財產權限制規定外，創作高度、發明高度與商標顯著性要求亦是為保障此一自由活動空間。此外，智慧財產權保護期間之限制亦具有此一功能。

由於此一公益特徵，智慧財產權通常皆有耗盡理論之限制，即在智慧財產權所附或所現之產品首次銷售後不得在對其主張權利，以使貨物得以暢其流。[23] 因為發明所製造或組成之物，或方法發明所直接作成織物在其等之市場價值方面之重要特徵乃歸因於該發明，因此，對此些物之交易及對其等之使用乃意味著對該發明之經濟（商業）上利用，這使得專利權人之禁止權擴及有關這些物品之行為，當然此有耗盡原則之適用。[24]

柒、主要智慧財產權之內容與國際規範

一、發明專利權

(一) 概述

我國、中國、日本與德國之專利權包括發明、新型與新式樣專利權者。美國法則沒有承認保護期間較短之新型專利權。

所謂發明乃指利用自然原理（例如：萬有引力）之技術思想以達到某一效用，例如：例用電阻之原理以作燈泡照明。發明專利權僅賦予給具有產業上可利用性之新的技術發明。由於僅當時熟悉該領域技術之一般技術人員所非顯而易知之發明（此時該發明具進步性），且為當時之技術狀態所不知（此時該發明具新穎性）之發明才可以申請專利權，嗣後之獨立發明（因已不具新穎性）即使並未抄襲前一發明，亦不得申請專利權。

發明專利權採註冊制度，必須在該國申請經審查後方可能獲得。申

請時，必須在申請書及說明書中充分揭露該發明之內容，達到該領域之一般技術人員一讀而不必再作實驗即可將它實施出來方可。因此，有些高科技公司並不願意因申請專利權而將其領先技術公開，此時其會轉而用營業秘密權來保護其領先技術。

所謂新型專利乃發明專利外另一附屬的保護，稱為短期發明、小發明或實用新型（utility model；gebrauchsmuster）。此一權利較不正式，因為國家在授予權利前，對未有對其有效性作實質審查，因此其期間僅有 10 年。其保護客體有僅及於技術設計（technical design）及物品的功能性外形（即實用新型之真義），但亦有擴及所其他之客體者。至於其所要求之技術進步的程度則是一低門檻（相對於專利之進步性或發明高度性）。

(二) 主要國際規範

我國、德國及日本法要求發明須是利用自然原理（例如：萬有引力）之技術思想以達到某一效用者，但美國法原則上認為太陽下所有人類作成的事物不論是製程、機器、製造物或合成物，皆能受到專利權保護，不限於利用自然法則者。[25] 由於受到美國法之影響，[26]TRIPS 第 27 條第 1 項規定，除受第 2 項與第 3 項之限制外，[27] 會員國應對具有新穎性、進步性及產業可利用性之所有科技領域之發明（不論其為物之發明或方法之發明）給予專利權。該條第 2 項規定，會員國得排除對於某些禁止其在該國領域內商業利用乃保護公共秩序或道德所必要（包括為保護人類、動物或植物之生命或健康，或為保護環境免於遭受嚴重危害）之發明之可專利性。該條第 3 項並規定，會員國得排除下列發明之可專利性：對人類或動物之診斷、治療與手術方法；微生物以外之動、植物及其基本上屬於生物的育成方法。然而，根據第 3 項之規定，會員國就植物新品種，應以專利法或個別成類（sui generis）之有效系統，或其

兩者之結合之方式,來加以保護。

我國與中國皆有植物種苗法承認植物新品種權。我國所研發出來之植物技術若使該明顯特徵足以穩定遺傳,則可以申請植物新品種權,若不能穩定遺傳則須申請動植物專利權。

(三) 發明專利權之效力

取得發明專利權後,其具有 20 年之保護效力,惟僅及於該國領域內,因此,到了其他國必須另外申請並繳費。各國之發明專利皆可被區分為物品(物質)發明與方法(製程、使用方法)發明。前者,乃對物所主張的發明,因此,主要乃以製造、販賣、使用該物為行為態樣。物之發明對該物有獨占力而不論其被用作何用途,所以獨占面廣。後者(方法發明),涉及從事某些活動之程序,因此,其侵害行為主要是由實施該活動所構成,因此獨占面較狹。就某一物即使已有物之發明專利權存在,仍可以對該物之新使用方法給予方法專利權。

TRIPS 第 28 條第 1 項即規定,物之發明人有權禁止第三人未經其同意而製造、為販賣而要約、販賣、使用該物或為該等目的而進口該物。方法或過程之發明人有權禁止第三人未經其同意而實施該特定方法,以及使用、為販賣而要約、販賣或為此等目的而進口至少係直接由該方法所獲得之物品。所謂使用並不包括私下非商業目的之使用。權利保護期間為不短於自申請日起算 20 年。

二、工業設計權

(一) 概述

所謂工業設計(新式樣)乃指對物品之形狀、花紋、色彩或其結合,透過視覺訴求之創作。新式樣又稱為工業設計(industrial design),其乃保護工業產品的外觀形狀之設計,例如:服裝設計、跑車造

型、輪胎花紋等。

所謂物品之「形狀」，乃指物品之外部形象及輪廓，而不論其爲平面或立體。所謂花紋（無色彩者），乃爲點、線、面之結合體，而爲物品表面裝飾用之線條或圖紋，包括平面與立體之花紋。立體之花紋指輪胎紋或鞋底花紋等具有深度大致相同之浮凹者。所謂色彩乃指單一顏色或複色，而且色彩一般與花紋組合而顯現其效果。

(二) 主要國際規範

TRIPS 第 25 條第 1 項規定，「會員國應對獨立創作完成而具新穎性或原創性之工業設計提供保護。會員國得規定，工業設計若與已知的設計或已知的設計特徵的組合無重大差別，則其不具新穎性或原創性。會員國亦得規定，此一保護不及於基本上受技術性的或功能性的考量所支配的設計。」

由此可見，TRIPS 對工業設計之保護留給會員國相當大之自由空間。會員國可選擇以著作權、設計專利權或獨自成類之設計權來加以保護，其故在於本條項乃一妥協之結果，而反映出 90 年代初期各與會國家的法制狀況與主張，例如：有關新式樣之要件，美國、歐盟、日本等主張使用著作權之「原創的」（original）要件，而瑞士等主張使用專利權之「新穎的」（new）要件。[28] 此外，不論會員國採取何種保護模式，其皆可自行決定是否對基本上受技術性的或功能性的考量支配的設計提供保護。此一「可自行決定」之空間乃由於歐盟與美國所採之態度不同而得之折衷結果，前者希望對所有之設計（包括功能性設計）提供保護；後者基於汽車零件業者之利益考量而主張不應對功能性設計提供保護。[29]

就紡織品設計而言，TRIPS 第 25 條第 2 項要求會員國應確保其國內規定之要件（尤其是有關費用、審查與公布之要件等）不至於不合理地減損設計人尋求並獲得保護的機會，而且會員國應有自由選擇透過工

業設計法或著作權法以符合本項規定之要求。此規定在於反映紡織品設計的快速退流行特性，而且有甚多的設計之商業價值並不高，因此若會員國所採取的保護模式費用太高或需冗長的審查與公布過程，則等到獲得權利時，它可能已退流行了。因此，會員應以及時的（timely）方式來對紡織品設計提供保護。[30]

(三) 新式樣權之效力

新式樣權（工業設計權）人根據 TRIPS 第 26 條第 1 項之規定，有權禁止第三人未經其同意而基於商業目的製造、販賣、進口含有其設計或其設計之實質（substantial）部分的物件。此一權利保護期間最少應達到 10 年。所謂實質（substantial）部分應可參考著作權侵害認定模式（接近與實質近似）之所謂實質部分或實質使用之概念。[31] 最後，會員國得例外在某些情況下不保護工業設計，不過此例外規定不可以不合理地與該設計之正常利用相衝突，而且不可以不合理地傷害該設計權人之合法利益（並考慮到第三人之合法利益）。

三、著作權

(一) 概述

著作權法保護著作之構想表達（expression），而非構想、觀念（idea）或思想本身。構想的表達須能以客觀的形式或媒介（例如：文字、語言與聲音）加以顯示於外。換言之，著作須能以客觀之表達方式顯示於外而為人類透過視覺、聽覺或觸覺感知之。因此，TRIPS 第 9 條第 2 項即規定，著作權之保護僅及於著作之表達形式而不及於觀念、程序、操作方法或數理概念等。

(二) 著作之要件

著作權之保護採創作保護主義，於著作完成時不待登記即獲著作權保護。我國著作權法第 3 條第 1 項第 1 款將著作定義為「屬於文學、科學、藝術或其他學術範圍之創作」。因此，著作之要件可分為「原創性」與「須具客觀化之表達方式」。分別探討如下。

1. 須具原創性

原創性與專利法所要求之新穎性並不相同，不以達前無古人之地步為必要，而只須屬獨立創作，而非抄襲自他人之創作為已足，例如：甲乙兩人出遊寫生，不約而同創作實質近似之水彩畫，著作權法容許該雙重著作一同受法律保護。

2. 須具客觀化之表達方式

著作權法所保護之標的，非保護創作活動本身或構想，而是保護著作客觀化之表達方式，使一般人可感覺其存在。質言之，著作權所保障者，並非觀念、構想或感想本身，而係保護其表達形式，然我國法卻未如英國與美國著作權法所要求之須固定於一定媒介之上，因此即興演講、演奏或歌唱，縱未固定於任何媒介之上，惟已客觀的表達於外，即受著作權法保護。

所謂表達方式乃表達著作內構想或事實所用之言語，闡發 (development)，處理手法、安排以及順序等等。例如：臺灣高等法院 87 年度上訴字第 3249 號刑事判決即已指出，「所謂表現形式即作品內構想與事實、所用之言語、闡發 (development)、處理、安排及其順序，構想及事實本身則非著作權法所保護之對象」。

(三) 著作類別

在我國只要符合前述之著作要件即成一著作，因此我國著作權法第

5 條第 1 項乃為權宜計而將著作例示成十類。

1. 語文著作

我國法因承認口頭著作而將文學著作稱為語文著作，並將圖形著作與電腦程式獨立成另外兩種個別著作類別。語文著作包括詩、詞、小說、文章等。

2. 戲劇、舞蹈著作

戲劇舞蹈著作係指可被加以表演之著作且其表演涉及動作者。因此，戲劇中之對話，若無配合表演者之動作，並不能單獨成為戲劇舞蹈著作，而是語文著作。戲劇舞蹈著作若伴隨有音樂，則音樂部分可獨立構成音樂著作。

3. 音樂著作

音樂著作被界定為由音樂組成之著作。音樂著作僅包括一首歌的歌曲部分，而不包括歌詞部分。歌詞非屬音樂著作而是語文著作。

4. 建築著作

我國法則將建築著作、圖形著作及攝影著作當成為獨立之著作類別。建築著作被界定為任何有形表達媒介上（例如：建物、藍圖上）之建築設計。建物包括可居住與不可居住如教堂等，但不包括橋梁、水庫、及天橋等，而且建物之審美的悅人整體形狀可因此而受到著作權保護。

5. 圖形著作

圖形著作乃以圖形所表示之著作，包括地圖、海測圖、空照圖、地區開發圖、都市計畫圖等。

6. 攝影著作

攝影著作，由於是以機器就既有物所為，其是否有原創性，常受質

疑。美國聯邦最高法院認為照片攝影師對其被拍者之動作指導、服裝及配件選擇以及燈具安排有足夠之原創性，因此可有攝影著作權。

7. 美術著作及應用美術著作

　　美術著作包括水彩畫、圖畫及雕刻著作等。所謂應用美術著作乃指具有藝術的或吸引人之外觀，而同時具有實用目的之圖畫的或雕刻的著作等被用在實用物品中之著作，而不論其大量生產、商業利用性及可能受新式樣保護等之因素。例如：燈具、菸灰缸等。此類著作之著作權保護性之問題在於著作權法並不保護一著作之實用特徵。一個實用物品之設計只有在該設計含有圖畫、圖形或雕刻之特徵而可以從該實用物品之功能被個別地辨認出來，而且能夠獨立於該功能而存在時，才可在該程度內被認為圖畫、圖形或雕刻等應用美術著作。因此，藝術成分必須獨立於實用層面方可，而所稱「獨立」可為物理上獨立（例如：汽車此一實用物品上之美洲豹雕刻品），亦可為概念上獨立於實用面。若一物件具有實用功能而為實用物品，則只有其概念上可分離之藝術成分才受保護。問題是如何判斷其是否為「概念上可分離性」？有採客觀說而視其是否會使消費者或觀察者腦中產生獨立於該實用功能概念之另一概念。惟美國第二巡迴法院採主觀說而根據該設計元素是否可被認為反應出設計人之獨立於功能之藝術判斷。對此一爭執，美國著作權法權威 Nimmer 教授建議採「市場可銷售性」測試，即假設該物品無實用功能，是否仍有消費者因其審美成分而願意購買之。

8. 視聽著作

　　視聽著作如電影乃指一系列相關影像（images）所組成之著作，而不論其媒介，亦不論其有無配音。所謂電影乃指以任何媒介錄製而能產生連續影像之著作。英國著作權權威 Cornish 教授認為電影著作似可涵蓋現正風行的多媒體（multi-media），因為多媒體雖是文字、影像與聲音的結合，且可能提供使用者互動的機會，但只要連續動畫是其組成部

分，即可被歸為電影著作。但須注意多媒體所使用的其他素材（例如：音樂等）及電腦程式（電腦程式使得多媒體之使用人有與多媒體產品產生互動的機會）等亦可能有其個別的著作權。此外，由於影像只須相互關聯，並不必以特定之順序出現，因此，美國判決認為電視遊戲雖因遊戲者之介入而有不同之影像系列，但由於其仍只描述同一角色或背景而互相連結而產生遊戲效果，所以其間相互有關聯而為一視聽著作。視聽著作有配音者則該配音為視聽著作之一部分而非錄音著作。

視聽著作之原創性可來自於其所描述之素材，例如：表演人所講之語言、表情或肢體動作。若其乃自然事務之攝影，則其原創性可存在於決定何種攝影機、何種軟體、何處放置攝影機及其他之決定上。

9. 電腦程式著作

我國著作權法第 5 條第 1 項第 10 款仍將電腦程式列為獨立之著作類別，而非將之納入語文著作概念之內。歐盟之 1991 年軟體準則將軟體之排他權擴及於以任何方法及任何形式之對軟體之全部或一部加以永久或暫時重製之行為，包括上載（uploading）、秀出（displaying）、跑（running）、傳送及儲存之行為。我國法亦同。

10. 錄音物

所謂錄音物，我國著作權法第 5 條稱之為錄音著作，惟並未加以定義。根據英國現行法之立法定義，其乃指能夠重現聲音之錄音，包括整部或部分文學、戲劇或音樂著作之錄音，而不論其媒介為何，亦不計其錄音方法為何。由於錄音物涵蓋文學著作、戲劇著作、音樂著作或其他聲音的錄音，而不論其錄音媒介為何，因此可以是錄音帶，亦可以是光碟片等。

美國錄音物不含視聽著作中之配音。就像其他之著作一般，錄音著作必須具有原創性方受著作權保護，因此若僅機械地將聲音錄下則其並無著作權。原創性可來自設定錄音節段，決定如何捕捉該聲音，然後將

其編成最後作品之人之貢獻。例如：錄音工程師或錄音公司之決定麥克風位置、選擇音效配置、決定如何捕捉該聲音以及編成最終成品之功夫即為原創性之所在。由於其非典型著作之性質，所以其權利在美國法及我國法亦受到較大之限制，例如：錄音著作權人並無禁止他人公開演出其著作之權利，而僅有報酬請求權。可見其非傳統之著作類別。

(四) 主要國際規範

1886 年簽定的伯恩公約以國民待遇原則方式保護美學的創作（aesthetic creations），其著作權標的的範圍包括文學、戲劇、音樂、美術著作及電影暨其他與電影相類似之視聽著作。TRIPS 將電腦程式列入伯恩公約所定義的文學著作範疇內。TRIPS 第 10 條第 2 項已明白規定資料編輯物須屬智能創作（geistige schöpfung；intellectual creation）方受保護。與貿易有關的智慧財產權協定，除引用伯恩公約之規定外，首次在國際公約中明白宣示「著作權保護僅及於表達，而不及於構想、操作方法等」；對不以自然人生命為計算基礎的著作，協定要求其著作權存續期間最短為製作完成後 50 年；該協定亦要求將電腦程式列入伯恩公約所定義的文學著作範疇內，並賦予電腦程式、電影著作、錄音物出租權。最後，根據 TRIPS 第 14 條第 2 項之規定，錄音物製作人享有禁止或授予他人直接或間接重製其錄音物之權。

(五) 著作權之效力

著作權並非一獨占權，而僅禁止他人抄襲。大體上，著作權有兩個子權，即著作財產權與著作人格權。因此，我國著作權法規定，著作權指因著作完成所生之著作人格權及著作財產權。

1. 著作財產權存續期間

著作在某程度上係受他人影響或協助，而且為促進文化發達提升學

術水準，亦不宜令其永久存續而阻礙他人利用，故於一定期間經過後，宜將其利用開放於公眾。我國著作財產權之存續期間，原則上為著作人終身及其死亡後 50 年。

2. 著作人格權

著作人格權包括姓名表示權、同一性保持、公開發表權。著作權法第 21 條規定著作人格權專屬於著作人本身，不得讓與或繼承。

3. 著作財產權

著作財產權則可被區分成有形的再現權（如重製權、改作權）與無形的公開再現權（如公開上映權等）。[32]

所謂重製，依我國著作權法第 3 條第 1 項第 5 款之規定，乃指以印刷、複印、錄音、錄影、攝影、筆錄或其他方法直接、間接、永久或暫時之重複製作。於劇本、音樂著作或其他類似著作演出或播送時予以錄音或錄影；或依建築設計圖或建築模型建造建築物者亦屬之。

所謂改作權，我國著作權法第 28 條規定，著作人專有將其著作改作成衍生著作之權利。而改作乃指以翻譯、編曲、改寫、拍攝影片或其他他方法就原著作另為創作（我國著作權法第 3 條第 2 項第 12 款）。因此，改作權乃指著作人所擁有之得以翻譯、編曲、改寫、拍攝影片或其他方法等就其著作以另為創作之權利。

有關公開播送權，我國著作權法第 24 條規定，著作人專有公開播送其著作之權利。所謂公開播送乃指基於公眾接收訊息為目的，以有線電、無線或其他器材藉聲音或影像向公眾傳達著作內容（我國著作權法第 3 條第 1 項第 7 款參照）。

所謂公開口述權，依我國著作權法第 23 條之規定，著作人專有公開口述其語文著作之權利，而公開口述乃指以言語或其他方法向公眾傳達著作內容。因此，唯有語文著作之著作人方有公開口述權。

公開上映權，我國著作權法第 25 條規定，著作人專有公開上映其

視聽著作之權利。而公開上映乃指以單一或多數視聽機或其他傳送影像之方法向現場或現場以外一定場所之公眾傳達著作內容（我國著作權法第3條第1項第8款）。所謂現場或現場以外一定場所，包括電影院、俱樂部、錄影帶或碟影片播映場所、旅館房間、供公眾使用之交通工具或其他供不特定人進出之場所（我國著作權法法第3條第2項）。因此，公開上映權僅視聽著作有之，且我國著作權法之公開上映，限於傳送影像，故有關視聽著作所伴隨之音樂，解釋上係音樂著作之公開演出。

所謂公開演出權，我國著作權法第26條規定，著作人專有公開演出其語文、音樂或戲劇、舞蹈著作之權利。而公開演出指以演技、舞蹈、歌唱、彈奏樂器或其他方法向現場之公眾傳達著作內容（我國著作權法第3條第1項第9款）。依本法第26條之規定，僅語文、音樂及戲劇舞蹈著作有公開演出權。

所謂公開展示權，我國著作權法第27條規定，著作人專有對其未發行之美術著作或攝影著作公開展示其著作原件之權利。所謂公開展示乃指向公眾展示著作原件（我國著作權法第3條第1項第10款），而著作之原件係指著作某次附著之物，因此重製物不包括在內。

所謂公開傳輸權，1996年世界智慧財產權組織著作權條約（WIPO Copyright Treaty）第8條針對網際網路而規定，伯恩公約所規定的著作享有（有線或無線方式）公開傳輸權（a right of communication to the public），包括以讓公眾可隨時自任何地方（隨地）接觸其著作的方式（即在網際網路上）播送其著作。我國著作權法第26條之1遂規定，著作人除本法另有規定外，專有公開傳輸其著作之權利。表演人就其經重製於錄音著作之表演亦專有公開傳輸之權利。

(六) 散布權

1. 概述

　　以上之再現行為皆為再現（wiedergabe；copying）行為概念所及，不論是有體再現或無體之再現行為，但散布與出租權則為再現（有體）後之行為，而涉及著作物交易安全問題，以及侵權人是否須主觀要件之問題，因此比較特殊，而且美國法之散布權（the right of distribution）甚至被判決擴張及於無體之網路上公開傳輸行為。大體上，世界上主要法系對散布權之概念有採最廣義者而包括有形體之著作物出售、出租及出借之行為外，亦包括網路上無形體的傳輸行為，如美國法。有採廣義者而包括有形體之著作物所有權移轉行為及占有之有償移轉（出租）與無償移轉（出借）行為，如德國法。亦有採狹義，而僅包括著作物所有權移轉行為及占有之有償移轉（出租）行為，但排除出借行為者（因而出借僅可能構成擬制侵害），如我國法。

2. TRIPS 有關出租權之規定

　　TRIPS 第 11 條及第 14 條針對較可能被侵權而無有效防治對策的著作（錄音物、電影、電腦程式），賦予其著作權人等對其著作之原件或重製物享有出租權（即散布權在此方面不因第一次銷售而耗盡），使其能有較佳的回報機會。根據 TRIPS 第 11 條前段之規定，電影著作之著作人原則上擁有出租權。

　　然而上述之出租權並非絕對，會員國在符合法定要件的情況下亦可免去立法賦予著作權人等出租權的義務。TRIPS 第 14 條第 4 項規定，錄音物製作人以及「錄音物上之其他權利人（any other right holders in phonograms）」，得準用 TRIPS 第 11 條之規定，所以錄音物製作人以及「錄音物上之其他權利人」因此得享有出租權。然而，所謂「錄音物之其他權利人」究係何指？鑑於 TRIPS 第 14 條第 4 項已將表演人視為

「錄音物之其他權利人」，因此使表演人就其錄音物部分亦享有排他性的出租權（但前提必須是，會員國之國內法明文承認表演人在其錄音物上享有權利方可），所謂「錄音物上之其他權利人」應包括錄音物所使用素材（例如：音樂著作）之著作權人。[33]

TRIPS 第 14 條第 4 項之所以不準用 TRIPS 第 11 條中段關於視聽著作出租之例外規定（即除非電影（錄音）著作之出租行為會導致著作廣遭盜拷，因而使著作人或其權利繼受人在會員國內專有之重製權受到重大損害者，會員國應被免去立法賦予出租權的義務），有其合理性。第一，電影乃被用以觀賞而常有邊際效用劇減性，通常看完後不必拷貝留存（當然百看不厭如「飄」者另當別論），而錄音物如電腦程式乃被用以播放，消費者較會要拷貝留存。第二，電影拷貝工具常非家常用具，且拷貝效果較差，而錄音設備為家常用具，且拷貝效果與正版無殊。[34] 因此，較有必要要求會員國提供錄音物權利人出租權。

(七) 著作財產權之合理使用

著作權法並非專以保護著作權人之利益為目的，其乃藉保障著作權人之權益而達促進文化發展之終極目的，且著作人於創作其著作時亦常以前人之創作為基礎，因而不能因著作權人之保護而完全剝奪他人使用其著作之機會，否則文化水準將無法提升。著作權法之終極目的既在於促進國家文化之發展，為達此一終極目的乃賦予著作人就其本身之創作享有著作權，以保障其經濟利益及其他權益，俾對其所為文化上貢獻有所回饋並誘發其繼續創作之動機。著作人之創作每非著作人所獨創，其或多或少受他人或前人之啟發與影響，且學術文化發展之促進，後人亦有使用其著作之必要，因此，著作權實具社會性與公共性，不宜由著作權人所完全獨占。著作權法乃鑒於著作權具有承先之性格與啟後之任務，遂以各種制度於一定條件下，試圖調和著作人個人利益與社會公共利益，合理使用原則即為一例。

伯恩公約第 10 及 10-1 條承認著作財產權之限制，包括引用及基於教學之目的等。伯恩公約第 10 條第 1 項允許對公眾可得接近之著作加以引用，但必須符合現行之習慣而且必須在其目的所能合法化之範圍內為之。伯恩公約第 10 條第 1 項之現行習慣乃指各該會員國內之現行習慣，[35] 由於伯恩公約第 9 條第 2 項對引用有補充之作用（TRIPS 第 13 條有相應之規定），[36] 因此，引用不得造成對被引用著作之利用之不合理的妨害。在重製權方面，根據第 9 條第 2 項之規定，會員國有權在特定之特殊情況下，允許重製行為，但必須以此一重製不會危害該著作之正常利用，亦不會不合理地侵害著作人之合法利益為前提。此被稱「三層測試」，且已被 TRIPS 第 13 條所接受。[37]

四、鄰接權

(一) 概述

所謂鄰接權乃有關表演人、錄音物製作人、無線廣播與有線播送人之權利，但不包括表演人之人格權、表演人報酬請求權、錄音物著作人之報酬請求權等。

1961 年保護表演人、錄音物製作人與廣播機構的羅馬公約，亦以國民待遇原則之方式，要求簽約國平等地保護其他會員國的表演人、錄音物製作人與廣播機構，並賦予他們如公約所要求的最低程度的權利保護。有關錄音物方面，錄音物製作人享有錄音物重製權，並於其錄音物被廣播或公開演出時，擁有衡平的報酬請求權。[38]

(二) 主要國際規範

與 TRIPS 對著作權所為之處理方式不同處，對於其他與著作權相關之權利（歐陸法系稱之為鄰接權），TRIPS 第 14 條則不採納上述羅馬公約的內容，而對表演人、錄音物製作人與廣播機構有自己一套權責

規定，[39] 其內容大體上如下：1. 會員國應賦予表演人對其表演本身擁有固定、重製該固定物、無線廣播與公開傳播的權能，且自表演當年年底起存續 50 年；2. 會員國應使錄音物製作人對其錄音物擁有重製與出租的專屬權，其權利存續自固定當年年底起算後 50 年；3. 廣播機構對其（無線）廣播擁有專屬的固定、重製與再傳播的權利，對電視廣播則更有公開傳播權（否則必須賦予廣播內容的著作之著作權人相同的權利），其權利存續期間自廣播當年年底起算 20 年。

五、商標權

(一) 概述

隨著國際貿易之日漸頻繁與國際投資之益加普及，跨國商標糾紛事件頻傳，不僅不肖商人以仿冒著名商標之技倆促銷其商品之報導時有所聞，而且各國政府間亦偶有不尊重他國商標權之爭執。

商標與企業形象及商譽密切關聯，並代表所表徵商品或服務之品質及來源。商標之概念已包括商品商標與服務標章，此外，尚有證明標章（certification marks）與團體標章（collective marks）兩種標章。商標有待登記且須加以使用，若 3 年（有些國家 5 年或 7 年）未使用，則可能被撤銷。

(二) 主要國際規範

根據 TRIPS 第 15 條第 1 項之規定，任何足以區別（capable of distinguishing）一事業（undertaking）之商品或服務而與其他事業之商品或服務相區別之標記（sign）或標記之組合，皆可構成一商標。此些標記，尤其是包含人名之文字、字母、數字、表象元素（figurative elements）、顏色組合，以及這些標記之組合，皆應有資格被註冊為商標。當某些標記本質上並不具有區別相關之商品或服務之能力時，會員國得

根據經使用所獲得之顯著性而允許其註冊。會員國得要求視覺可感知（visually perceptible）之標記，方可註冊成為商標。

(三) 拒絕商標註冊之理由

拒絕商標註冊之理由區分為絕對理由與相對理由。前者乃有關於識別力、公共利益或基於公益之理由而不能被獨占之領域；後者則有關其他商標權人及其他種類權利人之私權保護之理由，因此，允許對該反對理由加以被棄權而不主張。

有關拒絕商標註冊之理由，除探討 TRIPS 第 15 條第 1 項時所介紹者外，TRIPS 第 15 條第 2 項規定，前項並不應被理解為禁止會員國基於其他理由而拒絕商標註冊，惟須須遵守巴黎公約之規定。因此，有關拒絕註冊之理由除 TRIPS 本身之規定外，須再加上巴黎公約之其他規定而加以累積適用。[40] 由於，除 TRIPS 第 15 條第 1 項之規定及第 22 條第 3 項及第 23 條第 2 項之規定外，TRIPS 本身並未對拒絕註冊之絕對理由與相對理由作進一步規定，因此，須依巴黎公約第 6-2 條及 6-4 條 B 項來加以決定，而該條項規定乃採封閉性規定方式。[41] 所以，鑑於 TRIPS 乃提供與貿易有關之智慧財產權之最低保護標準，而巴黎公約第 6-4 條 B 項乃採封閉性規定方式，因此 WTO 會員國不得以 TRIPS 第 15 條第 1 項、第 22 條第 3 項、第 23 條第 2 項及巴黎公約第 6-2 條及第 6-4 條 B 項以外之規定而拒絕商標之註冊申請。

根據巴黎公約第 6-4 條 B 項之規定，會員國除因下述之理由外不可拒絕商標之註冊申請或使其註冊無效：1. 侵害他人權利；2. 缺乏任何識別力；或該商標乃完全由可用以表徵（may serve）該商品或服務之種類、品質、數量、預定用途、價值、地理來源、生產或服務時間，或商品或服務之其他特徵之記號或標誌所組成；或該商標乃完全由在通常語言中或在該種行業的誠信且既成實踐中已成習慣（have become customary）之記號或標誌所組成；3. 違反道德或公共秩序，以及特別是商標具有誤導公眾之性質。

所謂「侵害他人權利」即為拒絕商標註冊之相對理由，包括商標與先前之商標近似而會造成混淆、商標侵害較先存在之符合巴黎公約第6-1 條意義之著名商標、商標侵害他人之受仿冒訴訟所保護之權利以及侵害他人受著作權法、工業財產權法所保障之權利等。

此外，根據 TRIPS 第 22 條第 3 項之規定，會員國應依職權或依請求對含有地理來源標識，而會造成對大眾有關該商品之地理來源地之誤導之商標加以拒絕註冊或使其註冊無效。又根據 TRIPS 第 23 條第 2 項之規定，會員國應依職權或依請求對含有酒類地理來源標識而與事實不符之酒類商標加以拒絕註冊或使其註冊無效。

(四) 商標權之效力

商標權之侵害以有將他人之商標加以使用之行為為前提。所謂商標之使用，最常見者為以有形之方式在營業中使用的行為，特別是將商標附著於商品或其包裝、以商標提供服務，或在營業文件中或廣告（數位）媒體中使用商標的行為。[42] 商標權之侵害類型與要件分述如下。

1. 相同商標相同商品（服務）

將他人之相同商標在營業中使用於同一之商品或服務，就此類侵害，原告並不須證明被告之行為有造成混淆之虞，因為根據 TRIPS 第16 條第 1 項之規定，此類侵權行為被推定（be presumed）具有造成混淆的可能性。

2. 商標或所施用之商品（服務）有一項以上非相同而僅近似（類似）

根據 TRIPS 第 16 條第 1 項之規定，若被告將近似之商標使用於與原告相同或類似之商品（或服務），或原被告相同之商標所施用之商品僅屬類似而非相同，則原告須證明此有造成混淆之虞。根據我國商標法

第 29 條第 2 項第 2、3 款之規定，亦同。

　　TRIPS 第 16 條第 1 項之規定，基本上乃賦予商標權人「免於混淆危險之保護」，而且，並未引進歐洲所常討論之混淆之虞是否包括對原告商標產生聯想之虞的問題。[43] 所謂混淆危險並非一實證的事實概念，而是一抽象的法律概念，因此並不取決於事實上有所混淆之證據。混淆乃一法律概念，其判斷標準爲一動態衡量而存有商標近似性、產品（服務）近似性及識別力間變動轉換作用存在，因此，商品間較低之近似性須有較高之商標近似來加以平均衡，反之亦然。[44]

　　在荷比盧三國法律中，混淆（confusion）與聯想（association）乃是不同之概念。[45] 然而，混淆危險可分廣狹兩義。狹義之混淆危險乃指包括直接混淆與間接混淆之危險，前者由於商標之近似性而使交易被誘導成誤認該產品[46] 來自同一事業；所謂間接混淆危險乃指大眾雖不會將兩商標直接互相弄錯，但由於其間之近似性而誤認其乃同一企業之數標識。廣義之混淆危險則存在於，由於標識間之近似性而引起一外觀，即兩標識所有人間有經濟上或契約上關係存在，使得一方對他方之產品之生產或銷售有影響力，因此，在此存有一關係企業間關聯性之錯誤外觀。德國法上之混淆乃採廣義，而擴及於商標間在想法上被連結在一起之情況，包括間接混淆危險及廣義混淆危險。[47] 歐洲法院在 *Sabel v. Puma* 一案不認爲聯想與混淆乃互相獨立的概念，因此認爲當商標不論是因本身設計而特別有識別力或因其在消費大眾心中所建立的聲譽而特別有識別力，被告之使用造成混淆之危險性即較高。[48]

　　此時法院或註冊處必須以下述途徑判斷是否會造成混淆：在判斷主體上須假定其乃一合理地受到妥善告知並合理地謹愼、細查之平均消費者；[49] 所施用之注意力乃該類商品或服務之一般消費者之注意力；所使用之方法方面，因爲消費者甚少直接比較兩商標，因此必須考量消費者之不完全記憶（即隔時異地觀察）；在比較之客體方面，應比較兩商標間之視覺、聽覺與概念上之近似性（當然若該商標僅能被看，不能被讀

時，則只有視覺判斷才相關），而且須注意若前一商標之識別力越強，則越有可能產生混淆之危險性，[50] 而且須通體觀察（as a whole）之，惟若該商標並非由一個字所組成，而是由記號、顏色、圖片、形狀或其聯合式所組成時，則應特別考慮，其最使人印象深刻之特徵。[51]

3. 商標侵害先前之符合巴黎公約第 6-1 條意義之著名商標

根據巴黎公約第 6-1 條之規定，經公約會員國主管機關認定為著名（well-known）之商標，其不待註冊，即能在其他會員國禁止他人未經權利人同意，在同一或類似之商品使用或註冊同一商標或其實質部分（the essential part）。

有關巴黎公約第 6-1 條之規定，TRIPS 第 16 條第 2 項後段則補充規定，會員國在認定商標是否著名（well-known）時，應該考量相關之公眾部門（sector）對該商標之認知，包括由於促銷所獲得之該會員國內之認知。本項前段則將著名商標之規定準用（mutatis mutandis）到服務標章。又 TRIPS 第 16 條第 3 項規定，巴黎公約第 6-1 條之規定應被準用到與經註冊之著名商標所施用商品或服務不類似之商品或服務上，惟以該使用將顯示該商品或服務與註冊著名商標所有人具有關聯性（connection），且註冊著名商標所有人之利益有可能因該使用而受損害為前提。

由此規定可見，著名商標並不以在國內實際使用為前提，而是包括透過廣告促銷所得之著名性，而此與溢出廣告（spillover-werbung）有關，亦即在外國廣告而在國內著名的問題有關。[52] 而所謂相關公眾部門，乃指構成該著名商標所施商品或服務之消費者而言，[53] 所以不必全體公眾知悉。又雖然巴黎公約第 6-1 條僅規範及商品商標，但 TRIPS 第 16 條第 2 項前段則擴及著名之服務商標。

須特別注意，雖然巴黎公約第 6-1 條所保護之著名商標不以經註冊者為限，但受 TRIPS 第 16 條第 3 項準用而擴大其保護範圍者僅限於「經

註冊」之著名商標。[54] 有認為所謂經註冊，解釋上應包括在原會員國經註冊或在欲使用該著名商標之國家經註冊者而言。但亦有見解認為此一「經註冊」規定已在最後定案版時被刪除，但因疏失而保留所造成之錯誤規定。[55]

六、地理標示權

(一) 概述

　　隨著精緻農業之推展，地理名稱與地理標示在商品交易上之重要性與日俱增，[56] 此可徵諸近年來履見國內不肖業者冒用「林鳳營鮮乳」、「屏東蓮霧」、「新竹米粉」等標識，試圖欺罔消費者之報導。[57]

　　TRIPS 第 22 條第 1 項將地理標示（geographical indications）界定為「用以辨認某一產品乃源自於某會員國之領域或該領域之某一地區之標示，而該產品之品質、聲譽或其他特色基本上是歸因於該地理來源者而言。」地理標示（GI）之組成常為地名與該產品之種類名稱所結合而成（例如：Irish Whiskey），亦可能只有該地名（例如：Scotch），亦可能由代表該地區之其他表徵所組成，而地名可為國家之名（例如：Columbian coffee）。而且，地理標示有針對該地之某一產品者，亦有涵蓋該地之所有產品者 [58]。不論由何所組成，地理標示（geographical indication；geographische angabe）之概念有廣義與狹義之分。廣義者涵蓋來源地標示（indication of source；geographische herkunftsangabe）[59]，而狹義者約略等於原產地名稱（appellations of origin；appellation d'Origine kontrolee；ursprungsbezeichnung），[60] 即當某一產品（例如：葡萄酒）之品質、聲譽或其他特徵基本上乃歸因於其地理來源地時，簽約國法律或規則所承認之用以描述或呈現該產品乃源自於其領域或源自於其領域內之地區或地方之表示。

(二) 主要國際規範

TRIPS 第 22 條第 1 項所稱之地理標示，由於涉及產品之品質、聲譽（例如：新竹米粉），因此與所謂之來源名稱（appellation of origin）之涵義類似，而所謂之來源標示，其概念較廣，一般乃指產品之地理來源而不及其品質或特性如何，例如：屏東蓮霧。由此可見，若某一來源標示與該產品之品質、聲譽無關，則其非 TRIPS 第 22 條所規範者。

TRIPS 第 22 條第 2 項規定，會員國應提供法律方法給利害關係人得以禁止：1. 以任何方法在商品之指示或呈現上表示或暗示不實之來源地，而造成公眾對該商品之地理來源之誤導；2. 任何會構成 1967 年巴黎公約第 10-1 條意義之不正競爭行為之使用。TRIPS 第 22 條第 3 項規定，會員國應依職權或依請求對含有地理標示，而會造成對大眾有關該商品之地理來源地誤導之商標加以拒絕註冊或使其註冊無效。

相較於 TRIPS 第 22 條之地理標示之基本一般規範，TRIPS 第 23 條給予酒類地理標示較高程度之保護，此乃因烏拉圭回合談判時，會員國對酒類地理標示之保護有較高程度之共識，而經彼此妥協讓步之結果。根據 TRIPS 第 23 條第 1 項之規定，會員國應提供利害關係人法律方法以禁止他人在非源於系爭酒類地理標示之葡萄酒或烈酒上使用該地理標示，即使當該酒類商品之真正來源地已被表明，或該地理標示乃被翻譯使用，或被附加「種」、「類」、「型」、「仿」或其他相類似之批註表達時亦然。

七、營業秘密權

(一) 概述

營業秘密法主要乃是保護具有機密性（secrecy）而有經濟價值之資訊（行銷資訊及製造專門技術等）以免受他人之剝奪、盜用。要成為營

業秘密,主要須符合以下之要件,即該資訊必須是經合理努力而被保持機密性之客體,及由於其機密性而具有商業價值。只要符合此要件,其客體可為廠商名冊、電腦程式、價格資訊、銷售預測、供應商名冊、測試結果、技術發明等。[61]

就本質而言,營業秘密亦是不正競爭防止法所保障之客體(利益)。我國及美國將營業秘密提升到權利位階,並制定營業秘密法加以保護。營業秘密的保護及於觀念或構想(idea)。

(二)主要國際規範

有關營業秘密,TRIPS 稱之為未公開資訊之保護。為對會員國之國民提供保護以對抗不公平競爭行為,TRIPS 第 39 條第 2 項乃針對尚未公開之資訊(undisclosed information)規定,不論是自然人或法人均應有可能門路(possibility)以禁止他人在未經其同意的情況下,以違反誠實商業實踐之方式(in a manner contrary to honest commercial practices)將其合法持有之資訊加以揭露或使其被他人獲得或使用。然而此一資訊必須具有機密性(亦即非通常與該機密有關之內行人所普遍知悉或可輕易獲得者),並因而具有商業價值,而且經合法持有人採取合理步驟加以保密者。所謂「以違反誠實商業實踐之方式」,根據該條之註釋,至少乃指違約、背信、引誘違約或背信之行為,而且包括第三人明知或因重大過失而不知其資訊的獲得過程中涉及上述行為而仍取得該資訊之行為。

有關 TRIPS 第 39 條之規定,值得在此作五點補充。首先,本條所規範之客體(資訊)類別並無所限制,其並非以技術性質者為限。第二,所謂「以違反誠實商業實踐之方式」,根據該條之註釋,至少乃指違約、背信、引誘違約或背信之行為,而且包括第三人明知或因重大過失而不知其資訊的獲得過程中涉及上述行為而仍取得該資訊之行為。第三人之責任限於其明知或因重大過失而不知時,很明顯地,此一

註釋見解乃一折衷結果。第三，由於未公開資訊之合法持有人僅擁有「可能門路」（possibility）以禁止他人在未經其同意的情況下，以違反誠實商業實踐之方式將其合法持有之資訊加以揭露或使其被他人獲得或使用，而非一項權利，因此，TRIPS 並未將未公開資訊與其他之智慧財產權同視，而僅是一受法律保之利益。第四，TRIPS 所使用之「未公開資訊」概念應被限縮爲商業所涉之未公開資訊（即營業秘密），而不包括個人資訊與政府資訊。而且，雖有見解認爲所謂「know-how」即等於營業秘密，[62] 但本文認爲宜將「know-how」之概念限縮到與工業技術相關之營業秘密，[63] 而營業秘密之概念並不以此爲限。第五，由於 TRIPS 只要求非習知，因此，該資訊不必具有專利法所要求之新穎性，[64] 即使是具有技術性質之資訊亦然。

(三) 營業秘密權之效力

美國爲我國與中國之科技產品之主要市場，而智慧財產權法有採屬地主義，因此，就營業秘密之保護而言，若我國公司在美國有設廠，則在侵權品進入美國時，在美國對侵權人提起侵權訴訟較有利，賠償金額亦較大。例如：台積電與中芯之營業秘密侵權事件即是在美國進行並達成和解者。而我國業秘密法受到美國法很大之影響。因此，以下擬藉美國法之介紹，讓讀者了解營業秘密權之效力。

營業秘密所有人可被保護使其營業秘密不被盜用。在此方面之案例可被分成兩大類型，即當盜用人與所有人間並無信任關係時與盜用人與所有人間有信託等信任關係時之類型。在前者（稱爲間諜 spies 案例），所要探討之問題爲其獲得是否是藉「不適當之方法」所獲得；在後者（稱爲叛徒 traitors 案例），由於其間之關係，盜用人之獲取該營業秘密並無不當（常爲所有人所自願向其透露），而嗣後爲了自己之商業利益而使用或向他人透露。在後者類型中，該法律關係須存有明示或蘊含

（implied）之保密義務。[65]

1. 不當獲得類型（稱爲 spies 案例）

盜用人若以違法行爲取得營業秘密，例如：竊聽、賄賂、詐欺或竊取動產等方法則構成此型之侵權行爲。而且，美國法院認爲盜用並不以違法行爲爲限，而包括外觀上合法，但實際上乃設計以突破他人合理保密措施之行爲。可見不當行爲包括違法行爲與其他之不當行爲。例如：競爭對手以飛機飛越方式拍攝對手經合理保密措施之廠房設計雖不違法，但仍被認爲不當。[66] 此一情節發生在著名的 *Dupoint* 一案中。在該案中第五巡迴法院雖承認以前之案例皆涉違法行爲而盜取，但由於被告因該資訊所獲利益甚大，即便原告盡相當大努力仍未得避免其機密被知悉（因爲要避免空照太昂貴），因而擴張盜用行爲及於其他不當之行爲。

在此值得注意的是，與其他智慧財產權領域不同處，以還原工程（reverse engineering）方式得悉某一產品之營業秘密是被允許的。其主要理由有二：首先，進行還原工程之人時常不僅得知其營業秘密之內容，亦常對該商品加以改良，因此，與其他不當盜用方法不同處，其常有促進科技發展之貢獻。其次，營業秘密不能限制他人進行還原工程一點可因此而鼓勵所有人去申請專利而揭露其發明之內容。[67]

2. 違背信託或保密關係類型（稱爲 traitors 案例）

違反保密義務（或信託）（in breach of confidence）而洩露或使用營業秘密將構成此型侵權行爲。被告若違反保護義務而洩露或使用營業秘密，則由於保密義務之內容爲禁止被告洩露或使用營業秘密，因此，其行爲已構成營業秘密之侵害。

此種不得洩露或使用營業秘密之保密義務之發生，主要爲保密義務之明文約定協議。

契約當事人可能會明文約定對其交易所涉之營業秘密負保密義

務，此時若違約外洩或使用之，則不僅將構成違約，亦將構成營業秘密之侵害。例如：美國甚多電腦程式（在美國可能同時受著作權、專利權或營業秘密之保護）供應商使用所謂之「shrink-wrap」式授權而會在其包裝的方式上使市場上的購買者知悉買受人之使用是有限制的。其中最常見之限制是不允許買受人進行解碼或還原工程，因為此行為將使買受人獲知該電腦程式內之營業秘密。

有關保密義務在僱傭關係終止後，最常發生爭執，而且處理上亦最棘手。一方面僱主之營業秘密甚難不被其受僱人知悉，而受僱人（尤其在營業秘密最重要之高科技領域）以跳槽方式換取高薪或晉升又是常態，若不嚴格要求保密，僱主之研發投資將枉費，若嚴格要求又將面臨受僱人以其專業知識謀生之需求（既稱專業，表示其時常無其他專長），社會亦將因高度專業人員未能在其他事業服務而喪失因跳槽所形成技術交流所帶來高度技術改良之好處。若允許其競業，又有不易區分受僱人之一般專業知識與僱主之專業技術（know-how）之困難。[68] 因此，即使受僱人善意不想侵害原僱主營業秘密，有時亦難加以避免。英美法上，即使僱傭契約中並無明文保密義務之約定，由於受僱人乃僱主之「agent」，因此，英美法院仍會認為受僱人對其僱主存有保密義務，而不得使用或外洩職務上所知之營業秘密，即使離職後亦同。[69]

與此一問題相關的是競業禁止之約定。在美國有少數幾州已立法嚴格限制此種約定。即使是允許此種約款的州當中，法院亦常被要求去檢視：1.競業禁止約款是否僅為僱傭契約所附屬；2.其有否提供補償；3.僱主是否有需以該條款加以保護之合法利益，例如：營業秘密且該限制與該利益間之關係是否合理；4.該限制是否在時地或範圍上合理；5.是否對受僱人造成過重之負擔；6.其在公共政策考量下是否合理。若未通過此一審查，該約款將不具執行力，且證明此約款合理之責任由僱主負擔。通常在發展快速之高科技領域，此種限制之期間不能過長。此外，原僱主之營業地與被告之營業地若不同，則將被認為並不構成競業。同

理，在不同之領域亦不會構成競業。[70]

　　有些雇主未在僱傭契約中要求競業禁止，而在受僱人離職後轉任其他具有競爭關係企業之職務時，未指明受僱人具體地盜用何營業秘密而籠統地以所謂「必然透露理論」（inevitable disclosure doctrine）而主張受僱人之新職之性質使得受僱人即使不願去盜用其所知之營業秘密，仍必然會使其依賴原告之營業秘密。[71] 此一情形發生在 Pepsi Co, Inc. v. Redmond 一案，[72] 美國第九巡迴法院接受此一「必然透露理論」，而發出禁止令短暫禁止其任該新職，並永遠禁止其不得使用或揭露原告之營業秘密，因為除非被告能區隔其腦海中知識（甚不可能），否則必會使用到原告之營業秘密，而且新公司可能因此而獲得重利。由於此一理論未視行為人是否有任何不妥行為，並忽視現今轉業流動性，Schechter & Tomas 認為只有在競爭企業間藉獵人頭而想獲取對手特定資訊而不利對手公司時方妥。[73]

捌、結論

　　在土地、勞工、資金及企業家精神四個生產要素中，由於後兩者與提升生產力之技術在 1980 年代後已具國際流動性，因此，要創造一國之比較優勢，在技術及 know-how 之研發而言，應以政府與學界就產業所需之應用技術作聯合開發，以讓政府成為共同權利人而可決定在何地使用該技術。

　　土地而言，應以與地方結合之地理標示權形成產業聚落以收外部經濟規模之效與品牌價值。此外，地理標示權與產業聚落結合亦可利用外部經濟規模而與地方結合，例如：后里樂器。另外，政府與企業共同開發（joint venture）而共有專利與 know-how 亦可控制外移與否。

　　至於勞工則應使其有不可分離之技能，提升產品之品質與生產力，因此應強調技職教育，即使有大學學位仍應以技能提升為導向。創

造一國之比較優勢，可從勞工技能（skill）的提升著手，因爲 skill 與技術（technology）不同，與勞工緊密結合，不會像技術因專利或 know-how 授權而外移。

　　鑒於技術創新在創造比較優勢上的重要性，有很多國家的政府補助大學或研究機構作基礎科學研究，甚至補貼私人企業進行研發，或甚至鼓勵企業共同進行研發（research consortia）。本文認爲在以中小企業爲主的國家如德國及臺灣，在共同研發方面更爲重要。

註　釋

* 成功大學法律系。

1. M. Adelman, R. Rader, J. Thomas, H. Wegner, Cases and Materials on Patent Law, 2nd ed., Thomson/West, St. Paul, MN, 2003, p.3.

2. M. Barrett, *Intellectual Property* (2004, New York: Aspen) p.1.

3. R. Schechter & J. Thomas, *Intellectual Property-The Law of Copyrights, Patents and Trademarks* (2003, St. Paul: West) , p.1.

4. F. L. Ekey u.a., Wettbewerbsrecht, 2., neu bearbeitete Auflage, C. H. Müller, Heidelberg, 2005, S.4.

5. R. Schechter & J. Thomas, *Intellectual Property-The Law of Copyrights, Patents and Trademarks* (2003, St. Paul: West) , pp.5, 8, 9; D. Chisum *et al.*, *Cases and Material-Principles of Patent Law* (1998, New York: Foundation Press), pp.6, 35, 36, 37.

6. R. Schechter & J. Thomas, *Intellectual Property-The Law of Copyrights, Patents and Trademarks* (2003, St. Paul: West) , pp.7, 8.

7. D. Chisum *et al.*, *Cases and Material-Principles of Patent Law* (1998, New York: Foundation Press), pp.6, 45, 46, 47.

8. M. Barrett, *Intellectual Property* (2004, New York: Aspen) p.1.

9. 422 U.S. 151, 156 (1975) .

10. 中山信弘，工業所有權法（上），特許法，弘文堂，第二版增訂版，平成16年，頁6。

11. 中山信弘，工業所有權法（上），特許法，弘文堂，第二版增訂版，平成16年，頁5。

12. D. Chisum *et al.*, *Cases and Material-Principles of Patent Law* (1998, New York: Foundation Press), p.6.

13. R. Kraβer, Patentrecht, 5. Aufl. C.H. Beck, München, 2004, S.3.

14.R. Schechter & J. Thomas, *Intellectual Property-The Law of Copyrights, Patents and Trademarks* (2003, St. Paul: West), p.4.

15.R. Schechter & J. Thomas, *Intellectual Property-The Law of Copyrights, Patents and Trademarks* (2003, St. Paul: West), p.5.; D. Chisum *et al.*, *Cases and Material-Principles of Patent Law* (1998, New York: Foundation Press), p.4, 5.

16.高林龍，特許法，第二版，有斐閣，東京都，2006，頁3。

17.高林龍，特許法，第二版，有斐閣，東京都，2006，頁4，註4。

18.高林龍，特許法，第二版，有斐閣，東京都，2006，頁9，10。

19.中山信弘，工業所有權法（上），特許法，弘文堂，第二版增訂版，平成16年，頁7，8。

20.R. Busse, Patentgesetz, 6. Aufl. De Gryuter Recht, Berlin, 2003, S.20.

21.高林龍，特許法，第二版，有斐閣，東京都，2006，頁8。

22.D. Bainbridge, Intellectual Property (3rd. 1996), p.76.

23.R. Schechter & J. Thomas, *Intellectual Property-The Law of Copyrights, Patents and Trademarks* (2003, St. Paul: West), p.5.

24.R. Kraβer, Patentrecht, 5. Aufl. C.H. Beck, München, 2004, S.3.

25.D. Chisum et al., Cases and Material-*Principles of Patent Law* (1998, New York: Foundation Press), p.752.

26.J. Straus, 'Bedeutung des TRIPS fuer das Patentrecht', *GRUR Int.* 1996, 179 ff., 187.

27.本條第2、3項則是受到歐洲專利公約（EPC）第52條及54條第4項之影響，請參閱 J. Straus, a.a.O., S.189.

28.T. S. Pataky, "TRIPS und Designschtz", *GRUR Int.* 1995, 653 ff., 654; D. Gervais, *loc. cit.*, para. 2.125.

29.M. Blakeney, *Trade Related Aspects of Intellectual Property Rights: A Concise Guide to the TRIPS Agreement* (1996, London: Sweet & Maxwell), para. 7.02.

30. D. Gervais, *loc. cit.*, para. 2.126.

31. D. Gervais, *loc. cit.*, para. 2.128.

32. 有關製版權，我國法第79條以無著作權之文字著述或美術著作為
限，製版人方可對之享有10年之製版權。而且，概念上製版權並
非著作權。

33. D. Gervais, *The TRIPS Agreement: Drafting History and Analysis* (1998,
London: Sweet & Maxwell), para. 2-80.

34. R. Duggal, TRIPs Übereinkommen und internationales Urheberrecht,
Carl Hezmanns Verlag, München, 2001, S.73.

35. G. Schricker, Urheberrecht, Kommentar, 3., neubearbeitete Aufl., C. H.
Beck, München 2006, S.1034.

36. G. Schricker, Urheberrecht, Kommentar, 3., neubearbeitete Aufl., C. H.
Beck, München 2006, S.1033.

37. G. Schricker, Urheberrecht, Kommentar, 3., neubearbeitete Aufl., C. H.
Beck, München 2006, S.1023, 1871.

38. 羅馬公約第5、10、11、12條。

39. P. Katzenberger, "TRIPs und das Urheberrecht", *GRUR Int.* 1995,
447ff., 467.

40. R. Knaak, a.a.O., S.22.

41. A. Kur, a.a.O., S.987, 992.

42. 我國商標法第6條參照。

43. R. Knaak, a.a.O., S.23.

44. Hubmann/Götting, a.a.O., S.304-305.

45. R. Knaak, a.a.O., S.24.

46. 為行文方便起見，有時「商品與服務」會被合稱為「產品」。

47. Hubmann/Götting, a.a.O., S. 306-307；我國學說與實務見解亦有傾

向採此說者，劉孔中，著名標章保護之個案研究，臺大法學論叢第30卷第3期，頁220。

48.[1998] R.P.C at 224

49.Hubmann/Götting, a.a.O., S.304.

50.W. R. Cornish, *loc. cit.*, para.17-53.

51.W. R. Cornish, *loc. cit.*, para.17-64.

52.R. Knaak, a.a.O., S.24.

53.D. Gervais, *The TRIPS Agreement: Drafting History and Analysis* (1998, London: Sweet & Maxwell), para. 2.93.

54.K. Blasek, Der Schutz bekannter Marken nach Chinas Beitritt zur WTO, GRUR Int. 2004, Heft 1, S.73.

55.F. Abbott, T. Cottier & F. Gurry, *loc. cit.*, p.1255.

56.嚴慶章，WTO論述文集——臺灣國際化之機會與挑戰，自刊，2005年5月，頁343以下。

57.自由時報，2005年10月20日，A8版。

58.K-H Fezer, Lauterkeitsrecht, Kommentar zum Gesetz gegen den unlauteren Wettbewerb, Band 1, Verlag C. H. Beck, München, 2005, S.1461.

59.R. Knaak, Der Schutz geographischer Angaben nach dem TRIPS-Abkommen, GRUR Int. 1995, 642, 643; S. Fusco, *loc.cit.*, pp.203-204; R. L. Okediji, The International Intellectual Property Roots Of Geographical, 82 Chi.-Kent. L. Rev. 1329, 1341 (2007).

60.I. Calboli, *loc.cit.*, p.185.

61.R. Schechter & J. Thomas, *Intellectual Property-The Law of Copyrights, Patents and Trademarks* (2003, St. Paul: West), p.414.

62.C. Ann, Know-how-Stiefkind des Geistigen Eigentums? GRUR 2007, Heft 1, 39.

63.千野直邦，營業秘密法的保護，中央經濟社，東京都，2002，頁

117。

64.C. Ann, Know-how-Stiefkind des Geistigen Eigentums? GRUR 2007, Heft 1, 39, 41.

65.R. Schechter & J. Thomas, *Intellectual Property-The Law of Copyrights, Patents and Trademarks* (2003, St. Paul: West), p.419.

66.E.I. du Pont de Nemours v. Christopher, 431F.2d 1012 (5th Cir. 1970).

67.R. Schechter & J. Thomas, *Intellectual Property-The Law of Copyrights, Patents and Trademarks* (2003, St. Paul: West), p.420.

68.R. Schechter & J. Thomas, *Intellectual Property-The Law of Copyrights, Patents and Trademarks* (2003, St. Paul: West), p.421.

69.M. Barrett, Intellectual Property, Aspen Publishers, New York, 2004, p.13.

70.R. Schechter & J. Thomas, *Intellectual Property-The Law of Copyrights, Patents and Trademarks* (2003, St. Paul: West), p.421; M. Barrett, Intellectual Property, Aspen Publishers, New York, 2004, p.14.

71.R. Schechter & J. Thomas, *Intellectual Property-The Law of Copyrights, Patents and Trademarks* (2003, St. Paul: West), p.424; M. Barrett, Intellectual Property, Aspen Publishers, New York, 2004, p.15.

72.54 F.3d 1262 (7th Cir. 1995).

73.R. Schechter & J. Thomas, *Intellectual Property-The Law of Copyrights, Patents and Trademarks* (2003, St. Paul: West), p.426.

第二章

人工智慧商業時代及智慧財產權研究

顏上詠*

*逢甲大學科技管理研究所及企管系教授，英國牛津大學訪問學者

本研究獲得臺灣科技部人工智慧普適研究中心（PAIR）計劃部分支持。

摘　要

　　人工智慧被譽爲第四波工業革命的主要產物，其結合大數據的應用已經深深地進入人類的生活中，目前人工智慧廣泛地發展應用在許許多多的高科技產業上，如網路平臺、汽車、光電、能源、電子機械、生醫產業等，人工智慧除了對未來的商業時代發展造成重大的影響，同時亦深深地衝擊到人類社會，引發公眾對人工智慧影響社會、經濟、倫理、法律等議題的關注及熱切的討論。本文針對人工智慧商業時代所引發的上述議題進行探討，尤其針對其對科技產業的核心價值，亦即智慧財產權進行探討，期望藉由此文可以了解人工智慧對科技產業所造成的影響之較爲全面性的探討分析。

關鍵字：人工智慧、大數據、智慧財產權。

（人工智慧商業時代及智慧財產權研究）

壹、緒論

　　人工智慧號稱今日明日之星，也是目前第四波革命的主角，可是事實上，人工智慧已經發展了數十年。即便被譽爲華人人工智慧之父的李開復博士在 1988 年的博士論文中，也是以人工智慧作爲最主要的研究核心。然而人工智慧一直沒有統一的定義。何謂人工智慧？人工智慧（英語：Artificial Intelligence，縮寫爲 AI）[1] 亦稱機器智慧，指由人製造出來的機器所表現出來的智慧。通常人工智慧是指透過普通電腦程式的手段實現的人類智慧技術。又根據《韋氏字典》，它是科學領域的一個研究領域，人工智慧是指關注能夠從事人類活動的電腦發展思考過程，如學習、推理和自我糾正。它可以改進使機器學習以承擔某些功能的概念，通常被認爲像人類的智慧，如學習、適應、自我矯正等。透過使用電腦擴展人類智能，就像過去人的體力透過使用機械工具而使人的體力得以延伸。就嚴格的意義上，研究更有效地使用電腦的技術透過不斷改進的編碼技術，而將所欲達到的目標更加優化[2]。該詞也指出研究這樣類似人思考的智慧系統是否能夠實現，以及如何實現。同時，人類的無數職業也逐漸被其取代[3]。

　　人工智慧的技術面在產業化應用日趨成熟是近幾年來的事，其中著名的經典案例，如 IBM 深藍超級電腦，能以每秒運算棋步，並且存取所有棋譜。在全世界的見證之下，1997 年深藍電腦與世界棋王卡斯帕羅夫進行歷史上第一次全球性的人機對決，在歷經漫長的你死我活的對決下，深藍超級電腦取得歷史性的大勝利，這也是人類歷史上，人工智慧第一次讓全世界親眼目睹深度學習下的機器，可以理性戰勝打敗人腦。並且進一步開啓依賴在人類生活工作以及產業上各方面的新篇章受到這個重大案例的啓發，世界性的跨國公司開始紛紛投入人工智慧的技術研發及產業應用。[4] 在歷經 10 多年的技術研究發展，新一代的 IBM

人工智慧電腦華生（Watson）誕生，它是能夠使用自然語言來回答問題的人工智慧系統，由 IBM 公司的首席研究員 David Ferrucci 所領導的 DeepQA 計畫小組開發並以該公司創始人托馬斯·J.·華生的名字命名。2011 年，華生挑戰美國高難度益智搶答綜藝節目《危險邊緣》來測試它的能力，這是該節目有史以來，第一次人與機器對決。華生打敗另兩名高手，贏得了人工智慧史上的關鍵勝利。為了能聽懂人類語言、回答困難問題，「華生」由 90 臺高速運算伺服器、2,880 個處理器核心所組成，記憶體內建 100 萬本書，能夠在沒有連線上網的情況下，瞬間在龐大資料庫中迅速搜索、瀏覽、並比對 2 億頁的文字、交叉分析文章段落、確認語意，3 秒內回答問題。[5]

2016 年 3 月，Google 人工智慧 DeepMind 公司的 AlphaGo 程式以四勝一負打敗人類圍棋世界冠軍李世乭。圍棋步驟的絕對數量比宇宙的原子數還多，也被視為人類文明中最複雜的遊戲，人工智慧打敗世界棋王在人工智慧發展史上當然是最重要的一步。[6] 但是，科技不會因此而停止發展，AlphaGo 靠著大量棋譜訓練，打遍天下無敵手的人工智慧圍棋模式，可是，2017 年 10 月，新一代 AlphaGo Zero 從零開始訓練，只靠增強式學習（reinforcement learning）技術，在 40 天中自我對奕了 2,900 萬盤棋，不靠海量資料就能打敗 AlphaGo，讓人工智慧正式脫離人類知識資料庫，黃士傑更指出，不需要經過人類干預的增強式學習，將會成為未來趨勢，改寫人工智慧在應用領域的發展。但是，科技仍然持續進展，2017 年 12 月時，DeepMind 團隊透過強化學習的人工智慧技術，再度開發出 AlphaZero，又完勝所有棋類遊戲，包括 AlphaGo 及 AlphaGo Zero。至此，人工智慧的發展已經突破人類設定的可能性，終將全面而深刻地影響人類社會的未來發展。

就目前人工智慧發展的態勢，可以大致上分成以下三種：第一種是最為限制型的人工智慧，有時候也會被稱為弱人工智慧（narrow AI），這種是目前比較有限制的定義，在特殊指定的工作型態之下操作，這一

種 AI 是無法在其指定之規範目的之下的工作型態以外的範圍來運作，比方說 AlphaGo 還是用來下圍棋，如果做其他的用途，例如：推薦飯店，那它就會搞混了。弱人工智慧在科技業有人將它稱之為軟人工智慧（soft AI），由於它對非常特定的範圍之內，可以不斷地累積數據並且加以改良優化而使得特定的工作越做越好，如 Siri 即為 AI 不斷地優化成功的案例。弱人工智慧的技術逐漸成熟，使得它目前已普遍應用在人類的生活中。[7]

第二種是一般型的人工智慧也被稱為強人工智慧（Artificial General Intelligence, AGI）或「硬人工智慧」（hard AI）。它可以執行任何人類所設定標準的工作，也是目前大部分的人工智慧專家所期許並在 2040 年前可以完成人類所設定的工作目標。這種也必須依靠未來更強大的電腦運算模式，而這一類型的電腦已經存在中國大陸。強人工智慧為一種遠比弱人工智慧更強大的電腦作業系統，其以更多層級作業系統之程式設計而得以產生更接近人類創意及思考的方式來進行推理，進而得出更趨近於人類原創性的作品，這情況比如將弱人工智慧的 Siri 服用類固醇之後，在沒有特定規則或知道情況之下而解決非結構性的問題。未來這一類型的人工智慧電腦只會發展得越來越強大，但是要超越人的心智，仍面臨很大的挑戰。[8]

第三種及所謂的超級人工智慧（artificial superintelligence），亦即由強人工智慧再進一步往前開發出來的未來人工智慧，這一種 AI 已經先進到超越人的智慧，目前對於這類型人工智慧的發展態勢未明。[9] 預計超級人工智慧的發展，將是數億倍於人類的聰明智慧，超級人工智慧科技發展的不確定性，遠高於我們所能想像，例如：它可能可以終結全球溫室效應，可以治療癌症，也可以使人類絕種，或者終結人類的道德認知，或是讓人類無法生存等等。目前認為不可能的事都有可能發生，因此著名的天文學家霍金，描述超級人工智慧的終極發展，可能導致人類種族的滅絕。[10]

人工智慧整體的發展是多元的，其應用在各行各業將爲全球未來帶來巨大的經濟效益和社會衝擊。英國政府認爲未來人工智慧的產業趨勢銳不可擋，因此在政策上將人工智慧的科技與產業發展作爲未來國家施政戰略的主軸之一，全力投入更多資源於企業與人才培訓教育上。在2017年政策白皮書中提到，由於英國是人工智慧領域領先的國家，因此人工智慧對英國來說，十分重要。在報告中估計，截至2024年，全球人工智慧解決方案的市場價值將超過300億英鎊，部分行業在人工智慧的說明下，生產率提高了近30%，成本節約近25%。另一項估計表明，2030年，人工智慧將爲全球經濟貢獻高達15.7萬億美元，這一數字將大於中國和印度目前的產量之和。其中，估計約有6.6萬億美元得益於生產率的提高，9.1萬億美元來自消費方面的影響。[11] 就政府資源的投入而言，在人工智慧投資和經濟規模方面，美國和中國通常被認爲大規模領先英國和其他國家。在全球交易份額方面，英國仍遠遠落後於美國，2016年有62%的投資交易被認爲是流向美國的創業公司，只有6.5%流向了英國的創業公司。2010至2016年，對人工智慧公司進行的全球風投融資中，只有5%流向了英國企業。英國大部分企業投資似乎處於早期階段，對比之下，就創投而言，英國的人工智慧公司中，只有十分之一在尋求增長資本，而美國有五分之一。[12]

企業應用爲人工智慧市場主要收入來源，Statista預估2017年全球人工智慧市場規模約12.5億美元，其市場成長率爲93.83%，至2025年全球人工智慧市場規模將達到368.18億美元，且至2017-2022年全球人工智慧市場成長率皆高於50%以上。營收最大比例來自企業應用市場，至2025年約占全球人工智慧市場規模的85%。CB Insights資料指出，2017年Q1 FinTech相關應用有41筆的投資交易，從2012Q1～2017Q1就有2,320筆交易，總投資額達154億美元。企業最有興趣投資的人工智慧應用第一名爲智慧顧問（smart advisor），第二名則是虛擬助理（virtual assistants）[13]。

　　根據 Allied Market Research 發布的一份新報告，主題爲〈人工智慧市場技術與行業垂直：全球機遇分析與行業預測，2018～2025〉，2016 年人工智慧市場占 40.65 億美元，預計到 2025 年將達到 1,694.11 億美元，從 2018 到 2025 年的複合年增長率爲 55.6%。2016 年，北美占據全球市場的收入，約占占全球市場份額的 49.0%，其次是歐洲市場。[14]

　　人工智慧與人類智慧相關，具有類似的特徵，如語言理解、推理、學習、解決問題等。市場上的製造商在開發和修訂這種技術時，遇到了巨大的潛在智力挑戰。人工智慧市場主要受提高生產力、多樣化應用領域、提高客戶滿意度和大數據集成的推動。然而，缺乏熟練的勞動力以及對人類尊嚴和其他威脅的威脅，是市場的一些限制因素。儘管如此，由於市場上引入了新技術，這些因素的影響預計會很小。

　　2016 年，機器學習部門在人工智慧市場中獲得了約 52.0% 的最高份額，預計在預測期內將以 56.4% 的複合年增長率增長。在行業垂直方面，隨著各種新創業公司投資人工智慧解決方案，IT 和電信行業有望在未來幾年貢獻最高的市場份額。此外，快速的城市化，技術進步和對雲端應用的需求增加，推動了發展中經濟體對人工智慧技術的需求。

一、未來人工智慧產業趨勢與發展

　　人工智慧產業趨勢與發展一直在變化中，CB Insights 市調公司針對人工智慧產業主要發展趨勢分析如下：[15]

一、人工智慧機器人勞動力（robotic workforce）：將降低僱用工人的成本，並減少外包和離岸外包。

二、無所不在的人工智慧（ubiquitous artificial intelligence）：人工智慧會影響多個領域。

三、美國與中國之人工智慧競爭（Uncle Sam vs. The Dragon AI）：中

國政府在人工智慧未來技術投入了大量資金及規劃，包括從智慧農業、智慧物流到軍事應用。

四、人工智慧時代的戰場（battlefields in the age of AI）：將依賴更多人工智慧智慧技術，如無人機，網路安全防禦及監視。

五、語音助理（voice assistants）正火紅：語音助理的應用，幾乎任何物聯網（IoT）裝置都可整合。

六、人工智慧挑戰專業人士（AI to throw the gauntlet before professionals）：包括律師、諮詢顧問、財務顧問。

七、地方分權（雲端運算）和民主化（邊緣運算）（decentralization and democratization）：智慧型手機和可穿戴裝置邊界計算（edge computing）。

八、膠囊網路（capsule networks）：機器學習神經網。

九、人工智慧人才易實現夢想薪水（dream salaries in AI talent hunt）：企業需要 100 萬位以上的人工智慧人才。

十、企業人工智慧人才成為大人物（bigwigs of enterprise AI）：科技大廠提高其企業人工智慧能力。

十一、人工智慧醫療診斷（AI medical diagnostics）：美國監管機構正期待批准人工智慧用於臨床。中國開發人工智慧輔助篩檢和診斷應用。

十二、建立你自己的人工智慧（build your own AI）：API（應用程式介面）和 SDK（軟體開發套件）以及亞馬遜和谷歌的簡單裝配套件，走向開放。

十三、機器學習之投資翻轉點（Point of no return for machine learning）？：機器學習的常態化和主流化，會讓投資者更挑剔他們投資的人工智慧公司。

二、人工智慧社會影響

在關於人工智慧對人類工作的影響話題，大家一直很關注。一方面，未來機器人在慢慢地搶走你的工作，而另一方面，一些專家說，人工智慧絕不會取代人類工作。2017 年的有關調查發現，雖然 46% 的人認為，人工智慧會替代一些職位，大多數認為，人工智慧將有利於整個人類。在接受調查的人中，63% 認為人工智慧將有助於解決困擾現代社會的複雜問題，53% 的受訪者表示會幫助人們實現更多的生活。[16] 李開復[17] 博士在他的《AI 新世界：中國、矽谷和 AI 七巨人如何引領全球發展》一書中提到，有關 AI 在全球未來面臨的危機中，最為大眾矚目的議題，就是 AI 的發展會嚴重衝擊就業市場，這是許多經濟學家、技術專家和未來學家等學者們共同擔憂的事。他認為未來第四波人工智慧的快速發展很可能導致貧富差距日益擴大，而形成大規模的技術性失業，尤其是在科技先進的發展國家中，這個現象會日益嚴重，同時，AI 導向的產業很可能會導致企業壟斷某個領域。

上述的觀點大多數是預測的結果，然而李開復根據幾份學者及研究人員深入的研究報告顯示，不同學者的調查研究之預測結果差別頗大。如 2013 年牛津大學的研究報告顯示，在未來 10 年內，美國將有 17% 的工作會被自動化所取代，然而 2016 年經濟合作暨發展組織（OECD）的研究認為，只有 9% 的工作可能被自動化所取代。根據這些研究報告的差異，李開復提出他個人的看法，他認為這些研究在模型導入部分的資料有極大的差異，他個人認為有些工作的流失會比較嚴重，如一對一的工作取代，亦即單一而重複性高的工作很容易被人工智慧機器人取代，例如：倉庫人力搬運貨物的機器人或者接線生，無人便利商店不用人類收銀員等。他估計 AI 機器人的普遍應用將導致大約 10% 的美國勞動力會被衝擊，藉著人工智慧將某些產業的工作內容優化之下，首當其衝的產業如速食業、金融服務業、保全業以及醫學等可以藉由演算法去

執行大部分單調乏味的幕後工作，此現象將會促使該類型員工大幅度的減少。然而根據過去自動化的歷史發展，隨著工業革命的改進，各種輕工業及重工業自動化機器的發明並沒有導致大規模全球性的勞工失業，而是讓時代更進步創新，而衍生出許多新型態產業的人力需求，導致勞動市場轉型。[18]

人工智慧技術發展的成熟已經逐漸擴展到人類生活中的許多面向及產業上，以醫療生物科技產業為例，人工智慧應用在醫療保健照護產業中，已經是一股不可逆的趨勢。人工智慧是在複雜醫學數據分析中使用演算法和電腦軟體來做出近似人類認知的技術。人工智慧技術與傳統醫療技術的區別，在於能夠獲取醫療資訊後處理資訊，並為醫療產業提供精確的資訊輸出與臨床應用。[19] 人工智慧旨在模仿人類的認知功能，它正在為醫療保健帶來典範式轉變，這得益於醫療保健數據資訊的可靠適用性和分析技術的快速發展。然而人工智慧與大數據的應用引起許多道德和社會問題，如在使用輔助技術和遠距醫療方面的問題。可靠性和安全性是人工智慧應用於提供治療、控制設備或在醫療保健過程中做出決定的關鍵因素。人工智慧如果使用錯誤，很難檢測或有連鎖不良效應，將造成嚴重的影響。就透明度及可當責性（transparency and accountability）而言，人工智慧產生輸出的基礎邏輯有時很難檢測，有些人工智慧技術是特定專有的，並特意保密加值，且有些人工智慧太複雜而無法讓人理解，機器深度學習技術可能特別不透明，因為操作者在學習時不斷調整自己的參數和規則，這些問題目前在醫療產業驗證人工智慧系統的輸出，並識別數據中的錯誤或偏差仍待改進。另外一個議題為數據偏見、公平及均衡，雖然人工智慧應用程序有可能減少人為偏見和錯誤，但人們對人工智慧可能導致的歧視性亦提出了疑慮。如人工智慧可能隱藏或產生某些在醫療產業應用中不符合法律應保護的部分，如性別、種族、殘疾和年齡。人工智慧亦引發信任（trust）的議題；人工智慧的引入可能意味著醫療保健專業人員所需的技能和專業知識將發生變化。在

某些醫療領域，人工智慧可以因自動化而實現以前由人類執行的任務，這可以讓醫療專業人員騰出更多時間來照護患者。然而過度仰賴人工智慧系統的引入，將使醫療保健專業人員自滿，如果技術失敗可能使工作人員無法識別錯誤，而無法執行必要的任務。此外，人工智慧的應用所引發的議題中，最爲人討論者爲資料隱私和安全（data privacy and secu-rity）；醫療保健中的人工智慧應用程序利用許多被認爲敏感和隱私密的數據。這些數據涵蓋明顯與其他類型的不明顯與健康狀態有關的數據，例如：社交媒體活動和網路使用之搜索歷史，以及可用於揭示關於用戶及其周圍人的健康狀況的資訊。這些醫療保健中的人工智慧應用其引發隱私的問題應加以規範，以考慮人們對人工智慧其數據使用方式的期望。人工智慧時代中，科技或產業環境下所造成的衝擊，就法律層面而言，歐盟個人資料保護規定通用資料保護規則（General Data Protection Regulation, GDPR），其於 2018 年 5 月 25 日開始正式生效，此新規範影響並衝擊世界各國政府，全球對人工智慧及大數據隱私權的政策及法規範，對於正處於激烈競爭的人工智慧產業開發與使用，有了新的警示作用，對於個人資料的處理與規範有進一步保護民衆的隱私權，但同時也間接影響使用歐洲個人資料的限制，這讓企業使用人工智慧蒐集資料的合法性風險也提高。

另外，有關人工智慧的惡意使用（malicious use），雖說人工智慧有可能被善用，但它也可能被用於惡意目的。例如：人們擔心人工智慧可用於秘密監視或篩檢或跟蹤智慧手機的檢測，在人們不知情的情況下揭示有關個人健康的資訊。人工智慧亦可用於以較低的財務成本和更大規模進行網路攻擊。[20]

人工智慧的運用對於媒體產業帶來革命性的影響，伴隨人工智慧科技的日益提高，媒體作爲利用電腦及網路的新興媒體科技，相較於傳統媒體之形式，其受到人工智慧的影響，肯定比起傳統媒體引發更大的質變，人工智慧不但能夠提升新媒體與社群的商業應用以及加強經營效

率，透過人工智慧相關工具的輔助出現，新媒體的應用傳播將更變化萬千。而過去百年來，傳統媒體的應用傳播經驗已經逐漸無法追趕這股趨勢，未來人工智慧將可望成為新媒體經營者重要的好幫手。

「假新聞」、「爭議訊息」全球肆虐，例如：中國大陸央視於 107 年 4 月 19 日報導「中共陸軍航空兵部隊 4 月 18 日在東南沿海舉行『跨晝夜海上實彈射擊演練』」。該報導畫面遭國內媒體大量轉載，刻意形塑兩岸關係緊張氛圍；但經查證，共軍 4 月 18 日夜間演習係進行機槍射擊，無火炮射擊，研判央視報導係使用歷史畫面，企圖製造我國內民心動盪。另外，假新聞惡名昭彰之案例為俄國介入美國大選案。俄羅斯透過社群媒體平臺干擾 2016 年美國總統大選的「通俄門」事件，首先承認的是社群媒體龍頭 Facebook。該公司表示，從 2015 年起的 Facebook 廣告投放記錄中，發現俄羅斯影子公司投放了超過 10 萬美元、共 3,000 多則的廣告，內容都是試圖激化美國社會意識形態分歧的社會議題，如種族、移民、槍枝管制和 LGBT。[21] 目前各種媒體假新聞層出不窮，社交媒體如 Facebook 假新聞置入性廣告醜聞事件，「假新聞」頓時成為政治選舉之流行語，但更令人擔憂的是，借助現有的人工智慧 Deepfake 驅動程式，製作一個令人信服「假」影片，模仿他人的聲音與表情，已不是難事。[22] 目前歐美各國都計畫立法遏制假新聞的散布，但都擔心箝制新聞自由的風險。[23] 利用人工智慧來發展假新聞、製造假象已經形成為世界各國政府及跨國產業十分頭痛的政治，經濟及社會問題，同時也衝擊網路世界的使用議題，目前仍然找不出徹底解決的方法。由於人工智慧假新聞的呈現在網路的使用上是跨國界跨時空，因此有些學者呼籲對媒體及社交媒體進行國際性的規範，或許能夠稍稍遏止假新聞猖獗的趨勢。

由於人工智慧逐步被硬體及軟體企業採用，工廠也慢慢以機器人流程自動化來作為企業的布局，未來可預測的是全球整體的商業環境在逐步改變中，人工智慧的成敗與否，取決於數據的累積及分析，愈大的數

據及人工智慧的運作更為精準及優質化。根據 Forrester 的調查發現，企業決策應用人工智慧其中的關鍵在於數據資料的品質，在運用人工智慧的企業中，有將近 60% 的決策者認為數據的品質是企業決策成功的重要因素。[24] 目前企業仍然相當缺乏人工智慧的決策人才與管理人才，這個困境主要來自於大學人才教育的培養，遠遠趕不上企業的發展，這個現象普遍存在於先進國家和臺灣。根據 2017 年由英國政府出版的《英國人工智慧產業報告》，英國政府將人工智慧作為國家最重要的未來科技發展項目之一，並且估計至 2035 年，將為英國增加約 8,140 億美元的經濟規模。然而現階段人工智慧的人才在英國仍然十分缺乏，因此英國政府計畫與企業界合作共同出資成立人工智慧碩士課程，並且增加 200 多個人工智慧博士學位，同時也成立網路線上人工智慧培訓課程[25]，這些教育培訓人工智慧人才的政策，值得我國政府參考。因此盡快在大學建立人工智慧人才教育的培訓，未來方能因應人工智慧產業發展全方位的來臨。

貳、智慧財產權──著作權

　　人工智慧的科技創新及研發，目前世界各國及各大跨國公司均紛紛投入，如谷歌、亞馬遜、騰訊及阿里巴巴等均宣稱自己是人工智慧的公司。對於人工智慧技術革命的時代而言，未來產業發展最為關鍵的部分之一，即為研發成果的智慧財產權的保護。就目前的智慧財產權發展面向而言，比較核心的部分為專利及著作權，以下就著作權及專利議題進行粗淺概念性的分析。

　　產業界以人工智慧進行各式各樣的創作如文學、藝術等時有所聞，例如：Google 在 2017 年開啟一項人工智慧計畫，結合英國的媒體 the Press Association，以 80 萬 5,000 美元建立一套軟體，可以每個月自動書寫 3 萬則地方新聞故事。[26]2016 年，荷蘭的一群博物館和研究人員

推出了一幅名爲 The Next Rembrandt 的肖像畫，這是一部由電腦生成的新作品，該作品分析了 17 世紀荷蘭藝術家 Rembrandt Harmenszoon van Rijn 的數千件作品後，自行繪製而成。2016 年日本計算機程序寫的一部短篇小說獲得了第二輪全國文學獎。Google 擁有的人工智能公司 Deep Mind 已經創建了可以透過收聽錄音來生成音樂的軟體。上述作品的產出乃以機器學習目的而開發的電腦程式具有內建演算法，該演算法允許其從數據輸入中學習，進而演變並做出可以定向或獨立的未來決策。當應用於藝術、音樂和文學作品時，機器學習演算法實際上是從電腦程式人員提供的輸入中學習的。它們從這些數據中學習，以生成新的工作，在整個過程中做出獨立決策，以確定新工作的樣態。此外，已經發展出以電腦寫詩、編輯照片，甚至創作音樂劇。此類型人工智慧的一個重要特徵是，雖然程式人員可以設置參數，但工作實際上是由電腦程式本身，稱爲神經網絡——在類似於人類思維過程的過程中產生的。[27]

這些電腦可被稱爲「創造力機器」。它們所編程的方式，以及它們所展示機器學到的技能，並非人類創作者所眞正擁有。這些人工智慧機器學到的技能及創作作品，目前是法學界及社會各界所辯論的話題，因此它們陷入法律的灰色地帶。

人工智慧本身是否可能作爲法律上的著作人？過去著作權法所稱的「著作人」爲法人及自然人，人工智慧在目前大多以機器人的型態存在，因此，首先我們會面臨的法律挑戰，即人工智慧本身是否可能作爲一個有法律地位的著作人，而成爲享有權利並負擔義務的「人」？人工智慧對社會的貢獻是重要的，因爲它們是能夠透過使用學習軟體產生新的想法，模仿人類神經網路的配置。這些網路由許多交換機所組成，可以共同評估資訊和創作出新的作品，這與現有的傳統技術不同，這個過程通常自動且獨立運作於電腦，但常是人爲操作干預的結果。該結果可能會有很大差異，並且往往創作出獨一無二的作品，有不同層次的複雜性和藝術價值。因爲電腦變得更快，更有能力，更有創造力，機器和其

他形式的人工智慧可能會成為創作及中心舞臺。隨著現代高科技的發展，著作的法律保護亦一直在變動，這點從網路電腦科技的快速發展，世界各國政府亦隨之修改增訂各種法律，可見端倪。尤其著作權的修訂幅度極大，但都仍還緊守著一個界線，亦即必須是以人的思想創意為主體並主導出創作成果者方享有著作權。因此以網路機器如 Google 翻譯軟體所完成的翻譯成果，隨著大數據及大量資料庫的建制，人工智慧機器學習技術的突破，網路翻譯機越趨成熟，它是否應該受到著作權法保護？

人工智慧主要是以電腦程式及其演算法為核心，然而到底是要以專利權還是以著作權保護，經過一段時間發展，大家認為電腦程式既是創作者以程式碼撰寫，類似以文字或數碼呈現文學內容，所以得將電腦程式以文學創作保護，保護創作者權利，使該程式碼不會被重製。電腦程式以著作權法保護後，依著作權法第 10 條規定：「著作人於著作完成時享有著作權。」不需申請或登記，且著作財產權保護期間為公開發表後 50 年。

將電腦程式以著作權法保護，有其局限。依著作權法第 10 條之 1規定：「依本法取得之著作權，其保護僅及於該著作之表達，而不及於其所表達之思想、程序、製程、系統、操作方法、概念、原理、發現。」，亦即著作權法保護「表達」，不保護「表達」所隱含之「觀念」、「方法」或「功能」等。

然而電腦程式價值重點在其「功能」而非其「表達」，著作權法對於電腦程式無法保護到「功能」，著作財產權人只能禁止他人重製其電腦程式，不能禁止他人以不同文字或數碼之「表達」，撰寫「功能」相同之電腦程式。著作權法不足以保護電腦程式，專利法則不排除對於電腦程式之「功能」之保護可以補其不足，但專利取得的門檻較高，而且獲准專利權後，保護期間僅有 20 年。

人工智慧最近的普及也讓我們意識到，人類已經不再是創作作品的

唯一來源。電腦即使在沒有人的幫助，也能夠創作出或整合出創新的作品。

著作權多年來一直是美國法律體系中一個備受爭議的問題。人工智慧「製造」出來的創作物其著作權究竟屬於人工智慧的機器本身還是操作下電腦指令的人？200多年來，何種作品可以取得受著作權保護而具作者身分（authorship）一直是美國法律體系中一個備受爭議的問題。隨著最近人工智慧的蓬勃發展，越來越多的創造性作品成爲非人類作者的結果。電腦算法和學習機已成爲創造力的新來源。然而，美國著作權辦公室（U.S. copyright office）一直遲遲不承認人工智慧在創作過程中的重要性，亦即否認非人類作品的著作權，並將其置於公共領域中。[28]

美國著作權法的主管機關「著作權局」（the Copyright Office），規定以「人類著作人」（human authorship）爲著作權註冊登記資格要件。在其著作權施行細則（Compendium of U.S. Copyright Office Practices）第 306 條「人類著作人要件」規定如下：「美國著作權局將會註冊登記著作人的原創作品，只要這項著作是由人類所創作。」美國著作權法只保護人類精神創作的智力成果。因爲著作權法只保護「著作人原創性智慧構思之表達」，因此著作權在美國必符合著作人爲人類，作爲創作者方可取得著作權保護。依此類推，由自然、動物或植物產生的作品，自然無法取得著作權保護。同理，非由人類著作人的創作，如猴子模擬人類拍攝的照片或如由大象畫的壁畫，自然亦無法取得著作權。[29]

使用人工智慧創作的作品可能對著作權法產生非常重要的影響。傳統上，電腦生成的作品的著作權所有權並不存在問題，因爲該程序僅僅是支援創作過程的工具，非常像紙筆。如果創意作品是原創的，則有資格獲得著作權保護，大多數創意定義都需要人類作者。包括西班牙和德國在內的大多數司法管轄區都指出，只有人類創作的作品才能受到著作權保護。但是對於最新類型的人工智慧，電腦程式不再是一種工具；它實際上使得創作過程中涉及的許多決策都不需要人爲干預。[30]

人類直接使用 AI 創作使用拍照（數位相機）最早可以依據法理類推的先例來自於 The 1884 Supreme Court case of Burrow-Giles Lithographic Co. v. Sarony。1884 Supreme Court case of Burrow-Giles Lithographic Co. v. Sarony Burrow-Giles Lithographic Company 在未經同意的情況下，就擅自使用紐約知名攝影師 Napdean Sarony 所拍攝的王爾德（Oscar Wilde, 1854~1900）獨照，加以複製翻印並賣了八萬五千張拷貝，而 Miller 大法官則於其所執筆之判決書中指出，Sarony 所拍攝的相片，清楚地表現出攝影師的個人創意，認為 Sarony 完全是先有了個人的原始構想，透過照相機的鏡頭，及其要求王爾德所擺的姿勢，所穿的禮服及其他配件，而使得攝影背景呈現出非常調和的畫面；再透過燈光及攝影角度的安排，讓作品表現出他所要呈現的風格。[31]

有關人工智慧及大數據在網路上的應用，最近引起大眾、學術界及產業界重大爭議者為歐盟有關著作權法修正案。在歐盟地區，與人工智慧產業發展息息相關的歐盟著作權指令，歐盟議會在 2018 年 9 月 12 日通過著作權指令修正案[32]，歐盟議會於 2019 年 3 月 26 日通過「歐盟2019 著作權指令」，4 月 15 日再經歐盟部長理事會通過。此指令引起極大的爭議，許多跨國企業如 Facebook、Google 以及 YouTube 等科技企業均表不滿，許多網路供應商及使用者紛紛表達不滿的聲音，其中最爭議的部分在於「歐盟 2019 著作權指令」第 15 條（原草案第 11 條）及第 17 條（原草案第 13 條）。第 15 條規定網路如果引述新聞媒體出版的內容，需向該出版媒體人取得授權，以及新聞媒體可以向社交媒體或者新聞媒體整合的網站收取版權費用，如此一來，作者及出版業者在網路上發表生產的內容一旦呈現在網路上分享，業者將有權利請求著作權。這個條文在實際操作面向上面臨挑戰，例如：Google News 收集各家新聞之後發表於網路上分享，業者即可向 Google 請求著作權給付。由於網路上的引述或分享著作多半以超連結的方式呈現，因此這一類網路營運的方式呈現又稱為超連結收費。支持此條文的立法者認為唯有收

超連結費用才會對提供該分享內容的新聞媒體公平，否則依照過去的讀者習慣，通常在網路上點擊廣告，打開超連結瀏覽類分享內容，社群媒體或新聞整合網站可以獲取廣告費用，而提供內容的新聞媒體卻無法從中獲得收入，是不公平的行為。[33]

指令第 17 條要求網路業者必須具備有過濾網路著作內容的科技，以保護網路作者的著作權，引起許多網路使用者的強烈反彈，紛紛在各種社群媒體上發出不同的反對聲音，認為這個條文有如網路警察，進行網路審查，將限制網路使用者的自由，亦即限制言論自由，未來社群媒體使用者將難以分享許多網路上當紅的使用項目，如網紅、音樂及影片。有學者認為有關於網路使用的著作權，在立法時，立法者與政府的政策決策者應該就網路市場的機制，而不是單單只考慮著作權的保護，尤其是網路世代終端使用者的消費型態，以及網路氛圍與過去傳統的著作流通方式有大幅度的差異，無論在出版的成本、交易的方式以及著作者的收益報酬均大異於傳統著作權產業的交易方式，因此在著作權法的規範制訂上面及立法時應該採取平衡的作法，除了平衡多方利益，同時也必須納入公共政策的目的。[34]

如果人工智慧創作不受到智慧財產權保護，將會降低開發者的研發意願，人工智慧所生成作品的數量減少，可能會在許多部門產生深遠的負面影響，因為人工智慧研究的影響對發展新科技非常有益。藝術、教育、醫學、技術等等可能會遭受重大損失，從而導致有價值的研究和未來人工智慧應用的喪失。

此外，許多新興科技的相互結合應用，如 APP 程式應用，數位匯流、智慧型手機影像處理照相、自動修圖、攝影著作等，是否都具有被著作權法保護的法律要件？越來越多藉由新興高科技軟體所直接創作的作品，經常是機器型式自動產出，在法律詮釋上，我們是否要擴大著作人的意義，而跳脫過去傳統的法律思維，認為必須有「人類」直接從事創作的規範，方可受到著作權法的保護，進而考慮承認直接甚或間接人

工智慧產出的成果，只要客觀事實上具有一定的創作高度，即可承認其作為一個「著作」而享有著作權法的保護。

人工智慧所創作出的藝術、文學、攝影、新聞等等有關著作權的作品，其對著作權法的衝擊，目前尚未被法界及產業界重視。然而其在產業應用創新發展的趨勢，未來可預測其對產業界的商業應用，將帶來巨大的變化，投入大量資金進行人工智慧機器人創作研發的意願是否會大量降低？以上情形究竟對我們的社會是好事亦或是壞事呢？李開復在過去多次的演講中公開說明，人工智慧機器人的運作是在人的指令下進行，它的運作是根據過去所有的資料，以及龐大的數據去進行整併、重構及組見而成。因此李開復認為人工智慧欠缺的是人的情感與愛，以及創造力，而這正是原創性作品在人工智慧機器人目前仍然不能做到的。他認為未來教育並鼓勵有創造力的人，去創作具有創造力且全新的作品，將無畏人工智慧機器人創作所帶來的挑戰。

參、智慧財產權——專利保護大數據及演算法研發應用

人工智慧的科技發展取決於數據，有更多更好的數據就可以創作出更優質的人工智慧產品，根據世界智慧財產權組織的報告顯示，人工智慧的專利數自 2012 年開始有巨幅的成長，關鍵在於更多的數據可以增強並且增加電腦運作能力的關聯性，由此而帶來專利突破性的人工智慧專利熱潮。[35]

若以專利來保護演算法相關的發明，以現行的規範架構而言，則以電腦軟體之專利審查規範為討論基礎，是否符合發明之定義新穎性、進步性與產業利用性要件判斷。歐盟亦深切體認到現有的立法和標準不足以解決即將到來的機器人和人工智慧創新帶來的挑戰。在專利相關的法律議題上，人工智慧是最常被提起的商業方法專利。

　　電腦程式如何透過法律保護，適合什麼法律？著作權保護的是觀念的「表達」（expression of idea），而專利保護的則是觀念的「實施方案」（embodiment of idea），兼及其實施權利。因此有資格取得專利的發明，必須是利用自然法則之技術思想創作以產生功效、解決問題並達成所預期的發明目的。

　　美國專利法明文規定，想要取得專利的保護，就必須提供社會大眾「新而有用」（new and useful）的技術進步內涵。而我國專利法上的發明，是指「利用自然法則之技術思想之創作」，並必須具備「產業利用性、新穎性與進步性」等，也是同樣的道理。

　　由此可見，發明創新沒有軟體與硬體之分，只要其是利用自然法則之技術思想創作，以產生功效、解決問題，並達成所預期的發明目的，且並非法定不予專利之事項，即具有「可專利性」（patentability），又可稱為具有「專利適格」（patent eligible）才是。電腦軟體（software）與商業模式（business model）被歸類為抽象概念，過去有蠻長的一段時間，在美國都被視為不具備可專利性，這是因為美國專利相關法院實務判例，一貫以來特意指明排除「演算法則」（algorithms）及「電腦程式」（computer programs），亦即「抽象概念」（abstract ideas）的適用。

　　美國聯邦最高法院，於 1939 年的 MacKay Co. v. Radio Corp. 案判決認為，「科學定理或其數學表達公式並不是可以授予專利權的發明」，但是它也強調，「在科學定理所提供的知識的幫助下，所創造的新而有用的結構，仍是可以授予專利權的發明。」

　　這個觀點，在 1948 年作成的 Funk Bros. Seed Co. v. Kalo Co. 案中被再次強調：「發現前所未知的自然現象的人，並無權就該自然現象主張法律所承認的獨占權。如果根據該發現做出任何發明，則該發明必須源自該自然法則的應用，並且是為實現新而有用的目的。」

　　因此，美國專利商標局以及美國法院，實務上過去皆一直未給予軟

體與商業模式專利的保護，認為它們是抽象概念，或屬於人類智力活動的規則和方法，非為利用自然法則之技術應用，不屬於專利法規定之可專利事項，而不具專利適格性。

一、電腦程式

在 1972 年 Gottschalk v. Benson 一案的判決中，美國聯邦最高法院就裁定一種將二進制編碼的十進制數字，轉換成純二進制數字的方法，並不具專利適格（patent ineligible）。正如美國聯邦最高法院於本案判決所指出的，該被主張的方法可以使用電腦（計算機）實現，也可用人工方式實現，除此之外，該方法又沒有其他新而有用的部分，因而不具備專利適格性。

這是因為，這樣僅僅將人工也能進行的抽象概念（數學演算法 Algorithms）或自然法則（物理定理）的計算或轉換，僅藉由電腦來加速實現，是單純的自動化，並沒有技術創新，不應該授予專利的保護。

二、專利標的與數學演算法

電腦軟體與商業方法是否為可專利標的，一直是各國專利實務一大爭點。美國聯邦最高法院於 2014 年 6 月作出眾所矚目的 Alice v. CLS bank 案判決，確立了使用 Mayo v. Prometheus 案的二步分析法來檢驗發明是否屬於美國專利法第 101 條之適格客體。[36] 在聯邦最高法院作出 Alice 案判決後，判定電腦軟體與商業方法不具專利標的適格性之判決明顯增加，而 USPTO 依據美國專利法第 101 條核駁之比例亦大增。

就在各界認為往後電腦軟體與商業方法將很難取得專利之際，DDR Holdings, LLC. v. Hotels.com, L.P. 是 Alice 案判決後，是第一件被聯邦巡迴上訴法院（CAFC）宣告軟體專利有效的案件，此後 2014～2017 年間僅有 9 件訴訟案件的專利維持。2017 年一共審理 27 件與電腦

執行有關技術，其中有 3 件案件的專利有效性被維持，顯示有關軟體專利適格性的判斷仍然嚴苛。

美國聯邦最高法院認為，35 USC 第 101 條文明文規定，凡符合新而有用要件之「程序」（process）、「機器」（machine）、「製品」（manufacture）、「物之組合」（composition of matter）四類人為發明皆「具有資格」（eligible）可申請專利，至於其他可專利性要件，則應委由其他條文來規定，但過去 150 年來的美國法院實務判例，已將自然法則、物理現象及抽象概念列為除外事項，例如：「科學原理」（scientific principles）、「自然現象」（naturally occurring phenomena）、「思考過程」（mental processes）、「數學演算法則」（mathematical algorithms）等，皆列為並不具有專利適格性之客體。因此對於一項不包含具體機械裝置的「程序」（process）權利要求，其是否「能將一個物件轉換成其他狀態或其他物件」，是判斷該權利要求是否具有可專利性的重要線索。

有關商業方法專利（business method patents）之議題，不論在美國或是歐洲都受到極度重視。在美國方面對於商業方法專利，一般學理認為只要符合專利之要件，即可授予專利權。相對於美國，歐洲學理上仍持較為保守之態度。

商業方法主要乃經由電腦軟體來執行，故電腦軟體與商業方法間具有一定之關聯性，電腦軟體是否具有可專利性，對於商業方法具有某程度之影響，同時也面臨到相似之問題，如對於習知技藝（prior art）判斷之困難性。早期歐美對於電腦軟體之可專利性，大多傾向採取否定之態度，在美國採用以著作權法作為保護電腦軟體之手段，而在歐盟方面則是採用歐盟電腦程式之法律保護指令（EU Directive on the Legal Protection of Computer Programs, 91/250/EEC）為之。但歐盟電腦軟體保護指令對於何謂電腦軟體並未提供明確之定義，就其原因無非是電腦軟體產業發展極為迅速，在歐盟各國間很難協調出一套明確合適之定義。

美國則於著作權法第 101 條中明確規範：「所謂電腦軟體即指一套敘述或指令可直接或間接被使用於電腦以完成一定之結果。」而世界智慧財產權組織（World Intellectual Property Organization, WIPO）亦提供定義指出電腦軟體乃「鑲在機器可閱讀的媒介物上，一套指令可促使該機器有資訊處理能力以指示、執行或達成一特定功能、工作或結果。」從上述美國著作權法及世界智慧財產權組織，有關電腦軟體之定義分析，電腦商業方法軟體，其可符合著作權法保護電腦程式之範疇，自不待言。故若純粹以著作權形式保護電腦軟體，則一旦發生其他創造電腦軟體者獨立發展出相同解決方法之商業經營管理構想軟體時，很難訴諸於著作權侵權行為之法律訴訟構成要件之存在，如此一來，電腦軟體創作往往面臨強大競爭對手，導致市場價值頓減。此外，由於專利技術之開發通常要投入極高之成本，縱使開發完成也必須承擔在市場上未知之風險，在申請專利後亦須公開其發明，故在專利制度法制設計上，即相對給予發明人強度之排他效力，因此若能以專利形式保護，一方面可以提供誘因刺激新技術產生及使新技術得以在公共領域流通散布之強大動機，另一方面也可使更多投資者的資金及人才投入研發（Research and Development, R & D）之行列，而社會大眾也可因專利文件之資訊揭露，促進技術革新發展而從中受益。美國專利法制根據美國專利法第 101 條之規定：「任何人發明或發現任何新的且有用之方法、機器、產品或物之組合，或其他任何新的且有用之改良，得依本法之規定與條件取得專利。」由此可知，專利要件必須具備新穎性、非顯而易見性與實用性。而商業方法本身係屬於美國專利法第 101 條中之「方法」專利，美國專利法第 100 條對於「方法」之定義為：「步驟、技術或方法，並包含一已知的方法、機器、製造物、物質或材料組合之新的使用。」因此就方法本身而言，至少是具備一個以上之步驟、處置、定則或順序等，並且針對某一個特定之目的去作執行，以求產生特定之物理效果者。

　　因此僅具有方法而不能產生任何物理效果者，不得申請專利。作品

涉及自主生成的人工智慧創作：1. 如果是人類創作的結果，其原始碼受專利保護。2. 如果不直接受人類影響，則此類程序生成的作品不具有專利。美國專利局給出的一個例子是「編織過程，在織物中隨機產生不規則形狀，沒有任何可識別的圖案」落入公有財產。

三、歐洲專利法制

根據現行歐洲專利公約（European Patent Convention）第 52 條第 1 項規定：「歐洲專利可授予任何之發明，但必須具備產業的應用性、新穎性與進步性」。[37] 同條第 2 項則有除外之規定，在屬於這些項目時，不將其視爲具有與第 1 項相同之發明意義，即 a 款：「發現、科學原理、數學運算方法。」；b 款：「藝術創作。」；c 款：「執行心智活動、遊戲、商業上的方案、規則與方法以及電腦程式。」；d 款：「資訊之呈現。」[38] 同條第 3 項則說明了第 2 項之除外規定，其所指之標的或活動僅限於與歐洲專利之申請或歐洲專利有關之標的與活動其本身而言 [39]。雖依第 2 項 c 款之字面而言，商業方法被排除在可賦予專利之範圍內，但由於第 3 項將第 2 項之除外規定限縮在僅及於其本身而言，故並非只要是屬於第 2 項所列之相關發明者，即一律被排除在外。而是如果該發明具有一定技術上之特性時，則就具備有賦予其專利性之可能。關於此點，可以參照歐洲專利公約施行細則第 27 條第 1 項 a 款（Implementing Regulation of the European Patent Convention Rule 27(1)）中所提及之，必須描述相關之技術 (a) 領域（technical field），及同項 c 款中必須揭露該發明之技術上的問題及其解決方法，另第 29 條（Rule 29）中所提必須在申請專利時定義其技術特徵（technical features）之規定，了解到關於發明所涉及之技術要點，於考量賦予專利權時之重要性。這些要求對於電子商務商業方法之可專利性有很重要的結果，因爲只要能明確定義其所欲尋求專利保護之發明及其所具備之技術特徵，並定義技

術上之問題及解決方法者，則此請求之標的即具有被賦予專利權之可能。歐洲專利公約第 52 條第 2 項揭櫫一項重要原則，亦即專利權的賦予須建構在對於物質的操縱能產生實用的效果，而並非純粹是抽象的考量，因此在歐洲單純的發現、科學原理或數學運算方法是不可獲得專利的授予。

　　人工智慧在電腦方面的數學演算法及軟體所產生的專利申請，及通過目前引起爭議性的案例並不多，過去在這一方面的研究議題討論通常由美國所引領，以下就美國商業方法專利具有指標性的案例進行淺析：

（一）State Street Bank and Trust Co. v. Signature Financial Group, Inc. 評析 [40]

　　除了就專利法制本身之探討外，近年來，美國法院對於電子商務商業方法之可專利性亦持肯定的態度，同時在美國專利局部分，對於授予電子商務商業方法專利所占商業方法專利之比率亦逐年增加。不過，在美國法院採取肯定商業方法可專利性立場前，其實一開始美國法院對於商業方法係採取「商業方法除外原則」（business method exception），這個原則主要係指將商業方法排除於法定專利標的之範圍外，而不論其新穎性、實用性及非顯而易見性，從根本之不屬於法定專利標的，而予以否定其專利權。商業方法除外原則建立於西元 1908 年的 Hotel Security Checking Co. v. Lorraine Co.24，而一直到西元 1998 年的 State Street Bank and Trust Co. v. Signature Financial Group, Inc. 才推翻此原則，建立起電子商務商業方法之可專利性

（二）Amazon.com v. Barnes & Noble 案評析 [41]

　　在網際網路交易服務的天地中，網路書店的迅速崛起，十足地見證電子商務無國界 24 小時全天候交易的威力，而其中之佼佼者為 Amazon（亞馬遜）書店。Amazon 書店藉著其所發展出之 Amazon.com 網站，涉及書籍、影視光碟、禮品、遊戲軟體、玩具買賣交易等商業行為，其「一指訂購」（one-click shopping）之特殊網上購物方式，因為具有迅速便利消費者之特性，而在短時間聞名全球 29 國。Amazon 就其「一指訂購」之特殊營業方法對美國專利局提出專利申請，並於 1999 年 9 月 28 日獲准專利於 1999 年 10 月 21 日以此專利向其主要競爭者 Barnes & Noble（邦諾書局）提出專利訴訟。Amazon 所採取之法律行動，主要是針對 Barnes & Noble 書店在其網頁上 barnesandnoble.com 所使用之購物方式「Express line」與其一指購物方式相似，有涉及侵權之行為。

經過調查及聽證後，美國地方法院（the U.S. District Court for the Western District of Washington）於 1999 年 12 月 1 日向 Barnes & Noble 書店頒發禁制令，禁止該書店於其網頁上使用一指購物方法。Barnes & Noble 不滿禁制令之決定，而向聯邦巡迴上訴法院（the Court of Appeals for the Federal Circuit）提出上訴。在此同時，長期反對電腦軟體專利者 Richard Stallman 鼓吹消費者發起全球抵制 Amazon 運動，上訴法院基於對 Amazon 專利之有效性將禁制令取消。上訴法院並非認為商業方法不可授予專利，而是認為 Amazon 專利之有效性所衍生的相關問題，若以禁制令予以解決，並不適當。

由於電子商務商業方法是近年來才開始給予其專利權，在美國法院確認商業方法可申請專利之定論後，美國專利商標局對於商業方法專利權之審定採取較為開放之態度，而大量授予專利權，但卻也因此引發出許多爭議性。由於專利權之申請過程中，對於電子商務商業方法之習知技藝檢索十分不易，往往導致出專利權授予過程中所產生錯誤之機率，較一般專利權為高，而這樣的結果往往須經由往後冗長之訴訟程序以彌補缺失，從而造成更大社會成本之浪費。

肆、結論

　　人工智慧的科技應用已日趨成熟，可以預見未來人工產業的蓬勃
發展將為人類帶來第四波的產業革命，人工智慧的商業時代已經儼然來
臨。在現今網路資訊及大數據科技蓬勃發展的時代，智慧財產權的管理
以及保護，不但是各國政府極度重視的國家政策核心議題，對於提升國
家整體產業競爭力以及促進科技進步動能的主要因素，亦為企業界列為
其公司無形資產的主要項目。歐洲與美國在智慧財產權的學理及法規原
則上或有些岐見，然而在全球化市場及競爭機制下，對高科技產業在智
慧財產權保護的立場上漸漸趨於一致。在世界各國企業競相投入人工智
慧及大數據科學技術的研發與產業應用之際，其所研發的社會衝擊及倫
理議題，本文認為因有國際間進行溝通協調與深度的討論之後，形成國
際管理應由國際間進行溝通協調與深度的討論之後，形成國際一致同意
的管理規範或法規，以防範對人類社會可能造成的有形或無形的迫害。
人工智慧科技發展一日千里，產業應用推陳出新之快速，已經令人難以
預測，誠如李開復於其書《AI新世界》中所描述未來人工智慧很可能
取代大部分重複性單調的人類工作，另外一方面也可以是超強有利的輔
助工具，幫助人類在諸多方面的工作更加的優質化。人工智慧科技的進
步可以為人類帶來更美好的生活，然而也可能被應用來作為摧毀人類的
工具，就如同核能一樣，它可以用來製造核彈作為可以大規模毀滅人類
的武器，也可以應用它變成能源，帶給人類便宜且巨大的電力供應系
統。

　　李開復認為人工智慧畢竟是一種在人類下指令進行操作的工具，
它沒有愛，沒有情感，沒有喜樂，最終仍然無法取代人類的一切。因此
未來如果在教育上多強調創造性的知識，多鼓勵年輕世代往具備情感、
富有創新創意的方向去學習及工作，自然不會畏懼人工智慧商業世代帶

來的挑戰。目前許多國家及跨國企業均將人工智慧作為其未來發展的戰略主軸，除了在政策上的制訂，法規上的調整，同時也投入大量的資金作為人工智慧基礎建設，並且在教育上大規模的投入。相較於人工智慧發展較為領先的國家，如美國、中國、英國、日本及韓國等，臺灣在科研資金的投入、人工智慧教育的普及以及企業人工智慧生態系統基礎建設等面向都遠遠落後。當各個先進國家競相投入人工智慧的科技研發與產業應用時，臺灣的政府也不例外。當前大多數國家的政府在政策制定上多傾向將資源放在鼓勵科技發展面、教育面向與就業面向以及輔導產業投資，很少有政府的政策將資源投入人工智慧的發展可能帶來的社會衝擊，對於可能產生的風險進行評估，因此本文認為政府需要開始審慎考量人工智慧對我們下一代生活將會產生的巨大影響而提出政策因應方案。人工智慧仍面臨諸多挑戰，人工智慧及其相關新興技術，如大數據資料庫及機器人應用等，均引發智慧財產權法制及政策面的挑戰，而其人工智慧應用也衍生出許多社會面、經濟面及倫理等諸多面向爭議，因此在討論人工智慧研發成果的法律保護時，應同時評估並因應其帶給人類的後續影響。

 註 釋

* 逢甲大學科技管理研究所及企管系教授，英國牛津大學訪問學者。

1. Artificial Intelligence 可翻譯爲人工智慧或人工智能。

2. Joost N. Kok et al. Artificial Intelligence: Definitions, Trends, Techniques, and Cases. See www.eolss.net/ebooklib/ebookcontents/e6-44-themecontents.pdf, last visited at 2019.07.15.

3. 李開復，AI新世界：中國、矽谷和AI七巨人如何引領全球發展，pp.239，臺北：天下文化。

4. Deep Blue, https://www.ibm.com/ibm/history/ibm100/us/en/icons/deep-blue/, last visited at 2019.02.05.

5. IBM Prepping 'Watson' Computer to Compete on Jeopardy!, Gizmodo, https://gizmodo.com/ibm-prepping-watson-computer-to-compete-on-jeopardy-5228887

6. AI人工智慧再突破！Google圍棋系統，幹掉歐洲最強職業選手，數位時代，https://www.bnext.com.tw/article/38593/BN-2016-01-28-033655-81, last visited at 2019.02.05。

7. 人工智慧將取代部分人類工作，爲什麼社會變得更「公平」？，https://buzzorange.com/techorange/2019/02/26/ai-replace-human/, last visited at 2019.02.05.

8. 同註7.。

9. 同註7.。

10.Deloitte, 2016, Artificial intelligent innovation report, pp.2-3.

11.Industrial Strategy: Artificial Intelligence Sector Deal. https://www.gov.uk/government/publications/artificial-intelligence-sector-deal, last visited at 2019.02.05.

12.同註11.。

13.Artificial intelligence the next digital frontier? – McKinsey report, 2017.. https://www.mckinsey.com/~/media/McKinsey/Industries/Advanced%20Electronics/Our%20Insights/How%20artificial%20intelligence%20can%20deliver%20real%20value%20to%20companies/MGI-Artificial-Intelligence-Discussion-paper.ashx, last visited at 2019.02.05.

14.Allied Market Research, 2018, Artificial Intelligence (AI) Market to Garner $169,411.8 Million, Globally, by 2025, https://www.alliedmarketresearch.com/press-release/artificial-intelligence-market.html , last visited at 2019.01.02.

15.CB Insights：2018年值得關注13項人工智慧趨勢，http://iknow.stpi.narl.org.tw/Post/Read.aspx?PostID=14236, last visited at 2019.02.05.

16.Evidence synthesis: the impact of artificial intelligence世Royal Societ, https://royalsociety.org/-/media/policy/projects/ai-and-work/evidence-synthesis-the-impact-of-AI-on-work.PDF, last visited at 2019.02.05.

17.李開復，AI新世界：中國、矽谷和AI七巨人如何引領全球發展，pp.238-239。

18.李開復，AI新世界：中國、矽谷和AI七巨人如何引領全球發展，pp:255-269。

19.LucaJon, Michael etc. 2016. Algorithms need managers, too. *Harvard Business Review.*

20. 1. Fei Jiang etc.

Artificial intelligence in healthcare: past, present and future, *Stroke and vascular Neurology*, 2017, Vol. 2, Issue 4.

21.洪雅筠，2017，俄羅斯干涉美國大選Facebook假廣告影響1.26億用戶，available at https://cnews.com.tw/005171102-3/ , last visited at 2019.02.05.

22. The New York Times Editorial Staff, 2018, Fake News: Read All About It.

23. David Kleina and Joshua Wuellera, 2017, Fake News: A Legal Perspective, 20 No. 10 J. Internet L. 1.

24. 現在是人工智慧進行式，商業環境正逐步改變中，http://iknow.stpi.narl.org.tw/Post/Read.aspx?PostID=15001, last visited at 2019.02.05.

25. 同註11。

26. Glazer, April, 2017, Google is funding a new software project that will automate writing local news, see https://www.recode.net/2017/7/7/15937436/google-news-media-robots-automate-writing-local-news-stories, last visited at 2019.02.05.

27. Guadamuz, Andres, 2017, Artificial intelligence and copyright, WIPO, see https://www.wipo.int/wipo_magazine/en/2017/05/article_0003.html, last visited at 2019.02.05

28. Hristov, Kalin, 2017, *Artificial Intelligence and the Copyright Dilemma*, IDEA, pp.431-434.

29. 林利芝，2018，初探人工智慧的著作權爭議——以「著作人身分」為中心，智慧財產權月刊，頁68。

30. 同註27。

31. Hristov, Kalin, 2017, *Artificial Intelligence and the Copyright Dilemma*, IDEA, p.435.

32. The new EU Copyright Directive, http://www.ssa.ch/sites/default/files/ssadocuments/sg18-0917_the_new_eu_copyright_directive_parliament_vote_2018-09-13_en.pdf, last visited at 2019.02.05.

33. 歐盟著作權新法掀文創與矽谷大咖之戰，https://www.businesstoday.com.tw/article/category/80392/post/201809260012/%E6%AD%90%E7%9B%9F%E8%91%97%E4%BD%9C%E6%AC%8A%E6%96%

B0%E6%B3%95%20%20%E6%8E%80%E6%96%87%E5%89%B5%
E8%88%87%E7%9F%BD%E8%B0%B7%E5%A4%A7%E5%92%96
%E4%B9%8B%E6%88%B0?utm_source=%E4%BB%8A%E5%91%
A8%E5%88%8A&utm_medium=autoPage, last visited at 2019.02.05.

34.許曉芬，104，智慧財產權月刊，Vol. 197，頁37。

35.WIPO, The story of Ai in patents. https://www.wipo.int/tech_trends/en/
artificial_intelligence/story.html, last visited at 2019.02.05.

36.洪振盛，2016，Alice案後美國電腦軟體專利適格性之發展，智慧
財產權月刊，Vol. 211。

37.Article 52 (1): "European patents shall be granted for any inventions
which are susceptible of industrial application, which are new and
which involve an inventive step".

38.Article 52 (2): "The following in particular shall not be regarded as
inventions within the meaning of paragraph1: (a)discoveries, scientific
theories and mathematical methods; (b)aesthetic creations; (c)schemes,
rules and methods for performing mental acts, playing games or doing
business, and programs for computers; (d)presentations of information".

39.Article 52 (3): "The provisions of paragraph 2 shall exclude patentabil-
ity of the subject-matter or activities referred to in that provision only
to the extent to which a European patent application or European patent
relates to such subject-matter or activities as such".

40.State Street Bank and Trust Co. v. Signature Financial Group, Inc., 47
U.S.P.Q.2d 1596 (1998).

41.Amazon.com Inc. v. Barnesandnoble.com Inc., 239 F.3d 1343 (2001).

第三章

全球科技競爭下，人工智慧產業之法律風險與管理

李崇僖[*]

*臺北醫學大學醫療暨生物科技法律所副教授兼所長

摘　要

　　本文以 2018 年底為觀察點，分析近 2 年來，全球科技競爭態勢下所產生之法規演變，並從人工智慧產業之觀點探討其所面臨之法律風險以及產業管理上應注意之事項。本文分析範圍包括美國、中國及歐盟三大區域，分別說明其因應全球科技競爭所採取之管制與戰略。在美國對於敏感性高科技輸出管制最主要就是 ECRA（出口管制改革法），搭配上對外國在美投資的管制法律 FIRRMA（外國投資風險審查現代化法），賦予行政部門極強大的管制權力。而歐盟則是以個人資料保護及對資料壟斷性業者之管制為主軸，用以避免將來的人工智慧產業完全由美國與中國主導。目前雖然是以中國受到管制的影響較直接，但臺灣科技產業由於與中國的連結度高，也有不少設廠在中國，因此勢必要在敏感性科技以及敏感性資訊這兩方面進行新的合規管理，以降低企業經營之法律風險。

關鍵字：人工智慧、科技出口管制、外國投資管制、個人資料保護。

Legal Compliance for AI Related Companies in Perspective of Technology Race between Countries

Lee, Chung-Hsi (Taipei Medical University)

Abstract

This article is written by late 2018, analyzes the legal development that is triggered by global technological competition of the past two years. My concern is on the legal risk and management from the perspective of artificial intelligence industry. This article covers three areas, U.S., EU and China, to understand their strategies and interaction. In U.S., the Export Control Reform Act (ECRA) and the Foreign Investment Risk Review Modernization Act (FIRRMA) have rendered Executive Branch huge power to regulate foreign companies regarding sensitive high technology. In EU, the regulations are focusing on data protection and monopoly of online companies. This is still relevant to artificial intelligence competition. Based on description of the legal development, this article makes some suggestion of compliance program for artificial intelligence companies in Taiwan.

Keywords: artificial intelligence, export control, foreign investment regulation, personal data protection.

壹、科技競爭與規則制定

　　向來國際政治經濟學理論都以工業化發展階段作爲區分各不同國家之在全球政治經濟體系之定位，以及描述該個別國家內部產業政策之背景因素。然而在當前因技術特性之內在因素與網際網路之外部因素而使科技擴散速度加快，各工業先進國在產業技術領先期縮短，工業後進國之「彎道超車」策略更爲可行，因此科技競爭已經成爲當代國際政治經濟學上最重要的新主題。在此政治經濟躁動的時代，從布雷頓森林體系（Bretton Woods System）[1] 以來所建構的國際經濟秩序也面臨崩解與重構的危機，新的經濟規則在初期必定是分歧的，全球各大經濟體採取對其自身策略而言最有利的規則，並設法動員結盟其他國家，將其他國家納入其政治經濟秩序中，增加其所創設新規則的國際主導性。

　　在此同時，不同結盟體系彼此之間的貿易關係不可能戛然而止，因此既有的貿易關係必然陷入相互的規則衝突中，形成所謂「貿易戰」。究其實質，與其說是「貿易戰」毋寧應視爲「科技戰」。因爲貿易本身是非競爭性的，互通有無、各擅其長本爲好事，貿易的本質是合作性的，而扭曲的貿易關係才是問題根源。例如：中國現在大力鼓吹「自由貿易」精神，是因爲自由貿易對其自身經濟發展有利，可發揮其成本優勢。而美國則強調「公平貿易」原則，是因其認爲中國以國家補貼方式發展產業，並且以竊取外國技術方式（包括商業間諜以及強迫外資以合資方式移轉技術給中國企業），這種本質上不公平必須加以導正，否則自由貿易等於放任投機取巧的詐取行爲。[2] 而這樣的貿易戰爭中，科技主導權成爲關鍵。不僅美國關切技術流失所導致的貿易地位不利，中國同樣是標舉「中國製造 2025」，希望建立自主創新的技術實力，都可顯見科技競爭才是貿易關係中的主調。

　　在前述背景下，本文以人工智慧產業發展爲題，針對美國、中國及

歐盟這三大經濟體在科技競爭之觀點下如何制訂相關規則，以及這些新規則對於人工智慧產業發展可能形成之法規風險，進而探討相關產業應如何進行法規遵循及風險管理。首先必須指出，各大經濟體在規則制定上必然是針對本身所具有之優勢制定其策略，而各國之規則相互衝突性乃根源於各國之優勢與發展策略不同。人工智慧已經成為科技競爭的戰略高地，各大經濟體將其視為勢在必得之戰略目標，因為人工智慧之應用將改寫產業基本運作模式，而其具有之高風險高報酬性質更是前所未有之規模。正因如此，各國在產業規則之制定上，都有個人工智慧發展的影子在背後，與其說人工智慧產業受到各大經濟體之規則制定所波及影響，毋寧說人工智慧產業就是這些新規則出現的原因。既然如此，人工智慧之相關產業人士怎能將國際經濟規則之變動衝突視為外部因素？法規遵循與風險管理實應納入此產業經營無可迴避的一環，猶如醫藥產業向來都將政府之管制法規以及醫療保險政策視為攸關其產業機會與風險的關鍵，人工智慧產業人士則對此尚缺乏足夠之認知，還抱持著「技術歸技術，政治歸政治」的心態，其實是此一產業中的最大盲點。

　　具體而言，人工智慧之發展不僅依賴專精的程式編寫人才，更高度依賴大數據資料，因為沒有大數據資料的訓練，人工智慧之演算法很難進步到取代人力的能力。因此圍繞著人工智慧的產業競爭所衍生之規則，就包含了技術與資料這兩方面。總體而言，美國、中國和歐盟在人工智慧及生物科技等新興產業科技發展上各有其優勢。美國之優勢在於其開放之創新體系能吸納全球頂尖人才以及充沛資金，提供其源源不絕的研發創新能量。由於資訊充分流通，因此資金與人才隨時可流動到最有潛力的技術領域，此即開放體系所帶來優勢。相對來說，中國是由國家主導型的產業發展，其優勢在於阻擋外國企業而扶植本國企業成為國內市場主導者，該等龍頭企業因而擁有龐大的資料量（因為個資不受保護），而相關法規之滯後發展亦讓新創業者可盡情試驗其對新科技的應用場景設想，因此更容易進入產業化路徑，此即獨占體系所帶來的優

勢。歐盟相較於前兩者，既沒有充沛活力的創新體系，又沒有獨占性的產業結構，因而採取的是強化其規則制定權力，亦即對於前兩者所刻意擱置的，有關回應新科技對社會經濟之衝擊的法規體系，歐盟往往率先提出規範，且其強硬的規則執行標準會促使其他國家必須追隨立法，此最典型的例子就是個人資料保護法制，而近年來在數位產業之競爭法管制，以及數位產業之合理稅負（彌補其造成之社會成本）問題，歐盟都有積極之政策，此可稱為治理體系的發展策略。

本文以下即分別針對美國與中國的科技管制戰爭，以及美國與歐洲的資訊管制戰爭加以探討，其分別呈現出開放體系對獨占體系的反擊，以及開放體系受到治理體系的制約。而人工智慧產業所處之法規環境，就處於此三大發展典範的分歧間，本文進而提出相關業者如何應對此種規範變動之建議。

貳、美中科技戰下的科技管制新常態

2018 年是延續美中貿易戰的劇情而延伸到科技戰的序章，首先是中興通訊（ZTE）被美國政府透過禁止提供晶片進行制裁，導致該公司幾乎一夕瓦解。接著又是華為公司財務長孟晚舟在 12 月初被以違反制裁伊朗禁令為由加以拘捕（美國司法部通知加拿大司法機關執行，並尋求引渡至美國受審），此措施亦掀起一系列美國盟友國家抵制華為電信設備之政策（從歐盟，日韓到紐澳皆響應）。這一系列劇情已超越貿易戰的格局，而是科技戰的正面交鋒，論者皆謂美國之戰略目標就是阻止中國的「中國製造 2025」計畫。為何美國選擇在此時對華為這家公司出手，這有兩層意義，一是國家安全考量，因為華為設備向來被懷疑有竊取通訊秘密的設計，另一層則是以經濟制裁為名義，阻礙該公司之快速擴張。華為在 5G 技術規格上已占有全球主導性地位，此嚴重威脅到歐美的技術規格主控權。[3] 而 5G 技術對於物聯網及無人載具之發展居

於關鍵地位，此等於讓華爲這家中國企業足以取代歐美公司成爲物聯網與人工智慧之技術發展核心。

一、科技管制之背景

　　就在孟晚舟被拘捕的 2 個月前，華爲剛在一項大型發表會中展示了其全棧全場景 AI 解決方案，涵蓋了從終端到雲端，從晶片到深度學習訓練架構的多層解決方案，並同步發表了兩款 AI 專用晶片。在 AI 領導企業中，Google 和阿里雲都是互聯網起家，其 AI 戰略也是以互聯網爲軸心，主要面向消費端及雲端。而輝達（Nvidia）則是晶片起家，對於應用端缺乏完整布局能力，主要面對企業設備端，各有其局限。因此華爲的全場景解決方案意味著能提供不同類型，不同需求客戶服務，並且可彈性因應 AI 將來向不確定性的應用場景模式，在整體發展戰略上具有優勢。[4] 正是在此科技競爭的轉折點背景下，美國與中國的科技戰正式引爆。

　　美國向來對於關鍵技術之保護有兩種並行模式，分別是出口管制與經濟制裁。出口管制由商務部主管，經濟制裁由財政部主管。出口管制主要從國家安全角度著眼，追蹤美國原產物或含有美國原產物之項目（包括技術、產品及軟體）的出口，轉運等流程，尤其關注的是軍民兩用項目，也就是潛在會被使用於軍事用途之商用技術。至於經濟制裁則是從價值立場出發，處罰美國認爲違反人道，支持恐怖主義，支持毒販等國家（或個人）。中興通訊及華爲公司所牽涉的法律問題，基本上這兩個層面都有。雖然這些措施主要影響到中國的企業，但在中興與華爲的事件中，臺灣科技業由於產業鏈上與中國企業連結度日益增加，因此也間接受到衝擊。[5] 假設臺灣企業在與中國企業合作過程中涉入到美國對中國相關企業之出口管制問題，則臺灣企業必須有一套風險管理機制，此點在本章第肆節將提出建議。

　　敏感技術與產品的出口管制在美國已經是冷戰時期延續至今的制度，[6] 但近年來，美國更關注的是中國透過投資或併購美國公司而取得關鍵性的尖端科技。因此美國在既有的出口管制和經濟制裁模式之外，近期又強化了對外國投資的安全審查機制，此點由於涉及國際資本流通與新創事業之資金取得管道問題，影響將更為深遠，本節乃對 2018 年最新通過之法律加以探討。

二、FIRRMA 對外國投資從嚴審查

　　2018 年 8 月 13 日，川普總統同時簽署了兩項剛由國會通過的法律，一項是「出口管制改革法」（Export Control Reform Act，簡稱 ECRA），另一項是「外國投資風險審查現代化法」（Foreign Investment Risk Review Modernization Act，簡稱 FIRRMA）。後者是為了強化過去美國對於有關國家安全之投資審查委員會的權限，而其目的就是為了避免關鍵技術被透過外國資金在美國之投資而移轉出去，其目的性與技術出口管制之精神相通，此所以這兩部法律同步制定與公告。ECRA 要求總統必須定期與商務部研商技術出口管制項目，目的在擴大出口管制項目的範圍，將過去著重軍事安全考量的管制，放寬到任何新興的基礎科技（emerging, foundational technologies），只要其對於維持美國的軍事或情報優勢（intelligence advantage）有幫助。[7]11 月 19 日，商務部根據該法律，發布了納入的 14 類新興技術，包括人工智慧、數據分析、機器人、生物技術等。[8]

　　如前所述，美國現在更關切的是中國企業以投資方式換取技術機密的手法，因此強化對外國投資之管制審查才是重點。過去美國在外資審查上已有多年實施經驗，審查單位是跨部會的投資審查委員會（Committee on Foreign Investment in the United States，簡稱 CFIUS）。CFIUS 可主動對一項外國投資美國公司的交易案進行調查，以確定某項交易是

否有國家安全隱憂。CFIUS 可對收購方建議撤回交易提案，而收購方通常會因此主動撤回，以免留下交易被拒絕的不良紀錄。若收購方不配合此建議，則 CFIUS 有權力向總統建議阻止該交易。過去一年來，CFIUS 已經阻止了數項重大交易，例如：新加坡晶片生產商博通公司欲收購美國高通公司，中國的螞蟻金服欲收購全球第二大收款服務公司 MoneyGram 等案例。即使有這樣大的權力，但 CFIUS 能介入調查的交易項目有所限制，必須是可能導致美國公司被外國人掌控的交易，因此若是少數股權的投資案就不在其權限範圍內。為此，FIRRMA 就是將原本不在審查範圍的交易項目納入，即使是少數股權投資，只要有可能使外國人因此接觸到美國公司技術機密者，都會受到審查。詳言之，CFIUS 現在的審查項目涵蓋到所有非被動性的（non-passive）投資，也就是並非只是為得到股東報酬，而是有策略性目的或參與經營之投資。凡是外國資金對美國的投資項目涉及關鍵設施（critical infrastructure）、關鍵技術的產出（production of critical technologies），及敏感性個人資料（sensitive personal data）都在審查項目之列。值得注意的是，過去 CFIUS 對投資的審查是採取自願性申報，自願申報的好處是若獲得 CFIUS 審查通過的投資案，將來的運作就可豁免相關的審查程序，等於獲得安全港的保障。而 FIRRMA 則是將前述關鍵設施及關鍵技術之投資審查列為強制申報項目，此同時自願申報機制仍持續存在，因此不在強制申報項目之投資案，仍可進行自願性申報。

由於 FIRRMA 明言將關鍵設施之投資列入審查項目，因此不動產之購買也會列入審查，只要該筆不動產是座落在機場或海港區域，或者是鄰近軍事設施或美國政府機關所在地，而會造成國家安全疑慮者，就須受到審查。這些關於投資不動產的項目在過去已經是 CFIUS 開始進行的審查對象，但缺乏足夠的法律依據，而 FIRRMA 就是使其取得明文授權。[9]

至於關鍵技術方面之投資審查，CFIUS 基於 FIRRMA 的授權，在

2018 年 10 月頒布一項試行計畫（critical technology pilot program），
將關鍵技術加以定義，落入此定義範圍之投資案無論金額大小都要強
制申報。該試行計畫中就有直接連結到 ECRA 所公布的 14 項新興技術
皆列爲強制申報項目，因此人工智慧之相關投資案就成爲強制申報項
目。[10] 在法規遵循上另一要注意之點就是關於投資方身分的規範，凡是
外國政府有在該筆投資中有涉入「實質利益」（substantial interest）者，
該項投資無論其項目是否爲前述關鍵設施或技術，皆會列爲審查對象。
至於不涉及外國政府，而只是外國公司或自然人之投資，則以前述關鍵
設施或技術爲判斷標準。而實際投資活動中有許多是透過私募基金或創
投基金等形式，而其背後的外國政府或外國人往往不容易彰顯，因此
FIRMMA 也對此特別加以明定規範。簡言之，該基金必須是由美國公
民負責管理決策，且外國人不會因爲該投資而接觸到美國關鍵技術。至
於敏感性個人資料之定義與適用範圍，目前雖尚未明確界定，但法律賦
予 CFIUS 此一權限，將來勢必成爲審查投資案時的重大考量因素。

三、FIRRMA 之影響與意涵

　　總體而言，FIRRMA 是將過去使用「控制」（control）作爲審查門
檻的模式，改爲以「影響力」（influence）作爲標準，擴大 CFIUS 的審
查範圍，讓少數股權的投資案也因投資標的之敏感性而列入強制申報範
圍，凡是申報審查就意味著投資進度的拖延，這會有效阻礙中國資金的
滲透。FIRRMA 搭配 ECRA 之立法固然呈現了美國對中國竊取關鍵技
術的防範，其實際成效如何尚有待觀察，但此立法也意味著美國的開放
體系在面臨威權政體的獨占體系之競爭，勢必要限縮其開放性。限縮美
國經濟體系的開放性，是否會扼殺美國在科技競爭上的優勢，反而阻礙
了美國的科技創新速度？換言之，美國在對應中國的科技發展競爭時，
面臨的是兩難的抉擇。如果持續開放的體系，則中國從政府到企業都會

利用制度漏洞獲取技術秘密，例如：對美國公司的初期投資都在 9.9% 以下股權，則可避開原本 CFIUS 的審查，依據新法律則仍會因關鍵技術之投資而受審，也就是把漏洞補起來了。然而補這些漏洞就意味著自我減損體系之開放性，長期可能更不利。尤其人工智慧等新創技術之應用模式尚未確定，需要更多風險性的資金挹注，而近幾年，中國資金確實在這領域挹注不少。新法律通過後，預期可能造成一些新創公司在募資上的困難，值得關注。

然而看待此美中科技戰的發展，不能僅從創新經濟模式的邏輯來理解。確實，為了保護自身技術機密而採取封閉合作管道的措施，不僅可能阻礙自身後續創新能量，而且對於阻礙他國技術學習及超越的意圖也未必有用。但美國為何對中國的投資與技術取得特別在意？尤其這種技術取得在投資的脈絡下很可能不是非法的技術竊取行為，而是合法且付費的技術移轉，但許多都會在前述技術出口管制（ECRA）及投資管制（FIRRMA）的框架下被阻止。要理解這樣的政策，必須從價值立場出發，由於中國的經濟與科技崛起會挑戰美國的霸權地位，而中國的人權記錄與政治體制上都是違背國際文明標準的，因此正式被美國認定為戰略對手。[11] 此所以從 ECRA 到 FIRRMA，在管制標準上都以國家安全為重要考量因素。而若是美國的盟邦，在關鍵技術上是可以合作交流的，自然就可以免受到此種出口管制。然而如果是美國盟邦，但另一方面又與中國有高度的經濟依存度，則該盟邦之技術取得亦會受到同等的管制，因為美國對技術與商品的出口管制審查不僅看出口對象國，還會看轉出口到第三國之情形，此點是臺灣政府與企業要特別注意之處。若臺灣公司作為與美國公司的技術合作方，無法確保相關重要技術在取得後不會轉移到中國企業，則該項合作可能會被美國相關審查單位否決。

參、美歐科技戰下的資訊管制新常態

歐盟所制定的「個人資料基本規則」（General Data Protection Regulation，簡稱 GDPR）在 2018 年 5 月 25 日正式施行，引發國際社會關注並擔心對數位資訊科技及人工智慧等新興科技造成的衝擊。此事代表了一個歷史性的里程碑，也就是歐盟正式在全球科技競爭環境中宣示走出自己的一條路線，這條路線不同於美國的開放體系，也不同於中國的獨裁獨占體系。歐盟在科技競爭中面臨哪些優勢與劣勢？選擇這條路線如何可行？這些都是本節將進行分析之問題。但首先要了解，2018 年所揭示的歐盟路線，並不僅是對個人資料之強化保護這個面向，還包括了反對資訊壟斷，以及反對數位產業中的稅負不公平，也就是同一年間陸續還推出了對 Google 公司處罰違反競爭法的鉅額罰金，以及西班牙與英國陸續推出對網路公司課徵營業稅的制度，歐盟也正考慮全面施行數位稅。[12] 個資保護、資訊壟斷、數位稅這三大面向都圍繞著資訊管制的基本思維，展現了與美國這個盟邦截然不同的制度模式，因此值得逐一加以說明。

在探討歐盟相關法制變革之前，首先說明歐盟在人工智慧與新興科技發展競爭上面臨的困境，藉此可幫助理解這些法制出現的背景。總體而言，歐盟在發展人工智慧上所面臨的困境就是市場規模分散（因為歐盟數位市場尚未統一），數位資料之整合困難（因為 1995 年的歐盟個資保護指令以來就已建立嚴格的個資規範），缺乏本土的互聯網巨頭公司，因此被 Google、Facebook、亞馬遜等美國巨頭公司主宰。這三大限制條件對一個經濟體要發展人工智慧來說是非常致命性的，我們只要從結果來看就很清楚。2011 年惠普公司收購了擅長語意處理的英國人工智慧公司 Autonomy，2014 年 Google 公司收購了神經網路領域創業公司 DeepMind（進而開發出 AlphaGo）。統計上，2012 至 2017

年間，美國科技公司收購的 AI 新創公司中，19 家來自歐洲，占了總計
31%。[13] 某種意義上，歐洲成了其他國家的 AI 孵化器，相關新創公司
做出成績後受限於市場規模與資料取得限制，就只能併入美國大型網路
公司。歐盟的人工智慧相關研究相當卓越，但走向產業化卻面臨瓶頸。
除了前述面臨的環境限制外，歐洲在此領域的新創公司還有個困難，就
是歐洲的投資者不像美國及中國的投資者傾向追逐高風險高報酬的機
會，歐洲投資者比較保守謹慎，較關注資本投入的報酬效率。美國及中
國的投資較忽視資本報酬效率，而是追求快速擴張的效果（當然就較容
易出現無效與浪費的投資）。既然新創事業在歐盟境內募資困難，自然
就容易被積極尋求擴張市場的美國公司所併購。

在前述不利條件下，歐盟的回應方式相當獨特，他們不是選擇打
造像美國一樣的開放創新體系，當然也不是學中國組織一些「國家隊企
業」式的壟斷技術與市場，而是反其道而行，要把人工智慧發展與應用
的相關規範訂得更嚴格，這個戰略很值得分析與參考。

一、個人資料保護法制

歐盟制定的 GDPR 是具有全球影響力的個資保護規範，其乃是為
了因應當代資訊科技無所不在的特性，因此將個資保護之適用對象及於
所有的個人資料處理，且對於個人資料之定義涵蓋到四大類型：姓名、
識別身分之號碼、位置資料、線上身分識別資料（包括 IP address 以及
cookie）。由此亦可知，GDPR 是將 1995 年的個人資料保護指令之精神
延伸到數位化互聯網時代的需求。作為歐盟規範的 GDPR 為何具有全
球影響力，乃是因為其規定了該規範的管轄範圍相當廣，主要包含三大
類型。在說明此三大管轄範圍之前，首先說明 GDPR 主要界定出 data
controller（資料控制者）和 data processor（資料處理者）兩種身分，前
者是對於資料之處理目的與處理方法具有決定權之身分，後者則是受前

全球科技競爭下，人工智慧產業之法律風險與管理

者委託，依據其指示而處理資料之身分（可概略等同於資訊服務商）。當然在規範上是前者的法律責任較重，後者只要沒有超越 data controller 的委託範圍，則所負義務較低。而 GDPR 規定之管轄範圍包括：(1) 機構設在歐盟境內之資料控制者或處理者，其處理個資之活動接受管轄，且不限其處理行為是否發生在歐盟境內；(2) 歐盟境內自然人之個資，受到境外的資料控制者或處理者處理之行為，其前提是關於提供商品或服務之要約給歐盟居民，或者是對於歐盟境內居民行為之監視；(3) 資料控制者不在歐盟境內，但其所在地依國際公法適用歐盟會員國法令者。（關於管轄範圍規定於 GDPR 第 3 條）

特別值得注意者，第一款所謂機構設在歐盟境內，乃是用 "an establishment of a controller or a processor in the Union"，其中所稱 establishment 之意義相當廣泛，舉凡分公司、子公司、銀行帳戶、郵政信箱、銷售代表等都可能構成該公司在歐盟境內設有機構[14]。換言之，臺灣許多公司也都可能構成第 1 款所界定之管轄對象，那麼無論處理個資之行為發生在歐盟境內或境外，都必須遵守 GDPR。

總體而言，GDPR 在四大面向上的全面性使其產生巨大影響力，一是在保護客體上的全面性，任何數位時代可用以識別個人身分的資料都列入個人資料之定義範圍；二是管轄範圍之廣泛性，不僅對歐盟境內事業體之定義廣泛，即使非歐盟境內事業，只要涉及處理歐盟居民之個資皆受到規範；三是對違法行為處罰非常嚴屬，高達該企業全球營收的 4% 或是 2,000 萬歐元（兩者取其高者），因此法規遵循之成本再高都必須設法遵守；第四是對個資當事人之權利賦予更為廣泛，不僅有傳統上肯認的知悉權、查詢權、更正權等權利（此在我國個人資料保護法皆有保障），更有被遺忘權（right to be forgotten）之明文化，還有對於自動化機器決策的禁止[15]。由於 GDPR 之內容龐大，本節無法詳述，僅針對其所揭示之幾項基本原則，可能與人工智慧之開發或應用產生衝突之處加以探討。

在資料取得合法性方面，個資之取得必須告知當事人利用目的與範圍，且不得為告知目的外之利用。此點在人工智慧以及相關聯的大數據研究利用上就會產生衝突，因為大數據之研究不是先設定資料利用目的，而是先把資料大量匯集之後再去分析出研究價值。而大數據之分析乃是人工智慧開發的基礎，沒有大量資料為訓練基礎，根本無法讓機器學習得以發展。此外，資料控制者必須隨時能夠說明資料之利用情況，並且得應當事人要求而刪除其資料，此點也必然耗費龐大的資料管理成本。這些基本原則雖然都有例外條款存在，但例外條款該如何適用，往往不夠明確。在歐盟實務上都必須靠個資專責機關加以解釋適用，否則違反個資保護法規動輒高額的罰金，會形成科技產業發展與投資者的極大風險。

除了大數據之開發會受到個資保護規範之牽制外，機器學習式的人工智慧還面臨如何讓演算法的黑盒子更趨透明而有可問責性（accountability）的挑戰。因為 GDPR 規定，完全由機器做出決定的方式，若涉及當事人的權益，則當事人可表示反對，相關決策單位必須能對機器的演算邏輯作出解釋，否則不能以機器做成相關決定。實際上機器學習的演算法是會演變的，其演算法是因著其學習所參考的各種大量資料而形成，不是程式設計者已經預設的固定演算法，因此要如何解釋其作成決定之邏輯，是很大的挑戰。

放在資訊管制的脈絡下，GDPR 對全球人工智慧與大數據產業發展的最大衝擊就是對於個資跨境傳輸的嚴格限制。根據 GDPR 第 44 至第50 條，任何將歐盟個資傳輸到歐盟境外之行為，其合法性依據必須符合特定條件，其中主要是該第三國必須符合歐盟之適足性認定（adequacy decision），亦即其個資保護水準符合歐盟標準；其他則是可依據「歐盟標準契約條款」（EU Standard Contractual Clauses），由輸出方與接收方簽約（依據 GDPR 第 46 條）。由於目前被認定符合適足性認定的國家非常少數，因此企業若與歐盟相關單位合作而有個資傳輸之需求，

多半須以標準契約條款之簽訂爲之。[16] 此種嚴格限制歐盟個資傳輸到境外的規範，固然在此全球網路連結時代有落實保護效果之意義，但造成之法規遵循成本亦相當高，甚至被稱爲數據保護主義，也就是企圖將具有價值的數據資料盡量留在境內。[17]

類似的規定（雖然法律保障利益之出發點不同）亦可見於中國2016 年通過，2017 年施行的「網路安全法」。該法第 37 條規定：「關鍵資訊基礎設施的運營者在中華人民共和國境內運營中收集和產生的個人資訊和重要資料應當在境內存儲。因業務需要，確需向境外提供的，應當按照國家網信部門會同國務院有關部門制定的辦法進行安全評估；法律、行政法規另有規定的，依照其規定。」相關定義在同法第 31 條：「國家對公共通信和資訊服務、能源、交通、水利、金融、公共服務、電子政務等重要行業和領域，以及其他一旦遭到破壞、喪失功能或者資料洩露，可能嚴重危害國家安全、國計民生、公共利益的關鍵資訊基礎設施，在網路安全等級保護制度的基礎上，實行重點保護。關鍵資訊基礎設施的具體範圍和安全保護辦法由國務院制定」。換言之，中國也規定個資必須原則儲存於境內，此也是一種數據保護主義的精神。

相較之下，美國的政策立場是反對數據保護主義的，因爲美國的網路新創產業發達，其營運之基本利益就是資料自由取得及匯流，以利進行大數據分析跟人工智慧相關開發。美國爲了抵禦數據保護主義之潮流，在推動太平洋夥伴協議（TPP）草案時，就已試圖確立明文保障資訊自由跨境流通。在該協議草案第 14 章「電子商務」，其中規範：「在合法公共政策目標（例如：個人資料保護）下，TPP 締約方承諾，爲促進網際網路及數位經濟，確保全球資訊及資料自由流通。TPP 締約方亦同意不要求企業建立資料儲存中心爲在 TPP 市場營運之前提，亦不要求移轉或提供軟體原始碼。本章節禁止締約方對於電子傳輸課徵關稅，以及避免締約方因偏好本國製造商或特定產品提供者採取歧視性措施或完全封鎖。爲保護消費者，締約方同意採行及維持消費者保護法規，防

止網路詐欺及不實商業行為，並確保隱私權及其他消費者保護得以實施。TPP締約方亦同意採取措施防止垃圾郵件。另為促進電子商務，本章節亦鼓勵各式無紙化交易，例如：電子通關表格、電子驗證及簽章。本章節允許締約方就部分義務得採取不符合措施。締約方亦同意合作協助中小企業利用電子商務及鼓勵推動個人資料保護、線上消費保護、網路安全等政策合作。」（國貿局中譯摘要）

個人資料之跨國流通傳輸問題，不僅涉及個人資料歸屬的問題（歐盟認為是當事人的絕對權利，中國認為是攸關國家安全，美國認為這是企業創造的資產，可以自由利用），同時也是產業與科技競爭的關鍵資產。對於人工智慧相關產業人士而言，這個議題是處於三大經濟體各自形成規範模式的變動期，法規遵循風險相當高，因此本文下節亦將對此提出分析與建議。

二、針對跨國網路公司之管制

歐盟對於資訊相關的產業應用問題，不僅有嚴格的個人資料保護規範，企圖建立新的法規環境，同時也從競爭法及稅法的角度開始建立產業規則。首先從競爭法角度而言，歐盟執委會認為數位經濟時代的資料價值特殊，大型網路公司對於資料之運用不僅是個資法議題，也是競爭法議題。例如：網路公司經常以無廣告版作為向用戶收取較高費用之理由，其本身就是一種對用戶個資的定價。因為用戶願意收到廣告，就表示願意提供個資做商業使用，其可獲得較低價或免費的服務，實質上等於網路公司以一定價格向用戶購買個資做商業使用（因為網路公司可以從這些網路廣告上收費，中間的差價就是網路公司的利潤）[18]。事實上此種將個資視為貨幣的概念，在2015年歐盟執委會提出的「數位內容指令」草案（Proposal of Digital Content Directive）就已經成形，而非最新的想法。在該指令中，界定數位內容之意義涵蓋到音樂或遊戲，「其

提供給消費者而換取消費者給付價格，或者是主動提供個人資料或其他資料之情形。」（a price is to be paid or the consumer actively provides counter-performance other than money in the form of personal data or any other data）[19]。在此定義下，網路公司無論是否有對使用者收費，都很可能構成營業活動而有競爭法之適用。尤其網路產業大者恆大的規模經濟效應，更使歐盟競爭法將反托拉斯法的規範瞄準其營運模式，而形成了個資保護與競爭法的交錯關係。網路公司就算可以躲過個資法規的限制，也還要面臨競爭法規的限制。

近期著名的案例就是歐盟執委會在 2018 年 7 月對 Google 公司課以相當於 50 億美元的罰款，[20] 以懲罰其在手機安卓系統授權上的強制搭售行為，排擠了其他競爭應用程式的機會。同時歐盟執委會也對於臉書的個資利用與商業廣告銷售方式進行反托拉斯法的調查。總體而言，歐盟之競爭法主管機關相較於美國而言，具有更高的獨立權力，美國的聯邦貿易委員會（FTC）關於反托拉斯法之裁決，受處分公司可向法院尋求救濟並且在訴訟期間該處分（例如：罰款）暫停執行，因此 FTC 之調查與處分必須考慮法院之見解。相對而言，歐盟執委會在競爭法上的權力更大，即使被處分公司尋求訴訟救濟，也必須繳交罰款。[21]

歐盟對大型網路公司的加強管制，除了針對其壟斷特性而試圖維持市場競爭性外，還有另一個重要面向就是避稅問題。因為傳統商店或服務業都要繳稅，但這些營業逐漸被網路公司侵蝕了市場，網路公司卻很少繳稅，或者頂多僅在其總部所在的國家繳稅，但其營業範圍卻是全球性的。如此一來造成許多國家的稅收短少，而網路業對傳統產業的侵襲又形成社會問題，更需要國家的財政支出加以彌補，因此對大型網路公司課營業稅就變得勢在必行。歐盟近年來持續針對網路公司之課稅問題進行討論，但尚未形成共識。英國則已在最近正式提出，將在 2020 年開始對大型網路公司進行課稅。其設定之課稅對象為年營收在 5 億英鎊以上之網路公司，針對其營收課徵 2% 服務稅，此被戲稱為「數位服務

稅」（digital services tax）[22]。總體而言，歐盟加強對網路公司之管制，對於促進合理競爭，提高新創業者進入市場之機會而言是正面的趨勢，以我國業者來說，應可不必視為法規風險，而毋寧是創造出機會。

肆、人工智慧產業之合規風險與管理

依據前述對於美歐中三國在科技競爭架構下所發展之規範趨勢，我國人工智慧相關產業從業者應做好法規調查並制訂完善的法規遵循計畫，否則可能面臨極大的違法風險。具體而言，以下區分科技管制與資訊管制兩大層面分別探討我國人工智慧從業者應有的法律風險管理規劃。

一、因應科技管制之合規管理

如本文前述，美國對於中國的科技管制措施主要分為出口管制（ECRA）以及投資審查（FIRRMA）兩部分，其中關於投資審查的部分，主要衍生出外資對美國企業進行投資或併購的法規風險，而其管制重點在於近年來中國企業（尤其背後有政府資金者）積極購買美國企業引發技術外流之疑慮，以我國產業而言，遇到此規範的機會較少，本節先略過不述，而將重點放在出口管制的規範對我國產業可能之衝擊以及應如何進行合規管理。

首先企業必須認識到，當某項法規可能嚴重影響到企業策略布局，或者違反法規所致之處罰極高時，企業應在內部制定標準化的法規遵循程序，亦即將合規性檢核列入標準程序，此種程序規定須適用於公司內所有部門及其子公司或銷售代表，以建立早期預警（early alarms）系統。並且必須在公司內部指定特定人員或部門負責檢核與提醒相關法規要求。以出口管制為例，公司接獲訂單之後，必須先進行合規性檢核，確定履行該訂單是否會違反美國的出口管制法規。切莫以為美國

的出口管制法規只對美國的國內企業有影響，其實美國的 ECRA 適用不僅於出口，也包括「轉出口」（re-export），也就是透過第三地轉出口於受管制之區域同樣是違法。由於臺灣過去在產業鏈上向來與美國及中國之關係緊密，從美國取得關鍵零組件，於臺灣進行加工後又出口到中國的情況所在多有，這就構成了轉出口。若該零組件屬於出口管制項目，則這項從美國出口的品項就必須經過美國商務部審核。由於人工智慧技術是具有轉化為軍事用途之潛力的技術，因此無論在出口管制或投資審查上都被美國列為重點項目。臺灣從事人工智慧產業之開發或應用業者，若仍依循過去電子產業發展模式，就是技術依賴美國，市場依賴中國之方式，則勢必會處於轉出口之角色。基於此背景，以下簡列出幾項美國企業界因應出口管制規範所訂之法規遵循政策，以供我國企業參考。[23]

　　受出口管制之客體為原產於美國（U.S. origin）的貨物或技術，即使其最終產製地在第三國，只要產製過程中有涉及美國境內，就被視為美國的貨物及技術。而就管制對象而言，雖然某項出口的對象國屬於合法，該國業者也不可再將該貨物轉出口給受管制的國家。因此，美國出口業者有義務避免將受管制貨物或技術提供給明知該轉出口於受管制地區之業者。此所以當臺灣業者與中國業者有貨物或者技術往來時，美國公司在將貨物或技術提供給臺灣業者時，必然要在契約中規範臺灣業者之行為，否則該美國公司就會有違法之虞。而所謂出口的定義也不是實際將貨物或者技術移轉出境，只要是外國人接觸到屬於美國的技術，無論在美國境內或境外接觸，則已構成該技術的輸出，例如：該外國人實地參觀了技術設施，或者有口頭上的交換意見，或者審閱了技術文件皆屬之。換言之，由於臺灣企業與中國企業交流較多，一旦臺灣企業獲得美國之貨品或技術，假如有經過出口管制之審查才核准，則臺灣企業必須注意到遵守美國關於出口管制之規範，以免衍生出對美國出口商的違約責任。

二、因應資訊管制之合規管理

　　歐盟開始實施 GDPR 以來，我國政府與業界已經開始重視個資保護之法規遵循問題，然而實際制定出完整周延的法規遵循政策者仍屬少數，如此則所謂重視個資保護之態度也僅流於宣示，對於實際日常運作並沒有帶來多少改變，也不足以確保每位員工都遵循個資保護規範之要求，此勢必亦讓事業暴露於隨時可能違法的風險中。基於此，本節以人工智慧產業為例，簡述相關業者應建立之個資保護法規遵循政策如何。

　　人工智慧之技術開發除了演算法程式之設計，也必須透過資料集進行訓練，藉由資料訓練才能形成智慧，甚至非監督式的機器學習更是透過學習而改變自身演算法，連程式開發人員也無從得知最新的演算邏輯為何。由此可知，人工智慧的關鍵在於資料量與資料品質，越好越多的資料就能發展出越先進的人工智慧。既然資料是人工智慧的開發關鍵，則資料的價值不言可喻，業界也自然會有關於資料蒐集與交易的市場機制形成。然而在一般非涉及個人資料之領域，例如：以汽車蒐集路面狀況資訊，或是以空調設備蒐集摩天大樓的溫控資訊，這些資料交易所牽涉的法令問題較少，基本上屬於資料作為營業秘密資產的角度加以管理。然而人工智慧若涉及對個人之服務，則其所需利用之資料內容很可能屬於個人資料（具有直接或間接可識別個人身分之資料），尤其在人工智慧應用於醫療照護之領域，所涉及之資料更可能是敏感性個資，也就是與個人之基因或病歷有關之健康個資，其蒐集利用受到更嚴格之規範（我國為個人資料保護法第 6 條之特別規定）。以下針對臺灣企業進行國際合作時，涉及歐盟居民個資時，其資料處理利用應有之法規遵循政策。

　　首先就是企業必須儘速盤點其客戶資料或從合作方取得之資料是否使該公司落入歐盟個資保護規則適用範圍，若是屬於歐盟個資保護規則之適用對象，則必須全面更新公司之資料保護等級。簡言之，歐盟個資

保護規則之管轄領域範圍甚廣，臺灣企業只要在歐盟有設立子公司、銷售代表，或者銀行帳戶，都可能被認定爲在歐盟境內有設置機構，因此適用歐盟個資保護規則。而就算不在歐盟境內設置任何機構，只要公司的客戶有歐盟公民身分者，對其資料之處理，一樣必須符合該規則之規定，所以幾乎是無法迴避其管轄。另一方面，當公司與歐盟相關機構進行資料交換時，其若涉及歐盟公民之個資，則依據個資保護規則，應簽署資料保護契約（Data Protection Agreement，簡稱 DPA），並以個案送經各該歐盟國家之個資專責機關（supervisory authority）核准，此爲相當高之行政成本，也必須注意到對企業營運效率之影響。

就人工智慧產業而言，如何避免直接蒐集利用個人資料而仍可進行人工智慧之開發，就是個重要的法規遵循政策議題。若人工智慧相關業者，不是自己直接蒐集利用個人資料，而是從其他業者獲取資料進行人工智慧之訓練使用，則依其利用目的之性質，若能在取得資料時以完全匿名化資料爲原則，就不受到個人資料保護法制之規範。換言之，資料（data）與資訊（information）之意義不同，將個人資料完全去識別化後，該資料仍具有分析與利用之資訊價值，且不屬於個人資料意義，因此可合法加以使用。因此人工智慧產業中應會逐步發展出專門蒐集處理個資提供外部利用之產業部門，與進行人工智慧技術開發的資料需求部門，由前者解決資料取得合法性問題，後者專注在資料價值之開發利用。然而對人工智慧產業而言，另一大挑戰則是個資保護規則要求演算法之可問責性（accountability），此對於非監督式的人工智慧開發是頗有困難的要求。此一法律義務與傳統上的個資保護意義明顯不同，但卻爲歐盟 GDPR 所明定，未來人工智慧相關企業必須特別注意歐盟在此規定上的解釋適用，以確認演算法之透明化如何才達到歐盟所要求之標準。

伍、結論與建議

　　臺灣政府將人工智慧產業列為重要發展策略方向，透過補助研究與創新創業等方式，希望能複製下一個資通訊產業的成功轉型，此政策方向值得肯定。本文認為，科技競爭是當代貿易的主軸，因為科技優勢帶來的絕對的貿易優勢，已經使世界貿易組織所建構的自由貿易理想面臨現實的考驗，因為中國在國家企業主導型的經濟發展模式下，竊取先進國家技術或者強迫外資以技術移轉作為進入中國市場之條件，皆使得策略性的競爭手段在自由貿易的掩護下，累積出大量的外匯存底，而此亦為美國近年來批判世界貿易組織之主因。而美國總統川普所採行的單邊貿易談判政策以及明顯的貿易保護主義立場，卻可能促使世界貿易組織重新省思並積極建立公平貿易的遊戲規則。[24] 與此同時，臺灣的貿易與科技產業發展不可能自外於國際局勢變遷，由於我國產業界長期處於美國與中國兩端之間扮演橋接功能，而美國與中國就是科技戰爭的關鍵兩大角色，因此臺灣企業今後必須更強化法規遵循工作。因為過去一味強調自由貿易的國際經濟規則，美國企業對於中國市場的開放具有過度的信心與期待，因此臺灣企業有自然得到很好的歷史機遇，成為美中兩國企業合作的重要中介者。然而在美中兩國的政府與企業進入對抗競爭格局下，臺灣企業若再用過去熟悉的方式操作技術合作與關鍵零組件貿易，很可能落入違法或違約的風險中。

　　本文以美國對中國的科技管制措施，以及歐盟對外國的資訊管制措施為主軸，目的在建議我國人工智慧相關業者必須注意此類法規變革趨勢，務必熟悉美國有關技術與零組件貨品出口之管制審查，因為人工智慧已經被美國列為受管制之技術項目，對於相關管制之合規性審查也應列為企業的標準作業程序。同樣的，在資料蒐集利用上也遵循歐盟為主的規範，全面盤點企業內部的資料是否合法，並注意與外部企業進行資

料交換時應有的契約簽署。對於臺灣企業而言，過去往往僅從技術創新以及商業機會的角度理解科技產業，對法規遵循與法規風險，契約安排等問題都放在其次地位，若不盡快調整此種思維，則人工智慧產業恐怕無法走得太遠。

註 釋

* 臺北醫學大學醫療暨生物科技法律所副教授兼所長。本文爲科技部補助計畫之研究成果，計畫編號爲MOST-108-2634-F-038-004。

1. 自1944至1973年間，對各國就貨幣的兌換、國際收支的調節、國際儲備資產的構成等問題共同作出的安排所確定的規則、採取之措施及相應組織機構形式的總稱。雖然該體系在1973年結束，但其中的國際貨幣組織及世界銀行仍持續運作，對國際經濟與金融秩序扮演重要的調節功能。

2. 川普政府在2018年6月出版一份報告進一步將此種由國家資助的技術竊取行爲指向中國資本對美國公司的投資或收購行動，此衍生出本文將介紹的對於外國投資加強管制之法律。此份報告之全名爲：How China's Economic Aggression Threatens the Technologies and Intellectual Property of United States and the World。

3. 華爲在5G規格相關專利之數量居於所有企業之冠。自由時報，無懼美防堵，華爲搶5G領導地位，2018.04.01。

4. https://t.cj.sina.com.cn/articles/view/1259228935/4b0e4f0700100cu8o

5. 中興通訊遭美封殺，臺廠恐受害波及臺股，中央社，2018.04.25。

6. 有關美國對敏感性技術之出口管制模式說明，詳見https://www.state.gov/strategictrade/overview/。

7. Zack Hadzismajlovic, FIRRMA becomes law, reforming CFIUS, export controls, and forever changing diligence in foreign direct investment and structuring of public and private equity deals, Intellectual Property & Technology Law Journal, 30 No. 10, Oct. 2018.

8. https://www.federalregister.gov/documents/2018/11/19/2018-25221/review-of-controls-for-certain-emerging-technologies

9. 在2016年期間，中國資金投資美國不動產的金額高達162億美元，而2017年則因爲審查介入以及景氣不佳，投資金額降到73億美元。但如此大規模的收購不動產，仍造成美國社會之高度疑慮與土地炒作之民怨。

10. https://home.treasury.gov/policy-issues/international/the-committee-on-foreign-investment-in-the-united-states-cfius

11. Trump labels China a strategic competitor, Financial Times, 2017/12/19, https://www.ft.com/content/215cf8fa-e3cb-11e7-8b99-0191e45377ec

12. 詳見本章第貳節針對跨國網路公司之管制，內容有較完整說明

13. https://www.cbinsights.com/research/top-acquirers-ai-startups-ma-timeline/

14. Paul Voigt, The EU General Data Protection Regulation: A practical guide, Springer, 2017, p.23.

15. GDPR Article 22:

(1)The data subject shall have the right not to be subject to a decision based solely on automated processing, including profiling, which produces legal effects concerning him or her or similarly significantly affects him or her.

(2)Paragraph 1 shall not apply if the decision:(a)is necessary for entering into, or performance of, a contract between the data subject and a data controller;(b)is authorised by Union or Member State law to which the controller is subject and which also lays down suitable measures to safeguard the data subject's rights and freedoms and legitimate interests; or(c)is based on the data subject's explicit consent.

(3)In the cases referred to in points (a) and (c) of paragraph 2, the data controller shall implement suitable measures to safeguard the data subject's rights and freedoms and legitimate interests, at least the right to obtain human intervention on the part of the controller, to express his or her point of view and to contest the decision.

(4)Decisions referred to in paragraph 2 shall not be based on special categories of personal data referred to in Article 9 (1), unless point (a) or (g) of Article 9 (2) applies and suitable measures to safeguard the data subject's rights and freedoms and legitimate interests are in place.

16 Paul Voigt, *The EU General Data Protection Regulation: A practical guide*, 2017, p.119.

17.Data protectionism: the growing menace to global business, Financial Times, 2018/5/13.

18 Inge Graef, *EU Competition Law, Data Protection and Online Platforms*, Wolters Kluwer, 2016, p.126.

19.Article 3(1) pf proposal for a Digital Content Directive, 9 December 2015.

20.E.U. Fines Google $5.1 Billion in Android Antitrust Case, New York Times, https://www.nytimes.com/2018/07/18/technology/google-eu-android-fine.html

21.U.S. Antitrust Authorities Unlikely to Follow EU Lead on Google, Bloomberg, https://www.bloomberg.com/news/articles/2018-07-19/u-s-antitrust-authorities-unlikely-to-follow-eu-lead-on-google

22.U.K. Targets Tech Giants With a Digital Services Tax in 2020, Bloomberg, https://www.bloomberg.com/news/articles/2018-10-29/u-k-targets-tech-giants-with-a-digital-services-tax-in-2020

23.本段主要參考Corporate Counsel's Guide to Export Controls, 2nd Ed., Business Laws Ind., Chapter 24: Developing Effective Export Control

Compliance Guidelines and Procedures.

24.Pascal Lamy, Trump's protectionism might just save the WTO, The Washington Post, https://www.washingtonpost.com/news/theworldpost/wp/2018/11/12/wto-2/?noredirect=on&utm_term=.dae04e382081

第四章

美國與臺灣應用美術著作保護範圍的遞嬗

楊智傑 [*]

*雲林科技大學科技法律所教授

摘　要

2017 年聯邦最高法院的 Star Athletica v. Varsity Brands 案，涉及啦啦隊服之設計，是否可受著作權法保護？最高法院最後認為，應採取兩個步驟判斷：1. 就「分離並被辨認」（separate-identification）這一要件來說，判斷者只需要可以看著實用物品，並指出某些似乎具有繪畫、圖片、雕刻品質的平面或立體的元素即可。2. 就「獨立存在」（independent-existence）這個要件，必須判斷，該被分離辨認的特徵是否可獨立存在於該物品的功能面向之外。

相較於美國法院採取的分離性與獨立存在兩步驟檢測，臺灣實務見解對於應用美術是否受著作權法保護，採取的標準，有過一段轉折。原始著作權法設計的用意，應該是想要排除美術工藝品以外的應用美術著作保護，但隨著判決見解的改變，現在已經沒有這個限制。而對於所謂應用美術著作保護的標準，現在則採取很寬鬆的「原創性」和「美術技巧表現」標準。相對於美國的「分離並獨立」標準，我國法院採取標準似乎太過寬鬆。這樣的結果，一方面淘空了申請設計專利的必要，且給予作者死後 50 年的保護，顯然過於不合理。

關鍵字：實用物品、美術著作、美術工藝品、設計專利、分離並獨立、
　　　　原創性。

壹、前言

在各種智慧財產權保護中，有的時候同一個標的，會受到不同智慧財產權的保護，而產生保護的積極競合（overlapping）問題[1]。其中，應用美術（applied art），美國著作權法中稱為實用物品（useful article），其在著作權法可以用美術著作加以保護，也可能可以用專利法的設計專利，或者獨立的設計法加以保護，因而產生了雙重保護（double protection）的問題。為了避免對物品外觀設計給予雙重保護，各國對著作權法是否要保護哪些應用美術，會採取不同的立場[2]。

之所以要設計特別的標準，是因為，一般而言，若產品外觀設計要申請設計專利或設計權保護，需要達到比較高的保護要件門檻，且需要申請及審查，而保護時間通常較短。相對於此，若採用著作權法保護，因為著作權的保護門檻很低，只要求最低程度的原創性，且不用登記審查，而保護的時間又很長，保護至作者死後 50 年或 70 年。倘若不對受著作權法保護的應用美術著作加以限制，理性的產品設計者，可能會為節省申請設計專利或設計權申請審查成本，且可取得更長期間的保護，而傾向使用著作權加以保護[3]。甚至，產品設計者可能會同時取得著作權和設計專利或設計權保護，亦即獲得過度保護，產生設計專利到期後還在用著作權求償等問題[4]。

美國著作權法中，若是實用物品之設計，除非該設計可與該實用物品之功能面向分離，才可獨立受著作權法保護；換句話說，若該設計具有功能性，就並非著作權法保護之標的。

2017 年聯邦最高法院的 Star Athletica v. Varsity Brands 案，涉及啦啦隊服之設計，是否可受著作權法保護？最高法院最後認為，應採取兩個步驟判斷：1. 就「分離並被辨認」（separate-identification）這一要件來說，判斷者只需要可以看著實用物品，並指出某些似乎具有繪畫、圖

片、雕刻品質的平面或立體的元素即可。2. 就「獨立存在」（independent-existence）這個要件，可能較難滿足。判斷者必須判斷，該被分離辨認的特徵是否可獨立存在於該物品的功能面向之外。換句話說，當想像該特徵與實用物品分離時，該特徵必須可以自身作爲繪畫、圖形、雕刻著作而存在。若該特徵無法自身作爲繪畫、圖形或雕刻著作而存在，其就只是該物品功能面向的一部分。

相較於美國法院採取的分離性與獨立存在兩步驟檢測，臺灣實務見解對於應用美術是否受著作權法保護，採取的標準，有過一段轉折。原始著作權法設計的用意，應該是想要排除美術工藝品以外的應用美術著作保護，但隨著判決見解的改變，現在已經沒有這個限制。而對於所謂應用美術著作保護的標準，現在則採取很寬鬆的「原創性」標準。相對於美國的「分離並獨立」標準，我國法院採取標準似乎太過寬鬆。

以下本文第貳節先介紹美國過去的案例發展、條文修正，以及不同法院採取的見解。第參節則介紹美國最高法院 2017 年 Star Athletica v. Varsity Brands 案之事實、見解及其相關討論。第肆節，則回到臺灣，討論臺灣著作權法修法的過程、智財局務見解的改變、法院見解的改變，最後以智財法院幾個有趣的個案，作爲討論與比較對象。

貳、美國法發展

一、最高法院 1954 年 Mazer v. Stein 案

關於實用物品之設計是否可受著作權保護，美國最早且最重要的案例，爲 1954 年美國最高法院的 Mazer v. Stein 案[5]。該案涉及的是一個檯燈的燈座，設計成一個跳舞的芭蕾舞者雕像。該雕像一方面作爲雕像銷售，一方面也作爲燈座銷售，但燈座銷售的量占了絕大部分[6]。

圖 4-1　Mazer v. Stein 案的燈座雕像

資料來源：Mazer v. Stein, 347 U. S. 201 (1954).

　　最高法院指出，1870 年的著作權法只保護「具美學價值的藝術」
（works of the fine arts），而到 1909 年修改將保護範圍拓展到「所有作
者的創作」（all the writings of an author），到 1949 年的行政命令解釋
美術著作的保護範圍，及於美術工藝品的機械或功能面向（mechanical
or utilitarian aspects）[7]。由於美術著作保護範圍持續擴大，最高法院認
為，是否有美感是見仁見智，但是系爭的芭蕾舞者雕像，應該符合原創
性的條件，而可受到著作權保護[8]。

　　有人認為，國會另外已經制定了設計專利法，故實用物品的設計
不應受著作權法保護。但是，最高法院認為，著作權法和專利法的性
質和保護範圍不同，專利法對融入實用物品的美術著作並沒有「先占」
（preempt）於著作權法，系爭雕像是否可受專利法保護，並不妨礙其

為可受著作權法保護的美術著作[9]。最高法院強調，兩種制度的區分，並不在於一個保護美感，一個保護功能，而是在於著作權法保護美術，設計專利法保護原創發明與裝飾設計[10]。因此，一個設計可以同時是著作權法保護的美術著作，及設計專利保護的裝飾設計（只要具有新穎性的話）。但是，最高法院再次強調，對美術著作的保護不及於其機械及功能面向[11]。

因此，不論設計者一開始是先做了一個獨立存在的雕像，然後才將之融入燈座中，還是一開始設計雕像時就是為了燈座而設計，系爭著作都是一件雕刻品，只要具有原創作，就是可受著作權法保護的美術著作[12]。

不過，論者指出，最高法院在 Mazer 案所處理的，只是說，一個著作若獨立可受著作權法保護，並不會因為被融入實用物品的一部分就喪失著作權保護。但是，其並沒有回答，一個實用物品的部分元件，是否可以單獨作為美術著作而受著作權法保護[13]。

二、1976 年美國著作權法

美國著作權局在 1954 年的 Mazer 案後，一直嘗試要提出一個實用物品設計受著作權法保護的一個具體標準。其中，在 1960 年，美國著作權局在其行政命令中，初次提出了分離性檢測法（separability test）[14]。其規定：「如果一物品的本質功能（intrinsic function）就是其實用性（utility），該物品雖然獨特、外型有吸引力，但並不因此而成為美術著作。然而，如果其實用物品的形狀融入了某些特徵，例如：藝術雕刻品、浮雕、繪畫外觀，其可以被分離辨認（be identified separately）且可作為美術著作獨立存在（existing independently as a work of art），這些特徵可以申請登記。[15]」

隨後，美國著作權局將該定義納入著作權法草案，最後 1976 年美國提出全新著作權法時，在第 101 條的定義中，納入了跟實用物品設計

保護的相關定義[16]。以下介紹與實用物品設計有關的著作權法條文。

(一) 繪畫、圖形、雕刻著作

根據著作權法第 102 條 (a)，可受著作權法保護之標的，為「係指固著於現在已知或將來可能發展之有形表現媒介之具原創性著作（original works of authorship）」[17]。而原創性著作包含「繪畫、圖形、雕刻著作」（pictorial, graphic, and sculptural works），根據第 101 條的定義，乃指「平面及立體之美術（fine art）、圖形藝術（graphic art）、應用美術（applied art）、攝影（photographs）、版畫（prints）及美術重製物（art reproductions）、地圖、地球儀、圖表（chart）、圖解（diagram）、模型，及科技製圖（technical drawings）等，並包括建築計畫（architectural plans）。[18]」

其也規定美術著作包含美術工藝品（artistic craftsmanship）：「美術著作可包含美術工藝品的形式，但不及於其機械或功能面向。[19]」

而所謂的著作「固著」（fixed）於有形表現媒介，乃指「……將著作永久或以相當穩定方式具體化於重製物或錄音製品，以供非短暫之存續期間內感知、重製，或其他方式傳播。[20]」

(二) 實用物品之設計

著作權法也針對實用物品上的繪畫、圖形或雕刻著作是否可受著作權法保護，其規定單純實用物品本身不受著作權法保護。所謂的實用物品（useful article），乃指「本質上具有實用性功能之物品，而非僅描繪（portray）該物品之外觀或傳達訊息（information）。[21]」

但是，「實用物品之設計」（the design of a useful article），「可被認為係屬圖畫、圖形或雕刻著作，只有在該融入繪畫、圖形、雕刻特徵的設計，能與該物品實用面向分離並被辨認（identified separately from），且能與該物品實用面向獨立存在（existing independently of）[22]」。一般稱上述判斷該特徵設計是否可與物品實用面向分離並被辨認，且能獨立存在的分析，稱為「分離性」檢測（separability test）。

(三) 美術著作與實用物品的關係

倘若美術著作與實用物品之設計受著作權法保護時，其保護的範圍到哪裡？規定於美國著作權法第 113 條。

第 113 條 (a) 規定美術著作之保護範圍：「(a) 除本條第 (b) 項及第 (c) 項另有規定外，第 106 條所定重製有著作權之圖畫、圖形及雕塑著作為重製物之排他權，包括重製該著作為任何種類物品、或於任何種類物品重製其著作之權利，不論其是否實用。[23]」

第 113 條 (b) 規定對實用物品進行描繪之著作，該描繪著作的保護範圍限制：「(b) 本法不賦予描繪實用性物品之著作之著作權人，關於該所描繪之實用性物品之製造、散布、或展示，任何大於或小於法律所賦予該等著作之權利，不論係於 1977 年 12 月 31 日為有效之第 17 篇或普通法或州法，即如經法院於依本法所提起之訴訟中所認為應適用者及所為之解釋。[24]」

第 113 條 (c) 則規定，實用物品設計之著作權保護，不及於對實用物品進行廣告宣傳之行為：「(c) 於一著作合法重製為實物性物品、並已提出供銷售或散布於公眾之情形，著作權不包括任何排除該等實用性物品之圖片或照片之製作、散布或展示之權，就關於有關該等物品之散布或展示之廣告或評論或關於新聞報導。[25]」

三、分離性檢測法

根據前述著作權法第 101 條保護實用物品設計之著作權的規定，在判斷一物品是否受著作權法保護，第一步，要看該設計是否屬於「實用

167

物品之設計」（design of a useful article）。

如果屬於，第二步，該實用物品設計是包含了可界定之繪畫、圖形或雕刻特徵，可與該物品的功能面向區分，並可獨立存在。第二步的檢測，通常稱為實用物品設計之繪畫、圖形、雕刻特徵之「分離性」（separability）檢測 [26]。

(一) 物理上分離與概念上分離

在判斷分離性上，有二種方法：一種稱為物理上分離性（physical separability），一種稱為概念上分離性（conceptual separability）。

所謂物理上分離性，指實用物品所包含的繪畫、圖形、雕刻特徵，可以以通常方法與該物品為物理上之分離，而完整保留該物品的功能面向 [27]。

若使用物理上分離檢測，則其適用範圍很窄。若是立體雕刻品，的確可在物理上與功能性面向分離，其想像中的情境，就是如前述 1954 年的 Mazer 案的芭蕾舞者雕刻品可與其他燈具元件分離的情形 [28]；但若是物品的表面上有裝飾圖案，就很難將其上的圖案與物品分離 [29]，因為若要將該圖案整個割下來，勢必會傷害到整個物品的外觀 [30]。因此，大部分的法院，除了採取物理上分離檢測法外，也另外承認概念上分離檢測 [31]。

所謂概念上分離，乃指實用物品所包含之繪畫、圖形、雕刻特徵，雖然無法以通常方法與實用物品在物理上分離，但該物品之特徵仍可清楚地被認定為是繪畫、圖形、雕刻著作 [32]。例如：一個花瓶上的雕刻花紋，一張椅子背後的雕刻，一件 T-shirt 上的美術圖案，或壁紙表面上的繪畫 [33]。但實際上，上面所舉的四個例子，都是屬於立體物品的表面裝飾圖案，但若所主張的設計特徵是物品的立體形狀，是否可以主張此種概念上分離，而認為物品形狀屬於獨立的美術或雕刻著作？就產生困擾。

(二) 九種概念上分離法

　　不過，到底概念上分離要如何認定，法院和學者提出多達九種方法，包括：

1. 著作權局判斷法（The Copyright Office's Approach）：只要該藝術特徵和實用物品可以同時存在，且該藝術特徵被完全理解為分離著作，一個是藝術作品，一個是實用物品[34]。

2. 主要、次要判斷法（The Primary–Subsidiary Approach）：如果該設計的藝術特徵相對於「次要的實用功能」為「主要」，亦即，消費者購買該物品的主要因素是喜歡該物品的美學面向，而實用功能只是消費者購買該物品的次要因素。[35]。第二巡迴法院在 1980 年的 Kieselstein-Cord v. Accessories by Pearl, Inc. 案採取此一判斷法。

3. 客觀上必要判斷法（The Objectively Necessary Approach）：如果該設計的藝術特徵對於該物品的實用功能而言並非必要，才可獲得著作權保護[36]。第二巡迴法院在 1985 年的 Carol Barnhart, Inc. v. Economy Cover Corp. 案，採取這種判斷法。

4. 通常觀察者判斷法（The Ordinary–Observer Approach）：如果對一個通常理性觀察者來說，該設計創造了二個不同、並不必然同時存在的概念[37]。Newman 法官在上述 1985 年的 Carol Barnhart 的不同意見中，提出這個判斷法。

5. 設計過程判斷法（The Design–Process Approach）：如果該設計元素可以被認定為反映出設計者不受該功能影響的藝術判斷[38]。

6. 獨立存在判斷法（The Stand–Alone Approach）：如果該受著作權保護之素材被分離，該實用物品的功能維持不變[39]。

7. 市場可能性判斷法（The Likelihood–of–Marketability Approach）：如果該物品沒有實用用途，其對社會中某些群體而言，是否可能因為其藝術品質而存在市場價值[40]。

8. Patry 教授判斷法（Patry's Approach）：該繪畫、圖形、雕刻面向，是否與該物品的功能面向可分離，而非與該物品分離。如果該形式或功能面向要求該特徵，則該特徵就並非與該實用物品的功能面向分離而獨立存在[41]。

9. 主觀客觀判斷法（The Subjective–Objective Approach）：綜合平衡下列二項：(a) 設計者的主觀過程受到其藝術關懷的影響程度；(b) 該實用物品的設計在客觀上受該實用功能指示的程度[42]。

四、代表案例

(一) 特區巡迴法院 Esquire, Inc. v. Ringer（1978）案

1978 年特區巡迴法院判決了 Esquire, Inc. v. Ringer 案[43]，該案涉及的是一個路燈的燈罩設計。設計者向著作權局申請註冊，但著作權局拒絕，認為其不符合美術著作之要件。地區法院原本判決著作權局見解錯誤，認為著作權局見解：1. 違反最高法院 1954 年 Mazer v. Stein 案的見解，且 2. 對現代工業設計有所歧視[44]。

上訴後，特區巡迴法院認為，著作權局在行政命令中對實用物品設計所採解釋，是要界定可受著作權法保護的美術著作，以及不受著作權法保護的工業設計，以避免將功能性物品的整體外型或結構（overall shape or configuration of utilitarian article）登記為著作，不論其外型或結構如何漂亮。這個解釋並沒有違反最高法院 1954 年 Mazer v. Stein 案的見解。因為本案要處理的是功能性物體的整體外型，與 Mazer 案所處理的可完全分離獨立存在的雕像不同[45]。

至於第二點，上訴法院承認，著作權局的解釋，某程度確實會不利於現代抽象藝術，尤其是實用物品的整體設計或結構是要展現抽象雕刻品的特質。但這並非刻意對某類型作品的歧視[46]。

圖 4-2　Esquire, Inc. v. Ringer（1978）案申請註冊的路燈燈罩設計

(二) 第二巡迴法院 Kieselstein-Cord v. Accessories by Pearl（1980）案

　　第二巡迴法院在 1980 年判決了 Kieselstein-Cord v. Accessories by Pearl 案[47]，該案涉及的是一個皮帶的環扣設計。第二巡迴法院多數意見認為，一般公眾對該扣環的感覺（perception），是一種純粹的裝飾品，因此是該物品美學特徵的獨立概念。許多購買者購買這個皮帶扣環，並非拿來束緊褲子，而是拿來穿戴在脖子或其他身體部位，因此，該物品確實可以獨立存在於該實用功能[48]。

　　本案的特別在於，多數意見所操作的概念上分離法，乃是可以想像，將整個扣環的外觀移除，但仍然保留一個扣環的功能，但實際上該扣環設計與扣環功能整個是連在一起的[49]。一般認為，此一判決採取了前述的「主要／次要判斷法」（The Primary–Subsidiary Approach），亦即，消費者之所以想要購買此扣環，主要是因為扣環的美學面向，而功

能面向只是次要的考量[50]。這個判斷方法，屬於在各種判斷方法中最寬鬆的一種，但也因此，法院之後很快就不採用這種判斷法[51]。

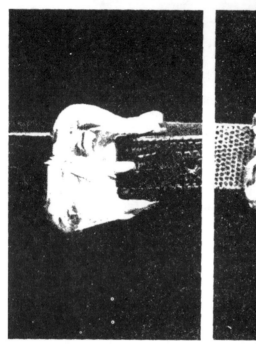

Winchester   Vaquero

圖 4-3　Kieselstein-Cord v. Accessories by Pearl, Inc. 案的皮帶還扣設計

資料來源：Kieselstein-Cord v. Accessories by Pearl, Inc., 632 F.2d 989, 995 (2d Cir. 1980).

(三) 第二巡迴法院 Carol Barnhart, Inc. v. Economy Cover Corp. （1985）案

在 5 年後的 1985 年的 Carol Barnhart, Inc. v. Economy Cover Corp. 案[52]，第二巡迴法院的多數意見，卻推翻了前述的「主要 / 次要判斷法」。該案涉及的是聚苯乙烯的襯衫設計，以雕刻品的方式主張受著作

權法保護。

上訴人強調，其採用的黏土雕刻是傳統雕刻常用的方法，用來製作襯衫造型的模型。其也強調，該形狀是作爲一種雕刻品，而非是爲了做衣服模型的目的，例如：有裝飾性的支撐物和標記，但沒有任何的衣料和配件。但法院認爲，也許這個形式在美學上可滿足最低標準且有價值，但還不足以證明，這個形式擁有可在物理上或概念上與作爲展示衣服的功能物品分離的美感或美術特徵。反之，雖然這個形式擁有美感上討喜的特徵，縱使這些特徵通通加起來，也沒辦法在概念上獨立存在於其實用功能之外[53]。

這份判決採取的標準，是前述的「客觀上必要判斷法」（The Objectively Necessary Approach），或可稱之爲「完全不必要及無可避免地彼此糾纏」（wholly unnecessary and inextricably intertwined）判斷，亦即，只有在該獨特的美學設計，對該實用功能的實現而言完全不必要，才可獨立受到保護，但若某些設計乃無可避免地與該產品的功能特徵相糾纏，則不受到保護[54]。但對「概念上分離」採取這樣的標準，實質上跟「物理上分離」的概念非常接近，而被認爲是非常嚴格的判斷法[55]。

Newman 法官在該案撰寫不同意見，不同意多數意見採取的判斷法，而提出稍微緩和一點的判斷法，亦即前述提到的「通常觀察者判斷法」（The Ordinary–Observer Approach）。其試圖去界定何謂「概念上分離性」。他主張，該物品必須在觀察者的心中被認爲，是一個可與實用功能引起的概念相分離的概念。所謂的分離性要件，乃指設計者在通常觀察者心中創造了兩個不同的概念，這兩個概念並非不可避免地要同時存在[56]。

這個檢測法事實上可以排除掉大部分實用物品的美感設計，因爲對一個物品同時認知到有美感和實用功能還不足夠。對該物品所認知的美術面向，必須取代認知其爲實用物品。採取 Newman 法官的檢測法，實際上也會排除掉不少實用物品設計的保護[57]。

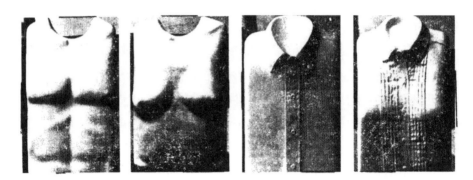

圖 4-4　Carol Barnhart, Inc. v. Economy. Cover Corp. 案的衣服雕塑

資料來源：Carol Barnhart, Inc. v. Economy. Cover Corp., 773 F.2d 411, 425-26 (2d Cir. 1985).

(四) 第二巡迴法院 Brandir Int'l, Inc. v. Cascade Pac. Lumber Co. (1987) 案

另外，1987 年第二巡迴法院的 Brandir Int'l, Inc. v. Cascade Pac. Lumber Co. 案 [58]，採取了前述的「設計過程判斷法」（The Design–Process Approach），其著重於在設計產品外觀過程中，功能性考量扮演的角色。該案涉及的是腳踏車停靠架的設計。多數意見認為，其功能性目的，引導了設計者的選擇。設計者改變了停靠架結構的形狀，以更適合讓腳踏車停放。

法院認為，雖然系爭的腳踏車停靠架的設計，因為美感的造型值得肯定，但其仍然屬於工業設計的產品。系爭鐵架設計的外型和功能，無可避免地彼此糾纏，其最終的設計，比較多是因為功能的考量，多於美學的選擇。該停靠架在視覺上的比例對對稱性，顯示出是基於功能考量才做的設計改變。依該停靠架獲得的設計獎項來看，設計者是想要達到現代工業設計的最高目標，亦即，將功能與美學協調融合為一 [59]。

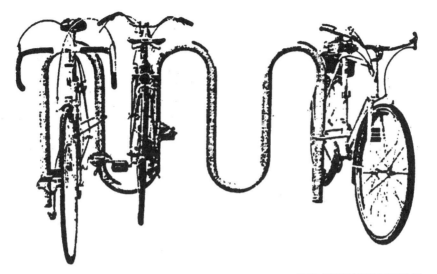

圖 4-5　Brandir Int'l, Inc. v. Cascade Pac. Lumber Co. 案的腳踏車停靠架設計

資料來源：Brandir Int'l, Inc. v. Cascade Pac. Lumber Co., 834 F.2d 1142, 1150 (2d Cir. 1987).

(五) 第七巡迴法院 Pivot Point Int'l v. Charlene Prods., Inc.（2004）案

　　2004 年第七巡迴法院判決了 Pivot Point Int'l v. Charlene Prods., Inc. 案[60]，系爭的標的是時裝模特兒的頭像，可被用在美容學校中，讓學生練習做頭髮以及美妝。該案引用 Newman 法官的話：「概念上分離在於，當物品的美術面向可以分離存在於功能面向之外。[61]」該案著重於概念性分離法，多數意見指出，是否存在獨立性，要看設計元素是否是反映了設計者不受功能性影響的的獨立美學判斷[62]。法院認為，這個模型頭像的設計者，是根據自己的美學偏好而設計出臉部形狀，而不管美容學徒要怎麼使用這個頭像，這顯示功能向考量並沒有影響到頭像的設計，同時設計者所選擇的設計也沒有影響到頭像的功能。因為就學習美妝而言，任何一款臉形都可以達到相同的功能[63]。

Mara

Liza

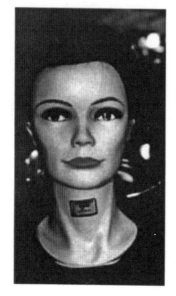

圖 4-6　Pivot Point Int'i Inc. v. Charlene Prods., Inc. 案中的頭像設計

資料來源：Pivot Point Int'i Inc. v. Charlene Prods., Inc.,170 F.Supp.2d 828, 840 (N.D.III 2001).

參、美國最高法院2017年的Star Athletica v. Varsity Brands案

一、事實

　　本案原告 Varsity 是設計及製造啦啦隊服及其他運動用品的公司。Varsity 設計好款式後，會將其目錄放在網路上，供消費者挑選款式，並自己配色。本案涉及的系爭著作，而五個 Varsity 所設計的啦啦隊服的設計圖，並曾向美國著作權局註冊登記，而美國著作權局也接受其登記，認為屬於圖形著作[64]。

　　以下為系爭的五張設計圖：

| Design 299A | Design 299B | Design 074 | Design 078 | Design 0815 |

圖 4-7　系爭的啦啦隊服設計

資料來源：Brands, Inc. Athletica, LLC, F. 3d 468 (2015).

　　本案被告是 Star 公司，其也銷售各類運動用品，包括啦啦隊服。原告 Varsity 認為被告 Star 銷售的啦啦隊服侵害了其設計著作，在提出警告後，進而提起訴訟。Star 公司除否認侵權外，認為 Varsity 的設計根本不受著作權法保護，因為：1. Varsity 的設計屬於實用物品之設計，故不受著作權法保護；2. 該設計上的繪畫、圖形和雕刻元素，無法與該制服為物理上分離或概念上分離，因此該設計不是著作權法保護之標的。對於此點，Varsity 主張，其設計可與該實用物品分離，且不具功能性[65]。

　　本案一審為田納西州西區地區法院。地區法院支持被告之主張，認為 Varsity 的設計不受著作權法保護，因為其設計中的圖形元素，無法在物理上或概念上與該啦啦隊服的實用功能分離。亦即，地區法院認為，該啦啦隊服的美術特徵，與該制服的功能目的合併[66]。

　　繼而，本案又上訴到第六巡迴上訴法院，第六巡迴上訴法院於 2015 年 8 月做出判決，推翻了地區法院判決，認為這些設計為可受著作權法保護之標的。其認為，該設計圖形，是可以獨立辨認，因為該設計和空白的啦啦隊服可以同時出現，一個是圖形設計，一個是啦啦隊

服。其認為該設計可以獨立存在（capable of existing independently），
因為其可以被放到其他類型衣服的表面上，或者掛在牆上當成藝術品。
但該案的 McKeague 法官提出不同意見。他認為，「辨認該衣服是啦啦
隊服」就是啦啦隊服的一種實用功能，而表面的設計就是達成該功能所
不可或缺的，因此該設計與該衣服無法分離。

本案上訴到聯邦最高法院，以 6 比 2 票，支持上訴法院判決，由
Thomas 大法官撰寫多數意見。

二、第六巡迴上訴法院判決

(一) 著作權登記與推定有效

本案中，由於 Varsity 向著作權局（Copyright Office）註冊的五個
設計，都經過著作權局的審查，認為可受著作權法保護。那麼，當被告
質疑原告設計不受著作權保護時，法院是否該尊重著作權局的認定？

美國著作權法第 410 條 (c) 規定，若是在著作公開發行前或公開發
行後 5 年內註冊者，在司法程序中應推定其有效 [67]。如果是在公開發行
後 5 年才向著作權局註冊者，則註冊的效力由法院裁量認定 [68]。

本案中的三個設計，是在公開發行的 5 年內註冊，另外二個設計則
是在公開發行後 5 年半和第 6 年才註冊登記 [69]。

本案地區法院認為三個註冊的設計雖然推定有效，但輕易地就可推
翻其推定。但第六巡迴上訴法院認為，應尊重對著作權局之決定 [70]。而
所謂的尊重（defrence），該採取何種標準的尊重？

在美國，法院對行政機關行政行為的尊重，有不同標準。一種是
Chevron 案標準，當國會明文授權行政機關負責主管依法律或制訂行政
命令，且行政機關採取正式聽證程序所制訂之行政命令，法院應給予
尊重 [71]。採取這種標準下，只有當行政機關的程序有瑕疵（procedurally
defective）、恣意（arbitrary）或武斷（arbitrary or capricious in sub-

stance），或明顯違反法律（manifestly contrary to the statute），法院才可不尊重行政機關所為的行政命令或解釋 [72]。

　　但是，當國會沒有明文或默示授權行政機關制訂行政命令時，那麼法院就不需要給予上述的尊重。不過，在 Skidmore 案標準下，行政機關對法條的解釋，法院對該解釋的說服力，仍可給予合乎比例的尊重 [73]。只要該行政機關有專業經驗，且比法院有更多的調查和資訊，就可享有這種 Skidmore 案標準之尊重 [74]。

　　第六巡迴上訴法院在本案認為，對於著作權局給予系爭設計註冊登記的決定，應賦予 Skidmore 案標準之尊重 [75]。在 Skidmore 案中，要給予多少尊重，取決於行政機關做出行政決定時考量證據是否充足，其論理是否有效，其是否符合先前及之後的說明，以及所有具說服力的因素等（the thoroughness evident in [the agency's] consideration, the validity of its reasoning, its consistency with earlier and later pronouncements, and all those factors which give it power to persuade, if lacking the power to control） [76]。

　　第六巡迴法院認為，著作權局具有認定實用物品（useful articles）和繪畫、圖形、雕刻著作（pictorial, graphic, and sculptural works）的專業經驗，且也曾公布內部手冊向內部員工說明審查標準，而著作權局之前對 Varsity 所註冊的其他類似設計在分離性（separability）的解釋上，認定也一致；此外，著作權局對 Varsity 其他所註冊的類似設計（條文、袖章、色塊之組合）認定具有原創性，且可與該物品的功能面向區分，因而可受著作權法保護的認定，與本案系爭設計的認定也都一致。而著作權局認為可以註冊的理由也都有說明。最後，法院認為著作權局在認定和考量藝術和功能的專業性上，勝過法院。綜合以上理由，第六巡迴法院認為應給予著作權局之認定最多的尊重 [77]。

(二) 第六巡迴法院採取之分離檢測法

第六巡迴法院認為，在判斷一設計是否為著作權法保護之繪畫、圖形或雕刻著作，應綜合採取上述各種方法，並提出下述五步驟的分析 [78]。

1. 該設計是否為繪畫、圖形或雕刻著作？

2. 如果是，其是否為實用物品之設計？

3. 如果是，該實用物品的功能面向是什麼？但是「描繪實用物品的表面」和「傳遞訊息」不能算是此處的功能面向 [79]。

4. 設計的觀察者是否可以辨認「繪畫、圖形或雕刻特徵」乃「獨立於該實用物品的功能面向」？如果觀察者無法辨認出在實用物品中的這些繪畫、圖形或雕刻特徵，該實用物品的設計就不受著作權法保護 [80]。

5. 該實用物品設計的「繪畫、圖形或雕刻特徵」是否可獨立存在於該實用物品功能面向？在這方面的判斷，可綜合參考前述幾種判斷法。主要仰賴：(1) 客觀上必要判斷法：如果該實用物品的藝術特徵並非該實用功能所要求，或與實現該實用功能完全不必要，則該藝術特徵就不算是該功能所要求，而可獨立存在。(2) 設計過程判斷法也有助於協助判斷哪些設計是功能性上的要求。但法院不認為需要全部採取設計過程判斷法。(3) 著作權局判斷法也可供協助，亦即，該設計的藝術特徵與實用物品，是否可以彼此同時存在，且可以被完全理解為分離著作，一個是藝術著作，一個為實用物品 [81]。

(三) 啦啦隊服設計可獨立受著作權法保護

將上述判斷標準，套用在本案中 Varsity 的啦啦隊服設計。

1. 問題一：其設計是否為繪畫、圖形、雕刻著作？

其登記在著作權局時，登記為平面的圖形著作 [82]。

2. 問題二：其設計是否屬於實用物品？

其設計爲啦啦隊服設計，屬於實用物品[83]。

3. 問題三：啦啦隊制服的功能面向是什麼？

啦啦隊制服的內在功能，一定要能包住身體、排汗、承受激烈運動。被告 Star 主張，啦啦隊服的功能，還包括讓人知道穿著者是啦啦隊長及隊員。但是法院認爲，資訊傳達功能不算是所謂實用物品之功能[84]。

其次，被告 Star 主張，該制服上的設計屬於裝飾功能，而裝飾功能就是啦啦隊服本身的功能面向，故而無法分離。第六巡迴法院不接受此說法，若此說法成立，則所有藝術都可能不受保護。尤其，其將使所有織物的設計，都被說是裝飾功能，而無法受到保護。因此，法院認爲，繪畫、圖形、雕刻著作的裝飾功能，可以實用物品的功能面向分離並獨立存在[85]。

4. 問題四：我們可否在啦啦隊服設計中辨認出繪畫、圖形或雕刻特徵，與其他包覆身體、排汗、抗激烈運動等功能分離？

地區法院認爲，若啦啦隊服上沒有該隊代表色的線條、V 形設計、Z 形設計、色塊等運動服中常用元素，則根本認不出其是啦啦隊服。但第六巡迴法院認爲，就算是全白的上衣及短裙，仍然可以作爲啦啦隊服。而且，並非所有的啦啦隊服都長得很類似。以本案爲例，其五種設計圖案，本身就不一樣，但仍然可作爲啦啦隊服。而且，Varsity 設計出多種款式後，讓客人可以挑選啦啦隊服的款式，但是各款式也可以自由配色，由此證據更顯示，從客人的角度來看，可以辨認出每一個設計的圖形特徵的不同，因而符合了所謂啦啦隊服與該圖形設計二種同時存在的要件。因此，法院認爲，每一個圖形設計的概念，都可被辨認出來，並與啦啦隊服的功能面向分離[86]。

5. 問題五：該線條、V 形設計、色塊、Z 形設計，是否可獨立存在
於該啦啦隊服之功能面向？

第六巡迴法院認為可以。法院認為，Varsity 的設計，除了用於啦
啦隊服上，也可用於其他衣服上，包括運動衣、T-shirt、熱身衣、外套
等。甚至，也可以將其設計印出來當成海報。因此，法院認為這些設計
對於包覆身體、排汗、承受激烈運動等功能的執行，完全不必要[87]。

因此，法院認為，Varsity 設計中的圖形特徵，可以與該啦啦隊服
的功能面向分離，且可獨立存在，而可受著作權法保護[88]。

第六巡迴法院最後補充，過去法院會區分所謂的「織物設計」
（fabric design）和「服裝形式設計」（dress design）。織物設計乃指衣
服上的各種圖案設計，其可受著作權法保護。例如：一種花瓣圖案，可
重複出現在衣服上，也可大大的只出現在衣服上一次，均受著作權法保
護。而服裝設計則是指不同形式、風格、裁切、尺寸的衣服，其無法與
該衣服的功能面向分離。例如：領口要設計為圓領或 V 領，袖子要長
袖、短袖、七分袖，口袋要設計幾個，襪子的形狀，這些具有功能性，
而不受著作權法保護[89]。

第六巡迴法院認為，本案中的 Varsity 的設計，比較接近織物設
計，而非服裝形式設計，故其為可受著作權法保護之標的[90]。

三、聯邦最高法院判決

美國聯邦最高法院在 2017 年的 Star Athletica v. Varsity Brands 案，
就啦啦隊服上的表面設計，是否可受著作權法保護，提出了新的「分離
性檢測法」。其判斷如下：1.「分離並被辨認」（separate-identification）
要件，判斷者只需要可以看著實用物品，並指出某些似乎具有繪畫、圖
片、雕刻品質的平面或立體的元素。2. 就「獨立存在」（independent-
existence）要件，判斷者必須判斷，該被分離辨認的特徵是否可獨立存

在於該物品的功能面向之外。當想像該特徵與實用物品分離時，該特徵必須可以自身作爲繪畫、圖形、雕刻著作而存在。

最高法院所提出的分離性檢測法，比起第六巡迴上訴法院所採取的方法較爲簡單，但最後判決結果一樣。以下介紹該判決。

(一) 本案仍然需要進行分離性檢測

首先，Thomas 大法官認爲，本案仍然需要先進行分離性分析（separability analysis）。

原告主張，平面的表面裝飾，因爲是在「實用物品之上」（on a useful arts），而非實用物品之設計（design of a useful article），當然是受保護的圖形著作，所以根本不需要經過第 101 條的分離性分析，當然可與其物品分離。亦即，其認爲實用物品表面的平面藝術特徵，「本質上是可分離的」[91]。

但 Thomas 大法官認爲，這個說法不符合第 101 條的文字。因爲前述「實用物品設計」定義文字中，強調「融入實用物品設計」的「繪畫、圖形、雕刻特徵」，必須經過分離性分析，方能獲得著作權保護。所謂的「繪畫」和「圖形」特徵，包括圖片、繪畫、素描等平面特徵。因此，第 101 條定義中既然對融入「實用物品設計中」的「繪畫、圖片、雕刻著作」給予著作權保護，則第 101 條當然有想到這樣的設計可以包含平面特徵[92]。

此外，美國著作權局也提出意見，其認爲由於原告曾經就設計圖和設計的照片向著作權局登記，已經有登記，該設計當然可以受著作權法保護，而不需要再採取分離性分析。但是，Thomas 大法官認爲，原告並沒有援引著作權局的意見，最高法院在此不討論著作權局的看法[93]。

(二) 最高法院所提出的分離性檢測法

1. 分離性檢測法

其次，Thomas 大法官認為，融入實用物品的系爭是否「可以分離並被辨認」，以及是否可以獨立存在於該物品「功能面向」之外，是一個法條解釋問題[94]。

(1) 就「分離並被辨認」（separate-identification）這一要件來說，並不困難。判斷者只需要可以看著實用物品，並指出某些似乎具有繪畫、圖片、雕刻品質的平面或立體的元素即可[95]。

(2) 就「獨立存在」（independent-existence）這個要件，可能較難滿足。判斷者必須判斷，該被分離辨認的特徵是否可獨立存在於該物品的功能面向之外。換句話說，當想像該特徵與實用物品分離時，該特徵必須可以自身作為繪畫、圖形、雕刻著作而存在。若該特徵無法自身作為繪畫、圖形或雕刻著作而存在，其就只是該物品功能面向的一部分[96]。

當然，要自身可以作為繪畫、圖形、雕刻著作，該特徵本身不能就是一個實用物品，或是通常作為一實用物品的一部分。此外，若是對一個實用物品改用其他媒介製作出複製品，例如：用硬紙板做出一輛車的模型，不能因而主張著作權。雖然該複製品本身可能可以獲得著作權保護，但是原始的實用物品不會因而取得著作權[97]。

2. 符合其他條文解釋

Thomas 大法官認為，若參考著作權法其他相關條文，也可以支持這個解釋。著作權法第 113 條 (a) 規定：「第 106 條重製繪畫、圖形、雕刻著作的專屬權，包含將作品複製在任何物品上的權利，不論該物品是否具有實用性。[98]」第 101 條，保護第一次固著於實用物品之媒介的藝術；相對地，第 113 條 (a) 乃保護第一次固著於實用物品以外之有形

媒介的創作,然後可重製於實用物品之上。這兩個條文可作爲對照。從這兩個條文可以看出,繪畫、圖形、雕刻著作,不論其是獨立藝術創作,或是作爲實用物品的特徵,著作權法都給予保護[99]。

3. 符合發展歷史

Thomas 大法官認爲,這個解釋也符合著作權法的歷史。其引用 1954 年的 Mazer v. Stein 案[100],該案乃是針對 1909 年的著作權法所爲的判決。該案中,著作權人對一個舞者雕像登記著作權。該雕像是作爲一個燈座之用。著作權人販售該雕像,也將其當作燈座販售。被告複製該雕像,並將其當作燈座與燈一起販售。最高法院在該案中,認爲該雕像具有著作權,即便該雕像乃作爲燈座使用[101]。最高法院支持著作權局的法規,將著作權保護擴及於具有實用目的的藝術品。最高法院認爲,該雕像一開始是被獨立創作的雕刻,還是一開始就是作爲燈座,並不影響其是否可取得著作[102]。

在該案判決後不久,著作權局制定了一新法規,將 Mazer 案的判決見解落實於該法規,也就是引入了現今的「分離性檢測」到著作權法中,國會後來就在 1976 年著作權法中,將前述 Mazer 案後制定的法規中的分離性檢測的概念,放到第 101 條的定義中[103]。

(三) 套用在本案中的啦啦隊服

將前述分離性檢測套用在啦啦隊服的表面裝飾。

1. 一個人可以辨認出該裝飾乃具有繪畫、圖形、雕刻品質的特徵。
2. 該啦啦隊服表面上顏色、形狀、線條、V 形設計的安排,可與該制服分離,並套用在其他媒介上,例如:套用在油畫帆布上,因而滿足第 101 條所定義的「平面的……藝術……著作」。此外,想像將表面的裝飾從制服中分離,並套用在另一媒介上,並不會重製該制服本身。事實上,著作權人就眞的有將該設計套用在其他表現媒介上,

例如：套用在其他種類的衣服上，而沒有重製該制服[104]。

Breyer 大法官的不同意見認爲，該設計無法分離，因爲在想像中若將該設計從制服中分離，放到另一個表達媒介上，只是創造了一個「啦啦隊制服的圖片」。而被告同樣也主張，該表面裝飾若從實用物品抽離，仍然保留了啦啦隊服的外型，所以不受著作權法保護[105]。

Thomas 大法官認爲，這並非不受著作權法保護的理由。例如：平面的藝術作品的形狀，會受到所畫的畫布大小限制，而平面應用藝術的作品形狀，也會受到其應用之物品的外型限制。例如：如果物品表面平整四方，在其上的平面設計受到著作權法保護；若實用物品表面形狀特殊，在其上的平面設計會因物品形狀而受限，但前者受著作權法保護，後者卻不受著作權法保護，這樣並沒有道理[106]。

Thomas 大法官指出，本案中受著作權法保護的標的，亦即啦啦隊服上的特徵，是指固著於制服織物之有形媒介上的平面藝術著作。即便本案原告最後在表面的裝飾上取得著作權，其並沒有權利禁制他人製造相同的啦啦隊服形狀、剪裁、大小等。著作權人只能夠禁止他人將其表面設計重製於任何有形表現媒介上，不論是在制服上或其他地方[107]。

(四) 駁斥幾個錯誤見解

被告和政府（著作權局）舉出一些反對理由。

1. 概念分離後，原實用物品並不需要保留實用功能

首先，被告指出，所謂的獨立存在，是指該特徵獨立抽離出來之後，可獨立受著作權法保護，且在抽離後的實用物品，本身仍然具有實用性。但如果實用物品的特徵是爲了促進該物品的實用性，則該特徵不應受著作權法保護。被告主張該特徵有兩個功能，一是標示該衣服爲啦啦隊服，一是加強穿著者的物理表現。抽離這些設計的啦啦隊服，不再有相同實用性，因而其主張這些設計無法與該制服的功能面向獨立出

來 [108]。

同樣地，著作權局也提出類似的主張，認為適當的檢測方法，是問：在藝術特徵移除後的實用物品，是否仍然具有相同的實用性？但其結論認為，一個全白的啦啦隊服，與帶有原告設計的啦啦隊服，具有相同的實用性 [109]。亦即，不論被告和著作權局，都主張在表面設計移除後，是否仍有相對的實用性（relative utility）。

但 Thomas 大法官指出，分離性的判斷是要關心，抽離出來的特徵是否可受著作權法保護，而不需要去管想像中抽離後的原實用物品還剩餘什麼。在分離性檢測法下，法條並沒有要求想像中被抽離後的實用物品，是否還具有原本實用物品的完整功能 [110]。

被告認為，法條只保護「純藝術」的特徵，而不保護有任何實用物品實用功能的特徵。但 Thomas 大法官指出，一個可受著作權法保護的藝術特徵，不能因為其最初哪是作為一實用物品設計的特徵，且讓該物品變得更加實用，就喪失著作權的保護資格 [111]。

Thomas 大法官認為這符合 Mazer 案以來的規則，且與著作權法明文保護「應用藝術」（applied art）的規定相符合 [112]。

2. 不需要採物理上分離檢測

另外，部分法院採取的分離性原則，區分「物理上之分離」（physical）與「概念上之分離」（conceptual）。所謂的物理上分離，乃指該特徵能用通常方式與實用物品在物理上分離，但仍保留該物品的實用面向。而所謂概念上分離，乃指若該特徵無法以通常方法與該實用物品分離時，就要採用概念上分離。Thomas 大法官認為，法條的文字採取的分離，指的就是概念上的分離。由於分離性的思考並不需要在抽離該特徵後，原本的實用物品仍然保留原功能，因此物理上 / 概念上區分沒有繼續存在必要 [113]。

3. 不需要使用「設計過程判斷法」與「市場可能性判斷法」

接著，被告又主張，在分離性分析時，應該加入兩個客觀因素：(1) 其要求判斷者應該考慮設計創作者的設計方法，亦即該特徵是否為設計者在設計時，除了功能考量外的藝術判斷。(2) 該繪畫、圖形、雕刻特徵，在移除其實用功能用，是否可能有某程度的市場銷售空間[114]。

Thomas 大法官反對加入這些考量。他認為，第一個因素是要求判斷者考慮創作者的設計方法、目的、理由等證據。但是著作權法的條文中，只要求判斷該物品與特徵如何被感知，而非它們如何被設計。第二個因素則是要求考量該設計特徵的市場銷售調查，但是這會涉及人們對著作的價值判斷，或者以法官的美感取代著作權法中的政策選擇。亦即，在判斷是否可獲著作權保護時，不需要做市場調查[115]。

4. 國會並沒有說所有工業設計都不受著作權法保護

最後，被告主張，美國國會於 1976 年制定著作權法時，將工業設計（包括衣服的設計）排除受著作權法保護，若是將表面裝飾當作受著作權法保護的創作，這與國會的前述目的相違背。此外，美國國會對特殊的實用物體設計，例如：半導體晶片設計[116]，以及船身設計[117]，給予獨立的法律保護，但卻沒有對其他工業設計給予法律保護。國會是想透過設計專利，給予工業設計保護。因此，其認為不應該給予衣服表面設計著作權保護[118]。

但 Thomas 大法官認為，設計專利權與著作權並不是彼此互斥。且國會對工業設計的某些特徵也給予有限的保護，因此，認為對工業設計不該給予保護，反而牴觸了國會的選擇。而且，Thomas 大法官再次強調，其所採用的分離性檢測法，並不會讓啦啦隊服的形狀、剪裁、物理大小受到著作權法保護[119]。

四、遺留的疑問：實用物品整體設計究竟可否受著作權保護？

嚴格來說，Star Athletica v. Varsity Brands 案本身其實並不難，其屬於物品表面裝飾的案例類型。物品表面裝飾，採用一般的概念上分離法，可將表面裝飾獨立出來作為一個美術或圖形著作，而受著作權法保護。但 Star Athletica v. Varsity Brands 案沒有處理的，或者是過去爭議案例中最難處理的，並非這種物品表面裝飾的案例，而是物品本身整體形狀設計，是否可獨立作為美術著作或雕刻著作受保護的案例 [120]。

肆、臺灣各種見解與案例

以下為釐清用語，先予以說明，蕭雄淋律師將美術著作區分為純美術（fine art）與應用美術（applied art），應用美術，「係與實用物品相結合，具有生活實用及產業利用目的之美術著作，例如：小擺設、首飾、金銀器皿、家具、壁紙、裝飾品、服裝等藝術品。[121]」而應用美術可進一步區分為「美術工藝品」，以及「其他應用美術」[122]。

一、著作權法修法

民國 74 年就著作權法第 3 條第 11 款規定：「十一、美術著作：指著作人以智巧、匠技、描繪或表現之繪畫、建築圖、雕塑、書法或其他具有美感之著作。但有標示作用，或涉及本體形貌以外意義，或係表達物體結構、實用物品形狀、文字字體、色彩及布局、構想、觀念之設計不屬之。」當時提到「實用物品形狀」不屬之。但似乎意義不明確，實務上易滋爭議 [123]。蕭雄淋認為，舊法僅保護純美術，而不包含應用美術在內 [124]。

而民國 81 年修正之著作權法時，將各類著作的定義於母法中刪除，但公布「著作權法第 5 條第 1 項各款著作內容例示」，對美術著作

之內容例示爲：「(四) 美術著作：包括繪畫、版畫、漫畫、連環圖（卡通）、素描、法書（書法）、字型繪畫、雕塑、美術工藝品及其他之美術著作。」只提及「美術工藝品」，但未提及「應用美術」或「實用物品形狀」。

蕭雄淋提出：「南韓著作權法及德國著作權法均規定『應用美術著作』爲美術著作之範圍，日本著作權法僅規定『美術著作』包含『美術工藝品（第2條第2項）』，而未直接規定應用美術爲『美術著作』。按日本意匠法相當於我國『新式樣』專利，日本除著作權法及意匠法外，未另外訂立『工業設計法』，本法爲免法制繼受發生雜亂，乃仿日本著作權法用語，於本款不明文規定『應用美術』，但僅規定『美術工藝品』，俾在美術著作與新式樣專利之實際分際，得取法日本。[125]」蕭雄淋進一步指出，上述見解，係民國81年著作權法修正對「美術著作」立法之主要精神[126]，亦即我國著作權法之美術著作，保護全部純美術著作，及應用美術著作中之「美術工藝品」，而未保護「美術工藝品以外之其他應用美術著作」[127]。

至於如何區分美術工藝品與其他應用美術，蕭雄淋提到：「如以機械大量製造生產之工業上實用物品，原則上並非以鑑賞爲目的之美術著作，而應屬於新式樣之專利或其他法律之領域。[128]」但其也提到，近來日本實務判決漸有改變，不認爲美術工藝品以製作一種爲限，凡鑑賞色彩強烈而大量生產之工藝品，亦視爲美術著作[129]。似乎認爲，區別的標準在於有無「鑑賞性」。

二、內政部與智慧財產局釋函

如蕭雄淋所指出，修法時可能參考日本規定，將美術著作排除美術工藝品以外之其他應用美術。以下從智慧財產局之釋函，原則上也維持此立場，但對於美術工藝品是否限於「一品製作」，則晚近釋函有所放寬。

(一) 內政部釋函

首先，內政部臺（81）內著字第 8124412 號（1992.11.20）函：「……二、所詢「美術工藝品」與「工業產品」之差異性及識別性一節，查美術工藝品係包含於美術之領域內，應用美術技巧以手工製作與實用物品結合而具有裝飾性價值，可表現思想感情之單一物品之創作，例如手工捏製之陶瓷作品、手工染織、竹編、草編等均屬之。特質為一品製作，亦即為單一之作品，如係以模具製作或機械製造可多量生產者，則屬工業產品，並非著作權法第 3 條第 1 項第 1 款所定之著作，自難認係美術工藝品之美術著作。[130]」

但後來內政部有稍微修正見解，內政部於臺（86）內著字第 8605535 號（1997.4.21）函：「本部 81 年 11 月 20 日臺（81）內著字 0000000 號函：按『美術著作』係以描繪、著色、書寫、雕刻、塑型等平面或立體之美術技巧表達線條、明暗或形狀等，以美感為特徵而表現思想感情之創作。作品是否為美術著作（包括美術工藝品）須以是否具備美術技巧之表現為要件，如作品非以美術技巧表現思想或感情者，亦即未能表現創作之美術技巧者，尚難認係美術著作。至完全以模具或機械製造之作品緣非具備美術技巧之表現，自不屬美術著作，至著作人是否自始即以大量生產為目的並非著作權法保護之準據，且與該作品是否屬美術工藝品無關。[131]」已經認為，是否大量製造並非重點，但仍然堅持必須為「美術工藝品」；而所謂的「美術技巧之表現」，某程度與蕭雄淋強調的「鑑賞性」，或許接近，亦即必須要讓人可以看得出有美術技巧，而可鑑賞。

(二) 智慧財產局釋函

智慧財產局曾有釋函明確指出，著作權法保護的美術著作只限於美術工藝品，不保護其他的應用美術。智慧財產局 100 年 8 月 17 日電子

郵件 1000817d 函：「……又所謂「美術工藝品」係指應用美術技巧以手工製作與實用物品結合而具有裝飾性價值，可表現思想感情之單一物品之創作（請參考內政部 81 年 11 月 20 日臺（81）內著字第 8124412 號函釋如附件），至「美術工藝品」以外之應用美術則不在著作權保護範圍內。[132]」

其次，智慧財產局 101 年 11 月 21 日電子郵件 1011121b 函：「……來函所述之正版『鞋』類商品，係屬以模具製作或機械製造可多量生產的『工業產品』，並非著作權法所稱之著作（請參考內政部 81 年 11 月 20 日臺（81）內著字第 8124412 號函釋，如附件），因此所詢網路店家按照該產品自行改良後的打版鞋，無侵害著作權之問題；至於鞋樣有無另涉其他權利（例如：專利），則需由權利人出具相關權利證明文件，據以主張，併此說明。[133]」

但智慧財產局從 2014 年起改變見解，對於美術著作，並不堅持手工製作。智慧財產局 103 年 2 月 26 日電子郵件 1030226 函：「……著作權法所稱之美術著作，包括繪畫、版畫、漫畫、連環圖（卡通）、素描、法書（書法）、字型繪畫、雕塑、美術工藝品及其他之美術著作等，如果具有創作性之前揭作品，不論手工與否，均受著作權法保護。所詢玩偶，如係上述美術著作之立體再現，則屬美術著作之重製物，會受著作權保護，例如：將平面米老鼠圖製成米老鼠玩偶；因此玩偶是否受保護，仍需依個案認定之。二、所詢問題三，基於設計專利是實用物品之外觀創作，可供產業之利用，故手作玩偶若是以生產程序重複再現之創作，無論是以手工製造或以機械製造，均得申請設計專利之保護。[134]」

最後這項見解，並沒有明確說，美術工藝品不需要手工製作，而是說美術著作不論是否手工製作與否，只要具有原創性，均受著作權法保護。但智財局既然放寬「不論手工與否」均可受著作權法保護，那麼前述堅持美術著作不保護美術工藝品以外之應用美術的見解，是否已經廢

棄，並不清楚。例如：有論者認為，智慧財產局已經接受量產也可受美術著作保護，所以一張造型特別的椅子，只要符合原創性要件，也可能是受著作權法保護的美術著作[135]。

三、最高法院判決與高等法院判決

以下以部分書籍提到的 2004 年至 2005 年間的最高法院與高等法院判決，說明這段時期的法院判決，並不堅持「美術工藝品」必須以「手工製作」的概念，而直接討論應用美術的原創性。而最高法院似乎認為，應用美術的原創性要求較高，必須具有鑑賞性；而高等法院以下則使用一般的原創性判斷應用美術物品是否受保護。以下五則案例，原則上都不能算是美術工藝品，而屬於應用美術設計。

(一) 最高法院強調鑑賞性

蕭雄淋的書中特別討論最高法院 93 年度臺上字第 13 號刑事判決這則判決[136]。最高法院 93 年度臺上字第 13 號刑事判決中，引述原審判決有一段重要見解：「關於應用美術著作的保護要件，著作權法並無明確規定，相較於其他種類著作而言，應用美術著作應具備較高之「創作高度」或是已明顯超越一般平均創作水準，雖不以手工製造及具備美感為限，惟仍需有基本的可鑑賞性，足使一般人從美術觀點予以鑑賞，否則即非屬著作權法之保護範疇。[137]」

進而針對系爭的外星寶寶玩具設計，最高法院引述原審判決見解：「經查告訴人所製作之外星寶寶玩具，經檢視係以塑膠原料製成而有黏性，可因一般外力搓揉而變形，其外型無固定形狀，且其顏色、色彩欠缺變化，線條亦屬單純，該玩具除實用目的外，尚難謂已具備基本之鑑賞價值，足以展現美術上之特色。況審酌告訴人之外星寶寶玩具，其與被告所提出之外星人圖片集相較，無論是在外型、結構、五官，乃至

於手指、腳趾等特徵，均有頗多相似之處。再衡諸科幻電影、影集等就「外星人」意念之表達，由早期之 E.T. 到後來之星際大戰電影系列，造型已趨於多元且複雜，然告訴人所製造之外星寶寶玩具，其表達形式仍不脫電影播放後，一般公眾對外星人「頭大、四肢短小或蜷曲、手指、腳趾細長且數目短少」等刻版印象。告訴人所製造之外星寶寶玩具，整體而言並未超越一般有關「外星人」意念表達之平均創作水準，依上所述，告訴人所製造之外星寶寶玩具，尚不具備應用美術著作應有之創作高度，而無鑑賞性，揆諸前揭說明，即非屬著作權法之保護範疇。[138]」

最高法院提出「應用美術」應具有鑑賞性才可獲得美術著作之保護，但沒有具體界定是否必須限於美術工藝品？該判決其後又說：「……然美術工藝品在性質上核屬應用美術著作。而告訴人所製作之外星寶寶玩具並無基本之鑑賞價值，且未超越一般關於「外星人」創作之平均水準，既如前述，自難認屬著作權法所保護之美術工藝品。[139]」這段話似乎是指，外星寶寶玩具可能是美術工藝品，但仍然沒有鑑賞價值，而不受保護。

最高法院這件判決雖然不是在區分美術工藝品與其他應用美術，但認為著作權法所保護的應用美術，應該具有較高的創作高度，具有鑑賞性；而前述蕭雄淋區分美術工藝品與其他應用美術之差別，在於可否鑑賞[140]。

(二) 高等法院判決回到原創性

在林佳瑩律師於「設計產品的智慧財產權保護」一書整理的四則2004 年以後的高等法院判決[141]，有的援引前述最高法院要求的鑑賞性要件，有的判決則沒有特別提到「鑑賞性」這個要件，而是強調「原創性」要件。

　　臺灣高等法院 92 年度上易字第 319 號民事判決涉及的蓮荷造型瓷花燈，法院認爲：「上訴人將純美術著作與實用物品陶瓷結合後，以超越一般平均創作水準，系爭產品除具有相當之美感外，並具有其可鑑賞性，可供一般人從美術觀點予以欣賞，自合乎著作權法應用美術之原創性。[142]」這則判決採用了前述最高法院鑑賞性的標準。

　　臺灣高等法院 94 年度上訴字第 3 號刑事判決涉及皇冠企鵝絨毛玩具，法院認爲：「本件告訴人製造之不含配件之企鵝玩偶本體，依渠在檢察官偵查中所提出之產品目錄，其中之配件企鵝玩偶本體，頭部之圓滑弧線、嘴喙之尖突、腹部圓滾、翅膀因退化而成萎縮狀，腳趾每腳各三趾、呈現一般企鵝站立圓滑之體態及相關喙側邊、腮部及頸部之配色等情，均與卷附相關企鵝之實體照片或圖片相近。另據證人即告訴人所陳報之設計者許劉梅雲在原法院審理中到庭證稱：係參考企鵝圖畫、網路圖片而來，並照動物打樣云云……；益徵本件告訴人之企鵝玩偶，無非來自於自然界之已存在企鵝動物，就其自然生物外觀加以仿現，是告訴人所生產之企鵝填充玩偶本體部分，並能顯現有何個別獨具之創意表現於外，自難認有何原創性可言。[143]」

　　臺灣高等法院 93 年度智上易字第 15 號民事判決，涉及芭比系列項鍊相框立體紙製品，法院認爲：「……系爭芭比系列項鍊相框立體紙製品三件，其心形、花瓣及長方形之造型係習知之固定圖形、相框內之花朵、葉片均僅表現通常花朵、葉片之一般特徵，不足認有以任何美術技巧表現獨特之思想，是系爭芭比相框之平面圖尚難認爲具有著作權法中美術著作應具備之原創性。而系爭芭比系列相框之立體紙製品均係依平面圖形印製後再切割而成之實用物，亦非著作權法保護之美術著作甚明……[144]」。

　　臺灣高等法院 94 年度上易字第 2488 號刑事判決，涉及水井型精油擺飾品，法院認爲：「……告訴人之『水井型精油擺飾品』，其造形係以古井、洗衣板、取水之拉繩等日常生活習見之器具、場地所組合之

雕塑，無非係爲表達昔日在古井邊取水洗衣之傳統復古之日常生活之場景，自已熔合上開器具之組合，依其尺寸、大小比例、線條、結構、角度、顏色、捏塑之美術技巧，表達其感情思想創作出和諧美感之作品，自爲著作權法所保護之美術著作雕塑。[145]」只有強調原創性，並沒有提及鑑賞性。

四、智慧財產法院另闢蹊徑

上述討論可知，2004 年最高法院和高等法院以降，對應用美術的範圍，已經不限於美術工藝品，對美術工藝品以外的其他應用美術，均可納入美術著作的保護範圍。但 2004 年最高法院認爲，應用美術的原創性要求較高，應具有鑑賞性；但 2005 年後的高等法院判決，則已經不強調鑑賞性，只回歸一般原創性要件的討論。

以下則以三則智慧財產法院判決及說明，智慧財產法院一樣認爲對應用美術的著作權保護不限於美術工藝品，而直接討論原創性。第一則判決認爲，從其他領域既有造型轉用到文創商品，不具原創性；第二則判決認爲，從其他領域既有造型轉用於實用商品，是一種概念，而不受著作權法保護。而第三則判決，則只討論原創性，而對於一般的流行包包設計，賦予著作權保護。

(一) 媽祖轎班衣文創背包：公共財套用於文創背包上不具原創性

智慧財產法院 103 年度民著訴字第 28 號、智慧財產法院 105 年度民著訴字第 44 號判決，涉及將「媽祖轎班衣」式樣套用設計於背包外觀上，而產生的著作權爭議。

1. 事實

　　金佶公司及陳俊良是首創媽祖轎班衣式樣於背包圖案上的文創業者[146]，主動與禾橙設計公司及白定芳合作，由白定芳設計包包中的核心字型「媽祖」、「永保安康」等[147]。但後來因合作解散，白定芳先控告金佶公司繼續販賣媽祖轎班衣包包，侵害其設計的「媽祖」、「永保安康」等字型。但金佶公司主張，系爭的「藝術字型其外圍的吉祥象徵圖騰」是模仿北港朝天宮既有的轎班衣式樣而來，屬於公共財，不受著作權保護[148]。智慧財產法院 103 年度民著訴字第 28 號判決，白定芳所設計的「媽祖、永保安康」等字型，是模仿北港朝天宮轎班衣上相同設計風格的「祖媽」、「北港朝天宮」字樣，並無原創性與創作性[149]。

　　事後，白定芳改與其他包包廠商則或推出類似的「媽祖轎班衣形式包包」，故金佶公司及陳俊良改而提告，認為「媽祖轎班衣形式包包」乃其擁有著作權的美術著作及圖形著作。但智慧財產法院 105 年度民著訴字第 44 號判決認為，在前一訴訟中，陳俊良等曾提過，「媽祖轎班衣」之外觀式樣，受限於實體轎班衣式樣表達方式，應屬於公共財範疇，故判決陳俊良之「媽祖轎班衣文創背包」之外觀式樣，基於衡平禁反言（equitable estoppel）原則[150]及誠信原則，不得再主張有著作權[151]。

2. 原證 3 附圖

系爭「媽祖」字型

系爭「永保安康」字型

Google檢索網路圖片

Google檢索網路圖片

圖 4-8　媽祖轎班衣與文創包包

資料來源：智慧財產法院民事判決103年度民著訴字第28號判決附件。

3. 評析

　　本案系爭產品本來可算是雙方合作設計的文創商品，其中一方設計「媽祖轎班衣文創背包式樣」，另一方設計「核心的文字設計」，卻因為雙方鬧翻，訴諸法院，法院卻分別判決雙方的設計都沒有著作權，導

致文創商品的創作最後均不受著作權保護，甚為可惜。

其中，在前案中的「文字設計」，也許確如法院所說，只是模仿前人媽祖轎班衣上的字體形式，改換了其他文字，但採用類似的字體，所以原創性不高而不受著作權保護。

但是，在後案中的「媽祖轎班衣文創背包式樣」，智財法院也不敢貿然說這個文創背包式樣沒有原創性，因為某程度會想到將「媽祖轎班衣」之外觀，改作套用於文創背包上，確實具有創意。法院另闢蹊徑，提出陳俊良等在前案中曾經主張「『媽祖轎班衣』之外觀式樣，受限於實體轎班衣式樣表達方式，應屬於公共財範疇」，而認為基於禁反言原則、誠實信用原則，陳俊良在後案所主張的「媽祖轎班衣文創背包」之外觀式樣，不得為相反主張，故在該案同一當事人間不得主張具有著作權。

但有問題的地方在於：一，陳俊良在前案所主張的，是「媽祖轎班衣」之外觀式樣屬公共財，並非改作於背包上的「媽祖轎班衣文創背包」之外觀式樣屬公共財。二，智財法院所引用的英美衡平禁反言，並非屬於訴訟中的禁反言，訴訟中可主張的禁反言除了既判力，就是爭點效。但本案實際上在前案中也沒有就「『媽祖轎班衣』之外觀式樣屬公共財」列為爭點，故也不具爭點效。至於美國的衡平禁反言，則是指其他訴訟外曾經讓被告以為原告不會提告，才會產生衡平禁反言效果。

因此，筆者認為，實際上將「媽祖轎班衣」外觀改作套用於「文創背包」上，確實具有原創性，而智財法院也不敢直接否認此點，卻援引錯誤的禁反言與誠實信用原則否定了此文創背包的著作權。最後結果是，此一文創商品不論包包式樣或中間的文字圖形，都不具著作權，兩敗俱傷，對文創商品設計來說，是最慘的結果。

(二) 天燈杯：以天燈造型作為茶杯形狀是不受著作權法保護的概念

1. 事實

　　智慧財產法院 104 年度民著訴字第 65 號判決，涉及天燈造型之杯子設計。原告為傑作陶藝公司，於 99 年設計之天燈外觀造型杯，獲得 2010 年臺灣公益競賽創新設計組入選獎，後來開發出一系列的天燈杯產品。被告為臺灣菸酒公司，其所產銷之「玉山臺灣原窖八年陳高」禮品中所附的二個杯子，亦採用天燈造型 [152]。因而原告控告被告侵害其天燈杯之美術著作。

　　被告援引智慧財產局之前開內政部 83 年 4 月 2 日（83）臺內著字第 8306547 號函釋，認為美術著作之美術工藝品，須應用美術技巧以手工製作與實用物品結合，倘若是以模具製作或機構製造可多量生產者，則屬工業產品，非著作權法所定之著作 [153]。

　　智財法院一方面援引美國著作權法對實用物品設計之見解，而肯定原告之天燈杯可受著作權法保護：「……且上開表達之美感思想，於物理上或觀念上能與該天燈杯之功能相分離而獨立存在，是據爭天燈杯之『天燈外觀』應屬受著作權法保護之美術著作。[154]」且不採前開智慧財產局之函釋見解，認為「……如已符合著作權法原創性表達之要件，不能因非手工工藝品製作且有量產而否定其著作權法保護之適格。[155]」

　　但卻又以「以天燈造型作為杯子之設計概念」是不受著作權法保護的概念，不可為原告所獨占，任何人均可使用這個概念，而採用不同的表現手法：「若以『天燈』作為杯子之設計概念時，其能表達『天燈』構想之方法極其有限，是該天燈外觀基本元素自不該為原告所獨占，此時表達與構想已然合併，則系爭天燈杯與據爭天燈杯雖皆具有天燈客觀既存之基本外觀特徵，此乃因受制於表達『天燈』構想之方法之有限性，縱然二者表達實質相似，亦不構成侵害原告『天燈外觀』之著作

權。」[156] 最後判決被告杯子雖然也具天燈造型，但與原告杯子的設計有部分不近似，故不侵權[157]。

圖 4-9　傑作陶藝之天燈杯　　圖 4-10　臺灣菸酒公司之玉山臺灣原窖八年陳高

2. 評析

　　本判決採用美國著作權法明文規定的物理上或概念上是否可與天燈杯之功能分離而獨立存在，而肯定其具有著作權。此點採用美國法之概念，值得注意。其次其也不採智慧財產局之見解，認為實用物品設計之美術著作，不因為其微量產而否定其著作權法保護之適格，也是採美國見解。

　　但判決後面卻認為「以天燈造型作為茶杯形狀」是不受著作權法保護的概念，任何人均得使用之。此一見解最大的問題就在於，杯子的概念是不受著作權法保護，但「天燈造型表現杯子」應該不屬於概念，而屬於創作者個人的表現手法。倘若認為「天燈造型表現杯子」為概念，則以「孫悟空頭造型表現杯子」也是概念，將大幅限縮著作權法的保護範圍。

(三) 流行包款設計：原創性及具備美術技巧之表現

1. 事實

　　智慧財產法院 106 年度民著訴字第 68 號判決，涉及的是法國名牌 C'eline Societe Anonyme 的女用包款設計。其中涉及三種包款，包

括「Céline Luggage 包款設計」、「Givenchy Pandora 包款設計」、「Givenchy Antigona 包款設計」。此三種包款設計，可見下圖：

Céline Luggage包款設計　　Givenchy Pandora包款設計　　Givenchy Antigona包款設計

圖 4-11

　　智財法院除了強調原創性之外，另外強調是否具有「美術技巧之表現」，作為判斷實用物品設計是否受著作權保護。其援引過去內政部見解，認為：「『美術著作』係以描繪、著色、書寫、雕刻、塑型等平面或立體之美術技巧表達線條、明暗或形狀等，以美感為特徵而表現思想感情之創作。作品是否為美術著作（包括美術工藝品）須以是否具備美術技巧之表現為要件，如作品非以美術技巧表現思想或感情者，亦即未能表現創作之美術技巧者，尚難認係美術著作。[158]」

　　智財法院判決認為：「(二) 附表 1-1「Céline Luggage 包款設計」：其把手與包包正面連結處，呈現兩隻眼睛造型，兩側車縫S狀皮革，形成卡通人臉形象；把手下方之收納夾層，係以一字形拉鍊形成人嘴造型；把手上方則以車縫橫式長方形皮革，形成頭髮造型；包包兩側縱深之皮革，均可向外拉出，形成該人臉之耳朵造型，整體表達卡通人物之人頭造型，其整體造型、顏色、形象、布局，可令人感知創作者意欲表達該包款輕鬆幽默之美感，以及提用該提包所傾向之輕鬆休閒用途。(三) 附表 1-2「Givenchy Pandora 包款設計」：其呈現單一黑色長方形塊

之整體造型，並呈現略微傾斜之狀態，並僅於傾斜之高聳側連結一只把手，另於包包正面上方之對稱邊緣附近，設計兩道平行拉鍊，再於側面之收納夾層，設計一道較短之平行拉鍊，其整體造型、顏色、形象、布局，可令人感知創作者意欲表達該包款時尚、現代、低調簡約之美感。

(四) 附表 1-3「Givenchy Antigona 包款設計」：其呈現單一顏色之不等邊六角形之整體造型，左右兩側之較短邊，對稱地位於包包側面上方；把手與包包之兩連結處，同樣係使用不等邊六角形皮革車縫，以上一大二小共計三處之不等邊六角形，相互呼應，而把手車縫上方，則係以較寬之倒五角形另色皮革，縫製 logo 標誌，其整體造型、顏色、形象、布局，亦可令人感知創作者意欲表達該包款時尚、現代、低調奢華、整齊嚴謹之美感，以及提用該包款所傾向之女性公務用途。(五) 以上包款之整體造型、顏色、形象、布局，其表達方式並非唯一或極少數，並無有限性表達之情形，不同創作者即使源於相同之表達理念，仍得各自使用不同之表達方式，均具一定之創作高度，而非完全以模具或機械製造設計之作品。(六) 據上，原告主張之上開包款，因均具美術技巧之表現，故均屬著作權法保護之美術著作無訛，且該著作權不因消費者購買商品而由所購之消費者取得。[159]」

2. 評析

此則智財法院判決，除原創性外，引用前述內政部 1997 年見解，要有「具備美術技巧之表現爲要件」，實用物品就可受著作權法保護。但殊不知，內政部該號見解，雖然認爲美術工藝品不限於手工生產，不排除大量生產，但保護仍侷限於美術工藝品，故仍然要能夠展現「美術技巧之表現」。以內政部原本函釋強調的美術技巧表現爲「描繪、著色、書寫、雕刻、塑型等平面或立體之美術技巧表達線條、明暗或形狀等，以美感爲特徵而表現思想感情之創作」，都算是美術工藝品的美術技巧表現。智財法院將之挪用於包包造形設計，雖然說包包設計得很有

特色，但與「美術工藝品」的「美術技巧之表現」，天差地別。

相較於前二則智財法院判決，雖然僅以原創性做標準，但另外採取其他理由，而否定相關產品設計的著作權。第三則智財法院判決，卻以「原創性」和「美術技巧表現」做標準，且誤會了美術技巧表現的意思，竟將流行包包設計都認為具有著作權，其結果，可將設計專利保護全部淘空。

五、比較與建議

(一) 臺灣見解不斷遞嬗

從前述臺灣法律規定、主管機關釋函、民刑事普通法院見解、到智慧財產法院見解，我們發現對應用美術設計的保護，見解不斷遞嬗。

首先，著作權法的修正過程中，展現的是除了美術工藝品外，並不保護美術工藝品以外之應用美術。但如何區別美術工藝品與其他應用美術？1. 是否具有鑑賞價值或「美術技巧之表現」以及 2. 手工製作，是二個區別標準。內政部時期的函釋，後來已經不限於「手工製作」要件，但仍保留「美術工藝品」才受保護，且認為要有「美術技巧之表現」。

智慧財產局的釋函，在 2014 年以前，也維持原本著作權法修法精神，但僅強調美術工藝品必須手工製作，未提及鑑賞性；但 2014 年以後的釋函，已經不再特別強調美術工藝品，而只說包含美術工藝品和其他美術著作，不論手工製作與否，均只要符合原創性，即受著作權法保護。

而在法院見解部分，2004 年以降的民刑事法院判決，已經不再強調美術工藝品手工製作這一點，亦即認為所有應用美術均可受美術著作保護。但最高法院 93 年度臺上字第 13 號刑事判決，對應用美術的原創性要求較高，要求具有鑑賞性；但 2005 年以後的高等法院判決，則回

歸一般的原創性要件。

智慧財產法院判決，也不再強調必須是美術工藝品，而對所有應用美術，均以「原創性」和「美術技巧之表現」要件判斷是否可受保護。但奇怪的是，智慧財產法院在「媽祖轎班衣文創背包」判決中，認為「從其他領域既有造型轉用到文創商品不具原創性」；第二則「天燈杯」判決中，雖然肯定將天燈造型借用於茶杯具有原創性，但又認為從「其他領域既有造型轉用於實用商品是一種不受著作權法保護的概念」。某程度來說，不管智財法院的說理是否正確，這二則判決是以另一種方式，限縮美術著作可保護的應用美術著作範圍。

但智財法院在「流行包款設計」案中，採用「原創性」和「美術技巧表現」，認為所有特殊造型包包設計，均有美術技巧表現，無庸註冊，自動取得著作權保護。此一見解的結果將導致所有產品設計均能夠自動獲得著作權保護。

(二) 比較思考

筆者認為，若比較美國可知，美國最高法院 1954 年 Mazer v. Stein 案就已經強調，其不關心實用物品設計的著作權保護與設計專利保護重疊的問題。因此，某程度來說，美國對於實用物品設計的著作權保護，採取的是寬鬆立場。

美國最高法院 2017 年的 Star Athletica v. Varsity Brands 案，看起來似乎採取一個非常寬鬆的標準，對分離性檢測認為只要有可被一般民眾辨認出來的繪畫、圖片、雕刻的元素，並可獨立存在於其功能面向之外，就可以構成受保護的繪畫、圖形、雕刻著作。而這個分離並被辨認的要求，應該比所謂的鑑賞性要求更低，只要可被分離辨認出是一個繪畫、圖形、雕刻著作即可。

但是，該案涉及的是一個衣服的表面設計，而非涉及實用物品的整體設計。因此，是否代表實用物品的整體設計都可以作為雕刻著作？美

國最高法院有一段話指出：「該特徵本身不能就是一個實用物品，或是通常作爲一實用物品的一部分。[160]」因此，真正回到實用物品本身設計的案例中，真正困難的是「是否可以獨立存在」這個要件。

相對於臺灣，從蕭雄淋律師所介紹1992年我國著作權法修正明文列舉美術工藝品，卻不列舉應用美術，是參考日本立法例，想要避免美術著作與設計專利的競合。因此，若回歸立法目的，還是應該限縮應用美術保護範圍較妥，以避免產品設計者改用著作權法的保護多達作者死後50年，比設計專利的12年差距過大。但是，從2005年後的法院判決，到2014年後的智慧財產局釋函，都已經擴及到所有的應用美術，均可受到美術著作保護，其實已經比美國還要寬鬆，寬鬆到沒有任何標準。

雖然在應用美術的保護標的上，比起美國似乎沒有任何刪選標準，但我國法院卻是透過原創性要件作爲把關。故「外星寶寶玩具設計」、「皇冠企鵝絨毛玩具」、「芭比系列項鍊相框立體紙製品」等，均因爲沒有原創性而不受著作權法保護。但智慧財產法院的原創性標準與概念的認定，卻出現奇怪見解，導致「媽祖轎班衣」、「天燈杯」，雖然屬於應用美術保護標的，但卻因不具原創性或不受著作權法保護的概念，而不受保護。但在「流行包款設計」案中，智財法院採取「原創性」和「美術技巧表現」二要件，認爲所有流行包款設計，都有美術技巧表現，而可取得著作權。此結果乃過度放寬實用物品設計之著作權保護，幾乎已經放寬到可以完全取代設計專利的程度。

本文認爲，倘若如蕭雄淋所言，1992年修法時採取之立法例，原則上僅保護美術工藝品，但參考日本發展，並不用堅持美術工藝品必須手工製作，但可要求某種程度的鑑賞性，作爲判斷標準，以排除其他應用美術的保護。

至於智財法院目前採取的見解，不論「從其他領域既有造型轉用到文創商品不具原創性」，或「其他領域既有造型轉用於實用商品是一種

不受著作權法保護的概念」，都是發展出錯誤的原創性判斷與錯誤的概念認定，並不是好的判斷標準。至於在「流行包款設計案」中，對所有「美術技巧表現」的誤解，導致所有的流行設計都可自動獲得著作權保護，更是完全淘空了設計專利存在的必要。

伍、結論

本文研究 2017 年聯邦最高法院的 Star Athletica v. Varsity Brands 案，涉及啦啦隊服之設計，是否可受著作權法保護？最高法院最後認為，應採取兩個步驟判斷：1. 就「分離並被辨認」（separate-identification）這一要件來說，判斷者只需要可以看著實用物品，並指出某些似乎具有繪畫、圖片、雕刻品質的平面或立體的元素即可。2. 就「獨立存在」（independent-existence）這個要件，可能較難滿足。判斷者必須判斷，該被分離辨認的特徵是否可獨立存在於該物品的功能面向之外。換句話說，當想像該特徵與實用物品分離時，該特徵必須可以自身作為繪畫、圖形、雕刻著作而存在。若該特徵無法自身作為繪畫、圖形或雕刻著作而存在，其就只是該物品功能面向的一部分。

相較於美國法院採取的分離性與獨立存在兩步驟檢測，臺灣實務見解對於應用美術是否受著作權法保護，採取的標準，有過一段轉折。原始著作權法設計的用意，應該是想要排除美術工藝品以外的應用美術著作保護，但隨著判決見解的改變，現在已經沒有這個限制。而對於所謂應用美術著作保護的標準，現在則採取很寬鬆的「原創性」和「美術技巧表現」標準。尤其在「流行包款設計案」中，如果所有的流行設計都可認為具有美術技巧表現，則幾乎所有產品設計都可說有某種美術技巧表現，而自動獲得著作權保護。此相對於美國的「分離並獨立」標準，我國法院採取標準似乎太過寬鬆。而這樣的結果，一方面淘空了申請設計專利的必要，且給予作者死後 50 年的保護，顯然過於不合理。

 **註 釋**

* 雲林科技大學科技法律所教授。

1. Andrew Beckerman-Rodau, *The Problem with Intellectual Property Rights: Subject Matter Expansion*, 13 YALE J.L. & TECH. 36, 73-74 (2011).

2. Martin Tartre, *Useful or Useless?: A Modern Perspective on the Protectability of Useful Articles in Domestic & Foreign Copyright Law*, 45 AIPLA Q.J. 467, 468(2017).

3. Susanna Monseau, *The Challenge of Protecting Industrial Design in a Global Economy*, 20 TEX. INTELL. PROP. L.J. 495, 518 (2012).

4. Viva R. Moffat, *Mutant Copyrights and Backdoor Patents: The Problem of Overlapping Intellectual Property Protection*, 19 BERKELEY TECH. L.J. 1473, 1519 (2004).

5. Mazer v. Stein, 347 U.S. 201 (1954).

6. Id. at 203.

7. Id. at 211-12.

8. Id. at 213-14.

9. Id. at 215-17.

10. Id. at 218.

11. 同上註。

12. Id. at 218-19.

13. Shira Perlmutter, *Conceptual Separability and Copyright in the Designs of Useful Articles*, 37 J. COPYRIGHT SOC'Y U.S.A. 339, 345 (1990).

14. Jane C. Ginsburg, *"Courts Have Twisted Themselves into Knots": U.S. Copyright Protection for Applied Art*, 40 COLUM. J.L. & ARTS 1, 7-8(2016).

15.37 C.F.R. § 202.10(c) (1960)("If the sole intrinsic function of an arti-
cle is its utility, the fact that that article is unique and attractively shaped
will not qualify it as a work of art. However, if the shape of a utilitarian
article incorporates features, such as artistic sculpture, carving, or picto-
rial representation, which can be identified separately and are capable
of existing independently as a work of art, such features will be eligible
for registration.").

16.Jane C. Ginsburg, *supra* note 14, at 10-11.

17.17 U.S.C. § 102(a).

18.17 U.S.C. § 101(""Pictorial, graphic, and sculptural works" include
two-dimensional and three-dimensional works of fine, graphic, and
applied art, photographs, prints and art reproductions, maps, globes,
charts, diagrams, models, and technical drawings, including architec-
tural plans....").

19.17 U.S.C. § 101("...Such works shall include works of artistic crafts-
manship insofar as their form but not their mechanical or utilitarian as-
pects are concerned;").

20.17 U.S.C. § 101.

21.17 U.S.C. § 101("A "useful article" is an article having an intrinsic
utilitarian function that is not merely to portray the appearance of the
article or to convey information. An article that is normally a part of a
useful article is considered a "useful article".").

22.17 U.S.C. § 101("...the design of a useful article, as defined in this sec-
tion, shall be considered a pictorial, graphic, or sculptural work only if,
and only to the extent that, such design incorporates pictorial, graphic,
or sculptural features that can be identified separately from, and are
capable of existing independently of, the utilitarian aspects of the ar-

ticle.").

23. 17 U.S.C. § 113(a)("(a) Subject to the provisions of subsections (b) and (c) of this section, the exclusive right to reproduce a copyrighted pictorial, graphic, or sculptural work in copies under section 106 includes the right to reproduce the work in or on any kind of article, whether useful or otherwise.").

24. 17 U.S.C. § 113(b)("(b) This title does not afford, to the owner of copyright in a work that portrays a useful article as such, any greater or lesser rights with respect to the making, distribution, or display of the useful article so portrayed than those afforded to such works under the law, whether title 17 or the common law or statutes of a State, in effect on December 31, 1977, as held applicable and construed by a court in an action brought under this title.").

25. 17 U.S.C. § 113(c)("(c) In the case of a work lawfully reproduced in useful articles that have been offered for sale or other distribution to the public, copyright does not include any right to prevent the making, distribution, or display of pictures or photographs of such articles in connection with advertisements or commentaries related to the distribution or display of such articles, or in connection with news reports.").

26. Varsity Brands, Inc. v. Star Athletica, LLC, 799 F.3d 468 , 481(2015).

27. ("COMPENDIUM OF U.S. COPYRIGHT OFFICE Practices") § 924.2(A). (3d ed.2014)

28. Jane C. Ginsburg, *supra* note 14, at 11.

29. Varsity Brands v. Star Athletica, 799 F.3d at 482.

30. 同註28.。

31. Varsity Brands v. Star Athletica, 799 F.3d at 483.

32. COMPENDIUM III § 924.2(B).

33. Id.

34. 同註32.。

35. Kieselstein-Cord v. Accessories by Pearl, Inc., 632 F.2d 993(2d Cir. 1980).

36. Carol Barnhart, Inc. v. Economy Cover Corp., 773 F.2d 411, 419 (2d Cir.1985).

37. Id. at 422 (Newman, J., dissenting).

38. Brandir Int'l, Inc. v. Cascade Pac. Lumber Co., 834 F.2d 1142, 1145 (2d Cir. 1987).

39. Pivot Point Int'l v. Charlene Prods., Inc., 372 F.3d 913, 934 (Kanne, J., dissenting)(7th Cir. 2004).

40. Galiano v. Harrah's Operating Co., 416 F.3d 411, 419 (5th Cir.2005) (quoting 1 NIMMER ON COPYRIGHT § 2.08[B][3]).

41. William F. Patry, 2 PATRY ON COPYRIGHT § 3:146.

42. Barton R. Keyes, *Alive and Well: The (Still) Ongoing Debate Surrounding Conceptual Separability in American Copyright Law*, 69 OHIO ST. L.J. 109, 141-42 (2008).

43. Esquire, Inc. v. Ringer, 591 F.2d 796(D.C. Cir. 1978).

44. Id. at 804.

45. Id. at 804-05.

46. Id. at 805.

47. Kieselstein-Cord v. Accessories by Pearl, Inc., 632 F.2d 989 (2d Cir. 1980).

48. Id. at 991.

49. Jane C. Ginsburg, *supra* note 14, at 25.

50. Martin Tartre, *supra* note 2, at 477.

51. Id.

52. Carol Barnhart, Inc. v. Econ. Cover Corp., 773 F.2d 411 (2d Cir. 1985).

53. Carol Barnhart, 773 F.2d at 418.

54. Id. at 419.

55. Martin Tartre, *supra* note 2, at 477-78.

56. Carol Barnhart, 773 F.2d at 422 (Newman, J., dissenting).

57. Jane C. Ginsburg, *supra* note 14, at 27.

58. Brandir Int'l, Inc. v. Cascade Pac. Lumber Co., 834 F.2d 1142 (2d Cir. 1987).

59. Id. at 1147.

60. Pivot Point Int'l v. Charlene Prods., Inc., 372 F.3d 913 (7th Cir. 2004).

61. Id. at 931.

62. 同上註。

63. Id. at 934.

64. Varsity Brands, Inc. v. Star Athletica, LLC, 799 F.3d 468 , 471(2015).

65. Id. at 475.

66. Varsity Brands, Inc. v. Star Athletica, LLC, 2014 WL 819422, W.D.Tenn., Mar. 01, 2014.

67. 17 U.S.C. ﹩ 410(c).

68. 同上註。

69. Varsity Brands, Inc. v. Star Athletica, LLC, 799 F.3d 468, 477(2015).

70. Id. at 477.

71. Chevron U.S.A. Inc. v. Natural Resources Defense Council, Inc., 467 U.S. 837 (1984).

72. United States v. Mead Corp., 533 U.S. 218, 227(2001).

73. Skidmore v. Swift & Co., 323 U.S. 134 (1944).

74. United States v. Mead Corp., 533 U.S. 218, 234-35(2001).

75. Varsity Brands v. Star Athletica, 799 F.3d at 479.

76.Mead, 533 U.S. at 228 (quoting Skidmore, 323 U.S. at 140).

77.Varsity Brands v. Star Athletica, 799 F.3d at 480.

78.Id. at 487-489.

79.Id. at 487.

80.Id. at 488.

81.Id. at 488-489.

82.Id. at 489.

83.同上註。

84.Id. at 490.

85.Id. at 490-491.

86.Id. at 491.

87.Id. at 491-492.

88.Id. at 492.

89.Id. at 492-493.

90.Id. at 493.

91.Star Athletica v. Varsity Brands, 137 S.Ct. 1002, 1009 (2017).

92.Id. at 1009.

93.同上註。

94.Id. at 1010.

95.同註94.。

96.同註94.。

97.同註94.。

98.17 U.S.C. § 113(a)("... exclusive right to reproduce a copyrighted pic-torial, graphic, or sculptural work in copies under section 106 includes the right to reproduce the work in or on any kind of article, whether useful or otherwise.").

99.Star Athletica v. Varsity Brands, 137 S.Ct. at 1011.

100. Mazer v. Stein, 347 U.S. 201(1954).

101. id. at 214.

102. Id. at 218-219.

103. Star Athletica v. Varsity Brands, 137 S.Ct. at 1011-12.

104. Id. at 1012.

105. 同註104.。

106. 同註104.。

107. Id. at 1013.

108. 同註107.。

109. 同註107.。

110. Id. at 1014.

111. 同註110.。

112. 同註110.。

113. 同註110.。

114. Id. at 1015.

115. 同註114.。

116. 17 U.S.C. §§ 901–914.

117. 17 U.S.C. §§ 1301–1332.

118. Star Athletica v. Varsity Brands, 137 S.Ct. at 1015.

119. Id. at 1015-16.

120. Jane C. Ginsburg, *The Sum is More Public Domain than its Parts?: US Copyright Protection for Works of Applied Art under Star Athletica's Imagination Test*, 166 U. PA. L. REV. ONLINE 83, 90-91(2017).

121. 蕭雄淋，著作權法實務問題研析，2013年7月，五南，頁52。

122. 蕭雄淋，前揭註，頁53。

123. 蕭雄淋，新著作權法逐條釋義（一），1998年7月修正二版，五南，頁99。

124.蕭雄淋，前揭註，頁98、100。

125.蕭雄淋，前揭註，頁100。

126.蕭雄淋，著作權法實務問題研析，2013年7月，五南，頁54。

127.蕭雄淋，同上註，頁54。

128.蕭雄淋，新著作權法逐條釋義（一），頁101。

129.蕭雄淋，同上註，頁101-102。

130.內政部臺(81)內著字第8124412號函（1992.11.20）。

131.內政部(86)內著字第8605535號函（1997.4.21）。

132.智慧財產局100年8月17日電子郵件1000817d函（2011.8.17）。

133.智慧財產局101年11月21日電子郵件1011121b函（2012.11.21）。

134.智慧財產局103年2月26日電子郵件1030226函（2014.2.26）。

135.林佳瑩，設計產品的智慧財產權保護，2012年8月初版，元照，頁37。

136.蕭雄淋，著作權法實務問題研析，頁54-56。

137.最高法院93年度臺上字第13號刑事判決（2004/1/8）。

138.同上註。

139.同註137.。

140.蕭雄淋自己對最高法院93年度臺上字第13號刑事判決也有些許懷疑，認為並沒有講清楚美術工藝品與其他應用美術的差別。蕭雄淋，著作權法實務問題研析，頁56。

141.林佳瑩，設計產品的智慧財產權保護，頁38-41。

142.臺灣高等法院92年度上易字第319號民事判決，四、（一）（2004.3.3）。

143.臺灣高等法院94年度上訴字第3號刑事判決、三、（三）（2005.3.17）。

144.臺灣高等法院93年度智上易字第15號民事判決、五、（二）、3（2005.3.23）。

145.臺灣高等法院94年度上訴字第2488號刑事判決，理由、二、（一）（2005.10.12）。

146.智慧財產法院105年度民著訴字第44號判決，貳、一、（一）（2018/2/9）。

147.智慧財產法院103年度民著訴字第28號民事判決，二、（一）-（二）（2015/1/6）。

148.智慧財產法院103年度民著訴字第28號民事判決，三、（三）。

149.智慧財產法院103年度民著訴字第28號民事判決，四、（一）、1-2。

150.智慧財產法院105年度民著訴字第44號判決，貳、四、（一）、1。

151.智慧財產法院105年度民著訴字第44號判決，貳、四、（一）、3。

152.智慧財產法院104年度民著訴字第65號判決、一、（一）（2016/8/16）。

153.智慧財產法院104年度民著訴字第65號判決、二、（一）。

154.智慧財產法院104年度民著訴字第65號判決、五、（三）。

155.同上註。

156.智慧財產法院104年度民著訴字第65號判決、五、（四）。

157.智慧財產法院104年度民著訴字第65號判決、五、（五）。

158.智慧財產法院106年度民著訴字第68號判決，丙、一、（一）（2018/8/21）。

159.智慧財產法院106年度民著訴字第68號判決，丙、一、（二）-（六）。

160.Star Athletica v. Varsity Brands, 137 S.Ct. 1002, 1009 (2017).

第五章

利益均衡的著作權法制——歐盟著作權指令之新思維探討

章忠信[*]

---

*東吳大學法律學系助理教授兼任科技暨智慧財產權法研究中心主任、經濟部智慧財產局著作權審議及調解委員會委員

摘　要

「歐盟數位單一市場著作權指令草案（Directive on Copyright in the Digital Single Market, COD）」於 2019 年 4 月 15 日經歐盟部長理事會通過，其中第 15 條及第 17 條規定，最引發各方關切，前者要求搜尋引擎業者對於鏈結新聞報導，應支付使用報酬，後者要求網路服務業者對於打擊網路侵權行為扮演更積極之角色。該二項規定並非賦予著作權人新型態之著作權，而係在均衡著作權人與網路服務產業間之利益。此外，指令對於著作權集體管理制度之健全運作，包括延伸授權之輔助，以促進著作合法利用，多所期待，亦影響合意授權與合理使用之互動關聯。上開指令規定，均對於著作權法制所欲建立之私權與公益之均衡，於科技不斷發展後之法制調整，影響重大。本文擬從版權之起源，討論著作權法制中報酬請求權概念之衍生及擴大，同時亦探究科技對於網路服務業者之第三人侵權責任之演變、著作權集體管理制度之近期發展與著作權法制之互動關係，期待透過理解歐盟著作權指令之新思維，檢討目前於立法院審議中之著作權法修正草案，有無進一步調整之可能。

關鍵字：著作權、使用報酬請求權、網路服務業者、歐盟著作權指令、著作權集體管理、延伸授權。

壹、前言

　　法律制度之設計，不在保護何方之利益，而在兼顧各方利益之均衡，以維繫社會運作之公平合理秩序。同理，智慧財產權法律制度之終極目標，並不在保護智慧財產權，而在於使創作發明者之私權與公眾接觸人類智慧成果之公益，足以達到利益分配之均衡。

　　人類之創作，原本係公有共享，不受法律保護，知識因此傳承，資訊因此散布，有利相互學習及繼續創作。印刷技術發明之後，創作成果得透過機器之印刷及後續之紙本行銷，產生重大經濟利益，此一現象使得繼續維持創作成果之公有共享制度，對創作人並不公平，乃需要透過建立「版權」法制，就此重大經濟利益重新分配，達到私權與公益之均衡。

　　科技不斷進步發展，以製版印刷技術爲立法建置基礎之「版權」法制，終不敷所需，取而代之者，乃因應廣播電視及錄音錄影技術而發展出來之「著作權」法制，而「著作權」之內容，則從「再現著作內容」之「重製權」，擴大到兼具「對公眾提供著作內容」之「公開演出權」、「公開上映權」、「公開播送權」、「公開傳輸權」等等著作財產權。

　　數位網路技術發展之後，於網路上傳輸他人著作，涉及「重製權」及「公開傳輸權」之授權，但搜尋引擎或社群平臺鏈結他人著作，僅係讓讀者得瀏覽接觸原網頁之著作內容，自身未「重製」或「公開傳輸」他人著作，不涉及著作權法所規定就他人著作之「利用」行為，並無須取得授權；網路分享平臺僅係提供中性之科技服務，供使用者彼此分享資訊，使用者未經授權，利用此服務分享他人著作，應自負侵害著作權之法律責任，網路分享平臺無須承擔任何法律責任。

　　儘管如此，搜尋引擎、社群平臺或網路分享平臺利用新技術創新創業，一方面獲得巨大利益，另一方面造成著作權人重大損害，著作權法

制上是否果真繼續依據既有思維，認為該等創新創業無須承擔任何責任或付出任何代價，非無討論之餘地，甚至已面臨重大挑戰。

此外，數位網路技術方便著作之散布與接觸，創作與傳播更加容易。然而，著作權法制對於著作之保護，係採創作保護主義，著作人於著作完成時起，立即受到著作權法之保護，不待完成任何形式上之要求[1]。又著作利用，除合於著作權法所定之合理使用之外，應取得授權。數位網路環境雖然方便著作之散布與接觸，取得授權卻不容易。源自歐洲，專門因應「小權利」（small rights[2]）之行使而建立之著作權集體管理制度及其後衍生之「延伸性集體管理授權（extended collective licensing[3]）」制度，一方面擴大著作利用之機會，另一方面亦解決「孤兒著作」（orphan work[4]）之利用困境。

歐盟 2019 年 4 月新通過之「數位化單一市場著作權指令（European Parliament legislative resolution of 26 March 2019 on the proposal for a directive of the European Parliament and of the Council on copyright in the Digital Single Market (COM(2016)0593-C8-0383/2016-2016/0280(COD))，以下稱『歐盟 2019 著作權指令』」[5]，針對數位網路科技環境下之著作權法制關於私權與公益保障之失衡，建立重新均衡矯正之新規範，引發爭議[6]，包括搜尋引擎或社群平臺鏈結他人著作，利益重分配；網路分享平臺對於內容之使用應取得授權；著作權人應充分運用著作權集體管理制度及延伸授權，以促進著作合法利用，否則應擴大合理使用之空間，以促進著作被合法接觸利用。上開指令新規定，均對於著作權法制所欲建立之私權與公益之均衡，於科技不斷發展後之法制調整，影響重大。本文擬從版權之起源，討論著作權法制中報酬請求權概念之衍生及擴大，同時亦探究科技對於網路服務業者之第三人侵權責任之演變、著作權集體管理制度之進期發展與著作權法制之互動關係，期待透過對於歐盟著作權指令所隱含之突破性新思維進行評析，以供我國調整著作權法制時之參考，或有益於法制之方向調整。

貳、「歐盟2019著作權指令」第15條及第17條概述

經過 2 年多之激烈討論爭辯，歐盟議會於 2019 年 3 月 26 日以 348 票贊成，274 票反對，36 票棄權之表決[7]，通過「歐盟 2019 著作權指令」，4 月 15 日再經歐盟部長理事會通過。指令針對數位網路環境之發展現況，建立歐盟各會員國著作權法制之新秩序規範，引發各界不同觀點。

歐盟 2019 著作權指令大致上可區隔為三大面向：

一、建立著作權之例外與限制，以呼應數位網路無國界環境之特殊需求：主要係針對文本或資料探勘、線上教學及文化遺產保存之目的，建立合理使用新規範（指令第 3 條至第 6 條）。

二、改善授權機制以確保創作內容被廣泛接觸：

(一) 針對不具商業價值之絕版書之利用（指令 8 條至第 10 條）。

(二) 引進著作集體管理制度之延伸授權於教育或文化保存活動中（指令第 12 條）。

(三) 平臺就其平臺上流通之影音內容應取得授權（指令第 17 條）。

三、新聞發行人就其新聞之網路使用享有報酬請求權，而新聞內容中之個別著作權人對於此項使用報酬，亦享有分配之權利（指令第 15 條）。

指令大部分之規範，集中於促進著作之利用，尤其特別鼓勵著作權人仰賴著作權集體管理制度（collective licensing）及其所發展出之延伸集體管理（extended collective licensing），達到授權利用之最大可能，否則將使合理使用之空間更加擴大。

相對於著作權集體管理之有效率授權，以促進著作之廣泛合法利用，指令第 15 條及第 17 條關於「鏈結稅」（link tax）及要求網路服務業承擔打擊網路盜版責任之「上載過濾器」（upload filter）條款，最具

爭議性，此亦顯示歐盟對於網路著作權保護議題，有其獨特觀點，不僅歐盟內部要求所有會員國應於 2019 年 4 月 15 日歐盟部長理事會批准生效並正式公布後之 2 年內，完成國內法之調整，此一新指令如同先前之「一般資訊保護規則」（General Data Protection Regulation, GDPR）對歐盟以外其他國家個人資料保護法制之影響，同樣亦將對歐盟以外其他國家著作權法制之走向，產生重大影響。

一、「歐盟 2019 著作權指令」第 15 條

「歐盟 2019 著作權指令」第 15 條（原草案第 11 條）要求會員國應立法保護設於境內之新聞發行人就其新聞於網路上使用之權利，使得網路資訊服務提供業者於網路上使用新聞時，應取得授權。其細部規定主要如下 [8]：

(一) 新聞發行人就其新聞於網路上使用之權利限制於歐盟 2001 年著作權指令第 2 條及第 3 條第 (2) 項所定之重製權及公開傳輸權，不及於其他權利。

(二) 個人經營之私人或非營利性質之網路搜尋使用新聞內容，不在須取得授權之範圍。

(三) 由於擔心該項規定限制了網路一般鏈結行為，牴觸網路技術「網網相連」之基本運作核心概念，乃以利用他人新聞內容獲利之搜尋引擎業者為適用對象，故特別將一般鏈結排除。

(四) 為保留少量內容之自由利用彈性，此項權利不及於新聞內容中之「個別單字或及為簡短片段」（individual words or very short extracts of a press publication）之使用。此段文字係援引自以下文章所會討論到之德國著作權法第 87 條 f 之規定。

(五) 新聞發行人之本項權利，不得影響新聞內容中個別著作或相關內容之著作權人或相關權利人（即鄰接權人）之權利行使及利益，除非各該著作或相關內容係以專屬授權方式授權新聞發行人於新

聞內容中使用。

(六) 新聞發行人之本項權利，仍有歐盟 2001 年著作權指令及其後歷次修正第 5 條至第 8 條關於權利之例外與限制（exceptions and limitations）、科技保護措施（protection of technological measures and rights-management information）、權利管理資訊（obligations concerning rights-management information）及權利侵害之處罰與救濟（sanctions and remedies）之適用。

(七) 新聞發行人之本項權利自新聞發表起算保護 2 年，為避免確切發表日期之爭議，乃明定至 2 年到期當年之年底為止。

(八) 新聞發行人之本項權利僅適用於自本指令生效日起新發表之新聞內容，無溯及適用之效果。亦即，新聞發行人於本指令生效日前已發表之新聞內容，不得享有本條新賦予之權利。

(九) 新聞內容中個別著作或相關內容之著作權人或相關權利人對於新聞發行人行使本項權利而自網路資訊服務提供業者所獲取之使用報酬，有分享適當分配之權利。

除第 15 條規定外，「歐盟 2019 著作權指令」第 16 條並規定，若著作人已將著作權讓與或授權予新聞發行人，則新聞發行人對於該項著作權因法律所定之例外或限制而得享有之補償金，亦有參與分配之法律基礎。但該項規定不影響歐盟各會員國關於公共借閱權之既有或未來之規定[9]。

一般對於「歐盟 2019 著作權指令」第 15 條之規定，多以「鏈結稅」條款稱之，其用詞並不精確，蓋所謂「稅」（tax）乃係國民基於國家治理之公共原因，依據公法規定而向政府繳納之金錢，成為國庫收入而轉化為國家財政支出之主要來源；「鏈結稅」（link tax）則係因著作權法賦予新聞發行人一項私權，使得搜尋引擎業者於提供新聞標題或新聞簡短內容以進行新聞鏈結時，應對新聞發行人支付合理之使用報酬，屬於私法上請求權所產生之使用報酬。嚴格而言，應以「鏈結報酬」

（link revenues）稱之爲宜。

「歐盟 2019 著作權指令」第 15 條之「鏈結報酬」條款，並非新創，於德國及西班牙已有規範。德國於 2013 年修正著作權法，引進「鏈結報酬」制度 [10]，西班牙於 2015 年 1 月 1 日新修正施行之著作權法，亦建立「鏈結報酬」制度。「歐盟 2019 著作權指令」第 15 條僅係依據各該立法與實踐經驗，再經過討論與淬鍊，根據歐盟現況及政策考量，進行統一規範之制定而已。

德國聯邦最高法院 2010 年於 Google Bildersuche 一案中認爲，Google 搜尋引擎之縮圖（thumbnails）鏈結，並不得主張德國著作權法第 51 條關於「引用」他人著作之合理使用。惟既然著作權人自行將其著作上傳網路，同時亦未採取阻礙技術限制鏈結，例如：robots.txt 之程式碼，即應有使 Google 搜尋引擎使用其著作之默示同意 [11]。此項判決一方面雖然減輕搜尋引擎之責任，另一方面仍未解決當著作未經授權而被上傳網路時，搜尋引擎就搜尋結果無法取得默示授權，仍會構成侵害著作權之困境 [12]。

在新聞業者之強力遊說之下，德國於 2014 年 3 月 1 日通過 Leis-tungsschutz-recht für Presseverleger 法案，即媒體發行人著作權補助法案（ancillary copyright for press publishers），於著作權法第二部分關於鄰接權之保護規範，增訂第七章第 87 條 f 至 h 關於報紙及雜誌發行人保護專章。依該項法案，報紙及雜誌發行人就其報紙或雜誌享有爲商業目的而向公眾提供之專有權，但不包括單獨幾個字或極少片段 [13]。該項權利自報紙及雜誌發行起算 1 年，並得爲讓與，惟該項權利之行使，不得損及報紙及雜誌中個別著作之著作權人之權利。同時，搜尋引擎或服務之商業經營者以外之人，得向公眾提供該報紙或雜誌內容 [14]。此處所稱之「向公眾提供該報紙或雜誌內容」，即是指網路鏈結之行爲。

從而，獨立於報紙及雜誌中個別著作之外，報紙及雜誌發行人就其報紙或雜誌享有 1 年之網路鏈結權，於此期間，商業性之搜尋引擎或新

聞鏈結網站，必須取得報紙及雜誌發行人之同意，始得為鏈結之行為，其他非商業性之鏈結，則被允許。對於報紙及雜誌發行人該項網路鏈結權，報紙及雜誌中個別著作之著作權人則享有適當之利益分配權[15]。

受到德國著作權法制之激勵，西班牙於 2015 年 1 月 1 日新修正施行之著作權法，亦建立類似之鄰接權之「鏈結報酬」制度。新修正著作權法第 32.2 條要求網路搜尋引擎應支付使用報酬給新聞雜誌發行人，始得鏈結新聞雜誌之內容。不僅如此，有鑒於網路搜尋引擎業者之強大市場力量，該法更進一步限制新聞雜誌發行人不得拋棄該項使用報酬之收取，且該項費用必須交由著作權集體管理團體（Sociedad General de Autores y Editores, SGAE）收取，未繳交者將處罰 60 萬歐元以下罰金。

由於新法使得類似 Google 之搜尋引擎只能於支付使用報酬或停止鏈結之間做一選擇，別無其他折衝之可能，基於全球經營策略一致之考量，Google 選擇拒絕關閉 Google News 於西班牙之服務，以避免支付使用報酬。此一反應導致西班牙一些依賴網路鏈結以引導讀者前來瀏覽之小網站，因到訪人數驟降而破產。

依據西班牙期刊發行人協會（Asociación Española de Editoriales de Publicaciones Periódicas）2015 年所委託完成之調查報告顯示，新法導致網路新聞網站到訪人數平均下降 6%，規模較小之新聞網站甚至減少 14%，對西班牙新聞網站之損失，每年約達 1,000 歐元[16]。

即使德國之著作權法未若西班牙之強制規定，而代表 200 個新聞發行人之德國新聞媒體公會（VG Media）也強勢地欲援引新法訴諸法院，向搜尋引擎業者請求「鏈結報酬」，但現實之情形係當 Google 之搜尋引擎停止對新聞進行鏈結時，新聞網站立即減少 40% 流量，而當新聞鏈結網站 Google News 停止對新聞進行鏈結時，新聞網站減少之流量更令人怵目驚心，竟可達到 80%。著作權法實際運作之結果，是新聞發行人必須與國際性搜尋引擎及新聞鏈結網站妥協，同意其繼續鏈結新聞

內容[17]。

二、「歐盟 2019 著作權指令」第 17 條

「歐盟 2019 著作權指令」第 17 條（原草案第 13 條）要求商業性網路分享平臺或 APP 確保使用者上傳之內容必須取得授權。原本草案第 13 條之條件相對嚴苛，要求商業性網路分享平臺或 APP 必須採取「上載過濾器」（upload filter）以杜絕使用者上傳非法著作，經過各方協調與角力，在最後 1 分鐘以 312 票贊成，317 票反對，24 票棄權之表決，5 票差距刪除了原草案第 13 條所謂的「上載過濾」條款[18]，並排除使用者上傳之幾種情形，包括：

(一)「迷因」（memes）及「圖檔」（GIFs）。

(二) 搜尋引擎或新聞鏈結網站業者以外之人所爲之「著作片段」（snippet）分享。

(三) 自由分享平臺，例如：維基百科（Wikipedia）或開放原始碼平臺 GitHub。

另爲鼓勵新創平臺之發展，也給予較輕之責任[19]。

指令第 17 條要求商業性網路分享平臺或 APP 確保使用者上傳之內容必須取得授權，於制度上具備兩方面之意義。一是正式宣布歐盟對於著作權法制中網路服務業者之「通知／取下」（notice/take down）之「安全港」（safe harbor）條款，已有不同立場[20]；二是歐盟極務實地依據實務上網路服務業者與內容權利人間之授權分潤機制，正式給予法制化。

美國 1998 年通過之「數位千禧年著作權法案」（The Digital Millennium Copyright Act of 1998, DMCA），爲避免網路服務業者動輒因使用者利用網際網路服務業者提供之服務遂行侵害著作權行爲，受到牽連而必須承擔共同侵權責任，特別基於「科技中立」（technological neutrality）之原則，爲其建立「安全港」（safe harbor）條款，使網路

服務業者動只要依據著作權人及利用人之「通知」（notice）、「取下」（take down）、「反對通知」（counter notice）及「回復」（put back）的程序，對於爭議內容完成「通知／取下」程序，即對於雙方無須負擔任何賠償責任[21]。這項規定經過科技不斷發展及相關商業機制之演變，實務上，著作權人除了善用「安全港」條款，要求網路服務業者刪除網路上未經授權上傳之非法著作權內容，已更積極地與網路服務業者合作，雙方針對平臺之內容進行利潤分配協議。歐盟指令雖已刪除草案要求網路服務業者設置「上載過濾器」之技術，改以取得授權為必要，然而，以目前之技術狀況，「上載過濾器」之技術並非不可行，亦非不經濟，網路服務業者對於其他非法內容，確實有能力透過「上載過濾器」之技術，達到排除公眾接觸之目的，若網路服務業者未與著作人達成內容廣告利潤分配之協議，等同未取得授權，自然必須採取「上載過濾器」之技術，以免除侵權責任。從而，歐盟指令乃係審度技術與商業市場現況，要求網路服務業者必須更積極承擔內容合法使用之責任，以適當對應其自網路服務業所獲得豐厚之利益，達到利益之均衡而已，並非過分之要求。

參、「歐盟2019著作權指令」討論過程之各方立場

「歐盟 2019 著作權指令」草案提出後之 2 年多討論過程，網路科技公司、著作權人團體及鼓吹網路自由人士，紛紛藉由各種管道進行遊說。

著作權人產業主張其利益因為網路數位技術受到重大損害，指令必須保障其權益。

在「鏈結報酬」之議題方面，網路新聞發行人認為，搜尋引擎或社群平臺提供新聞標題或簡短內容進行新聞鏈結，以提高使用者對於搜尋引擎或社群平臺之鏈結。搜尋引擎或社群平臺成為使用者獲取新聞來

源之主要管道，而搜尋引擎或社群平臺則藉由廣告與大數據之利用而獲利，等同於利用新聞著作或取巨大利益。反之，網路新聞發行人原本提供免費新聞內容，引導使用者透過瀏覽各層免費新聞內容，網路新聞發行人以各種廣告行銷瀏覽點閱計算廣告費獲利之設計，因搜尋引擎或社群平臺之直接深層鏈結而失其獲利效果，必須獲得應有之補償。

此外，網路分享平臺提供免費平臺，供使用者上傳各種著作之數位檔案，藉由平臺上之廣告與使用者點閱之大數據謀利，而使用者所上傳者，絕大部分係未經授權之盜版，網路分享平臺等同於利用盜版獲取巨大利益，卻造成著作權人產業重大損失，必須承擔打擊網路盜版之相對應責任。

對於網路科技公司而言，其善用科技建立創新經營模式之產業，造福全世界之使用者方便交流意見或接觸資訊，著作權人產業之要求將增加其負擔及責任，扼殺創新創業之產業經營，同時限制使用者交流意見或接觸資訊之機會。

至於鼓吹網路自由人士則認為，網路係自由空間，任何人都有權運用數位網路技術進行創新創業、分享資訊及表達意見，不宜以任何方式限制使用者交流意見或接觸資訊之機會。草案之「上載過濾」條款雖未明白要求平臺業者檢視使用者上傳之內容，但平臺業者若欲達到過濾盜版內容以求免責，必然對於使用者上傳之內容進行一定程度之檢查，此將嚴重侵害使用者之隱私權、內容使用之自由，包括限制基於評論或戲謔仿作之合理使用他人著作情形。

肆、「歐盟2019著作權指令」之立法思考

歐盟內部各權責組織於指令草案 2 年多之討論，接觸各利益團體之意見，仍有自己之定見，即使內部意見紛雜而各有道理及依據，表決票數亦顯示共識整合之不易，然終究獲致最後結論。從全球發展現況角度

分析,可以發現歐盟於討論指令過程中,有諸多思維值得深入理解及參考。

一、鼓勵著作權人建立合法利用之授權管道

「歐盟 2019 著作權指令」之重要目標,係集中於調整科技對於著作造成之利用困境。此一議題之處理,一方面鼓勵著作權人建立著作權集體管理制度及其所發展出之延伸集體管理,達到授權利用之最大可能,另方面,若授權管道無法輕鬆運行,責任在於著作權人,則關於絕版、非商業性之文化、教育活動,應擴大合理使用之空間,避免取得授權困難而導致文化無法典藏、散布或被接觸,教育活動之著作利用受到嚴格限制,此為「歐盟 2019 著作權指令」之重要功能。

二、法制與市場之互動與決勝

如前言所述,法律制度之設計,不在保護何方之利益,而在兼顧各方利益之均衡,以維繫社會運作之公平合理秩序。即使市場機制之運作已經發生,並達到某些穩定,法律上之利益分配之強制建置,仍有其需要,此係歐盟本身或各會員國國家政策必須對於社會利益公平合理分配以求長遠穩定所必要承擔之責任。

易言之,雖然市場上之供需法則可能自由運作,但仍有市場失靈之時候,尤其私人產業運用科技取得社會大部分資源,而可能以私利為導向或錯誤方向之經營時,公權力必須適時介入。市場上之供需法則固可任其自由運作,透過法律上之利益分配之強制建置原則,並無改變,其思維則隨著科技發展動態而彈性調整。至於市場上之供需法則之自由運作,則仍尊重其發展,但並不因此改變必須於法律上強制建置利益分配規則之重要原則。

德國及西班牙關於「鏈結報酬」制度之立法,雖然實踐結果並不順

遂，甚至可能事與願違，但歐盟仍然認為應以歐盟或國家之法制介入，協助著作權人對抗巨大無比之產業，扭轉市場上之不公平。更深一步地說，歐盟決定以歐盟政策主導知識分享或資訊傳播之模式，而非放任產業以商業機制主導涉及人民生活及知識取得及資訊傳播模式。

三、役物，而不役於物，善用科技而非為科技所左右

智慧財產權法制因科技而建立，亦因科技不斷發展而持續受到挑戰。著作權法制從「版權」階段進入「著作權」階段，著作之「利用」型態有無限可能，利益也逐漸失衡，應以嶄新思維重新建構。隨著技術發展成熟，過去因技術不及或成本過於耗費而無可能達成之手段，已然成熟。利用技術獲利者應同時承擔以技術保護他人權益之責任，否則即應承擔法律上之救濟或補償責任。亦即，技術應為人所善用，而非坐視技術危害自身或他人權益而不加約束或管理，「役物，而不役於物」之觀念於「歐盟 2019 著作權指令」之立法討論過程中，獲得充分之實踐，立法者期待善用並掌握科技，而非為科技所左右。

四、停、聽、看，耐心深入觀察之立法態度

配合數位網路技術發展，歐盟著作權指令自 2001 年制定發布之後，倏忽已近 20 年。於此期間，科技持續向前迅速發展而有諸多變化與突破，歐盟深知法制介入將改變科技發展走向，過早介入並非適切，向來採取「讓子彈飛」之對策，但歐盟整體政策，於技術越趨成熟之後，終要於最關鍵時點，借力使力，決定子彈之方向與彈著點。此次「歐盟 2019 著作權指令」之制定，已然充分掌握搜尋引擎、社群平臺或網路分享平臺利用新技術創新創業之可為與不可為，於法制上予以規範，以避免新創業者挾科技優勢侵害創作者之權利，不利文化與資訊之產出與散布。其間固無法避免對立意見之妥協，但已對網路接觸人類智

慧成果之新秩序，建立獨立之公平合理典範，足爲其他國家修正著作權法制之效尤。

五、國際強權間之文化主導權與產業經濟利益重分配

「歐盟 2019 著作權指令」雖未特別指明，惟該項修正實際上有其針對性，幾乎即係以美國重要網路服務企業爲規範對象，例如：Face-book、Google（Google Search 及 Google News）、YouTube 等等，該等企業廣爲歐洲民眾日常生活所使用，而歐洲著作權人係該等服務之內容提供者。尤其「鏈結報酬」制度甚至被直指爲「Google 稅」（Google tax），認爲正是針對搜尋引擎巨擘 Google 而來。

Google 國際動員遊說能力強大，市場影響力也難以想像。不過，網路活動與運用涉及文化內容之創作、散布及保護，同時亦涉及巨大經濟利益，不僅係歐盟內部單一市場中之創作者與利用者之利益分配，同時事關國際強權間之文化主導權與產業經濟利益重新分配，歐盟或各國政府責無旁貸，必須積極主動介入，始足以建立公平合理之利益分配制度，乃有「歐盟 2019 著作權指令」之誕生。歐盟著作權人組織 GESAC 之總經理 Véronique Desbrosses 於指令通過後即發文表示，「歐盟 2019 著作權指令」向民眾顯示，歐盟不允許國際科技巨擘掌握並影響歐盟人民之政策決定[22]。

伍、結論

智慧財產權係國家發展重要基礎，著作權尤其與文化詮釋、散布或經濟利益分配有重大關聯。著作權人有責任建立方便合法授權之著作利管道，此外，科技不斷挑戰著作權法制之發展，搜尋引擎、社群平臺或網路分享平臺利用新技術創新創業，獲得巨大利益卻造成著作權人重大損害，著作權法制上應有新思維，以使該等產業承擔部分責任或付出適

當代價，始足以達到私權與公益之均衡，尤其面對外國科技公司挾其科技市場優勢，造成國內文化經濟發展受嚴重斲傷，政府需要有更積極之作爲，於法制上建立合理之責任分配制度。

註　釋

* 東吳大學法律學系助理教授兼任科技暨智慧財產權法研究中心主任、經濟部智慧財產局著作權審議及調解委員會委員，著作權法修正諮詢委員會委員，曾任職經濟部智慧財產局簡任督導。E-mail:ipr@scu.edu.tw。本文發表於108年5月2日東吳大學法學院第三屆兩岸智慧財產權趨勢與發展研討會，經與會先進之多方指正及作者進一步修正後，完成本論文定稿。

1. 伯恩公約第5條第2項前段規定：「著作權之享有與行使不得有形式要件之要求」，我國著作權法第10條前段規定：「著作人於著作完成時享有著作權」。

2. 著作權依利用型態及收益，得區隔為「大權利」（grand rights）及「小權利」（small rights）。前者指利用地點與次數少，替代性低、利用價值較大，例如：特定音樂著作被使用作為電影主題曲、專輯唱片內容等；後者之利用具經常性、普遍性、大量之特性，其替代性高、利用對價低，例如：廣播、電視電臺、賣場等背景音樂之利用。參見WIPO, COPYRIGHT 313 (1989)。另請參閱拙著，著作權仲介團體條例簡述，月旦法學34期，87年3月，頁3。得於作者個人網站「著作權筆記」閱覽，http://www.copyright-note.org/paper/pa0005.doc（最後瀏覽日：2019/07/01）。

3. 「延伸性集體管理授權制度」，又稱擴張性集體管理制度，源自於1960年代之北歐各國，係指集體管理管團體與利用人主要團體簽署之授權契約，具有擴張適用之效力，亦即利用人取得授權之範圍，除集體管理管團體所管理之著作外，若著作權人未有明白反對之表示，尚可自動依法延伸至其他同類型但非屬該團體所管理之著作。請參見王怡蘋主持，擴張性著作權集體管理制度之研究，經濟部智慧財產局委託研究，2009年11月。https://www.grb.

gov.tw/search/planDetail?id=1822253（最後瀏覽日：2019/07/01）。

4. 「孤兒著作」係指著作財產權保護期間尚未屆滿，但其著作財產權人不明或所在不明，致無法洽談授權利用之著作，目前在我國係依文化創意產業發展法第24條規定申請強制授權方式利用。請參閱拙著「關注文化創意產業發展法之孤兒著作條款之落實」http://www.copyrightnote.org/ArticleContent.aspx?ID=54&aid=2726（最後瀏覽日：2019/07/01）。

5. 指令全文請參閱歐盟議會網頁，http://www.europarl.europa.eu/doceo/document/TA-8-2019-0231_EN.html，（最後瀏覽日：2019/07/01）。

6. 參見Barbara Stratton, Chair, EBLIDA Expert Group on Information Law, Long Read : Final stretch for the Digital Single Market Directive, http://www.eblida.org/news/final-stretch-for-the-digital-single-market.html（最後瀏覽日：2019/07/01）及Benjamin Farrand, "'Towards a Modern, More European Frameworks' or, How to Rebrand the Same Old Approach ?", 65-69, EIPR, 2019, 05.荷蘭、盧森堡、波蘭、義大利及芬蘭，均發表共同宣言，反對指令最終版本，參見"Joint statement on the Directive of the European Parliament and Council on copyright in the Digital Single Market"https://www.permanentrepresentations.nl/documents/policy-notes/2019/02/20/joint-statement-regarding-the-copyright-directive（最後瀏覽日：2019/07/01）。

7. 參閱網路自由人士歐洲議會德國議員朱莉婭維達（Julia Reda）之推特報導統計，https://twitter.com/Senficon/status/1110509970213294081/photo/1?ref_src=twsrc%5Etfw%7Ctwcamp%5Etweetembed%7Ctwterm%5E1110509970213294081&ref_url=https%3A%2F%2Fwww.theverge.com%2F2019%2F3%2F26%2F18280726%2Feurope-copyright-directive，（最後瀏覽日：2019/07/01）。

8. Article 15 (Protection of press publications concerning online uses)
1.Member States shall provide publishers of press publications estab-
lished in a Member State with the rights provided for in Article 2 and
Article 3(2) of Directive 2001/29/EC for the online use of their press
publications by information society service providers. The rights pro-
vided for in the first subparagraph shall not apply to private or non-
commercial uses of press publications by individual users. The pro-
tection granted under the first subparagraph shall not apply to acts of
hyperlinking. The rights provided for in the first subparagraph shall not
apply in respect of the use of individual words or very short extracts of
a press publication. 2. The rights provided for in paragraph 1 shall leave
intact and shall in no way affect any rights provided for in Union law to
authors and other rightholders, in respect of the works and other subject
matter incorporated in a press publication. The rights provided for in
paragraph 1 shall not be invoked against those authors and other right-
holders and, in particular, shall not deprive them of their right to exploit
their works and other subject matter independently from the press pub-
lication in which they are incorporated. When a work or other subject
matter is incorporated in a press publication on the basis of a non-
exclusive licence, the rights provided for in paragraph 1 shall not be in-
voked to prohibit the use by other authorised users. The rights provided
for in paragraph 1 shall not be invoked to prohibit the use of works or
other subject matter for which protection has expired. 3. Articles 5 to
8 of Directive 2001/29/EC, Directive 2012/28/EU and Directive (EU)
2017/1564 of the European Parliament of the Council shall apply mu-
tatis mutandis in respect of the rights provided for in paragraph 1 of
this Article. 4. The rights provided for in paragraph 1 shall expire two

years after the press publication is published. That term shall be calculated from 1 January of the year following the date on which that press publication is published. Paragraph 1 shall not apply to press publications first published before [date of entry into force of this Directive].
5. Member States shall provide that authors of works incorporated in a press publication receive an appropriate share of the revenues that press publishers receive for the use of their press publications by information society service providers.

9. Article 16 (Claims to fair compensation) Member States may provide that where an author has transferred or licensed a right to a publisher, such a transfer or licence constitutes a sufficient legal basis for the publisher to be entitled to a share of the compensation for the use of the work made under an exception or limitation to the transferred or licensed right. The first paragraph shall be without prejudice to existing and future arrangements in Member States concerning public lending rights.

10. 德國著作權法制就「鏈結稅」制度之修正，亦非無爭議，當時之修正係以2014年3月1日，德國國會係以293票贊成，243票反對之表決，通過「Leistungsschutzrecht für Presseverleger」法案，即媒體發行人著作權補助法案（ancillary copyright for press publishers）。參見German parliament passes 'Google tax' law, forcing royalty payments for news snippets，https://gigaom.com/2013/03/01/german-parliament-passes-google-tax-law-forcing-royalty-payments-for-news-snippets/（最後瀏覽日：2019/07/01）。

11. Bundesgerichtshof, April 29, 2010, case I ZR 69/08.

12. Hugenholtz, P. Bernt and Senftleben, Martin, Fair Use in Europe: In Search of Flexibilities (February 29, 2012). p.17. Amsterdam Law

School Research Paper No. 2012-39; Institute for Information Law Research Paper No. 2012-33. Available at SSRN: https://ssrn.com/abstract=2013239. or http://dx.doi.org/10.2139/ssrn.2013239（最後瀏覽日：2019/07/01）。

13.德國著作權法第87條f，英譯本參見https://www.gesetze-im-internet.de/englisch_urhg/englisch_urhg.html（最後瀏覽日：2019/07/01）。

14.德國著作權法第87條g。

15.德國著作權法第87條h。

16.NERA Economic Consulting, July, 2015, "Impacto del Nuevo Artículo 32.2 de la Ley de Propiedad Intelectual".

17.參見Harro Ten Wolde, Eric Auchard，Germany's top publisher bows to Google in news licensing row，https://www.reuters.com/article/us-google-axel-sprngr/germanys-top-publisher-bows-to-google-in-news-licensing-row-idUSKBN0IP1YT20141105（最後瀏覽日：2019/07/01）。

18.同註1.。

19.Article 17(Use of protected content by online content-sharing service providers)1. Member States shall provide that an online content-sharing service provider performs an act of communication to the public or an act of making available to the public for the purposes of this Directive when it gives the public access to copyright-protected works or other protected subject matter uploaded by its users.An online content-sharing service provider shall therefore obtain an authorisation from the rightholders referred to in Article 3(1) and (2) of Directive 2001/29/EC, for instance by concluding a licensing agreement, in order to communicate to the public or make available to the public works or other subject matter. 2. Member States shall provide that, where an online content-sharing service provider obtains an authorisation, for instance by concluding a licensing agreement, that authorisation shall also cover acts carried out by users of the services falling within the scope of Article 3 of Directive 2001/29/EC when they are not acting on a commercial basis or where their activity does not generate significant revenues. 3. When an online content-sharing service provider performs an act of communication to the public or an act of making available to the public under the conditions laid down in this Directive, the limitation of liability established in Article 14(1) of Directive 2000/31/EC shall not apply to the situations covered by this Article. The first subparagraph of this paragraph shall not affect the possible application of Article 14(1) of Directive 2000/31/EC to those service providers for purposes falling outside the scope of this Directive. 4. If no authorisation is granted, online content-sharing service providers shall be liable for unauthorised acts of communication to the public, including making available to the public, of copyright-protected works and other subject matter, unless the service providers demonstrate that they have: (a) made best efforts to obtain an authorisation, and (b) made, in accordance with high industry standards of professional diligence, best efforts to ensure the unavailability of specific works and other subject matter for which the rightholders have provided the service providers with the relevant and necessary information; and in any event (c) acted expeditiously, upon receiving a sufficiently substantiated notice from the rightholders, to disable access to, or to remove from, their websites the notified works or other subject matter, and made best efforts to prevent their future uploads in accordance with point (b). 5. In determining whether the service provider has complied with its obligations under paragraph 4, and in light of the principle of proportionality, the following elements, among others, shall be taken into account: (a) the type, the audience and the size of the service and the type of works or other subject matter uploaded by the users of the service; and (b) the availability of suitable and effective means and their cost for service providers. 6. Member States shall provide that, in respect of new online content-sharing service providers the services of which have been available to the public in the Union for less than three years and which have an annual turnover below EUR 10 million, calculated in accordance with Commission Recommendation 2003/361/EC), the conditions under the liability regime set out in paragraph 4 are limited to compliance with point (a) of paragraph 4 and to acting expeditiously, upon receiving a sufficiently substantiated notice, to disable access to the notified works or other subject matter or to remove those works or other subject matter from their websites. Where the average number of monthly unique visitors of such service providers exceeds 5 million, calculated on the basis of the previous calendar year, they shall also demonstrate that they have made best efforts to prevent further uploads of the notified works and other subject matter for which the rightholders have provided relevant and necessary information. 7. The cooperation between online content-sharing service providers and rightholders shall not result in the prevention of the availability of works or other subject matter uploaded by users, which do not infringe copyright and related rights, including where such works or other subject matter are covered by an exception or limitation. Member States shall ensure that users in each Member State are able to rely on any of the following existing exceptions or limitations when uploading and making available content generated by users on online content-sharing services: (a) quotation, criticism, review; (b) use for the purpose of caricature, parody or pastiche. 8. The application of this Article shall not lead to any general monitoring obligation. Member States shall provide that online content-sharing service providers provide rightholders, at their request, with adequate information on the functioning of their practices with regard to the cooperation referred to in paragraph 4 and, where licensing agreements are concluded between service providers and rightholders, information on the use of content covered by the agreements. 9. Member States shall provide that online content-sharing service providers put in place an effective and expeditious complaint and redress mechanism that is available to users of their services in the event of disputes over the disabling of access to, or the removal of, works or other subject matter uploaded by them. Where rightholders request to have access to their specific works or other subject matter disabled or those works or other subject matter removed, they shall duly justify the reasons for their requests. Complaints submitted under the mechanism provided for in the first subparagraph shall be processed without undue delay, and decisions to disable access to or remove uploaded content shall be subject to human review. Member States shall also ensure that out-of-court redress mechanisms are available for the settlement of disputes. Such mechanisms shall enable disputes to be settled impartially and shall not deprive the user of the legal protection afforded by national law, without prejudice to the rights of users to have recourse to efficient judicial remedies. In particular, Member States shall ensure that users have access to a court or another relevant judicial authority to assert the use of an exception or limitation to copyright and related rights. This Directive shall in no way affect legitimate uses, such as uses under exceptions or limitations provided for in Union law, and shall not lead to any identification of individual users nor to the processing of personal data, except in accordance with Directive 2002/58/EC and Regulation (EU) 2016/679. Online content-sharing service providers shall inform their users in their terms and conditions that they can use works and other subject matter under exceptions or limitations to copyright and related rights provided for in Union law. 10. As of ... [date of entry into force of this Directive] the Commission, in cooperation with the Member States, shall organise stakeholder dialogues to discuss best practices for cooperation between online content-sharing service providers and rightholders. The Commission shall, in consultation with online content-sharing service providers, rightholders, users' organisations and other relevant stakeholders, and taking into account the results of the stakeholder dialogues, issue guidance on the application of this Article, in particular regarding the cooperation referred to in paragraph 4. When discussing best practices, special account shall be taken, among other things, of the need to balance fundamental rights and of the use of exceptions and limitations. For the purpose of the stakeholder dialogues, users' organisations shall have access to adequate information from online content-sharing service providers on the functioning of their practices with regard to paragraph 4.

20. 指令第17條第3項已明白揭示此項改變："3.When an online content-sharing service provider performs an act of communication to the public or an act of making available to the public under the conditions laid down in this Directive, the limitation of liability established in Article 14(1) of Directive 2000/31/EC shall not apply to the situations covered by this Article. The first subparagraph of this paragraph shall not af-

fect the possible application of Article 14(1) of Directive 2000/31/EC to those service providers for purposes falling outside the scope of this Directive."

21.我國著作權法亦於96年增訂第6章之1「網路服務提供者民事免責事由」專章規定,為網路服務提供者建立「安全港」（safe harbor）條款。詳請參閱拙著〈網路服務提供者責任限制之立法思考與方向〉,刊載於97年8月全國律師月刊雜誌,頁28-44,http://www.copyrightnote.org/paper/pa0048.doc（最後瀏覽日:2019/07/01）。

22.參見Véronique Desbrosses於2019年3月26日指令通過後之發文, "This was not only a crucial decision for creators and our sector, but also sent a strong message to citizens that tactics of intimidation and manipulation from a handful of giant companies will not be allowed to influence European policy making," http://authorsocieties.eu/media-room/338/33/Copyright-Directive-historic-victory-for-creators-and-European-democracy（最後瀏覽日:2019/07/01）。

第六章

從我國法院判決的分析，論電視節目版式著作權保護的國際趨勢

張瑞星[*]

壹、當電視節目版式抄襲成為一股潮流、一種現象，卻無法可管

貳、各國法院、學說看法及我國法院判決

參、國際上對電視節目版式著作權保護的最新趨勢

肆、結論與建議

*南臺科技大學財經法律研究所教授，美國聖路易華盛頓大學法學博士

摘　要

　　部分在全球受到熱烈歡迎的電視節目版式型態電視秀可以在授權市場上以極高價賣出，部分甚至高達數千萬美元之譜，但很難想像在如此的授權盛況下的電視節目版式，在目前的著作權法制度下並未必受到保護。本文擬從目前中國大陸綜藝界大量抄襲外國電視節目的現象出發，進而分析臺灣綜藝節目「挑戰 101」抄襲荷蘭原創節目「1 vs. 100」，在臺灣經歷臺北地方法院及智慧財產法院判決的過程及結果；最後參考近期英國法院、義大利法院、以色列法院的最新判決及韓國國會立法等國際趨勢，提出建議我國應學習韓國模式，積極鼓勵民間投入節目版式開發的事業，且我國法院應形成具體的電視節目版式著作權保護在概念與表達二分間的明確界線。

關鍵字：電視節目版式、概念與表達二分原則、韓流、抄襲、挑戰
　　　　101、1 vs. 100。

A Study of the International Tendency of Copyright Protection for TV Program Formats by Analyzing Court Cases Held in Taiwan

Ruey-Hsing Chang

Abstract

Some of globally popular TV shows presented with TV program formats are able to be licensed and sold at as high as several million US Dollars. Surprisingly, TV program formats are not usually recognized as protectable under current copyright system. This article starts with the plagiarism phenomenon of TV program format in China and then analyzes the legal cases held by Taipei District Court and Taiwan IP Court dealing with the TV program format in "1 vs. 100" created by Endemol Nederland and Endemol USA imitated by a similar Taiwanese TV show "Challenge 101". In conclusion, this article suggests that Taiwan should encourage creative industry to develop TV format business as South Korea has done and Taiwanese Courts should draw a clear limitation between idea and expression for protecting TV program format by studying the international tendency of copyright protection for TV program format with analyses of the most recent legal cases held by UK, Italy and Israel Courts and the legalization of protecting TV program format by South Korean Congress.

Keywords: TV Program Format, Idea/Expression Dichotomy, Korean Wave, Copyright Plagiarism, Challenge 101, 1 vs. 100

壹、當電視節目版式抄襲成為一股潮流、一種現象，卻無法可管

　　近 2 年在華人電視演藝圈最爲熱門的議題之一，莫過於紅極一時的「中國好聲音」（Voice of China）節目更名爲「中國新歌聲」這個事件，更名的背後原因隱藏了利益糾葛的「版權」爭奪戰；這場著作權之爭源於荷蘭節目「荷蘭之聲」（Voice of Holland）的中國版「中國好聲音」音樂眞人選秀節目，自 2012 年起，連續 4 年的製作和播出權，分別爲上海燦星文化傳播有限公司（以下簡稱燦星）以及浙江衛視取得，燦星獨家自節目的原創公司，即荷蘭 Talpa 公司，獲得授權製作此節目，而後「中國好聲音」節目於浙江衛視開播，創下了前所未見的高收視率[1]，不僅讓諸如張惠妹、周杰倫、那英、庾澄慶等原即爲一線歌手者，因擔任評委及導師而再次於華人演藝圈爆紅，也捧紅了諸多歌唱新秀。

　　正當燦星與浙江衛視如火如荼地準備第 5 年的製播細節時，由於燦星與 Talpa 公司雙方談判破裂，另一家製作公司——浙江唐德影視股份有限公司（以下簡稱唐德）遂趁隙介入，於 2016 年 1 月 20 日宣布以 6,000 萬美元（約 18 億臺幣）的代價與 Talpa 公司簽訂協議，取代燦星，獲得「中國好聲音」5 年期限內在中國區域（含港澳臺地區）的獨家開發、製作、宣傳和播出權。然而燦星認爲其所擁有該節目版式的「獨家續約權」係至 2018 年方才失效，且「中國好聲音」的中文品牌屬於燦星與浙江衛視共同擁有，Talpa 公司無權授權其他方製作名爲「中國好聲音」的節目，燦星隨即於 1 月 21 日向唐德發出律師函，請求對方停止侵權行爲。1 月 27 日，Talpa 公司反向燦星發出禁制請求，主張因雙方合約已於 2016 年 1 月 8 日終止，並未續約，因此要求燦星不得繼續製作及播放「中國好聲音」第 5 季節目。燦星不服，隨即於隔日透過多個媒體管道斥責 Talpa 違約，並表示 Talpa 公司若堅持單方面撕毀合約，

則燦星將會製作「自主研發及原創模式」的「中國好聲音」，這包含了
重新設計節目名稱、舞臺設計、節目進行流程、賽制及片頭音樂等[2]。
2016 年 6 月，唐德向北京知識產權法院訴請「訴前保全」[3]，主張燦星
公司未經授權使用第 5 年「中國好聲音」節目名稱和有關標識的行為，
已構成侵犯其商標及著作權。法院最終裁定燦星不得在歌唱比賽選秀節
目的宣傳、推廣、海選、廣告招商、節目製作或播出時繼續使用包含
「中國好聲音」、「Voice of China」的節目名稱[4]；自此，浙江衛視遂
將該節目更名為「中國新歌聲」、也更改英文名稱為「Sing! China」、
並更改 LOGO 設計、舞臺設計、賽制節目流程、更將此節目特有的「導
師轉椅」改為「衝場戰車」，自此，導師選中學員後按下按鈕，不再是
轉身面對舞臺，而是直衝 5 米而下[5]。

導師轉椅

衝場戰車

圖 6-1 「中國好聲音」之「導師轉椅」與「中國新歌聲」之「衝場戰車」比較

（左）你好臺灣，http://www.hellotw.com/twxw/shwx/201411/t20141121_982648.htm
（右）慧聰網，http://info.audio.hc360.com/2016/07/191532494613.shtml

　　中國除了與原創電視節目版式之開發大國荷蘭間的版式著作權之爭
外，近年來韓國影視文化的發展異軍突起，創造了一股 K-POP、韓劇、
韓綜的「韓流」風潮[6]，也成為中國模仿、借鑒甚或抄襲的對象；觀察
中國目前的綜藝節目，更可發現電視節目版式抄襲的爭議可謂雪上加
霜。例如：上海東方衛視的招牌節目「極限挑戰」，在 2015 年 7 月被

韓國 MBC 電視臺在節目中公開指責只是個山寨版本，MBC 電視臺並未授權東方衛視製作「無限挑戰」的中國版，且並詳細附上兩個節目的內容對比截圖，顯示節目不僅流程相似，連拍攝角度、道具的選取都一樣[7]，也造成極多觀眾誤以為該節目係經韓國授權製播。儘管節目內容幾近相同，但東方衛視仍發表聲明強調：「不管是節目還是影視作品，產品的創意雷同，是非常常見的現象。就算同一個創意，不同的地域、不同的國籍、不同的明星、不同的導演、不同的社會環境、不同的職業分類、不同的規則設計，呈現出來的效果是不一樣的；更多的節目其實豐富了觀眾選擇的空間[8]。」

而湖南衛視製播的「嚮往的生活」也被指涉抄襲韓國「一日三餐」節目，包括節目創意、環境選擇、規則及版式設置、節目配樂、拍攝角度及布景道具、甚至參與人員的設定都與「一日三餐」有許多相似之處，不少中國網民對此公開表示反感和抵制，甚至希望韓方透過訴訟打擊綜藝抄襲的不正之風[9]；另一湖南衛視製播的「中餐廳」也被指涉抄襲韓國「尹食堂」節目，兩者不僅題材相同，連拍攝內容鏡頭角度、演員姿勢、內容橋段都極類似，總導演則辯稱「到海外開家餐廳這種理念及創意大家都會有」，還說他自己「只瞄過一集韓國的『尹食堂』，因為他『不喜歡』韓國綜藝節目[10]。」另一湖南衛視深受歡迎的節目「我想和你唱」則被指涉抄襲韓國的「Fantastic Duo」，兩節目都是由素人透過 APP 上傳與歌手同框合唱的影片，獲點讚數高者就能到現場與歌手合唱，而節目的內容橋段也存在一定的相似度；不過「我想和你唱」節目總導演仍然對外表示「明星和素人合唱的 APP 與電視的結合是世界的趨勢，全球都在做這個節目[11]。」

其他例如：上海東方衛視製播的「隱藏的歌手」，不僅節目內容與韓國節目「Hidden Singer」相似，甚至直接翻譯節目名稱，連兩節目的 LOGO 風格也極相似；2015 年 10 月，韓國 JTBC 電視臺向中國國家廣播電影電視總局及相關單位發出公函，指出「隱藏的歌手」侵犯

「Hidden Singer」的著作權，節目無論從名稱、設計、模式、內容、進行方式等與韓國版節目一模一樣，且 JTBC 電視臺早已在中國和其他電視臺，亦即浙江衛視，簽訂版權合約（浙江衛視後依授權製播之節目名為：「誰是大歌神」）；不過東方衛視則仍回應稱，「『隱藏的歌手』節目設置與韓國節目完全不同，無論從節目的內核、模式、流程還是在註冊商標層面都是原創，不存在侵權問題 [12]。」

除了電視綜藝節目外，網路影片公司「愛奇藝」2017 年製作的「中國有嘻哈」，也被指涉抄襲韓國 Mnet 電視臺製作的「Show Me The Money」，不僅節目中心概念、比賽規則、舞臺設計及 LOGO 設計幾乎一模一樣，連參賽者的歌也被認為是抄襲來的 [13]。另外，愛奇藝於 2018 年 1 月推出、在網上熱播的「偶像練習生」，亦被 Mnet 電視臺製作的「Produce 101」節目忠實鐵粉發現兩節目諸多神似，不僅參賽者自我介紹的影片穿著打扮相同，節目背景、選秀型態、練習生分級排行的設計幾乎相同，連參賽者表演的舞蹈內容也被質疑抄襲 [14]，這使得 Mnet 電視臺忍無可忍，終於在 2018 年 1 月 27 日發出聲明公開指責「偶像練習生」抄襲了該電視臺的綜藝節目「Produce 101」，並對侵權一事感到遺憾 [15]。

電視節目版式的抄襲，對於原創一方來說是災難，但是對於抄襲一方來說卻是致富發財的捷徑，原創節目歷經構思研發及實際製播的歷程，通常必須承擔投資成敗的風險，但是擷取他人已經成功的節目卻不需耗費等量的金錢、時間、精力，卻有成功的保證；以「愛奇藝」的「中國有嘻哈」為例，根據報價，16 週的合作期，獨家冠名需耗費人民幣 1.5 億，聯合贊助需 1 億，首席特約為 8 千萬，行業贊助為 5 千萬，指定產品則需 3 千萬，作為一個新開播的節目，贊助費即累積高達 5.4 億人民幣；甚至決賽 60 秒的「超級中插」廣告被小米公司以 3,000 萬元人民幣拿下，更創造了中國綜藝歷史上的新紀錄 [16]。

一個模仿抄襲自韓國的中國節目有如此的利潤，對作為原創製作的

韓國公司方來說當然是災難，但也只能「無奈表示雖然知道被抄襲，但是難以採取相對應的處理方式[17]」來回應。可見抄襲他人已經成功製播的節目，不僅降低製作新節目可能失敗的風險、大量降低開發成本，更可以有效說服贊助商投入資源；然而，對於原創一方而言，所受到的權利侵害及經濟損失，卻是難以彌補的；原創公司在市場運作的理想狀況下，固然希望能夠透過授權交易節目、取得利潤，但是節目版式能否受到法律保護，才是考驗版式能否在市場上授權的一大挑戰；因為如果版式不受保護，則任何人得以任意複製，勢將無人願意透過授權取得節目版式的利用，節目一經播出，影視同業間很容易就可以自節目的運作外觀推敲節目版式的結構，只要稍加整理，即可製作出類似的節目，這是原始創作人所難以管控的[18]。

面對層出不窮電視節目版式抄襲的現象，觀眾雖皆知內容是抄襲，亦多數感到憤怒與羞愧，也支持應有本國自己的原始版式創作[19]；不過如同多數中國論者提出的論述亦多聚焦於著作權法的概念與表達二分原則，認為著作權保護的是具獨創性的表達，但不保護概念思想，而節目版式就是屬於概念的一環。論者認為「通常我們說的買綜藝版權，實際上引進的是節目的版式、具體製作的操作規程等。綜藝節目版式是創意、流程、規則、技術規定、主持風格等多種元素的綜合體。綜藝節目版式屬於思想，不受著作權法保護。比如節目中的遊戲設計，這是一種創意，屬於思想，不受著作權保護。當看到兩檔節目出現相似遊戲環節時，著作權法並不能認定其存在侵權；但節目的主題曲、舞美設計、原創段子、節目 LOGO 等構成作品的，著作權法可以保護[20]。」「既然抄襲者的惡行已經越來越多地被揭發，為什麼抄襲之風還是無法遏制呢？其實這種『抄不死，反能抄紅』的背後根本原因在於，電視節目的抄襲或相似與著作權侵權並不直接等同。這並非是我國著作權法體系中的漏洞，事實上，從已有的案例來看，電視節目模式作為一個獨特的對象，在大部分國家都難以受到著作權法的保護。因為著作權法的立

法旨在鼓勵創作者創作，而非限制創作者對於想法和創意的借鑒和使用，因此，著作權法的保護對象其實是具體的表達而非背後的思想。於是電視節目中的某些產生背景運用和一些場景設置、規則設計等，皆是屬於宏觀創意層面的內容，這些作為思想而非表達，很難受到著作權保護。[21]」甚有論者大言「所謂的抄襲事例，只是韓方的一面之詞，是禁不起推敲的。在訊息技術和文化交流飛速發展的當今世界，作為娛樂性的綜藝節目，由於地域和歷史原因，兩國文化不僅有著千絲萬縷的聯繫，而且有著很多相同之處。因此，出現一些綜藝節目相近、相似，甚至於相同的東西，應該是在情理之中，根本不存在誰抄襲誰的問題[22]。」如此的說法或是基於維護本國綜藝節目生態或是基於愛國主義的立場而發，然假若自身屬於電視節目版式開發設計的原創輸出國時，對於節目被外國電視臺抄襲，恐自又有另外一番說詞。

事實上，電視節目版式乃一部電視節目的藍圖與公式，其除落實在文字的版式架構外，尚注入節目的編排、流程、風格，包含創作人企圖在節目運作中欲達成的意境、主持人及表演者的臨場演出功力、製作團隊的心血和專業技術、外加商業的操作及贊助商的支持，成功的節目製播才得以成型。以「中國好聲音」及「中國新歌聲」兩者為例，單純就「製作歌唱選秀節目」一事而言，雖是一個廣泛的概念，不受著作權法保護，然而，假若兩節目在流程的布局安排、場景道具服飾的設計、氣氛的營造、拍攝的角度選取、劇本的細節甚或主持人或角色的特質上都採取相同內容及步驟，則欲主張新的節目僅是對於原有節目「概念」的模仿，恐有疑問。

詳言之，歌唱選秀的節目型態自我國早期「五燈獎」以來，在美國曾有「American Idol」，在臺灣則歷經過「超級星光大道」、「超級偶像」，在中國也歷經「中國好聲音」、「中國新歌聲」等節目；以臺灣製作「超級星光大道」節目為例，假設製作人研究過美國的「American Idol」後，深受啟發，而想在臺灣製作一個同類型的歌唱選秀節目；究

竟「American Idol」的節目版式本身爲抽象概念或具體表達？若爲概念，「超級星光大道」節目製作單位即可肆無忌憚地利用，但若係將之認定爲表達，則「超級星光大道」欲模仿此節目，顯然不能達到實質近似的程度，否則即會被認定爲違法抄襲。試將多數歌唱選秀節目的版式抽離過濾後，可以歸納出歌唱選秀節目版式的抽象模式乃「透過初步歌手選拔，挑出適合上電視表演的人參與選秀歌唱競賽，經由評審的意見及評分，在歷經多次的淘汰後，選拔出優秀的歌手，再由製作單位與唱片公司給與獎金或出片的機會。」此抽象模式的部分因爲具有普遍性，屬於公共財產（public domain）之概念，而不受著作權法保護；在所有歌唱選秀節目中都有如此抽象模式的概念存在，尤其如「五燈獎」就是一個幾近如此概念的節目型態；而「American Idol」、「超級星光大道」、「超級偶像」、「中國好聲音」、「中國新歌聲」等節目則除了該概念的部分外，更加入了表達的細節，諸如選秀方式、選手來源、評審方式等。細究「American Idol」及「超級星光大道」兩節目在具體模式的最細微層次可以發現，例如：就選秀場地而言，前者選秀是在密閉房間由參加者逐一個別表演給評審聽，後者則在公開場合由參賽者逐一上臺表演給所有現場觀眾聽；就歌手來源而論，前者在全美國各州巡迴選評，後者則除臺灣外，尚有來自美國、東南亞、中國等地；而就評分方式而言，前者除了三位專業音樂評審外，另開放給全美國觀眾以手機簡訊投票，投票數量加上評審給分才是最後的評分結果，後者則是由五位專業音樂評審評分。就節目細節的選擇安排而言，其已非僅概念的範圍；假若「超級星光大道」在節目細節的深度（the depth of detail）上，諸如選秀方式、評分方式、流程的布局、場景道具服裝、氣氛的營造、劇本的細節甚或主持人或角色的特質等未具普遍性的細節上都與「American Idol」採取相同內容及步驟，則難謂未構成著作權表達之侵害。因此可知節目版式著作權保護問題之核心乃在於，「僅是一個歌唱選秀節目的抽象概念」與「具體呈現節目細節的表達」之間，應如何劃

分出不受著作權法保護的概念與受著作權法保護的表達兩者的那條界線。

鬧得沸沸揚揚的電視節目版式法律糾紛，固然涉及多項智慧財產權的爭議，然而其核心爭議不外乎電視節目的內容版式究竟受不受著作權法保護；電視節目版式的授權金額動輒數千萬美元 [23]，如果不受法律保護，則如燦星、唐德等公司無由花費大筆金錢競爭授權，且若不予法律保護，則演藝圈慣有的抄襲風氣將更為猖獗，也會大量降低節目版式公司持續開發新型態節目的意願。誠如於「中國好聲音」一案所見，忠於原本版式的節目創下了極高的收視率，而基於原本版式而加以改變後產生的新節目版式型態，更改了節目中英文名稱、更改了 LOGO 設計、更改了舞臺設計、將「導師轉椅」改為「衝場戰車」、變更賽制，改編版的「中國新歌聲」是否也能成為一個新的著作，其間的差異何在，為何兩個如同孿生兄弟的節目在重新設計節目名稱、舞臺設計、節目進行流程、賽制及片頭音樂後，就能避免法律紛爭，著作權介入保護的立論基礎何在，而唐德即使取得正式製播版權，但若此時再製作新的「中國好聲音」節目，其與「中國新歌聲」在如此雷同的情況下，如何取得利潤，也考驗著製播團隊的智慧 [24]，甚至對於原創的 Talpa 公司也造成某種程度的傷害；而屢見不鮮的節目版式抄襲歪風，抄襲者是否無責，而原創者是否僅能徒呼負負地無奈表示，而完全無法採取法律途徑伸張權利？中國眾多的節目版式抄襲案例恰給予本文深入研究電視節目版式著作權的契機。本文將自我國法院針對電視節目版式保護的判決論起，並參酌最新外國判決的內容趨勢，期望給予電視節目版式著作權保護的爭議議題一個新的處理方向。

貳、各國法院、學說看法及我國法院判決

一、各國法院、學說看法

給予電視節目版式著作權保護的立論基礎何在，自來爭議不斷；部分國家法院見解認為電視節目版式屬於概念，無法受到著作權保護；例如：1989 年紐西蘭法院在 Green v. Broadcasting Corporation of New Zealand[25] 一案認為：原告既無法提供其節目內容的具體腳本，因此法院不認為其節目的概念可該當戲劇著作而受到著作權之保護。英國樞密院（Privy Council）對本案更認為，原告的節目版式缺乏該當為一戲劇著作所必須具備堪供表演的足夠整體性（sufficient unity）[26]，因此法院並不考慮將電視節目版式視為一獨立著作；又如 1999 年丹麥法院在 Celador Productions v. Danmarks Radio Television[27] 一案也認為：電視節目版式乃概念與原則的編輯組合，無法受著作權保護，因此被告未侵犯著作權；另澳洲法院在 2005 年 Nine Films & TV Pty. Ltd. v. Ninox TV Limited[28] 一案也引用前述 1989 年紐西蘭法院的判決，認為著作權法僅保護作品之具體表達，著作中所存在普遍、廣泛性的思想或議題，即便具有原創性，仍無法受著作權法保護，而才藝表演、機智問答、遊戲等電視節目版式屬於概念的一環，無法受到著作權之保護。

我國學者見解亦有認為，抄襲國外節目的橋段或流程，只能說是引用他人表達所含的方法或觀念，創意太低，不至於構成侵害著作權[29]。中國學者亦有認為電視節目版式，是節目的創意或策劃，不是具體的文學藝術作品，是屬於純粹思想的範疇，因此主張電視節目版式無法受到著作權保護者，並以浙江衛視綜藝節目「我愛記歌詞」是否抄襲英國原創「The Singing Bee」為例，主張兩個不同的電視節目之間並不是一種簡單、機械的複製，「我愛記歌詞」僅是「借鑒」節目版式，仍然具有自己的獨立特徵；因此，對電視節目版式作品創作思想的使用，應屬

於自由使用的範圍，應不構成對英國節目的剽竊[30]。另有中國學者也提出，根據中國著作權法實施條例第 2 條規定：「著作權法所稱作品，是指文學、藝術和科學領域內具有獨創性並能以某種有形形式複製的智力成果。」顯然一個作品要獲得著作權保護，須以「有形形式」為基本要件。由於大多數電視版式很難證明其已經形成了一個固定的表達方式，因此，無法根據中國著作權法規定的「有形形式」要件尋求保護。當然，電視節目版式中的很多組成元素只要具備著作權法所要求的原創性就有可能受到著作權保護，比如腳本、舞臺設計和音樂[31]。

然亦有部分見解認為電視節目版式並非單純概念而已，而是較概念更為進化、更為精緻的表達形式；由於節目版式的製作開發與成型，必須投資大量人力設備成本；一旦成本大量增加，唯有提供法律保護方才得以確保節目的順利開發[32]，否則將無人願意在無法獲得報酬的情況下耗費成本及承擔節目失敗的風險來製播節目[33]，而抄襲者也可不費開發成本、以搭便車方式剽竊他人節目；長久循環下來，日後將越少人願意從事節目版式的開發。綜觀過去世界各國法院針對電視節目版式的判決，有如 1992 年瑞典法院在 Action Time v. Danmarks Radio & Television 一案[34]、1994 年西班牙法院在 Endemol Entertainment v. Antena 3 一案[35]、1988 年美國法院在 Endemol Entertainment v. Twentieth Television 一案[36]、1999 年荷蘭法院在 Castaway Productions v. Endemol Productions 一案[37]、2004 年巴西法院在 Endemol Productions v. TV SBT 一案[38]、2006 年馬爾他法院在 Endemol International v. TVM Malta 一案[39]都肯認電視節目版式可以受到著作權法的保護。

其中例如：荷蘭法院認為：「一個電視節目版式是由許多未受到著作權法保護的元素所組合而成。只有當其中的多數元素被另一版式以類似的方式選取而以可辨識的方式複製，才會有侵權的發生。如果其中的所有元素都被複製，那麼毫無疑問地，該案已涉及著作權之侵害；如果只有一個未受到著作權保護的元素被複製使用，這樣的狀況，我們也

非常清楚地知道並沒有涉及著作權之侵害；但問題是，到底要有多少元素被複製使用才構成著作權之侵害呢？這就必須視每個案子的情況而定[40]。」巴西法院也認為：「就電視媒體產業的特性而言，電視節目版式一詞應具有更為寬廣的意義，其不僅只包含節目的核心概念，還包括整個製作團隊所擁有的技術、藝術、經濟、商業等資訊在其中。因此，電視節目版式不應只是節目的概念而已，其範圍應超越概念更多[41]。」巴西法院也分析該案節目版式之內涵，認為節目「並不只是將一群人關在同一個房子裡一段時間來觀察他們而已，它必須仔細考量節目的開場、中間過程及結尾，將該節目的所有過程做細膩的敘述，其不僅是一群人共同生活一段時間所營造出的節目氣氛，甚至節目中攝影機所擺放的位置等，都是該節目版式所構成的細節，這些細節還包含了如何在參與者的身上綁上麥克風、如何維持 24 小時連線、節目使用的音樂風格、參與者經由何種形式和外界接觸、活動等；這些影音的呈現，透過每天電視節目的播出及透過網際網路傳送所附加的商業開發，成功地捕捉到成千上萬觀眾的注意，而這也是此節目版式的特徵[42]。」

中國亦有學者認為，雖然迄今世界上仍沒有任何國家將節目版式單獨列為一類著作立法對其保護，但是隨著模仿抄襲現象的氾濫以及節目版式商業價值的提升，各國法院逐漸傾向於認為節目版式在一定情況下可以享有著作權，惡意抄襲可構成侵犯著作權。各國法院的立論關鍵在於節目版式是否在整體系列節目中明確地展現節目流程、銜接環節、設定規則、固定高潮點，以及能否被一般受眾清晰地識別。如果能，則法官會傾向於認為節目版式確被有形形式表達。其也引用美國學者 Zechariah Chafee 提出之「模式測試法」（pattern test），只要事件的自然承接以及角色之間的互動存在，那麼著作權法就存在於由他們所形成的模式中。例如：一個男孩與一個女孩相愛的故事完全不足以成為由事件承接以及有角色互動的模式，但是如果故事說明了男孩和女孩如何遇見、熟悉、相愛，並且角色之間的情感如何互動，那麼這些事件、角色就形

成了受著作權法保護的模式 [43]。

　　我國學者迄今仍極少針對電視節目版式著作權投入研究，有學者曾整理多國法院關於電視節目版式著作權的判決、參酌概念與表達二分原則及美國最高法院 Feist Publications v. Rural Telephone Service Co. 案 [44]，自編輯著作的角度切入分析，提出將概念以具創作性的方法選擇及安排後，亦有受著作權法保護的可能，因而對電視節目版式提出定義如下：「凡將節目元素（包含抽象節目概念及具體場景、音樂、圖像、劇本等）加以創作性的選擇編排而呈現固定結構，並可使觀眾明顯識別其演出的結構、順序、組織、流程及風格之特殊性乃為同一系列電視節目；凡達到此具體程度者，可受著作權法保護，若否，則應認定為概念而不受著作權法保護 [45]。」

　　根據該學者之見解，儘管著作權保護事實組成的編輯物，但後續的編輯者仍然可自由使用編輯物內的事實以編輯一份與之競爭之創作，只要後續創作不是採用同一選取及編排方式即可；如此的定義方式不僅可以賦予版式創作者藉由成立編輯著作獲得著作權保護的機會，也保留了版式內容元素於公共領域供未來他人使用的利基，是故利用他人電視節目版式來創作一個新的節目並非法所不許，只要後續的創作者（製作人）具原創性地選取及編排版式中的個別概念元素即可。綜合而言，就節目版式的高價值性、創作所產生的高經濟誘因、版式的高具體表達性、及編輯著作特性而言，電視節目版式之價值不僅在於版式中的個別抽象元素，而是在節目版式構成的系列流程中將所蘊含的抽象概念經過符合創意的選擇編排後呈現具特殊性的結構、次序及組織，且在每個單元劇集接續播出時可使觀眾明顯識別其為同一系列電視節目之演出流程及風格；凡達到此具體程度者，應予以著作權法保護為要；如果法律不予保護，則其市場價值及創作誘因都將失去 [46]。

　　不論外國學者或我國學者的正反意見，都有其支持的理論見地，不過電視節目版式在實務上究竟如何被我國法院及近 1 年來各國法院看

待，有賴以下之分析整理。

二、我國法院判決：臺北地方法院 99 年度自字第 77 號刑事判決及智慧財產法院 103 年度刑智上易字第 56 號刑事判決

我國法院迄今針對電視節目版式作成的判決，僅此一例；該案係由胡瓜於 2009 年 1 月開播至 11 月止，在中視及中天電視臺主持，共播出 29 集，號稱「全臺灣最大型室內益智節目」的「挑戰 101」，遭版式製作公司荷蘭商 Endemol Nederland（以下簡稱荷蘭公司）及美商 Endemol USA, Inc.（以下簡稱美國公司）來臺控告違反著作權法，全能製作公司負責人王鈞、製作人焦志方及主持人胡瓜抄襲其所製作之電視節目「1 vs. 100」。Endemol 指控「挑戰 101」的節目舞臺設計、流程橋段、遊戲內容等與其於 2000 年原創，並於全球各地多達 10 個國家播放之節目「1 vs. 100」雷同，求償 200 萬美金（約 6,000 萬臺幣）。本案經臺北地方法院及智慧財產法院審理，臺北地方法院於 99 年度自字第 77 號刑事判決及智慧財產法院於 103 年度刑智上易字第 56 號刑事判決，皆判決被告 / 被上訴人未構成侵權。

挑戰101   1 vs. 100

圖 6-2 「挑戰 101」與「1 vs. 100」舞臺設計近似之比較畫面

（左）互動百科，「挑戰101」，http://www.baike.com/wiki/

（右）Vevmo，https://vevmo.com/image/imagepng-980

(一) 臺北地方法院 99 年度自字第 77 號刑事判決之理由形成

1. 荷蘭公司就英國版提告部分：法院認為英國版「1 vs. 100」視聽著作財產權人應為「Endemol UK Plc.」（以下簡稱英國公司），荷蘭公司係授權英國公司製播英國版「1 vs. 100」（以下簡稱英國版），並非英國版之視聽著作財產權人，荷蘭公司就此部分提起自訴，於法不合，自應諭知不受理之判決。

2. 荷蘭公司就荷蘭版部分：荷蘭公司之自訴代理人乃於 99 年 2 月 26 日函知被告，足見荷蘭公司於同時段已知悉犯人為何人，並對本案被告發函，卻遲至 99 年 11 月 26 日始就荷蘭版提出告訴，已逾告訴期間，因而諭知不受理判決。

3. 美國公司就美國版部分：法院形成無罪判決之心證係就下列邏輯分析：

   (1) 法院首先根據美國公司提出美國版於美國之著作權登記及美國版節目版權頁資料，認定 Endemol USA 為美國版視聽著作之著作財產權人。

   (2) 確認美國版視聽著作受我國著作權法保護[47]。

   (3) 法院認定美國版具原創性而受著作權保護：
   縱使「1 vs. 100」節目之遊戲方法、參與角色設定、舞臺設計係依「製作手冊 1 vs. 100」所製作，但此僅為節目之大綱、構想、流程，並無角色互動發展之具體內容，與實際鋪陳具體事件次序及角色互動發展情節之影片，難謂在量或質方面達於實質類似之程度，亦即仍須有具體表達之主持人、參賽者、把關者之參與及具體題目設計後，始得據以製作成上開節目之視聽著作，是上開美國版「1 vs. 100」視聽著作仍具有原創性，而受著作權法之保護。

   (4) 法院認定「挑戰 101」並非重製美國版，而是改作。
   自訴人係主張「挑戰 101」就主持方式、舞臺設計、場景設計、

座位排列、燈號排列、以及遊戲規則與細節，均高度近似於美國版，而非指使用節目之某特定時點內容聲音影像如主持人與參賽者、把關者所敘之內容或於遊戲中所使用之問題及使用之配樂等。而所謂重製，依著作權第 3 條 1 項第 5 款係指「以印刷、複印、錄音、錄影、攝影、筆錄或其他方法直接、間接、永久或暫時之重複製作。於劇本、音樂著作或其他類似著作演出或播送時予以錄音或錄影；或依建築設計圖或建築模型建造建築物者，亦屬之。」從而據自訴代理人所述被告等侵害著作權之方式，顯與著作權法所稱重製之構成要件有間。是本件應審究者為被告等是否有以改作，即以翻譯、編曲、改寫或拍攝影片或其他方法就原著作另為創作之方式，侵害自訴人之著作財產權。

(5) 法院認定「挑戰 101」確實抄襲美國公司製作之美國版，且法院明確承認美國版的電視節目版式為一具體表達的著作。

　①「挑戰 101」抄襲美國版的認定

　　法院首先引用最高法院 99 年度臺上字第 2314 號判決，「主張他人之著作抄襲自己之著作，應證明他人曾接觸其著作，且其所主張抄襲部分，與主張權利者之著作構成實質相似。所謂接觸，指依社會通常情況，可認為他人有合理機會或可能見聞自己之著作而言。所謂實質相似，則由法院就爭執部分著作之質或量加以觀察，為價值判斷，認為二者相似程度頗高或屬著作之主要部分者，始足當之」。

　　法院審酌「被告係擔任製作人，從事節目工作，故對同業所推出之新節目類型，自需保持敏感，加以留意關注，應認被告有合理機會及可能見聞節目，而曾接觸該節目內容」，因而認定有接觸；法院也詳細列表比較美國版與臺灣版「挑戰 101」兩節目在挑戰者與把關人數、主持臺、電視牆及把關者座位、燈號之設置方式、挑戰者出場方式及站立位置、主持人出題方

式、電視牆及螢幕畫面呈現題目方式、確認答案方式、答案公布時之螢幕及燈號呈現方式、獎金計算方式、詳細解答方式、求救方式的異同，而認定「從而上開節目雖節目名稱不相同，然從勘驗之節目內容中參與該益智節目之人數相近，均是由一挑戰者對抗 100 名或 101 名之把關者、節目之遊戲規則、流程、求救之方式、舞臺之設計、把關者之座位設計等方面綜合觀之，確實構成實質近似。

② 美國版的電視節目版式為一具體表達著作的認定

法院認為美國版節目，其舞臺設計、主持人與參賽者及 100 位把關者之座位、互動方式、問答模式、求救之方式及獎金獎勵方式，有其特殊之表達方式，並藉此種一連串之表達方式，增加節目之張力，故應認屬著作人構想之特別表達，仍得受著作權之保護。法院也邀請臺灣大學法律學系教授蔡明誠擔任鑑定人，亦同此見解。

(6) 儘管已經確認抄襲（有接觸且實質近似），法院最後認定美國版係荷蘭版之衍生著作，衍生部分不具特殊性，因而不受著作權法保護。

美國版之舞臺設計、主持人與參賽者及 100 位把關者之座位、互動方式、問答模式及獎金獎勵方式，係源自荷蘭公司之授權，美國版除就參賽者之求救方式部分，有「ASK THE MOB」、「TRUST THE MOB」外，餘皆係依照荷蘭公司授權之版式內容改作之衍生著作。

而衍生著作之著作權之保護，依著作權法第 6 條第 1 項固規定「就原著作改作之創作為衍生著作，以獨立之著作保護之。」然除有專屬授權而得依被授權範圍內，得以著作財產權人之地位行使權利，並得以自己名義為訴訟上之行為外（著作權法第 37 條第 4 項前段參照），其保護之範圍應僅限於改作人之獨立創作範圍，亦即限於非利用且獨立於原著作之部分，對於原著作之著作權不生任何影響，若非如此，無從區分

對原著作及衍生著作之保護範圍。且原創性為著作之前提要件，衍生著作得以獨立於原著作外另受保護，本係因衍生著作雖係自原著作加以改作，但相對於原著作仍表彰出一定之原創性始足當之，是衍生著作之著作財產權人所得主張著作財產權受侵害之範圍，自限於所創作之部分。

法院因而認定美國公司所得主張遭「挑戰 101」節目侵害之範圍僅限於「ASK THE MOB」、「TRUST THE MOB」兩種求救方式。法院認為益智類型問答節目，本常搭配多種不同關卡或求救方式，是一般益智類型節目呈現之程序或設計構想、概念，自不宜過度適用著作權法之保護，從而就質與量綜合觀之，美國公司之美國版節目，所得主張受侵害之二種求救表達方式尚難認屬特殊之表達方式，而評價為著作人構想之特別表達，進而得受著作權之保護。是無從認定被告有何侵害美國公司之美國版節目視聽著作。

簡言之，法院認定美國版乃源自荷蘭版之衍生著作，兩版本相異處在於美國版之參賽者求救方式，僅有「ASK THE MOB」、「TRUST THE MOB」兩種；既然衍生著作之著作財產權人所得主張著作財產權受侵害之範圍，僅限於所創作之部分，故美國公司所得主張遭「挑戰 101」節目侵害之範圍僅限於該兩種求救方式，但法院認為這兩種求救表達方式非屬特殊之表達方式，因此不能受到著作權法保護，因此被告並未侵權。

(二) 本文對臺北地方法院 99 年度自字第 77 號刑事判決之評析

1. TV program format 的「format」究竟應該翻譯為「版式」、「模式」、「模板」或「類型」，一直沒有正式的用語，此乃法院首次於判決書中確認「format」一字之中文翻譯為「版式」[48]。
2. 法院雖明言排除討論版式，也以視聽著作為對象，但在分析中可以

發現，其乃實際承認電視節目版式之著作權

　　本判決乃我國法院第一次針對電視節目抄襲而作之判決，也是首次觸及電視節目版式抄襲的判決，儘管法院於判決內設定本案所侵害者為視聽著作，並不包含版式；且法院認為版式僅限定於書面版式（paper format），而非節目版式（program format），也就是法院認為版式僅限定於節目製作手冊（通稱的 Production Bible，也稱為「聖經」），而此書面版式不能受著作權法保護，尚需有每集的實際競賽，才能構成受著作權保護的視聽著作。且進一步觀察，法院就電視節目版式究竟應落於概念與表達二分原則下的界線認定非常明確，亦即法院認定美國版在舞臺設計、主持人與參賽者及 100 位把關者之座位、互動方式、問答模式、求救之方式及獎金獎勵方式，有其特殊之表達方式，並藉此種一連串之表達方式，增加節目之張力，故應認屬著作人構想之特別表達。此可觀判決書內容：

> 益智類型問答節目之節目類型，於本案發生前即非少見，此種益智類型問答節目，本常搭配多種不同關卡或求救方式，是一般益智類型節目呈現之程序或設計構想、概念，自不宜過度適用著作權法之保護，然自訴人Endemol USA之「1 vs. 100」節目，其舞臺設計、主持人與參賽者及100位把關者之座位、互動方式、問答模式、求救之方式及獎金獎勵方式，有其特殊之表達方式，並藉此種一連串之表達方式，增加節目之張力，故應認屬著作人構想之特別表達，仍得受著作權之保護，鑑定人國立臺灣大學法律學系專任教授蔡明誠亦同此見解。

　　本文認為，節目版式的形成必須經歷眾多市場及商業的考量，自原創者形成粗略節目概念開始，歷經研究收集相關資料、做成「書面版式」（paper format）、參與創意提出（pitch）等歷程，製作人可因取

得授權而採用、也可能抄襲利用；不過爲了完成節目的製播，不論製作人取得授權或抄襲，均可能再經歷節目製作材料的選取、行銷及製作概念的融入、製作的改編等過程而形成節目版式（program format）予以製播[49]。自前述各國法院之判決及學者之分析來看，所謂的電視節目版式所指，應是電視節目製作播出所呈現出來的節目內容，其固然是依據製作手冊的書面版式而爲製作，但是節目內容之舞臺設計、遊戲方式、流程等呈現出來的特殊表達，才是慣稱的電視節目版式。本判決亦認同此理：

> 縱使「1 vs. 100」節目之遊戲方法、參與角色設定、舞臺設計係依「製作手冊1 vs. 100」所製作，但此僅爲節目之大綱、構想、流程，並無角色互動發展之具體內容，與實際鋪陳具體事件次序及角色互動發展情節之影片，難謂在量或質方面達於實質類似之程度，亦即仍須有具體表達之主持人、參賽者、把關者之參與及具體題目設計後，始得據以製作成上開節目之視聽著作。

此外，法院雖明文將版式限定爲僅及於製作手冊，但在判決的實際分析時，卻詳細列表比較兩節目在挑戰者與把關人數、主持臺、電視牆及把關者座位、燈號之設置方式、挑戰者出場方式及站立位置、主持人出題方式、電視牆及螢幕畫面呈現題目方式、確認答案方式、答案公布時之螢幕及燈號呈現方式、獎金計算方式、詳細解答方式、求救方式的異同，而認定「從而上開節目雖節目名稱不相同，然從勘驗之節目內容中參與該益智節目之人數相近，均是由一挑戰者對抗 100 名或 101 名之把關者、節目之遊戲規則、流程、求救之方式、舞臺之設計、把關者之座位設計等方面綜合觀之，確實構成實質近似。」此乃對於電視節目版式抄襲的實質分析。法院雖將版式限定爲書面版式，需加入實際演出，方成爲受著作權保護的視聽著作，但卻將視聽著作與電視節目版式混爲

一談。

本文認為，一來，書面版式的內容如有具體的節目設計，包含文字及圖表，均可受著作權法保護；二來，節目實際播出後錄影，固然是視聽著作，但其節目版式，方是比較有無抄襲的核心所在；而欲比較抄襲的前提要件，就是必須兩件相比較的作品均為著作權法所認定之著作，既然如此，法院事實上是承認電視節目版式之著作權的。此可自法院認定美國版在舞臺設計、主持人與參賽者及 100 位把關者之座位、互動方式、問答模式、求救之方式及獎金獎勵方式，有其特殊之表達方式，並藉此種一連串之表達方式，增加節目之張力，而應認屬著作人構想之特別表達，獲得驗證。

3. 美國版是否為荷蘭版之衍生著作？

法院認定 Endemol USA 之「1 vs. 100」節目乃源自荷蘭版之衍生著作，兩版本相異處在於美國版之參賽者求救方式係其與原版本相異之處；惟相異處是否具有創作性或特殊性，方為美國版是否成為衍生著作之關鍵。然而，美國版是否為一衍生著作，法院並未先加以探究，即於判決行文中先自行認定美國版乃荷蘭版之衍生著作，再就衍生著作的保護範圍僅限於改作人之獨立創作範圍來認定求救方式並無特殊之表達方式，因此相異處不受著作權保護，故而「挑戰 101」未侵權。

惟「衍生著作的保護範圍應僅限於改作人之獨立創作範圍，……若非如此，無從區分對原著作及衍生著作之保護範圍，且衍生著作得以獨立於原著作外另受保護，本係因衍生著作雖係自原著作加以改作，但相對於原著作仍表彰出一定之原創性始足當之。」因此一旦法院認定兩版本相異處無創作性或特殊性，美國版即自始不應該以衍生著作稱之，而僅是一與原荷蘭版創作幾近相同的作品而已，並不能享有著作權。

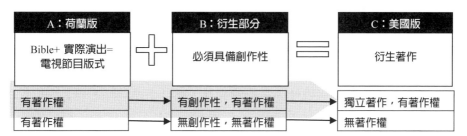

圖6-3 荷蘭版與美國版間是否為衍生著作關係圖：衍生部分若不具創作性或
　　　 特殊性，該部分不能稱為著作（以「0」稱之），則 A+0=C，A 與 C 乃
　　　 幾近相同之作品，著作權屬 A，且 C 不能享有著作權。

資料來源：本文自行繪製。

4. 推論邏輯的錯誤，既已認定抄襲，何須回論美國版衍生部分

　　就法律推論的邏輯而言，假若法院認為電視節目版式乃不受保護的概念而不承認其可受著作權法保護，則節目版式屬於公共領域，任何人均可自由取用，並無抄襲的問題，自無須進一步討論兩節目是否實質近似；且法院一旦認定既有接觸之事實，兩節目亦實質近似時，抄襲即已成立；而既然認定為抄襲，則顯然法院是肯認兩節目的版式是受著作權法保護的，因為唯有承認電視節目版式權者，方有進一步討論兩節目是否實質近似的問題。

　　本判決中法院已認定抄襲後，卻又回過頭來論述因美國版為衍生著作，且認定衍生部分不受著作權法保護，因此臺灣版未侵權；其邏輯性難以連貫，無以理解。亦即，法院既認定美國版為荷蘭版授權製作而來，兩相比較差異後，差異部分不具特殊性與創作性，因此所謂衍生部分並無著作權可言，則美國版亦無法享有著作權，則無論評論美國版為視聽著作或節目版式，均無著作權可言，則無後續推論兩節目是否實質近似之必要。

　　這種法律邏輯推演上的錯誤並非臺灣法院獨有，在 2005 年澳洲法院 Nine Films & TV Pty. Ltd. v. Ninox TV Limited[50] 一案也曾發生；原告

製作 Dream Home 節目並授權給被告,被告除依授權製播節目外,另自行研發一相類似的新節目「The Block」,原告認新節目與「Dream Home」非常相似,是抄襲其架構而來,因而主張著作權受侵害。法院首先認定著作權法僅保護作品之具體表達,著作中所存在普遍、廣泛性的思想或議題,即便具有原創性,仍無法受著作權法保護,而才藝表演、機智問答、遊戲等電視節目版式屬於概念的一環,無法受到著作權之保護。然而隨後法官卻進一步比較兩個節目,不認為是節目版式實質重製,因為就兩者心境、聲調、圖像、結構、視聽的衝擊、或內容的總體表達比較,二者細節並無達到實質近似,因此無著作權侵害。

　　法院既認版式不受著作權法保護,但仍比較兩節目是否構成實質近似來判斷有無侵害著作權,其取得結論的方式乃有違法律推論層次。按版式既遭認定為概念,則根本無受著作權法保護,取用甚或抄襲他人概念,並不違法,自無須再進一步評論兩者是否實質近似。

5. 法院漏未審究荷蘭公司與英國公司、荷蘭公司與美國公司間之授權
　關係

　　臺北地方法院之判決指出英國版係來自荷蘭版之授權,也提及美國版亦係來自荷蘭版之授權,惟對於此項授權究竟是專屬授權、非專屬授權或是獨家授權,並未詳加說明。

　　按非專屬授權,著作財產權人就同一內容之著作財產權得授權多人,不受限制,並不禁止授權人本身或再授權第三人利用同一權利,其於著作財產權遭受他人侵害時,僅授權人有告訴權;專屬授權,則係獨占之許諾,著作財產權人不得再就同一權利內容更授權第三人使用,甚至授權人自己亦不得使用該權利,被授權人依契約之約定,取得行使該著作財產權之獨占權利,於著作財產權遭受他人侵害時,僅被授權人具告訴權。是否專屬授權,依當事人之約定,其約定不明者,推定為未約定專屬授權。又獨家授權,並非專屬授權,僅係著作財產權人於授權他人後,同時負有不得再行授權第三人之義務,並未排除著作財產權人自

行行使權利，核與專屬授權係指著作財產權人於授權範圍內不僅不得再行授權第三人，其亦不得自行行使權利有別。從而著作權財產公司與他公司間簽立之授權合約書，並無專屬授權之約定，僅約定著作財產權公司授權他公司重製、發行及出租後，同時負有不得再行授權第三人重製、發行及出租之義務，並未排除其行使著作財產權之權利或以自己名義行使訴訟上權利排除他人之侵害，則其就侵害其著作財產權之行為自仍有告訴權[51]。

表 6-1　著作權專屬授權、非專屬授權之授權方式及告訴權人區分表

	授權種類	授權方式	告訴權人
著作權授權	非專屬授權　一般非專屬授權	著作財產權人就同一內容之著作財產權得授權多人，不受限制，並不禁止授權人本身或再授權第三人利用同一權利。	授權人
	獨家授權	著作財產權人於授權他人後，同時負有不得再行授權第三人之義務，並未排除著作財產權人自行行使權利，與專屬授權不同。	授權人
	推定為未約定專屬授權：是否專屬授權，依當事人約定，約定不明者。		
	專屬授權	係獨占之許諾，著作財產權人不得再就同一權利內容更授權第三人使用，甚至授權人自己亦不得使用該權利，被授權人依契約之約定，取得行使該著作財產權之獨占權利。	被授權人

資料來源：本文自行整理。

顯見荷蘭版與英國版、荷蘭版與美國版間的授權種類及方式的約定，將影響誰可為訴訟的告訴權人。假設係非專屬授權，則本訴訟應由授權人，也就是荷蘭公司提出；又若為專屬授權，因有英國版與美國版及其他國家的版本，可推斷該專屬授權應為限制國家地域的專屬授權，著作權法第37條第4項規定：「專屬授權之被授權人在被授權範圍內，得以著作財產權人之地位行使權利，並得以自己名義為訴訟上之行為。著作財產權人在專屬授權範圍內，不得行使權利。」依國內多數見解，

所謂「授權範圍」，係指授權內容、授權時間以及授權地域[52]。可知若專屬授權有約定授權地域，在授權地域內所生的侵權爭議，僅專屬被授權人有權提起訴訟，專屬授權人不得為訴訟上行為；反之，在授權地域外的範圍所生侵權爭議，應由專屬授權人，也就是荷蘭公司起訴。

綜上，無論是專屬授權亦或非專屬授權，本案均應由荷蘭公司提出訴訟，如已逾越告訴期間，則本案無論於英國公司部分、美國公司部分、荷蘭公司部分，均應諭知不受理判決才是。本判決就英國公司部分認為：「荷蘭公司係授權『Endemol UK Plc.』製播英國版『1 vs. 100』，並非英國版『1 vs. 100』之視聽著作財產權人，自訴人『Endemol Nederland』就此部分提起自訴，於法不合，自應諭知不受理之判決」；而就美國公司部分則進入實體審理而認定無罪，顯然均係漏未審酌美國公司與荷蘭公司間之授權關係而產生之錯誤結果。亦即若為荷蘭專屬授權或非專屬授權英國於英國境內製播，英國版在臺灣遭侵權，理應由專屬授權人，即荷蘭提出訴訟。此部分卻遭法院以荷蘭提起自訴於法不合而為不受理判決處理。同理，若為荷蘭專屬授權或非專屬授權美國於美國境內製播，美國版在臺灣遭侵權，亦應由專屬授權人，即荷蘭提出訴訟。

(三) 智慧財產法院 103 年度刑智上易字第 56 號刑事判決之理由形成

1. 英國版因未上訴，原不受理判決因而確定。
2. 荷蘭版逾越告訴期間，仍維持不受理判決。
3. 美國版無罪：
   (1) 法院首先確認 Endemol USA 為美國版視聽著作之著作財產權人[53]。
   (2) 確認美國視聽著作受我國著作權法保護[54]。
   (3) 法院認定美國版不具原創性而不受著作權保護。

上訴人美國公司之美國版節目係源自於 2000 年 9 月 3 日在荷蘭播出之荷蘭版，雖在美國登記著作財產權，僅得確認其在美國登記為著作財產權人，惟美國版在我國是否係受著作權法保護之著作，仍應依我國著作權法相關規定予以審核。

臺北地方法院勘驗之標的係比較美國版與臺灣版的異同，而智財法院則係針對荷蘭版及美國版的異同，兩者均詳細列表比較兩節目在挑戰者與把關人數、主持臺、電視牆及把關者座位、燈號之設置方式、挑戰者出場方式及站立位置、主持人出題方式、電視牆及螢幕畫面呈現題目方式、確認答案方式、答案公布時之螢幕及燈號呈現方式、獎金計算方式、詳細解答方式、求救方式的異同，而認定美國版節目與荷蘭版實質近似，且其內容或表達上並未展現作者之個性或其獨特性，是以，美國版節目即非我國著作權法保護之著作。

法院既然認為美國版節目非屬受我國著作權法保護之著作，則美國公司舉證之主要論據，無從證明被告侵害著作權，因而應為無罪之結論。

(四) 智慧財產法院 103 年度刑智上易字第 56 號刑事判決之評析

1. 就美國版部分，法院認定美國版與荷蘭版實質近似，且其內容或表達上並未展現作者之個性或其獨特性，是以美國版節目非我國著作權法保護之著作，並以美國公司舉證之主要論據無從證明被告侵害著作權，而為無罪之結論，並未如臺北地方法院之判決具體審查臺灣版是否抄襲美國版。相較於臺北地方法院的判決在邏輯推論上的謬誤，智財法院在分析上較為精煉正確，也避開了論述我國版是否侵害美國版電視節目版式著作權之爭議。惟如同前述針對荷蘭公司與美國公司間究採取何種授權的方式的分析，若告訴權人係荷蘭公

司，如已經逾越告訴期間，則應直接為不受理之判決，無須進入實體判斷的程序。

2. 相較於臺北地方法院僅指出英國版係來自荷蘭版之授權、美國版亦係來自荷蘭版之授權，卻未細究為何種授權，智財法院之判決書顯得詳細許多，智財法院並區分書面版式及節目版式，也承認書面版式之著作財產權；誠如法院進一步查察發現：

美國版係經荷蘭公司授權後製播，惟依美國版節目授權書原本、中譯本及節目版權頁資料所載，應係受訴外人**Endemol International B.V.授權**[55]。

自證43美國版節目第2系列第1集為案外人Endemol International B.V.**非專屬授權**自訴人Endemol USA後，於2007年製播，該自證43美國版節目第2系列第1集係依自訴人所提出之由Endemol International創作之「製作手冊1 vs. 100」節本而製作。

次查，上訴人Endemol Nederland為「1 vs. 100版式（format）」之原始創作人，及荷蘭版「1 vs. 100節目（program）」之著作人，為將「1 vs. 100版式」及節目行銷全球，乃與Endemol集團成員即案外人Endemol International簽訂專屬授權契約，由上訴人Endemol Nederland授權Endemol International將「**1 vs. 100版式**」之著作財產權授權予荷蘭以外世界各地之Endemol集團成員或第三人，製作當地版之「1 vs. 100節目」，並約定由當地之Endemol集團關係企業取得「當地版1 vs. 100節目」之著作權，有授權契約附卷可稽，之後，訴外人Endemol International B.V.與自訴人Endemol USA簽約授權契約，此有Endemol International及上訴人Endemol USA間之「Deal Memo」在卷足稽，該契約第27條約定「27.權利聲明（當地翻譯語言）『1 vs. 100版式』係由Endemol Nederland創造，『1 vs. 100版式』係由Endemol International發行，本節目係由Endemol USA公司製作，2006 Endemol USA公司……節目之全球著作權與利用權：Endemol USA公司[56]」，可知，上訴人**Endemol USA製作之「美國版1 vs. 100節目」**，係基於上訴人**Endemol Nederland授權予Endemol International**再轉授權之「**1 vs. 100版式（format）**」，而上訴人**Endemol USA之「美國版1 vs. 100節目（program）」**係源自於**2000年9月3日在荷蘭播出之荷蘭版「1 vs. 100節目」**，雖在美國登記著作財產權，僅得確認其在美國登記為著作財產權人，惟美國版「1 vs. 100節目」在我國是否係受著作權法保護之著作，仍應依我國著作權法相關規定予以審核。

3. 從上述法院查證的授權關係可知，荷蘭公司既與 Endemol International 簽訂專屬授權契約，理應 Endemol International 方為提出本訴訟的適格當事人，荷蘭公司尚非屬本案有權提出訴訟之人。此亦完全推翻無論臺北地方法院或智慧財產法院對於本案的推論。

茲將兩法院之判決以下表比較之：

表 6-2　臺北地方法院 99 年度自字第 77 號刑事判決與智慧財產法院 103 年度刑智上易字第 56 號刑事判決之推論理由比較表

		臺北地方法院	智財法院
英國版		不受理：荷蘭公司就此部分提起自訴，於法不合	未上訴，確定
荷蘭版		不受理：逾告訴期間	不受理：逾告訴期間
美國版		無罪	無罪
	1	Endemol USA為美國版視聽著作之著作財產權人	同左
	2	確認美國視聽著作受我國著作權法保護	同左

	臺北地方法院	智財法院
3	法院認定美國版具原創性而受著作權保護	法院認定美國版不受我國著作權法保護，被告未侵權。
4	法院認定「挑戰101」並非重製美國版，而是改作。	
5	法院認定「挑戰101」抄襲自訴人Endemol USA製作之美國版	
6	美國版係荷蘭版的衍生著作	
7	兩版本相異處二種求救表達方式非屬特殊之表達方式，因此不能受到著作權法保護，因此被告並未侵權。	

資料來源：本文自行整理。

三、小結

　　電視節目版式是否能享有著作權，本節檢視過去各國法院及學說的見解，不脫有認為電視節目版式僅是橋段或流程，屬於概念的一環，無法受到著作權保護，以及有主張電視節目版式並非單純概念而已，而是較概念更為進化、更為精緻的表達形式，其原因乃在於此類節目均有可識別的流程、可預期的橋段銜接、不變的賽制規則、一定的拍攝角度選取、固定的高潮點（緊張點或哭點），一旦透過具創作性地選擇編排而呈現固定結構，並可使觀眾明顯識別其演出的結構、順序、組織、流程及風格之特殊性乃為同一系列電視節目；凡達到此具體程度者，應可受著作權法保護。而我國法院迄今有針對「挑戰101」是否抄襲荷蘭原創節目「1 vs. 100」而做成的臺北地方法院99年度自字第77號刑事判決及智慧財產法院103年度刑智上易字第56號刑事判決，儘管兩法院在論述上有極大的差異，已如前述，儘管智財法院未對電視節目版式抄襲加以判斷，但從臺北地方法院之見解看來，如若荷蘭公司未逾告訴期間提出訴訟，以法院對美國版之分析來看，法院顯係肯認電視節目版式著作權。

參、國際上對電視節目版式著作權保護的最新趨勢

一、2017 年英國 Banner Universal Motion Pictures Ltd. v. Endemol Shine Group Ltd. 案

本案爭議的對象為「Minute Winner」這個電視遊戲節目，其節目版式是由丹麥籍 Derek Banner 所構思創作，2015 年 7 月，Banner 先生在英國創立了一家名為 BUMP 的電視節目版式公司（Banner Universal Motion Pictures Ltd.，簡稱 BUMP），並將所創作「Minute Winner」節目之著作權授權予 BUMP。本案起因於 Banner 先生早於 2005 年 11 月 11 日即將節目版式的著作資訊在一次於斯德哥爾摩召開的提案會議中揭露給瑞典一家名為 Friday TV 的公司，會後 Friday TV 未經授權即自行製作類似於該提案的節目，並改名為「Minute To Win It」[57]，於 2011 年開始播出。BUMP 公司因此於英國提出訴訟，主張被告侵害節目版式著作權、違反保密義務及冒名攀附（passing off），案件於 2017 年 10 月經英格蘭及威爾斯高等法院（High Court of England and Wales，縮寫為 EWHC）判決確定[58]。

法院檢閱原告遊戲節目版式設計的原始文件，既然名為「Minute Winner」，就是在節目中的每個遊戲設計均必須在 1 分鐘之內完成，並找出優勝者頒給獎金或獎品；這些獎品或獎金是由贊助節目的公司提供，以換取廣告的機會；文件中也提出節目要以「運氣及單純偶然機會的組合」來吸引觀眾觀看。遊戲的方式例如：贊助商提供一輛全新轎車置放於路邊，節目主持人在路邊隨機挑選行人參加節目，並給與參加者一串鑰匙，必須在 1 分鐘內找出開車門的鑰匙並成功打開車門，就可贏取該輛轎車。

茲將原告 Derek Banner 所構思遊戲節目版式設計的原始文件，說明並翻譯如下：

MINUTE WINNER	「MINUTE WINNER」
Mini-format Game show	迷你版式遊戲節目
Daily or weekly show.	每日播出或每週播出
Or short one minute between main programs.	或是在主要正規節目中穿插1分鐘短暫遊戲
Morning, Evening or Afternoon program.	早上、晚上或午後的節目
One minute, or 30 minutes with several winnings."	節目長度1分鐘或30分鐘內有多個優勝者
"SYNOPSIS	節目概要
Minute Winner is a television program in which people are given one minute to win something.	「Minute Winner」是一個讓參與者於1分鐘內贏取獎項的電視節目。
WHERE?	在哪裡舉行
The program takes place in a studio (and in location: street, shopping mall or unexpected at people's homes). The program is cheaper to produce on location, as it only requires a cameraman, soundman, a host and a stopwatch	攝影棚、街頭、購物中心、未預期的民眾家中。節目如果在街頭、購物中心或民眾家中製作拍攝，費用較低，因爲只需要一個攝影、一個收音、一個主持人與一個碼錶即可。
PRIZES	獎品
The prizes are sponsored by firms/companies in exchange with advertisements during the program."	在節目中由廣告商贊助獎品以換取節目的廣告。
EXAMPLES OF WHAT PEOPLE CAN WIN	民眾可以獲得獎品的例子
AT A BICYCLE SHOP	在腳踏車店
The host randomly stops a customer inside the shop and offers her/him a set of 10-20 keys. The customer then has one minute to find the right key that would open the lock of a chosen brand new bicycle. If the customer succeeds she/he wins the bicycle.	節目主持人在腳踏車店內隨機挑選客人參加節目，並給與參加者一串10-20支鑰匙，客人必須在1分鐘內找出開腳踏車鎖的鑰匙並成功打開，就可贏取該輛腳踏車。
ON THE STREET	在大街上
A brand new car is parked on the street. The host randomly stops a by-passer and gives her/him a set of car keys. Within one minute the by-passer has to find the right key and open the car. The by-passer wins the brand new car if she/he succeeds before one minute is gone.	一輛全新轎車置放於路邊，節目主持人在路邊隨機挑選行人參加節目，並給與參加者一串鑰匙，參加者必須在1分鐘內找出開車門的鑰匙並成功打開車門，就可贏取該輛轎車。

從我國法院判決的分析，論電視節目版式著作權保護的國際趨勢

PRIVATE AT SOMEONE'S HOME	在某私人家中
The host starts by mentioning: "Today we're going to surprise someone at Fifth Avenue!" Then afterwards we see him knock at a door that he chooses at random. And when someone opens the host says: ``Hello, we're from the television program called 「Minute Winner」. Do you have one minute to win a TV set?'' Of course the person says yes. Who wouldn't want to win a brand new TV? The host then gives the person one minute to try to turn on the TV and code in two-three channels. The person wins the TV set if she/he succeeds.	主持人在節目開始時宣達「今天我們將會在第五大道帶給某人驚喜。」主持人隨之隨機敲人房屋大門，當主人打開門時，主持人就會說：「您好，我們是來自『Minute Winner』電視節目，您想在1分鐘內贏取一臺電視機嗎？」理所當然主人會說好，誰不想要一臺全新的電視機呢。主持人會給主人1分鐘的時間嘗試打開電視並找出2到3個頻道的密碼，成功解碼者即可獲得一臺電視。
IN A CLOTHES SHOP	在服飾店
The host stops a customer at random inside the shop and gives her/him one minute to choose a set of clothes, go to the dressing room and try them on. If the clothes fit and the person has put them all [on] in one minute she /he wins the clothes.	主持人隨機在服飾店裡尋找顧客，給顧客1分鐘的時間找到數件衣服，到試衣間把衣服全部穿上，假如衣服可以全部合身穿上，他就可以贏得這些衣服。
The program can also take place at different various places: at a paint shop, fish shop, butcher shop, shoe shop, wood shop, dentist, candy shop etc. The combination of luck and pure coincidence is a factor that would make people wish that one day they could be stopped on the street and be given a chance to win something on television.	節目也可以在不同的地點進行，例如：油漆行、魚店、肉店、鞋店、木材行、牙醫診所、糖果店等。運氣及單純偶然機會的組合會讓觀眾期待有一天在街上被選中參加節目而有機會在電視節目上贏得獎品。而這也是吸引觀眾觀賞此遊戲節目的原因。
WHEN CAN THE PROGRAM BE SHOWN?	節目什麼時候播出？
The program can be shown daily (optional) as a one-minute fill in, before or after a main program. 「Minute Winner」 can also be shown either as a morning program, afternoon program or evening access prime time program.	節目可以每天播出（或未必每天播出），在主要節目之前或之後播出1分鐘。節目可以晨間播出、午後播出或夜間黃金時段播出。

資料來源：Banner Universal Motion Pictures Ltd. v. Endemol Shine Group Ltd. [2017] EWHC 2600, available online at: http://www.bailii.org/ew/cases/EWHC/Ch/2017/2600.html (last visited Jan. 7, 2018).

法院認爲「Minute Winner」並未有實際製作出的節目，僅有遊戲

設計的簡易文件手冊，如上表，因此本案的爭點仍在於電視節目的版式是否受著作權法保護。法院試圖找尋過去並不多見的節目版式著作權爭議案例來解答本案，因此參考 1989 年紐西蘭 Green v. Broadcasting Corporation of New Zealand 一案[59]，該案中原創自英國著名節目主持人 Hughie Green 的節目「當機會來敲門」（Opportunity Knocks）遭到紐西蘭廣播公司（Broadcasting Corporation of New Zealand, BCNZ）未經授權利用，並以同名稱同一節目版式在紐西蘭製播 3 年後，原創作人方才輾轉得知狀況，遂於紐西蘭及英國提出訴訟[60]，主張 BCNZ 抄襲其原創節目，並在其節目中使用與其原創作節目內容相似之特徵，如節目名稱、所用標語及節目進行中使用的特殊輔助設備等，因而侵害其著作權。

在侵害著作權的認定部分，原告無法提供其節目內容的具體腳本，因此法院不認為其節目概念可該當戲劇著作而受到著作權之保護。英國樞密院（Privy Council）對本案件更認為，原告的節目版式缺乏該當為一戲劇著作所必須具備堪供表演的足夠整體性（sufficient unity）[61]；再者，原告也無法證明其在英國所播出的節目因被告在紐西蘭重新製播後造成任何經濟或聲譽上的損失。因此法院並不考慮將電視節目版式視為一獨立著作。紐西蘭最高法院及英國樞密院最終均駁回本案。

不過，在英國法院的判決中，亦有法官 Gallen J. 持不同意見[62]，其主張電視節目版式應受到著作權法的保護，其認為系爭的電視節目乃由多個元素組合製作而成，其已建立具有可識別的節目架構（recognizable structure），當觀眾看到這些元素出現時，就會和 Opportunity Knocks 這個電視節目聯想在一起；像這樣已經具有特色的戲劇著作，應該有資格受到著作權法的保護。法官也進一步說明，假若一項著作已經能被實質地複製，那麼該著作本身必然已經具有可識別的架構，故也就可以被稱為一戲劇著作，而應受到保護。

參考此判決，「Minute Winner」案的法官認為電視節目版式要受

到著作權法保護，應該要符合以下兩要件：

1. 將許多可供清晰辨識的內容特徵結合在一起的節目，可以與同類型的其他節目加以區別。
2. 這些可區別的特徵互相結合在可重複運用的一致架構下，可使節目在可辨識的形態下被重複製作[63]。

　　在這兩個要件下，本案判決認為節目版式的文件內容，並無法證明其具有一致的架構以藉使重複製作可辨識形態的特殊遊戲節目。判決認為「Minute Winner」的主題是在其他節目中常見的，並無法與其他遊戲節目的內容作清晰的區別。給予大眾有機會贏得獎品並錄製其反應的節目概念，並不特別，也常見於各種電視遊戲節目的本質，因此法院認為節目版式的文件手冊並無法受到著作權法保護。

　　本案最重要的意義在於法院承認電視節目版式得以戲劇著作受著作權法保護，而這樣的保護不僅止於節目錄製所呈現的版式內容，也包括記載節目運作特徵的書面文件（書面版式）。過去英國法院一直認為要主張版式為著作的難度很高，在戲劇著作的情況，將表演錄製下來而成為固著物（fixation）是比較容易主張著作權的，如果沒有實際的節目被錄製，當事人要主張著作權保護的難度就會變高。本案法院採取「可區別的特徵互相結合在可重複運用的一致架構下，可使節目在可辨識的形態下被重複製作」作為節目版式是否可以受著作權法保護的要件，也呼應了英國智慧財產權學者 Nicholas Caddic 所提出的見解[64]，他認為假如有足夠的記錄載明電視節目會被如何展現，此記錄不論是透過書面文件或是錄製出來的節目內容，而能藉以完成一項前後一致（coherent）且意義重大（meaningful）的節目，則電視節目版式理應受到戲劇著作的著作權保護。

　　本判決使電視節目版式是否受著作權法保護，在英國法的規範下，有了更清晰的規範。法院提供了更清楚的方向，亦即書面版式能否受到著作權法保護，取決於版式的開發者在版式文件的指引製作手冊

（production bible）中究竟有多詳細被描述。版式的內容越詳細，則獲得保護的機會越大；相較於前述表格中原告極為粗略的版式文件書，被告製作的「Minute To Win It」，不僅在版式指引製作手冊中有 419 個遊戲方式的介紹，甚至還畫上固定格式的圖像作為節目流程的介紹。因此電視節目版式的開發者如果希望版式受到著作權法的保護，則不僅應該為節目構思節目名稱、響亮的口號，還必須載明使用道具的圖示、節目進行的流程順序、還有主要的節目角色、以及適合的可能人選等，以符合法院所要求的特性。

二、2017 年義大利最高法院 RTI Reti Televisive Italiane Spa v. Ruvido Produzioni Srl, decision 18633/17（27 July, 2017）案 [65]

本案乃義大利最高法院審理關於電視節目版式著作權的爭議案件，涉案的節目名為 Amore Criminale（犯罪愛情），節目採取紀錄片的拍攝手法，重建義大利當地對於家庭暴力案件中，男性對於女性使用暴力造成死亡或重傷的愛情犯罪事實過程，並訪談受害人本身、其家庭成員、朋友、律師、法官及辦案員警等，節目中有旁白輔助敘述細節並做總結，企圖喚醒大眾對於家庭暴力事件中女性成為受害人潛在目標的重視 [66]。節目自 2007 年以每週一集的模式開播以來，受到社會極度的重視與關注。該節目由 Ruvido Produzioni Srl 公司製作，而另一家與其偕同製作的公司 RTI Reti Televisive Italiane Spa 則主張其對該節目的版式亦享有著作權 [67]。義大利最高法院採用身為該國著作權授權費用徵收團體的「義大利作家及出版社協會」（Società Italiana degli Autori ed Editori；英譯為 Italian Society of Authors and Publishers；簡稱 SIAE）的規定：節目必須具備節目名稱、劇情或基本敘事結構、舞臺設置、固定角色等主要元素之連續性及主題性的表達，而能達到可被敘明的重複節

目架構的程度者[68]，而據以明確確認在義大利著作權法下，電視節目版式可受保護；法院認為即使著作權法中並未對版式有所規範，但若符合以下要件，電視節目版式可以受著作權法保護[69]：

1. 將節目名稱（title）、基本的敘事結構（basic narrative structure）、舞臺美學設計（scenography）（包含了整體布景、道具、燈光、服裝、聲音、臺位、演員配置等）及固定的人物角色（fixed charac-ters）等元素作有邏輯性且有主題性地連結（logical and thematic con-nections），而形成可重複的架構者（a structure that can be repeated）。因此即興式的節目型態而缺乏重複性的架構者，不能稱為節目版式。

2. 電視節目版式必須具備呈現少量創作性（modicum of creativity）的程序化架構（programmatic structure），而至少得以辨識該架構下情節的結構元素（structural elements of the story）、該情節對空間及時間的安排組合（space and time collocation）、主要的人物及其特性（main characters and their personalities）、以及情節的主要脈絡（main thread of the plot）。

　　缺少以上元素者，節目版式將因缺乏具體表達而無法受到著作權法的保護；然此並非意味節目版式必須是原創，只要能符合上列要件，均可受到著作權法保護。

三、2017 年以色列臺拉維夫地方法院 Brodesky v. Armosa International Media 案[70]

　　本案主要爭點涉及，名為「Upgrade」的電視遊戲節目版式是否享有著作權，該節目的設計版式為節目主持人到訪遊戲參賽者的家中，並提問家中成員各類領域的問題，答對即可將家中的家具物品升級換新，反之答錯則該項物品會被節目單位沒收。原告 Saar Brodesky 在 2008 年即已創作此節目，並在以色列第十頻道製作先導樣片試播（pilot epi-

sode），但最終在以色列並未成功製播，遂將該電視遊戲節目版式輾轉售
予 Armosa 製片公司並發行至世界其他 30 個國家，並於契約中載明必
須彰顯創作者的姓名；然而製片公司在利用其創作的過程中卻標示其他
人為創作人，未明示原告為節目版式的創作人，原告因而主張其著作人
格權受侵害 [71]。被告則認為原告僅是構思節目並僅止於與同伴討論節目
內容，卻未具體進一步發展節目。

　　法院首先審酌世界其他國家對此類案件的看法，部分國家係認為節
目版式僅是概念，因而無法受著作權法保護。此類見解認為特別在實境
秀或是問答秀之類的遊戲節目，其呈現方式相當多元，例如：實境遊戲
節目的內容是由參賽者的對白所構成、即使相同的題目也會有不同的答
案陳述，此類節目的可看性與參與者的角色特質有關，並無一致性。然
而，本案法官引證荷蘭 2004 年最高法院在 Castaway v. Endemol 案 [72] 的
判決，就 Big Brother 電視節目版式有無侵害 Survivor 電視節目版式之
著作權之爭執，認為 Survivor 電視節目版式可以受到著作權保護，但相
較兩電視節目版式，並未達到違法抄襲的程度；亦即法院承認電視節目
的版式可受著作權保護，至於兩個版式之間是否實質近似，則需視個案
加以比較 [73]；以色列法院因而認定「Upgrade」節目是原告創作的成果，
其已為拍攝先導樣片而準備，節目已由情節綱要及其呈現而具體化，
被告 Armosa 製片公司係惡意否定原告 Saar Brodesky 的貢獻；法院並進
一步否決被告對節目僅是構思的主張，認為：非固定形式的概念（amor-
phous idea）或是初步的草案（preliminary sketches）僅是電視節目版式
創作初期的起始構思過程，這部分應該要與已成型而具體表達化的概念
且成為具原創性的實體版式加以區別，此實體版式中含括了具整體性或
重要性的獨特場景及元素。法院也認為這是對於節目的細節、節目的架
構、對參賽者的導引、競爭者的選擇、以及產生最終成品所涉及提問、
活動與主持人的準備，能深思熟慮的結果。本案法院認為若已有如此
具體的表達，則本案的遊戲節目版式可以受到著作權法的保護。Avnieli

法官認爲被告忽視原告爲原創者，持續標示被告爲版式的創作人，侵害了原告的著作權人格權，被告因而遭罰 3 萬謝克爾（約 25 萬臺幣）並須賠償原告 150 萬謝克爾（約 1,230 萬臺幣）[74]。

四、國際間嘗試透過立法解決版式爭議

國際上近期的判決固然趨向於賦予電視節目版式著作權保護，然而過多的抄襲事件，已使部分版式輸出的國家開始構思是否應在法律中給予較明確的規範以保護製作公司辛苦研發的版式。過去英國曾於立法上嘗試於智慧財產權領域中建立版式權及其定義，立法背景係起因於原創自英國的版式節目「當機會來敲門」（Opportunity Knocks）遭到紐西蘭廣播公司（Broadcasting Corporation of New Zealand）抄襲製播，英國原創公司於紐西蘭及英國提出訴訟，但均遭敗訴判決[75]；英國素以電視節目版式開發聞名於世[76]，深知版式保護的巨大經濟利益所在，也有感該案在法院遭受敗訴判決的影響，遂於 1990 年的英國廣播法案（British Broadcasting Bill）修正案中提案增訂「版式權」（rights in formats）[77]，不過此提案因被批評規定的內容缺乏明確性（clarification）[78]且權利範圍過廣，無法提供權利判斷的有效基礎，因而未獲國會通過[79]。論者也認爲現行法已足夠因應版式遭侵權的狀況，貿然給予版式權保護似乎有鼓勵壟斷思想或概念之嫌，並創造更多法律上的不確定性[80]；英國的立法雖然遭受挫敗，然而世界各國層出不窮的版式抄襲案件，仍舊引起娛樂界及法律界的關注，尤其近期中國大量抄襲韓國綜藝節目的現象，也迫使身爲新崛起版式輸出大國的韓國，開始構思如何防範版式抄襲的應對之道。

據韓國媒體「亞洲經濟」報導引述韓國電視界消息稱，韓國放送通信委員會於 2017 年 5 月初開始已委聘律師對韓國電視節目遭中國抄襲的案例作分析，並在年底完成「韓流電視內容的國際版權糾紛事例」

的研究[81]；委員會表示這項研究係對電視節目的創意、抄襲和著作權作品的成立條件等相關標準進行研究，之後將分階段制訂遭到侵權時的應對政策[82]。而面對韓國原創節目不斷遭中國惡意抄襲的現象，韓國國會於 2018 年 1 月 31 日正式通過了由李東變議員草擬的「內容產業振興法修訂案」和「音樂產業振興法修訂案」，並於 2018 年 2 月 21 日公布，將於 2018 年 8 月 22 日開始施行，以保護韓國文化產業和音樂產業的智慧財產權，內容產業振興法新設於第 10 條第 4 項[83]、音樂產業振興法則新設於第 14 條第 4 項[84]，兩法案均明文規定文化體育觀光部長可以向外交部等中央行政機關的長官提出合作的要求，以作為協助處理節目抄襲的依據[85]。有鑑於預防此類抄襲事件發生的法律依據並不完善，而且國際訴訟耗時長久，文化產業開發者們在遭受侵權的同時，並沒有得到適當的賠償，李東變議員表示「局面已經發展成這樣了，我們政府都沒有做出有效應對。因為這個問題的特性，需要多個部門協作才能得以解決，但各個部門並沒有齊心協力。在這段期間，中國在累積自身的技術，以可怕的速度追趕著我們。希望這次法案通過後，可以切實保護本國的文化產品和音樂智慧財產權[86]。」不過透過行政權及外交手段與他國斡旋溝通，是否能得到實際的威嚇或法律上的效果，仍待後續觀察。

五、小結

　　電視節目版式是否予以法律保護的爭議重點在於一方面能保護節目版式原始創作人的利益，提高其創作新節目動機，並同時確保節目版式不被集團壟斷，嘉惠廣大閱聽群眾，這兩者之間如何取得平衡，在在考驗娛樂業者與執法者的智慧。從實務上來分析，電視節目版式的交易及利用涉及版式輸出國與輸入國地位立場的不同；原創力不足的國家，尊重版式著作權者會選擇取得授權而購入節目版式，然而不尊重創作方研發付出的製作人則會選擇抄襲節目版式，對於輸入版式創作的一方而

言，當然希望授權費用越低越好，也不希望電視節目版式受到著作權法或其他法律保護；然而一旦原創能力強大，躍身為版式輸出的大國，例如：英國、荷蘭、美國、以色列、韓國等 [87]，擁有強大的版式開發能力時，則無不迫切希望版式能透過立法或是法院判決受到法律保護，並在授權交易下獲得利潤，也獲得文化及傳播的世界主導權。全球電視節目版式交易的出口額已達 40 億美元 [88]，在世界各國最新的法院判決中，已經可以嗅覺到電視節目版式的著作權已經逐漸受到法院的重視與支持，並已逐漸勾勒出受保護版式的法律輪廓。

肆、結論與建議

　　儘管對於電視節目版式是否受著作權法保護的爭議仍在，但是從近期各國法院的判決趨勢觀察，包括英國、義大利、以色列等法院均陸續在 2017 年作出支持保護電視節目版式的決定，也對其保護的界線有了更為清晰的描繪。著作權概念與表達二分原則仍然是判斷電視節目是否受著作權法保護的關鍵，儘管在概念與表達之間劃出那道界線的難度極高，但是概念與表達二分原則的區別基準，藉助美國聯邦法院之見解，對於戲劇類等適合解構的作品以抽象測試法（abstractions test；或稱為抽離測試法）加以分析 [89]；依 Learned Hand 法官之見解 [90]，任何作品，特別是戲劇，如將其中包含的「事件」（incidents）逐漸抽離，當越來越多的事件被抽離，會有普遍性越高的「模式」（patterns）出現，而此模式可以普遍套用於其他任何作品；事件逐漸抽離到最後，可能只會剩下該戲劇最為普遍性的描述（主題）或是戲劇的名稱 [91]。Hand 法官認為，要判斷作品是否有侵害他人之著作權時，應將兩個作品所包含之事件個別地、逐步地抽離，並找出兩作品最細微之共同模式（the most detailed patterns common to both）進行比較。倘若相同模式之處有相當之數量或有相當之意義，並已具有「普遍性」，則僅構成思想之模仿，

並無侵害他人之著作權；反之，若該模式不具有普遍性，則屬表達之抄襲，已構成侵害他人之著作權。因此決定電視節目版式是否遭他人侵害著作權時，應比照上述方式將兩者的事件逐步抽離，抽離之後應判斷該模式是否具有普遍性而予以過濾，如果事件抽離後兩著作的最細微的共同模式具有普遍性，則僅是概念的模仿，不侵害著作權；反之，如果共同的模式有相當數量或具相當重要性（significance），且不具普遍性時，例如：對於事件的順序、角色的特徵、劇本的布局等之模仿，則屬表達之抄襲，係侵害原作品之著作權[92]。因此在以某一版式為節目主題的概念與完成節目製播的表達的頻譜之間，特殊化之程度將成為決定構想或表達的基礎。

這樣的推論方式反映在 2017 年的這三個國際判決中，英國法院認為電視節目版式要受到著作權法保護，應該要符合以下兩要件：一、將許多可供清晰辨識的內容特徵結合在一起，可以與同類型的其他節目加以區別；二、這些可區別的特徵互相結合在可重複運用的一致架構下，可使節目在可辨識的形態下被反覆製作；義大利法院認為將節目名稱、基本的敘事結構、舞臺美學設計，包含整體布景、道具、燈光、服裝、聲音、臺位、演員配置等及固定的人物角色等元素作有邏輯性且有主題性地連結，而形成可重複的架構，且電視節目版式必須具備呈現少量創作性的程序化架構，而至少得以辨識該架構下情節的結構元素、該情節對空間及時間的安排組合、主要的人物及其特性、以及情節的主要脈絡；而以色列法院則認為節目實體版式中須含括具整體性或重要性的獨特場景及元素，包含對於節目的細節、節目的架構、對參賽者的導引、對競爭者的選擇、以及產生最終成品所涉及提問、活動與主持人的準備等。法院無不極盡所能的具體要求受著作權保護的節目版式應符合的要件。

我國法院迄今有針對「挑戰 101」是否抄襲荷蘭原創節目「1 vs. 100」而做成的臺北地方法院 99 年度自字第 77 號刑事判決及智慧財產

法院 103 年度刑智上易字第 56 號刑事判決，判決中雖然明白地避免碰觸版式的著作權爭議，但在判決的實際分析時，卻詳細列表比較兩節目在挑戰者與把關人數、主持臺、電視牆及把關者座位、燈號之設置方式、挑戰者出場方式及站立位置、主持人出題方式、電視牆及螢幕畫面呈現題目方式、確認答案方式、答案公布時之螢幕及燈號呈現方式、獎金計算方式、詳細解答方式、求救方式的異同，而認定確實構成實質近似；而欲比較抄襲的前提要件，就是必須兩件相比較的作品均為著作權法所認定之著作，臺北地方法院法院就電視節目版式究竟應落於概念與表達二分原則下的界線非常明確認定，美國版在舞臺設計、主持人與參賽者及 100 位把關者之座位、互動方式、問答模式、求救之方式及獎金獎勵方式，有其特殊之表達方式，並藉此種一連串之表達方式，增加節目之張力，故應認屬著作人構想之特別表達。

電視節目抄襲的狀況在各國屢見不鮮；肆無忌憚的抄襲，肇因於部分法律見解仍然認為電視節目版式僅屬於著作權不保護的流程概念；抄襲他人已經成功製播的節目，不僅可以降低製作新節目可能失敗的風險，也可大量降低開發成本，更可以有效說服贊助商與廣告商投入資源；電視節目版式如果不受法律保護，則任何人得以任意複製，勢將無人願意透過授權取得節目版式的利用。因此節目版式能否受到法律保護，考驗著版式能否在市場上獲得授權。

綜合各國法院判決的分析及國際上對於電視節目版式保護的趨勢，本文認為在著作權法不保護的概念與受保護的表達間的界線雖須依具體個案加以判斷，但可歸納出受著作權法保護的電視節目版式應至少具備以下要件：

1. 內容可辨識性：可供清晰辨識的節目內容，包括節目名稱、節目的細節安排、基本的敘事結構（產製節目所涉及的提問、活動與主持人的準備）、具整體性的節目架構、舞臺美學設計（整體布景、道具、燈光、服裝、聲音、臺位、演員配置等）及固定的人物角色（包含對參

賽者的導引、對競爭者的選擇）。

2. 特徵可區別性：可以與同類型的其他節目加以區別的特徵，包括情節
的結構元素、該情節對空間及時間的安排組合、主要的人物及其特
性、以及情節的主要脈絡等，須讓觀眾得以區別係該節目。

3. 邏輯性與主題性：節目的內容與特徵，須有邏輯性且有主題性地加以
結合。

4. 創作性與重複性：節目具備創作性且可重複運用的一致程序化架構。

　　南韓前總統金泳三，在 1994 年參加一場國家科學技術諮詢會議
時，得知好萊塢電影「侏羅紀公園」在全球獲得 8 億 5,000 萬的營收利
益足以抵過韓國 150 萬輛汽車的出口收入，深受啓發[93]，「如果迪士尼
一年的營業額就能跟全球電腦巨擘 IBM 旗鼓相當，那爲何不全力發展
影視工業？而且，影視工業也比較不會造成環境汙染[94]。」這段名言，
直接點出影視工業的發展潛力不輸科技工業，確立了南韓除了在 3C 產
業蓬勃發展的同時，另一重點培養的目標就是發展影視工業，南韓電
視、電影的黃金歲月於焉開始[95]。然而號稱擁有「兩兆雙星產業發展計
畫」，積極培植動畫、遊戲、影音製作等數位內容產業的臺灣，已經推
動文創產業多年，不但文化的國際競爭力未見提升，電影電視產業反而
日益蕭條；我國電視綜藝節目抄襲國外節目的狀況雖時有所聞，但相
對於中國全盤抄襲韓國節目的現象，影視製作人或有參酌國外版式的
狀況，但並未大規模抄襲，只是國內影視環境多爲少數影視製作人掌
控，其開發能力有時而盡，未必具足夠版式開發的能力；國內文創產業
人才濟濟，各大學中與影視產業相關的科系亦多元，相較於電影拍攝的
難度，實可鼓勵傾國力投入節目版式的開發產業，並進而授權販售予他
國。電視節目版式開發的議題未見政府關注，產學界也缺少關心此議
題，我國應仿效韓國，對於版式的研究開發窮盡精力時間，建立自己的
國家級版式開發計畫，將版式輸出，成爲文化輸出國，並承認版式著作
權，鼓勵娛樂界或文創界積極開發版式。

　　荷蘭雖人口數僅約 1,700 萬，不及臺灣，但所以成為節目版式開發的大國，有其強大的因素可供借鏡，荷蘭從 2009 年起的每年 8 月，荷蘭公共電視臺第三頻道會開闢時段播出「電視節目實驗室」（TV Lab），播出各版式製作公司提供的創新節目版式前導樣片，供專家和觀眾評判，觀眾可以在相關網站上對這些節目進行評論並投票。電視臺多方搜集觀眾的反饋，參考樣片播出的收視率，挑選出綜合評價高和收視成績好的節目，而給予完整製作和播出的機會。2010 年起電視節目實驗室更推出了參與面更廣的活動，觀眾可以提交自己的電視節目創意，由三位專業人士組成的評審小組從參選作品中選擇優秀的創意，製作出前導樣片在電視節目實驗室播出。2010 年，19 個試播的樣片中有 8 個獲得了整季的訂購，甚至有節目被超過 10 個國家買下版式優先權，而成為全球性版式。這種實驗形式獲得歐洲廣播協會的青睞，推出歐洲電視節目實驗室，目前得到包括英國的 BBC、韓國的 KBS、日本 NHK 等 12 個國家電視臺的支持，每年都會提交一個新的節目先導樣片，並互相播出觀摩。這種方式提高了電視節目和觀眾的互動性和參與性，激發了更多電視節目從業人員和愛好者的創意熱情[96]。

　　本文建議我國實可從各大學的影視相關科系著手，開設電視節目版式研究課程，擷取版式節目的製作精華，加以分析，並進而提出自我版式設計創意，拍攝樣片，先在各校實施小型實驗室競賽，由師生評選，進而由國家層級舉辦類似荷蘭的版式實驗室，鼓勵民間成立版式開發公司，結合電視臺舉辦電視節目版式樣片評選，並適度給予獎勵，以發展為版式輸出的影視文化大國。同時，本文亦建議參考國際上對於節目版式著作權保護的趨勢，在現行著作權法概念與表達二分原則下，由法院妥善區分成為受著作權法保護的電視節目版式表達的界線。

註 釋

* 南臺科技大學財經法律研究所副教授；美國聖路易華盛頓大學法學博士。

1. 「號稱每集超過800萬人民幣的製作費，光是冠名收入就高達6,000萬人民幣，從7月開播至今，收視率從1.47一路飆到4.13，廣告從最初預售的15秒15萬人民幣狂升到後來的15秒36萬元」，參閱劉思銘，「中國好聲音」不只是選秀，聯合報，轉載自http://blog.xuite.net/jack1005/twblog/brick-view/86310781（最後瀏覽日：2018/1/8）。

2. 新浪新聞中心，揭秘「中國好聲音」版權糾紛內幕：「模式費」漲到數億元，http://news.sina.com.cn/o/2016-01-29/doc-ifxnzani6995992.shtml（最後瀏覽日：2018/1/25）。

3. 根據中國民事訴訟法第100及101條的規定，財產保全是指人民法院在利害關係人起訴前或者當事人起訴後，為保障將來的生效判決能夠得到執行或者避免財產遭受損失，對當事人的財產或者爭議的標的物，採取限制處分的強制措施。財產保全分為訴前保全和訴訟保全。訴前保全是在起訴前由利害關係人向被保全財產所在地、被申請人住所地或者對案件有管轄權的人民法院提出。北京市高級人民法院網站，訴前保全和訴訟保全制度的區分，http://bjgy.chinacourt.org/article/detail/2015/11/id/1750775.shtml（最後瀏覽日：2018/1/25）。

4. 北京知識產權法院（2016）京73行保1號民事裁定；參見李恆欣，「中國好聲音」被申請訴前行為保全案件，新浪博客，http://blog.sina.com.cn/s/blog_621690770102wtx0.html（最後瀏覽日：2018/1/25）。

5 新浪全球新聞，「好聲音」改玩滑梯了！導師從5米高空衝下來搶人，http://dailynews.sina.com/bg/ent/chnstar/phoenix-tv/20160620/00197380650.html（最後瀏覽日：2018/1/25）。

6. 劉新圓，韓流、韓劇，以及南韓的文化產業政策，財團法人國家政策研究基金會國政研究報告，https://www.npf.org.tw/printfriend-ly/16277（最後瀏覽日：2018/1/25）。

7. KSD韓星網，MBC TV斥東方衛視「極限挑戰」抄襲：原樣複製「無限挑戰」，https://www.koreastardaily.com/tc/news/65296（最後瀏覽日：2018/1/8）。

8. 騰訊娛樂，MBC亮證斥「極限」抄襲中方：節目做好最要緊，http://ent.qq.com/a/20150718/012695.htm（最後瀏覽日：2018/1/8）。

9. 蘋果日報，中國節目爆抄襲「一日三餐」韓國網友怒轟「複製國」，https://tw.appledaily.com/new/realtime/20170412/1095856/（最後瀏覽日：2018/1/8）。

10.新浪娛樂，「中餐廳」抄襲？導演：沒咋看韓綜一直想做美食，http://ent.sina.com.cn/tv/zy/2017-08-18/doc-ifykcypp9142196.shtml（最後瀏覽日：2018/1/8）。

11.壹讀，「和你唱」導演回應抄襲：全球都在做星素合唱，https://read01.com/Pj8PMk.html#.WnhSKaiWZPY（最後瀏覽日：2018/1/8）。

12.紅網，「隱藏的歌手」遭韓國電視臺投訴抄襲東方衛視否認，http://ent.rednet.cn/c/2015/11/03/3829129.htm（最後瀏覽日：2018/1/8）。東方衛視回應內容如下：「『隱藏的歌手』為本土原創節目，不存在與韓國節目的版權糾紛。首先，『隱藏的歌手』沒有英文名字，韓國『Hidden Singer』目前沒有中文名字，翻譯成中文可以叫『隱藏的歌手』，也可以叫『隱藏的歌神』，

不存在名字侵權。另外，兩檔節目的內核和界定也存在不同。賽制上，『Hidden Singer』一季13期，12期常規節目加一集歌王爭霸賽；『隱藏的歌手』一季11期，10期常規節目最後一集節目是模仿者與歌手的大聯歡、演唱會，沒有競技色彩；其次，內容上，『Hidden Singer』更強調娛樂、遊戲性，『隱藏的歌手』則主打懷舊，歌手與觀眾之間的情感互動、講述歌曲背後的故事是重點。」東方衛視在接受媒體採訪時還指出：「從舞美角度看，『Hidden Singer』非常華麗，但『隱藏的歌手』是由四家地面頻道投資的，成本有限，所以非常樸素。」針對兩檔節目包裝上的相似之處，東方衛視認為，「只是色彩上的相似，『隱藏的歌手』幕後是當年『中國夢之聲』（『美國偶像』中文版）的製作團隊，包裝上其實更多體現的是歐美規範。」如此的回應可謂完全無視韓國原創節目之智慧產出，將抄襲原創節目視為理所當然。

13. ETtoday新聞雲，「『中國有嘻哈』連歌也抄襲！」陸網友受夠：無恥，https://star.ettoday.net/news/1000977#ixzz56F92RRo4（最後瀏覽日：2018/1/8）。

14. 蘋果日報，「偶像練習生」抄襲爭議連環爆當韓團成員面跳拷貝舞，https://tw.appledaily.com/new/realtime/20180127/1286935/（最後瀏覽日：2018/2/6）。

15. KKnews每日頭條，節目中餐廳疑似抄襲，韓國立法禁止外國抄襲本國文化產品，https://kknews.cc/news/r8mzv8r.html（最後瀏覽日：2018/2/6）。

16. 艾瑞網，韓國嚴打中國抄襲者，「偶像練習生」、「嚮往的生活」們怕了嗎？，http://news.iresearch.cn/content/2018/02/272930.shtml（最後瀏覽日：2018/2/6）。

17. 大紀元時報，陸綜又爆抄襲「偶像練習生」遭控侵權，http://www.epochtimes.com/b5/18/2/2/n10109084.htm（最後瀏覽日：

2018/2/6）。

18. 張瑞星，論電視節目版式之著作權保護，科技法學評論第8卷第2期，頁89，2011年12月。

19. KKnews每日頭條，王傳合：遠離「韓流」綜藝節目當自強，https://kknews.cc/entertainment/zm8z5bg.html（最後瀏覽日：2018/1/8）。

20. 先風知識產權，綜藝節目有著作權嗎？，https://kknews.cc/enter-tainment/k4xkbb.html（最後瀏覽日：2018/2/6）。

21. 盈科知識產權中心，我有free style，你有版權嗎？，https://kknews.cc/entertainment/vpon5xa.html（最後瀏覽日：2018/1/8）。

22. 前揭註19.。

23. 2016年1月浙江唐德影視股份有限公司以6,000萬美元的價格獲得荷蘭版權方在5年內製作四季「the voice of china」的授權，成爲該節目在中國的唯一版權所有者。中時電子報網站，「中國好聲音」版權案維持原判將換名播出，http://www.chinatimes.com/realtime-news/20160706004871-260404 （最後瀏覽日：2018/1/8）。

24. 2017年11月13日，唐德影視收到Talpa公司的解約函，函中稱，唐德影視未能如期支付許可費，違反了協定第17條有關付款和擔保的約定，自10月24日Talpa發出違約通知後10個工作日內，唐德影視未能提供相應的支付款項和付款計畫，故單方面提出解約，並稱協議終止後，唐德影視仍需向其支付剩餘的4,125萬美元許可費。唐德影視提示稱，協議可能被裁定終止，公司存在無法繼續製作「中國好聲音」節目的風險。新浪財經，唐德影視4億換來一場空？「中國好聲音」回歸又懸了，http://finance.sina.com.cn/stock/s/2017-11-13/doc-ifynsait7982717.shtml（最後瀏覽日：2018/1/8）。

25. *Green v. Broadcasting Corporation of New Zealand* [1989] R.P.C. 469

(CA of NZ); [1989] R.P.C. 700 (Privy Council).

26.[1989] RPC 700, 702 (Privy Council).

The subject matter of the copyright claim for the 'dramatic format' of Opportunity Knocks is conspicuously lacking in certainty. Moreover, it seems to their Lordships that a dramatic work must have sufficient unity to be capable of performance and that the features claimed as constituting the 'format' of a television show, being unrelated to each other except as accessories to be used in presentation of some other dramatic or musical performance, lack that essential characteristic.

27.[1999] *Danish Weekly Law Report* 1762 (Danish High Court) referred to in T. Steffensen, 'Rights toTV Formats — from a Copyright and Marketing Law Perspective' [2000] (issue 5) *Entertainment Law Review* 85, 86.

28.*Nine Films & Television Pty. Ltd. v. Ninox Television Limited,* [2005] FCA 1404 (30 September 2005). *available at* http://www9.austlii.edu. au/cgi-bin/viewdoc/au/cases/cth/federal_ct/2005/1404.html (last visited Jan, 7, 2018).

29.章忠信,著作權筆記,抄襲國外節目「橋段」或「流程」會構成侵害著作權嗎?http://www.copyrightnote.org/ArticleContent. aspx?ID=3&aid=1896(最後瀏覽日:2018/1/8)。

30.張偉君,借鑒電視節目模式是否侵犯版權?電視節目模式版權侵犯了誰?討論會,中國知識產權雜誌主辦,2012年8月,http:// www.chinaipmagazine.com/TV/InfoShow.asp?id=7536(最後瀏覽日:2018/1/8)。

31.黃世席,電視節目模式法律保護之比較研究,電視節目模式版權侵犯了誰?討論會,中國知識產權雜誌主辦,2012年8月,http:// www.chinaipmagazine.com/TV/InfoShow.asp?id=7536(最後瀏覽

日：2018/1/8）。

32.LANDES AND POSNER, THE ECONOMIC STRUCTURE OF IN-TELLECTUAL PROPERTY LAW 51 (Belknap of Harvard 2003).

33.Bruce M. Owen, *The Future of Television: Understanding Digital Economics*, in ROGER G. NOLL AND MONROE E. PRICE, EDS, A COMMUNICATIONS CORNUCOPIA 605 (Brookings Institution, 1998).

34.資料來自：Sukhpreet Singh, *Glimpses of Formats Rights Dispute Database*, Bournemouth University (2009).

35.同上註。

36.*Endemol Entm't, B.V. v. Twentieth Television Inc.*, No. CV98-0608 ABC (BQRx), 1998 U.S. Dist. LEXIS 19049 (C.D. Cal. Sept. 29, 1998).

37.*Castaway v Endemol,* Dutch Supreme Court (Hoge Raad) 16 April 2004, [2004] AMI 172.

38.參見*Endemol Wins Copyright Protection for Big Brother in Brazil*, Simkins Partnership Early Warning (JKC, June 2004).

39.Jonathan Coad, *International Recognition of TV Formats Continues: Endemol Wins Maltese Big Brother Case*, e-Bulletin of Swanturton Solicitors (May 22, 2007), *available at* http://swanturton.com/international-recognition-of-tv-formats-continues-endemol-wins-maltese-big-brother-case/ (last visited Jan 20, 2018).

40.Ben Challis & Jonathan Coad, *Format Fortunes-Is There Now Legal Recognition For The Television Format Right?* IFLA, *available at* http://www.ifla.tv/uk-format-fortunes.html (last visited Jan 20, 2018).

41.*Id.*

42.*Id.*

43.胡騁，電視節目模版的版權法地位，中國律師，第2011-4期，2011

從我國法院判決的分析，論電視節目版式著作權保護的國際趨勢

年，http://www.chinaipmagazine.com/TV/InfoShow.asp?id=7542（最
後瀏覽日：2018/1/8）。

44. *Feist Publ'ns v. Rural Tel. Serv. Co.*, 499 U.S. 340 (1991)；在本案中，
原告電話公司主張被告抄襲其所編排出版的電話號碼簿內容並複
製於被告出版的另一本電話簿中，該電話號碼簿的內容（人名、
電話及住址）為事實（fact），事實本身不受著作權法保護，但對
於事實的編排則可受法律保護。假若對於事實的選取及安排具原
創性，則該事實的編輯物（compilation）即可享有著作權。而由
事實組成的編輯物也僅有在對事實的選取、整理及安排具有足夠
原創性時才能受保護。因此假若原告的電話簿對於姓名、電話號
碼、地址的安排具有原創性，該電話簿即應受著作權法保護。

45. 張瑞星，前揭註18.，頁117。

46. 張瑞星，前揭註18.，頁115。

47. 法院判決謂：我國自91年1月1日正式加入世界貿易組織，依世界
貿易組織協定（WTO Agreement）之貿易有關之智慧財產權協定
第9條第1項及伯恩公約第3條規定，我國對於同屬世界貿易組織會
員國國民之著作，應加以保護，而美國既為世界貿易組織之會員
國，故美國之視聽著作，依著作權法第4條第2款之規定，應受我
國著作權法之保護。

48. Format一詞，中文翻譯的用語不一，整理各家說法，(1)有稱「類
型」者，例如：陳東園、陳清河、許文宜合編，廣播節目概論，
國立空中大學用書，2002年；李鈺琦，類型廣播電臺節目模組化
數位產製研究，國立政治大學廣播電視研究所碩士學位論文，
2008年；(2)有稱「版式」者，例如：張瑞星，前揭註18.；張智
堯，電視購物節目影像版式對消費傾向影響之研究，國立臺灣師
範大學圖文傳播學研究所碩士學位論文，2004年；(3)有稱「範
本」者，例如：李雪，電視節目模版的尷尬，中國知識產權雜

誌，總第67期，2012年9月，http://www.chinaipmagazine.com/journal-show.asp?1457.html（最後瀏覽日：2018/1/8）；(4)亦有稱「模式」者，例如：；魯周煌，電視節目：山寨不盜版，中國知識產權雜誌，總第38期，2010年4月，http://www.chinaipmagazine.com/journal-show.asp?id=577（最後瀏覽日：2018/1/8）；馮應謙，全球電視模式當地語系化：談「百萬富翁」對本港電視臺的衝擊，引自香港電臺「傳媒透視」網站，http://www.rthk.org.hk/mediadigest/md0801/01.html（最後瀏覽日：2018/1/8）。

49. 張瑞星，前揭註18.，頁86；另參頁87-89，「已經公開的電視節目之版式中，不僅有原始「書面版式」的創意概念，更融入了後續製作團隊的精神、行銷的策略及贊助者的期望；「節目版式」乃是此系列節目的製作藍圖，每個單元劇集中都要依照該「節目版式」運作，整部系列節目中依「節目版式」製作所呈現的風格就會成爲節目成功與否的決定因素。一旦節目開始播出，就會面臨「節目版式」是否被未經授權利用的問題。」頁107，「具體的節目版式是將提案創意的書面版式加以延伸的下一階段，乃一部電視秀的藍圖與公式；其於文字書面的版式架構外，尚注入節目的編排、流程、風格，包含創作人企圖在節目運作中欲達成的意境、主持人及表演者的臨場演出功力、製作團隊的心血和專業技術、外加商業的操作及贊助商的支持，成功的節目製播才得以成型。」

50. *Nine Films & Television Pty. Ltd. v. Ninox Television Limited,* [2005] FCA 1404 (30 September 2005), *available at* http://www9.austlii.edu.au/cgi-bin/viewdoc/au/cases/cth/federal_ct/2005/1404.html (last visited Jan, 7, 2018).

51. 最高法院106年臺上字第31號判決意旨。

52. 白傑立，專利專屬授權定義及效力之探討，智慧財產權月刊，第

130期，2009年10月，頁9-12。

53.法院係根據自訴人Endemol USA提出美國版「1 vs. 100」於美國之著作權登記及美國版「1 vs. 100」節目版權頁資料認定。

54.我國自91年1月1日正式加入世界貿易組織，依世界貿易組織協定（WTO Agreement）之貿易有關之智慧財產權協定第9條第1項及伯恩公約第3條規定，我國對於同屬世界貿易組織會員國國民之著作，應加以保護，而美國既為世界貿易組織之會員國，故美國之視聽著作，依著作權法第4條第2款之規定，應受我國著作權法之保護。

55.粗體字係為強調之用，原判決中無；以下同。

56.原文：27. Credits (in local translation) The format "1 vs. 100" was created by Endemol Nederland. The format "1 vs. 100" was distributed by Endemol International. This program is produced by Endemol USA Inc. 2006 Endemol USA Inc.⋯Worldwide copyrights and exploitation rights in program: Endemol USA Inc.）；此部分係在原判決中，為使讀者易於閱讀本文，故將英文部分置放於註。

57.Wikipedia, https://en.wikipedia.org/wiki/Minute_to_Win_It；中國依相同版式製作的節目名為「爭分奪秒」，由東方衛視製播https://zh.wikipedia.org/wiki/%E4%BA%89%E5%88%86%E5%A4%BA%E7%A7%92_(%E8%8A%82%E7%9B%AE)，觀看節目內容可參見https://www.youtube.com/watch?v=DRTFP8G0YX8。

58.Banner Universal Motion Pictures Ltd. v. Endemol Shine Group Ltd. [2017] EWHC 2600.

59.*Green v. Broadcasting Corporation of New Zealand* [1989] R.P.C. 469 (CA of NZ); [1989] R.P.C. 700 (Privy Council).

60.本案先遭紐西蘭最高法院認定原告敗訴，後原告又於英國樞密院（Privy Council）提出訴訟亦遭駁回。

從我國法院判決的分析，論電視節目版式著作權保護的國際趨勢

61.[1989] RPC 700, 702 (Privy Council).

The subject matter of the copyright claim for the 'dramatic format' of Opportunity Knocks is conspicuously lacking in certainty. Moreover, it seems to their Lordships that a dramatic work must have sufficient unity to be capable of performance and that the features claimed as constituting the 'format' of a television show, being unrelated to each other except as accessories to be used in presentation of some other dramatic or musical performance, lack that essential characteristic.

62.[1989] R.P.C. 469, 493.

I do not see how one show can be said to be similar to or to have been copied from another, unless the features which lead to that conclusion are sufficiently significant to be definitive of that show and if they are not they must come a long way towards establishing that there exists that kind of structure which may be properly described as a dramatic format. Put in another way, repetition of these features, even though they may be unoriginal, will go some distance towards establishing the existence of a particular format. When those features, by repetition or in combination, identify the show so that they are recognisable in another show and to the extent that the conclusion may fairly be come to, that other show has been copied from the first, the conclusion would seem to me to be inevitable that there was something sufficiently structured to be copied.

63.[2017] EWHC 2600, para 44; "copyright protection will not subsist unless, as a minimum, (i) there are a number of clearly identified features which, taken together, distinguish the show in question from others of a similar type; and (ii) that those distinguishing features are connected with each other in a coherent framework which can be repeatedly applied so as to enable the show to be reproduced in recognisable form."

64. ICHOLAS CADDICK, *COPINGER AND SKONE JAMES ON COPY-RIGHT*, PARAGRAPH 3-93. (17th ed., 2016)

65. 判決原文見：https://www.dimt.it/images/pdf/Sentenzacassazione.pdf (last visited Jan, 7, 2018).

66. PETER ROBERTSON & JENNIFER SCHULZ, *A TRANSNATIONAL STUDY OF LAW AND JUSTICE ON TV* 254 (2016).

67. Laura Turini, TV format and Copyright: The Supreme Court of Cassation pronounces again its judgement on the requirements of protection, available at https://www.linkedin.com/pulse/tv-format-copyright-supreme-court-cassation-again-its-laura-turini (last visited Jan, 7, 2018).

68. Bulletin 66/1994 of SIAE (*"the work must have, as main elements, sequence and thematic expressions, formed by a title, a plot or a basic narrative structure, a stage set and fixed characters, thus achieving an explanatory repeatable structure of the programme"*).

69. The IPKat, Italian Supreme Court Confirms Availability of Copyright Protection to TV Formats, available at http://ipkitten.blogspot.tw/2017/09/italian-supreme-court-confirms.html (last visited Jan, 7, 2018); Capital Law, Italian Supreme Court Takes Step to Provide Legal Protection for TV Formats, available at http://comment.capital-law.co.uk/post/102eips/italian-supreme-court-takes-step-to-provide-legal-protection-for-tv-formats (last visited Jan, 7, 2018).

70. 本案查無案件編號，僅能從以下文章中得知其判決內容：Lexology, Updates on Protection of Television Formats and Advertising Campaigns, available at https://www.lexology.com/library/detail.aspx?g=b60b8c84-bc55-46db-8e21-ca8fb959addf (last visited Jan, 7, 2018).

71. *Id.*

72. unreported, Dutch Supreme Court, April 16, 2004.

73. *Supra* note 67.

74. The IP Factor, Israel Court Recognizes Copyright and Moral Rights in the Format of a TV Show, available at https://blog.ipfactor. co.il/2017/04/25/israel-court-recognizes-copyright-and-moral-rights-in-the-format-of-a-tv-show/ (last visited Jan, 7, 2018).

75. *Green v. Broadcasting Corporation of New Zealand,* [1988] 2 NZLR 490; *Green v. Broadcasting Corporation of New Zealand,* [1989] RPC 469 and [1989] 2 ALL ER 1046.

76. 鍾布，英國如何創新電視節目，彭博商業週刊，http://read.bbwc. cn/ujt4nj.html（最後瀏覽日：2018/1/8）。

77. British Broadcasting Bill, HL Deb 26 July 1990, vol. 521 cc1710: Rights in formats—(1) Subject to the provisions of this section and of section (Rights in formats: supplementary), the owner of the rights in an original format shall have the same rights and remedies against a person who copies or includes in a broadcast or cable programme a substantial part of that format as he would have if the format were a dramatic work and he were the owner of copyright in it; and accordingly the provisions of Part I of the 1988 Act shall apply in relation to the rights in formats conferred by this section as they apply in relation to copyright in dramatic works. (2) For the purposes of this section and of the provisions of Part I of the 1988 Act in their application to formats, "copying", in relation to a format, means making another format with format features which (taken together) substantially resemble those of the first mentioned format; and a combination of format features may be taken substantially to resemble another such combination even if some or all

of the features have been translated into a different language or have been modified to suit a different society. (3) The rights conferred by this section in relation to a format— (a) shall expire at the end of the period of 25 years from the end of the year in which the author dies, and for all other purposes of determining whether the owner of those right has any cause of action references in the 1988 Act to any period of 50, 75 or 100 years shall be treated as being references respectively to a period of 25, 50 or 100 years; (b) is transmissible by assignment, by testamentary disposition or by operation of law as personal or moveable property in the same way as copyright.(4) Sections 159 and 160 of the 1988 Act (which enable provision to be made by Order in Council applying provisions of Part I of that Act to countries to which that Part does not extend or restricting the rights conferred by that Part in relation to works of authors connected with countries not giving adequate protection to British works) shall apply in relation to the provisions of this section and section (Rights in formats: supplementary) as they apply in relation to the provisions of that Part. (5) Nothing in this section shall affect any copyright in the work in which the format is first recorded. (6) The rights conferred by this section shall apply in relation to formats whether made before or after this section comes into force; but no act done before this section comes into force shall be actionable by virtue of this section.").

available at http://hansard.millbanksystems.com/lords/1990/jul/26/broadcasting-bill (last visited Jan 20, 2018).

78.*Id*, at 1717.

79.Justin Malbon, *All the Eggs in One Basket: The New TV Formats Global Business Strategy*, in MICHAEL KEANE, ALBERT MORAN AND

MARK RYAN, EDS, AUDIOVISUAL WORKS, TV FORMATS AND MULTIPLE MARKETS, 32 (Australian UNESCO Working Papers in Communications: no. 1, Griffith 2003).

80. British Broadcasting Bill, *supra* note 74, at 1718-9.

81. 中時電子報，韓要維權點名錄綜藝抄襲，http://www.china-times.com/newspapers/20170526000804-260309（最後瀏覽日：2018/1/8）。

82. 香港01，【忍無可忍】內地狂抄韓國綜藝節目，韓業界稱將從政府層面應對，https://www.hk01.com/%E5%85%A9%E5%B2%B8/93423/-%E5%BF%8D%E7%84%A1%E5%8F%AF%E5%BF%8D-%E5%85%A7%E5%9C%B0%E7%8B%82%E6%8A%84%E9%9F%93%E5%9C%8B%E7%B6%9C%E8%97%9D%E7%AF%80%E7%9B%AE-%E9%9F%93%E6%A5%AD%E7%95%8C%E7%A8%B1%E5%B0%87%E5%BE%9E%E6%94%BF%E5%BA%9C%E5%B1%A4%E9%9D%A2%E6%87%89%E5%B0%8D-（最後瀏覽日：2018/1/8）。

83. 韓國國會網站，內容產業振興法，http://www.law.go.kr/lsInfoP.do?lsiSeq=202286&efYd=20180822#0000（最後瀏覽日：2018/5/8）。

84. 韓國國會網站，音樂產業振興法，http://www.law.go.kr/lsInfoP.do?lsiSeq=202285&efYd=20180822#0000（最後瀏覽日：2018/5/8）。另關於韓國音樂產業對著作權的保護及音樂產業的發展，請參閱陳聖薇譯，柳東佶著，K-POP音樂產業大解密，頁69-156，2017年9月。

85. 法規內容參見前二註。

86. 每日頭條，面對節目不斷被抄襲，這次連韓國國會都坐不住了，https://kknews.cc/entertainment/z2q3zv3.html（最後瀏覽日：2018/2/8）。

87.掃文資訊，環宇體育轉播學院｜十大行業趨勢，八大內容趨勢，電視人必須了解，https://hk.saowen.com/a/8431323a3c777664695e84c2abffdf1a12b79a3afddd87cea42d9d5c920b9fa9（最後瀏覽日：2018/1/8）。「版式創意輸出，基本上被3個國家即英國、荷蘭和美國壟斷，英國一直是排名第一，目前它占據的總比例是35%，2003年它更是占據45%的輸出比例；荷蘭排第二名是17%；美國排第三是15%。這三個國家已經有超過60%的市場份額。但近些年可以發現，有一些國家例如以色列、日本、韓國、土耳其和法國在模式行業取得了不錯的成績，背後的原因首先是因為歐美的主流市場希望找到一些新鮮的創意，所以他們把目光投向了一些傳統強國之外市場的區域。甚至是一些更小的國家，比如：塞爾維亞、烏克蘭等國家的創意也受到了關注。另外像日本和韓國，做了很多任務，就是怎樣去推廣它的版式。比如日本的8個電視臺，每年都在戛納電視節（即臺灣所稱「坎城影展」）聯合舉辦推廣活動，韓國也有主題的展映活動。」

88.前揭註73.。「英國在2009年首次超越美國，獲得娛樂節目形態輸出大國的地位。儘管當年美國和歐洲國家都深陷金融危機，英國生產的節目形態出口仍獲得了突飛猛進的發展，當年銷售即增長9%，達22億美元。其中多數節目形態，如「流行偶像」、「廚藝大師」等都賣給了美國。美國擁有全世界最大的娛樂節目製作機構和電視節目市場，但美國在這一市場上已經退居第三，排在英國和荷蘭之後。」

89.羅明通，著作權法論II，頁292，2009年9月第七版。

90.羅明通，著作權法論II，頁354-359，2005年9月第六版。

91."Upon any work, and especially upon a play, a great number of patterns of increasing generality will fit equally well, as more and more of the incident is left out. The last may perhaps be no more than the most general statement of what the play is about, and at times might consist only of its title; but there is a point in this series of abstractions where they are no longer protected, since otherwise the playwright could prevent the use of his "ideas," to which, apart from their expression, his property is never extended. Nobody has ever been able to fix that boundary, and nobody ever can." *See Nichols v. Universal Pictures Corporation,* 45 F. 2d 119, 121 (2d Cir. 1930), cert. denied, 282 U.S. 902 (1931).

92.Sheldon v. Metro-Goldwyn Pictures Corp. 81 F. 2d 49, 54 (2d Cir. 1936), cert. denied, 298 U.S. 669 (1936). 此判決Hand法官稱「細節安排的次序」(the sequence of details)非概念的範圍，而為戲劇的表達方法。

93.劉新圓，前揭註6.。

94.許嘉豪，文化全球化下的韓國影視文化產業發展報告，銘傳大學國際事務研究所碩士論文，2006年，頁85。

95.關於韓國文化產業的運作，請參閱陳聖薇譯，金倫志著，流行文化操作學，2018年1月，頁181-248。

96.傳媒圈，荷蘭電視業的創意秘密：電視節目實驗室，http://www.mediacircle.cn/?p=12388（最後瀏覽日：2018/1/8）。

參考文獻

陳東園、陳清河、許文宜合編，廣播節目概論，國立空中大學用書，2002年。

陳聖薇譯，柳東佶著，K-POP音樂產業大解密，2017年9月。

陳聖薇譯，金倫志著，流行文化操作學，2018年1月。

羅明通，著作權法論II，2009年9月第七版。

羅明通，著作權法論II，2005年9月第六版。

期刊論文

白傑立，專利專屬授權定義及效力之探討，智慧財產權月刊，第130期，頁5-39，2009年10月。

胡騁，電視節目模版的版權法地位，中國律師，第2011-4期，2011年，http://www.chinaipmagazine.com/TV/InfoShow.asp?id=7542（最後瀏覽日：2018/1/8）。

張瑞星，論電視節目版式之著作權保護，科技法學評論，第8卷第2期，頁75-128，2011年12月。

李鈺琦，類型廣播電臺節目模組化數位產製研究，國立政治大學廣播電視學研究所碩士學位論文，2008年。

張智堯，電視購物節目影像版式對消費傾向影響之研究，國立臺灣師範大學圖文傳播學研究所碩士學位論文，2004年。

許嘉豪，文化全球化下的韓國影視文化產業發展報告，銘傳大學國際事務研究所碩士論文，2006年。

LANDES AND POSNER, *THE ECONOMIC STRUCTURE OF INTELLEC-TUAL PROPERTY LAW* (Belknap of Harvard 2003).

NICHOLAS CADDICK, COPINGER AND SKONE JAMES ON COPY-RIGHT, PARAGRAPH (17th ed., 2016).

PETER ROBERTSON & JENNIFER SCHULZ, *A TRANSNATIONAL STUDY OF LAW AND JUSTICE ON TV* (2016).

Owen, Bruce M., *The Future of Television: Understanding Digital Economics*, in ROGER G. NOLL AND MONROE E. PRICE, EDS, A COMMUNICATIONS CORNUCOPIA 605 (Brookings Institution, 1998).

Malbon, Justin, *All the Eggs in One Basket: The New TV Formats Global Business Strategy*, in MICHAEL KEANE, ALBERT MORAN AND MARK RYAN, EDS, AUDIOVISUAL WORKS, TV FORMATS AND MULTIPLE MARKETS, (Australian UNESCO Working Papers in Communications: no. 1, Griffith 2003).

Challis, Ben & Coad, Jonathan, *Format Fortunes-Is There Now Legal Recognition For The Television Format Right?* IFLA, *available at* http://www.ifla.tv/uk-format-fortunes.html (last visited Jan 20, 2018).

Coad, Jonathan, *International Recognition of TV Formats Continues: Endemol Wins Maltese Big Brother Case*, e-Bulletin of Swanturton Solicitors (May 22, 2007), *available at* http://swanturton.com/international-recognition-of-tv-formats-continues-endemol-wins-maltese-big-brother-case/ (last visited Jan 20, 2018).

Singh, Sukhpreet, *Glimpses of Formats Rights Dispute Database*, Bournemouth University (2009).

Steffensen, T., 'Rights to TV Formats — from a Copyright and Marketing Law Perspective' [2000] (issue 5) *Entertainment Law Review* 85.

從我國法院判決的分析，論電視節目版式著作權保護的國際趨勢

第七章

3D 列印涉及之發明專利權保護

陳昭華 [*]

*臺灣科技大學專利研究所，高速3D列印研究中心教授

本文之完成作者特別要感謝匿名審查委員提供寶貴的修正建議！也要感謝「教育部高等教育深耕計畫第二部分：特色領域研究中心計畫：高速3D列印研究中心」之協助，以及專利所顏廷真同學在資料上的蒐集與整理，謹在此致謝！

摘　要

3D列印技術興起之後，大幅改變傳統製造物品之方式，不僅使生產彈性化、加快製造速度，且能提高設計自由度，增加客製化及個人化產品之優勢，因此目前3D列印已經被應用在許多領域，對於將來之發展也備受矚目。由於相關技術競爭激烈，在3D列印過程中已有許多技術受專利保護，然傳統對於專利保護之規範模式，在3D列印下可能受到許多挑戰，例如：3D列印之產品或程序是否具有可專利性？可以如何申請專利？在何種情況下會侵害專利權？與傳統專利權之保護有何不同？現行法可能面臨何種挑戰與衝擊？均有探究餘地，為此本文擬針對3D列印涉及之發明專利權保護加以探討，以作為將來立法或實務之參考。

關鍵字：3D列印、積層製造、CAD檔、發明專利權、可專利性、公序良俗。

壹、序論

一、問題緣起

3D 列印，又稱「積層製造」（additive manufacturing），指任何列印三維物體的過程。3D 列印技術大幅改變傳統製造物品之方式，不僅使生產彈性化、加快製造速度，且能提高設計自由度，增加客製化及個人化產品之優勢，因此目前 3D 列印已經被應用在許多領域，對於將來之發展也備受矚目。

在 3D 列印可能涉及之申請專利標的主要有：1.3D 掃描、列印裝置或其相關零件；2.列印程式（包括製造程式及相關軟體）；3.列印素材；4.列印出之產品或列印方法等。關於 3D 列印技術之專利保護，根據美國就 2010-2016 年 3D 列印之申請公開及授予專利之狀況分析顯示，3D 列印之專利應用在 2014 年之後有蓬勃發展（圖 7-1），預期這種發展趨勢將會持續一段時間，可見 3D 列印相關產業會借助專利制度保護其研發成果。這種方法不僅可能改變未來的技術，也因 3D 列印與傳統的專利保護涉及之問題有別，而使現行專利制度面臨新的挑戰。

3D 列印不僅使分配式製造有體的產品變得簡單，也使由接收製作產品的想法、透過複製、進而透過製造過程的重置，到提供給消費者整個流程變得更為容易。列印者只要能控制列印機，列印的產品即自然產生，因此在 3D 列印的情境下，就涉及之專利規範之適用自然與傳統有別，然而究會有怎樣的影響，必須逐項檢討，例如：3D 列印之產品或程序是否具有可專利性？可以如何申請專利？在何種情況下會侵害專利權？與傳統專利權之保護有何不同？現行專利法將面臨何種挑戰與衝擊？均有探究之餘地。

在發明、新型及設計專利中，3D 列印與設計之外觀直接有關，因為透過 3D 列印可以直接列印出設計專利之產品外觀。惟本文擬就 3D

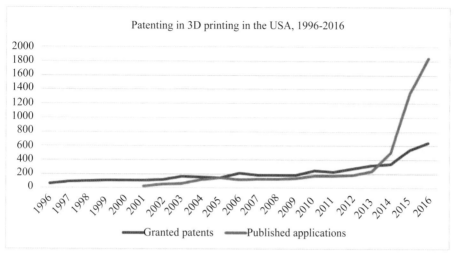

圖 7-1　美國 3D 列印專利公開及授予專利概況 [1]

列印涉及之技術面加以探討，因此將與前二者，特別是發明專利有關，
故本文將探討範圍限於發明專利權之保護。

二、3D 列印工作流程

　　在探討 3D 列印可能涉及之專利權保護之前，必先了解 3D 列印工
作之流程，一般情況，其工作流程如下 [2]：

1. 利用 3D 掃描或 CAD（Computer-Aided Design，電腦輔助設計）軟體
　　繪出實體圖：傳統模式下產品建模成本高、耗時長，借助 3D 列印技
　　術，再搭配利用設計模擬軟體的擬真功能，可巧妙繞過層層路徑，
　　成本低且速度快。亦即先透過 CAD 軟體進行建模，產生具有參數的
　　3D CAD 設計圖檔，再轉換爲 STL 格式，並透過軟體自動將 STL 檔
　　案切層處理後，才能輸入至 3D 印表機進行列印。圖檔的參數越準
　　確，成品的精確度才會越高。惟不論是藉由 CAD 軟體直接繪製，或
　　利用 3D 掃描器將物品掃描成數位檔案，然後再利用 CAD 軟體編輯

圖，都必須應用 CAD[3]。

2. 將 CAD 圖檔轉換成 STL（Stereo lithography，立體光刻）格式[4]。

3. 利用切層軟體，將繪製的物體分割成一個一個平面的切面圖（即輸出所謂的「G-code」，在 G-code 含有控制機器移動的參數或相關指令）[5]。

4. 3D 印表機再依據 G-code，由噴頭將列印材料繪製成一個平面、一個平面，經過層層列印後形成立體的物品[6]。

5. 清除多餘的支撐材料。

6. 取得物件。

　　由圖 7-2 可以更清楚地由 CAD 檔轉成 STL，再到切層處理的過程。

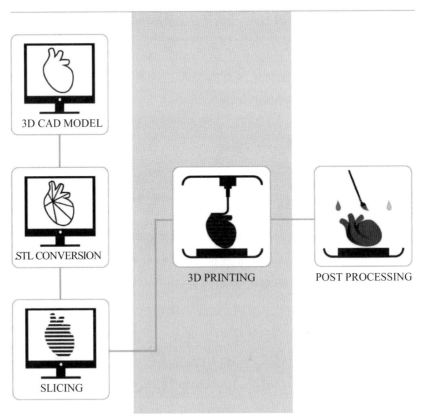

圖 7-2　3D 列印工作流程[7]

貳、3D列印過程所涉相關軟體是否具有專利適格性

3D 列印係經由虛擬的設計創建出實體的物體，而虛擬的設計圖則是用 3D 列印模組或 3D 掃描器以 CAD 檔的形式設計出來的，因此利用 3D 掃描或 CAD 軟體匯出實體圖為 3D 列印工作的第一步驟。然而要操作 3D 列印機並不僅是將 CAD 檔輸入列印機即可，有一重要的步驟是要將 CAD 檔轉換為 3D 列印機可以理解和使用的格式。亦即透過軟體將 STL 檔案切層（slice），使成為數百或數千個水平層，當每一被切層的檔案上傳到 3D 列印機時，才能逐層創建出物體。3D 列印機讀取每個被切層的 2D 圖像檔並創建出列印對象，將每一圖層堆疊列印出 3D 的物體[8]。

在上述一般 3D 列印過程中涉及多種軟體之間的資料相互作用，這些軟體多為不同廠商所開發，所以需要跨不同應用軟體均能相容的檔案格式。一般而言，3D 列印多須利用 CAD 軟體、STL 檔、將 STL 檔切層處理的軟體或其他監控製程參數及機器設備的軟體，該等軟體是否具有專利適格性？又在生物列印時，列印出來的產品是否具有專利適格性，為在此將探討的問題。

一、電腦軟體是否為專利適格標的

電腦軟體是否為專利適格標的？近年來討論甚多，各國之認定標準亦未盡一致。茲就美國、歐洲及我國之認定標準說明之。

(一) 美國

美國專利法並未明文規定排除電腦軟體之可專利性。該法係藉由司法判決創設出自然法則（laws of nature）、自然現象（nature phenomena）及抽象概念（abstract ideas）為不具專利適格性之事項，以限縮專利

法第 101 條 [9] 之規定。2014 年聯邦最高法院在 Alice Corp. v. CLS Bank International 案 [10] 更進一步限縮電腦軟體成為適格標的之可能性，該案對於電腦軟體是否具專利適格性之認定採取以下兩階段檢驗架構：

1. 第一階段：首先判斷系爭專利請求項是否指向不可專利性的抽象概念？如果是，則需進行第二階段的檢驗。

2. 第二階段：判定系爭專利請求項之額外元件在單獨或有序組合下是否使系爭專利請求項之本質轉換，顯著超過抽象概念本身，而成專利適格標的。在此步驟須個別地或合併地考慮請求項元件，以判斷是否有額外之元件將請求項轉化為具有專利適格性之申請案。亦即尋找有無發明概念（inventive concept），足以確認請求項產生顯著超過抽象概念本身。如在請求項中僅加入「一般電腦」（generic computer）元件，並不足以使抽象概念轉為具專利適格之發明。

以上檢驗架構在甫公布的美國「2019 年專利適格性修訂指南」（2019 Revised Patent Subject Matter Eligibility Guidance）中又有些微的修正，檢驗步驟如下 [11]：

1. 第一階段：判斷系爭專利請求項是否指向不可專利性的抽象概念（即不予專利之司法例外）？如果是，則需進行第二階段的檢驗。至於抽象概念，在新的指南中指出包括如下幾種特定的標的物：數學概念、組織人類活動的特定方法以及思維過程（mathematical concepts, certain methods of organizing human activity, and mental processes）。

2. 第二階段：審查員將評估權利要求是否包含將上述確定的司法例外納入實際應用（integrated into a practical application）的其他要素。如果權利要求項既包含司法例外又沒有將該例外納入到實際應用中，則該權利要求指向司法例外。在這種情況下，審查員需要根據第二步 Alice/Mayo 測試法來開展進一步的分析。

但何謂指向抽象概念之技術？何謂發明概念？事實上都是不易判斷之概念，歸納在 Alice 案之後被 CAFC 認定具有專利適格性之案件 [12]，

其判斷基準可歸納如下：

1. 請求項是否具備「發明概念」係專利適格性之關鍵因素，而「發明概念」之體現，即「用非習知且特定之技術手段，提供技術上的改進，以解決特定之技術問題」，或簡稱為「特定技術精進解決方案」[13]。

2. 僅結合通用電腦功能之電子商務或商業方法發明均不具技術性，非為專利適格標的[14]。

3. 電腦軟體專利，即使非商業方法發明，一般應用於工業之電腦系統運作，若請求項僅記載例如：蒐集、分析、顯示或編碼、儲存、解碼等一般電腦常規功能，無論是方法項或系統項，均易被視為指向抽象概念而導向不具專利適格性，但總體來看，此類被判為不適格之電腦軟體專利件數並不多，影響最大宗仍為電子商務或商業方法專利[15]。

4. 在專利說明書中詳細記載流程圖，將演算法詳細說明清楚，避免在適格性審查時衍生說明書未明確且未充分揭露，無法據以實施之問題[16]。

5. 軟體本身是否具專利適格性？根據 Enfish 案，系爭請求項之自我參照表是一種特定類型的數據結構，判決提到「電腦技術方面的許多進步，包括對軟體的改進，它們本質上可能不被特定的物理實體特徵定義，而是由邏輯結構和過程來定義」[17]。可見請求項未連結實體，僅記載軟體以改進電腦技術仍可能具專利適格性[18]。

(二) 歐洲

在歐洲方面，歐洲專利公約第 52 條第 2 項明定數據處理系統之軟體（programme für datenverarbeitungsanlagen）不授予專利，因為數據處理系統必須借助於軟體來操控，以達預期的效果，因此軟體「本身（as such; als solche）」不足以具備可專利性。為獲得專利，根據實務見解，

發明必須具有技術性（technical character）。認定技術性的標準爲：請求獲得專利的對象必須對現有技術做出技術貢獻，或者必須透過技術手段解決具體問題[19]。近來歐洲專利局的上訴委員會（Board of Appeal）更認爲：任何需要技術裝置來履行或實施的軟體都有技術性[20]。這也表示電腦軟體，必須使用電腦或類似設備，因此不可欠缺技術設備，而具有專利性。亦即將軟體下載到電腦中，並根據其中存儲的指令對其進行操控後，電腦軟體已經由電磁及電器狀態的安排來決定。其他的影響爲計算機的組件（die bestandteil des rechners）、CPU（Central Processing Unit，中央處理器）及儲存槽上的編輯程序預先確定電力條件的變化，這也證明它甚至應用以電力形式存在的自然力，直接依靠這些力量而取得成功。不過這是符合專利法對技術的定義的[21]。而這種必須依賴電腦或類似設備或部分透過電腦軟體的運行來實施的發明稱爲「電腦實施的發明」（computer-implemented invention; computerimplementierte erfindungen）[22]。電腦實施的發明首先是透過軟體與硬體共同作用所達成[23]。在此硬體並不侷限於特定的硬體，只要不是使用電腦軟體本身，而是藉助於一個（軟體設計的）計算機幫助解決技術問題，即具可專利性[24]。

(三) 我國

我國電腦軟體相關發明審查基準強調判斷申請專利之發明是否符合發明之定義，應考量申請專利發明的內容，而非依申請專利範圍記載形式，據以確定該發明之整體是否具有技術性。申請專利之電腦軟體相關發明不具技術性而不符合發明之定義的類型有：1. 非利用自然法則者：如程式語言、商業方法。2. 非技術思想者：如單純之資訊揭示、簡單利用電腦[25]。請求項中藉助電腦軟體或硬體資源實現方法，若僅是利用電腦（或網路、處理器、儲存單元、輸入輸出裝置）取代人工作業，且相

較於人工作業僅是使速度較快、正確率高、處理量大等申請時電腦之固有能力，難謂其具有技術思想，此時該電腦軟體或硬體無法令原本不具技術性的發明內容產生技術性。惟若發明整體具有技術性，例如：克服了技術上的困難，或利用技術領域之手段解決問題，而對整體系統產生技術領域相關功效，例如：增強資訊系統安全性、提高資訊系統的執行效率、加強影像辨識精準度或強化系統穩定性等，則應被認定符合發明之定義[26]。

(四) 小結

綜上，可見不論美國、歐洲或我國就電腦軟體相關發明是否具適格性之審查，均以是否具有「技術性」作為判斷之重要因素。就適格性之審查步驟而言，歐洲雖不若美國那麼嚴格，但會在新穎性及進步性之審查上，進行較嚴格的審查。

二、CAD檔是否為專利適格標的？

根據上述關於3D列印流程可知，在利用CAD軟體繪出實體圖後，尚須轉換成STL檔，並透過軟體將STL檔案切層，才可利用3D列印機印出物品來。CAD檔為一3D的設計檔案，係用於操作3D列印的藍圖（blueprint）規格的電腦數據，並未對3D列印機提出「指令」（instructions），亦即CAD檔並不包含典型電腦軟體專利請求項（beauregard claim）[27]中包含的「電腦可讀取的方法或演算法」（computer-readable method steps or algorithms）[28]。換言之，CAD檔不是要由電腦執行（execute），而是由電腦讀取（read）[29]，因此CAD檔較屬單純的數據，將STL檔切層的軟體更像是電腦提供演算法和指令的軟體代碼，此種軟體代碼通常由電腦軟體專利請求項保護，要用電腦軟體專利請求項來最佳保護CAD檔中的數位物件，似乎用切層後的軟體為標的會比CAD檔

要來得好。然而 3D 列印產業似乎沒有用有這種切層後的檔案格式進行交易 [30]。

以我國核准之專利案為例，在「一種齒骨極度萎縮新式骨膜下植體製作方法」專利 [31] 中即以 CAD/CAM 軟硬體等技術，在植體之製作方法上做革新，其製作方法中雖用到 CAD 軟體，但非單獨以該軟體為專利標的。多數與 CAD 檔有關的專利係以「CAD 系統」方式申請，例如：美國 5701403 號「CAD System」專利及 5923573 號「用於形成三維模型的三維 CAD 系統」專利。

三、其他列印程序中之軟體是否為專利適格標的？

其他列印程序之程式係指將 STL 檔案切層處理的軟體與其他監控製程參數（prozessparameter）及機器設備的軟體。

如前所述，將 STL 檔切層的軟體是電腦提供演算法和指令的軟體代碼，如果寫得夠具體，不會成為抽象概念，應具為專利適格標的。至於其他監控製程參數及機器設備的軟體是否具專利適格性？對於一個持續監控 3D 列印機的製程參數及機器設置的軟體，其透過指示機器在雷射燒結（laserstrahl）過程中適應某些雷射束（laserintern），而不斷監控 3D 列印機的製造參數及機器設置，並在發生不希望的偏差時干預添加劑的施工過程。這些軟體還用於評估由機械元件獲得的值，當這些值與現有值不一致時，並將其轉換成控制指令 [32]，這種軟體用於在 3D 列印中控制 3D 列印機的操作，其具體目標是製造一個有形的物體，因此在這種情況下，專利排除的客體並不是單獨的程式，而是由印表機及其控制製造一個產品的方法，並因此可以製造方法作為專利保護之標的 [33]。此外，該軟體亦可與實體的儲存裝置結合一起申請專利，在此情況下，只要具有既有技術性，應可為專利適格標的。

參、3D生物列印產品及方法之專利適格性

　　生物列印（bioprinting，或稱生物組織列印），是一種將印刷技術、細胞生物學（cell biology）和材料科學（material science）結合起來，屬於一種 3D 列印積層製造的方法[34]。關於生物列印的定義，2004年 9 月在英國曼徹斯特大學舉辦第一次生物列印國際會議時，將生物列印定義爲：「……一種使用材料移轉的製程，會按照被指定之組織，將生物相關材料（分子、細胞、組織即可降解生物材料等）進行模仿與組裝，以完成一種或更多生物功能[35]。」[36] 亦有學者定義爲：「使用電腦輔助轉移過程對逐層堆疊組織的活體和非活體材料進行圖案化和組裝，以便產生用於再生醫學和其他生物研究的生物工程結構。[37]」[38] 歸納言之，凡是能夠將細胞生物材料放置於基板，最後形成 3D 架構的系列技術，而非單一方法，都可以稱之爲 3D 生物列印[39]。

　　生物製造（biofabrication）的主要步驟如下：

1. 由患者器官或組織結構的核磁共振成像（MRI）或計算機斷層攝影（CT）開始，精確掃描出個體器官結構並創建出詳細的 3D 圖像掃描，再進而產生電腦輔助設計模型（CAD 模型），也就是之後生物列印過程的藍圖[40]。

2. 通常以血液樣本或活體組織切片來收集印刷過程的細胞材料，可能從患者那裡收集完全客製化的組織和器官，或收集來自相同物種的其他細胞供體。提取出例如：心臟、肝臟或皮膚細胞，在體外刺激、再生長和繁殖，由於組織和器官包含具有特定生物特性的不同細胞類型，所以在過程中細胞的選擇是非常重要的[41]。

3. 以生物墨水（bioink）[42] 列印原器官的替代材。生物墨水是通過將體外增殖的細胞與營養素和其他生物材料相結合而產生的，以確保細胞的活力，[43] 目前基本上有兩種生物墨水[44]，一種是使用水凝膠

（hydrogels）作爲人類細胞支架的生物黏合劑（有支架的 3D 生物列印，scaffold-based bioprinting），另一種則是其他基本上在不使用支架的情況下能聚集細胞的其他生物黏合劑（無支架的 3D 生物列印，scaffold-free bioprinting）[45]，無支架細胞聚集的生物黏合劑仰賴細胞自我組裝和自我組織[46]，無支架細胞在印刷過程中細胞彼此緊密印刷，因爲它們傾向在印刷的基材中聚集並融合在一起[47]。使用水凝膠的生物墨水則是因有水凝膠作爲細胞的運載工具而固定，水凝膠是天然衍生的聚合物（例如：藻酸鹽，膠原或殼聚醣）或合成聚合物（如聚乙烯），水凝膠生物墨水在生物列印中廣泛使用，因爲水凝膠能將細胞固定在支持 3D 環境中以獲得期望的結構[48]。

生物列印是否具可專利性，主要涉及下列兩個問題：1. 以生物列印之組織、器官或列印方法是否爲專利適格標的？2. 生物列印組織、器官或列印方法是否違反公序良俗，而爲專利保護客體所排除？茲分述之。

一、以生物列印之組織、器官或生物列印方法是否為專利適格標的？

(一) 以生物列印之組織或器官是否為專利保護客體？

以生物列印之組織或器官是否爲專利適格標的？主要取決於以生物列印出來的產品是否爲人類獨創的？以及是否爲非自然產生的產物？若生物列印出來的生物體或其活體組織是天然存在的精確複製品，則該生物列印出來的產品便不是專利的適格標的。相反地，若生物列印出來的生物或其活體組織完全是一種全新的設計，那麼該生物列印出來的產品是可能獲准專利的。而在現有技術下，生物列印出來的產品顯然屬於後者，因爲目前生物列印出來的人體活組織縱使在功能上與眞實人類活組織相似，但結構卻不相同，在科學家可以列印出結構完全一致的活體組織之前，生物列印的產品與其天然存在的物體是有相當的差異，因而能

成為專利的標的[49]。

　　至於歐美有關於人體形成過程中之發現或人體組織不得為專利標的之規定，是否會使 3D 生物列印產品不具專利適格性？歐盟生物科技指令（Directive 98/44/EC）第 5 條第 1 項規定：「人體在其形成及發育之各個階段，以及其中一個要素的簡單發現（包括基因的序列或部分序列）不能構成可獲得專利的標的[50]。」生物列印產品是否有該條適用之關鍵點在：該條項是否為人體形成及發育的各個階段設定了具體界限，甚至是否禁止生物列印身體部位的專利？若未來科技進步能列印出完整的組織或器官，使人造出之人體部分組織或器官和自然界實際者之間沒有明顯差異，則可能落入上述規定，為專利不適格之標的[51]。但以現在的技術，3D 列印的組織或器官與實際仍有很大的差異，因此 3D 列印之組織或器官是具專利適格性的。

　　此外，《美國發明法案》（America Invents Acts, AIA）第 33 節：「指向或包含人體組織（directed to or encompassing a human organism）的申請專利範圍之專利」不能被核准。但在立法機關或法院解釋何謂「指向或包含人體組織」之前，美國專利局可以根據最廣泛的解釋駁回任何「指向」或「包含」人體組織的請求項。因此撰寫專利說明書時須額外小心避免被駁回，一種可行的方法是將生物列印的人體組織作為植入物或用於人體的醫療設備[52、53]。

(二) 生物列印方法是否為專利保護客體？

　　生產動、植物之主要生物學方法，不予發明專利，我國專利法第 24 條第 1 款定有明文。歐洲專利公約第 53 條 b 款亦有類似規定。排除授予專利包括僅透過主要生物學方法（essentially biological processes）生產之植物、動物，其在植物、動物的基因組中不發生直接的技術干預（direct technical intervention），而僅是依雜交或選擇方法所產生之情

形。若提供技術手段只是促進或輔助使主要生物學方法獲得實現者亦然；反之，透過改變植物、動物之遺傳特徵之技術方法產生之植物、動物是准授予專利的（Regel 28(2)）[54]。基此，生物列印方法生產植物或動物，該方法係非以主要生物學方法為之者，該生產方法可為專利保護客體。

在美國，即使受到專利法第 101 條的限制，生物列印仍舊可以用方法請求項的形式申請專利，只要生物列印的方法請求項不去提及被明文禁止的產品標的，就可以用保護生物列印過程的方式去撰寫，而非保護列印出來可能被禁止的產品。例如美國專利第 7,051,654 號中保護「形成活細胞陣列（forming an array of viable cells）」的方法，以及美國專利第 8,691,974 號要求保護「3D 奈米纖維素結構的生產方法」（producing 3D nano-cellulose based structures）等；簡言之，雖然此種用方法請求項撰寫的方式可以用於不可專利的產品上，但 3D 列印過程本身必須是不違反關於人體組織的規定[55]。

基於以上說明，一種折衷辦法是以方法請求項（process claim）申請、而非產品請求項（product claim）。對於生物列印來說，方法請求項也確實比產品請求項更容易獲准。此辦法可能可以讓生物列印的專利數量受限制，因為若准許授予生物列印產品專利，則可能導致專利數量驚人成長，因為每種新的組織類型排列仍都會被視為適格的標的[56]。

二、生物列印組織、器官或生物列印方法是否違反公序良俗？

專利法第 24 條第 3 款規定，「妨害公共秩序或善良風俗者」不予發明專利。類似規定亦見於《歐洲專利公約》第 53 條 a 款及歐盟《關於生物科技發明之法律保護指令》（Directive on the legal protection of biotechnological inventions, 98/44/EC）第 6 條第 1 項[57]。針對違反公序良俗之方法發明，生物科技指令第 6 條第 2 項更具體地規定下列情形違

反公共秩序或道德，不具可專利性：(a) 人類無性繁殖之方法；(b) 改變人類生殖系之遺傳特性之方法[58]；(c) 為產業或商業目的之人類胚胎利用；(d) 改變遺傳特性之方法，對動物產生痛苦與其所帶來之醫療價值不相當者。3D 生物組織列印是否可能涉及上述違反公序良俗情形？茲申述之。

生物列印需要「易於獲得、易於培養、非免疫原性且擁有所有細胞來源組織或器官系統功能的細胞來源」[59]，但許多細胞類型並不符合這些要求，而符合這些既定標準的細胞就是幹細胞[60]。但並不是以所有幹細胞列印均具有可專利性。以下分別以我國相關規範及歐洲法院對於幹細胞相關發明之可專利性說明之。

(一) 我國專利審查基準

胚胎幹細胞相關發明是否具有專利適格性？根據專利審查基準2-14-3.3.3 規定：「人類胚胎幹細胞相關之發明，若有發展成人類個體的潛能者，違反公序良俗，應不准專利，例如：人類全能性細胞以及培養或增殖人類全能性細胞的方法。至於由人類全能性細胞進一步分裂而成之人類多能性胚胎幹細胞（human embryonic pluripotent stem cells），若無發展成人類的潛能，其相關發明應無違反公序良俗。」

基此，當使用全能幹細胞（totipotent stem cells）[61]為生物墨水進行3D 生物列印時，因該幹細胞有發展成完整人類個體之潛能，是違反公序良俗，不具可專利性。反之，使用成體幹細胞（adult stem cell），無發展成完整人類個體之潛能，則沒有違反公序良俗的問題。較有疑義者為介於二者之間屬於發育時期中的胚胎幹細胞（embryonic stem cells）[62]，因其屬胚胎中具有多能性分化能力的幹細胞，能分化成各種組織器官細胞，取得較為不易，因此若能以之 3D 列印可能引起較多爭議，關於胚胎幹細胞有關發明，我國審查基準以是否有發展成人的潛能為判斷基

準，歐洲法院則有不同的基準。

(二) 歐洲法院

使用胚胎幹細胞作為 3D 列印之生物墨水是否違反公序良俗，而不具可專利性？就此，主要與歐盟生物科技指令第 6 條第 2 項 (c) 款有關。關於胚胎幹細胞相關發明是否有該款之適用，歐洲法院（European Court of Justice）曾有兩次以先決裁決（preliminary ruling）針對上述規範中的「為工業或商業目的之人類胚胎利用」作出解釋，第一次為在 2011 年的 Oliver Brüstle v. Greenpeace e.V., 案 [63]。之後在 2014 年的 International Stem Cell Corporation v. Comptroller General of Patents, Designs and Trade Marks 案中再對第一次判決中的胚胎作限縮解釋 [64]。該二案雖均為方法專利，但因二案對於「胚胎幹細胞」之「胚胎」的定義不同，因此必須先探討胚胎之意義，之後探討「為工業或商業目的之人類胚胎利用」之意義及在何種情況下其方法會違反公序良俗。茲分述之：

1. 胚胎之意義

歐洲法院在 2011 年第一次的判決中表示：任何經受精之人類胚胎、任何被植入成熟人類細胞的細胞核之未受精人類卵子，和任何得自孤雌生殖開始分裂發展之未受精人類卵子，皆屬生物科技指令第 6 條第 2 項 (c) 款規範之人類胚胎。同時，會員國法院可依科學發展判斷，自人類胚胎之囊胚期所取得之幹細胞是否為上開條款之人類胚胎。

由上可見歐洲法院對於胚胎採極廣義的定義。理由是因為生物指令前言第 38 段認為第 6 條之規範僅為例示而非列舉，所有違反人性尊嚴的方法都不具可專利性。因此當人性尊嚴可能受影響時，歐盟法令傾向於排除可專利性，是故以廣義之概念解釋人類胚胎。

有鑒於歐洲法院在 C-34/10 案中就胚胎的定義採行了極廣泛的定義，有關胚胎幹細胞可專利性的爭議仍未平息。英國高等法院於 2013

年間針對藉由孤雌生殖（parthenogenesis，又稱單性生殖）[65] 方式所取得之幹細胞有無可專利性的問題，請求歐洲法院解釋[66]。

就此，2014 年歐洲法院之見解為：未受精之人類卵子，透過孤雌生殖的方式開始分裂與進一步的發展，當其根據當前的科學知識是不具有發展成一個人的固有能力時（就此應由會員國的法院審查），並非屬於生物科技指令第 6 條第 (2) 項第 (c) 款所規定之胚胎[67]。此種見解限縮了歐洲法院第一次對於胚胎意義之解釋範圍。

2.「為工業或商業目的之人類胚胎利用」之意義

以科學研究為目的使用人類胚胎亦有該款之適用（即不具可專利性）。只有當以治療或診斷為目的而利用人類胚胎，且有用時，始具可專利性[68]。

3. 以毀損人類胚胎為條件之相關發明的可專利性

申請之專利案在其實施過程中須破壞人類胚胎，或為取得必須的基礎物質須摧毀胚胎，無論在任何階段發生或是甚至在技術原理（technische Lehre）中未提及使用人類胚胎，皆屬指令該條款排除可專利性之範圍[69]。

我國就胚胎之定義為：指受精卵分裂未逾 8 週者（人工生殖法第 2 條第 4 款）。可見關於胚胎之定義，歐盟法院顯然比我國詳細且廣大許多。在我國胚胎幹細胞相關發明，因胚胎幹細胞並無發展成人的可能，是具專利適格性的。但根據歐洲法院之見解則有不同的判斷基準，須考慮其是否為工業或商業利用胚胎，以及該專利案在實施過程中是否會破壞人類胚胎。前者必須以治療或診斷為目的而利用胚胎，且該利用是有用時，始具專利適格性；後者指在其實施過程中會破壞胚胎即不具專利適格性。

根據歐洲法院的見解，使用全能幹細胞為生物墨水進行 3D 生物列印時，構成生物指令第 6 條第 2 項 (a) 款之違反公序良俗。以胚胎幹細

胞爲生物墨水進行 3D 生物列印，則以其實施發明過程中是否會毀壞胚胎爲斷判斷是否違反公序良俗。以成體幹細胞微生物墨水進行 3D 列印則原則上得爲專利保護客體。

(三) 小結

綜上所述可知，在我國以胚胎幹細胞進行 3D 列印，因胚胎幹細胞並無發展成人的可能，是具專利適格性的。但根據歐洲法院之見解則有不同的判斷基準，須考慮其是否爲工業商業利用胚胎，以及該專利案在實施過程中是否會破壞人類胚胎。前者必須以治療或診斷爲目的而利用胚胎，且該利用是有用時，始具專利適格性；後者指在其實施過程中會破壞胚胎即不具專利適格性。

肆、3D列印涉及之專利侵權

一、概說

專利法第 58 條第 1 至第 3 項規定：「發明專利權，除本法令有規定外，專有排除他人未經其同意而實施該發明之權（第 1 項）。物之發明之實施，指製造、爲販賣之要約、販賣、使用或爲上述目的而進口該物之行爲（第 2 項）。方法發明之實施，指下列各款行爲：一、使用該方法。二、使用、爲販賣之要約、販賣或爲上述目的而進口該方法直接製成之物。」在專利權有效期間內，第三人未經專利權人同意而實施其專利權（亦即被控侵權產品或方法落入專利保護範圍），且無專利法第 59 條至第 61 條所規範不爲專利權效力所及之事項者，構成專利權之侵害。發明專利權人對於侵害其專利權者，得請求除去之。有侵害之虞者，得請求防止之。發明專利權人對於因故意或過失侵害其專利權者，亦得請求損害賠償（同法第 96 條第 1、2 項）。

　　關於專利法第59條至第61條所規範不為專利權效力所及之事項，在此最常碰到的規範是第59條第1項第1款，非出於商業目的之未公開行為，不為專利權效力所及，故第三人未經專利權人同意之第三人3D列印方式實施專利權，若僅係供私用，非出於商業目的之未公開行為者，並無侵害專利權。反之，第三人係以商業為目的實施他人專利權，則構成專利權之侵害。

　　傳統專利侵權，可能假設行為人是大規模地生產侵權商品而必須有高額投入製造費用，但在3D列印下此種假設未必成立，因為3D列印是一種新的生產方式，此種製造方式能更簡單的複製受專利保護的產品，因此更容易侵權。又，3D列印將使製造和銷售3D物品變得更難以追究侵權責任，因為人們可以輕鬆地從網路上把設計下載下來，並在家中免費列印出來，因此在3D列印下關於專利權之保護、專利侵權之認定與救濟將與傳統有所不同。主要原因如下：

1. 專利權保護弱化，侵害專利物品更為容易：在傳統，就專利物品之製造必先建模，仿製較不容易，但在3D列印時代，列印者只要拿得到設計圖，能控制列印機，自然能列印出產品，且列印者列印只是供自己用，並非基於商業目的，並不構成侵權，就算是其列印多個專利物品贈送他人亦難追究其責任，因此專利權人受到的保護，無形中受到限縮。

2. 專利侵權之認定：傳統之製造方法通常具有一定的製造程序，多數首先是生產零件，之後組裝，但3D列印係採積層製造之方式，通過設計文件設定參數，即可一次性地把專利物品列印出來，因此除非系爭專利本身是3D列印之專利，否則可能不會侵害方法專利權。至於系爭專利若為物品專利，以3D列印方式製造雖與傳統製造過程有別，但是否可以認為：由於產品專利保護的是結構，只要3D列印製造的產品具備專利權利要求所有的必要技術特徵或是與外觀設計相同或相似，就可認為侵犯了相關專利權[70]？若可採此見解，則侵權判

定本身與是否採用 3D 列印並沒有直接關係。就此，將於後詳述之。

3. 3D 列印專利物品之零組件可能涉及專利權之間接侵害：3D 列印經常被利用在零件商品之製造，特別是在航太業及醫療器材方面被應用最多。在傳統情況下，只要未經專利權人同意，製造商「製造」；零售商「銷售」，銷售者「使用」專利物品，均構成專利權之直接侵害。若製造商僅製造一個專利機器的部分組裝零件，再銷售給他人自行組裝成整個機器。這時專利權人可能起訴每個「製造」或「使用」該機器的行為人，其中提供專利產品零件或積極鼓勵他人侵犯的行為可能構成間接侵權[71]。因此將來若 3D 列印更普及，將使專利權的間接侵害變得更為容易。我國專利法雖無間接侵權之規定，惟可能構成民法第 185 條之共同侵權行為。

以下分別就 3D 列印過程中是否侵害專利權之行為態樣分別探討如次。

二、專利侵權行為態樣

關於侵害專利權之行為態樣可分為下列兩類：第一，行為人未經 3D 列印專利之專利權人同意，實施 3D 列印相關專利。第二，行為人未經非 3D 列印之物品專利權人同意，以 3D 列印方式列印專利物品。至於 3D 掃描或列印裝置亦可能被以非 3D 列印方式侵害，但此涉及之問題點與傳統之專利權侵害無異，因此在此不加論述。茲就前述兩類侵權類型分述之。

（一） 行為人未經 3D 列印專利之專利權人同意，實施 3D 列印相關專利之侵權問題

3D 列印相關專利主要為下列幾種專利：(1)3D 掃描或列印裝置或其相關零件[72]；(2) 列印程式（包括製造程式及相關軟體）[73]；(3) 列印

素材[74]；(4)列印出之產品或列印方法[75]。可能涉及之侵害行為態樣如下：

1. 未經 3D 列印專利專利權人同意，使用其 3D 列印方法或以 3D 列印方式製造、為販賣之要約、販賣、使用或為上述目的而進口列印機、相關零件或列印之產品者，若為非出於商業目的之未公開行為，不構成專利侵權（專利法第 60 條第 1 項第 1 款）。但出於商業目的者，構成專利權之侵害。例如：

   (1) 甲擁有「CAD 系統」專利，乙未經甲同意實施「CAD 系統」，構成專利權之侵害。

   (2) 甲擁有「利用光固化成形法製造三維物件的方法」專利，乙利用雷射燒結法製造三維物件，由於列印方法不同，不構成專利權之侵害。

   (3) 甲擁有以 A 素材列印之三維物品專利，乙未經甲同意，以 B 素材列印相同的三維物件，則因為素材不同，文義上不構成侵權，但是否構成均等侵權？以均等論判斷是否落入侵權範圍之三部測試是：被訴產品是否以基本上相同的方法（way）、執行實質上相同的功能（function）、以獲得相同的結果（result）。所謂「相同的方法」，係指實施必須用（雖然修改，但是）客觀上等同的方式來解決發明背後的問題；「執行實質上相同的功能」，係指其專業知識須使本技術領域技術人員能夠找到具有同樣有效的不同手段修改方式；至於「獲得相同的結果」，則指技術人員必須為此目的而做出的考慮，最終須根據在專利請求項所保護的原理，以便技術人員將異常的實施與其修改方法作為客觀（與文義相當）的解決方案等效之解決方案[76]。基此，若以 A 素材列印與 B 素材列印係以實質相同的方式，執行實質上相同的功能，而得到實質相同的結果，則二技術特徵無實質差異，乙未經甲同意，以 B 素材取代 A 素材列印與甲相同的三維物件，構成均等侵權。

   (4) 甲擁有以 A 列印方法及列印出來之物品專利，乙未經甲同意，以

B 方法列印出相同的物品，則方法部分不構成侵權，但物品部分
構成侵權。

2. 未經 3D 列印程式專利權人同意，基於商業目的使用、為販賣之要
約、販賣或為上述目的而進口相關列印程式，均構成專利權之侵害。

3. 未經列印材料專利權人同意，基於商業目的，製造、為販賣之要約、
販賣、使用或為上述目的而進口列印材料者，均構成專利權之侵害。

(二) 行為人未經非 3D 列印之物品專利權人同意，以 3D 列印製造專利物品之侵權問題

是否構成專利權之侵害，應判斷被控侵權之方法或產品有無落入專
利權之專利請求範圍內。在方法專利，由於 3D 列印採用層層堆積的方
法與傳統的透過切割原料或透過模具成型製造產品之方式不同，因此除
非專利方法本身涉及 3D 列印方法，否則 3D 列印並不會侵犯專利方法。
基此，以下僅探討非以 3D 列印方式製造之物品專利是否可能被以 3D
列印方式侵權之問題。

1. 未經物品專利權人同意，自行創建一個 3D 列印專利物品的列印軟體

在此所稱列印軟體，係指在 3D 列印流程中必須使用的所有軟體，
包括 CAD 軟體、將 STL 檔案切層處理的軟體及其他監控製程參數及機
器設備的軟體。

在現行專利法中，在物品專利，只有未經專利權人同意，製造、為
販賣之要約、販賣、使用或為上述目的而進口該物之行為，始構成專利
權侵害。創建 CAD 檔只不過是一個 3D 的設計檔案，是用於操作 3D 列
印機的藍圖規格的電腦數據[77]，並非上述物品，因此創建出一個只能用
於 3D 列印機的 CAD 檔並不構成專利權之侵害。至於單純創建將 STL
檔案切層處理的軟體及其他監控製程參數及機器設備的軟體，其本身雖

具可專利性，但並非物品專利權之效力所及，故亦不構成專利權之直接侵害。

2. 未經物品專利權人同意，自行創建一個 3D 列印專利物品的列印軟體後銷售

未經物品專利權人同意，自行創建一個 3D 列印專利物品的列印軟體後銷售是否直接侵害物品專利權？在此應考慮之問題點為：該列印軟體是否能侵害物品專利？亦即銷售專利物品之流程圖（diagrams）或示意圖（schematics）是否可能構成侵權？呈前所述，創建列印軟體本身並不構成專利權之直接侵害，則創建後銷售者也未使用、為販賣之要約、販賣或為上述目的而進口該專利物品，亦應不構成物品專利之直接侵害。

但銷售提供他人列印出專利物品是否可能構成間接侵害？在美國，輔助侵權（contributory infringement）[78]之構成要件為：(1) 在美國境內提供銷售，或由外國進口；(2) 涉及專利機器、製造物、結合物、組合物之重要部分，或實施方法專利權所使用之材料或裝置；(3) 上述物品構成該發明的實質部分；(4) 明知該物乃特別製作或改造以用來侵害該項專利權。由以上要件可知，侵權客體必須是專利產品之「組成部分」（component），這對於 CAD 檔或其他列印軟體的專利侵害是不可行的，因為 CAD 檔或其他列印軟體是屬於抽象的軟體，而美國聯邦最高法院認為抽象的軟體本身不能被視為是電腦的組成部分[79]，CAD 檔和其他列印軟體可能與藍圖（blueprint）的概念較接近，但它本身不是可以組合成設備的組件，因此應不構成輔助侵權。

至於是否構成誘導侵權（inducement of infringement）[80]？主張行為人誘導侵權，必須證明：(1) 有直接侵害發生；(2) 有誘導第三方侵權之特定意圖；(3) 有誘導行為。關於第 (2) 點，主張誘導侵權時必須證明行為人具有主觀故意（requisite scienter）[81]。亦即誘導人必須實際或推

335

定知悉（actual or constructive knowledge）其行為會構成專利侵權，並且必須積極引起侵權[82]。在 3D 列印間接侵權的情況則是一方促使另一方使用 3D 列印軟體列印出侵權物。專利權人需要透過直接或間接的證據來證明誘導人基於特定意圖向直接侵權者提供 3D 列印軟體，且直接侵權者使用該檔案列印出專利物[83]。雖然很難認定直接侵權者把檔案下載下來並列印出該物的行為，但專利權人可能可以認定出間接侵權者的誘導行為[84]。然而間接侵權真正挑戰的是耗時、高成本且要在幾乎無法監控的網路上找出間接侵權人[85]。

3. 未經專利權人同意下載 3D 列印專利物品的列印軟體後，自行在家使用 3D 列印機列印專利物品或列印後銷售

　　未經物品專利權人同意下載 3D 列印專利物品的列印軟體後，自行使用 3D 列印機列印出與專利物品相同之物品，是否構成專利權之侵害？取決於系爭專利之請求項中是否有限定特定的素材而有不同。茲分述之：

　　(1) 若專利權人在請求項中未限定特定的素材，第三人利用不同的素材以 3D 列印出相同的物品時，構成專利權之侵害。

　　(2) 若專利權人在請求項中限定特定的素材時，必須 3D 列印時亦以相同素材列印才算是「使用」專利，因此第三人未經專利權人同意，以相同素材列印相同的物品，構成專利權之侵害。但若 3D 列印者以不同的素材列印相同的物品，因列印的素材不同，文義上不構成侵權，但是否構成均等侵權？按行為人在製造過程為了借助 3D 列印製造方法的特定要求，將專利物品的材料被替代為適合 3D 列印的替代品，此時是否構成侵權，應視是否符合均等的要求，其判斷如下[86]：①使用的替代材料，於最終產品具有相同的效果。特別是在醫療替代產品的情況下，須具有相同的醫療屬性和相同的強度。②其特性，可由具有普通技能之專業人員，在無創造性的情況下發現，及③成品也可實現專利的原理。

如果作爲專利請求項之裝置通過添加的新的結構被改變（因爲唯有如此才適合 3D 列印或甚至能提高穩定性），使得其不在使用原本專利的解決路徑。這不僅需要新的結構，毋寧說新的結構不再是對同一原理的不同實現，即無均等論之適用。

　　未經專利權人同意，自行下載 3D 列印專利物品之列印軟體並在家用 3D 列印機專利物品者，如果是「非出於商業目的之未公開行爲」，得依專利法第 59 條第 1 項第 1 款主張非發明專利權之效力所及，不構成專利侵權。然而如果這種顧客就是製造者，不僅反應了在家使用 3D 列印產出侵權產品的概念與長期以來的商業傳統模式偏離了，同時侵權的眞正來源者卻不構成直接侵權者，也顯示現行法還未能趕上技術的事實[87]。

　　反之，若將列印出之專利物品銷售者，並非屬「非出於商業目的之未公開行爲」則構成專利權之直接侵害。

4. 未經專利權人同意使用 3D 列印之專利物品複製品，或進口以 3D 列印之專利物品複製品

　　未經專利權人同意使用 3D 列印之專利物品複製品，構成專利權之直接侵害。至於未經專利權人同意進口以 3D 列印之專利物品複製品，若進口之目的是爲販賣之要約、販賣或使用之目的而進口該物者，構成專利權之直接侵害。

5. 未經專利權人同意使用 3D 列印未獲專利之零件來修理專利設備

　　關於零件之更換與安裝是否構成侵權，關鍵在該行爲是經允許的維修（permissible repair）或是被禁止的再造（prohibited reconstruction）行爲。後者屬於製造行爲，根據專利法第 58 條第 2、3 項規定，屬於專利權人排他權之範圍。未經專利權人同意而製造，構成專利權之侵害。前者則屬合法使用之範圍。關於經允許的維修與被禁止的再造之間如何區分，茲分述之。

智慧財產權
與法律風險析論

(1) 該零件被記載於專利請求項中之更換零件

更換之零件被記載於專利請求項中，未經專利權人同意自行更換及安裝都構成專利權之侵害。即使專利物品非以 3D 列印，現行為人以 3D 列印零件自行更換或安裝亦同。

(2) 更換之零件未單獨被記載於專利請求項中之更換零件

① 美國見解[88]

再造，必須是確實再次創造專利之實體。若為維持一個專利組合物整體之使用，而替換一個耗損（spent），且未單獨被專利保護之元件，是屬於經准許的維修，不構成再造[89]。但應注意者，上述更換係以經專利權人同意下更換為前提，根據美國實務見解，專利權人或其被授權人在販賣一專利物時，將伴隨著在該物使用範圍內維修與使用之默示授權（implied license），若出賣人缺少販賣該物之權利，其買受人亦無法獲得前述之默示授權，在此情況下，即使是維修亦不被允許[90]。

如何認定零件是否已「耗損」？當繼續使用一專利組合物中意圖被替換的零件是不切實際且不可行時，該零件就屬實際上耗損，未必須要等到物理上耗損時才可更換[91]。之後法院更清楚地表示，只要不是再造或違反契約約定，法律並不會阻止行為人過早維修或更換一裝置中未受專利保護之零件[92]。換言之，何時更換並非關鍵問題。

符合上述受准許之更換零件，儘管是以生產線如此大規模的商業行為更換專利組合中未單獨受專利保護之零件，仍屬維修[93]。

在更換一專利組合中耗損的零件時，儘管會更換到未耗損之零件，但只要更換未耗損之零件時不改變該專利組合物之本質或功能，仍屬維修[94]。

② 德國見解

製造係指在專利有效期內創造一件具有專利權利範圍中確定的發明特徵的物品。至於更換零件是被准許的維修或是再造？德國聯邦最高法院表示：零件的更換是否是被容許的或是否會導致專利物品的再

338

造？主要取決於它們是否在設備壽命期間內預期會進行更換的零件，以及更換的零件中反映了本發明的技術效果的程度[95]。其關鍵在於：根據商業慣例及交易觀念，更換是否是一個經常的維護措施（erhaltungsmaß-nahme），而不會使整個設備作為經濟客體的身分受質疑。如通常在受保護的物品的使用壽命期間期待被更換，那麼發明的技術效果是否反映在被更換的部件中通常變得很重要[96]。如果該設備已經超過了自然生命週期，且採取的措施的結果落入了專利保護範圍之內，就構成侵權。

③ 我國見解

我國實務見解認為：「修護與再造間之界限，並非取決於換置元件於整體構成元件中之比例與分量，亦與該換置元件是否為特徵元件無關，而係取決於專利物品其構成元件之整體壽命是否耗竭，以及專利權人對該被換置元件之創作意圖。」[97]如該零件係屬消耗品，本須定期更換新品使用，專利權人本身即有容許換置零件之意圖，且其本身亦提供換置之零件，則該更換零件應屬修護行為，而非再造[98]。

(3)將專利物品先拆卸為各個組件，將該等組件掃描後以3D列印後再自行或提供他人組裝成專利物品

不論拆卸的各個組件是否全部單獨被記載在專利請求項中，行為人拆卸為各個組件，再以3D列印方式列印後自行組裝，已屬製造行為，構成侵權。至於提供他人組裝，若受讓人可以輕易將其組裝成整體設備，亦屬製造行為，構成專利權之侵害[99]。

伍、展望與挑戰

綜合上述，物品專利之專利權人可以禁止第三人未經其同意以3D列印方式實施其專利，包括：1.禁止未經同意而製造、販買及進口專利物品之3D列印複製品；2.禁止使用其專利產品的3D列印複製品；3.禁止第三人提供3D列印之列印軟體供他人或誘導他人以3D列印專利產

品之複製品 [100]。然而使用 3D 列印卻可能使物品專利之專利權人面臨下列挑戰，這也是現行專利法在 3D 列印環境下可能面臨之困境：

1. 未經物品專利之專利權人同意，自行創建列印該物之 3D 列印軟體：
3D 列印軟體的創建者可能無法構成專利直接侵權，但該軟體經散布之後可能構成許多侵權，而且不僅無法阻止列印軟體的大規模散布，也無法直接對最終使用者的侵權行為採取行動，如果專利權人對 CAD 檔或其他列印軟體的創建者可以主張權利，將可避免專利物品因 3D 列印技術而受大量的侵害，但如何主張呢？在現行法上會面臨困難。

2. 侵權之舉證責任：要證明誰未經授權正在以 3D 列印專利物品、誰正在使用未經授權之 3D 列印產品都可能面臨不易舉證之困境。特別是在數位化專利侵權下，未經專利權人同意，以商業目的而使用 3D 列印機直接列印專利物即構成直接侵權，專利權人若能知道使用 3D 列印機的用戶，就可以對其主張侵權 [101]。但這種起訴方式是困難的，因為 3D 列印機廣泛使用的結果，使得識別使用 3D 列印的侵權者面臨相當大的挑戰 [102]。由於 3D 列印機的消費化（consumerization）和去中心化（decentralization）[103]，專利權人可能無法找出直接侵權者 [104]。而要知道 CAD 檔列印侵權產品的人事實上也幾乎是不可能的。又去中心化之後，行為人可能自行在家列印，自行使用，或贈與親友，均在免責範圍，無法對這些人主張侵權。另外也可能有許多的侵權者，這時要對個別侵權者採取侵權訴訟也將面臨困難。何況專利權人對 3D 列印的最終用戶提出直接侵權索賠可能並不具有實際的商業意義，因此專利權人可能會考慮對中間人（intermediary）的直接侵權行為進行索賠 [105]。

基於以上理由，面對 3D 列印日漸普及的發展趨勢，有必要對現行專利法作更深入的檢討，以免將來無法解決 3D 列印下涉及之專利問題。

註　釋

* 臺灣科技大學專利研究所，高速3D列印研究中心教授。

1. 資料來源：John Hornick (2017), 3D Printing Patent Landscape, https://3dprint.com/181207/3d-printing-patent-landscape/ (last visited: 2019.3.21.)。

2. 3D列印，關於3D System, https://www.ratc.com.tw/3d%E5%88%97%E5%8D%B0/（瀏覽日期：2019年3月21日）。

3. 高鳴矯（2014），妙用CAD軟體使3D列印效益淋漓盡致，https://www.digitimes.com.tw/iot/article.asp?cat=130&cat1=&cat2=&id=0000374427_whw5h0n71j68aw8ia86mc（瀏覽日期：2019年3月21日）。

4. STL格式一般由待建零件的三角形網格組成。每個三角形都有一個單位法線和三個頂點，它們之間符合右手定則，即可透過右手定則判斷出法線的方向。頂點的座標以三維迪卡爾座標表示。詳參Amit Bandyopadhyay/ Sumita Bose主編，葛業瓊、崔澤琴等譯，3D打印技術與應用，機械工業出版社，頁194，2017。

5. 經濟部智慧財產局，3D列印技術專利分析報告，https://pcm.tipo.gov.tw/PCM2010/PCM/commercial/03/3Dprinter_02.aspx（瀏覽日期：2019年3月21日）。

6. 同前註。

7. 資料來源：3D Printing Steps, https://wheelzz321.blogspot.com/(last visited: 2019.3.21.)。

8. Brean, D. H., *Patenting Physibles: A Fresh Perspective for Claiming 3D-Printable Products*, Santa Clara L. Rev., 55, 847 (2015).

9. 美國專利法第101條（35 U.S.C. §101）規定：「任何人士發明或發現新而有用之程序、機器、製品或組合物，或新而有用之改良

者，皆可獲得專利。」

10.*Alice Corp. v. CLS Bank International*, 573 U.S. _, 134 S. Ct. 2347 (2014).

11.詳參科技產學資訊室，USPTO公布專利適格性修訂指南，2019.1.16，http://iknow.stpi.narl.org.tw/Post/Read.aspx?PostID=15195 (last visited: 2019.3.21.)；李秉燊，2019年美國35 U.S.C. 101專利適格性審查指南必知的5件事，北美智權報第229期，2019.1.23，http://www.naipo.com/Portals/1/web_tw/Knowledge_Center/Industry_Economy/IPNC_190123_0701.htm (last visited: 2019.3.21.)。

12.*Enfish LLC v. Microsoft Corp.* 822 f.3d 1327 (fed. cir. 2016); *BASCOM Global Internet Services, Inc. v. AT&T Mobility LLC, AT&T Corp.* (fed. cir. 2016); *McRO, Inc. v. Bandai Namco Games America Inc.* (Fed. Cir. 2016); *Amdocs (Israel) Limited v. Openet Telecom, Inc.* (Fed. Cir. 2016); *Thales Visionix Inc. v. U.S.* (Fed. Cir. 2017); *Visual Memory LLC v. NVIDIA Corp.* (Fed. Cir. 2017).

13.葉昭蘭，美國後Alice時代電腦軟體專利標的適格性判決之研究，國立臺灣科技大學專利研究所碩士論文，頁87，2018年6月。

14.同前註。

15.同前註。

16.葉昭蘭，前揭書（註13），頁82。

17.*Enfish LLC v. Microsoft Corp.* 822 f.3d 1327 (fed. cir. 2016).

18.葉昭蘭，前揭書（註13），頁84。

19.BGH, 20.1.2009, X ZB 22/07-*Steuerungseinrichtung für Untersuchungsmodalitäten.*

20.上訴委員會認為：用於實施或支持經濟活動之物理實體或具體產品的裝置屬於歐洲專利公約第52條第2項(c)款之發明。詳參Case Law of the Boards of Appeal of the European Patent Office, 1.4.5 Apparatus constituting a physical or concrete product, https://www.epo.org/law-practice/legal-texts/html/caselaw/2016/e/clr_i_a_1_4_5.htm (last visited: 2019.3.21.).

21. Klaus-J Melullis, Patentschutz und Industrieller 3D-Druck, in: Andreas Leupold, Silke Glossner, 3D Printing, Verlag C.H.Beck, 2017, S.444-445.

22. Softwarepatente, http://www.softwarepatents.eu/ (last visited: 2019.3.21.).

23. BGH, 13.05.1980 - X ZB 19/78 – *Antiblockiersystem*; BGH, 23.04.2013 - X ZR 27/12 – *Fahrzeugnavigationssystem*.

24. Klaus-J Melullis, a. a. O. (Fn.21), S.447.

25. 專利審查基準2-12-1至2-12-3。

26. 專利審查基準2-12-2。

27. 用電腦軟體請求項轉寫的範例格式如下：

A digital representation of a physical object printable on a 3D printer, the object comprising:

element A;

element B; and

element C disposed between elements A and B.

Brean, D. H. (2015). *Patenting Physibles: A Fresh Perspective for Claiming 3D-Printable Products*, Santa Clara L. Rev., 55, 844.

28. Andrei Iancu & Jeremiah Helm, *Code on Disks and Hat Tricks—Is Computer Software on a Medium Really Patentable?* 90 J. Pat. & Trademark Off. Soc'y 97, 99 (2008).

29. Christophe Geiger, Overview of 3D Printing & Intellectual Property Law, in: MARKT 2014/083/D Legal review on industrial design protection in Europe, annex3, p.11 (2016).

30. Brean, D. H., *supra* note 27, at 848.

31. 我國專利I614002號：本發明係一種解決齒骨極度萎縮新式骨膜下
植體製作方法，主要透過斷層攝影、轉換資料、軟體設計、3D列
印實體模型、製作骨膜下植體蠟型、掃描蠟型並設計及CNC銑床
製作等步驟製作出符合齒骨極度萎縮患者的骨膜下植體，讓患者
可免去舊式手術、植體穿入顴骨、牙齦翻瓣2次的痛苦及高風險，
並摒棄精準度不佳、高失敗率的植體製作流程，真正達到安全、
省時、少痛苦的最高效醫療目的。

32. Klaus-J Melullis, a.a.O. (Fn.21), S.446.

33. 同前註。

34. Heide-Katharina Bauer and others, *Social and Legal Frame Conditions
for 3D (and) Bioprinting in Medicine*, 19 International Journal of Com-
puterized Dentistry 293, 296 (2016).

35. "......the use of material transfer processes for patterning and assembling
biologically relevant materials – molecules, cells, tissues, and biode-
gradable biomaterials – with a prescribed organisation to accomplish
one or more biological functions."

36. Chua, C. K. and Yeong, W. Y., *BIOPRINTING: PRINCIPLES AND AP-
PLICATIONS,* Taipei: World Scientific Publishing Co. Pte. Ltd., pp.64
(2015).

37. "The use of computer-aided transfer processes for patterning and as-
sembling living and nonliving materials with prescribed layer-by-layer
stacking organization in order to produce bio-engineered structures
serving in regenerative medicine and other biological studies."

38. Fabien Guillemot and others (2010), *Bioprinting Is Coming of Age: Re-
port from the International Conference on Bioprinting and Biofabrica-
tion in Bordeaux,* 2 Biofabrication 010201, 2 , http://iopscience.iop.org/

article/10.1088/1758-5082/2/1/010201/meta, last visited: 2019.3.21.

39. Chua, C. K. and Yeong, W. Y., *supra* note 36, pp.64.另請參鄭正元等，〈高階3D生物組織列印法規先導計畫衛生福利部食品藥物管理署105年度期末報告書〉，頁48，2016年12月。

40. Sean V. Murphy and Anthony Atala, *3D Bioprinting of Tissues and Organs,* 32 Nature Biotechnology 773,773 (2014).

41. *Id*, at 780.

42. 3D生物列印的材料稱爲「生物墨水」，爲內部懸浮活細胞的列印用凝膠。

43. 同註40.。

44. Hannes Karrenbrock, *The Ethical Controversy About 3D Bioprinting From the Perspective of European Patent Law*, p.9, (January, 2018).

45. Ibrahim T Ozbolat and Amer B Dababneh, *Bioprinting Technology: A Current State-of-the-Art Review*, 136 Journal of Manufacturing Science and Engineering 61016, 61016-5 (2014).

46. *Id.*, 61016, 61016-6.

47. 同前註。

48. 同前註。

49. Jasper L. Tran (Sep. 2015), *Patenting Bioprinting*, JOLT Digest, https://jolt.law.harvard.edu/digest/patenting-bioprinting (last visited: 2019.3.21.).

50. "The human body, at the various stages of its formation and development, and the simple discovery of one of its elements, including the sequence or partial sequence of a gene, cannot constitute patentable inventions."

51. Hannes Karrenbrock, *supra* note 44, at 21.

52. Jasper L. Tran, *supra* note 49.

53. 例如：美國專利第8,394,141號是把其標的用植入物的方式寫入請求項：claims an implant formed from "fibers of defatted, shredded, allogeneic human tissue" including a "tendon, fascia, ligament, or dermis" and a "growth factor" (to induce cell growth). Jasper L. Tran ,*supra* note 49.

54. https://www.epo.org/law-practice/legal-texts/html/guidelines/d/g_ii_5_4.htm (last visited: 2019.3.21.).

55. Jasper L. Tran , *supra* note 49.

56. 同前註。

57. 該二規定均規定如下：當發明之商業性利用違反公共秩序或道德，該發明不具可專利性，但不能僅因該實施被全部或部分締約國之法律或條例所禁止，即任其實施違反公共秩序及道德。

58. 此即使用異種細胞（xenogeneic cells）之情形。

59. Sean V. Murphy and Anthony Atala (2014), *3D Bioprinting of Tissues and Organs,* 32 Nature Biotechnology 773,773 (2014).

60. 幹細胞是未分化的生物細胞，它們可分化（自我轉化）成特異性細胞，也可以在分裂（透過有絲分類）後產生更多的幹細胞，幹細胞存在於多細胞生物體內。幹細胞具有三個屬性：(1)自我更新；(2)潛能：分化成特異性細胞類型的能力；(3)無特異性。詳參Medisun (2018)，幹細胞定義，http://www.medisun.hk/product?information_id=91 (last visited: 2019.3.21.)。

61. 在胚胎發育早期，受精卵分裂發育成為八個細胞的階段，此時每一顆細胞分開後，均可以發育形成一個完整個體。這樣的幹細胞我們稱之為「全能性幹細胞」（totipotent）。詳參陳彥榮，多能性幹細胞，科學月刊，2014.1.6，http://scimonth.blogspot.com/2014/01/blog-post_5206.html（瀏覽日期：2019年3月21日）。

62. 幹細胞依照發育時期，常聽到的主要可分為兩大類：發育時期中

的幹細胞與成體幹細胞（adult stem cells）。胚胎幹細胞（embry-onic stem cells）即屬於發育時期中的幹細胞，其來自於動物或是人體發育胚胎中具有多能性分化能力之幹細胞，具備能分化成各式各樣組織器官細胞的能力。在成體中，成體幹細胞則存在於各個發育成熟的組織器官中，通常為該組織之前驅細胞。詳參陳彥榮，前揭註61.。

63.EuGH, Urt. v. 18. 10. 2011 – C-34/10 – *Brüstle/Greenpeace.*本案事實為：德國著名科學家Oliver Brüstle從人類胚胎中提取幹細胞，用於為帕金森症患者再造神經細胞，並於1997年獲得人類神經細胞製造方法專利。專利之內容是關於分離（isolated）與純化（puri-fied）神經前驅細胞（neural precursor cells），自胚胎幹細胞製造神經前驅細胞的製程和將神經前驅細胞用於神經疾病之治療。根據專利說明書，該專利的目的在於解決自胚胎幹細胞製造幾乎無限數量的經分離與純化之神經前驅細胞的技術問題。惟必須移植未發育完全且可以繼續發展的前驅細胞（precursor cell），始能修補神經系統的缺陷。由於上述的前驅細胞只有在大腦發展期始會存在，因此必須自人類胚胎中的顱內組織（cerebral tissue）中取得，因而引起許多倫理上的爭議。2004年綠色和平組織以違反公序良俗為由，向德國聯邦專利法院提起專利無效訴訟。由於專利範圍包括由人類胚胎細胞取得前驅細胞之過程，德國聯邦專利法院隨後基於德國專利法第2條，判定該專利無效。Brüstle上訴到聯邦最高法院。聯邦最高法院認為撤銷專利與否取決於德國專利法第2條第(2)項第1句第3點（基於工業或商業目的使用人類胚胎，違反公序良俗），而該規定係源自生物科技指令第6條第(2)項(c)款（為工業或商業目的之人類胚胎利用，違反公序良俗），因此關鍵在對指令第6條第(2)項(c)款之解釋，因此德國聯邦最高法院決定歐洲法院解釋，而有本判決。

64. EuGH, Urt. v.18.12.2014–C-364/13-*Internaional Stem Cell Corp./ Comptroller General of Patents, Designs and Trade Marks.*本判決之背景為：有鑒於歐洲法院在C-34/10案中就胚胎的定義採行了廣泛的定義，有關胚胎幹細胞相關發明之可專利性的爭議仍未平息。英國高等法院於2013年4月17日針對藉由孤雌生殖的方式所取得之幹細胞有無可專利性的問題，請求歐洲法院解釋以孤雌生殖之方式所取得之幹細胞是否具可專利性。至於英國法院請求歐洲法院之問題為：未受精之人類卵子，透過孤雌生殖的方式開始分裂與進一步的發展（與受精卵不同，僅具萬能性無法繼續發展為完整人類個體），是否屬於生物科技指令第6條第(2)項(c)款所規定之胚胎？

65. 指無須經由精子激化卵母細胞便能開始胚胎的發育。經化學或電子之激化後，被激化的卵母細胞具有一套或二套染色體但不具有paternal DNA。「孤雌生殖胚球」(parthenote)可以發展為類似囊胚的組織，包含了滋養層組織與內細胞團，但如前述paternal DNA僅存在於精子，孤雌生殖胚球不會有paternal DNA，是故孤雌生殖胚球不會如同囊胚一般繼續發展。2013 EWHC 807 (Ch), paras. 16-17.

66. 2013 EWHC 807 (Ch), para 02.

67. EuGH, Urt. v.18.12.2014　– C-364/13- *Internaional Stem Cell Corp./ Comptroller General of Patents, Designs and Trade Marks.*

68. EuGH, Urt. v. 18. 10. 2011 – C-34/10 – *Brüstle/Greenpeace.*

69. 同前註。

70. 3D打印世界，3D打印時代專利侵權判定的思考，2015.6.15，http://www.i3dpworld.com/observation/view/849（瀏覽日期：2019年3月21日）。

71. Brean, D. H.*supra* note 27, 837.

72. 例如：US6340297，「具有塗層臺之光固化成形裝置」專利；

US201219196，「使用於在以押出爲基礎之添加式製造系統中的液化器組件」專利。

73.例如：US5923573，「用於生成三維模型之三維CAD系統」專利。

74.例如：US 201231255，「使用於以押出爲基礎之添加式製造系統的半晶質可消耗材料」專利。

75.例如：US5597589，「以選擇性燒結製造零件的器具」專利；US5609812，「利用光固化成形法製造三維物件的方法」專利。

76.Martin Meggie-Freund, *Patentverletzung mit äquivalenten Mitteln*, 2017.1.24, https://www.ipwiki.de/patentrecht:patentverletzung_mit_ae-quivalenten_mitteln (last visited:2019.3.21).最高法院106年臺上字第2466號判決：「所謂『均等論』之適用，必須係待鑑定對象之對應元件、成分、步驟或其結合關係與申請專利範圍之技術特徵係以實質相同之技術手段，達成實質相同之功能，而產生實質相同之結果。」

77.Reyes, Aubrey Nichole C. and Ngo, Patrick Samuel, *The World of 3D Printing: A Test of Applicability of Amending RA8293 on Patent Infringement*, Presented at the DLSU Research Congress 2017, p.3 (June, 2017), http://www.dlsu.edu.ph/conferences/dlsu-research-congress-proceedings/2017/HCT/HCT-I-014.pdf (last visited:2019.3.21.).

78.美國專利法35 U.S.C 271 (c)規定：「任何人在美國境內提供銷售，或由外國進口一專利機器、製造物、結合物、組合物之重要部分，或實施方法專利權所使用之材料或裝置，且上述物品構成該發明的實質部分，且明知該物乃特別製作或改造以用來侵害該項專利權，當上述情形並非作爲非實質侵權用途之主要用品或商業上物品時，應負幫助侵權者之責任。」

79.*Microsoft Corp. v. AT&T Corp.*, 550 U.S. 437, 449-50 (2007).

80.美國專利法35 U.S.C 271(b)規定：任何人積極地引起對專利之侵權，均應負侵權責任。

81.Brean, D. H., *supra* note 27, at 837.美國專利法271條(b)款規定：主動誘使他人侵犯專利權者，亦應負專利侵權之責任。

82.Kimberly A. Moore, Timothy R. Holbrook & John F. Murphy, PATENT LITIGATION AND STRATEGY, 452 (4th ed. 2013).

83.Timothy R. Holbrook & Lucas S. Osborn, *Digital Patent Infringement in an Era of 3D Printing*, 48 U.C. DAVIS L. REV., 1335-36 (2015).

84.Id, at 1336.

85.Tabrez Y. Ebrahim, *3D Printing: Digital Infringement & Digital Regulation*, Northwestern Journal of Technology and Intellectual Property 14, p.57 (2016).

86.Klaus-J Melullis, a.a.O. (Fn.21), S.427.

87.Brean, D. H., *supra* note 27, at 837.

88.黃偉銘，美國專利耗盡原則之發展與影響，國立臺灣科技大學專利研究所碩士論文，頁71以下，2018年6月。

89.*Aro Manufacturing Co. v. Convertible Top Replacement Co.*, 365 U.S. 336 (1961).

90.*Aro Mfg. Co., Inc. v. Convertible Top Co.*, 377 U.S. 476 (1964).

91.*SAGE PRODUCTS, INC., Plaintiff, v. DEVON INDUSTRIES, INC.*,45 F. 3d 1575(Fed. Cir. 1995).

92.*Kendall Co. v. Progressive Medical Technology*, Inc. 85 F.3d 1570 (Fed. Cir. 1996).

93.*Dana Corporation, Plaintiff/appellant, v. American Precision Company, Inc. and Illinois Auto Truckco., Inc.*, 827 F.2d 755 (Fed. Cir. 1987).

94.*Everpure, Inc., Plaintiff-appellant, v. Cuno, Inc.*, 875 F.2d 300 (Fed. Cir. 1989).

95. BGH, Urt. v. 17.07.2012, Az.: X ZR 97/11, -*Palettenbehälter II.*

96. 同前註。

97. 臺灣臺中地方法院97年度豐智簡字第1號民事判決。

98. 同前註。

99. Rudolf Kraßer著，單曉光、張韜略、于馨淼等譯，《專利法—德國專利和實用新型法、歐洲和國際專利法》（第6版），知識產權出版社，頁932，2016年5月。Celeste A. Letourneau, Colleen T. Davies, Farah Tabibkhoei, Gail L. Daubert, James M. Beck, John W. Schryber, Kevin M. Madagan, Matthew D. Jacobson, Todd O. Maiden, Tracy Zurzolo Quinn, *3D printing of medical devices: when a novel technology meets traditional legal principles.* White paper. Life Sciences Industry Group (Sep. 2015), http://www. reedsmith. com/files/ Publication/130448b9-7565-4295-a697-5c5d7c6eb516/Presentation/ PublicationAttachment/9ba9b53c-2009-488d-ba91-5cc5a19a38f7/3d-printing-white-paper_79444049. Pdf (last visited: 2019.3.21).

100. 第三點可能涉及專利之間接侵權，我國專利法並未明文規定間接侵權，惟可視其是否構成民法上之共同侵權行為。

101. Tabrez Y. Ebrahim, *3D Printing: Digital Infringement & Digital Regulation*, Northwestern Journal of Technology and Intellectual Property 14, p.49 (2016).

102. 同前註。

103. 亦即使生產模式變成個體生產，未必是大量生產。

104. Timothy R. Holbrook & Lucas S. Osborn, *supra* note 74, at1323-33.

105. Tabrez Y. Ebrahim,*supra* note 101, at 51.

第八章

後 Alice 時代生物科技專利標的適格性判斷與發展

葉雲卿[*]

*中央研究院智財技轉處處長；世新大學智慧財產暨傳播科技法律研究所副教授

後 Alice 時代生物科技專利標的適格性判斷與發展

摘　要

自 2010 年起，美國最高法院陸續在 Bilski v. Kappos, Mayo Collaborative Servs. v. Prometheus Labs., Inc., Ass'n for Molecular Pathology v. Myriad Genetics, Inc. 等案件，討論生物科技專利與軟體專利標的適格性之問題。更於 2014 年在 Alice Corp. v. CLS Bank International 案，正式提出新的 Alice/Mayo 二階段專利標的適格性判斷基準，以解決當專利標的涉及「抽象概念」、「自然現象」與「自然法則」時，其適格性之審理。Alice/Mayo 二階段測試標準，可謂改寫專利標的適格性之法律，對於生物科技專利與軟體專利的未來產生重大之影響。Alice 案後，美國專利商標局（USPTO）持續針對涉及「抽象概念」、「自然現象」與「自然法則」之標的，發布 Alice/ Mayo 測試程序之適用案例與相關說明，以統一專利審查人員審查標準。另一方面，美國聯邦巡迴上訴法院（CAFC）也陸續在軟體專利與生物科技專利適格性爭議案件中，指導下級法院如何進行二階段專利適格性之審查，並將最高法院在 Alice 案遺留下之問題，陸續於個案中補充，以解決適用之問題。本文將以生物科技專利為例，分析後 Alice 時代，判斷標的涉及「自然現象」與「自然法則」時，其適格性判斷之考慮因素與標準，以及檢討目前實務面臨問題與後續影響。為此，本文第二章將就生物科技專利標的之適格性標準發展之沿革為分析；第三章將檢討 USPTO 生物科技專利適格性審查基準之修正重點；第四章將就後 Alice 時代 CAFC 生物科技專利適格性相關案件分析；最後將針對未來有關生物科技專利申請提出相關建議。藉此，強化我國生物科技專利保護法理之參考與提供相關實務者處理美國生物科技專利申請與布局之參考。

關鍵字：專利標的適格性、自然現象、自然法則、美國專利審查基準、生物科技專利。

New Development of Subject Matter Eligibility of Biotech Patents in the Post-Alice Era

Yun-Ching Yeh[*]

Abstract

Since 2010, the US Supreme Court has heavily discussed biotechnology and software patents eligibility in the case of *Bilski v. Kappos*, *Mayo Collaborative Servs. v. Prometheus Labs., Inc.*, and *Ass'n for Molecular Pathology v. Myriad Genetics, Inc.* In the case *Alice vs. CLS Bank International* in 2014, the US Supreme Court established the new Alice/Mayo two step test to screen the eligibility of patent subject matter related to "abstract ideas," "natural phenomena," and "law of nature." This test nearly rewrites the law of patent eligibility and has a profound impact on the future of biotech and software patents. After Alice, the US Patent and Trademark Office（USPTO） and federal courts provide detailed rules, explanations to apply the test in the realty. Such rules and interpretations established the new framework to determine subject matter eligibility of biotech patent after Alice. This article aims to explore the development of law and rules of biotech patent eligibility. The study will explore the development of the patent eligibility law established by United Supreme Court, review the new revised patent eligibility examination rules in relation to biotech patent, and analyze patent litigation cases regarding the patent subject matter eligibility in CAFC during the era of Post-Alice. Finally, this article will provide patent application strategy for better protection of biotech patents for the industry in the ear of post-Alice.

Keywords: Patent Subject Matter Eligibility, natural phenomena, law of nature, USPTO MPEP, Biotech Patents.

壹、前言

依據經濟部工業局 2018 年生技產業白皮書所調查的結果顯示，目前全球生技產業涉及醫療保健、農業生技、食品生技等領域，其中以藥品、醫療器材及再生醫學在內的醫療保健領域，是現階段驅動生技產業成長的主力。其中專利已成爲這些生物科技主要領域保護創新的重要工具，因此，生物專利取得難易直接影響這些產業產品之布局，也影響生物產業未來發展之走向。

依據經濟部智慧財產局的統計數據顯示，2015-2017 年國內生物技術領域之專利發明申請案分別爲 632、780，及 780 件 [1]。而由 2017 年生物科技專利申請案的國際分類號來看，其中國際分類號 C12Q 1/68[2] 之技術領域類別最多，約占全年生物科技類整體申請量 10.91%；其次，爲 G01N 33/53[3] 約 8.6%、C12N15/13 約 8.34%[4]、C12N 15/11 約 6.42%[5]、及 C12N 15/63[6] 等約占 5.26%[7]。

上述類別專利不但是國內生技專利申請之主流類別，同時也是美國與先進國家生物科技專利申請案之常客 [8]。生物科技類別專利態樣有物（products）、製程、方法及用途專利 [9]，申請之標的包括核酸序列、胺基酸序列、質粒（plasmids）、媒介（vectors）、抗體、抗原、病毒、眞菌、細菌等微生物、植物、動物細胞等，這些標的一般涉及自然界產物或自然法則，而有專利標的適格性之問題。例如：上述 C12Q、C12N 15/11 類別專利或基因、免疫球蛋白等專利標的，必須判斷其與自然界之產物的差異；而 G01N 33/53 類別，其標的涉及生物特有的結合方法之測定，則需判斷免疫測定方法專利，是否可以擺脫自然現象之標的適格性的限制。這些生物科技專利標的之適格性判斷標準，自 1982 年至 2012 年，長達 30 年的時間可說是相當穩定而寬鬆。

1982 年美國最高法院在 Diamond v. Chakrabarty[10] 案件（以下簡稱

Chakrabarty 案）確認活的有機體可以為專利之標的，此後 30 年關於生物科技專利標的之適格性判斷採取寬鬆之標準，也成就了美國生物科技專利蓬勃發展[11]。2005 年一項研究顯示既有基因資料庫中約有 1/5 的基因有專利保護[12]。各界對於最高法院在 Chakrabarty 案所建立專利標的適格性判斷標準，並非毫無批判。特別是，當 2003 年人類基因庫計畫建置完成時[13]，人類基因序列均被公開而成為公共領域，此時許多科學家開始質疑定位或稱找出一個人體基因的位置相較已公開基因序列，本身是否具備顯著性？另一方面授予人類 DNA 專利之結果，造成限制基本遺傳訊息的使用，可能會導致生物醫學研究之障礙[14]。因此，對於生物科技專利標的適格性的判斷標準是否應該重新檢視，也引發多方討論。

2012 年美國最高法院在 Mayo v. Prometheus[15] 案（以下簡稱 Mayo 案），宣告 Prometheus 專利因涉及自然法則而不具專利適格性，使得沉寂已久的生物科技專利標的問題再度受到關注。緊接著，2013 年最高法院在 Ass'n for Molecular Pathology v. Myriad Genetics, Inc.[16] 案（以下簡稱 Myriad 案），宣告人類游離之 DNA 不具備專利適格性；更於 2014 年 Alice Corp. v. CLS Bank International[17] 案（以下簡稱 Alice 案）針對「抽象概念」、「自然現象」、「自然法則」等標的之適格性判斷，奠定新一代專利適格性判斷程序。最高法院在這一系列生物科技專利標的案件所揭示的法理，基本上改寫生物科技專利標的適格性之判斷基準。

新一代生物科技專利適格性判斷標準，一方面拉高了美國專利商標局（United States Patent and Trademark Office，以下簡稱 USPTO）對生物科技專利申請案的核駁率，也使得許多生物科技專利在聯邦法院被宣告專利不適格。

Mayo 案所建立二階段測試標準，基本上在 Alice 案後底定，整個專利標的適格性之判斷標準框架因此而確立，這個標準不僅適用於軟體

專利，也適用於生物科技專利。本文將探討生物科技專利標的發展之沿革。其次，將分析 Alice 案之後，USPTO 與美國聯邦法院如何因應新的二階段測試標準，以適用於生物科技專利案例。最後，將對於這些類別專利標的未來在美國申請專利可能性與申請策略提出建議，以及對於我國未來生物科技專利標的適格性標準提供相關建議。

貳、生物科技專利標的之適格性標準發展之沿革

一、Chakrabarty 案劃定生物科技專利標的適格性之界線

美國專利法第 101 條規定：「任何人發明或發現新而有用之方法、機器、製造或物之組合，或新而有用之改良者，皆得依本法所定之規定及條件下獲得專利。」[18] 因此，由文義來看，方法、機器、製造以及物的組成等四類型之標的，可以獲得專利；然而是否可解釋爲這四種標的毫無限制均可取得專利？1980 年在 Chakrabarty 案，美國最高法院審理具有生命的有機體是否可以專利，對於專利法第 101 條規定之專利標的之範圍與限制有完整論述。

1972 年微生物學家，Chakrabarty 博士申請一件專利，其專利權讓與通用電子公司，該專利有 36 項請求項，內容爲一種其中含有至少兩種穩定產生能量之質粒的假單胞菌屬的細菌，每種所述質粒提供單獨的烴類的降解途徑[19]；此種人造細菌能夠分解原油的多種成分，其分解能力並非自然界細菌可以達成[20]。本件專利有三種態樣請求項，包括製造細菌之方法、細菌養殖組成（inoculum），以及細菌本身。本案審查人員核准前二者態樣之專利，但認爲活體細菌並不符合第 101 條之「製造」，而駁回專利申請。

Chakrabarty 案中，法院對於專利法第 101 條基本上採取寬鬆的解釋。首先引用 1952 年美國專利法修正報告之說明，指出國會有意使專

利法之專利標的涵蓋「太陽底下所有人類做成事物」[21]，以支持其對於第 101 條採取寬鬆解釋之立場。然而，最高法院也指出第 101 條並非對專利標的不加限制，因此，舉例過去司法判決已經累積許多不具專利適格之案例（judicial exceptions），包括自然法則（law of nature）、自然現象（nature phenomena）與抽象概念。

本件專利被駁回申請之理由，係因 USPTO 認為活體細菌並不符合第 101 條之「製造」的概念，然而最高法院依上述專利適格性之論述，認為專利法第 101 條之限制，非以活體為界線，而應以自然產物（product of nature）、抽象概念與自然法則為界線，因此最高法院認為不應該因為本案之標的為活體，而認定其專利標的不適格。最後，最高法院比較本案專利請求項所描述之細菌與自然界細菌，認為二者具有不同之結構與特徵，因而認定本案申請專利之細菌並非自然界之產物，因此標的具備適格性。

二、Mayo 案首次提出生物科技專利二階測試標準

繼 Chakrabarty 案後，相隔 30 年，美國最高法院年 2010 於 Bilski v. Kappos[22] 案（以下簡稱 Bilski 案）再度檢討專利標的的適格性的判斷標準，並揚棄自 1980 年以後以「機械轉換測試法」為軟體專利標的的適格性判斷之唯一標準的見解，但並未提出專利標的的適格性應如何判斷，因此使得有關專利標的的適格性之判斷，再度陷入爭議[23]。

2012 年 Mayo[24] 案是 1980 年繼 Chakrabarty 案後，最高法院第一次審理生物科技專利標的的適格性案件，也是 Bilski 案後，第一次提出所謂二階段專利適格性標的之判斷標準。Mayo 案所爭執之專利[25]，為美國專利號 6,355,623（以下簡稱 '623 專利），其代表之專利請求項第 1 項如下：

表 8-1　美國專利號 6,355,623 第 1 項

項次	請求項內容
第1項[26]	一種最佳化免疫相關腸道疾病療效之治療方法，包括： (a) 給予（administering）上述疾病患者一種會產生6-TG的藥物。 (b) 測定（determining）6-TG於前述患者體內的濃度，當6-TG濃度低於每8×10⁸紅血球230微摩爾（Pmol）時，指示有增加個體藥劑量投入之需求；當6-TG濃度超過約每8×10⁸紅血球400 Pmol時，指示有減少個體藥劑量投入之需求。

資料來源：本表由作者整理。

　　'623 專利專利涉及使用硫嘌呤類藥物治療自體免疫性疾病，例如：Crohn's 和潰瘍性結腸炎。當患者攝取硫嘌呤化合物時，他的身體會代謝藥物，導致血液中的代謝物形成。由於人們代謝硫嘌呤類化合物的方式各不相同，因此相同劑量的硫嘌呤類藥物會以不同的方式影響不同的人。而專利申請前之技術，使醫生很難確定特定患者所給定之劑量是否過高，而產生有害的副作用，或者太低，而導致無效[27]。

　　在 Mayo 案，最高法院認定本案專利請求項體現血液中某種代謝物濃度與 thiopurine 藥物劑量之精確（precise）之「關聯性」（correlation），顯示藥物劑量具有療效或該劑量之藥物會構成傷害，這種關聯性是「指向」不具標的適格性之自然法則。此可參照專利請求項 1 之記載，如果服用一劑硫嘌呤藥物的患者血液中 6-TG 濃度超過每 8×10⁸ 個紅血球約 400 Pmol，則給藥劑量很可能產生毒性副作用[28]。儘管這種關聯性需要額外人類行為來啟動，但這種關係本身可以獨立於人類行為外而單獨存在。這種關係是自然代謝過程結果。因此，簡單描述該關係的專利指向自然法則。此一步驟，其後在 Alice 案被認定為檢驗專利標的適格性的第一步驟。

　　最高法院亦論述，本件專利標的是否遠超過簡單描述上述自然法則。換言之，專利請求項是否有額外步驟足以增加關聯性陳述，以允許這種描述轉化為合格之專利標的？最高法院認為這個問題的答案是否

定的[29]。本專利所執行測定之步驟，包括施打（administrating）藥品或決定（determning）劑量之步驟，僅爲科學界已知、一般性或傳統常規之活動，因此並未將代謝物之濃度與特定藥物劑量關聯性，轉換（transfroms）成可專利之標的。此一步驟，其後在 Alice 案被認定爲檢驗專利標的適格性的第二步驟。

三、Myriad 案再次檢討何謂自然界產物

2013 年美國最高法院在 Myriad 案[30]，審理人體乳癌基因是否爲適格的專利標的。本案爭議專利爲美國專利號 5,747,282（以下簡稱 '282 專利），其代表之請求項第 1 項與第 2 項內容記載，如表 8-2：

表 8-2　美國專利號 5,747,282 請求項

項次	請求項內容[31]
第1項	1. 一種經分離之DNA，其係編碼BRCA1多肽，該多肽具有如序列識別號：2所示之胺基酸序列。
第2項	2. 一種經分離之DNA，該DNA具有如序列識別號：1所示之核苷酸序列。

資料來源：本表由作者整理。

上述 '282 專利請求項第 1 項涵蓋所有可編碼 BRCA1 多肽的 DNA，包括自然存在的 DNA 以及人爲合成的 cDNA；請求項第 2 項則僅涵蓋人爲合成的 cDNA。最高法院認爲 Myriad 案之專利，並未產生或改變 BRCA1 及 BRCA2 上基因訊息或基因結構，而僅係發現基因位置，且單純分離出基因序列，並不足以使自然現象轉換爲適格之標的，因此認定請求項第 1 項之標的不具適格性。而請求項第 2 項所涵蓋之 cDNA 部分，因爲是將 DNA 序列之內含子（introns）去除後，藉以製造出僅包含外顯子（exons）之 cDNA，因此非自然產生，故爲適格之專利標的。

最高法院在 Myriad 案並未闡述 2012 年 Mayo 案所建立之專利標的適格性判斷標準，因此有論者認為最高法院在 Alice 案前仍未建立明確專利標地適格性之判斷程序[32]。Myriad 案係藉由比對專利標的物與自然界產物間是否具顯著性差異，以決定標的之適格性，此即所謂顯著差異性（"Markedly Different Characteristics Analysis"）之分析。而後，在 USPTO 第九版專利審查基準，將顯著差異性分析納入 Alice/ Mayo 第一步驟之測試措施，以檢驗標的物是否指向自然界[33]。

對於差異性是否顯著之判斷，最高法院在 Myriad 案判決中指出並非所有的差異均為顯著。以 Myriad 案中游離 BRCA1 基因序列為例，其對於結構之改變僅在於斷裂基因鏈接鍵，因此並不構成顯著差異。而人工合成之 cDNA 與自然生成之基因相比，具有顯著差異，雖然人工合成基因亦由常規性的活動或人類操控下之自然流程所產生，但不影響被認定有顯著差異，而具有標的適格性。

是以，最高法院以「顯著差異分析」處理本案涉及「自然界產物」專利標的適格性之判斷。然而，本案判決就顯著差異分析與 Mayo 案所建立二階段測試之適用關係，並未進一步闡述，導致「顯著差異分析」之定位不明[34]。直到 2018 年 USPTO 第九版專利審查基準將之納入「顯著差異分析」為 Alice/ Mayo 二階段第一步驟，即審查基準所稱之 2A 步驟判斷，才確認顯著性分析在專利標的適格性判斷所占之角色。

四、Alice 案建立 Alice/ Mayo 二階段測試架構

2014 年美國最高法院在 Alice 案[35]，正式提出專利標的適格性之判斷應按照 Mayo 案所建立之二階段測試，自此 Alice/Mayo 二階段專利適格性測試標準年代正式開始。

本案原告 Alice 公司持有美國專利號 5,970,479（以下簡稱 '479 專利），6,912,510（以下簡稱 '510 專利），7,149,720（以下簡稱 '720 專

利）及 7,725,375（以下簡稱 '375 專利）等 4 項專利。這些專利請求項與減輕「結算風險」的電腦機制（a computerized scheme for mitigating "settlement risk"）有關，其交易係使用電腦作爲第三方中介人，處理交易雙方之給付財務義務。換言之，本案之發明係由電腦執行財務交易中之一方應履行之義務，以減輕結算風險的一種的商業方法專利。

本案專利爲商業方法專利，然而最高法院有意在本案確立抽象概念、自然法則與自然界產物等三個司法例外標的（judicial exceptions）之標的適格性之判斷標準，藉由建立 Alice/Mayo 二階段測試程序，標準化專利標的適格性之審查程序。最高法院以本案專利爲例，說明當有專利適格性的爭議時，應該以 Mayo 案所建立之二階段分析進行檢驗，以篩檢標的是否適格：

1. Alice/Mayo 測試第 1 階段分析，首先判斷請求項是否指向（direct to）不可專利性的標的？如果有這種情況，必須進入第 2 步分析。

2. Alice/Mayo 測試第 2 階段分析，須單獨考慮每個請求項的元件，以及額外的元件是否足以改變請求項性質而符合適格之專利標的之資格。

最高法院在判決中闡述專利法第 101 條以「抽象概念」、「自然界產物」或「自然現象」作爲適格專利標的界線之理由，係爲確保上位的研究工具不被私人壟斷，導致研究創新之障礙。然而，最高法院也意識到許多科技的應用，用廣義來說，或多或少也都涉及「抽象概念」、「自然界產物」或「自然現象」。因此，倘若將所有司法例外事項當作專利絕對排除標的，而有可能造成新興科技申請專利的障礙。因此，涉及「抽象概念」、「自然界產物」或「自然現象」之專利標的，未必會造成標的不適格。但是如何應用「抽象概念」、「自然界產物」或「自然現象」，以及應用「抽象概念」、「自然界產物」或「自然現象」的程度，才是專利標的適格性之界線。而 Alice/Mayo 二階段測試之目的，即以標準化程序篩檢「自然界產物」或「自然現象」之可專利標的。

參、USPTO生物科技專利適格性審查基準之修正

在 Bilski、Mayo、Myriad 以及 Alice 等 4 個專利標的適格性相關判決出爐後，2014 年公告專利適格性的臨時指南（2014 Interim Guidance on Subject Matter Eligibility，以下簡稱為 2014 IEG）[36]，此份臨時性的指南其後於 2015 年 7 月、2016 年 5 月相繼補充許多適用案例與資料，其後於 2016 年 12 月則針對商業方法案例加以補充。2017 年 8 月 USPTO 修正專利審查基準（Manual of Patent Examining Procedure，以下簡稱為 MPEP），並於 2018 年 1 月完成第 9 版修正（MPEP Rev 2017.8 版）[37]，如圖 8-1 所示。

不同於軟體專利標的多涉及抽象概念之判斷，而生物科技專利標的，則多涉及自然界之物或自然現象。因此，第九版 MPEP 針對涉及自然界之物或自然現象之專利標的，其有關 2A 檢驗或 2B 檢驗判斷因素或考慮，有別「抽象概念」之判斷。以下分別依第九版之 Alice/ Mayo 二階段測試分析架構[38]、自然法則、現象與產物之判斷與就顯然多於司法例外的考量因素進一步說明：

一、Alice/ Mayo 二階段測試架構

MPEP 第九版[39]專利標的的適格性判斷標準（如圖 8-1），第 1 步驟需檢驗專利標的是否符合方法、機器、製品或物質之組成四個類別之一。若否，則專利標的不適格。若是，則進入步驟 2 分析之檢驗。

進入步驟 2 分析後，有 ABC 三種檢驗路徑以篩選適格的專利標的（如圖 8-1 所示）。A 路徑即透過簡易程序可直接判斷為適格之標的。B 路徑，指經過 2A 檢驗，其未指向司法例外事項。C 路徑，指經過 2B 檢驗，其雖指向司法例外事項，惟專利標的之額外元件顯然多於抽象概念本身。

產品及製程專利之適格性檢驗流程

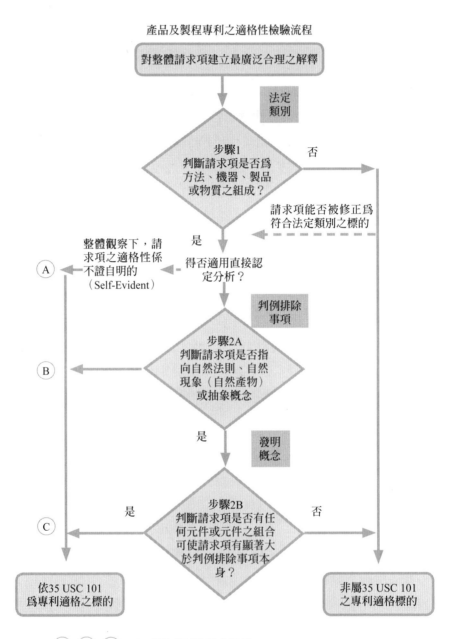

圖 8-1　MPEP 第九版專利適格性分析流程圖

資料來源：本研究整理自USPTO MPEP第九版第2106節。

　　2A 分析為 Alice/ Mayo 測試的第 1 步驟分析，審查人員必須決定請求項是否有指向司法例外事項，意即是否指向自然法則、自然現象或抽象概念。所謂「請求項所指向司法例外事項」是指當請求項中有記載（recited），例如：有闡述（set forth）或敘述（described）、自然法則、自然現象或抽象概念，即指該請求項指向司法例外事項。

　　2B 分析，為 Alice 案中所稱之尋找「發明概念」（inventive concept），須確定請求項元件是否有顯然多於司法例外事項本身；進行 2B 之分析時，應檢驗該請求項是否存有任何構件或構件的組合，足以從整體觀察上有（顯然多於司法例外事項的特徵，又分析時應整體觀察每一個請求項，並考量請求項中的附加構件應參酌的司法例外，除獨立觀察外，亦應將其視為有意義的組合再觀察一次，確保該請求項係以符合司法例外的適當方式描述其產品或方法。

二、自然法則、現象與產物之判斷

　　圖 8-1 所示 2A 步驟之重點，在於判斷請求項記載是否指向「抽象概念」、「自然法則」、「自然現象」與「自然產物」等司法例外事項。其中「自然現象」或「自然產物」等類別標的，多與生物科技專利相關。

　　首先，專利標的有無指向自然法則、自然現象，需解讀專利請求項中是否有闡述或描述自然法則或自然現象。然而，請求項含有描述產品的自然能力或質量的用語，或描述自然過程之用語，未必「指向」自然法則或自然現象；例如：用化學療法治療癌症的方法，並未指向癌細胞，因此並未指向「自然產物」。其次，標的是否未指向「自然法則」、「自然現象」與「自然產物」，涉及何謂「自然法則」、「自然現象」與「自然產物」本身？以及「人造」或「人為複製」的天然物與「自然生成」天然物之間的差異顯著性之判斷。差異顯著，則人造物不

屬於自然產物或自然現象；反之，仍劃歸為自然產物或自然現象，而屬
於不適格之專利標的。

以下分析 MPEP 第九版第 2106.04(b) 節提供「自然現象」或「自然
產物」之案例，以及 2106.04(c) 節顯著性差異分析內涵：

(一) 自然法則或自然現象案例

審查基準第 2106.04(b) 節，首先整理過去聯邦法院判決中有關「自
然法則」、「自然現象」案件，將二者解釋為自然發生的原則、關係、
指自然界產物本身，或指申請專利產品與天然存在的產品無明顯差異，
又或與自然界中發生物間之特徵無明顯差異[40]。審查基準進一步說明，
「自然法則」、「自然現象」這類司法例外的用語，也經常與「物理
現象」（physical phenomena）、「科學原理」（scientific principles）、
「自然產物」（products of nature）等概念或用語交替使用[41]。若這類
發明，其請求項為物之發明，則被稱為自然產物，另屬於同一技術如果
專利為自然法則或自然現象的實體物品，法院經常將之歸納為自然界產
物之司法例外[42]。

過去最高法院案件中，從未定義何謂自然法則或自然現象案例。但
審查基準整理過去被法院認定係自然法則及自然現象，且其中涉及生物
科技專利的案例包括：

1. 游離（isolated）DNA[43]。
2. 複製動物[44]。
3. DNA 的非編碼區域的變異，與 DNA 編碼區域中等位基因的存在之
   間的相關性[45]。
4. 某種化合物如何被身體代謝的結果的一種相關性[46]。
5. 身體檢體中髓過氧化物酶的存在與心血管疾病風險之間的相關性[47]。
6. 細菌的品質，例如：它們在其他細菌中產生抑制或非抑制狀態的能
   力[48]。

7. 單鏈 DNA 片段或稱爲「引物」（Primer）[49]。

8. 在母體血液中存在無細胞胎兒 DNA（cffDNA）[50]。

(二) 顯著性差異分析

　　Chakrabarty 案是最早將「顯著性差異分析」（markedly different characteristics analysis）利用於專利適格性之判斷，藉由分析人工製造之細菌與天然產生細菌間之差異，以判定該人工細菌非自然產物。近期最高法院則在 Myriad 案，以顯著差異分析游離的 DNA 是否爲自然界產物，判定請求項 BRCA1 與自然存在的 DNA 並無不同而不具專利適格性，而人爲合成的 cDNA 與天然生成 DNA 有顯著差異，而爲適格之專利標的。然而，Myriad 案雖然晚於 Mayo 案作成，但並未就「顯著性差異分析」與 Mayo 案所提出的專利適格性二階段測試間關係加以闡述，因此造成「顯著性差異分析」與 Alice/Mayo 二階段測試在專利適格性判斷彼此的角色不明。

　　Myriad 案雖然也涉及自然產物與標的是否適格，但判決中完全未提及 Mayo 二階段測試。因此，在 Alice 案判決出爐之前，USPTO 於 2014 年 3 月 4 日公布「2014 自然法則、自然現象、或／及自然產物專利標的的適格性程序」，[51] 且第九版審查基準正式將「顯著性差異」納入步驟 2A 之分析。

　　Alice 案後，爲解決「顯著性差異分析」在專利適格性判斷程序上之定位問題，第九版 MPEP 2104.04 (c) 補充顯著性差異分析適用範圍與分析程序，茲分析如下：

1. 適用範圍與限制

　　首先，「顯著性差異」分析用於決定請求項記載自然產物是否適格。自然界產物的專利請求項，如有記載其與自然產物與自然界發生之任何事物之間有顯著不同特徵，則該請求項爲適格的專利標的；反之，

如二者之間無顯著不同特徵，則該請求項爲不適格之專利標的，此爲「顯著性差異分析」之主要內涵。

進行「顯著性差異」分析時，必須判別專利標的是否指向「自然產物」。審查基準指出所謂自然產物之範圍，包括「自然產物」本身或指非天然產品但與自然產物間欠缺顯著不同特徵者；且不論是否爲合成的、人工的或非天然存在的產品，只要與自然產物間「無顯著差異」，則該人造的「自然產物」縱然是人類的聰明才智所創造產生結果，也無法將自然產物轉化爲適格的專利標的[52]。例如：In re Roslin Institute（Edinburgh）[53]案（以下簡稱 Roslin 案）中所複製的桃莉羊因爲與自然產物無異，因此爲不適格之專利標的。

又顯著性差異分析適用於發明爲自然產物相關之專利標的，因此在進行差異性分析時，其差異比對標的之範圍，會因爲專利請求項可能主張產物本身或相關組成，或是物、方法或方法定義物不同請求項態樣而有不同[54]。如果專利請求項主張就自然物質本身，則差異分析所比對之標的爲專利申請物本身；如果自然生成物係爲多個成分所組成，比對的標的爲自然物整個組成而非組成的各部分；如果方法定義物，比對爲自然生成物與自然物之間差異；方法請求項不涉及物基本上請求項不進行差異性分析，但若描述自然生成物之方法請求項所撰寫的方式與物請求項並無實質上之差異，則仍需有顯著性差異分析。

2. 分析步驟

審查基準第 2104.04 (c) II 將顯著性差異分析分析分爲三步驟[55]：

(1) 選擇適當之對照組

操作顯著性差異分析，首先必須選擇適當提供比對的自然產物的對照組。在對照物選擇上，倘自然基礎物（nature – based product）是由自然界發生物衍生而來，那麼被衍生的自然發生物爲被比對之標的。例如：基改的細菌，其對比標的爲基因未改變之原生菌。

(2) 確認適當比對特徵

選定適當比對之自然產物之後,其次必須確認比對特徵。適當的特徵可以表示為基於性質的產品的結構,功能和/或其他性質,並且根據具體情況進行評估。有關比對之特性,審查基準亦列舉以下若干特性 [56]:

① 生物或藥理功能或活動。

② 化學和物理特性。

③ 包括功能和結構特徵之表型。

④ 化學、遺傳物理結構和形式。

(3) 鑑別特徵之差異性是否顯著

選定比對自然產物與特徵之後,最後一個步驟,即確認鑑別特徵之差異性是否顯著。有關被認定特徵之差異性具有顯著性的案例,可以 Chakrabarty 案為代表,該專利細菌相較於僅能降解單一碳水化合物之自然界細菌,其能降解至少兩種不同碳水化合物,因此具有不同的功能 [57];另外此種專利細菌結構較自然生成僅有一個質粒之細菌不同,其有較多質粒,且專利細菌與自然界細菌在結構也不相同。因此,最高法院認定 Chakrabarty 案爭議之細菌專利,其與自然產物具有顯著差異,因而斷定為適格之專利標的。

三、顯然多於司法例外的考量因素

有關於是否顯然多於司法例外的考量因素,第九版 MPEP2106.05 節以下列舉八種:

1. 電腦或其他科技領域功能之改良,規定於 MPEP 2106.05(a) 節。

2. 應用司法例外於特定機器或使用特定機器,規定於 MPEP 2106.05(b) 節。

3. 影響特定物品之轉換至不同的狀態或事物,規定於 MPEP 2106.05(c)。

4. 添加特定限制，其非屬於該領域內的已知、一般性或傳統常規之限制，規定於 MPEP 2106.05(d) 節。

5. 其他法院認定有意義之限制，規定於 MPEP 2106.05(e) 節。

6. 單純指示運用司法例外事項，規定於 MPEP 2106.05(f) 節。

7. 不重要的額外問題解決活動，規定於 MPEP 2106.05(g) 節。

8. 將司法例外應用於特定技術環境之其他有意義的限制，規定於 MPEP 2106.05(h) 節。

以上八種因素，在過去生物科技專利案例，曾經考慮過的因素，包括：科技領域功能之改良，[58] 例如改良保存肝細胞方法以提供後續使用已被 CAFC 認定是一種科技功能領域之改良 [59]；屬於已知、一般性或傳統常規則被認定不具備發明概念。

肆、後Alice時代CAFC生物科技專利適格性相關案件分析

在 Alice 案判決後，CAFC 於 2014 年 12 月在 DDR Holdings, LLC v. Hotels.com, L.P.[60] 案（以下簡稱 DDR Holdings 案）判決中第一次以 Alice/Mayo 測試程序檢驗軟體專利標的之適格性，並宣告軟體專利標的適格，此後與此有關案件，亦僅有零星軟體專利標的被 CAFC 宣告適格 [61]。相較於軟體專利，在生物科技專利方面自 2014 年之後至 2018 年底，CAFC 審理 6 件有關生物科技專利案件 [62]，其中僅有 2 件宣告專利標的適格。以下分析 2014-2018 年 CAFC 生物科技專利與適格性有關之案件：

一、專利適格性案件分析

自 Alice 案後 2 件與生物科技專利被 CAFC 判定其專利標的之適格 [63]，

對於生物科技相關專利之申請與訴訟攻防具有重大指標意義。以下分析
CAFC 如何進行 Alice/Mayo 二階段測試，判定專利標的適格，並將二
案摘要分析整理如表 8-3。

表 8-3　2014-2018 年 CAFC 生物科技專利適格案件

案例名稱 / 日期 案號	專利號 專利名稱 專利分類號 請求項 類型	司法 例外 類型	Alice/Mayo測試 二階段步驟分析
Rapid Litigation Management v. Cellzdirect (2016/7/5) 827 F.3d 1042, 119 U.S.P.Q.2D 1370 (Fed. Cir. 2016)	7,604,929 反覆冷凍保存 肝細胞 (Repeated cryopreservation of hepatocytes) 435/1.1 A01N 1/00 方法	n/a	步驟1：請求項係指向一個新的且有用的肝細胞保存方法，而非指向不具專利適格性概念之類型內。 步驟2：系爭專利描述一種保存肝細胞供以後使用之改進方法，且此方法比已知方法較有顯著優點；因此，系爭專利為一新且有用之保存方法，具專利適格性。
Vanda Pharmaceuticals Inc. v. West-Ward Pharmaceuticals Int'l Ltd. (2018/4/13) 887 F.3d 1117, 126 U.S.P.Q.2D 1266 (Fed Cir. 2018)	8,586,610 以伊潘立酮治療精神分裂症患者 (Treating schizophrenia patients with iloperidone) 514/320 C07D 405/12 方法	自然 法則	步驟1：請求項非僅描述CYP2D6代謝基因型與QT間隔延長風險間之自然關係，而係描述一種基於應用此種關係治療患者之方法，且該方法透過降低QT間隔延長風險，使伊潘立酮更安全。因此，系爭專利並非指向司法例外排除事項，而為專利適格標的。 步驟2：無須進一步討論。
Exergen Corp. v. Kaz USA, Inc. (2018/3/8) 725 Fed. Appx. 959 (Fed Cir. 2018) CAFC Appeal No. 2016-2315, 2016-2341	7,787,938 6,292,685 顳動脈溫度探測器 (Temporal artery temperature detector) 600/474 G01J 5/04 方法、裝置	自然 法則	步驟1：系爭專利係涉及自然現象（核心溫度）之測量。 步驟2：測量方法並非常規的、已知的方法。發明人首次確定顳動脈溫度與核心溫度關係間的係數，並將其納入非常規之溫度測量方法；故系爭專利具備發明概念，而足以轉化為適格之專利標的。

（一）Rapid Litigation Management Ltd. v. CellzDirect, Inc

2016 年 Rapid Litigation Management Ltd. v. CellzDirect, Inc.[64] 案（以下簡稱 CellzDirect 案）是 CAFC 在 Alice 案後所處理第 4 件生物科技專利案件，同時也是第 1 件被宣告生物科技專利標的適格的案件。本案涉及美國第 7,604,929 號專利（以下簡稱 '929 專利）標的適格之判斷。本案的發明涉及生產成熟肝細胞純培養物的方法，以用於「測試、診斷和治療目的」。爭議專利相較於現有之技術中的肝細胞，由於先前技術，只能從肝臟切除或不可移植的肝臟器官提供者獲得，因其壽命相當短，且因可用性受限及不可預料性，因此導致肝細胞之培養相當不穩定，所以並不利於用於測試、診斷和治療之目的。

法院認為雖然已知冷凍保存之技術，足以保存肝細胞以供以後使用，但該方法具有侷限性，這些侷限性包括將導致肝細胞之破壞，從而降低產量，且此種傳統之方法並不適合用於多供體之肝細胞池培養物之製備。然而，對於多供體之肝細胞池培養物之製備有其必要，因為研究人員希望收集不同來源肝臟的肝細胞，而來自不同供體的肝細胞通常具有不同的代謝特性，因此有必要建立近似於平均肝細胞的肝細胞製劑；由於傳統技術僅可以將肝細胞冷凍一次後必須使用或丟棄；然而本發明人發現，肝細胞群中的某些肝細胞可以多次冷凍和解凍並保持活力；因此 '929 專利係涉及一種多重冷凍肝細胞，且在冷凍後提供具有更大活力的肝細胞的方法。

在第 1 階段之分析，法院認為該技術之專利標的適格，並未指向自然法則（law of nature）。法院認為：肝細胞在多次冷凍循環中之存活的能力是一種自然法則；而本項專利之權利範圍非僅僅涉及冷凍循環中之存活的能力，而係指向一種新的、有用的保存肝細胞的技術。法院進一步解釋，發明人必然發現某種肝細胞在多次凍融循環中具存活的能力，但其所主張係一種生產多次冷凍保存肝細胞的方法；因此，請求項

的撰寫對於專利取得具有重大之影響，倘若發明人主張某一類型之肝細胞可以在多次凍融循環中存活，則因涉及自然界之產物而標的不適格。因此在本案中，法院認為發明人利用他們的自然發現創造了一種新的且有改進的方法，來保存肝細胞供以後使用，因此並未指向自然界之產物或自然法則。

上訴法院認為縱然無法判斷本件專利是否指向自然界之產物，本件專利仍可通過第 2 階段之測試。因為本件專利改善傳統技術之缺點，延長肝細胞之存活率，並可供作日後使用，且不受限於冷凍之次數，因此改良先前之技術，具有發明之概念。

有論者認為，本案對於後 Alice 時代的診斷方法專利找到出路 [65]，因為法院在 Alice 案之後認可將常規技術以傳統組合方式為之仍可能具有發明概念 [66]。這種不再以使用常規技術來作為排除發明概念的見解，確實可以解決生物科技專利所面臨的困境。因為，以 CellzDirect 案分析將可有機會使先前被 CAFC 認定專利不適格的案件被判斷為適格 [67]。

(二)Vanda Pharmaceuticals Inc. v. West-Ward Pharmaceuticals International Ltd.

2018 年 4 月 13 日 CAFC 在 Vanda Pharmaceuticals Inc. v. West-Ward Pharmaceuticals International Ltd.[68] 案（以下簡稱 Vanda 案）之判決，涉及美國專利號 8,586,610 標的適格性之判斷。該專利記載一種治療患有精神分裂症患者的方法 [69]，包括分析患者的基因型態，並根據該基因型態確定適當的 iloperidone 劑量，如果病人的基因型態顯示代謝 iloperidone 不佳，治療過程中將出現不正常的心跳，因此在進行精神分裂症之治療時應減低藥物用量 [70]。

法院針對步驟 1 之分析，認為本件專利請求項非僅描述 CYP2D6 代謝基因型與 QT 間隔延長風險間之自然關係，而係描述一種基於應

用此種關係治療患者之方法，且該方法透過降低 QT 間隔延長風險，使 iloperidone 之使用更安全。因此，系爭專利未指向司法例外排除事項，而為專利適格標的；法院既然認為專利未指向司法例外排除事項，則無須進一步進行步驟 2 之分析。

二、專利不適格案件

自 Mayo 案後至 2018 年間，累計有 4 件生物科技專利被 CAFC 判定其專利標的之適格，以下分析 CAFC 如何進行 Alice/Mayo 二階段測試，排除專利標的適格性，並將案件摘要分析整理表 4。

（一）In re Roslin Institute (Edinburgh)

2014 年 CAFC 在 In re Roslin Institute (Edinburgh)（簡稱 Roslin 案）[71] 中，宣告專利申請號 09/225,233 之第 155-159 項和第 164 項之標的不適格。本案發明人為 Keith HS Campbell 博士和 Ian Wilmut 爵士，他們是第一個將體細胞成功複製出哺乳動物的科學家，其代表複製的動物為桃莉羊。Keith HS Campbell 博士和 Ian Wilmut 爵士複製桃莉羊的方法，受到美國專利號 7,514,258[72] 保護。

本案 '233 申請案，則涉及複製方法之產物。其代表請求項為第 155 項和第 164 項[73]。USPTO 認為專利標的不適格，進而美國專利上訴委員會也維持 USPTO 的決定，認為本件專利標的為一種自然現象，因為與自然界所產生之物並無顯著差異。

本案上訴至 CAFC，法院認為複製之哺乳動物，係由體細胞繁殖出來的，雖然所創造之繁殖方法已「構成了科學發現之突破」具專利適格性。然而法院仍認定本件請求項係不具適格性的，因為本件專利申請案之標的為用複製方法所產生之動物，而桃莉羊本身為其與另一隻羊之遺傳複製物，並不具備與自然界中已存在之任何動物間有顯著不同之特

徵，因此認為不適格之標的。

（二）Sequenom, Inc. v. Ariosa Diagnostics, Inc.

2015 年 Sequenom, Inc. v. Ariosa Diagnostics, Inc.[74] 案（以下簡稱 Ariosa 案）涉及美國專利號 6,258,540 之標的適格性判斷，本發明要求保護使用 cffDNA 的某些方法。該專利指導技術人員採取母體血液樣本，保留非細胞部分，以發明人所發現的遺傳物質，並確定父系遺傳序列作為區分胎兒和母體 DNA。本項核心發現，可運用於檢測懷孕初期胎兒遺傳狀況的測試，該測試避免了對母親和胎兒都有潛在危害的危險性侵入性技術，然而聯邦上訴法院卻宣告本件專利不適格。

法院認為在第 1 階段分析，發明人並未創造或改變 cffDNA 中編碼的任何遺傳訊息，且無可爭議的是原有核酸的位置在本件發明人發現之前已存在於自然界中。因此，本件專利之方法以自然現象開始並結束，所以標的直接指向自然界產生之物。

在第 2 階段之分析，法院也認為本件方法所附加之步驟係屬常規性之步驟，因此並不足以將 cffDNA 的自然現象轉化為可獲得專利之發明的創造性概念。法院認為「對於涉及包含自然現象之方法，則該方法必須具新穎且有用的附加功能」。由於本案發明所提出之方法步驟，檢測父系遺傳 cffDNA 為已知、常規性的方法，而斷定本件專利不適格。專利權人上訴聯邦最高法院後，因最高法院拒絕審理而確定。

（三）Genetic Tech. Ltd. v. Merial LLC

2016 年 CAFC 在 Genetic Tech. Ltd. v. Merial LLC[75] 案（以下簡稱 Merial 案）審理美國專利號 5,612,179 標的之適格性。該專利涉及非診斷的方法專利，即用於檢測單套基因鄰近和遠程等位基因之內含子序列分析方法。

377

　　法院認為本件方法專利指向自然法則。本件發明人發現非編碼
DNA 序列的存在，而該段序列可以較易分析較長連結編碼區。因此，
套用二階段檢驗，在步驟 1 檢驗，法院發現系爭專利請求項 1 記載非編
碼序列與編碼序列間之關聯，因此這種關聯性指向自然法則；其次步驟
2 的檢驗，由於系爭專利所述之「以檢測等位基因」只是心智步驟，因
此請求項中額外要件並不足以使請求項轉化為具專利適格性。

(四) Cleveland Clinic Foundation v. True Health Diagnostics, LLC

　　2017 年 CAFC 在 Cleveland Clinic Foundation v. True Health Diagnos-
tics, LLC[76] 案（以下簡稱 True Health Diagnostics 案）審理美國專利號
7,223,552 之專利標的。本件專利係以酶濃度評估胸痛患者發生主要心
臟不良事件之風險；聯邦法院在步驟 1 檢驗中，指出 '552 專利旨在檢
測骨髓過氧化酶（Myeloperoxidase, 簡稱 MPO）[77] 和其他骨髓過氧化酶
相關產品，而該方法採用那些骨髓過氧化酶數值與預定，或控制值間之
自然關係來預測患者發生或患有心血管疾病之風險。因此，請求項指向
自然法則；其次在步驟 2 中，法院指出系爭方法請求項之實踐未能產生
將骨髓過氧化酶的自然現象，與心血管風險相關之發明概念轉化為可專
利之發明，故系爭專利非為專利適格標的。

表 8-4　2014-2018 CAFC 生物科技專利不適格案件

案例名稱／日期 案號	專利號 專利名稱 專利分類號 請求項 類型	司法 例外 類型	Alice/Mayo測試 二階段步驟分析
Ariosa Diagnostics, Inc. v. Sequenom, Inc. (2015/6/12) 788 F.3d 1371, 115 U.S.P.Q.2D 1152 (Fed. Cir. 2015)	6,258,540 非侵入性產前診斷 (Non-invasive prenatal diagnosis) 435/6.12 C12Q 1/6879方法	自然現象	步驟1：系爭專利涉及一種多步驟之方法，該方法係從母親的血漿或血清樣本中取得游離的胎兒DNA片段（cffDNA）之步驟，而cffDNA存在於母親血液中係自然現象；且系爭請求項係從cffDNA存在於母親血液中開始，於父親遺傳之cffDNA結束，故請求項指向自然現象。 步驟2：系爭請求項之實踐無法將cffDNA存在之此自然現象，轉化為可專利之發明概念，故系爭專利非為專利適格標的。
Genetic Tech. Ltd. v. Merial LLC (2016/4/8) 818 F.3d 1369, 118 U.S.P.Q.2D 1541 (Fed. Cir. 2016)	5,612,179 用於檢測鄰近和遠程基因座上等位基因之內含子序列分析方法 (Intron sequence analysis method for detection of adjacent and remote locus alleles as haplotypes) 435/6 C12Q 1/68 方法	自然法則	步驟1：系爭專利請求項1描述非編碼序列與編碼序列間之關聯，及此種非編碼DNA序列可為連鎖編碼序列之代表，因此指向自然法則。 步驟2：系爭專利所述之「以檢測等位基因」只是心智步驟，且請求項中額外要件不足以提供使請求項具專利適格性之發明概念。

案例名稱 / 日期案號	專利號 專利名稱 專利分類號 請求項 類型	司法例外類型	Alice/Mayo測試 二階段步驟分析
Cleveland Clinic Foundation v. True Health Diagnostics, LLC (2017/6/16) 859 F.3d 1352, 123 U.S.P.Q.2D 1081 (Fed Cir. 2017)	8,349,581 7,459,286 7,223,552 以酶濃度評估胸痛患者發生主要心臟不良事件之風險 (Assessing the risk of a major adverse cardiac event in patients with chest pain using enzyme levels) 435/28 C12Q 1/28 435/7.24 C12Q 1/28 方法	自然法則	步驟1：專利旨在檢測骨髓過氧化酶（MPO）和其他骨髓過氧化酶相關產品，而該方法採用那些骨髓過氧化酶數值與預定或控制值間之自然關係來預測患者發生或患有心血管疾病之風險。因此，請求項指向自然法則。 步驟2：系爭方法請求項之實踐未能產生將骨髓過氧化酶的自然現象與心血管風險相關之發明概念轉化為可專利之發明，故系爭專利非為專利適格標的。
In re Bhagat (2018/3/16) 726 Fed. Appx. 772 (Fed Cir. 2018) CAFC Appeal No. 2016-2525	12/426,034 含脂類之化合物及其使用方法 (Lipid-containing compositions and methods of use thereof) 514/183 A61K 31/20 方法、產品	自然現象	步驟1：所有請求項皆指向非法定標的，因請求項之脂肪酸混合物天然存在於核桃油與橄欖油中。 步驟2：請求項涉及核桃油與橄欖油之自然產品，且請求項中之額外限制並未改變產品之特性，或有增加任何「顯然多於」之要件，故系爭專利非為專利適格標的。

資料來源：本研究整理。

伍、新的基準發展與生物科技專利之未來（代結論）

專利適格性爭議對於生物科技專利與軟體專利訴訟自 2010 年之後至今日，其重要性不減，至 2018 年 CAFC 仍不斷藉由軟體或生物科技

專利案例[78] 以實踐 Alice/Mayo 測試二階段程序。

Alice 案之後，2016 年一份統計資料統計顯示，Alice 案後專利侵權訴訟中請求軟體裁定專利無效成功率約有 65%[79]。2015 年美國另一項有關生物科技專利之統計顯示包括 1630,1640,1650 和 1670 等與免疫學和蛋白質化學技術之 Art Unit，受到專利法第 101 條之挑戰的比率在 Mayo 案逐漸上升；自 Mayo 案到 2015 年 2 月 USPTO 公布 IEG 間，USPTO 以第 101 條爲理由核駁百分比從 2012 年 1 月的 11.6% 上升至 2015 年 2 月的 32.5%[80]。無疑的，新的專利標的適格性的審查基準聚焦於新興的軟體科技與生物科技產業，將衝擊未來生物科技產業與軟體科技產業專利之布局。

Alice 案判決後，DDR Holdings 案[81] 是第一件由 CAFC 以 Alice/Mayo 測試的全套程序檢驗軟體專利標的適格的案件，本案正式確立 Alice/Mayo 測試二階段全套程序之細節。Enfish, L.L.C. v. Microsoft Corp.[82] 案（以下簡稱 Enfish 案）則闡述如何判斷「請求項是否指向司法例外事項？」法院闡釋如果屬於改良電腦本身的功能亦或就現有技術過程予以改進，則並未指向「抽象概念」，因此具可專利性[83]。2016 年 CAFC 再度於 Bascom Global Internet Services, Inc. v. AT&T Mobility LLC[84] 案（以下簡稱 Bascom 案）分析過濾網路內容（filtering internet content）方法專利之適格性，法院認定指向抽象概念後，對於階段 2B 是否具備發明概念的檢驗有詳細闡述。Enfish 與 Bascom 二案爲軟體專利標的適格性找到了出口，使軟體專利標的或因未指向抽象概念、或因爲特殊組件之安排足以構成技術之改良，而具備發明概念，而使專利標的脫離「抽象概念」本身而具備適格性。然而，CAFC 以軟體專利案件實體化二階段測試程序的法理，是否亦適用於生物科技專利？在目前的 CAFC 的判決中似乎找不到直接的答案。然而，在 CellzDirect 案卻依稀可看到類似 Enfish 案與 Bascom 案的邏輯，以技術改良爲由排除指向「自然法則」之疑慮，並以非常規技術認定具備發明概念。

　　相較於軟體科技專利標的之適格性常涉及抽象概念之判斷，生物科技專利往往因專利標的涉及「自然法則」（law of nature）或「自然現象」（natural phenomena）而有專利適格性之疑慮。美國最高法院認為專利標的倘僅為自然法則、自然現象或抽象概念，由於這些標的為科學技術的基本工具，因此應排除其專利標的之適格性；更因為自然法則或自然現象，應該是人類知識一部分，其成果應由全人類共享而不應該被任何人獨占[85]，以阻礙科技進步。所以藉由 Alice/Mayo 二階段測試，以篩檢涉及「自然界之物」、「自然法則」或「抽象概念」標的之適格性。二階段測試第 1 階段之分析，判斷發明標的是否指向「自然界之物」、「自然法則」或抽象概念。在生物科技專利領域，主要在鑑別發明與自然法則與自然界產物間之差異，或是發明有無利用自然界法則；於第 2 階段分析，則著重於尋找發明概念，強調發明是否有使用新步驟，或有新的結果、新的技術以及新特徵出現。

　　整體而言，在後 Alice 時代，整個生物科技專利標的判斷標準在 CAFC 與 USPTO 的協力之下，似乎朝向更嚴格方面邁進，其目的不在排除自然產物、自然法則、抽象概念等專利標的之適格性，而在篩檢適格之專利標的。而分析整個生物科技專利適格性標準之沿革、CAFC 生物科技專利適格性案件與 USPTO 新版審查基準，對於未來生物科技專利標的之選擇有如下幾點看法：

一、Alice 第一步驟分析對生物科技專利標的判定具關鍵性

　　有關生物科技專利，如果請求項為物之發明，則於結構或功能差異具顯著性，可被認定未指向司法例外之標的。具體的方法，包括可加入非自然要素、或是修改加入新的元素到自然界之物，創造結構與功能之改變。有關方法的發明，可強調方法之應用性，另外應避免僅描述化學物與生理現象之關聯性之步驟，而應強調治療細節步驟，以避免被認定

為指向自然現象或自然法則。

Roslin 案並無意排除複製動物之專利。CAFC 指出在本案請求項或甚至在說明書中，欠缺任何內容表明該複製動物與它們複製的供體動物是不同的；反之本案的複製動物係根據其細胞核 DNA 與供體哺乳動物的特徵來定義。法院認為，當複製動物與供體哺乳動物具有相同的細胞核 DNA，未必導致專利不適格，然而，本件專利請求項因為欠缺描述複製動物與複制的供體動物間具有顯著不同特徵，因此專利標的不適格。

二、使用「已知、一般性或傳統常規」之技術被認定不具發明概念

多數案件因為常規技術而被認定不具專利適格性。法院認為單純涉及比較、分析 DNA 序列被視為一般常規步驟，因此強調與先前技術之差異性，如何改良先前技術，改變診斷之效果，較易被認定為具備發明概念。過去「已知、一般性或傳統常規」之實驗技術，被認定欠缺發明概念，案例包括 2014 年 CAFC 在 University of Utah Research Foundation v. Ambry Genetics[86] 一案，認定僅僅放大或序列化核酸序列，屬於常規技術。2016 年 Merial 案認定分析 DNA 以提供基因序列資訊或偵測基因變異屬於常規技術 2017 年 True Health Diagnostics 案，CAFC 亦認定檢體中檢定 DNA 或酵素之技術屬於常規技術，未指向司法例外事項，無須進一步證明非「已知、一般性或傳統常規」之步驟

三、Alice/Mayo 二階段測試標準符合生物科技專利未來發展

80 年代 Chakrabarty 案以「顯著性差異分析」解決有關生命有機體是否可為適格之專利標的，此一判斷標準直到 2013 年被 Myriad 案所適用，顯示「顯著性差異分析」在判斷自然產物專利標的適格性仍有其重

要性。然而，2012 年 Mayo 案在處理診斷方法專利時提出所謂二階段測試，更於 2014 年 Alice 案處理商業方法專利時，正式提出 Alice/Mayo 二階段測試標準，並解釋其適用於所有涉及自然產物、自然法則、抽象概念等專利標的之適格性判斷。相當程度體現了「顯著性差異分析」標準面臨處理方法專利的不足，最高法院需要有一套更完整體系以解決軟體專利及與方法有關生物科技專利適格性判斷之問題。

Alice/Mayo 二階段測試標準提出，顯示最高法院企圖整合過去自然產物、自然法則、抽象概念等不可專利標的之個別或單一判斷標準。藉由建立一套彈性的判斷標準程序，一方面融合過去軟體專利標的適格性判斷所適用機械轉換測試標準，或涉及自然產物專利標的適格性判斷所適用「顯著性差異分析」，另一方面使未來發明不受限於特別的判斷基準。這種作法，更符合現今科技快速轉變之需求。在新一代 Alice/Mayo 測試二階段程序下，對於生物科技專利標的審查循著二階段之判斷邏輯，將有助於篩檢一些涉及研究工具的上位生物科技專利，避免造成科技之阻礙。

註　釋

* 中央研究院智財技轉處處長；世新大學智慧財產暨傳播科技法律研究所副教授。

* Director, Department of Intellectual Property and Technology Transfer, Academia Sinica; Associate Professor, Graduate Institute of Intellectual Property and Communication Technology Law, Shih Hsin University.

1. 經濟部工業局，2018生技產業白皮書，107年7月，頁299-300，參照：https://old.www.biopharm.org.tw/download/Biotechnology_Industry_in_Taiwan_2018.pdf（最後瀏覽日：2019/02/08）。

2. 本分類號包括核酸。有關IPC國際專利分類號之查詢，參照：https://www.tipo.gov.tw/sp.asp?xdurl=mp/lpipcFull.asp&version=201001&ctNode=7231&mp=1&symbol=C12Q（最後瀏覽日2019/02/08）。

3. 本分類號含免疫測定法；生物特有的結合方法之測定；相應的生物物質。

4. 本分類號含免疫球蛋白。

5. 本分類號包括DNA或RNA片段，或經修飾形成。

6. 本分類號包括使用載體引入外來遺傳材料；載體；其宿主；表達之調節。

7. 同註1.，頁302。

8. Biotechnology patents are currently identified using the following codes of the International Patent Classification (IPC)by OECD.Stat including at A01H1/00, A01H4/00, A61K38/00, A61K39/00, A61K48/00, C02F3/34, C07G(11/00, 13/00, 15/00), C07K(4/00, 14/00, 16/00, 17/00, 19/00), C12M, C12N, C12P, C12Q, C12S, G01N27/327, G01N33/(53*, 54*, 55*, 57*, 68, 74, 76, 78, 88, 92), also available at https://stats.

oecd.org/OECDStat_Metadata/ShowMetadata.ashx?Dataset=PATS_
IPC&Lang=en&Coords=[IPC].[BIOTECH] (last visited on
02/08/2019).

9. Giugni, Diego and Valter Giugni., *Intellectual Property: a powerful tool to develop biotech research*, Microb Biotechnol vol. 3,5 (2010): 493-506. Page 498. Also available at https://www.ncbi.nlm.nih.gov/pmc/articles/PMC3815763/pdf/mbt0003-0493.pdf (last visited on 02/08/2019).

10. Diamond v. Chakrabarty, 447 U.S. 303 (1980).

11. Cook-Deegan, Robert and Christopher Heaney., *Patents in genomics and human genetics*, Annu. Rev. Genomics Hum. Genet. vol. 11, 383-425., p.394 (2010).

12. Jensen K, Murray F., *Intellectual property landscape of the human genome*, Science 310 (5746): 239–40 (2005).

13. National Human Genome Research Institute, *Intellectual Property and Genomics*, available at https://www.genome.gov/19016590/intellectual-property/ (last visited on 02/08/2019).

14. Holman, C. M., *The Impact of Human Gene Patents on Innovation and Access: A Survey of Human Gene Patent Litigation*, 76 UMKC L. Rev. 295 (2008). Available at https://escholarship.org/uc/item/7rr0w5gf (last visited on 02/08/2019).

15. Mayo Collaborative Servs. v. Prometheus Labs., Inc., 566 U.S. 66, 132 S. Ct. 1289 (2012).

16. Ass'n for Molecular Pathology v. Myriad Genetics, Inc., 569 U.S. 576, 133 S. Ct. 2107 (2013).

17. Alice Corp. Pty. Ltd. v. CLS Bank Int'l, 134 S. Ct. 2347, 189 L. Ed. 2d 296, 2014 U.S. LEXIS 4303, 110 U.S.P.Q.2D (BNA) 1976, 82 U.S.L.W. 4508, 24 Fla. L. Weekly Fed. S 870, 2014 WL 2765283(2014).

18. 35 U.S.C. § 101.

19. 其後爲美國專利4259444A請求項第1項，原文爲"a bacterium from the genus *Pseudomonas* containing therein at least two stable energy-generating plasmids, each of said plasmids providing a separate hydro-carbon degradative pathway."

20. 判決提到，本件專利之先前技術，利用天然存在的細菌的混合物處理石油汙染，由於每種細菌能夠降解油複合物的一種組分，簡單來說僅能降解一種碳水化合物。透過這種專利生物處理方式，因爲可以降解二種以上碳水化合物，油被分解成更簡單的物質，可以作爲水生生物的食物。然而，由於自然界細菌，只有一部分混合培養物能夠存活以處理漏油。Chakrabarty所發明的微生物，可以分解石油的多種成分，實現更高效，更快速的漏油控制。

21. 判決引用之原文爲"anything under the sun that is made by man."

22. Bilski v. Kappos, 561 U.S. 593 (2010).

23. Brian H. Lawrence, Clarifying Patent Law's Role in Financial Service: Time to Settle the "Bill"Ski?, 22 Fed. Circuit B.J. 319, 320-321, 345 (2012).

24. See supranote 15.

25. Id at 73.

26. Claim 1 states "A method of optimizing therapeutic efficacy for treatment of an immune-mediated gastrointestinal disorder, comprising:

(a) administering a drug providing 6-thioguanine to a subject having said immune-mediated gastrointestinal disorder; and

(b) determining the level of 6-thioguanine in said subject having said immune-mediated gastrointestinal disorder,

wherein the level of 6-thioguanine less than about 230 pmol per 8x108 red blood cells indicates a need to increase the amount of said drug subsequently administered to said subject and wherein the level of 6-thio-guanine greater than about 400 pmol per 8x108 red blood cells indicates a need to decrease the amount of said drug subsequently administered to said subject."

27. See supranote 15 at 73.

28. Id at 77.

29. Id.

30. See supranoe 16.

31. Claim 1 states "an isolated DNA coding for a BRCA1 polypeptide," which has "the amino acid sequence set forth in SEQ ID NO:2." Claim 2 states "the isolated DNA of claim 1, wherein said DNA has the nucle-otide sequence set forth in SEQ ID NO:1."

32. Jake Gipson, Patentable Subject Matter: A Myriad of Problems, 65 Ala. L. Rev. 815, 822 (2014).

33. See MPEP 2106.04(c) The Markedly Different Characteristics Analysis

34. Biotechnology and the Law, § 3:11 .PTO Guidelines states that "the PTO considered comments suggesting that the MDC analysis be moved from step 2A to step 2B, and decided to leave it where it is, so claims could qualify as eligible earlier in the analysis."

35. See supranote 17.有關Alice案之分析之部分內容已發表於，新一代Alice/Mayo二階段軟體專利適格性判斷基準之形成與運用，智慧財產評論，15卷2期，2018年。

36. 2014 Interim Guidance on Subject Matter Eligibility, 79 Fed. Reg. 74618 (December 2014), available at https://www.uspto.gov/patent/laws-and-regulations/examination-policy/subject-matter-eligibility-examination-guidance-date (last visit on 03/12/2018).

37. USPTO, Manual of Patent Examining Procedure (MPEP) Ninth Edition,

Revision 08.2017, Last Revised January 2018, available at https://www.
uspto.gov/web/offices/pac/mpep/index.html (last visit on 03/12/2018).
Revised Patent Subject Matter Eligibility Guidance (2019 PEG).

38. 2019年1月7日公布Revised Patent Subject Matter Eligibility Guid-
ance (2019 PEG)，有關生物科技專利部分修正幅度不大，重要修
正可參考USPTO所提供修正表，https://www.uspto.gov/sites/default/
files/documents/mpepchart_for_2019peg_20190107.pdf (last visited on
01/15/2019)。另外，本文有關第九版之Alice/ Mayo二階段測試分
析之部分內容已發表於，新一代Alice/Mayo二階段軟體專利適格
性判斷基準之形成與運用，智慧財產評論，15卷2期，2018年。

39. 2014年底公告專利適格性的臨時指南（2014 Interim Guidance on
Subject Matter Eligibility，以下簡稱為2014 IEG），此份臨時性
的指南其後於2015年7月、2016年5月補充許多適用案例與資料，
2016年12月則針對商業方法案例加以補充。2017年8月USPTO修
正專利審查基準（Manual of Patent Examining Procedure，以下簡
稱為MPEP），並於2018年1月完成第九版修正（MPEP Rev 2017.8
版），正式將2014 IEG與2015-2017年補充資料整合於新的第九版
的MPEP中。2014 Interim Guidance on Subject Matter Eligibility, 79
Fed. Reg. 74618 (December 2014),available at https://www.uspto.gov/
patent/laws-and-regulations/examination-policy/subject-matter-eligi-
bility-examination-guidance-date (last visit on 03/12/2018). Manual of
Patent Examining Procedure (MPEP)Ninth Edition, Revision 08.2017,
Last Revised January 2018, available at https://www.uspto.gov/web/of-
fices/pac/mpep/index.html (last visit on 03/12/2018).

40. Ambry Genetics, 774 F.3d at 760, 113 U.S.P.Q.2d at 1244.

41. MPEP 2106.04 (b).

42. MPEP 2106.04(b) I&II。例如：Myriad案中的游離DNA。

43. Ass'n for Molecular Pathology v. Myriad Genetics, Inc., 133 S. Ct. 2107, 2116-17, 106 U.S.P.Q.2d 1972, 1978-79 (2013).

44. In re Roslin Institute (Edinburgh), 750 F.3d 1333, 1337, 110 U.S.P.Q.2d 1668, 1671 (Fed. Cir. 2014).

45. Genetic Techs. Ltd. v. Merial LLC, 818 F.3d 1369, 1375, 118 U.S.P.Q.2d 1541, 1545 (Fed. Cir. 2016).

46. Mayo Collaborative Servs. v. Prometheus Labs., 566 U.S. 66, 75-77, 101 U.S.P.Q.2d 1961, 1967-68 (2012).

47. Cleveland Clinic Foundation v. True Health Diagnostics LLC, 859 F.3d 1352, 1361, 123 U.S.P.Q.2d 1081, 1087 (Fed.Cir.2017).

48. Funk Bros. Seed Co. v. Kalo Inoculant Co., 333 U.S. 127, 130, 76 U.S.P.Q. 280, 281 (1948).

49. University of Utah Research Foundation v. Ambry Genetics Corp., 774 F.3d 755, 761, 113 U.S.P.Q.2d 1241, 1244 (Fed. Cir. 2014).

50. Ariosa Diagnostics, Inc. v. Sequenom, 788 F.3d 1371, 1373, 115 U.S.P.Q.2d 1152, 1153 (Fed. Cir. 2015).

51. Harold C. Wegner, *The Mayo-Myriad PTO Guideline*, available at http://www.patents4life.com/wp-content/uploads/2014/03/MayoMyri-adGuidelinesMarch5.pdf (last visit on 02/12/2019).若將「顯著性差異」分析置於步驟2A分析內考慮，則與自然產物有顯著差異之標的，將被判定未指向司法例外事項，而爲適格之標的，無須再進行2B檢驗可提早終結適格性之判斷。然而理論上，「顯著性差異分析」亦有可能置於Alice/Mayo 2B驟分析程序中，當「顯著性差異」分析被移至步驟2B，則這些請求項及其他記載有基於自然產物限制之請求項，需再經過顯然多於（significantly more）之檢測才有可能具備適格性。USPTO表示將顯著性差異分析置於2B，將造成適格性調查之延長與判決先例難以調和，亦造成審查資源不

必要地浪費，因此在第九版仍置於2B分析。

52. 2106.04(b) II.

53. In re Roslin Institute (Edinburgh), 750 F.3d 1333, 110 U.S.P.Q.2d 1668 (Fed. Cir. 2014).

54. 2106.04(c) I.

55. 2106.04(c) II.

56. 2106.04(c) II B.

57. See supranote 19.

58. 2106.05(a) II.

59. Rapid Litig. Mgmt. v. CellzDirect, Inc., 827 F.3d 1042, 1050, 119 US-PQ2d 1370, 1375 (Fed. Cir. 2016).

60. DDR Holdings, LLC v. Hotels.com, L.P., 773 F.3d 1245, 113 U.S.P.Q.2d 1097 (Fed. Cir. 2014).

61. 葉雲卿，新一代Alice/Mayo二階段軟體專利適格性判斷之形成與運用，智慧財產評論，15卷2期，2019年（即將出刊）。

62. 本文生物科技專利標的之聯邦法院案件係由美國專利局網站整理聯邦法院案件清單篩選之，網址：https://www.uspto.gov/patent/laws-and-regulations/examination-policy/subject-matter-eligibility (last visited on March 20, 2019).

63. 2018年3月CAFC在Exergen Corp. v. Kaz USA, Inc.案中審理美國專利號6,292,685與7,787,938二件專利標的適格性，二件專利設及偵測額溫之儀器及方法。雖屬於醫療檢測器材相關專利，但不在本文註釋8.所述之生物科技專利，因此並未於本文中討論。惟該判決專利標的涉及自然界法則，對檢測相關專利標的適格性之判斷標準之建立，亦具有參考價值。

64. Rapid Litigation Management Ltd. v. CellzDirect, Inc., 827 F.3d 1042, 1045 (Fed. Cir. 2016).

65. Gene Quine, *Federal Circuit Gives Patent Eligibility Relief to Life Science Sector*, IPWATCHDOG (Jul. 5, 2016), http://www.ipwatch-dog.com/2016/07/05/federal-circuit-patent-eligibility-life-sciences/id=70614/.

66. Eugene Kim, *Biotech patent eligibility: a new hope*, 2017 COLUM. BUS. L. REV. 1157, 1175 (2017).

67. Id at 1183-1186.

68. Vanda Pharmaceuticals Inc. v. West-Ward Pharmaceuticals International Ltd., 887 F.3d 1117, 126 U.S.P.Q.2d 1266 (Fed. Cir. 2018).

69. '610專利代表之請求項1為：「A method for treating a patient with iloperidone, wherein the patient is suffering from　schizophrenia, the method comprising the steps of:

determining whether the patient is a CYP2D6 poor metabolizer by:

obtaining or having obtained a biological sample from the patient; and

performing or having performed a genotyping assay on the biological sample to determine if the patient has a CYP2D6 poor metabolizer genotype; and if the patient has a CYP2D6 poor metabolizer genotype, then internally administering iloperidone to the patient in an amount of 12 mg/day or less, and if the patient does not have a CYP2D6 poor metabolizer genotype, then internally administering iloperidone to the patient in an amount that is greater than 12 mg/day, up to 24 mg/day, wherein a risk of QTc prolongation for a patient having a CYP2D6 poor metabolizer genotype is lower following the internal administration of 12 mg/day or less than it would be if the iloperidone were administered in an amount of greater than 12 mg/day, up to 24 mg/day [emphasis in memorandum].」

70. iloperidone是一種已知導致QTc延長的藥物，QTc延長可導致心臟

正常節律被中斷。

71. In re Roslin Institute (Edinburgh), 750 F.3d 1333, 1336, 110 U.S.P.Q.2d 1668, 1671 (Fed. Cir. 2014).

72. 美國專利號7,514,258的技術，係有關於體細胞核移植，其涉及去除已經在細胞週期的靜止期停滯的體細胞的細胞核並植入該細胞核，而由細胞核進入去核卵母細胞。

73. 155. A live-born clone of a pre-existing, nonembryonic, donor mammal, wherein the mammal is selected from cattle, sheep, pigs, and goats.

164. The clone of any of claims 155-159, wherein the donor mammal is non-foetal.

74. Sequenom, Inc. v. Ariosa Diagnostics, Inc., 136 S. Ct. 2511 (2016).

75. Genetic Tech. Ltd. v. Merial LLC, 818 F.3d 1369, 118 U.S.P.Q.2d 1541 (Fed. Cir. 2016).

76. Cleveland Clinic Foundation v. True Health Diagnostics, LLC, 859 F.3d 1352, 123 U.S.P.Q.2d 1081 (Fed. Cir. 2017).

77. 髓過氧化物酶（MPO）是一種儲存在多形核中性粒細胞和巨噬細胞的過氧化酶，並在炎症過程中釋放到細胞外液中。近年來髓過氧化物酶已成爲評估冠狀動脈心血管疾病患者的有用臨床工具。有關MPO之相關研究請參考以下文章：Valentina Loria, Ilaria Dato, Francesca Graziani, and Luigi M. Biasucci, "Myeloperoxidase:A New biomarker of Inflammation in Ischemic Heart Disease and Acute Coronary Syndromes", Mediators of Inflammation, vol. 2008, Article ID 135625, 4 pages, 2008. http://doi.org/10.1155/2008/135625.

78. 有關2014-2018年CAFC專利標的適格性判決整理可參考以下網頁資料https://www.uspto.gov/patent/laws-and-regulations/examination-policy/subject-matter-eligibility (last visited on 01/15/2019).

79. Nam Kim, *Software and Business Method Inventions After Alice*, IN-

TELLECTUAL PROPERTY LAW BLOG (Sep. 23, 2016), https://www.intel-lectualpropertylawblog.com/archives/software-and-business-method-inventions-after-alice (last visited on 01/15/2019).

80. Gaudry, Grab & McKeon, *Trends in Subject Matter Eligibility for Biotechnology Inventions*, IPWATCHDOG (Jul. 12, 2015), http://www.ipwatchdog.com/2015/07/12/trends-in-subject-matter-eligibility-for-biotechnology-inventions/id=59738/.

81. *supra* note 51.

82. Enfish, L.L.C. v. Microsoft Corp. 822 F.3d 1327 (Fed. Cir. 2016).

83. *Id.*

84. Bascom Global Internet Services, Inc. v. AT&T Mobility LLC, 827 F.3d 1341 (Fed Cir. 2016).

85. *supra* note 39.

86. University of Utah Research Foundation v. Ambry Genetics Corp., 774 F.3d 755, 113 U.S.P.Q.2d 1241 (Fed. Cir. 2014).

 **參考文獻**

經濟部工業局，2018生技產業白皮書，107年7月。

Cook-Deegan, Robert and Christopher Heaney., *Patents in genomics and human genetics*, Annu. Rev. Genomics Hum. Genet. vol. 11 (2010).

Eugene Kim, *Biotech patent eligibility: a new hope*, 2017 Colum. Bus. L. Rev. 1157 (2017).

Giugni, Diego and Valter Giugni., *Intellectual Property: a powerful tool to develop biotech research*, Microb Biotechnol vol. 3,5 (2010).

Holman, C. M., *The Impact of Human Gene Patents on Innovation and Access: A Survey of Human Gene Patent Litigation*, 76 Umkc L. Rev. 295 (2008).

Jensen K, Murray F., *Intellectual property landscape of the human genome*, Science 310 (5746) (2005).

第 九 章

再論專利使用排他權耗盡之法理基礎與適用範圍——智慧財產法院101年度民專訴字第73號判決之回顧[*]

沈宗倫[**]

**國立政治大學法學院專任教授

再論專利使用排他權耗盡之法理基礎與適用範圍——智慧財產法院 101 年度民專訴字第 73 號判決之回顧

摘　要

　　本文嘗試以「對價平衡」之法理基礎，解析權利耗盡原則於本案之適用。本文強調權利耗盡原則之目的，一方面是確保合法專利物之自由貿易與移轉，此爲專利法關於「販賣」與「爲販賣之要約」等法定排他權之例外。另外，權利耗盡原則亦在確保所有人對合法專利物之合理使用期待，更有防止專利權人不當行使專利權以達重複獲利之目的，此爲專利法關於「使用」法定排他權之例外。依本案之案情發展，當屬與「使用」相關之法定排他權之耗盡問題。由於本案涉及的法律爭議甚多，本文僅著重於被告所提出之權利耗盡抗辯。本文擬就權利耗盡原則之法源依據、法理基礎與構成要件，以本案之事實爲中心，逐一解析，望能釐清權利耗盡原則與專利法定排他權（使用）間的關係與互動，供未來司法實務於相關議題之解釋適用參考。

關鍵字：專利權、使用排他權、權利耗盡、對價平衡、合法專利物、組裝、再製。

壹、判決事實概要與裁判理由

本案原告 P1 擁有我國第 82864 號發明專利「轉換一系列 m 個位元資訊字成為已變調信號的方法，製造記錄載體、編碼裝置、解碼裝置、記錄裝置、寫入裝置及信號的方法，以及記錄載體」（系爭專利）。被告 P2 向訴外人購入經原告合法授權製銷的 DVD 光碟機（系爭光碟機），利用該光碟機將資料寫入光碟之「引入區」，以製造 DVD-R 及 DVD-R Slim 等可錄式光碟產品（系爭光碟片）。原告即以被告製造與銷售系爭光碟片的行為，構成對系爭專利之申請專利範圍，第 6 項、第 10 項、第 27 項及第 31 項等之侵害，遂於智慧財產法院提起民事侵權訴訟，請求專利權侵害之損害賠償。被告除針對系爭專利之有效性、前述製造系爭光碟片之行為是否對系爭專利構成侵害、損害賠償之計算等議題提出抗辯外，亦以我國專利法第 59 條第 1 項第 6 款所規範之權利耗盡原則，認為既已購入系爭光碟機，已獲合法授權，原告不應以與「使用」有關之法定排他權對之主張權利，況且系爭光碟機之授權條款並未規範使用者不得將資料寫入光碟之「引入區」。原告則以系爭光碟機與系爭光碟片乃屬不同之授權市場，無權利耗盡原則之適用。法院首先確認被告購入系爭光碟機，並以之產銷系爭光碟片之事實。進而，認為系爭光碟機的購入與授權，與系爭光碟片之授權並不相關。法院並強調被告縱已支付購入系爭光碟機之代價，仍未充分負擔產銷系爭光碟片之授權金。再者，法院嘗試探究原告產銷系爭光碟機之授權真意，認為並無授權購入者使用該光碟機製造系爭光碟片之意思。綜合上述的事實與論點，法院認為被告權利耗盡之抗辯不成立。最後，本案法院於審理原告之主張與被告之抗辯，判決原告勝訴，令被告給付被告新臺幣 3 億元之損害賠償。

貳、本文的評釋方向

由於本案涉及的法律爭議甚多，本文僅著重於被告所提出之權利耗盡抗辯。本文擬就權利耗盡原則之法源依據、法理基礎與構成要件，以本案之事實爲中心，逐一解析，望能釐清權利耗盡原則與專利法定排他權（使用）間的關係與互動，供未來司法實務於相關議題之解釋適用參考。

參、本案之判決評釋

一、專利法權利耗盡之類型與目的

權利耗盡原則乃專利法所承認之專利權行使限制[1]。其於專利法的適用情形有二，一爲合法專利物的所有權移轉問題；另一則是合法專利物的使用範圍問題。此可見於我國專利法第 59 條第 1 項第 6 款的規範，「專利權人所製造或經其同意製造之專利物販賣後，使用或再販賣該物者」不爲專利權之效力所及。前者的規範目的，乃是調和合法專利物的物權法所保障之處分自由，特別是所有權移轉的自由，與專利權人依法對於專利物所享有之法定排他權（「爲販賣之要約」與「販賣」），二者間利益衡量上之衝突[2]。在不過度危及專利法下給予專利權人合理保護之意旨下，令合法專利物之所有人，充分享有物的處分自由，增進物之利用效率。後者之規範目的，則是確保合法專利物所有人對於物之合理使用期待，以及避免專利權人不當實施專利權而主宰合法專利之使用自由。

關於合法專利物之合理使用期待，一般反映在專利物之修復與維護。專利物於耐用年限內一旦發生缺損，當所有人決定藉由置換專利物之零件或材料而加以修復時，此修復勢必涉及原專利相關申請專利範圍

之再實施，與專利法所規範之法定排他權（使用），發生牴觸或衝突。權利耗盡原則於此爭議，即在界定何種程度的修復，不應為專利排他權所干擾，落實合法專利物人對於專利物合理使用之期待[3]。然而，現今科技產品呈現高度複雜發展，同一專利物常有複數專利所涵蓋，「權利金的堆疊」（royalty stacking）更是引發專利法學界與產業界的關注[4]。縱有權利耗盡原則存在，若於修復合法專利物時，所置換或修補的零件或材料，亦在其他專利的保護範圍內，此修復行為是否當然因權利耗盡原則而得以豁免「使用排他權」主張下之不利益，仍有相當之疑義。

關於法定排他權不當行使致有礙於合法專利物之使用自由，權利耗盡原則常於合法專利物之組裝與加工，發揮其細緻之價值判斷，界定前述組裝或加工之合法性，不致因專利形式之存在，而受專利法「使用排他權」之威脅，影響市場之公平競爭。

其實，合法專利物未必是最終之消費品，在未組裝或加工前，其可能即為消費品之元件或部分結構。就整個製造的供應鏈而言，由合法專利物轉製成最終的消費品，通常要經過一個或數個垂直分布的製程，方可達致組裝或加工的目標。或許，專利權人除對合法專利物受有相應的專利保護外，尚可能就後續的製程與再製加添之元件或系統，同時具有相關的專利。當聯合所有的專利，不僅得以支配合法專利物的產製與供應，更可主宰合法專利物組裝或加工所必經之製程，甚至對於最終消費品的產銷，專利權人於專利法下亦享有法定排他權。理論上而言，專利權人得就所獲致之專利，充分行使法定排他權，以創造市場上的優勢與經濟利益。專利權人利用其專利掌控合法專利物之供應，組裝或加工之製程，以及最終消費品於市場上之產銷，依表象而論，似應為專利法所許可之合法行使權利行為。然而，專利的價值絕不可能脫離產業供應鏈而獨立存在，縱然專利權人具有支配最終消費品與相關製程之所有專利，不代表專利權人得以全面性獨享特定供應鏈之產業價值，任何專利價值之主張，須與該供應鏈所賦予之意義相對應。若以最後消費品與相

關製程整體論之,合法專利物雖僅被定位為組裝或加工之元件或結構,但在技術評價方面,卻享有技術之核心評價。相對而言,合法專利物之組裝或加工,以及最終消費物的其他元件或結構,僅有依附合法專利物之附隨價值。再加之,以合法專利物組裝或再製成最終消費物,乃是發揮市場經濟利益之必要程序。由於前述組裝或加工與最終消費品其他元件或結構所呈現之附屬價值,以及組裝或加工為製成最終消費物之必要程序,不難發現除合法專利物外,其餘以製造最終消費品為目的之相關製程與其他元件或結構,就最終消費品而言,有類於工業之標準製作規格,其反映出較低之產業鏈價值。因此,在此情形下,專利法立法或司法實務傾向認為,一旦專利權人藉由出售或授權製銷合法專利物,獲致最終消費品與相關製程等整體評價之技術核心價值利益,即等同主宰最終消費品於產業鏈的價值,縱有其他專利涵及類同標準規格的製程與最終消費物之其他元件或結構,亦不得行使法定排他權[5]。否則即有令專利權人藉由專利權掠奪特定產業鏈以外之不當利益,干擾市場競爭者近用類同技術規格之機會。從專利法的角度而論,此舉則屬專利權人之重複獲利,當為專利法所不許[6]。權利耗盡原則即為防止前述重複獲利的重要依據[7]。

二、專利法權利耗盡之法理基礎與構成要件

(一) 對價平衡法理所推導出之構成要件[8]

權利耗盡原則雖為專利權行使之限制,然而,該原則之適用並非毫無界限,不得過度妨害專利權人於市場上運用專利之合法利益,否則將形同架空專利法之法定排他權,影響專利法立法意旨之遂行[9]。因此,權利耗盡原則之法理基礎,應建立在專利權人與專利物所有人間二者衝突利益之平衡點上,此平衡點便為合法專利物之第一次市場行為(the first marketing)。此所謂之「合法專利物」,是指專利權人自行製造或

由其授權製造之專利物，有別於未經授權製造之非法製造物[10]。而「第一次市場行為」則為得令合法專利物終局產生所有權移轉之交易行為。不限於買賣行為，贈與行為亦在其列[11]。若專利權人就合法專利物，依自由意志而同意其進入市場，而與合法專利物之受讓人作成第一次市場行為，且有接受報償之可能時[12]，專利法即擬制該報償為專利權人就此合法專利物，得以支配的最大利益。一旦前述專利物藉由第一次市場行為移轉所有權，專利物之受讓人未來再行移轉所有權，或為確保合法專利物之合理使期待，或為避免專利權人重複得利，而修復或組裝專利物，專利權人不得以法定排他權防阻專利物所有權之讓與，或該物之使用。此等對於法定排他權行使之限制，僅於經第一次市場行為之合法專利物本身，並無礙專利權人未來對於申請專利範圍之合法支配，因此，權利耗盡原則當屬專利法規範下適格之專利權限制。若由權利耗盡原則之法理基礎而論，權利耗盡原則得由「對價平衡」的模式觀察，經由專利權人同意而就合法專利物所作成之第一次市場行為，所衍生之報償（或其可能之報償），為確保合法專利物自由散布或合理使用，得以充作第一次市場行為後，專利權人放棄專利物之「販賣」、「為販賣之要約」與「使用」相關法定排他權之對價。

1. 第一要件：合法專利物

由於本案之權利耗盡抗辯，非與合法專利物之散布有關，亦不涉及專利物修復的問題，茲僅以合法專利物組裝或加工之使用，解析權利耗盡原則之構成要件與相關爭議。基於前所論述之對價平衡法理，權利耗盡原則的第一要件，反映在適用之標的，亦即權利耗盡原則僅適用於經專利權人自行製造或授權製造之合法專利物。因為專利權人實無可能自非法製造物之行銷取得相關報償，其所產銷之合法專利物更有被非法製造物替代之危險，在此推論下，若權利耗盡仍有適用的空間，與使用有關之排他權則有被架空之可能。

2. 第二要件：經專利權人同意之第一次市場行為

權利耗盡原則的第二要件，乃是專利權人就合法專利物，同意其進入市場，並於移轉所權後由所有人為使用之行為，且此同意有獲致報償之可能性[13]。此為前所論述之第一次市場行為。欲貫徹對價平衡之法理，本要件無論於本國法之詮釋或比較法之觀察，實富涵爭議[14]。

若專利權人就合法專利物為第一次市場行為，並為對該專利物所有權移轉後之使用加以限制，則較無疑義，只要符合本文後述之第三要件，即可發生權利耗盡之效果。有問題的是，在專利權人自行或授權產銷專利物之情形，無論直接於第一次市場行為的交易契約明文限定合法專利物之使用範圍，或間接於授權契約中規範授權範圍僅限於合法專利物之特定使用用途，而後專利物之所有人逾越前述之使用範圍，是否導致權利耗盡原則無法適用？此點有以下幾點思考的方向，首先，權利耗盡原則得否以契約排除？再者，以對價平衡的角度論之，第一市場行為下所限定的合法專利物使用範圍，其實為專利權人本身就該交易行為所為之同意，相關報償亦繫於此同意之上，權利耗盡原則的適用似應與前之同意發生對等的關係，由此而論，權利耗盡原則是否因此而受到限制？最後，縱然權利耗盡原則受限於第一次市場行為所限定之專利物使用範圍，然而，如何認定或區辨此等契約乃實為專利權人真正的授權範圍且相關報償與之相稱，而非刻意以契約排阻權利耗盡原則之適用？其中是否要加計交易安全的考量因素？前述之思考方向將於本案的評析中再作詳細論述。

3. 合法專利物之核心價值與製程之經濟必要性

權利耗盡原則之第三個要件，即為本文前述避免專利權人不當行使專利權以重複得利之目的，所推衍出之技術核心價值概念。當合法專利物將被組裝或再製成最終消費品而進入市場銷售，無論就最終消費品與相關製程而言，該合法專利物所投射之相關專利內容擁有核心的技術評

價，其餘組裝或加工時所添加之元件或結構，甚至相關製成之技術或流程，則相較之下有類於規格化之技術評價，其雖然製造之必然性，卻無顯著之技術貢獻性[15]。就專利法之法理而言，前述之核心技術評價似應回歸專利法爲之，亦即由「所屬技術領域具有通常知識」之法律虛擬專家，依該技術超越先前技術的貢獻程度爲之[16]。雖然美國專利判例法所建立之「重要特徵原則」與「必要侵害原則」[17]，得以作爲我國解釋權利耗盡原則的法理參考，但合法專利物是否爲最終消費品與相關製程之核心技術評價，與評價之理論基礎，仍有待我國司法實務依個案於專利法體系內建構之。

(二) 權利耗盡原則於本案抗辯之可行性解析

1. 第一要件於本案之解析

　　本案被告曾提出權利耗盡原則之相關抗辯，表示其購買合法製造之 DVD 光碟機，爲合法專利物之所有人，使用該光碟機，將資料寫入 DVD-R 光碟片，應爲合法行爲。系爭專利之申請專利範圍縱然有諸多相關請求項，但關於「使用」之法定排他權因 DVD 光碟機的所有權移轉而耗盡，不及於合法專利物購入後之使用行爲。故而，原告不得依專利法對於被告製造 DVD-R 光碟片之行爲，主張專利權侵害。此一權利耗盡原則的評析，爲本文主要的關注所在。本議題無論就我國專利法第 59 條第 1 項第 6 款之相關詮釋，與我國科技產業策略發展之反省而言，均有相當的意義，實值得探討。

2. 第二要件於本案之解析

　　本案依其案情的發展，就本文的觀察，在權利耗盡原則的抗辯下，所須釐清者，首在本案的專利權侵害究竟是否爲權利耗盡原則適用之標的，或僅爲單純授權契約解釋的問題。進一步而論，即被告購買系爭 DVD 光碟機所對應系爭專利之授權範圍與原告主張專利權侵害之實

施範圍，是否呈現範圍一致，但範圍的寬廣解釋不一的情形？若以本案的事實言之，原告主張被告以系爭光碟機寫入資料而製造系爭光碟片，不僅侵害系爭專利之申請專利範圍，第 6 項及第 10 項的方法專利，被告所生產的光碟片亦侵害第 27 項及第 31 項之物品專利。而須探究者，乃原告授權製銷系爭 DVD 光碟機，其授權之範圍是否亦包含系爭專利之第 6、10、27 與 31 等項之請求內容？若為肯定的答案，則本文認為本案之爭議乃屬專利授權契約之解釋問題，更甚者頂多為默示授權之議題，應非權利耗盡原則之討論標的。然而，前述問題若傾向於否定，如原告之陳述所言，合法製造之系爭 DVD 光碟機，相關之授權範圍並不及於受讓人將資料寫入「引入區」，僅允許於「資料區」為燒錄光碟，則合法專利物之授權範圍，與專利權人主張侵權相關實施範圍，顯然不一致。此「資料區」燒錄之系爭專利授權是否當然耗盡法定排他權對於「引入區」燒錄之侵權追究，則有進一步討論之實益。

假設本案實有權利耗盡原則適用之餘地，則下一個重要的關注之點，便在於本案專利侵權所涉及之權利耗盡，究屬何種類型的權利耗盡，進而確定權利耗盡原則適用之方向。依本案之案情觀之，當非屬合法專利物於所有權讓與後，於市場上轉手散布的問題。似亦非合法專利物修復之情狀。由被告操作系爭光碟機以製作光碟片，而原告爭執授權範圍僅限於「資料區」燒錄部分等事實，得以推知，本案似屬於涉及專利權人不當行使專利權以重複獲利之權利耗盡類型。欲檢討者，乃專利權人於出售系爭 DVD 光碟機，並讓與所有權於被告時，若再以關於「使用」之法定排他權防止或追究被告使用前述光碟機，將資料燒錄至「引入區」，以製成系爭光碟片，是否有不當行使專利權而獲致多重利益的危險？若有此危險，權利耗盡原則便應啟動介入本案防範之。

如前所述，權利耗盡原則是建構於對價平衡之法理基礎。於此，本案關於權利耗盡之抗辯，應依本案之案情與證據，檢討權利耗盡原則之構成要件。本案較無爭議者，為被告所購買之系爭 DVD 光碟機係屬合

法專利物。關於第二個要件，依據對價平衡的法理，合法專利物的第一次市場行為應由專利權人同意，並有獲致報償之可能，方得於專利法下正當化權利耗盡的效果。在此須特別強調者，若經專利權人同意的合法專利物第一次市場行為，所產生之報償與同意範圍形成利益之均衡狀態時，此時權利耗盡原則便為強制規定，任何關於第一次市場行為之授權條款，有任何保留相關法定排他權之規範，當屬無效，對於權利耗盡的效果不生拘束力 [18]。

然而，雖經專利權人同意，但其就同意範圍設定使用限制，令第一次市場行為之合法專利物使用，限於特定的範圍與樣態。此時，若第一次市場行為之報償，與前述同意範圍，亦對等而立於利益均衡狀態，權利耗盡效果當受專利權人對第一次市場行為的同意範圍所影響。在此情形下，專利權人縱以授權條款規範第一次市場行為之同意範圍，仍屬有效，實有限縮權利耗盡原則適用之效力 [19]。雖前所提及之授權條款均附著於合法專利物之第一次市場行為，隨著同意範圍與報償是否對等均衡而有不同的法律評價，其實，此等區辨正與美國專利判例法的發展相呼應，美國專利判例法將附著於第一次市場行為之授權條款，分為二類，一為「附條件之授權」（conditional licensing）；另一為「售後限制條款」（post-sale restriction）。前者有拘束權利耗盡原則適用之效果 [20]；後者對權利耗盡的法效不生影響 [21]。

至於如何判斷第一次市場行為的同意範圍，是否與相關報償處於利益均衡狀態 [22]？本文認為不應僅拘泥於授權契約條款之規範，尚應探究專利權人關於專利授權之訂價與管理，以及相關專利權之市場實施計畫，若有必要，亦得參考市場類似發明或專利的訂價與實施利益。質言之，縱然附隨於第一次市場行為之授權契約條款，明示專利權人對於合法專利物使用之同意範圍，不代表該條款當然具有限縮權利耗盡原則之效力，仍須參考相關專利於市場上的定價與實施計畫，以為判定。反之，若附隨於第一次市場行為之授權契約條款，並無規範合法專利物使

用之限制，亦不得直接推論，合法專利物之受讓人得以自由使用專利物。相關專利之市場定價與實施情形，亦可作為衡量同意範圍之參考因素。

一旦第一次市場行為的同意範圍被判定與相關報償立於利益均衡狀態，該同意範圍即會影響權利耗盡原則之適用。然而，附隨於第一次市場行為之授權條款，是由專利權人與被授權人等所同意，合法專利物之受讓人未必知悉該條款。有問題的是，合法專利物之受讓人若無法得知前述授權條款，以致無法判定第一次市場行為的同意範圍，則此同意範圍是否當然拘束受讓人而限縮權利耗盡的效果。亦即合法專利物之受讓人得否以不知授權條款為由，而主張合法專利物之使用不受限制，權利耗盡的效果無限縮之可能。若由交易安全之角度而論，肯定的答案似可考慮。但畢竟權利耗盡的效果乃是基於對價平衡法理所評價者，本於第一次市場行為的同意範圍與相關報償之利益均衡，因此，本文認為權利耗盡之效果似不應隨合法專利物所有物之易主而有所不同評價。換言之，權利耗盡效果乃是追及合法專利物而存在。為保護第一次市場行為的交易安全，對於無法知悉授權條款之合法專利物所有人，類推適用「善意先使用者」之規範[23]，並基於利益衡量，賦予「法定授權」之法律效果，僅令合法專利物所有人，就其逾越同意範圍之使用，負授權金給付之債務，並不構成專利權侵害，亦無損害賠償的問題[24]。

3. 第三要件於本案之解析

最後，本案的爭執雖包括權利耗盡原則，但觀察原被告雙方攻防，似未觸及該原則的第三要件，是故法院判決無機會釐清或宣示此要件之本質與內涵[25]。本文立於補充的角度，就本案為假設性的評析。縱然本案經第一次市場行為之系爭 DVD 光碟機，其相關之授權條款並無限制被告使用之範圍，進而不存在限縮權利耗盡的效果，不表示權利耗盡原則於本案當然適用。此時須檢討者，乃以系爭專利整體技術評價論

之，授權將資料寫入光碟「資料區」之系爭 DVD 光碟機使用行為，較之將資料寫入「引入區」，於專利法上是否具備較高的技術評價，且就系爭光碟的使用者而言，將資料寫入「引入區」以製作可錄式光碟，是否為購買光碟機者之通常被授權人，最終與必要之經濟目的？若前二命題均為肯定的答案，則可判定，授權光碟「資料區」寫入之光碟燒錄，專利權人即可由系爭光碟機之第一次市場行為獲致製作可錄式光碟片的充分且對等的報償（授權金），光碟機所有人購入後利用該光碟機，將資料寫入光碟「引入區」而最終製作可錄式光碟片的行為，專利權人不得以關於「使用」之法定排他權，對光碟機所有人主張專利侵權與相關救濟，於此，系爭專利對於可錄式光碟片的製作行為，依法而發生權利耗盡。然而，若前二命題均屬否定答案或其中之一為否定，即呈現二個層面的意義，第一、當將資料寫入「引入區」以製作可錄式光碟相關技術，較「資料區」燒錄光碟之技術具更高的技術評價，其反映前者應為另一個授權市場，實無由以較低技術評價的專利授權，以耗盡較高技術評價的專利權。第二、縱然資料寫入「資料區」的技術，較寫入「引入區」，具有較高的技術評價，然而，一旦無法證明，製作可錄式光碟乃「資料區」燒錄光碟相關技術授權之最終且必要之經濟目的，在此情況下，「資料區」燒錄光碟之授權，與將資料寫入「引入區」以製作可錄式光碟，則為不同的經濟活動，亦即「資料區」燒錄光碟之被授權者，通常未必定然將系爭光碟機使用於製作可錄式光碟片之用途。既無經濟之必然性，便不易主張專利權人依系爭專利就可錄式光碟片之製作，尋求法定排他權之保護，是為重複獲利，而有權利耗盡原則之適用。

肆、結論

本文嘗試以「對價平衡」之法理基礎，解析權利耗盡原則於本案之適用。本文強調權利耗盡原則之目的，一方面是確保合法專利物之自

由貿易與移轉，此為專利法關於「販賣」與「為販賣之要約」等法定排他權之例外。另外，權利耗盡原則亦在確保所有人對合法專利物之合理使用期待，更有防止專利權人不當行使專利權以達重複獲利之目的，此為專利法關於「使用」法定排他權之例外。依本案之案情發展，當屬與「使用」相關之法定排他權之耗盡問題。「對價平衡」之法理基礎，導引出權利耗盡原則之三個構成要件。第一個要件乃權利耗盡原則所適用之標的物應限於合法製造之專利物，此點於本案並無爭議。第二個要件則反映在，權利耗盡原則之適用，應以經專利權人同意之合法專利物第一次市場行為，作為前提。此點應探討專利權人對合法專利物之授權使用範圍，是否與相關報償對等而形成利益均衡的狀態。本案的爭點便在於原告產銷系爭光碟機，是否限制購入者僅得將資料寫入光碟之「資料區」而「引入區」？本文已就此爭議作出解析。

　　第三個要件雖非本案的爭議重心，仍有討論之必要。該要件所關注者乃為合法專利物，是否為最終消費物及其相關製程中，享有核心的技術評價？且該專利物之產銷與授權，其最終與必要之經濟目的，是否為前述消費物之產銷？若為肯定的答案，較有利於權利耗盡原則之適用。本文亦已就系爭光碟機之授權與將資料寫入「引入區」以製作系爭光碟之技術，二者間是否存在技術優勢與經濟的必然性，作出解析。在此須特別說明者，本文之目的並非在評論本案原告與被告的爭執理由與論點，以及法院的判決，而是以學理的角度，依本案的案情，就權利耗盡原則的法理與適用，為相當的闡述與解析，盼能拋磚引玉，引發學術界與司法實務界更多的激盪與討論，利於未來權利耗盡原則於專利法的精緻發展。

註 釋

* 本篇曾刊登於月旦法學雜誌，因美國專利判例法的新發展，故以前文為基礎，作部分資料的更新。原刊登文章，請參見沈宗倫，專利授權與使用排他權耗盡—以智慧財產法院101年度民專訴字第73號判決為中心，月旦法學雜誌，第230期，280-291頁，2014年7月。

** 國立政治大學法學院專任教授。

1. 參見謝銘洋，智慧財產權法，4版，2013年9月，264-265頁；蔡明誠，智慧權法中之平行輸入、用盡原則與國際用盡理論之探討—從最高法院98年度臺上字第597號民事判決出發，法令月刊，64卷，8期，2013年8月，頁8。

2. 參見楊崇森，專利法理論與應用，3版，2013年5月，頁324。

3. 參見沈宗倫，由權利耗盡原則論合法專利物之使用界限：以專利物組裝與修復為中心，臺大法學論叢，39卷，1期，2010年3月，頁338-340。相關論著，亦請參見陳蕙君，論專利產品再生利用與專利權保護之調和，銘傳大學法學論叢，16期，2011年12月，頁1-40。

4. *See* Mark A. Lemley & A. Douglas Melamed, *Missing the Forest for the Trolls*, 113 COLUM. L. REV. 2117, 2146-55 (2013). *See also* Mark A. Lemley & Carl Shapiro, *Patent Holdup and Royalty Stacking*, 85 Tex. L. Rev. 1991, 2010 (2007).

5. Quanta Computer, Inc. v. LG Elecs., Inc., 553 U.S. 617,633-34 (2008): Like the Univis lens blanks, the Intel Products constitute a material part of the patented invention and all but completely practice the patent. Here, as in *Univis*, the incomplete article substantially embodies the pat-

ent because the only step necessary to practice the patent is the application of common processes or the addition of standard parts. Everything inventive about each patent is embodied in the Intel Products. They control access to main and cache memory, practicing the '641 and '379 patents by checking cache memory against main memory and comparing read and write requests. They also control priority of bus access by various

other computer components under the '733 patent. Naturally, the Intel Products cannot carry out these functions unless they are attached to memory and buses, but those additions are standard components in the system, providing the material that enables the microprocessors and chipsets to function. The Intel Products were specifically designed to function only when memory or buses are attached; Quanta was not required to make any creative or inventive decision when it added those parts. Indeed, Quanta had no alternative but to follow Intel's specifications in incorporating the Intel Products into its computers because it did not know their internal structure, which Intel guards as a trade secret. Brief for Petitioners 3. Intel all but practiced the patent itself by designing its products to practice the patents, lacking only the addition of standard parts.

6. 參見沈宗倫，由權利耗盡原則論合法專利物之使用界限，同註3.，頁320-323。

7. PSN Illinois, LLC v. Abbott Labs., 2011 WL 4442825, *7–*11 (N.D. Ill. Sept. 20, 2011):

This result is consistent with the purposes behind the patent exhaustion doctrine. When PSN negotiated the settlement with DiscoveRx it could have learned through discovery to whom DiscoveRx had sold the S1P2 technologies. PSN then could bargain for and receive the full value of the goods when it negotiated the settlement with DiscoveRx. In fact, PSN did negotiate the consideration DiscoveRx's past infringement, which included the sale of the S1P2 technology to Defendants, and specified the consideration to be paid for past infringement in the settlement agreement. Thus, it is reasonable to assume that PSN received full compensation for that infringement and not reasonable to allow PSN to seek a double recovery by later going after DiscoveRx's customers. (citations omitted).

8. 參見沈宗倫，由對價平衡觀點論智慧財產權耗盡原則之適用—以平行輸入為中心，國立中正大學法學集刊，23期，2007年11月，頁193-198。

9. Article 31 of Agreement on Trade-Related Aspects of Intellectual Property Rights, Including Trade in Counterfeit Goods ("the TRIPS Agreement) ("Members may provide limited exceptions to the exclusive rights conferred by a patent, provided that such exceptions do not unreasonably conflict with a normal exploitation of the patent and do not unreasonably prejudice the legitimate interests of the patent owner, taking account of the legitimate interests of third parties.").

10. 參見，謝銘洋，同註1.，頁267。

11. 此概念與著作物之第一次市場行為類同，請參見沈宗倫，著作物製造地與權利耗盡原則——以美國修正式的國際耗盡原則為借鏡檢視我國權利耗盡原則之修正方向，臺北大學法學論叢，86期，2013年6月，頁245。

12. 筆者認為，原本得以買賣遂行所有權之移轉，今採贈與方式為之，即有放棄金錢報償，改以其他經濟或人格利益作為金錢報償之替代，故謂之「有接受報償之可能」。

13.我國司法實務上亦關注到此一要件的問題。例如：最高法院98年度臺上字第597號民事判決：「查捷成公司係將系爭專利商品交予馥嬚公司代理銷售，約定消費者向馥嬚公司購買塑身衣後，該公司則下單予捷成公司以生產製作塑身衣。捷成公司製作完成後，再由馥嬚公司交付予消費者。兩者因而簽訂銷售代理合約書，有該合約書附於第一審卷可稽（第32至34頁）。則該銷售代理合約之性質得否認係販賣，系爭獲有專利之產品是否已流入市場，捷成公司是否已取得專利權之報償，原審未遑推闡明晰，遽認系爭銷售代理合約，實際上為一繼續性供給契約，由馥嬚公司按月向捷成公司購買塑身衣，並按月結清應付之買賣價金，每一訂購（及出售）行為均係單一之買賣契約，而認本件無專利法第108條準用第57條第1項第6款規定之適用，未免速斷。」另外，專利之被授權人銷售專利物於他人，該他人若為被授權人之附屬公司，似不應構成權利耗盡原則下的第一次市場行為，Ardente, Inc. v. Shanley, 2010 WL 546485, *6 (N.D. Cal. Feb. 10th 2010) ("As discussed above, plaintiff has plausibly alleged that Stir Chef LLC and Wear the Best, Inc., were both controlled by Shanley. If the "sale" of the stirrers was de facto a sale from Shanley to himself, it cannot be the case that the doctrine of patent exhaustion can be successfully invoked; otherwise, any potential commercial infringer could assert she had already extinguished the patentee's rights by "selling" a product to herself. As to any question that might be raised about the sufficiency of the pleading, it should also be noted that patent exhaustion is a defense to patent infringement: a plaintiff has no obligation to plead facts in its complaint to rebut every defense that might be raised.")

14.以比較法之角度觀之，對於第一次市場行為的同意，除包括授權下的同意，也包括和解下之同意，參見TransCore, LP v. Electronic

Transaction Consultants Corp., 563 F.3d 1271, 1276 (Fed. Cir. 2009) ("The language of the TransCore—Mark IV settlement agreement is unambiguous: "[TransCore] agrees and covenants not to bring any demand, claim, lawsuit, or action against Mark IV for future infringement...." This term, without apparent restriction or limitation, thus authorizes all acts that would otherwise be infringements: making, using, offering for sale, selling, or importing. TransCore did not, as it could have, limit this authorization to, for example, "making" or "using." And indeed, at oral argument, TransCore conceded that the TransCore—Mark IV settlement agreement does not include a restriction on sales.")；也包括免訴條款(covenant-not-to-sue)下的同意，參見Boston Scientific Corp. v. Johnson & Johnson, 534 F. Supp. 2d 1062, 1077-78 (N.D. Cal. 2007)。有時授權下對於第一次市場行為之同意，常伴隨著專利權讓與或企業組織併購，需要透過繁複的契約解釋方能確定，具有代表性的案件，請參見High Point SARL v. T-Mobile USA, Inc., 640 Fed.Appx. 917, 923 (Fed. Cir. 2016)。

15.其實，究竟該核心技術之延擴範圍為何，並非所有其他相關技術或功能都在其內，若相關技術雖與前述核心技術相關，但有其獨特之技術特徵，展現出另一個核心的概念，解釋上便不應在前述核心技術之範圍。美國判例法近來有可資參考的判決，Helferich Patent Licensing, LLC v. New York Times Co., 778 F.3d 1293, 1309 (Fed. Cir. 2015): "Conversely, asserted content claims claim operations performed or systems run by content providers, such as updating content, making it inaccessible after a time, and sending provider-crafted content identifications. Handsets, and in particular handsets meeting the limitations of handset claims, do not perform those functions. And defendants have identified no basis in the specification or prosecution history for concluding that, for the asserted content claims, the patented advance over prior art lay in the handsets.", and "Thus, we cannot say that the inventions of the asserted content claims have no reasonable use other than one involving someone's practicing of the handset claims, because we cannot say that the asserted content claims call on use of the inventive features of the handset claims: at most an ordinary handset is required. And in the opposite direction, defendants have not persuasively demonstrated what functions the handset claims require; but even if we accept defendants' focus on text-to-hyperlink rendering, Helferich submitted evidence, in opposition to the defendants' summary-judgment motion, that there is a substantial, reasonable, intended use other than one that plays a role in content providers' infringement of the asserted content claims".)

16. 筆者亦於相關著作嘗試以類推適用「均等論」之法理判斷之，參見沈宗倫，由權利耗盡原則論合法專利物之使用界限，同註3.，頁331-333。

17. *See* United States v. Univis Lens Co., 316 U.S. 241, 249 (1942)("…each blank, as appellees insist, embodies essential features of patented device and is without utility until it is ground and polished as the finished lens of the patent.").亦請參見沈宗倫，由權利耗盡原則論合法專利物之使用界限，同註3.，頁296-305。

18. 請比較謝銘洋，同註1，267-68頁。Impression Products, Inc. v. Lexmark Intern., Inc., 137 S.Ct. 1523, 1534-35 (2017) ("A patentee's authority to limit licensees does not, as the Federal Circuit thought, mean that patentees can use licenses to impose post-sale restrictions on purchasers that are enforceable through the patent laws. So long as a licensee complies with the license when selling an item, the patentee has,

in effect, authorized the sale. That licensee's sale is treated, for purposes of patent exhaustion, as if the patentee made the sale itself. The result: The sale exhausts the patentee's rights in that item.").

19. *Cf.* Amelia Smith Rinehart, *Contracting Patents: A Modern Patent Exhaustion Doctrine*, 23 HARV. J. LAW & TECH 483, 524-526 (2010)（強調縱然有限縮權利耗盡的效果，但在權利主張方面仍不宜依「財產法則」（property rule）尋求救濟）。

20. Impression Products, Inc. v. Lexmark Intern., Inc., 137 S.Ct. at 1535 ("Quite the contrary: The licensee infringed the patentee's rights because it did not comply with the terms of its license, and the patentee could bring a patent suit against the purchaser only because the purchaser participated in the licensee's infringement. General Talking Pictures, then, stands for the modest principle that, if a patentee has not given authority for a licensee to make a sale, that sale cannot exhaust the patentee's rights.")

21. 其實此二者常不易區辨，而易罹於文字的操作，在美國專利判例法的發展上，倍受困擾。*See* Vincent Chiappetta, *Patent Exhaustion: What's it Good for?*, 51 SANTA CLARA L. REV. 1087, 1100-15 (2011); DONALD S. CHISUM, 5-16 CHISUM ON PATENTS § 16.03 [2][a][iii] (2013) (LexisNexis Database). *See, e.g.*, Cascades Computer Innovation, LLC v. Samsung Electronics Co. Ltd., 70 F.Supp.3d 863, 868 (N.D. Ill. 2014) ("By way of its license agreement with Cascades, Google was authorized to convey to others, including Samsung and hTC, products—including the Android operating system—that practiced Cascades's patents. As a result, Cascades could no longer assert patent rights with respect to those products. As was the case in Quanta, use of the restriction in the Cascades/Google license agreement to limit how those who

thereafter acquired the Android operating system from Google could use it would in effect allow Cascades to circumvent the patent exhaustion doctrine and reap multiple gains from a single sale. The license authorized Google to convey the Android operating system to others, and thus the conveyance of the operating system to Samsung and hTC was an authorized sale. The agreement's attempt to carve out downstream users' own mobile devices is ineffective under Quanta.") (citations omitted).

22. *Cf.* Tessera, Inc. v. International Trade Com'n, 646 F.3d 1357, 1370 (Fed. Cir. 2011)("Tessera spends considerable time arguing about the effect of the 'Exclusion for License' provision in the TCC Licenses and the fact that the grant clause quoted above was "[s]ubject to ... Licensee's payment of the fees and royalties....' These arguments add unnecessary complexity to a rather straightforward analysis. The proper focus is on whether the sales were authorized. Tessera overlooks important aspects of the structure of its TCC Licenses. These agreements expressly authorize licensees to sell the licensed products and to pay up at the end of the reporting period. Thus, in these agreements, Tessera authorizes its licensees to sell the licensed products on credit and pay later. That some licensees subsequently renege or fall behind on their royalty payments does not convert a once authorized sale into a non-authorized sale. Any subsequent non-payment of royalty obligations arising under the TCC Licenses would give rise to a dispute with Tessera's licensees, not with its licensees' customers."（若約定之授權條款與第一次同意之對價無關，不應對權利耗盡有所影響）。

23. 我國專利法第59條第1項第3款。請比較Herbert Hovenkamp, *Reasonable Patent Exhaustion*, 35 YALE J. ON REG. 513, 547 (2018) ("To

the extent a post-sale restraint is likely to catch infringement defendants who are unaware, enforcement should be denied. By contrast, if notice is given and effective to all downstream parties, including those not in privity with the rights holder, then enforcement is more appropriate.").

24. 就此立場論之，專利法第96條第1項之排除侵害請求權與侵害預防請求權亦不得行使。

25. 其實，我國司法實務曾有機會得以討論此要件的問題，參見最高法院98年度臺上字第1824號民事判決：「查被上訴人雖主張竣稜公司業將1,500臺之氣動主機結合壓條構成系爭專利物品全部販售完畢等語。然為上訴人所否認，則就氣動主機結合壓條構成系爭專利物品全部販售完畢之有利於己之事實，自應由被上訴人負舉證責任。乃原審未命被上訴人舉證，率認竣稜公司未能提出相關資料或尚留存有未出售之氣動主機，以證明所購入之其餘1,499臺氣動主機有非結合為系爭專利物品出售，遽認竣稜公司已將全數氣動主機銷售完畢，並進而為上訴人不利之判決，於法已有未合。且上訴人一再辯稱氣動主機與壓條二項物品本可分開出售，客戶並非必須二項物品一併購買，氣動主機亦非僅限於使用於鐵捲門，亦可適用於其他機器或資為維修替換之零件，則氣動主機單獨出售之場合，自無侵害被上訴人系爭專利可言云云，並提出網路資料、送貨單（見第一審卷（一）第57及172頁）及證人即被上訴人之業務員溫士謀之證詞為證，原審就上訴人上開抗辯捨棄不採，而未於判決理由項下記載其取捨之意見，自有判決理由不備之違法。」

第十章

專利間接侵權制度——兼評智慧財產法院 103 年度民專上更（一）字第 4 號民事判決

李素華[*]

---

*臺灣大學法律學院副教授

摘　要

專利間接侵權制度之目的，係在回應專利權為無體財產權之特性，有效預防侵害之發生，使發明受到完整的保護；對於某些類型之發明，諸如方法發明或專利物不是市場常見之通用物，間接專利權制度尤有其重要性。相異於美歐日韓，臺灣專利法向無專利間接侵權條文，因此，專利權人僅能依民法第 185 條第 2 項主張權利。能否及如何將前揭條文適用於專利侵權案件，以落實專利法鼓勵創新研發之本旨，法院扮演重要角色。本文檢視間接專利侵權制度之目的及重要性、國外立法例發展後，以我國其中一案件，檢視及期許智慧財產法院未來能發揮法規適用與解釋之功能。

關鍵字：專利、專利權侵害、間接侵權、方法發明、方法專利、侵權行為。

壹、前言

　　投入創作與研發乃當前企業面對國際化競爭所不可或缺者，研究成果與智慧結晶所累積之智慧財產，亦為企業之重要資產。智慧財產法賦予權利人排他性的權利，使其能自行實施發明或創作、使用註冊之商標，抑或以讓與或授權方式交由他人實施。權利人享有排他權及其權利行使，乃智慧財產制度運作之核心，亦因而發揮鼓勵文化發展、發明與創作之立法目的，達到促進產業及工商企業發展、調和社會公共利益與維護市場公平競爭之結果。臺灣於 2003 年專利法全面除罪化後，專利權人僅能尋求民事訴訟手段對侵害行為人主張權利，民事救濟程序能否發揮作用，即與專利制度之立法目的能否落實，有密切關聯。

　　專利間接侵權制度之目的，係在回應專利權為無體財產權之特性，有效預防侵害之發生，使發明受到完整的保護，落實專利法之立法目的。相異於美歐日韓，臺灣專利法尚無專利間接侵權條文，因此，專利權人僅能依民法第 185 條第 2 項主張權利。能否及如何將前揭條文適用於專利侵權案件，以落實專利法鼓勵創新研發之本旨，法院扮演重要角色。本文以下先簡述專利間接侵權制度之概念、國際發展與臺灣現行法制，繼而以智慧財產法院審理之其一案件為例，驗證專利間接侵權制度之重要性，尤其是某些類型發明，諸如方法發明。在專利法未有任何規定下，如何將民法幫助及教唆侵權規定適用於無體財產權案件，乃法院之重要職責，本文一併檢視何以智慧財產法院未能發揮應有之法規適用與解釋功能。

貳、專利間接侵權制度概述

一、立法目的

專利制度之本旨係爲鼓勵發明人投入創新研發，以達成社會公益之目的，權利人能否就侵害行爲採取有效的救濟措施，實與前揭目的之達成有密切關聯。觀諸美歐日韓之專利法有專利間接侵權條文，使排他權及於誘使（induce）或幫助（aid）行爲，以完善專利權之保護。

(一) 落實鼓勵創新研發之本旨

從專利法之學說及實務發展來看，專利權侵害行爲可區分爲直接侵害（direct infringement）與間接侵害（indirect infringement）。以臺灣專利法爲例，未經權利人同意之行爲該當第 58 條第 1 項至第 3 項之實施行爲態樣，且涉及之技術內容落入申請專利範圍之文義或均等範圍者，構成專利權之直接侵害，權利人可依第 96 條主張除去或防止侵害請求權及損害賠償請求權。第三人之行爲雖不構成專利權之直接侵害，惟其與專利侵權之發生有密切關聯，諸如提供實施發明所需之重要原料、材料、元件、器材或專業設備，抑或教唆、誘使或指導實施發明之步驟者，構成專利權之間接侵害。

專利法賦予權利人能對間接侵害行爲主張排他權，本質上係在回應專利權爲無體財產權之特殊性及落實專利法之立法目的。詳言之，專利權所保護標的（發明）爲無形的技術思想，權利人往往不易察覺第三人是否有實施發明或專利權是否被侵害。此外，有別於有體財產權，無體性之權利一旦被侵害，侵害程度不易估量，不僅無回復原狀之可能，甚而亦難以金錢塡補已發生之損害（諸如對未來授權行爲或專利物產銷之影響）。若待侵權物於市場流通之際，專利權人始能行使排他權，顯然

對無體財產權之保護不足。為了從源頭阻絕專利權侵害，專利法第58條第2項及第3項乃將「販賣」之預備行為——販賣之要約，納入排他權保護範疇[1]。

專利間接侵權制度與「販賣之要約」行為納入排他權範疇，有相同的立法考量。第三人雖僅有造意或幫助之行為，未直接實施發明，惟其對專利權侵害之發生提供不可或缺的助力。使權利人能在直接侵害行為尚未發生之際，及早採取救濟措施，始能落實專利法鼓勵創新之本旨[2]。

(二) 考量產業之實務需求

性質上為無體財產權之專利權，其價值反映在該權利所保護發明具體化後之經濟利益及排他權行使下對於該經濟利益之管控[3]。由於產業態樣多元，發明之具體實施方式多有差異，從而侵害行為對於專利權人所生損害及其內容為何，認定及證明均屬不易，間接侵害制度則可緩和專利權人排他權行使與舉證之困難[4]，此於方法發明尤顯重要。

易言之，方法發明之實施行為，往往在侵權人之營業處所內部，專利權人難以察覺及證明有實施發明之侵害行為。若方法發明為製造方法及有專利物之產生，且個案上亦能滿足專利法第99條之要件，權利人尚能藉由該條推定侵害規定而減輕舉證責任[5]。惟發明若非製造方法而無專利物之產生，諸如機械裝置或資訊系統之操作方法[6]或控制方法[7]、操作特定方法以對抗有害生物之發明[8]，抑或該方法發明所產生者僅為數據或資訊，諸如生理狀況檢測或監控方法[9]，專利權人極難事前知悉實施發明之行為，即便基於客觀事實懷疑有侵害情事，亦難證明直接侵害行為。於此情況，專利權人能否對造意或幫助之人行使排他權，即有其重要性。例如：若使欲實施該方法發明之人無法取得所需之設備、機械裝置或原材料，即能避免直接侵害行為之發生[10]。

因此，專利間接侵權制度之另一目的，是考量發明為無體財產權

之特殊性及不同發明之實施態樣，亦在回應產業實務行使權利之實際需求。

二、國際規範現況

(一) 起源於司法實務援用侵權行為法

　　基於無體財產權特殊性及落實專利權保護，國外司法實務甚早即已承認專利間接侵害行為。例如：美國法院早於 1871 年之 Wallace v. Holmes 案 [11]，肯定權利人能對「輔助侵害行為」（contributory infringement）主張權利，其後由法院繼續發展及將「共同侵權行為理論」（a theory of joint tortfeasance）適用於無體財產權 [12]。1952 年國會將司法實務之「輔助侵害」態樣成文法化，此即現行美國專利法第 271 條 (b) 項「積極誘使行為」（active inducement）及 (c) 項「輔助侵害行為」（contributory infringement）[13]，後者之適用範圍較窄，僅限於提供直接侵害所需之重要元件或設備，前者則涵蓋其他可能態樣，諸如對於直接侵害行為提供技術支援或擔任技術顧問角色。

　　專利間接侵權制度在歐洲的發展，同樣源自於司法實務。以德國為例，早於 1928 年帝國法院（RG）即在民法侵權行為之架構下，肯定專利間接侵權責任，至 1981 年增訂於專利法第 10 條。歐洲其他國家包括英、法、荷、義及土耳其之專利法，均有間接侵權制度 [14]。至若亞洲國家，2002 年以前日本專利法第 101 條所規定的間接侵權態樣甚窄，限於提供「專用於」（exclusive use）直接侵害之專用品，始構成輔助侵害；嗣後修法刪除前揭限制 [15]。韓國及印度亦有專利間接侵權之明文規定，中國大陸專利法雖無規定，但基於 2016 年 4 月 1 日施行之「最高人民法院關於審理侵犯專利權糾紛案件應用法律若干問題的解釋（二）」第 21 條 [16]，司法實務肯定專利權人得依侵權行為法第 9 條，對幫助他人實施侵害行為者主張侵權責任。

至若專利權人得主張排他權之範圍為何，各國作法不一，概略可區分為如下三類。美國及土耳其所承認之間接侵權範圍最廣，不論是以有形（輔助侵害）或無形（積極誘使）方式促成直接侵權之發生，均屬之。英法德荷義及日本專利法僅有輔助侵害之行為態樣，單純造意、指示或教導行為並不構成間接侵權。韓國及中國大陸雖同樣僅承認輔助侵害行為，但要件更嚴格，限於專用於從事直接侵害之專用品。關於專利間接侵權成立之其他要件，諸如行為人之主觀歸責事由（明知或依其情況可得而知）、直接與間接侵害行為之關係、例外排除情事，作法有別，原因在於各國專利法之其他規範不同[17]。

(二) 因應新興技術發展之條文演繹與適用

近年來隨著新興科技發展及應用，專利權所保護發明之內容亦趨多元，即便是在明文承認間接侵權制度之國家，如何將專利法條文適用於新的侵權態樣，亦挑戰司法實務之法規演繹能力與專業。例如：涉及網路服務或診斷治療疾病之方法發明，有所謂的「分離式侵權」（divided infringement），美國聯邦巡為上訴法院（Court of Appeals for the Federal Circuit, CAFC）及最高法院（Supreme Court）自 2010 年起有極為精彩的法規演繹。

分離式侵權態樣往往發生在方法專利權，發明所包含之不同步驟，個案上是由複數行為人分別執行，且無任一人獨立實施完整的方法發明，而是所有參與者之行為與結果加總後，始構成發明之實施行為及落入專利權範圍[18]。在美國專利間接侵權條文下，如何界定或有無直接侵害行為[19]、能否對參與分離式侵權之行為人主張間接侵權責任，不無疑問。Akamai 與 Limelight 之侵權爭議歷經 CAFC 及最高法院來回審理，在考量方法發明特殊性及產業現況後，2015 年 CAFC 於 Akamai 案[20]支持專利法之間接侵權條文適用於分離式侵權。關於醫療方法之分離式

侵權，CAFC 於 2017 年之 Lilly 案 [21] 肯定學名藥廠應負間接侵權責任。

參、臺灣專利間接侵權之法制實務現況與發展

一、專利間接侵權適用民法規定之困難與問題

在專利法無間接侵權條文下，權利人僅能回歸適用民法第 185 條第 2 項，惟其適用結果可能對專利權人不利，亦可能對專利權人保護過廣。

(一) 民法第 185 條第 2 項

在民法第 185 條第 2 項規定下，造意人及幫助人視爲共同行爲人，其乃同條第一項所稱共同不法侵害他人權利者。所謂的造意者，乃教唆他人使生侵權行爲決意之人；幫助者，指予他人以助力，使他人易於爲侵權行爲之人，該等助力包括物質及精神在內 [22]。

其次，相異於刑法規定，被教唆者或被幫助人未爲侵權行爲時，造意人或幫助人無連帶責任可言，蓋民事責任以損害存在爲前提，需有損害始能成立侵權行爲之損害賠償責任 [23]，從而在專利侵權案件，需有直接侵害行爲存在，始謂造意人及幫助人負有專利侵權之責任可言。最後，造意或幫助行爲對於損害之發生亦應有相當因果關係。

(二) 專利侵權案件適用民法規定之困難與疑義

專利權及其他智慧財產權之間接侵害案件，欲適用民法第 185 條第 2 項之困難，尤其是在其中兩個構成要件：1. 直接侵權行爲之存在，是否爲成立間接侵權責任之前提？2. 過失之情況下，能否成立間接侵權？另外，以民法規定向間接侵權行爲人主張權利，將使排他權行使過廣，亦非妥適。

1. 直接侵權行為人與間接侵權行為人之關係

各國專利法之所以有間接侵權規定，其一重要原因即在於民法架構下之共同侵權行為條文，適用於智慧財產權案件有其困難。易言之，民法第185條第2項乃連帶損害賠償之規定，適用上以專利權直接侵害人存在為前提。因此，專利權人若無法找到直接侵害行為人（諸如商業方法專利之情況，直接侵害行為人位於境外），即無法依民法規定對間接侵害人主張權利。

傳統有體財產權侵害情況，直接與間接侵權行為人往往是同時存在，因此，民法連帶賠償責任制度之目的，係加強被害人保護，使其能單獨或同時對債務人請求損害賠償。相異於此，在無體財產權侵害之情況，直接與間接侵權行為人未必同時在訴訟端呈現，智慧財產權人亦未必能確知直接侵權行為人為何，例如：僅見市面上有侵權物流通，卻無法知悉產銷侵權物之人。於此情況，能否適用民法第185條第2項從源頭對間接侵權行為人主張排他權，不無疑問。若持肯定見解，專利權人顯然無法透過間接侵權主張而避免侵權物繼續流通。

另外，即便認為直接侵害行為人之存在為要件，訴訟上之證明程度為何？可能標準如下：需具體證明直接侵權成立（甚而需達有確定判決）[24]、僅需指出疑似直接侵權行為人為何即足、客觀上只要可以合理期待必有直接侵權行為人存在即可[25]。再者，即便能直接指出直接侵害行為人為何，惟其實施發明行為屬於專利法第59條至第61條之專利權效力不及行為時，是否亦可謂已有直接侵害行為人存在？為釐清前揭適用要件問題，美歐各國專利法因而另有條文明文規定間接侵權行為，避免適用民法條文所生疑義。

本文認為，專利間接侵權制度之直接侵害人，只要客觀上可以合理期待必有直接侵權行為人存在即可，蓋智慧財產權人對於間接侵權行為人主張權利，最重要目的即在落實保護及避免侵權物繼續流通，不作為請求權行使為重點。若無直接侵權行為人存在或專利權人無意對其主張

權利，間接侵權行爲人亦未必有損害賠償責任可言。因此，只要合理期待市場上有直接侵權行爲人存在，即應使專利權人有對間接侵權行爲人主張不作爲請求權之可能。

2. 過失能否成立間接侵權責任

民法第 185 條第 2 項適用之另一問題在於，幫助或教唆行爲人之主觀歸責要件爲何？民法權威學者 [26] 雖認爲，幫助或教唆應限於故意較爲妥適，惟民法實務及學說見解，過失之情況亦可能成立幫助或教唆責任 [27]（例如：最高法院 92 年度臺上字第 1593 號民事判決）。易言之，通說見解雖認爲，民法共同侵權行爲之造意及幫助與刑法的教唆及幫助相當，因而以行爲人出於故意爲必要；惟例變字第 1 號將民法第 185 條「共同」擴張及於共同過失行爲，從而有實務及學說認爲，過失的造意或過失的幫助仍可能成立民法第 185 條第 2 項之侵權行爲責任 [28]。若認爲過失能成立幫助或教唆者，關於侵權行爲之注意義務，於法律條文未有特別規定時，我國最高法院採取善良管理人之注意程度、抽象輕過失之標準（最高法院 19 年臺上字第 2746 號判例）。所謂善良管理人之注意程度，係指行爲人應具所屬職業、某種社會活動成員或某年齡層通常所具有的智識能力及注意程度；亦即以一般具有相當專業知識經驗且勤勉負責之人，在相同之情況下能否預見並避免或防止損害結果之發生爲準 [29]。由於民法上之過失認定係採「客觀標準」，不因行爲人主觀狀態而認定其有無過失，因此，抽象輕過失之判斷，所問者爲：在一般善良管理人注意程度之情況，此等行爲是否會被認定爲有過失；至若行爲人主觀上有無注意義務之違反，並非所問。

在民法架構下，實務及學者通說認爲，過失亦可能成立幫助或教唆 [30]，該等過失又採善良管理人注意程度，於此情況，間接專利權侵害成立可能性大增，是否妥適，不無疑義。司法實務上雖有法院 [31] 認爲，幫助或教唆之專利間接侵權行爲，其主觀歸責要件應爲故意，過失不能

成立。此一見解雖與民法領域之實務與學說看法不同，本文支持，認爲專利間接侵權之成立，應爲故意或至少爲重大過失。適用民法第 185 條第 2 項及通說之過失見解，將使主觀歸責要件過鬆、排他權行使範圍過大，因此，專利法應有間接侵權之明文規定，清楚界定主觀歸責要件，如美、德立法例般。

3. 避免專利權行使範圍過廣

專利法增定間接侵權規定之立法目的，除了強化專利權人保護外，實則亦有避免排他權行使過廣、保護第三人之用意。易言之，若能滿足前述民法第 185 條第 2 項之適用要件，不論造意人或幫助人對於專利權侵害所提供之「助力」爲何，均應負擔連帶損害賠償責任。設想實務上可能的情況是，專利權內容及侵權物若爲特殊材質的椅子，從製造椅子的材料、鋼架或小螺絲釘，都與實施發明有關，即便只是提供普通的螺絲釘，都是民法第 185 條第 2 項所稱的幫助行爲。但制度上若允許專利權人能對所有的幫助行爲人主張權利，不免有疑義。反之，專利法若有間接侵權之明文規定，即可限制其範圍，諸如幫助行爲涉及發明之重要元件或不可或缺技術特徵者，始屬之，此亦爲美、德、日專利法間接侵權之成立要件。

另外，民法第 185 條第 2 項適用上包括造意人及幫助人，是否要將提供技術意見、諮詢者納入間接侵權範圍，亦有立法政策上的考量。美國之專利間接侵權規定涵蓋造意及幫助兩種態樣，德國專利法則僅規定幫助之行爲。因此，從行爲態樣來看，專利法有間接侵權之明文規定，亦具有適度限制排他權行使範圍之功能。

二、專利法應否增訂條文之討論

專利法之間接侵權規定係爲補強直接侵權之不足，使權利人能有效遏阻侵權情事及使發明受到完整之保護，近年來國外司法實務甚而配

合發明特殊性及產業需求，演繹法規範內容，以適用於新興技術領域。相異於國際規範現況與發展，臺灣專利法目前仍無間接侵權條文，2009年專利專責機關擬增訂之[32]，惟因國內各界反彈聲浪過大而未能完成修法程序。

值得注意的是，新近有學者及實務見解[33]認為，臺灣專利法欠缺專利權間接侵害之規定，某種程度未能確保排他權之有效行使，亦削弱專利制度透過排他權賦予發明人研發誘因之功能。因此，2017年10月智慧局重啟修法之研議與討論[34]，最終是否增訂條文及完成立法，仍不明確。惟專利法雖未有間接侵權條文，司法實務仍能如美歐國家般，先以侵權行為法及民法第185條第2項為基礎，透過個案累積及建構專利間接侵權制度，此為法院之職責與功能所在。

三、法院形塑專利法及其具體適用

專利法是一部動態性極高的法律（living law），每每需將極為單純的條文文字套用在多元的技術領域與萬端複雜的商業競爭行為，從而專利法之樣貌與具體條文之與時俱進，事實上為法院之手所形塑[35]。

詳言之，細究專利法制之發展歷史，制度建立之初所設想的發明態樣，乃具有實用性（useful）之技藝（art）、製品（manufacture）、引擎（engine）、機器（machine）、裝置（device）或對於前述內容之改良（improvement）或其方法（process）[36]。隨著科學知識擴展及新興技術發展，逐漸產生有別於以往之發明，例如：商業方法或電腦程式、基因、基因序列之生物材料或生醫檢測方法。另外，制度發展初期所設想之侵權態樣，亦是單一侵權行為人，在專業化及上下游分工之產業型態興起、網際網路發展之跨國交易模式下，實施發明之步驟不乏由複數或位於多國之行為人所接續完成。

新的發明類型或產業活動型態，難以毫無疑義的適用既有專利制

度[37]。然專利法本身又需一體適用於所有的技術與產業領域（one-size-fits-all），法律條文之修正必然謹慎及費時，無法立即回應個案之需求。於此情況，司法實務應於掌握專利制度之目的及專利權之本質後，演繹、發展及正確適用既有法規[38]。

專利間接侵權議題即為一例，在專利法未有任何規定之際，由法院考量有體財產權與無體財產權之差異，回應專利法之立法目的，將侵權行為法之共同侵權規定適用於專利間接侵權案件，在司法實務累積個案及建立規範標準後，予以成文化。即便是專利法有明訂誘使或幫助之間接侵權，司法機關之角色與功能亦屬重要，肩負著將抽象及一體適用之條文，應用在不同的發明類型及產業型態，以落實專利制度之本旨。觀察美歐專利間接侵權之起源與新近發展，即可見法院之關鍵地位。

四、智慧財產法院惜未演繹或闡釋專利間接侵權制度

在臺灣專利法尚無間接侵權條文下，如何將民法第 185 條第 2 項適用於無體財產權之專利案件，法院扮演重要角色。智慧財產法院成立迄今，不乏專利權人嘗試主張造意或幫助行為，惟能成立者，甚為有限[39]。法院不支持專利間接侵權之主張，有認為權利人無法舉證證明直接侵權行為人存在或其行為導致損害發生[40]，抑或未能證明間接侵害行為人有造意或幫助之故意或過失[41]。

2008 年成立智慧財產法院之目的，是期待專責的法院能較一般法院體悟及理解無體財產權之特殊性，並能掌握產業界對於智慧財產之需求與制度目的，以於個案落實智慧財產制度之本旨[42]。惟觀察智慧財產法院迄今受理之專利間接侵權案件，仍是侷限於有體物及有體財產權侵害之觀點。在傳統侵權案件（諸如車禍、爆竹炸傷路人），往往是在權利受到侵害及損害發生後，始由被害人依民法第 184 條及第 185 條第 2 項對直接與間接侵害行為人主張損害賠償責任，此時要求請求權人證

明有直接侵害行爲人存在或其行爲導致損害發生，抑或證明造意或幫助之人有故意或過失，較無疑義或困難。前揭條文適用於專利權案件若探完全相同的解釋，即忽略發明爲無形的技術思想、權利人不易察覺及證明第三人有實施發明之行爲、發生侵害後之損害不易估算、無法回復原狀或以金錢賠償損害。對於方法專利權而言，專利間接侵權制度尤顯重要。權利人若無法對造意或幫助之人主張權利，該等方法專利權人只能待直接侵害發生才主張權利，且因實施行爲在侵害人之營業處所而難以舉證證明，其結果乃大幅削弱方法發明權之保護與排他權行使可能。

肆、智慧財產法院103年度民專上更（一）字第4號民事判決評釋

一、案例事實及判決見解

原告（專利權人）X爲電源管理晶片（IC）設計公司，被告Y從事晶片之設計及產銷行爲，母公司Z爲晶圓代工廠。原任職X之數名員工（以下統稱甲），離職後受僱於Z，經Z派遣而爲Y提供勞務。本件訴訟涉及兩個發明專利權，其一爲臺灣第552767號「參考電壓產生電路」專利請求項1及7（下稱767專利），乃物之發明及其內容爲產生一定效果（在直流對直流轉換器中產生可隨負載變化而改變的參考電壓）的串接電路。另一發明爲臺灣第561326號「平衡多相直流對直流轉換器中通道電流的裝置及方法」專利請求項29及34（下稱326專利），乃電流平衡之方法發明。

(一) 原告主張

針對Y之行爲，X主張Y所設計及產銷之電源管理晶片，能爲767專利所讀取及落入文義範圍。針對326專利，X主張Y所產銷晶片

之電路元件能執行該專利之電流平衡方法，顯見 Y 在設計晶片之研發過程，曾製作測試版及使用該方法發明，以完成規格書，購買該等晶片之下游廠商因而能執行電流平衡之方法。因此，Y 已有現行[43] 專利法第 58 條第 3 項第 1 款方法發明之「使用」行為及侵害 326 專利。X 又主張，即便認為前揭條文所稱之「使用該方法」，限於「操作」方法發明，Y 設計及產銷晶片之行為尚無涉於方法發明之實施，而是由買受晶片之人使用電流平衡方法及侵害 326 專利。惟由電源管理晶片於國內公開市場流通之事實可知，已有侵害第 326 專利之直接侵權人，因此，Y 產銷晶片屬民法第 185 條第 2 項造意或幫助第三人從事侵權行為。

針對 Z 及甲之行為，X 主張 Y 乃 Z 跨足電源管理晶片設計之關係企業，Z 僱用甲為 Y 研發及行銷侵權產品。甲之所以受僱於 Z 而未直接在 Y 任職，係因其與 X 有競業禁止約定；甲受 Z 指示而為 Y 設計晶片，利用任職 X 期間所習得之智識及經驗，使 Y 於短短一年內完成電源管理晶片之開發及產銷產品。據此，X 依民法第 188 條第 1 項及第 185 條，主張 Z 及甲為侵害 767 專利及 326 專利之共同侵權行為人。

基於前揭主張，X 依專利法第 96 條第 2 項請求財產上之損害賠償、同法第 3 項之銷毀請求權。

(二) 被告抗辯

Y 抗辯，767 專利無效及無侵權情事。針對 326 專利，Y 除了抗辯無效，亦主張其僅製造及販賣電源管理晶片，未使用該專利所保護之電流平衡方法。關於 326 專利侵害之造意或幫助，Y 抗辯 X 無法證明有專利權直接侵害行為存在，亦未能證明其有造意或幫助第三人侵權之情事；若無第三人實施方法發明及實現侵害行為，自無造意或幫助侵權可言。

Z 則主張，其對 Y 無控制從屬關係，亦未直接或間接控制其人事、

財務或業務經營，Y 之行為與 Z 不相關。另外，甲僅為眾多受僱員工之一，雖受 Z 派遣而為 Y 提供勞務，但實質上是 Y 對甲為指揮監督，實際工作內容亦由 Y 指定，因而無所謂共同侵權行為可言。甲則抗辯，專利資訊均經智慧局公告，屬大眾得以知悉及學習之內容，不能以甲曾任職 X，即斷定其曾接觸專利內容及於轉職後參與專利權侵害行為。

(三) 判決見解

本件訴訟歷經臺灣士林地方法院 97 年度智字第 3 號 [44] 及智慧財產法院 100 年度民專上字第 11 號 [45] 民事判決，最高法院 103 年度臺上字第 973 號民事判決 [46] 廢棄及發回原審後，由智慧財產法院作成 103 年度民專上更（一）字第 4 號民事判決（下稱本判決）。針對 767 專利，本判決與其他事實審法院見解一致，Y 之行為已落入專利權之文義範圍。至若 326 專利之方法發明，本判決認為 Y 所產銷之電源管理晶片無法讀取到請求項之其一技術特徵，不成立文義侵權；二者之技術手段實質上不同，亦不構成均等侵權。易言之，Y 從事電源管理晶片之設計及產銷行為本身，不會使用到電流平衡方法及無侵害 326 專利可言。關於 Y 是否有造意或幫助他人侵害 326 專利之主張，本判決之論述不乏混亂及矛盾之處，似未審酌 X 之此等主張（詳見下文「二、問題提出」）。

針對 Z 及甲之行為，本判決基於諸多客觀事實，認為是以故意或違反注意義務之方式而造意或幫助 Y 遂行專利權侵害行為，符合民法第 185 條之共同侵權行為，因而應負連帶賠償責任。

二、問題提出

本件訴訟所涉及之 767 專利，各法院見解一致，均認為文義侵權成立。值得進一步探究者，乃 326 專利之方法發明侵害行為。

前已述及，X 於訴訟中主張，即便 Y 設計及產銷晶片本身無涉於

方法發明之使用行為，其對 326 專利之直接侵害亦有造意或幫助；Y 亦據此而提出抗辯 [47]。本判決對此爭點未有回應，卻有相當篇幅論述 Y 之行為是否符合民法第 185 條第 2 項之造意或幫助，惟該段落所討論者為 767 專利，非 326 專利。本判決前文先肯定 767 專利之文義侵權，然既已成立文義侵權，又何來後文分析 Y 就 767 專利侵害是否有造意或幫助 [48]？判決之前後見解有矛盾之處，抑或判決內容有誤，將造意或幫助侵害 326 專利之討論誤植為 767 專利。

先不論本判決之矛盾或疏誤，由本件訴訟涉及之方法專利權侵害及 X 主張而觀，本文認為值得細究者為：326 專利之發明內容為電流轉換器之電流平衡方法，Y 所設計及產銷的電源管理晶片確實能執行 326 專利之電流平衡方法，於此情況，Y 是否構成專利權之直接侵害？若不成立，Y 之行為是否為美歐日韓專利法所稱之「專利間接侵害」？X 於我國能否對 Y 主張民法第 185 條第 2 項之造意或幫助行為，並請求專利權侵害之損害賠償責任？

三、本判決評釋

本件訴訟之 326 專利為電流平衡方法，即便第三人買受及使用晶片本身該當 326 專利方法發明之使用行為，僅設計及產銷電源管理晶片之被告，仍未實施該方法及不構成 326 專利之直接侵害。原告關於民法第 185 條第 2 項之主張，法院未予審酌，反而是就已經成立文義侵權的 767 專利詳述被告行為構成造意或幫助，著實令人費解。本判決雖明確指出無體財產權侵害不易察覺之特性，惟判決論述矛盾混亂，亦未能藉本案建構民法共同侵權規定在專利案件之適用，甚為可惜。

關於直接侵權行為人與間接侵權行為人之關係，本文支持本件訴訟之法院見解，只要客觀上可以合理期待必有直接侵權行為人存在即可。法院於判決中指出：「所謂造意及幫助行為，乃教唆或幫助他人使遂行

或易於遂行侵權行為，其主觀上有故意或過失，客觀上對於其發生之結果有相當因果關係，即須連帶負損害賠償責任（最高法院 99 年臺上字第 1207 號判決意旨參照）。故民法第 185 條第 2 項造意或幫助犯之成立，必以有直接侵權行為之存在為前提。經查力智公司雖辯稱僅販賣系爭晶片產品，並不構成對系爭專利之侵害云云，惟查力智公司並不否認系爭產品於立錡公司主張之侵權期間內已於市場流通，則配合產品規格書記載之一般使用態樣，市場上顯然必有侵害系爭 767 專利請求項 1、7 之行為」。

關於過失能否成立間接侵權責任部分，本文認為應僅限於故意或重大過失之情況。惟本件訴訟之法院判決，係依民法通說見解，認為過失即足：「衡諸產品之研發及行銷之準備期間，且以張天健、黃雲朋、黃華強、洪煥然任職於立錡公司之職務及期間，應明知立錡公司甫於 92 年間經核准取得系爭 767 專利，且力晶公司不否認力智公司及智成公司均係其轉投資公司（見本院卷三第 327、328 頁），顯然力晶公司聘僱黃華強為力智公司工作，或透過其實質上關係企業之智成公司聘僱洪煥然為力智公司工作，以及黃雲朋自 95 年 4 月起即擔任力智公司董事，對公司之業務發展應知之甚詳，並於 95 年 12 月為力智公司向力晶公司承租其公司地址作為辦公室，顯見均係故意或至少有注意義務之違反而造意或至少幫助他人遂行侵害系爭 767 專利請求項 1、7 之行為，致立錡公司至少受有授權金之損害，故力智公司、力晶公司、張天健、黃雲朋、黃華強、洪煥然均應對立錡公司之損害負連帶賠償責」。

伍、專利間接侵權制度於特定技術領域之重要性（代結論）

由本文所討論智慧財產法院 103 年度民專上更（一）字第 4 號民事判決之案由事實可知，326 專利之排他權行使困難，正印證專利間接侵

權制度之目的與重要性。基於個案之客觀事實[49]，已足以證明 Y 知悉該晶片能實施電流平衡方法、已有直接侵害行為存在、Y 設計及產銷晶片亦促成專利直接侵害之發生，因而應構成專利間接侵害及負連帶賠償責任。若認為民法第 185 條第 2 項之規定無適用餘地，法律制度對於 326 專利之保護顯然不足。本件訴訟之原告尚有 767 物之專利權可以主張，因而仍能得到勝訴判決，若原告僅擁有方法專利權，訴訟結果迥異。

在臺灣專利法尚無間接侵權制度之際，成立已近 10 年之智慧財產法院實應參酌美歐國家之發展歷程，先以民法共同侵權行為之基礎，在掌握無體財產權之特殊性及專利制度之本旨後，於個案建構法律標準，以引領未來的立法。

（配合專書出版體例一致性，本文修改自：專利間接侵權制度 —— 評智慧財產法院 103 年度民專上更（一）字第 4 號民事判決，月旦民商法雜誌，60 期，2018 年 6 月，頁 95-107）

註 釋

* 臺灣大學法律學院副教授。

1. 詳細討論，參見李素華（2010年12月），〈專利法「販賣之要約」界定及排他權行使內容——評最高法院97年度365號民事判決及其下級法院判決〉，《月旦法學》，187期，頁170-189。

2. Benkard/Scharen, PatG, 10. Aufl., 2006, § 10 Rdnr. 2; Rudolf Kraßer, Patentrecht, 6. Aufl., 2009, S. 806.

3. 沈宗倫（2012），〈以合理權利金爲中心的新專利損害賠償法制：評智慧財產法院98年度民專上易字第25號判決及其初審法院判決〉，《月旦法學》，211期，頁182。

4. Busse/Keukenschrijver, PatG, 7. Aufl., 2013, § 10 Rdnr. 4.

5. 值得注意的是，我國司法實務對於專利法第99條第1項要件之認定極爲嚴格，權利人欲證明滿足法定要件之舉證困難度，不亞於直接證明有實施方法發明之行爲，法條適用結果難以達到減輕方法專利權人舉證責任之立法目的。詳細討論，參見李素華（2012年11月），專利法第87條方法專利權侵害之推定——從智慧財產法院99年度民專訴字第159號民事判決談起，《月旦法學》，210期，頁162-182。

6. 例如：臺灣第616258號「放電加工機之自動換刀系統及其操作方法」及第616187號「一種具有表面加熱功能的體脂秤及其使用方法」發明專利權。

7. 例如：臺灣第616154號「電動拉鏈系統及電動拉鏈控制方法」及第616172號「祈願燈之控制方法」發明專利權。

8. 例如：臺灣第616138號「殺有害生物組合物及使用其的方法」發明專利權。

9. 例如：臺灣第616180號「上消化道出血偵測裝置及方法」、第616183號「非侵入式皮膚影像檢測方法」、第616184號「睡眠監測裝置、睡眠監測方法及睡眠監測系統」、第616185號「腦波分析群體專注度之方法及系統」及第616199號「醫療用容器的異常狀態偵測方法及裝置」發明專利權。

10. Kraßer, a.a.O. (Fn 2), S. 807.

11. 29 f. Cas. 74 (No. 17,100) (C.C. Conn. 1871).

12. F. Scott Kieff ET AL., Principles of Patent Law 977 (4th ed. 2008).

13. 應注意者為，1952年國會立法前司法實務以「輔助侵害行為」統稱間接侵害行為，涵蓋現行第271條（b）項及（c）項態樣。因此，同樣是「輔助侵害行為」，1952年前後之意涵及範圍截然不同。Robert Patrick Merges & John Fitzgerald Duffy, Patent Law and Policy 758 (7th ed. 2017).

14. 各該歐洲國家之專利間接侵權規定，參見Christopher Heath (eds.), Patent Enforcement Worldwide (3rd ed. 2015).

15. Heath, *supra* note 14, at 399.

16. 該條規定如下：明知有關產品系專門用於實施專利的材料、設備、零部件、中間物等，未經專利權人許可，為生產經營目的將該產品提供給他人實施了侵犯專利權的行為，權利人主張該提供者的行為屬於侵權責任法第9條規定的幫助他人實施侵權行為的，人民法院應予支持。

17. 以直接與間接侵害行為之關係為例，德國是採獨立說，亦即不論是否有直接侵害行為發生，專利權人均可主張間接侵權責任，因此，即便實施發明之行為符合專利法第11條專利權效力不及事由（相當於我國專利法第59條至第61條）而不成立直接侵權，專利權人仍可就輔助侵害行為主張間接侵權責任。相異於此，美國則採從屬說，間接侵權之成立以直接侵害行為存在為必要。惟美

國幾無專利權效力不及事由（僅有相當於我國專利法第60條之規定），一旦有實施發明行為即構成直接侵害，因此，採取從屬說要件於實務適用上並無疑義，仍能發揮專利間接侵權制度之目的。

18. 例如：方法發明包含A、B、C及D四個步驟，甲執行A步驟，指示乙及丙分別執行B及C步驟，最後再由甲執行D步驟，藉由甲乙丙共同合作而完整實施該方法發明。

19. 如註釋17.所述，美國專利間接侵權制度採從屬說，個案上需有直接侵害行為。反之，德國專利法採獨立說，從而本案若在德國發生，此一爭點之討論即無必要。

20. Akamai Techs, Inc. v. Limelight Networks, Inc., 797 F.3d 1020 (Fed. Cir. 2015)。關於本案爭議緣起及討論，參見王碩汶（2013年2月），〈淺談美國專利分擔侵權理論〉，《智慧財產權月刊》，170期，頁67-93。

21. Eli Lilly & Co. v. Teva Parenteral Medicines, Inc. (Fed. Cir. 2017)。本件訴訟涉及治療癌症之方法專利，包含服用維他命B_{12}數日及正式投用Alimta藥品之不同步驟。產銷學名藥之Teva在仿單中指示醫護人員，正式投藥前應由病患自行服用維他命B_{12}數日，避免日後發生嚴重的副作用。針對病患服用維他命及醫院投藥之分離侵權行為，CAFC認為醫院成立直接侵害，Teva產銷學名藥及指示行為構成專利權之間接侵害。

22. 王澤鑑，侵權行為法：特殊侵權行為，2006年7月，頁39。

23. 王澤鑑，侵權行為法：特殊侵權行為，2006年7月，頁39。

24. 智慧財產法院智慧財產法院100年度民專訴字第69號民事判決及本文以下介紹之智慧財產法院103年度民專上字更（一）字第4號民事判決採此見解。

25. 相同見解，亦參見智慧財產法院99年度民專訴字第59號民事判

決。

26. 參見王澤鑑（2016），侵權行為法第二冊，頁39、41。

27. 參見王澤鑑（2016），侵權行為法第二冊，頁40-41。

28. 王澤鑑，侵權行為法：特殊侵權行為，2006年7月，頁40-41。

29. 陳聰富（2008），論侵權行為法上之過失概念——最高法院90年臺上字第1682號民事判決評釋，侵權歸責原則與損害賠償，初版2刷，頁56。

30. 本文以下介紹之智慧財產法院103年度民專上字更（一）字第4號民事判決採此見解。同樣採過失之幫助或教唆見解：智慧財產法院104年度民專訴字第50號民事判決（網路服務提供者為網路家庭國際訊股份有限公司，負擔十分之一訴訟費用）、智慧財產法院104年度民專訴字第80號民事判決（上訴中，網路服務提供者為新加坡商優達斯國際有限公司臺灣分公司，負擔三十分之一訴訟費用）。

31. 例如：智慧財產法院101年度民專上易字第1號民事判決。

32. 智慧局修法之研擬條文及相關資料，參見http://www.tipo.gov.tw/ct.asp?xItem=202969&CtNode=6704&mp=1 (last visited January 10, 2018).

33. 參見智慧財產培訓學院，102年度第1次及106年度第2次智慧財產實務案例評析座談會議記錄https://www.tipa.org.tw/p3.asp (last visited January 10, 2018).

34. 討論資料下載：https://www.tipo.gov.tw/ct.asp?xItem=644280&ctNode=7127&mp=1 (last visited January 10, 2018).

35. Judge Pauline Newman, The Federal Circuit: Judicial Stability or Judicial Activism? 42 AM. U. L. REV. 683 (1993) (The shaping of the patent law is to an exceptional degree in the hands of the judiciary, for in patent cases a relatively simple statutory law is applied to an extraor-

dinary complexity of factual circumstances). 詳細論述與分析，參見
張哲倫、李素華（2014年11月），專利法之經濟結構——經濟分
析理論對於我國專利制度運作之啓發，月旦法學，234期，頁229-
262。

36. 例如：1594年著名的天文學家伽利略（Galileo Galilei）以抽水及
灌溉裝置（water-raising and irrigation device）獲准專利，1649年法
國數學家Blaise Pascal之計算器裝置取得專利權保護，荷蘭發明家
Christiaan Huygens分別於1657年及1675年以擺錘時鐘（pendulum
clock）裝置獲准專利。除前述個案外，歐洲工業革命期間所核准
之專利權，諸多爲機器裝置之發明，尤其是應用於紡織領域，諸
如關於棉花或蠶絲的製造機器。另外，美國第一個准予的專利權
乃製造碳酸鉀（potash）之方法發明，由該方法所產生之產物主要
當作肥料使用。Kraßer, a.a.O. (Fn 2), S. 60, 62; JANICE M. MUELLER,
PATENT LAW 258 (3rd ed. 2009).

37. 以商業方法、電腦程式發明、基因及生物技術相關研究成果之專
利保護爲例，是否該當發明定義及其專利適格性界定、准予專利
權後之權利行使範圍，爲近年來專利法制之重要議題，美歐司法
實務於判決中就前揭問題如何適用既有專利法，有相當精彩的演
繹與闡釋。參見李素華（2012年12月），基因研究成果之專利保
護及權利範圍——從美歐新近個案談基因專利權對公共衛生之影
響，2011科技法展與法律規範雙年刊：健康、科學與人權（吳全
峰主編），頁57-129。

38. 以「進步性」爲例，我國專利法第22條第2項之規定僅寥寥56字，
然2017年7月版之專利審查基準，關於進步性之審查近十五頁，兩
者字數上繁簡之差距可見一斑。然很多攸關進步性判斷之重要法
律原則，事實上仍未盡載於審查基準。即便有專利審查基準之詳
盡規範，於實務個案之操作仍有諸多不確定性，因此，新近智慧

財產法院甚而就此問題仿照美國的法庭之友（amicus curiae），廣徵各界意見，以便將產業實務及學界見解納入。由法院形塑法規內涵之現象，於其他法領域確實不多見，也因此法院在個案所表達之法律見解，對於專利法之各該法律概念，有極為重要的演繹功能。詳細討論，參見李素華、張哲倫（2014年09月），專利之制度目的及權利本質-法院在其中之關鍵角色及功能，月旦法學，232期，頁191-222。

再以商業化之專利物為例，不同商品受到專利權保護的數目差異甚大，單一藥品平均專利數僅有3.5個，暢銷藥（best-selling pharmaceutical）有可能受到五個以上的專利權保護。相異於此，單一手機或電子產品之專利數量，難以估計。因此，單一專利權在不同產業領域別之重要性及不同產業對於專利權保護強度之需求，截然不同。Lisa L. Ouellette, *How Many Patents Does It Take to Make a Drug-On Pharmaceutical Patents and University Licensing*, 17 MICH. TELECOMM. & TECH. L. REV. 299 (2010).

39. 例如：智慧財產法院99年度民專訴字第59號及103年度民專訴字第66號民事判決。

40. 例如：智慧財產法院97年度民專訴字第20號、100年度民專訴字第69號、101年度民專訴字第22號、103年度民專訴字第104號及104年度民專訴字第83號民事判決。

41. 例如：智慧財產法院101年度民專上易字第1號、103年度民專訴字第251號及104年度民專上易字第12號民事判決。

42. 參見智慧財產法院組織法第1條立法目的及智慧財產法院簡介（http://ipc.judicial.gov.tw/ipr_internet/index.php?option=com_content&view=article&id=12&Itemid=100054）。

43. 本件專利侵權爭議適用2013年以前之專利法條文，本文將舊法條號修改為現行法之條號。

44.法院認為，Y構成767專利及326專利之文義侵權，甲應負連帶賠償責任，惟X未能證明Z有共同侵權行為。

45.法院認為，Y構成767專利之文義侵權，惟未落入326專利之文義範圍，且因技術手段不相同而無均等論之適用；Z及甲不負連帶賠償責任，蓋X未能證明有共同侵權行為。

46.最高法院指出，原審之部分判斷未有理由，包括何以326專利侵權不成立、何以不採當事人所主張之損害賠償計算內容。另外，原審以Y已負賠償責任，甲僅為Z之眾多員工之一，因而遂認為Z及甲無侵權賠償責任可言，最高法院對此論述亦有質疑。

47.參見智慧財產法院100年度民專上字第11號民事判決第1026-1050行及本判決第27頁（Y之抗辯）、本判決第16-17頁（X之主張）。

48.本判決第45、50-51頁（晶片構成767專利文義侵權）、第69-71頁（晶片未實施767專利之全部技術特徵、但構成幫助或教唆）。

49.專利間接侵權成立之要件證明，往往需透過情狀證據或間接證據（circumstantial evidence），美國法院曾言：專利間接侵權之成立，間接證據不僅足夠，甚而比直接證據更能符合證據法則之需求（…circumstantial evidence is not only sufficient, but my also be more certain, stasifying, and persuasive than direct evidence.）。KIEFF, *supra* note 12, at 979.

第十一章

從暫停核發藥品許可證期間與銷售專屬期間的影響，論藥事法中實施專利連結的例外規定

牛惠之[*]

*中國醫藥大學科技法律碩士學位學程副教授

摘　要

　　藥事法新納入的西藥專利連結制度正式上路之後，有潛在侵害新藥專利權疑慮的學名藥將會面臨 12 個月的暫停核發藥品許可證期間，且其他學名藥廠則會因為第一個挑戰成功的學名藥廠可獲得 12 個月的銷售專屬期間，延後申請藥品許可證。專利連結制度雖聲稱具有預先釐清潛在專利侵權爭議的效果，但暫停核發藥品許可證期間與銷售專屬期間兩個配套措施造成學名藥延遲上市的情況，卻可能影響某些攸關公共衛生的社會利益。故本文擬探討藥事法中，因為例外不用依據藥事法第 39 條規定申請藥品許可證，而可免除專利連結制度適用的兩種情況，即，必要藥品有不足供應之虞與危及生命或嚴重失能之疾病與緊急公共衛生情事，在專利連結制度生效後對處理重大或緊急公共衛生的意義；並嘗試就目前規定中不足之處，提出建言。

關鍵字：專利連結、藥事法、強制授權、藥品許可證。

壹、前言

我國藥事法於 107 年 1 月 30 日修正，針對藥品專利連結制度，增訂第 48 條之 3 至 48 條之 22、第 92 條之 1、第 100 條之 1，與第四章之一〈西藥之專利連結〉之章名。為利於專利連結制度（patent linkage）施行，衛生福利部食品藥物管理署雖於 107 年 9 月 11 日預告訂定西藥專利連結施行辦法草案[1]，配套的專利法第 60 條之 1 也仍在草案研擬階段，但西藥專利連結的相關規定尚未正式實施。

專利連結制度，係指新藥[2]上市與專利資訊揭露之連結、學名藥[3]上市審查程序與其是否侵害新藥專利狀態之連結，並賦予藥商一定期間釐清專利爭議，中央衛生主管機關以此作為准駁學名藥上市之依據，期能於學名藥上市之前，先行解決專利侵權爭議，而不致影響藥物使用及公共衛生[4]。

未來我國專利連結制度正式上路之後，有潛在侵害新藥專利權疑慮的學名藥即可能會面臨 12 個月的暫停核發藥品許可證期間，其他學名藥廠則會因為第一個挑戰成功的學名藥廠可獲得 12 個月的銷售專屬期間，以及至多 6 個月的預備銷售期間，而共計要延後至少 24 到 30 個月才能取得藥品許可證，之後才能開始製造與上市該學名藥[5]。因此，專利連結為達預先釐清潛在專利侵權爭議的目的，使得暫停核發藥品許可證期間與銷售專屬期間兩個配套措施造成學名藥延遲上市的情況，甚至可能影響某些攸關公共衛生的社會利益。故本文擬探討藥事法中有哪些規定，得讓有侵害新藥專利權疑慮的學名藥品在申請上市許可證時，例外不用經過專利連結制度，以避免因暫停核發藥品許可證期間與銷售專屬期間而損及如公共衛生等其他重要利益；並嘗試就目前規定中不足之處，提出建言。

貳、專利連結制度與藥事法

一、專利連結制度背景簡介

專利連結制度是從美國的 1984 年的「藥價競爭及專利權期間回復法案」（Drug Price Competition and Patent Term Restoration Act, Hatch-Waxman Act, HWA）中發展出來，是一種核准前專利爭端解決機制（Pre-Approval Patent Resolution Process）[6]。在藥品市場受專利保護的新藥與學名藥之間的競爭關係，不但攸關擁有專利權的新藥廠與學名藥廠的利益，且涉及保護智慧財產權與保障對低價學名藥的藥品可近性（accessibility）的平衡關係，以及和一國因藥品產業的技術水準使得該國採取傾向保護研發型藥廠或學名藥廠利益的產業政策等，皆有所關聯。專利連結制度便是在這種環境中發展出來，將預先釐清潛在侵權專利爭議的目標與學名藥上市許可的審查程序連結在一起，希望在對新藥的專利權提供較佳的專利保護之際，又能提供學名藥品提早上市的機會。

在沒有這個制度之前，學名藥廠要申請學名藥的上市許可時，主管機關經確認該學名藥符合安全性與有效性，即可核發藥品許可證，讓學名藥得以製造與輸入。倘若學名藥涉及侵害新藥的專利權疑慮，再由新藥專利權人提起專利侵權訴訟，如學名藥遭認定侵權便不得製造、販賣，並須擔負損害賠償責任。但在專利連結制度之下，因釐清專利侵權疑慮與學名藥的藥品許可證的申請被連結在一起，主管藥品許可證核發機關需要等待申請許可證的學名藥對新藥專利藥構成專利侵權的疑慮被釐清之後，才能核發藥品許可證。

這個制度從在美國實施以來，一直都有相當兩極的評價。支持者主張專利連結不但可對研發型藥廠，即專利藥廠提供更周延的專利保護，且能鼓勵學名藥挑戰新藥的專利權。學名藥一旦挑戰成功即可提前上市，不僅讓學名藥產業產生汰弱扶強的效果，並逐步逼近專利藥市

場；更可因為低價的學名藥的上市而降低社會大眾與國家要負擔的藥品支出，造就更大的公共衛生福祉[7]。此外，這個階段的專利侵權訴訟僅在於預為釐清潛在侵權爭議，因為新藥專利權人尚無具體侵害發生，故其得請求之範圍與一般侵權應有不同。相對於沒有專利連結制度的情況下，學名藥上市後才因訴訟經侵權判決認定而不得為製造、販賣等，除必須擔負損害賠償責任外，尚會損失投入製造該學名藥的成本，造成資源浪費，更將因此影響大眾之用藥權益[8]。

反對者則主張專利連結是一套嚴重影響專利藥廠與學名藥廠間競爭，且對擁有藥品專利的一方較為有利的制度。論者主張將學名藥的上市許可和新藥專利權綁在一起，不必然具有將專利訴訟提前以消弭紛爭的功能。因為不論是否曾在學名藥申請上市許可審查期間提出專利侵權質疑的新藥專利權人，於嗣後學名藥廠為販賣或為販賣之要約等行為時，仍得依專利法第 96 條第 1 項及第 2 項提起專利侵權訴訟[9]；故專利連結僅能讓專利訴訟有機會提前開始，但卻無法提早結束專利爭端。此外，由於這個制度有阻礙學名藥提前上市的功能，故能做為商業競爭的策略工具，透過技巧性地提出專利侵權訴訟，加重學名藥廠的負擔，甚至衝擊該國學名藥產業的發展與生存。而且不具侵權效果的學名藥也必須等待釐清專利侵權的暫停核發許可證期間，以致延後數個月到數年才能取得藥品許可證[10]；其他學名藥廠更將因為第一家學名藥廠經挑戰成功後受到銷售專屬期間的保障，使得取得藥品許可證的時間更為延後。故專利連結將會犧牲學名藥廠的利益與整體社會的健康福利[11]。

美國為了鞏固其專利藥品的國際優勢競爭力，先藉由雙邊貿易談判，逐步要求其貿易對象接受專利連結制度，繼而將這個制度導入區域性貿易協定的談判中。我國關於專利連結的「藥事法部分條文修正總說明」開宗明義便說明：「本次修正係為配合臺美貿易暨投資架構協定（Trade and Investment Framework Agreement, TIFA）之談判及擬加入跨太平洋夥伴協定（The Trans-Pacific Partnership, TPP）之 18 章智慧財

產保護規範[12]。」美洲的加拿大、秘魯、墨西哥、智利；亞洲地區的澳洲、中國、南韓、新加坡、印度，以及歐洲的土耳其、義大利與斯洛伐克國家都是因為對於美國政治與經濟關係的依賴，而在半推半就或不同的利益考量下，引進或研擬設置專利連結制度[13]。

二、藥事法中的專利連結制度

由於專利連結係為使潛在侵權爭議預為釐清，而將釐清專利侵權疑慮與學名藥上市許可的審查程序連結在一起的制度設計，故運用的時機是當學名藥向中央衛生主管機關申請查驗登記，以取得可製造或輸入的藥品許可證的程序。實施專利連結的步驟有幾個階段，本文將分階段敘述如下[14]。

(一) 專利資訊登錄

為了保護專利權仍在有效期間的新藥，新藥在取得藥品許可證之後，中央衛生主管機關與新藥的藥品許可證所有人需要協力公開專利資訊。中央衛生主管機關除需公開申請人檢附之已揭露專利字號或案號之外[15]，並應建立西藥專利連結登載系統，登載並公開新藥的藥品許可證所有人提供之專利資訊[16]。相對而言，新藥的藥品許可證所有人認有必要提報藥品專利權專利資訊者，得向中央衛生主管機關檢附相關文件及資料[17]，包括發明專利權之專利證書號數、請求項項號、專利權期滿之日、專利權人之姓名或名稱等資訊[18]。惟相關資訊必須在領取藥品許可證次日起 45 日內提供[19]。

(二) 通知新藥藥品許可證所有人

這是啟動專利連結的第一步。當學名藥廠提出申請藥品許可證時，對新藥藥品許可證所有人已核准新藥所登載之專利權，應向中央

衛生主管機關就該申請中之學名藥與新藥的專利權的關係提出聲明，聲明內容為「該新藥未有任何專利資訊之登載」、「該新藥對應之專利權已消滅」、「新藥對應之專利權消滅後，始由中央衛生主管機關核發藥品許可證」，或「該新藥對應之專利權應撤銷，或申請藥品許可證之學名藥未侵害該新藥對應之專利權」等四種之一[20]。如果聲明內容是前三種，因為無涉侵害新藥的專利權的疑慮，故不會啟動後續的專利連結步驟。但如聲明為「該新藥對應之專利權應撤銷，或申請藥品許可證之學名藥未侵害該新藥對應之專利權」時，學名藥藥品許可證申請人應自中央衛生主管機關就藥品許可證申請資料齊備通知送達之次日起 20 日內，以書面通知新藥藥品許可證所有人及中央衛生主管機關，且應敘明理由及附具證據說明[21]。此項規定主要是為了讓專利權人得知有可能會侵害其專利權的學名藥正著手申請藥品許可證中，並使其得以考慮是否著手提出專利侵權訴訟，此即使專利侵權訴訟提前到藥品上市審查期間處理的先行步驟。由於未依前述規定進行通知者，中央衛生主管機關將駁回該學名藥藥品許可證申請案[22]，顯示 20 日內進行書面通知為學名藥藥品許可證申請人必須遵守的義務。

(三) 提起專利侵權訴訟

此時，發球權已經交到新藥專利權人手中，由其決定是否要提出專利侵權訴訟。為能儘快釐清該學名藥是否涉及專利侵權，藥事法第 48 條之 13 第 1 項限定專利權人或專屬被授權人如欲提起侵權訴訟者，應自接獲通知之次日起 45 日內為之，並通知中央衛生主管機關。如果專利權人未於該期間內提起訴訟時，即代表該學名藥品申請案已經與專利侵權爭議脫勾，故只要待中央衛生主管機關確認該藥品符合相關藥品審查規定後，該學名藥即可取得藥品許可證[23]。

(四) 暫停核發學名藥許可證

在專利連結制度中，主管機關於收到專利侵權訴訟的通知後，需要等待一段期間，以待專利侵權爭議釐清，才核發學名藥許可證。這段期間即為暫停核發學名藥許可證期間。藥事法中將這段期間規定為自新藥藥品許可證所有人接獲前條第 1 項通知之次日起 12 個月[24]。由於只要專利權人提起專利侵權訴訟並通知中央衛生主管機關，便會啓動為期 12 個月的暫停核發學名藥許可證期間；在訴訟判決確定前，都可確保專利藥繼續本於專利權而享有市場獨占的機會，成本可謂相當低廉。雖然藥事法規定自始不當行使專利權致使學名藥藥品許可證申請人，因暫停核發藥品許可證受有損害者，負賠償責任[25]，但此一規定會如何執行仍有待觀察。且藥事法對於專利權人運用濫訴等技術性犯規的情況並無額外的懲罰性規定，故只要提起訴訟能符合成本效益，難保專利權人不會不計輸贏地提起專利侵權訴訟以延展其市場獨占利益。相對於專利權人處於不告可惜的立場，學名藥藥品許可證申請人反而比較處於不得不贏的劣勢，縱使最後可能會挑戰成功，但除直接面對學名藥必須要延後取得藥品許可證的不利益外，在訴訟中勢必投注相當的準備與成本，以避免敗訴。然而，是否每個學名藥廠都有實力在這種制度中進行挑戰已有可議，且這種訴訟成本日後勢必會反應到學名藥的價格上，是否符合社會整體的利益，亦為另一待觀察的問題。

(五) 核發學名藥許可證

中央衛生主管機關是否會核發學名藥許可證，或在何時核發，可分為三種情況。第一，提出申請的學名藥經提起專利侵權訴訟後，如在 12 個月的暫停核發學名藥許可證期間內經法院確定判決有侵權情事時，便無法取得學名藥許可證。必須等到該新藥的專利權消滅後，中央衛生主管機關始得核發學名藥藥品許可證[26]。第二，根據藥事法第 48

從暫停核發藥品許可證期間與銷售專屬期間的影響，論藥事法中實施專利連結的例外規定

條之 13 第 2 項但書，當依法啟動或進入暫停核發學名藥許可證期間時，在七種情況下，只要中央衛生主管機關經審查而確認該學名藥符合安全性與有效性等規定後，無待暫停核發學名藥許可證期間屆滿，便得核發藥品許可證。這些規定除該項第 6 款「當事人合意成立和解或調解」之外，都是和新藥的專利權相關的規定，如「專利權人或專屬被授權人接獲前條第 1 項通知後，未於 45 日內提起侵權訴訟」、「學名藥藥品許可證申請人取得未侵權之判決」等，中央衛生主管機關即可提前核發藥品許可證[27]。第三，無法在暫停核發學名藥許可證期間釐清專利侵權爭議者，參酌藥事法第 48 條之 13 第 2 項「中央衛生主管機關應自新藥藥品許可證所有人接獲前條第 1 項通知之次日起 12 個月內，暫停核發藥品許可證。」規定，似應解讀為只要暫停核發學名藥許可證期間屆滿，縱使侵權訴訟仍在進行中，即可核發藥品許可證。

(六) 銷售專屬期

為獎勵挑戰成功，或填補暫停核發期間的耽誤造成該學名藥申請人的損失，首家挑戰成功的學名藥廠得以在國內市場取得 12 個月之銷售專屬期間。在該段期間屆滿前，其他學名藥無法取得藥品許可證[28]。故必須要等到銷售專屬期屆滿後，中央衛生主管機關才會再核發學名藥許可證給其他提出申請的學名藥廠。至於銷售專屬期的起算日，為藥品之實際銷售日；而學名藥藥品許可證所有人，應自領取藥品許可證之次日起 6 個月內銷售[29]。

鑒於暫停核發學名藥許可證期間與銷售專屬期間兩項規定，可能會延後學名藥上市的時間與市場供應量，並可能對緊急或重大公共衛生事件造成影響。藥事法第 48 條之 13 第 2 項但書雖規定在特定情形下，只要中央衛生主管機關審查符合規定後，無待暫停核發學名藥許可證期間屆滿，便可核發藥品許可證。惟這些規定多是和新藥的專利權相關的規定，故本文擬進一步探討除藥事法第 48 條之 13 第 2 項但書規定之外，

是否還有其他無關於專利保護的情況，能讓學名藥廠得例外避開專利連結，以順利取得藥品許可證，或製造、上市。

參、專利連結制度的例外

一、例外不適用專利連結的情況

　　爲了保護新藥的專利權，並使潛在侵權爭議提前到學名藥申請上市許可的階段加以釐清，專利連結制度乃將專利侵權連結到學名藥申請上市許可的程序中。在這個制度中，一方面設置了暫停核發學名藥許可證期間以讓雙方釐清專利侵權爭議，另一方面又對第一家挑戰成功的學名藥廠提供了銷售專屬期間。這兩項規定，相較於沒有專利連結制度的情況下，將會延後某些可能沒有侵害新藥專利權的學名藥上市的時間。設置暫停核發學名藥許可證期，就保護新藥的專利權而言，似無不妥；但此一規定卻可能會延後學名藥的上市時間，只要其於查驗登記時提出的聲明爲「該新藥對應之專利權應撤銷，或申請藥品許可證之學名藥未侵害該新藥對應之專利權」，縱使該學名藥確實未侵害該新藥對應之專利權。另一方面，銷售專屬期不論在性質上屬於對第一家成功挑戰新藥專利權的學名藥廠的獎勵或損害填補，似乎都造成了另一種學名藥市場壟斷與上市延遲的效果。如果暫停核發學名藥許可證期間可被視爲是讓學名藥申請人在競爭關係下處於相對不利於新藥專利權人的地位，則銷售專屬期則造成了第一家提出學名藥許可證的申請人（可能會是相對比較具有學名藥技術與市場競爭力的藥廠）與其他學名藥廠間的不對等競爭關係，且使後者（可能是實力較弱的學名藥廠）處於不利地位。至於爲了保護新藥的專利權，使第一家挑戰的學名藥廠承擔 12 個月的延後取得藥品許可證的成本，且由其他家學名藥廠共同承擔至少延遲 24 到 30 個月取得藥品許可證的不利益[30]，可能連帶影響社會整體的健康福祉做

爲代價；相對於沒有專利連結制度前，由專利藥廠單獨承擔保護專利的成本，即學名藥上市後對構成侵權的學名藥提起訴訟的模式，再由敗訴的學名藥廠去承擔相關責任與成本的模式，何者較佳，恐怕是見仁見智的。但無論如何，暫停核發學名藥許可證期間與銷售專屬期間等兩項規定，可能會延後學名藥上市的時間，與限制其他家學名藥投入市場而影響藥品的市場供應量，係爲可能的結果。倘若發生特殊的緊急公共衛生情況，將因爲專利藥價格太高或藥品短缺而造成重大影響，故有進一步研議可例外不適用專利連結的特殊情況與規定的必要性。

由於專利連結制度的啓動時機是學名藥依據藥事法第 39 條申請藥品許可證時，故首先應探討學名藥在何種情況下需要申請藥品許可證。藥事法第 39 條第 1 項規定：「製造、輸入藥品，應將其成分、原料藥來源、規格、性能、製法之要旨……，申請中央衛生主管機關查驗登記，經核准發給藥品許可證後，始得製造或輸入。」就本文而言，本項規定有兩個重點需進一步釐清，第一是「藥品」的定義；第二是取得藥品許可證後是爲了能合法製造或輸入，而「製造」的內涵是否限於國內使用，抑或包括輸出？根據藥事法第 6 條，藥品包括原料藥與製劑，且從該條內容觀之，藥品一詞應包括新藥與學名藥等。故如欲在我國製造新藥或學名藥，或將國外新藥或學名藥輸入我國，皆需依據藥事法第 39 條第 1 項規定申請藥品許可證。至於「製造」，因藥事法關於「藥品製造業者」的定義，指經營藥品之製造、加工與其產品批發、輸出及自用原料輸入之業者[31]；故可知第 39 條第 1 項的「製造」應涵蓋供國內市場與以輸出爲目的而製造的兩種類型。就輸出的部分，又可分爲兩種情況，第一種是國內藥廠製造的學名藥同時供國內販售與輸出，另一種是專以輸出爲目的而製造。前者因涉及國內販售，自然必須申請藥品許可證，但專以輸出爲目的而製造時，是否仍需先申請藥品許可證？揆諸相關規定，除申請外銷專用許可證查驗登記外[32]，並無任何關於這類藥品無需申請藥品許可證便可逕行製造的規定，故專以輸出爲目的而製

造的學名藥似仍應先取得藥證始得製造並輸出。惟根據衛生福利部提供的「藥事法部分條文修正草案之專利連結制度」的投影片（或懶人包）說明中，針對專利連結制度是否會影響外銷市場的疑慮，第 4 頁右下角強調「外銷專用許可證仍依現行作業核發，不影響廠商權益[33]」，顯示專利連結制度上路之後，專以輸出為目的而製造的學名藥可例外於專利連結的規定，出口藥廠的權益因而不會因為專利連結的相關規定致延後取得藥品許可證而受影響。惟此一文宣雖由衛生福利部提供，並非正式法律文件，亦無法律效力，更不知其法律依據為何。依據現行規定與專利連結的制度設計觀之，不論是為國內販售或為輸出而製造，或是由國外輸入的學名藥，都需要先取得藥品許可證才能製造或輸入，故原則上皆可能啟動專利連結制度。

　　針對第 39 條藥品需要取得藥品許可證始得製造或輸入的原則，藥事法分別在第 27 條第 2 項與第 48 條之 2 第 1 項設置了三種例外情況，使得中央衛生主管機關得以專案核准的方式，使特定藥物之製造或輸入不待申請中央衛生主管機關查驗登記，且無須取得藥品許可證，便可製造或輸入。這兩個條文都是 104 年 12 月 2 日增定[34]，算相當新的法條，實際引用的案例較為有限。由於，該經專案核准的特定學名藥因無須依據第 39 條提出申請，故就法律邏輯而言，即無須依據第 48 條之 9 向中央衛生主管機關就新藥所登載之專利權提出聲請，故縱有侵害新藥專利權之虞，亦不會啟動專利連結制度。

(一) 藥事法第 27 條之 2—必要藥品有不足供應之虞

　　當國內原有取得藥品許可證之藥商，因故無法繼續製造、輸入，或有生產不足供應對該藥品之需求之虞時，中央衛生主管機關接獲該藥商通報或得知必要藥品有不足供應之虞時，得依據藥事法第 27 條之 2 以專案核准某藥品或其替代藥品不受第 39 條之限制以製造或輸入。所謂的「必要藥品」，必須要是衛生福利部於 105 年公告「必要藥品清單」

中之藥品，該清單於 107 年參考世界衛生組織（WHO）2017 Essential drug list 及依風險評估新增刪除部分品項，而公告「藥事法第 27 條之 2 必要藥品清單」[35]。

該條第 1 項將藥商的通報義務分為一般情況與天災或其他不應歸責於藥商之事由兩大類，前者應至少於 6 個月前通報，後者如來不及於前述期間內通報者，應於事件發生後 30 日內向中央衛生主管機關通報[36]，故顯示不論是可歸責於該藥廠，或天災或其他不應歸責於藥商的事件所造成的藥品短缺，皆適用本條之規定。中央衛生主管機關接獲通報或得知必要藥品有不足供應之虞，經過評估而認定，清單中的必要藥品確有不足供應之虞者，始得公開徵求藥商申請專案核准[37]。經專案核准製造或輸入者，以 1 年為限，如有延展之必要時，至多兩次，一次 6 個月[38]。此種時間限制一方面是因為這種專案核准，性質上屬應急措施，故不宜過長；另一方面則是為了避免廠商藉一再申請專案核准之方式，規避一般藥品查驗登記審查程序之常規[39]。

由此可知，當不論是新藥或學名藥的必要藥品經中央衛生主管機關評估有供應不足之虞，得依據藥事法第 27 條之 2，中央衛生主管機關得以專案核准某藥品或其替代藥品不受第 39 條之限制，便可製造或輸入。當必要藥品是學名藥時，因為不用查驗登記或取得藥品許可證便可製造或輸入，故可避開專利連結的暫停核發學名藥許可證期間與銷售專屬期間等兩項規定，以即時因應必要藥品不足的燃眉之急。

(二) 藥事法第 48 條之 2——危及生命或嚴重失能之疾病與緊急公共衛生情事

制定藥事法第 48 條之 2 的原因乃有鑑於藥事法規定藥物之輸入、製造，應申請查驗登記並取得藥物許可證後，始得為之，然若發生緊急公共衛生事件，如伊波拉病毒造成威脅時，若仍需相關核准程序，恐緩不濟急，易引發疫情大規模擴散；另於診治危及生命疾病，國內尚無適

當藥物或其他合適替代療法時，病患面臨無藥可醫之情形，亦有損其權益。爰參照美國 FDA 相關法規，增訂該條[40]。故該條屬於為供醫療用品的緊急使用，所設之查驗登記並取得藥物許可證的例外規定。根據藥事法第 48 條之 2，中央衛生主管機關得以專案核准尚未取得許可證的藥品製造或輸入的情況有二，分別是：

一、為預防、診治危及生命或嚴重失能之疾病，且國內尚無適當藥物或合適替代療法。

二、因應緊急公共衛生情事之需要。

為釐清本條規定與專利連結的關聯性，以下茲分為兩部分探討。

1. 定義與使用

藥事法第 48 條之 2 第 1 項第 1 款涵蓋三個條件，第一是要處理的疾病構成「危及生命或嚴重失能之疾病」，這些疾病應可涵蓋個人疾病[41]，以及群體的疾病，如致死性傳染病，只是在後者的情況，應屬公共衛生議題。如因情勢嚴重或緊急，則亦可適用第 2 款規定。第二是需要藥品來「預防、診治」這類疾病。第三是「國內尚無適當藥物或合適替代療法」，這類疾病藥品在國內應是首度被需要，因為如果是曾經有取得藥品許可證的藥品，便不需強調「尚」無，且亦無此條之適用。當三個條件都符合時，中央衛生主管機關即得以專案核准的方式，使該學名藥得以製造與輸入[42]。此外，就文義觀之，由於該款中明文限定國內尚無適當藥物或合適替代療法，故應解釋此一得專案核准的特殊情況，需限於為預防、診治發生在國內的危及生命或嚴重失能之疾病，且國內尚無適當藥物或合適替代療法，始得例外不用取得藥品許可證便能製造或輸入。故如為預防、診治發生在國外的危及生命或嚴重失能之疾病所生產的藥品，則不能依據該款以專案核准。

第 2 款規定「因應緊急公共衛生情事之需要」，亦有兩點需要釐清，第一，何謂緊急公共衛生情事？如前所述，如發生伊波拉病毒造

成威脅時，因易引發疫情大規模擴散，故屬於緊急公共衛生情事；但其他非突發性的傳染病，如愛滋病、結核病等不具防堵擴散或發病的緊急性，但當病患人數持續增加時仍具有處置的緊急性的類型是否也屬之，則不無疑義。如參照世界貿易組織（World Trade Organization, WTO）的「與貿易相關智慧財產權協定」（Agreement on Trade Related Intellectual Property Rights, TRIPS 協定）第 31 條 (b) 項「國家緊急危難或其他緊急狀況」包含關於愛滋病、結核病及其他傳染病的公共衛生危機[43]，則範圍較廣。但如只限於伊波拉病毒、嚴重急性呼吸道（Servers Acute Respiratory Syndrome, SARS）、中東呼吸症候群冠狀病毒感染症（Middle East Respiratory Syndrome Coronavirus, MERS-CoV）等急性傳染病時，該款之適用範圍則較小。

第二，要因應緊急公共衛生情事是否限於發生在國內，還是包括他國的緊急公共衛生問題？由於「因應緊急公共衛生情事之需要」這段文字並未明示要因應國內緊急公共衛生情事，但因前款有針對國內使用的限制，故似應維持體系的一貫性，故專以輸出為目的以因應國外緊急公共衛生情事的學名藥品，並不在本條範圍之內，仍需申請許可證且會到專利連結制度的影響。

如前所述，制定第 48 條之 2 的原因是如在這些特殊情況下仍要使學名藥完成查驗登記並取得藥物許可證後，始得為之，則經歷相關核准程序後，恐緩不濟急。故，本於相同之理由，對於這些刻不容緩的情況，學名藥如果仍需要滿足專利連結制度的暫停核發學名藥許可證與銷售專屬期，更是不可行。故本條規定亦可被視為是專利連結制度的例外規定。此外，經過專案核准而製造、上市的學名藥是否能販售以營利，還是只能做公益使用，也是實務上會遇到的問題。該條中並未限制這類專案核准的藥物應限於為公益之非營利目的而製造或輸入，故似可營利使用。

2. 與強制授權的關聯

　　藥事法第 48 條之 2 雖然對緊急公共衛生情事提供了專案核准學名藥以爭取時效的例外規定，但相對於專利法第 87 條強制授權的規定，兩條涵蓋的範圍仍有不同。由於藥事法中並未就強制授權的學名藥得例外不經查驗登記予取得藥品許可證便得製造與上市的規定，故當為因應國家緊急危難或其他重大緊急情況而強制授權某項專利藥品，所製造的學名藥不屬於藥事法第 48 條之 2 的範圍時，該如何處理，即有深究之必要。

　　強制授權規定中和學名藥製造相關的條件是專利法第 87 條第 1 項：「為因應國家緊急危難或其他重大緊急情況，專利專責機關應依緊急命令或中央目的事業主管機關之通知，強制授權所需專利權，並儘速通知專利權人。」除此之外，如屬增進公益之非營利實施而有強制授權之必要者，專利專責機關亦得依申請強制授權。

　　根據專利法第 87 條第 1 項規定，當發生國家緊急危難或其他重大緊急情況時，且有緊急命令或中央目的事業主管機關之通知，才可實施強制授權。例如：2005 年時，當時的行政院衛生署曾因世界衛生組織（World Health Organization, WHO）宣稱可能會爆發大規模感染的 H5N1 禽流感疫情，以「國家緊急情況」為由，向經濟部智慧財產權局提出強制授權克流感（Tamiflu）申請，經濟部智慧財產權審定後准許實施發明該專利藥品，強制授權期間由核准實施的 2005 年 12 月 8 日到 2007 年 12 月 31 日止[44]。故若該強制授權案發生在藥事法第 48 條之 2 生效之後，克流感的學名藥理應會被中央衛生主管機關依據該條規定以專案核准的方式，無需查驗登記且未獲藥品許可證即得製造；故亦不會啟動專利連結。在這類類情況下，強制授權應能與不需啟動專利連結的規定無縫接軌。

　　由於專利法中的強制授權規定係參考前述 TRIPS 協定第 31 條設置，第 87 條第 1 項規定的範圍，應與 TRIPS 協定第 31 條 (b) 項「國家

緊急危難或其他緊急狀況」採相同的解釋[45]，故包含關於愛滋病、結核病及其他傳染病的公共衛生危機。當發生這類疫情時，應可根據我國專利法規定進行強制授權。但因為愛滋病或結核病為相對低度危害風險的法定傳染病，緊急程度較低[46]，且不似危害風險程度較高的急性法定傳染病有不及時因應將有疫情大規模擴散的國家安全疑慮，是否一定能構成藥事法第48條之2的「緊急公共衛生情事」，得不經申請查驗登記予取得藥品許可證便能製造，仍有待觀察。倘這類情況並不構成藥事法第48條之2的「緊急公共衛生情事」，則依相關規定，該學名藥仍需申請藥品許可證，並可能在該階段啟動專利連結，且因暫停核發學名藥許可證期間與銷售專屬期間等制度設計，而使得第一家與其他家學名藥延後上市，影響強制授權的功能[47]。

雖然進入專利連結之後，仍有機會根據藥事法第48條之13第2項但書所列的情況，例外不啟動或提前終止12個月的暫停核發許可證期間，特別是「當事人合意成立和解或調解」或「專利權人或專屬被授權人接獲前條第1項通知後，未於45日內提起侵權訴訟。[48]」等規定，只要與被強制授權的新藥專利人達成和解，縱使該學名藥因為不符合藥事法第48條之2的規定，而必須申請藥品許可證才能製造，仍可能根據上述2款之1，使得暫停核發許可證期間不會被啟動。但當一項新藥的專利被強制授權時，並不代表專利權人會欣然接受而不加阻撓。強制授權規定的條件之一包括申請人曾以合理之商業條件在相當期間內仍不能協議授權者[49]，即已不言自明。事實上，衛生署（如今稱衛生福利部）於2005年向經濟部智慧財產權局提出克流感強制授權申請時，瑞士商羅氏大藥廠（F. Hoffmann-La Roche Ltd.）即以參加人抗辯以阻止這項申請，但未被採納[50]。鑑於新藥專利人將會不樂見藥品遭到強制授權所伴隨的商業利益的損失，故除非有能符合其利益的理由，否則恐難期待新藥專利人能配合採用藥事法第48條之13第2項但書所列上述兩種情況之一，以使經強制授權製造的學名藥能規避專利連結的暫停核發許可

證期間，提前上市以因應某些國家緊急危難或其他重大緊急情況。

除此之外，對於無製藥能力或製藥能力不足的國家，專利法亦規定當這些國家需要愛滋病、肺結核、瘧疾或其他傳染病所需醫藥品，專利專責機關得依申請，強制授權申請人實施專利權，以供應該國家進口所需醫藥品 [51]。由於為此目的而製造的藥品必須全部輸往進口國，且授權製造之數量不得超過進口國通知與貿易有關之智慧財產權理事會或中華民國外交機關所需醫藥品之數量 [52]，故這些經強制授權製造的學名藥係屬專以出口為目的而製造。根據前述討論，這類藥品並不屬於藥事法第 48 條之 2 得例外不用申請藥品許可證即可製造的範疇，故這類學名藥仍可能會因申請藥品許可證而需接受專利連結的檢視，致延誤取得藥品許可證時機。除非該藥品在我國已經是學名藥，但對需要該藥品而實施強制授權的國家仍屬受專利保護的新藥；或另有特別規定，才能免除申請藥品許可證的程序，並因此不啟動專利連結制度。

二、對例外規定的建議

專利連結制度的暫停核發藥品許可證期間與銷售專屬期間兩項制度設計會延後學名藥品取得藥品許可證與上市的時機，恐將不利某些急需藥品的情況。雖然藥事法針對必要藥品有不足、危及生命或嚴重失能之疾病與緊急公共衛生情事等三種狀況設置例外規定，使藥品在上開情況下得因專案核准而不用取得藥品許可證，故亦可不適用專利連結的相關規定。但由於這三種例外情況與為因應國家緊急危難或其他重大緊急情況而得強制授權的情況並非完全重疊，故仍有可能會發生為因應愛滋病、肺結核、瘧疾或其他傳染病等情況的經強制授權藥品必須面臨專利連結制度的情形。由於目前藥事法並無關於專以出口為目的而製造的藥品得免經專利連結制度以釐清潛在侵權爭議的規定，故縱使專利法就強制授權設有幫助無製藥能力或製藥能力不足的國家製造愛滋病等所需醫

藥品的規定，但此一美意亦可能因為專利連結制度而受到影響。在美國，當某些未經核准的藥品符合澳洲、加拿大、以色列、日本、紐西蘭、瑞士、南非、歐盟或其他經秘書處指定的國家的規定時，或其他經秘書處確認具有藥品許可證管理體系的國家時，即可直接輸出，無需事前向美國食品藥物管理局（Food and Drug Administration, FDA）提出申請[53]。這種規範模式對於藥品輸出具有相當的便捷性，由藥商自行承擔出口藥品的安全控管，以降低 FDA 對出售到其他國家的藥品的監督管理責任與行政負擔。故本文建議應在藥事法中明文規定藥品許可證申請或專利連結不適用於強制授權藥品與專以外銷為目的而製造的藥品，或使得藥事法第 48 條之 2 第 1 項第 2 款的「因應緊急公共衛生情事之需要」的適用範圍與專利法第 87 條第 1 項「為因應國家緊急危難或其他重大緊急情況」一致，以達因應我國或他國的國家緊急危難等重大緊急情況的目的，且也不至於因輸出學名藥品因專利連結而延後取得藥品許可證，致影響其進入國際的時機與市場競爭力。

肆、結論

自從藥事法修法增加專利連結制度以來，支持與反對者皆有不同的評價；但就制度的實施而言，為釐清潛在專利侵權爭議所設的 12 個月暫停核發學名藥許可證期間，與為鼓勵第一家學名藥成功挑戰新藥專利而得到的 12 個月銷售專屬期間，相較於沒有專利連結制度之前，不但會延後第一家學名藥上市的時間，且可能在銷售專屬期間限制其他學名上市而影響該藥品的市場供應量。當發生某些緊急或重大公共衛生事件而亟需用藥時，便可能因為藥價過高或藥品不足而引發問題。雖然藥事法就必要藥品有不足、危及生命或嚴重失能之疾病，與緊急公共衛生情事等三種狀況設有例外規定，但與為因應國家緊急危難或其他重大緊急情況而得強制授權的情況並非完全重疊，故仍有可能會發生為因應愛

滋病、肺結核、瘧疾或其他傳染病等情況，經強制授權藥品必須面臨專
利連結制度的情形，並恐將因此造成的延遲上市而損及公眾健康權益。
根據藥事法的規定，不論是爲在國販售、輸出或輸入而製造的學名藥都
需要經過查驗登記與審請藥品許可證。由於專利連結制度和學名藥申請
藥品許可證的程序綁在一起，故縱使是專爲幫助無製藥能力或製藥能力
不足的國家，而以出口爲目的而製造的強制授權的愛滋病、肺結核等所
需醫藥品，亦將受限於專利連結制度，而阻礙協助他國的美意與我國學
名藥廠的國際競爭力。故本文建議應在藥品許可證申請或專利連結制度
下，針對強制授權藥品與專以出口爲目的而製造的學名藥品訂出例外規
定，以使這些藥品能不受限於暫停核發學名藥許可證期間與銷售專屬期
間，以達公益，並維出口藥商的競爭利益。

註　釋

* 中國醫藥大學科技法律碩士學位學程副教授。

1. 預告訂定「西藥專利連結施行辦法」草案。請參見https://www.mohw.gov.tw/cp-16-43808-1.html（2019/1/12 last visited）。

2. 藥事法第7條：「本法所稱新藥，係指經中央衛生主管機關審查認定屬新成分、新療效複方或新使用途徑製劑之藥品。」根據行政院2017/9/21函請立法院審議之「藥事法部分條文修正草案」第7條規定：「本法所稱新藥，係指經中央衛生主管機關審查認定屬新成分、新療效複方或新使用途徑製劑或其他劑型、單位含量、劑量與國內已核准製劑不同之藥品。」請參見黃文鴻。藥事法修正新藥與學名藥品定義對生技製藥產業發展的影響。https://www.peoplenews.tw/news/203f61aa-c1b9-46bc-a8b5-70336ef30bdc（2019/1/12 last visited）。

3. 藥事法目前並沒有關於學名藥的定義，根據中華民國學名藥協會的網頁，學名藥（generic drug）是指原廠藥（brand drug）的專利權過期後，其他合格藥廠可以以同樣成分與製程生產已核准之藥品，且其在用途、劑型、安全性、療效、給藥途徑、品質、等各項特性上，皆可以與原廠藥完全相同。請參見http://www.tgpa.org.tw/page/about/index.aspx?kind=32（2019/1/12 last visited）。根據行政院2017/9/21函請立法院審議之「藥事法部分條文修正草案」第7條之1的規定：「本法所稱學名藥，指經中央衛生主管機關審查認定，其有效成分、劑型、單位含量、使用途徑、適應症及用法用量，與國內已核准之對照化學製劑相同之藥品。」請參見黃文鴻，同上註。

4. 藥事法部分條文修正總說明。請參見https://www.fda.gov.tw/upload/133/2017052312033185135.pdf(2019/1/12 last visited)。

5. 藥事法第48條之16第1項；第48條之17第1項。

6. 吳東哲、陳桂恒，美國藥品專利連結與橘皮書登錄制度相關規範：對臺灣之影響，法源法律網出版，2015年4月，p.30。張哲倫，專利連結之歷史、緣由及其政策功能，智慧財產權月刊，Vol.196(2015/04), p.6。

7. 李素華。我國藥品專利保護之現況與未來——從專利連結制度之研擬談起，智慧財產權月刊，Vol.216(2016/12)，p.5-28。李素華；吳全峰。初探藥事法增訂專利連結專章之立法芻議。月旦法學雜誌，第258期，（2016/11）pp.163-177。張哲倫，同上註p.17。

8. 專利法部分條文修正草案總說明，第60條之1，說明第3項（一）、第4項（一）。請參見https://www.tipo.gov.tw/public/Attachment/66114325149.pdf（2019/1/12 last visited）。

9. 專利法部分條文修正草案總說明，第60條之1，說明第3項（一）、第4項（一）。請參見https://www.tipo.gov.tw/public/Attachment/66114325149.pdf（2019/1/12 last visited）。

10.我國藥事法第48條之13第2項規定該期間為12個月；美國則為30個月，21 U.S.C. § 355(c)(3)(C)和355(j)(5)(B)(iii)。

11.宋皇志、滕沛倫。我國真有引進專利連結制度之必要嗎？——對藥事法與專利法修正草案之評析，智慧財產評論，第14卷第2期（2017）p.43, 70。吳東哲、陳桂恒，美國藥品專利連結與橘皮書登錄制度相關規範：對臺灣之影響，法源法律網出版，2015年4月。楊明方。藥品專利連結強硬過關 讓臺灣製藥業任國際藥廠宰割？，今周刊，2018/1/15，請參見https://www.businesstoday.com.tw/article/category/154768/post/201801150009/%E8%97%A5%E5%93%81%E5%B0%88%E5%88%A9%E9%80%A3%E7%B5%90%E5%BC%B7%E7%A1%AC%E9%81%8E%E9%97%9C%E3%80%80%E8%AE%93%E5%8F%B0%E7%81%A3%E8%A3%BD%E8%97

%A5%E6%A5%AD%E4%BB%BB%E5%9C%8B%E9%9A%9B%E8
%97%A5%E5%BB%A0%E5%AE%B0%E5%89%B2%EF%BC%9F
(2019/1/12 last visited.)。

12.藥事法部分條文修正總說明。請參見https://www.fda.gov.tw/up-load/133/2017052312033185135.pdf(2019/1/12 last visited)。

13.Ravikant Bhardwaj, K D Raju and M Padmavati, The Impact of Patent Linkage on Marketing Generic Drugs, Journal of Intellectual Property Rights Vol.18(4) (July 2013), P316-32. Available on https://pdfs.se-manticscholar.org/66ac/d3c41daffc6f7f94b4a891ac54e7ed2a0b09.pdf (2019/01/06 last visited); Comparative Table of Patent Linkage Provisions in U.S. Free Trade Agreements and the U.S. Proposal to the Trans-Pacific Partnership (TPP) Agreement. Available on https://www.citizen.org/documents/patentlinkagetablewclauses.pdf(2019/01/06 last visited). 吳東哲、陳桂恒，頁1；謝欣晏、蘇郁珊，試以美國雙邊貿易協定分析其推動藥品專利連結規範對臺灣之影響，經貿法訊第166期 (2014)，p.1。見http://www.tradelaw.nccu.edu.tw/epaper/no166/1.pdf (2019/01/06 last visited)。

14.相關程序，可參照衛生福利部的「我國專利連結制度流程圖」。 http://www.tpptrade.tw (2019/01/06 last visited)。惟本文自行整理的階段與該圖的各個步驟並非同步。

15.藥事法第42條之2第1項。

16.藥事法第48條之8第1項。

17.藥事法第48條之3第1項。

18.藥事法第48條之4第1項。

19.同註17.。

20.藥事法第48條之9。

21.藥事法第48條之12第1項、第2項。

22.藥事法第48條之12第3項。

23.藥事法第48條之13第2項第1款。

24.藥事法第48條之13第2項。

25.藥事法第48條之13第5項。

26.藥事法第48條之13第4項。

27.藥事法第48條之13第2項第1、4款。

28.藥事法第48條之16第1項。

29.藥事法第48條之17第1項、第2項。

30.30個月係指第一家學名藥廠提出藥品許可證申請時啓動的12個月的暫停核發學名藥許可證期，加上該第一家取得藥品許可證後最多可延後到6個月才開始銷售該藥，以及其自此獲得的12個月的銷售專屬期間。因此縱使學名藥並未侵害相關新藥的專利權，第二家學名藥廠最多需要等12+6+12月才能取得藥品許可證，開始製造與上市。

31.藥事法第16條第1項。底線爲筆者所加。

32.藥品查驗登記審查準則第44條第1項前段。

33.衛生福利部「藥事法部分條文修正草案之專利連結制度」。Available on https://www.fda.gov.tw/tc/includes/GetFile.ashx?id=f636694189498129515 (2019/1/7 last visited)。

34.藥事法第27條之2係在中華民國104年12月2日經總統華總一義字第10400140921號令公告。

35.藥事法第27條之2必要藥品清單，中華民國107年6月19日衛授食字第1071405375號。請參見http://www.mohw.gov.tw/cp-2634-9531-1.html/EG.pdf(2019/1/12 last visited)。

36.藥事法第27條之2第1項。

37.必要藥品短缺通報登錄及專案核准製造輸入辦法，第3條。

38.必要藥品短缺通報登錄及專案核准製造輸入辦法，第9條。

39.必要藥品短缺通報登錄及專案核准製造輸入辦法，第9條，立法理由。

40.立法院議案關係文書，院總第775號委員提案第17627號。參見https://lci.ly.gov.tw/LyLCEW/agenda1/02/pdf/08/07/09/LCE-WA01_080709_00017.pdf(2019/1/12 last visited)。

41.如尿毒症、WHO Functional Class III及IV列出之嚴重且危及生命之原發性肺動脈高血壓、危及生命或嚴重無法控制的活躍性出血或合併症等疾病。

42.特定藥物專案核准製造及輸入辦法。

43.DOHA WTO MINISTERIAL 2001: TRIPS WT/MIN(01)/DEC/2 20 November 2001. Available on: https://www.wto.org/english/thewto_e/minist_e/min01_e/mindecl_trips_e.htm (2019/01/12 last visited).

44.經濟部智慧財產局審定書，中華民國94年12月8日智法字第09418601140號。https://www.tipo.gov.tw/public/Attachment/372310223969.pdf

45.專利法第87條立法理由，第二段、第三段，參考https://db.lawbank.com.tw/FLAW/FLAWDOC01.aspx?lsid=FL011249&lno=87 (2019/01/12 last visited)。

46.根據傳染病防治法第39條第2項，愛滋病或結核病皆被歸類相對低度危害風險的第三類傳染病中，相較於第一類、第二類傳染病應於24小時內報告當地主管機關；第三類傳染病只需於一週內完成。

47.需說明者，由於研發與製造藥品有相當高的技術門檻，如果原先不具生產某專利藥品技術的藥廠，縱使取得強制授權也未有能力立即製造出該藥以應急。如我國2005年強制授權克流感，到期間結束仍未製造出學名藥即為一例。

48.藥事法第48-13條第2項第1款、第6款。

49.專利法第87條第4項。

50.陳豐年，論醫藥品強制授權 —— 兼評2011年臺灣專利法相關修正，智慧財產月刊第175期，2013年7月，頁77。

51.專利法第90條第1項。

52.專利法第91條第1項。

53.如美國21 U.S. Code § 382-Exports of certain unapproved products。

第十二章

以網路邊境管制降低專利跨境侵權風險？——美國國際貿易委員會Align Technology案之觀察與反思

詹曉崴 *、鄭菀瓊 **

*臺北醫學大學醫療暨生物科技法律研究所碩士，政治大學法律學士
**政治大學科技管理與智慧財產研究所助理教授，通訊作者信箱：clairex1@nccu.edu.tw 本文作者感謝匿名審稿人之寶貴意見

壹、前言

現行各國對於專利權之保障，以維護權利人排他獨占的財產權行使為主，若有未經權利人同意而實施、製造或販售專利物者，權利人可向獲有專利權保障國家之管轄法院起訴，請求侵害專利權之損害賠償。然而，訴訟途徑於時間消耗上之投資甚為可觀，商業效益上卻未必能夠即時提供有效的救濟，權利人倘已喪失之市場利益，即可能無法獲得完全之補償。

因此，若為涉及進出口貨物之貿易，專利權利人亦得藉由向海關或其他主管邊境管制措施之行政機關申請查扣侵權貨物，透過落實相對迅捷之行政程序，海關即得發動對侵權貨物直接加以查扣或禁止進口之措施，可望更有效預先保障權利人之市場或商業利益。行之有年之美國國際貿易委員會（International Trade Commission, ITC）主責執行之關稅法337 條款（section 337）暨其相關程序，即為主權國家甚早開始採用且成效可觀之邊境管制措施範例。

然而目前各國海關對於貨物進出口查驗客體，僅限於實體貨物，伴隨資訊通訊科技的發展，專利侵權行為樣態亦有所變化：在電腦輔助設計與雲端資料傳輸科技成熟後，產品於設計階段便無須製造實體物，得以軟體模擬進行，產品製造過程更為迅速簡便。此外，3D 列印技術也免除了傳統工業產品運輸之麻煩，只要在專利保護國境內備有材料與列印設備，可透過數位資訊傳輸的方式將產品數位檔案從國外，跨境傳送至專利保護國境內之電腦處理設備，在專利保護國境內直接進行產品製造，而無須歷經產品於國外製作完成後之漫長運輸過程。然而，由於此種將實質意義之專利實施行為，係為串流數國始完成之跨境侵權，鑑於智慧財產權之屬地主義特性，行為人即可能利用數位設計及 3D 列印技術零時間、無國界之特點，將不易監控之數位資訊傳輸至專利保護國境

內，而不再採行傳統國外製造後進口之行為，而嘗試規避海關針對實體貨物實施之繁複查驗通關程序暨邊境管制措施。

前述之描述並非現今科技所不及之虛構陳述，本文所欲深入探討之Align Technology 案，即為 2014 至 2017 年，於美國引起數位資訊傳輸與跨境 3D 列印專利侵權管制之廣受矚目案例，該案直接之法律爭議，圍繞於美國 337 條款之「物品」定義，然而其背後更深刻之法政策意涵，則是海關或謂一國之邊境管制措施，對於以 0 與 1 呈現之數位無體資訊，管轄權（限）是否與傳統有體貨物相同之爭議。若否，則又應如何回應前述全球數位洪流下之無國界資訊傳輸與跨境侵權風險？為嘗試初步回應以上問題，本文以下將以美國國際貿易委員會之功能分析與關稅法 337 條款之規範目的為探討重心，並以 Align Technology 案之具體事實暨法律爭點為出發分析，最後並以我國法制為對照，期能從科技與市場領銜國之經驗，做為我國將來修法或其他制度調整回應之預備參考。

■ 貳、問題意識

一、Aligns Technology 案：重要事實暨法律爭點

(一) 背景事實

本案為二醫材公司就牙齒矯正器相關專利之侵權訴訟。提起訴訟之原告為 Align Techonology 公司，其擁有美國第 325、880、487、511、666、863 及 874 號專利（詳見專利內容部分介紹），涵蓋牙齒矯正器數位模型儲存與製作 [1]。

被告則為 Clear Correct Operating 美國母公司與其國外巴基斯坦子公司 Clear Correct Pakistan 公司（以下合稱 Clear Correct 公司）。Clear

Correct 公司之商業方法為：美國母公司於美國境內接受客戶訂單後，取得客戶齒模資料並儲存為數位資訊檔案後，寄送到國外子公司，國外子公司依照該齒模資料製作矯正器之模型後，再將矯正器模型之數位檔案透過網路傳送回美國母公司之境內伺服器，美國母公司即根據此一製作指令，藉由 3D 列印方式製成矯正器成品，後即交付予客戶 [2]。

　　就前述行為，Align 公司主張 Clear Correct 公司之行為，乃是藉由網路傳輸為進口，及 / 或進口後販售「附加牙齒裝置」（即矯正器）特定數位模型與相關數位資訊之處理方法，係侵害 Align 公司擁有之專利侵權行為，更因此違反美國關稅法第 337 條所規範之「不公平進口」條款，於 2012 年 3 月 1 日向美國國際貿易委員會提出申訴。國際貿易委員會亦受理該申訴，成為第 833 號調查案 [3]。

(二) 本案訴訟程序

1. 第 833 號調查案同時由國際貿易委員會所屬之行政法官（administrative law judge）與公設調查人（investigative attorney）進行審理調查。在 2013 年 5 月 6 日行政法官做出初步處分，認為 Clear Correct 公司的行為確實侵害 Align 公司部分專利，應對 Clear Correct 公司及其國外子公司所傳輸的矯正器數位檔案下達暫停及禁止銷售命令（cease and desist order）[4]。

2. 對於前述初步處分，Align 公司與 Clear Correct 公司皆提起訴願，要求委員會複審。國際貿易委員會經數次期限延長，最終於 2014 年 4 月 9 日做成委員會意見，除了將部分初步處分修正之外，仍維持 Clear Correct 公司行為侵害專利權之見解，並同意行政法官所下達的暫停及禁止銷售命令 [5]。

3. 嗣後本案經前述委員會複審並提出終局處分後，做成了不利 Clear Correct 公司的命令。Clear Correct 公司並因此向聯邦巡迴上訴法院提

起訴訟，上訴法院則於 2015 年 11 月 10 日做出判決，其判決見解主要從關稅法第 337 條文義解釋出發，並以過去修法歷程為輔，在適用 Chevron 解釋原則下，得出了關稅法第 337 條之「物品」僅限於實體物的結論。上訴法院除推翻並批評委員會意見外，更將全案撤銷並發回委員會。[6]

4. 然在前開上訴法院判決見解之外，本案另有分由 O'Mallery 法官與 Newman 法官所提出的協同與不同意見書。其中 O'Malley 法官雖然贊同判決見解結論，惟認為在國會並未賦予國際貿易委員會網路管理的權限，故應認為委員會無管理網路傳輸的權力，亦不具有關稅法第 337 條的解釋權限，故本案自始即不適用 Cheveron 原則[7]；與之相對地，Newman 法官則贊成委員會多數意見，主張國會本即賦予委員會保護並禁止不公平進口行為的職責，故應由法律規範目的做為出發點，考量如何保障美國國內產業秩序，若因國會修法時所無法預見的科技發展，而任意縮減委員會權限，在資訊通訊科技發展下，恐將使美國國內產業受到實質性不公平進口行為的侵害。至於判決見解中所提到關稅法第 337 條款的救濟方式與實際執行的扞格，Newman 法官認為此屬國會的立法權限，法院僅能就法律所規範之意旨提出解釋[8]。由於本案仍可上訴，故相關法律爭議依舊有待上級法院形成實務之最終見解。

(三) 本案所涉專利內容

由於本案中 Align 公司係依照 3D 列印實際應用之製造程序與數位資料主張其專利權利，故可能交叉使用前述各專利中的不同請求項。而為了方便解讀專利請求項內容，Align 公司將涉及之專利請求項分為四組[9]：

1. 第一組：透過數位資料構成牙齒矯正器相關專利。

2. 第二組：製作矯正器數位資料相關專利。

3. 第三組：系列數位資料儲存媒介相關專利。

4. 第四組：製作實際矯正器相關專利。

　　從前述專利請求項之細分可知，Align 公司認為其所持有之本案牙齒矯正器專利涵蓋範圍完整，不僅包含數位模型之製作、儲存，且透過數位模型製作出的矯正器亦在專利請求項之涵蓋範圍。

二、邊境管制措施：關稅法 337 條款制度簡介

　　Aligns 案所涉及者為美國關稅法第 337 條之不公平進口條款，該條文規定於 1930 年美國關稅法修正後，以美國國際貿易委員會（前身為美國關稅委員會 , U.S. Tariff Commission）為主管機關，賦予其審查並排除不公平進口貨品之權力[10]。美國國際貿易委員會由總統任命之委員所組成，以下並設有行政法官（Administrative Law Judges）與執行處（Office of Operations）等單位，故為一同時具有行政與準司法權（quasi-jurisdiction）的機關[11]。

(一) 要件

　　關稅法第 337 條之特色在於採取對物管轄權（in rem jurisdiction）[12]，其與一般法院所採之屬人管轄權（personal jurisdiction）最大差異在於，屬人管轄權要求當事人與法院必須具有特定關聯（如住居所地座落於法院地理管轄範圍內），法院方能取得管轄權，惟對物管轄權則僅須財產具有法定特徵時，法院即可取得管轄權，該財產所有人與法院之關係，則非所問[13]。是故相較於一般法院，權利人依 337 條款進行救濟的門檻較低。

　　337 條款依其條文架構觀察，其分為 (a) 項與 (b) 項兩部分：對於不公平進口行為與物品的定義，以及國際貿易委員會之調查權限規範。就

跨境數位專利侵權，係與不公平進口定義之條文解釋有關，在不公平進口定義即關稅法第 337 條 (a) 項中，又再區分為兩大要件：第 (1) 款各目之不公平要件，以及第 (2)(3) 款對於「國內產業」存否之要件[14]。

綜上所述，吾人可將關稅法第 337 條對於不公平進口物品之調查發動要件總結為以下各項[15]：

1. 該物品為自（美國）國外進口。

2. 進口該物品將侵害美國之專利、商標與著作權，或是對產業有實質層面的傷害，因而有不公平競爭之行為。

3. 有國內產業存在，凡是在美國國內有依被侵害之專利、商標與著作權加以投資、僱用勞工生產或是進行授權者階屬之。

(二) 行政程序

專利權人在滿足前述要件後，可以向國際貿易委員會提出調查案申請，若委員會決定受理該案，則會將案件分由一名行政法官主審。行政法官除了需於 45 日內決定調查時程外，尚會設定初步處分（initial determination）的日期與結案日期（target date）。由於調查案涉及實質審查部分，因此亦會進行約 5 至 7 個月的證據開示調查程序，並在其後舉行聽證會，使當事人雙方就開示之證據進行實質的攻防[16]。

在聽證會結束後，行政法官會在約 4 個月內作成認定侵權與否的初步處分，並將全案移送至國際貿易委員會。委員會可決定是否要對該初步處分進行覆審（review），若委員會意見與初步處分相同，則會再核發終局處分（final determination）[17]。該終局處分嗣後會再送交美國總統，總統應於 60 日內表示是否以政策理由推翻終局處分，若總統否決該處分，則全案終結，不得上訴[18]。惟在總統未否決終局處分的情形下，對於委員會處分不服者，得再上訴至聯邦巡迴上訴法院（CAFC），並可繼續上訴至聯邦最高法院[19]。一般而言，全案自提出

調查案聲請到總統否決與否，將在 15 至 18 個月內結案 [20]。

(三) 救濟程序

若經過前述行政程序，委員會認定調查案被告確有侵害專利權之行為，則可採行四種不同的救濟手段：

1. 排除命令（Exclusion Order）

即禁止相關侵權產品進入美國的命令，亦為國際貿易委員會最主要的救濟方式。在類型上還可分為限制排除命令（limited exclusion Order）與一般排除命令（general exclusion），前者為針對特定被告產品之進口，後者則為排除不分公司及來源的特定類型產品進口之命令 [21]。

2. 扣押及沒入命令（Seizure and Forfeiture Order）

排除命令係對於尚在海關接受查驗並未真正進口的貨品而言。針對已經進口至美國國內的物品，則可透過扣押與沒入命令加以追回 [22]。

3. 禁止命令（Cease and Desist Order）

相對於上開排除、扣押及沒入命令皆是對於特定產品或物品種類的救濟方法，禁止命令則是針對特定被告之行為加以禁止。例如：本文的 Align 案中，原告 Align 公司便是要求禁止被告 Clearcorrect 公司傳輸系爭數位資料 [23]。

三、Align 案所涉及之法律爭議

在 Align Technology 案中所引發的重要爭議，即是由關稅法 337 條款定義與功能所引發的美國國際貿易委員會管轄權限問題。依照屬地主義、國際禮讓原則之精神，各國之行政、司法機關原則上僅得對其國內案件主張管轄權，且該管轄權須以行為主體與主管機關有特定關聯之屬人管轄權為主。例如：美國專利法第 271 條 a 項即明言規定，侵權物必

須於美國境內製造、販賣等,方有美國專利法之侵害[24],為專利權屬地主義之明文。

而若欲美國法院提起專利侵權訴訟,依據美國聯邦民事訴訟程序法第 1391 條 (d) 項、第 1400 條 (b) 項等智慧財產權訴訟管轄權相關規定:欲主張法院對被告有屬人管轄權,被告必須在美國境內有一定的活動,如自然人需有住居所;法人被告則應有營業所[25]。若是未在美國境內活動的外國自然人、法人,則需視有無各州「長臂法」(Long-arm Statute) 之適用,所謂長臂法係指對非本州之自然人或法人,因其在該州有諸如商業活動、處分財產或侵權行為,使得該州法院與聯邦法院可因此取得對該自然人或法人之司法管轄權之規定[26]。

然而在面對全球化以及資訊通訊科技發展下,當美國法院碰到從未涉足美國,僅有侵權進出口物品行為之當事人時,即便有上述長臂法規定,仍恐難發揮作用。縱使美國聯邦民事訴訟法第 4 條第 k 項第 2 款再設有例外規定,得無須適用長臂法而使聯邦法院仍能取得管轄權,惟該條仍需他國民事訴訟法規範之配合,以結果而言,對美國國內之專利權人保障即可能出現不足。

為解決屬人管轄權保護之缺漏,方有關稅法第 337 條之對物管轄權規範。然而,在 Align 案中所爭執的網路傳輸之數位資訊,並不是實體物,是否為該條所稱之「物品」(article)?又國際貿易委員會之管轄權是否及於網路數位資訊傳輸行為?而委員會與聯巡迴上訴法院判決理由對前述問題之見解仍有歧異,本文以下將詳述不同階段中的多數見解與不同意見,並比較其差異,希望能協助讀者了解本案爭議之所在。

四、美國國際貿易委員會初步處分與委員會意見

(一) 行政法官初步處分見解:遵循 ITC 前案見解

原告 Align 公司主張矯正器數位模型檔案屬於關稅法 337 條款下之

不公平進口物品，而被告 Clear Correct 公司則加以否認。故自行政法官初審階段，即在探討數位資訊檔案是否屬於關稅法第 337 條第 (a)(1)(B) 項之「物品」（articles），並因此帶出本案最爲重要的關稅法第 337 條第 (a)(1)(B) 項「物品」定義之爭執[27]。

針對被告 Clear Correct 公司主張數位資訊不屬於關稅法第 337 條物品之抗辯，行政法官則以國際貿易委員會先前之第 383 號 Hardware Logic 調查案加以駁斥[28]。在該項前案中，被控侵權人亦抗辯軟體程式並非進口物品，且暫停與禁止銷售命令也無法適用於虛擬的數位資訊傳輸，惟委員會則表示：「就以美國國內爲目的地的數位資訊檔案傳輸，國際貿易委員會亦有管轄權。」[29]

行政法官據此於初步處分理由中，認爲數位資訊亦爲關稅法第 337 條拘束之範圍內，擴張國際貿易委員會之管轄範圍[30]。

(二) 委員會複審多數意見：立法規範目的擴張解釋

對於關稅法第 337 條「物品」定義，委員會認爲不能僅以文義解釋爲判斷，特別是本條於 1922 年首度制訂及 1930 年修正以來，皆明顯早於網路所發明的年代，故委員會認爲如何在條文文義與本條立法目的取得衡平，爲「物品」定義的重要意義[31]。

若就條文之體系來看，委員會主張在 1930 年修正關稅法第 337 條時，「物品」的意義即是針對因進口行物導致不公平交易結果的貨物[32]。由於關稅法第 337 條本身缺乏對於物品的清楚定義，委員會同樣探討前案如第 350 號調查案[33] 的意見加以釐清，就該案之調查，委員會拒絕將「物品」之定義限制爲「由國外所製造」，此係由於國會修法之際，並未對於第 337 條之管轄增加任何形式或方法上的限制[34]。

此外，參據美國法通常、習慣之文義解釋原則，委員會更進一步引用權威《韋氏辭典》中關於「物品」定義之解釋，依照韋氏辭典，物

品係指「構成某件事物的一部分；商業交易的項目」[35]，故委員會主張凡是可被用於商業交易或被消費者使用之物，皆可爲關稅法第 337 條之「物品」所涵攝，有無實體樣態非其所問[36]。

另外從條文架構觀察，委員會認爲所謂「物品」在條文中是「進口」與「銷售」的連接詞；而在第 337 條第 (a)(1)(B) 項中，「物品」更是明確判斷是否侵害智慧財產權的對象[37]；於第 337 條第 (a)(1)(A) 項亦有併同使用「進口物品」與「不公平競爭方式與行爲」[38]。因此在先前案例中，亦有將營業秘密作爲本條項規範對象之前例[39]。

最後，委員會再從立法之歷史解釋討論，在 1922 年制訂本條以來，目的便在「防止美國國內產業受到任何形式進口所導致的不公平競爭行爲」，而爲了達到前述目的，即有必要對條文採取相對廣泛之解釋，以使其得以彈性地適應各種新出現的科技。因此，在面對現代的國際商業形態，數位資料既爲交易項目且爲自國外以電子傳輸進口者，自應爲關稅法第 337 條之解釋所及[40]。

(三) David S.Johanson 委員之不同意見：立法規範目的限縮解釋

相對於委員會複審之多數意見。Johanson 委員則自關稅法第 337 條立法目的出發，認爲系爭條文並不欲將美國國內智慧財產權延伸至國外，且國會於立法時，亦未要求該系爭條文作爲「任何不公平進口行爲的救濟管道」。並自該條前後文義加以解釋第 337 條之「物品」僅限實體物，例如：以第 337 條的具體救濟方式觀察：對於不公平進口之物品，應排除其進口或追徵後沒收。只有實體物才能經過物理意義上的海關，從而排除其進口，或是事後加以追回沒收[41]。

此外，Johanson 委員並引用聯邦上訴巡迴法院在 Bayer v. Housey 一案的見解，該案雖係對美國專利法第 271 條第 g 項的解釋，惟法院於該案中明確表示：「由特定方法專利所製造的產品」並不包含數位資訊[42]。

故 Johanson 委員認爲基於同一法理，在本案中由網路傳輸者亦僅爲數位資訊，非實施方法專利之成品，也不可能是專利物的元件，故僅只有該數位資訊本身不構成專利法上侵權行爲，並不是關稅法第 337 條定義下的物品，委員會也無從依第 337 條加以排除其「進口」[43]。

(四) 小結

縱上所述，委員會對於數位資訊管制之意見以 337 條款防止不公平進口之規範目的爲依據，並認爲國會在立法與嗣後修訂中並未對 337 條款物品之型態，諸如製造地、實體或虛擬物等細部規範加以定義，因此擴大委員會之對物管轄權範圍至數位資訊的傳輸行爲。

惟 David S.Johanson 委員的不同意見亦指出委員會多數見解的問題：在法律制度上，337 條款與國際貿易委員會不是唯一的不公平交易或是專利權侵害救濟管道，解釋對物管轄權範圍亦應考量實務運作的可能性。就現行技術手段，海關難以對於不具實體的數位資訊加以攔截、查驗。且數位資訊在整體專利實施，甚至侵權行爲中的地位爲何，是否爲專利物之一部分或是專利方法之成品，在相關前案亦有反對見解。

本案侵權人 ClearCorrect 公司因不服而向聯邦巡迴上訴法院提起上訴後，後續爭點仍圍繞著 337 條款物品定義與國際貿易委員會的管轄權此兩大爭議。

五、聯邦巡迴上訴法院判決見解與異議

(一) 多數判決見解：Chevron 原則的適用

上訴法院多數判決所關注的法律上爭議，仍然環繞在關稅法第 337 條中「物品」定義之爭執，並以此定義做爲本案中國際貿易委員會管轄權認定基準，及網路傳輸數位資訊之應適用之法規範。惟因上訴法院採用法律解釋方法上之差異，使得「物品」定義上最終出現與國際貿易委

員會不同的結論。

上訴法院與委員會見解相同，認為 337 條款之規範目的在於維護貿易秩序，賦予國際貿易委員會查扣侵害專利等不公平進口貨物的權力[44]。然而上訴法院也同時明確指出：國際貿易委員會的管轄權限僅限於「造成不公平交易，且涉及進口之「物品」（articles）。因此，當一個案件中欠缺系爭「物品」時，自然也沒有構成不公平交易的可能，委員會自然無管轄權可言[45]。回歸到本案 337 條款之「物品」定義，由於涉及到司法機關對行政機關法律解釋之檢驗，故上訴法院多數見解認為應該採用行政法上行之有年之 Chevron 原則[46]，對委員會決定進行檢驗：

1. Chevron 原則第一步驟

於 Chevron 原則第一步驟中所要探討的問題為，案件中所涉及的法律條文意義，國會於立法時是否已有明確表示？若國會已透過法律規定明白表示其立場，則應遵從國會立法者之意旨；若法律用語曖昧不明，或有相當解釋空間，才會進入第二步驟，檢驗行政機關解釋方法是否適當[47]。

對於關稅法第 337 條中所謂「物品」（articles）是否包含數位資訊的問題，上訴法院即從文義解釋為出發，以普通白話之解釋探討該條中「物品」之涵義[48]。

對於委員會引用韋氏辭典，認為物品係指「構成某件事物的一部分；商業交易的項目」；以及透過歷史解釋，主張 1922 年制訂關稅法時係以防止一切不公平進口行為之立法目的。上訴法院並不同意，並分別加以反駁[49]。

在文義解釋部分，上訴法院引用其他同時期之辭典，如 1931 年版的《新標準英文辭典》（*FUNK&WAGNALLS*）就物品之解釋為：「實體的特定物件；一種物質或東西的分類……」，顯然將物品範圍限制在實體物之內，且該辭典解釋亦於委員會意見中有加引註[50]；其他如

1911 年版的《世紀辭典與百科全書》（*THE CENTURY DICTIONARY AND CYCLOPEDIA*）及 1922 年版的《韋氏辭典》亦將物品定義爲物質的分類[51]。

上訴法院進一步更指出，即便是在「非一般使用之辭典」：例如關稅委員會在 1924 年所出版的《關稅資訊辭典》（*Dictionary of Tariff Information*）對於物品的定義，最廣義爲一般的用品，包含製造出來的成品及半成品；最狹義則是認爲物品係「物質」（material）的下位概念[52]。因此上訴法院表示，無論是從廣義或狹義的定義來看，委員會本身出版之關稅資訊辭典對於物品的解釋，同樣是以實體物作爲物品之範圍。綜上所述，上訴法院認爲依照文義解釋，在「物品」的意義應該僅限於實體物，而不包含透過網路傳輸的數位資訊[53]。

在確立了對於「物品」的一般文義限於實體物之後，上訴法院便針對關稅法第 337 條中的文字再進一步分析。先以聯邦最高法院所確立的文義解釋原則：在條文中所出現的特定辭彙應有相同涵義，並從關稅法之體系架構與修法過程闡釋於條文中「物品」之意義[54]。

首先自體系架構而言，上訴法院採取了和前述 David S.Johanson 委員不同意見中相似的看法，認爲若將物品之定義擴展到網路傳輸之數位資訊，則關稅法的部分規定將顯得多餘或恐遭架空，例如：337 條款中有關罰則的規範，賦予國際貿易委員會「排除進口物品」的權力，然而目前海關實務上，難以想像如何排除或禁止一個透過網路傳輸的數位資訊。上訴法院更舉衛星傳輸數位資訊爲例，說明透過衛星傳送的數位資訊既不會通過美國邊界，亦無法經由任何物理性的強制力予以排除[55]。

此外，對於委員會多數意見主張關稅法第 337 條係賦予委員會「排除一切侵權物品」之權力，上訴法院並不同意。法院認爲委員會的權力既然來自於關稅法第 337 條，則此處所要討論的即非現行實務存在何種侵害態樣，而是關稅法第 337 條所要保護的客體及管轄權範圍[56]，從而將討論限縮至前揭關於「物品」的定義。

經過法律體系架構的討論後，上訴法院再就修法過程進行歷史解釋的分析。委員會多數意見中，有主張國會亦曾於修法過程中，將「商品」（goods）和「物品」（articles）做為同義詞使用，因此凡得作為商品者，即屬物品[57]。然而上訴法院則引用《布萊克法律詞典》（*Black's Law Dictionary*），說明商品僅指涉無生命的物體，不包含動物以及不動產，從而主張將商品與物品作為同義詞使用，不會影響對於物品應僅限實體物之解釋方法[58]。

另外委員會依照 1988 年綜合貿易及競爭法（Omnibus Trade and Competitiveness Act）規定，與該法相關的國會報告當中評論：「任何對侵權商品（merchandise）的進口都會貶損美國智慧財產權的價值，並進而損害公共利益。」因此國會應該阻擋所有侵害美國智慧財產權產品的銷售之記載，主張商品與物品應該擴大解釋包含非實體之數位資訊[59]。該項主張亦遭上訴法院駁斥，法院認為委員會並未正確詮釋「商品」（merchandise）的意義，依照 1979 年出版的布萊克法律詞典，「商品」係指「商人買賣的標的物、補給品、原料或成品」，顯然以實體物為範圍，綜合貿易及競爭法的條文並未擴大關稅法第 337 條的物品定義[60]。

最後上訴法院則透過回顧 Bayer AG v. Housey 一案說明，國會與 Housey 之前案見解皆將美國關稅法第 337 條的物品定義與專利法第 271 條 g 項之內容結合，由關稅法第 337 條專利法第 271 條 g 項的保障範圍延伸，使其限於實體物部分[61]，故專利法第 271 條 g 項所規範的「自國外進口侵害專利成品」之侵權行為，亦僅限實體物進口的類型。

綜上所述，上訴法院認為，透過前述自 337 條款與相同用語之其他條文的文義解釋、相關規範架構的體系解釋出發加以分析後，得出國會已經在 337 條款的用語中，明確指出「物品」僅限實體物，而不包含數位資訊[62]之結論，從可直接依照個案事實適用法條，無須再進行 Chevron 原則第二步驟的檢驗。

2. Chevron 原則第二步驟

Chevron 原則第二步驟，是在第一步驟檢驗中無法明確得知國會或立法者對於法條用語的定義時，進一步檢視行政機關對於法條之解釋方法是否適當，且解釋之結果是否符合個案事實。

本案雖然已於第一步驟時認定國會明確表示 337 條款之物品僅限實體物。然而上訴法院認為，透過第二步驟的闡釋，更能明確呈現國際貿易委員會多數意見對「物品」文義解釋的錯誤、就立法歷史解釋的不當以及引述國會辯論紀錄的失據，乃至於最終不當擴張其管轄權之結果，故法院判決理由仍進一步檢驗 Chevron 原則第二步驟的分析。

對於 337 條款「物品」的文義解釋方法，上訴法院指出委員會僅是形式地分析各類辭典對於物品的定義，然而委員會最後所得出來的結論卻不是以其所引述的辭典作為依據。例如：委員會雖然引述了 1924 年版的《韋氏辭典》對於物品的定義，但在最後則採納了「物品即屬商業交易之標的物」此種較廣泛之見解，而並未解釋為何不採用《韋氏辭典》的定義，以及為何採納商業交易標的物作為最後的見解[63]。甚至委員會多數意見中引註了支持「物品限於實體物」之辭典定義，但委員會亦未說明為何不考量這些定義對法條中物品內涵的影響[64]。

而在歷史解釋方法的分析上，委員會很大部分依賴 1922 年參議院報告，根據委員會引述的內容：「不公平競爭相關條款已經足夠防止各個種類及型式的不公平交易行為……。」此份報告應可支持關稅法第 337 條包含網路傳輸的數位資訊。但上訴法院指出，該份報告原句應為：「『在貨物進口方面』的不公平競爭相關條款已經足夠防止……。」[65]委員會故意在引述報告時遺漏部分關鍵字句，不僅未有提示，且很有可能會造成誤解，因此就立法過程的解釋分析，委員會之方法亦有不當[66]。

最後，國際貿易委員會所引述的國會辯論紀錄中，雖然提到部分參議員提出促進交易權力法案（Trade Promotion Authority Bills）[67]，讓行

政機關得以增加未來對數位交易的保護。然而國會並未通過此一部份之提案，且該法案與委員會對數位資訊的管轄權也沒直接影響。所以上訴法院認為不得以此項紀錄作為論證物品包含數位資訊之依據[68]。

　　經由上述 Chevron 原則的適用與檢驗，聯邦巡迴上訴法院多數見解認定國會已就 337 條款之物品作了明確的定義，僅限於實體物而不包含非實體之數位資訊，也由此定義限制國際貿易委員會的管轄客體僅包含實體進口貨物。縱有因應科技發展擴張管轄權的必要，亦屬國會立法權之範圍。上訴法院最後撤銷了委員會的行政處分，並將案件重新發回國際貿易委員會[69]。

(二) O'Malley 法官之協同意見：管轄權作為 Chevron 原則適用前提

　　O'Malley 法官雖然贊同前揭聯邦巡迴上訴法院多數見解結論，然而在推論上，O'Malley 法官主張並不需要適用 Chevron 原則，即可得到本案結論。O'Malley 法官的理由在於，Chevron 原則是假定條文用語的曖昧不明之處，已由國會賦予行政機關有解釋或填補法律漏洞的權力[70]。然而，O'Malley 法官表示法院對於國會是否賦予行政機關此項權力之認定，應該要特別謹慎。

　　當國會並未賦予行政機關對法律條文的解釋權限時，法院不必再適用司法機關對行政機關法律解釋的審查步驟。在本案，O'Malley 法官即主張，既然國會未賦予國際貿易委員會解釋 337 條款之解釋權，法院即無須以 Chevron 原則探討委員會對於關稅法第 337 條的解釋是否適當[71]。

　　O'Malley 法官認為，有鑑於網際網路是現代通訊方面最重要的發明，如果國會有意將此一重要科技領域交由國際貿易委員會管轄，必然會用明文、正面表述的方式加以表現。若國會並無相關表示，就委員會

宣示其具有管轄權之主張，O'Malley 法官引述聯邦最高法院前案 [72] 見解：若一行政機關主張其對美國經濟的重要關鍵領域有既定之管轄權，法院必須以懷疑的態度進行檢視 [73]。

O'Malley 法官更表示，在國際貿易委員會缺乏相關專業的限制下，殊難想像國會竟賦予其管理網路之管轄權 [74]。O'Malley 法官並指出，在 1988 年，即網際網路發明的前一年，進行關稅法修正時，國會亦未提出任何重大的修正。因此，縱然國會應該針對潛在濫用網路的使用者加以管制，但這項管轄權的賦予仍然保留在國會手中。委員會恣意主張其具有對網路的管轄權，已然無視政策目的、委員會本身專業及過去修法歷程中並未賦予其對網路之管轄權等事實上證據 [75]。

綜上所述，O'Malley 法官認為本案中國際貿易委員會既然根本性地欠缺管理網路的管轄權，則委員會即無對物品是否包含數位資訊的解釋權，應在「先於 Chervon 原則」（Chevron step zero）適用前便加以排除，無須再進一步適用 Chevron 原則。

(三) Newman 法官之不同意見：立法規範目的之擴張解釋

與前述聯邦巡迴上訴法院多數見解及 O'Malley 法官協同意見不同，Newman 法官則從實際的管制面出發，完全贊同國際貿易委員會的主張。其主張現代經濟進步受到科學與科技發展影響，在過去關稅法立法及修正的 1922、1930 年，法律皆針對新型商業方式，對美國國內產業提供充分、免於不公平交易的保障 [76]。而委員會就本案的見解亦是基於同樣的出發點。Newman 法官並反駁法院多數見解，認為在本案判決出現以前，國際貿易委員會可依照關稅法第 337 條立法目的，排除可能導致不公平交易之專利侵權進口貨物，但本案多數見解反而剝奪了這項保護。綜其理由可分如下述：

本案之重點為得否適用關稅法第 337 條之禁止命令（cease and desist order），Newman 法官認為，就事實層面而言，ClearCorrect 公司自巴基斯坦透過網路傳輸至美國的數位資訊，包含數位模型、數位資料等，皆侵害了 Align 公司的專利權無疑。故本案重點為系爭網路傳輸得否適用禁止令，或如何執行禁止令之問題 [77]。而上訴法院多數見解撤銷委員會禁止令，違反關稅法第 337 條保護國內產業的判決先例及法規目的。

　　且就關稅法第 337 條是否適用於侵權數位資訊的疑慮，Newman 法官強調，關稅法第 337 條立法目的即在於為美國國內產業提供免受外國侵權貨品的不公平交易影響，並保障美國國內的智慧財產權，且此一目的於綜合貿易及競爭法等相關法規中亦一再重申 [78]。是故，本案重點應放在如何使用該條規定去保護美國國內產業，上訴法院多數意見是將既有權利的保障加以剝奪，不僅違反法規的規範目的，亦有可能對美國產業未來發展帶來長久不利的影響 [79]。

　　Newman 法官也認為，對於法律的解釋，不應受限於立法當下（即 1922 年及 1930 年）之科技水準。專利權本在保障一個立法之前不存在或不被知曉的科技發明 [80]。因此對於法律規範的闡釋，Newman 法官引用前案 [81] 見解主張：應該依循科技發展來解讀相關規範。更舉出 Twentieth Century Music Corp. v. Aiken[82] 一案作為佐證，在該案中面對新出現的廣播與電視等新型科技發展，法院並未因此拒絕適用 1909 年的著作權法，反而表示：「若科技發展致使條文文義曖昧不明，則法院應該在新科技發展的基礎上解釋法律」[83]。所以面對上訴法院多數見解否定數位資料係關稅法第 337 條之物品範圍，Newman 法官認為係曲解法條原意之作法 [84]。不僅無助於釐清條文規範目的，更可能破壞整體法律制度之功能。

　　對於上訴法院多數見解引用多本辭典內容駁斥委員會的「物品為『商業交易之物品』」見解，更表示在關稅法制訂與修法情形不可能擴展到當時尚未出現的網際網路與數位資訊傳輸。Newman 法官指出，立

法者不可能將法條的管轄範圍限制在立法當時科技狀態，對於「物品」涵義的詮釋不得只是參考立法當時的意義[85]。上訴法院多數意見不只是將物品定義限制在 1922 年立法時的科技環境，也對委員會所引之爲據的辭典定義用「並非最佳解釋」而加以否定，無視委員會所引用的《韋氏新國際英文辭典》是當代的重要辭典，在《韋氏辭典》定義物品爲「商業交易之物品」，且其他的辭典亦未限定物品爲實體物的情形下，只要是得以做爲交易標的物，且能進口、買賣、使用的數位資訊，亦應屬關稅法第 337 條之物品[86]，委員會對於物品定義的詮釋並沒有重大瑕疵。

至於侵權貨物傳輸方式與進口的定義，Newman 法官則引用 Cunard S.S. Co. v. Mellon 一案[87]判決意旨說明，只要自國外將物品帶至美國境內，即屬進口，是否經過海關並非必要條件[88]。另外，美國海關及邊境保護局亦有解釋：以網際網路自國外傳輸軟體資料或產品進入美國，亦屬交易進口至美國的關稅領域[89]。是故，Newman 法官認爲本案 ClearCorrect 公司透過網路傳輸數位資訊及檔案，仍然該當進口之定義[90]。

此外，337 條款本身亦未區分數位資訊傳輸之方式，Newman 法官認爲，網路傳輸的數位資訊亦可成爲美國貿易法之主體。尤其在軟體及程式碼等類似的數位資訊都會被認爲是標的物之情形，可能會因爲該數位資訊是否經由光碟片或磁碟等實體媒介（physical medium）傳輸，或是透過網路以非實體方式傳輸，而導致該數位資訊是否會成爲 337 條款拘束的進口物品。Newman 法官認爲，在沒有實質差別的情形下，前述區別對待恐會構成法律適用上的無正當理由（unjustifiable）適用差異[91]。

就實務運作而言，上訴法院據以認定數位資訊非關稅法第 337 條物品定義的另一項理由，即是數位資訊難以透過現行規範下的強制執行方式排除及救濟。惟 Newman 法官表示，國會並未賦予委員會或法院僅憑執行困難與否而認定物品有無違反 337 條款之解釋權，上訴法院以實務上難以執行作爲解釋理由，僅是徒增法律解釋的不安定[92]，更破壞法律制度的功能。

最後，Newman 法官則主張，在科技發展與商業型態變化下，關稅法第 337 條的文義確有其曖昧不明之處，然而國會無法也無須就每個特別具體的政策或事實加以立法規範，應該授權主管之行政機關決定[93]。因此，國際貿易委員會的解釋不僅合理，且為上訴法院前案所接受，在本案中委員會的解釋亦屬合理的情形下，應可認定委員會解釋通過 Chevron 原則檢驗，法院應該尊重委員會認定見解[94]。

(四) 小結

337 條款物品定義之爭議在進入司法訴訟程序後，由於涉及司法機關對行政機關法律解釋審查問題，故在上訴法院中所新增的一項爭議為：本案是否應適用由 Chevron U.S.A., Inc. v. Natural Resources Defense Council, Inc. 一案所樹立之行政法檢驗標準 Chevron 原則？

惟前述爭議仍未脫離 337 條款物品定義及國際貿易委員會對於網路傳輸管轄權之核心問題。Chevron 原則的適用爭議，毋寧說是系統化分析管轄權範圍之困難。應否適用 Chevron 原則的前提為行政機關有無解釋權限，即是就委員會管轄網路傳輸的可能性進行檢驗；Chevron 原則第一步驟則是法院就 337 條款之法律解釋；Chevron 原則第二步驟為法院對於本案委員會最終決定的實質審查。

在意見書當中，O'Malley 法官的協同意見書採取相對保守立場，其反對適用 Chevron 原則，因為 O'Malley 法官主張在欠缺國會明文立法下，國際貿易委員會自始即無管轄網路傳輸與數位資訊的權限，更遑論解釋法條之權限。

而上訴法院多數意見的標準則相對寬鬆，多數意見適用 Chevron 原則的背後意義代表其肯認國際貿易委員會具有主張數位資訊乃至網路傳輸管轄權之可能性，惟在法條用語的解釋與實務操作困難下，否定本案國際貿易委員會的管轄權主張。

最為突破性之見解則是 Newman 法官的不同意見書，Newman 法官以「防止侵權貨物進口、維護交易秩序」規範目的出發，且隨科技發展，將所有得為買賣標的物及自國外傳輸任何實體物與數位資訊至國內的行為都解釋為進口貨物，不僅主張在國際貿易委員會在現行制度即有對數位資訊與網路傳輸行為的管轄權，更敦促法院應維護此一法律制度以提供國內產業完整的貿易保障。

Newman 法官所採取依照現行科技發展進行解釋的見解，似乎最能減緩科技進步帶來的衝擊，然而，該見解仍未解決目前實務操作難以「排除、查扣」數位資訊的問題。此外，目前美國司法實務對於數位資訊傳輸的前案判決，是否確實因為數位資訊有無實體媒介或其他因素而產生法律解釋、實際適用的差異區別，仍須進一步分析。本文將在接下來探討兩件與數位資訊傳輸相關之重要智財判決，希望能更清楚呈現美國司法實務截至目前為止，對於數位資訊與網路傳輸管制之整體規範架構，並應用至本案進行分析。

參、美國法分析：關稅法管轄權範圍與數位侵權

一、科技進步對法律層面上「物品」定義之挑戰

經由前述 Aligns 案之背景事實可知，目前科技發展對於法律定義上最大的挑戰在於，過往法律就物品的定義與想像，皆是對一個具體可見、可觸摸的實體進行規範，縱使是以人類精神思考創作為保護對象的智慧財產權法亦是如此。

然而隨著新型科技出現，個人電腦、網際網路、智慧型手機與軟體的進步，許多侵害智慧財產權的行為已由實體轉為非實體的數位資訊，並透過網際網路加以傳輸，例如：圖畫、照片、音樂及影片等著作物之侵權行為，時至今日皆透過網路論壇下載或線上串流播放為之，以往販

賣盜版光碟的情形則大爲減少。在專利權的部分，則有原本即以數位資訊形式存在之電腦程式專利侵害。

　　隨著 3D 列印技術與立體掃描技術發展，專利侵權行爲數位化的趨勢則更加明顯。透過與網路結合，3D 列印技術與立體掃描技術所形成的數位資訊檔案當可擺脫地理空間的限制，瞬間經由網路跨越國界傳輸至他國境內，且只要有適當列印設備與材料，即得將數位資訊列印成爲實體物品，這也是 Aligns 案當中被控侵權的 ClearCorrect 公司所應用的技術方法。

　　因此，在虛擬與實體界限日益模糊的現代，一個僅存於硬碟或網路伺服器之中，無法眼見或觸及的數位資訊，是否構成法律定義下的物品，以及如何適用現行法律規範的各種侵權行爲態樣，將成爲近來司法實務的重要議題，本文以下則借鑒國際貿易委員會及美國法院既往於此議題所累積之原理原則，希能未來爭議解決有所幫助。

二、「物品」與專利侵權客體

(一) 國際貿易委員會相關前案見解

1. 關稅法 337 條款「物品」定義之立法與司法軌跡

　　是否應將 337 條款物品定義擴大至非實體資訊與檔案，涉及條文文義之解讀。首要應先探討立法者之眞意，以其所處 1930 年時空背景觀察：雖然當時尚未有網際網路，然而已具有電報（telegraph）類似非實體傳輸、包含資訊內容的科技手段，若立法者有意將非實體資訊劃入「物品」範圍，應可於條文用語明示[95]。惟 337 條款文字並未有任何如電報訊息、電話等非實體傳輸方式之定義。甚而美國國會於關稅法修正 4 年後通過《1934 年通訊法》[96]，該法不僅是另一行政機關－聯邦通訊委員會（Federal Communication Commission, FCC）成立之法源依據，亦規定聯邦通訊委員會職權包含「職掌國內外透過有線或無線電通訊

的商業交易」[97] 以及「所有型式電子通訊的規範權利」[98]。雖然不能僅憑聯邦通訊委員會具有對電子通訊之管轄權論證關稅法 337 條款之「物品」不涵蓋非實體物，但自美國國會明確針對電子及網路通訊的積極立法，似乎仍可推論關稅法 337 條款「物品」之傳統定義應是以貨物為對象，例如：印刷出版之紙本書籍、實際載有商標的產品等，不及於非實體傳輸之資訊或檔案[99]。

　　若無法由立法解釋推得「物品」包含非實體資訊與檔案，則應自司法機關對條文之操作加以判斷，探討其一般文義解釋或目的解釋之存在可能性。然而以美國早期判決前案觀察，1945 年聯邦最高法院對於類似具有非實體傳輸、包含資訊情報性質的電報，認為屬於「商業交易主體」（subject of commerce）而非「商業交易物品」（article of commerce）[100]。雖然法院並未明確說明主體與物品的區辨標準，惟從用語差異，似可推論美國司法實務早期見解與國會相同，認為非實體之資訊並不屬於字面意義之「物品」。

2. CERTAIN HARDWARE LOGIC 案

　　CERTAIN HARDWARE LOGIC 案是國際貿易委員會首次就數位資訊與檔案之電子傳輸有無管轄權（亦即是否為 337 條款底下之「物品」及「進口」）所提出的明確見解[101]。本案原告 Quickturn Design System 公司（下稱 Quickturn 公司）主張被告 Mentor Graphic Corporation（下稱 Mentor 公司）所進口一種用於設計及測試半導體產品電子電路的硬體模擬系統侵害其專利權，系爭模擬系統由硬體及軟體兩部分所組成[102]，其中軟體部分可經由電子傳輸數位資訊案的方式進入美國[103]，就前述軟體的電子傳輸行為，原告 Quickturn 公司即向國際貿易委員會請求下達永久限制排除命令[104]。

　　對此，被告 Mentor 公司則從管轄範圍角度抗辯，其主張國際貿易委員會的救濟處分客體必須是「被發現與已存在不法侵害行為有合理

關聯者」[105]，就軟體原始碼（source code）的部分，則主張軟體原始碼（source code）不可能構成幫助侵權（contributory infringement），因為系爭模擬系統硬體無法直接執行經由電子傳輸的軟體原始碼，故軟體原始碼並非侵權物[106]。此外，Mentor 公司認為 337 條款的客體須為進口之實體交易物品，系爭模擬系統的軟體原始碼不僅是被告公司的機密資訊且非屬個別出售之商品，又電子傳輸只是一種能量、資訊的傳遞，並無實體，自不屬於進口之實體交易物品。若國際貿易委員會將其處分擴展至軟體原始碼，將造成侵權物認定上的模糊與過度寬泛[107]。

對於被告抗辯，國際貿易委員會則從目的解釋 337 條款，亦為前述 Align 案中委員會相同立場：337 條款的管轄範圍並未限於具體物理的進口行為，國會訂定 337 條款的立法意旨在於防止任何涉及進口的不公平交易行為[108]。故雖為非實體物，但與侵權行為者亦屬 337 條款之管轄範圍。且在侵權行為態樣上，國際貿易委員會亦從「防止與進口有關的不公平交易行為」立法目的上擴大解釋，認為不僅是直接侵權行為，若為「進口後銷售」的間接侵權行為亦可為 337 條款救濟處分所涵蓋，故本案軟體涉及模擬系統之可操作性，消費者不會購買沒有軟體搭配的模[109]。

然而，國際貿易委員會依 337 條款雖然有管轄不公平進口行為管轄權，可以下達各類救濟處分命令，但其本身並不具備執行處分之機關，實際執行處分命令係交由美國海關及邊境保衛局（U.S. Custom and Border Protection, CBP）進行[110]。因此，海關及邊境保衛局執行排除進口命令的實務操作不僅是救濟處分真正發揮效力的階段，也是歷來相關案件處理電子傳輸的爭議所在，如前述 Align 案與本案之被告皆主張實務操作上無法管理電子傳輸，非屬 337 條款所定義之「進口」。

對於前述抗辯，國際貿易委員會則是將兩個機關之目的加以區分：美國海關及邊境保衛局認為其對於跨國電子傳輸欠缺管轄的法益，並不影響 337 條款賦予委員會「防止任何形式的不正當競爭」之立法目的[111]。

縱然自 337 條款修法的時空背景與文義解釋觀察，無法推得 337 條款包含電子傳輸的結論，惟自實務操作面向觀察，委員會認為禁止命令（cease and desist order）因其目的在於禁止美國國內侵權物品的實施利用，故其範圍涵蓋電子傳輸實屬必然，否則侵權行為人將可規避海關取締後，再任意地把電子傳輸的數位資訊檔案轉存至其他實體媒介如光碟或卡帶後於美國國內流通，禁止命令將形同廢紙 [112]。且為了達到防止系爭模擬系統軟體部分有任何幫助侵權的可能，在防止境外侵權貨物進入美國的排除命令（exclusion order）部分，委員會決定被告 Mentor 公司不僅必須申報每一筆系爭模擬系統的進口；另外更禁止系爭模擬系統的相關服務及公司內部使用 [113]。

由國際貿易委員會對 CERTAIN HARDWARE LOGIC 案之決定可知，委員會係以 337 條款「防止任何形式的不正當競爭」的立法目的作為是否下達救濟處分、處分範圍之判斷依據。至於海關的實務操作是否可行，或是其查扣之行為有無背後的法益支持，並不影響委員會之決定。直至本文主要探討的 Align 案，皆為委員會的主要見解。

3. ANTIVIRUS SOFTWARE 案

ANTIVIRUS SOFTWARE 案為國際貿易委員會在近 10 年後針對電子傳輸管轄所作成的另一件重要決定 [114]。本案原告與被告分別 Trend Micro Inc.（下稱 Trend 公司）與 Fortinet Inc.（下稱 Fortinet 公司），Trend 公司為美國第 5,623,600 號專利（下稱第 600 號專利）的權利人，系爭專利為一偵測並解除電腦病毒軟體程式專利，Trend 公司主張 Fortinet 公司進口販售之「Fortigate」防毒軟體的部分侵害其擁有的第 600 號專利，並請求國際貿易委員會對於所有 Fortinet 公司產品下達排除與禁止命令 [115]。

在比對過 Fortinet 公司產品與第 600 號專利請求項之內容後，委員會認為系爭產品成立直接侵權與間接之引誘侵權行為 [116]。然而與前述

CERTAIN HARDWARE LOGIC 案相異之處在於,本案侵權物為軟體程式,除以實體媒介(如光碟)為載體者外,皆是非實體形式存在,因此委員會就排除命令與禁止命令之管轄範圍進行更為細膩地加以區分[117]:對於防止國外侵權物進口的排除命令,由於具體內容係由美國海關及邊境保衛局執行,必須考量海關實務上檢驗貨物的能力,故在美國海關及邊境保衛局無法排除電子傳輸的情形下,委員會所下達排除命令之範圍即不包含電子傳輸[118];反之,對於防止已進口至國內的侵權物販售、使用的禁止命令,委員會認為若將電子傳輸排除在命令管轄範圍之外,形同指明侵權行為人一條規避之道,如此將使得禁止命令毫無意義,因而禁止命令必定包含電子傳輸[119]。

(二) 美國聯邦法院見解

1. 337 條款核心構成要件:是否為侵權物?

由於 337 條款本身並未明確定義條文之物品是否限於實體物,故在面對電子傳輸的數位資訊檔案時即產生法律適用的問題,並分成「防止任何形式的不正當競爭」之目的解釋[120]及「一般、通常用語」之文義解釋[121],在 Align 案的多數判決理由與 Newman 法官的不同意見書即可見一斑[122]。

然而前述見解差異其實源自於對於 337 條款不同層次要件的解釋,承前所述,337 條款要件可分為三部分:系爭物品係自美國境外進口、系爭物品侵害美國境內智慧財產權、侵害智慧財產權將對美國國內產業產生不正當競爭[123]。「防止任何形式的不正當競爭」目的解釋所著重者係境外進口之要件,亦即電子傳輸是否該當境外進口落入 337 條款之管轄範圍,進而產生如何執行救濟處分之問題;惟「一般、通常用語」之文義解釋則是針對數位資訊檔案之性質進行討論。以下兩個案例為聯邦法院分別就軟體程式碼及單純數位資訊之探討。

2. MICROSOFT CORPORATION v. AT&T CORP. 案（軟體程式碼）

MICROSOFT CORPORATION v. AT&T CORP. 一案（以下稱 AT&T 案）[124]，其背景事實為 AT&T公司擁有一項電腦錄音程式的專利權，而 Microsoft 公司（以下稱微軟公司）則將該專利程式之程式碼編入其視窗作業系統當中，微軟公司在美國華盛頓特區將視窗軟體編寫、除錯完成後便製作了一定數量的母片（Golden Master Disks），當中包含有視窗作業系統的機器可讀編碼（程式碼的一種）[125]。嗣後微軟公司則將前述的母片與視窗作業系統的程式碼電子檔案，分別以傳統物理運送及電子傳輸的方式，寄送給國外的原始設備製造商（Original Equipment Manufacturers, OEMs），製造商則依據與微軟公司的授權協議，將母片或電子檔案的程式碼複製並安裝在國外生產組裝的電腦上。此外，微軟公司亦將部分母片或電子檔案程式碼寄送給獲授權的國外「複製軟體商」，這些軟體商會將視窗軟體複製後再轉送給電腦製造商[126]。就微軟公司上述行為，AT&T 公司主張此舉已侵害其專利權，成立美國專利法第 271 條第 f 項：「自美國境內提供為了於國外組裝的專利保護物之元件」之專利侵權規定，因此負有侵權責任且應給付賠償金[127]。

對於 AT&T 公司的主張，微軟公司則反駁其行為不成立專利侵權，並分別從前揭條文構成要件加以反抗辯。首先，美國專利法第 271 條第 f 項要件中的「元件」（component），應該限定於實體物的範圍之內，而在母片或是電子檔案中的程式碼並非程式本身，僅能算是「數位資訊」，故不符合「元件」之定義[128]；此外，基於電腦軟體安裝的必要步驟，國外的電腦製造商與軟體商，皆須將母片或電子檔案加以複製後再安裝至其他電腦設備或物理載體，則微軟公司所寄送的母片或數位檔案其本身如同傳統工業的「模具」一般，係供複製安裝檔案之用，故母片或數位資訊檔案顯然尚未完成製造，應不符合「自美國境內提供」（supplied from the United States）之要件[129]。又系爭安裝檔案是在美國境外所複製，顯然不符合自美國境內提供的要件[130]。

以網路邊境管制降低專利跨境侵權風險？——美國國際貿易委員會 Align Technology 案之觀察與反思

　　至此，AT&T 案的爭點即屬明確：軟體程式碼是否為電腦設備的一部分，而該當元件（component）之要件？而透過寄送母片或電子傳輸的程式碼，是否符合「自美國境內提供」（亦即出口）的要件？

　　對於前述爭點，美國第一、二審之聯邦地方法院[131]、上訴法院[132]皆站在 AT&T 公司的立場。就元件要件部分，第一、二審法院首先自文義解釋出發，認為無法從條文文字用語出立法者欲限制元件為實體物之意圖[133]；此外，軟體或程式碼既屬可被專利權保護之主體，則具有被侵權的可能性[134]。

　　而「自美國境內提供元件」的要件部分，法院認為軟體的「製造」，應指對於程式碼的編寫、除錯，於境外的程式碼複製行為，則是軟體提供使用的必要步驟，但非謂有複製即屬軟體尚未製造完成[135]。法院更從美國專利法第 271 條第 f 項立法目的出發，認為該條之意義在於禁止侵權行為人透過運送元件至國外組裝販售來規避美國專利制度拘束[136]。本案視窗作業系統對於電腦設備係屬必要元件，又依前述，僅在國外複製不足以做為未製造完成的理由，則國外電腦製造商將微軟公司提供之母片或是電子檔案程式碼安裝在電腦上時，應符合專利法第 271 條第 f 項「將美國境內提供的元件加以組合」的要件[137]。

　　惟上述實務見解在全案上訴至第三審聯邦最高法院時，有了一百八十度的轉變[138]。最高法院首先先定義「元件」（component）為「尚未組合的部分專利物」，並更細一部地分析 AT&T 案中所謂「於境外複製安裝」內涵：於美國國內所編寫與除錯完成的程式碼屬人類所能理解的「原始碼」（source code），經過燒錄於母片或轉換為電子檔案後，方才成為可被機器讀取的「目的碼」（object code）[139]。未經轉換的原始程式碼，僅是一個包含大量細節構造的藍圖，且縱經轉換為目的碼，於安裝時也不是由原本微軟公司提供的母片或電子檔案程式碼做為電腦設備的一部分，而是其複製品[140]。因此最高法院據以認定系爭母片或電子檔案並不符合「尚未組合的部分專利物」意義，從而不構成

「元件」之要件。

而在「自美國國內提供」的要件部分，最高法院襲前述對程式碼轉換安裝的思考理路，認爲欲將程式之原始碼轉換成目的碼爲機器可用，必須先經過複製的過程，是故，複製爲提供軟體的重要步驟。而微軟公司僅提供母片光碟與電子檔案，眞正的複製係在國外進行[141]。因此，國外電腦製造商或軟體商所使用的複製軟體並非自美國境內所提供，不符合專利法第 271 條第 f 項的規定。最終，聯邦最高法院判決微軟公司並未侵害 AT&T 公司專利權，全案即告確定[142]。

AT&T 案雖以微軟公司自美國向國外輸出之程式原始碼是否爲專利物之元件，以及系爭程式原始碼之輸出是否該當美國專利法第 271 條 f 項「自美國國內提供」爲主要爭議。與 Align 案之數位資訊檔案自境外傳輸，是否該當 337 條款侵權之「進口」有所差異。然而違反美國專利法第 271 條與否，即會連帶影響 337 條款要件中的「系爭物品侵害美國境內智慧財產權」該當與否，亦影響美國國際貿易委員會的處分之正當性[143]。

因此，聯邦最高法院在 AT&T 案將軟體程式安裝步驟拆解後，依照程式原始碼仍需經複製，且複製步驟在國外進行故不違反美國專利法第 271 條 f 項之見解，將使得程式碼的數位資訊檔案對於向國外提供之跨境傳輸行爲無法該當 337 條款侵權物要件[144]。

3. BAYER AG v. HOUSEY PHARMACEUTICALS 案（單純數位資訊）

BAYER AG v. HOUSEY PHARMACEUTICALS（下稱 Housey 案）亦屬爭執跨國電子傳輸造成之專利侵權訴訟態樣[145]。Housey 案中，Housey 公司係「蛋白質抑制劑與活化劑之篩選方法」此一方法專利（Housey 專利）的專利權人，而於 2001 年 Bayer AG and Bayer Corporation（下稱 Bayer 公司）則針對上述 Housey 專利提起訴訟，主張系爭專利因欠缺非顯著性而無效，並聲請確認訴訟要求法院認定 Housey 專

利無效且 Bayer 公司並未侵害 Housey 公司的專利權[146]。對此，Housey 公司則提起反訴，聲明 Bayer 公司侵害系爭專利權，認為 Bayer 公司先於美國國外實施其方法專利步驟，再將得出可能的蛋白酶結果透過網路傳輸的方式進入美國，並依該結果為後續藥品開發流程所製成的最終產品，成立美國專利法第 271 條 g 項的「將依美國國內有效方法專利直接製成（made）之產品（product）進口至美國，並於美國國內銷售、使用」之方法專利侵權行為[147]。

然而 Housey 公司的主張卻接連為聯邦德拉瓦州地方法院及巡迴上訴法院加以否決[148, 149]。其原因即為對美國專利法第 271 條 g 項要件「依美國國內有效方法專利直接製成之物」之解釋差異。

就前述要件，Housey 公司表示 Bayer 公司所施行並取得的蛋白酶篩選結果係依其方法專利而產生，該篩選結果即為依 Housey 方法專利所直接製成之產品。對於 Housey 公司的主張，Bayer 公司則抗辯道：在第 271 條 g 項中所使用的「製成」（made）應為「製造」（manufactured），且單純資訊（information）並非產品[150]。

聯邦巡迴上訴法院對此則從一般通常文義解釋出發，引述第三版《韋氏辭典》說明：製造的動詞型態應是指將原料經由手工或機器的方法成型、改變製成可用的產品，從而第 271 條 g 項範圍內所「製造」的產品，應該僅限於實體物而不包含資訊[151]。此外，上訴法院更從 337 條款的「物品」以及為了補正方法專利侵權的 1988 年綜合貿易及競爭法等修法過程觀察，第 271 條 g 項即係為了保護美國國內的方法專利，使其不容易被外國侵權行為人侵害所制定，具體而言，即為使那些使用美國方法專利的進口產品非法化，自然應以實體物為限[152]。若依照 Housey 公司的主張，那麼就得出「一個具有侵害國內方法專利想法的人，亦應禁止該人進入美國」的荒唐結論。因此，上訴法最終即駁回了 Housey 公司的主張，認為該蛋白酶篩選結果僅係單純資訊，非第 271 條 g 項之禁止客體[153]。

相對於前述 AT&T 案侵權物爲軟體程式碼，並涉及美國專利法第271 條 f 項的由美國境內向境外提供之行爲，在 Housey 案中則更爲單純，係含有蛋白酶資料的數位資訊檔案自美國境外向境內傳輸之行爲，涉及法條爲美國專利法第 271 條 g 項。且在 Housey 案更清楚呈現不同規範法條間相互影響的問題，若單純數位資訊檔案並非美國專利法第271 條 g 項之客體而不屬於侵權物，則同樣無法該當 337 條款的侵權物要件，亦使其欠缺管轄之正當性。

(三) 小結

對於 337 條款管轄範圍之判斷，可以分別從進口行爲、系爭產品侵害智慧財產權及產品進口將對美國國內產業產生，以防止任何形式的不正當競爭等三項要件採取不同法律解釋方法進行分析。

從前述 AT&T 案與 Housey 案當中，對於排除或禁止數位資訊檔案，美國司法實務仍然從 337 條款要件中侵權物的部分，採取保守的文義解釋立場，縱使承認軟體專利，但對於可供複製、安裝的軟體程式碼，聯邦最高法院仍從程式安裝步驟推導出軟體與硬體之結合僅是實施方法專利所獲得的結果，並非是專利物的部分元件，且就 AT&T 案的終審判決理由而言，似乎亦無 Aligns 案中 Newman 法官所擔心的無正當理由適用差異：無論是經由實體母片寄送或網路傳輸的程式碼，皆不被認爲是專利物或其元件。

聯邦最高法院的保守立場，原因之一可能來自於專利法的屬地主義限制，法院於解釋法條用語的涵義時顯得份外小心，不僅傾向將物品定義限於實體物範圍之內。即使是已受專利權保障的軟體程式碼，仍然嚴格分析其行爲態樣，明顯不欲將跨境傳輸數位資訊之行爲納入專利侵權此一方向加以解釋，其法政策意涵或許即在避免產生專利權之域外效力。

　　然而國際貿易委員會在相關前案決定，則以立法目的為依歸，認為實體貨物運輸與非實體的電子傳輸皆為 337 條款所涵蓋。然而在具體救濟處分卻又加以區分，防止國外侵權物進口的排除命令因受限於美國海關及邊境保衛局實務操作之能力，管轄範圍並不包含電子傳輸，但防止國內侵權物之禁止命令，則會擴及電子傳輸行為。因為符合管制不公平交易行為。從委員會執法實務操作觀察，其對於國際貿易的管轄本不限於實體財產，對物管轄權的規範不僅適用實體物，亦包含了經濟上的非實體財產權，諸如股票、提單等，這些財產權係由法律所賦予，再由特定法律文件彰顯其權利，其權利內容僅存在於法律概念之中；又或者如網域名稱（domain names），在近年來亦有案例認為屬於可被委員會管轄之財產權 [154]，惟網域名稱亦非實體物。

　　然而在數位資訊之情境下，如 Align 案及前述 Bayer v. Housey 一案所示，與網域名稱又有所不同，因為網域名稱如同實際地址一般，同時只會有一個自然人或法人得以申請註冊有權處分。但數位資訊除了是完全存在於網路或虛擬世界中之外（如電子郵件的附檔與雲端硬碟中的檔案），也可以透過複製散布。因此，含有專利權內容的數位資訊便相對地難以管制。

　　另外，數位資訊在對物管轄權的部分，的確會挑起專利權域外效力的問題。雖然相關利益團體如美國電影協會（MPAA），曾提出數位國界（digital border）的概念，希望能夠藉此判斷該數位資訊是否進入到美國國內，從而解決域外效力的問題。但究竟是以資訊傳輸儲存於美國國內的伺服器，抑或是美國境內的使用者可以獲取該資訊為標準，仍然有所爭議，且有學者認為此一實際不存在的國界反而無助於解決相關爭議 [155]。

　　雖然在前述 Align 案的法院判決中，Newman 法官不同意見書中指出執行困難並非放棄管轄的理由。但從實務操作的角度出發，國際貿易委員會雖然具有對不公平進口貨物的管轄權，並得下達排除、扣押、沒

入及禁止命令，惟委員會本身並無執行命令的單位，而必須交由美海關及邊境保護局執行，而海關的執行則限於實體貨物（goods）的部分，亦為目前委員會透過海關所真正能執行排除命令的範圍[156]。正如委員會於 Align 案最終決定中 Johanson 委員的不同意見一樣，對於電子傳輸的管制具有事實上的困難，亦是委員會決定排除命令與禁止命令管轄範圍差異的原因。

對於目的不同的禁止命令與排除命令設定不同的管轄範圍，這樣的邏輯看似沒有問題，但回歸 337 條款的規範，這樣的見解則會引發法律適用有無錯誤的問題。蓋禁止命令在條文規定係作為排除命令的「附加條件」或「替代方案」[157]，排除命令管轄範圍若小於禁止命令，那禁止命令效力可否擴張至排除命令管轄範圍以外，則有相當疑問[158]；縱然禁止命令可作為排除命令的替代方案，依 337 條款內容，禁止命令仍必須是在排除命令「修正或撤銷時的替代方案」，並在禁止命令撤銷時，委員會仍可發布排除命令[159]。由前揭敘述可知，禁止命令管轄與效力應該限制在排除命令之範圍內，禁止命令必須有助於排除命令之目的達成，並非完全獨立的救濟選項[160]。故國際貿易委員會僅擴張禁止命令之管轄範圍，似乎逸脫了 337 條款之用語。

另外，對於網際網路的管制亦會造成對言論自由等基本權利侵害的質疑，美國於 2011 年時便曾經在國會提出線上保護及電子交易管制法案（Online Protection and Enforcement of Digital Trade Act, OPEN）[161]，希望能修改關稅法，正式地賦予委員會對電子交易的管轄權，然而如同之前的禁止網路盜版法案（Stop Online Piracy Act, SOPA）[162] 和保護智慧財產權法案（Protect IP Act, PIPA）[163]，線上保護及電子交易管制法案也涉及了對於「網路自由進行管制」此一敏感的神經，最終遭到擱置。而且這樣樣的管制不僅僅是對欲進入美國國內的電子傳輸有所限制，若單純以「會經過美國的電子傳輸」此一概念來看，可能凡是透過美國網際網路線路傳輸，而該傳輸內容包含美國專利內容者，都會受到委員會

的管制，當有過度擴張的可能性。

最後，從國際貿易委員會在 Align Technology 一案中所揭示立場：
國際貿易委員會之使命在防止美國境內一切不公平競爭行為。這個見解
在近年來也受到相當大的質疑，最主要的問題源自於 337 條款賦予國際
貿易委員會之權責，係針對傳統侵害智慧財產權行為而設立，但在面對
制度上的權利濫用或是事實上的科技進步問題時，反而加劇了交易秩序
的破壞，造成不當經濟影響。

例如：在面對非實施專利主體（NPE）部分，由於過去為了避免大
學或其他真正專利權人因無實施製造而無法對侵權人主張權利，故 337
條款於 1988 年即放寬權利人之範圍，不限於有實際製造之人方得提出
337 條款調查申請。惟時至今日，NPE 的活躍反應了當初放寬所產生的
漏洞遭到濫用，使得許多真正能實施、利用專利的私人或公司反受訟
累。原先欲保護專利制度進而達到科技進步、經濟成長的制度，卻反成
為絆腳石[164]。此外，在標準必要專利（SSO）的情況下亦是如此，雖然
SSO 另有公平、合理與非歧視條款（FRAND）作為授權的標準，但是
337 條款僅賦予國際貿易委員會核發禁止令的權限，即可能因遭 SSO
權利人的濫用，使得 SSO 授權金額的談判倒向權利人一方[165]。

而且在複雜的商業與科技發展狀況下，許多科技產品並非由單一公
司生產製造，往往涉及了不同國度與不同參與程度的製造者。造成若是
在間接侵權或是僅為下游末端使用者的情形，即屬進出口之行為而違反
337 條款規定之浮濫問題[166]。對於 337 條款濫用之困境，美國實務及學
界分別提出不同的改革方式，最早是由 Colleen Chien 與 Mark Lemley
兩位教授針對排除命令之執行方式提出建議，包含對於「下游產品」
（downstream product）的檢驗標準、排除命令的下達時間及保證果替
代措施，使得排除命令的管轄範圍更為明確，並具有執行上之彈性，以
減緩其經濟方面之衝擊[167]；Thomas F. Cotter 教授則從制度面出發，認
為 337 條款的侵權物要件仍繫於美國專利法第 271 條適用與否，在專利

權侵害案件依舊必須回歸司法體系判斷，在近年來美國地方法院改善專利訴訟審理程序後，專利訴訟審理時間已可減少至 1 年左右，國際貿易委員會調查程序相較之下並不具備迅速保護紛爭的優勢，更無法終局解決專利糾紛，在權利人往往同時申請國際貿易委員會調查程序與法院的司法程序下，反倒造成法律適用問題與國家資源的浪費，故 Cotter 教授最後建議應刪除 337 條款，回歸司法系統解決專利糾紛[168]；在美國國會更有前國際貿易委員會委員 Charlotte Lane 提出修正案：明確規範337 條款的國內產業要件必須爲「在美國境內實質授權行爲，且授權行爲致使企業採用並發展權利範圍之產品」[169]，雖然該修正案並未獲得足夠支持進入後續修法程序，惟 337 條款所面臨的「專利蟑螂」（patent troll）問題已引起重視。

綜上所述，對於 337 條款要件之不同解釋方法，使得國際貿易委員會與聯邦法院就 337 條款之管轄範圍是否擴及電子傳輸與數位資訊檔案有了截然不同的見解。但在現行 337 條款調查程序仍可上訴至聯邦巡迴上訴法院，由司法程序終局決定專利訴訟結果，並有 337 條款在科技發展上面臨專利蟑螂濫用的情形，委員會主張 337 條款「防止任何形式的不正當競爭」立法目的之正當性已受到相當程度的減損，因此未來涉及電子傳輸或數位資訊檔案管轄之專利案件似會以聯邦法院之保守見解爲主。專利權之法律制度保障要如何因應現代行動裝置、物聯網設備與開放資料日益興盛的科技發展，仍有相當發展空間。

肆、我國專利權邊境管制措施相關規範回顧

一、修法前之邊境管制措施

在整理完美國國際貿易委員會及聯邦法院，對於電子傳輸與數位資訊檔案之管轄權爭議後，本文以下將回頭觀察我國相關邊境管制措施之

制度。由於專利侵權行為涉及相關科技領域之專業，以及對於專利請求項的解釋，認定上有其困難性，故於 2014 年才增訂專利法第 97 條之 1 到第 97 條之 4 作為專利權邊境管制措施的法源依據。

於尚未增訂前述條文之前，專利權人欲於訴訟前排除侵權產品的進口，只得透過向法院聲請定暫時狀態假處分，取得法院裁定之後，方可禁止侵權產品之進口 [170]。若裁定相對人（通常為進口侵權產品之人）未遵循裁定意旨者，專利權人則須自行向執行法院聲請強制執行。此外，由於定暫時狀態假處分不限於保全強制執行，可適用給付之訴、形成之訴與確認之訴，用途廣泛 [171]。有論者指出，若未經審慎思考，僅以形式審查為否准，則可能造成司法訴訟上的濫用 [172]。因此，實務上為免投機型訴訟孳生，或於定暫時狀態處分的准許上趨於保守，在法院實務上便少有相關案例。

而在海關執行定暫時狀態假處分而言，亦有諸多問題。首先，作為海關實務操作依據之「海關配合執行專利及著作權益保護措施作業要點」（2012 年 10 月 1 日修訂），本身並未有任何法律授權，其授權明確性頗值懷疑 [173]；此外，就專利侵權案件的相關規定，按該作業要點第 2 點規定，必須由專利權人提供侵權產品的進出口時間、地點外，尚須提出具體資料如進、出口運輸工具名稱、航次、進出口報單號碼等等。然而關於進出口時間地點，或是進出口方式等具體資料，此類具體資料通常是進口侵權貨物行為人的秘密，他人通常難以得知，更遑論事前知悉並向海關提供的可能 [174]。前揭規定對於專利權人而言，實際上賦予過苛的舉證責任，使得專利權人聲請強制執行難以符合要件，邊境管制措施形同被架空 [175]。

這樣的問題也反映在實務相關案件的數量上。筆者嘗試以司法院法學資料檢索系統作為資料庫，選定「定暫時狀態之處分」與「專利」為關鍵字，並以智慧財產法院之裁定為範圍進行搜尋，在 2014 年 1 月 22 日修法施行前並未發現有「核准禁止貨物進口」之案件。且自 2011 年

至 2014 年的財政部關務署的海關查緝侵害智慧財產權案件統計表中，亦未發現有專利權查扣之案件數量統計[176]。故於修法前，我國實務上無透過專利權邊境管制措施查扣進口貨物的案例，相關規範僅屬聊備一格。

二、修法後邊境執行規範及其可能產生之問題

為了強化對於專利權的保障，立法院於 2014 年 1 月 3 日就專利法增訂了第 97 條之 1 到第 97 條之 4 的邊境管制措施，並經總統在同年月 22 日公布施行。惟因政治及法律制度的差異，此次修法並非採取本文前述之美國國際貿易委員會的準司法權審查模式，由該法第 97 條之 1 第 1 項規定：「專利權人對進口之物有侵害其專利權之虞者，得申請海關先予查扣。」可知，係採取由專利權人直接向海關申請，海關則依海關查扣侵害專利權物實施辦法，在貨物通關程序判斷否准放行之執行方式[177]。

自此我國專利權的邊境管制措施分為兩種，一種為原先透過向法院聲請定暫時狀態假處分，由法院裁定後通知海關加以查扣；另一種則為專利權人於起訴前逕向海關申請查扣特定進口貨物，並須提供擔保及一定期間內起訴。

然而新增的邊境管制措施，在法律規範與實務操作仍然有值得商榷之處，以下分別論述之：

(一) 專利侵權難以從外觀判斷

相對於商標權及著作權，專利權侵害除了須考量諸如專利有效期間、對於專利請求項的解釋外，現行電子產品亦有可能為眾多專利零件的集合體，而僅有內部零件遭控侵權，使得專利權侵害難以憑肉眼觀察，單純自外觀加以認定。雖然在新修訂之專利法第 97 條之 1 第 2 項

載明專利權人應以書面釋明侵權事實，並要求專利權人提供相當之擔保以爲約束；且在同法第 97 條之 2 第 1 項第 1 款中規定，亦要求專利權人應於收到受理查扣通知起 12 日內，最長可延長一次即 24 日內提起侵害專利權訴訟，以避免該邊境執行制度遭到濫用。

但我國所採制度係由專利權人發動，經釋明後，海關即可由行政制度對貨物通關形成實質障礙[178]。相對於美國關稅法第 337 條仍須經言詞辯論、雙方舉證經行政法官調查的準司法權設計，其嚴謹程度仍有所區別。且從我國海關實際上非專利權主管機關，亦無強化判斷專利侵權之執法者專業養成，難保是否如美國經驗所示，有遭惡意專利權持有者（專利蟑螂）加以濫用之虞。

(二) 新制訂之實施辦法仍未減輕專利權人舉證責任

在未增訂專利法第 97 條之 1 到第 97 條之 4 之前，就專利權之邊境管制措施係由專利權人向法院取得定暫時狀態假處分之准許裁定後，再向海關提起強制執行，而海關所依據之規範則爲海關配合執行專利及著作權益保護措施作業要點，該作業要點並要求專利權人須提供極爲詳盡的具體資料，始得由海關對疑似侵權進口貨物進行查扣，已如前述。

而在專利法修法後，該作業要點亦於 2014 年 4 月 7 日配合修正，將該要點第 2 點限定爲「專利權人（含專屬被授權人）主張特定之進出口貨物侵害其專利權，經向法院聲請禁止該貨物進出口而獲裁判准許者，海關應於收受法院之執行通知後協助執行。」，並減輕專利權人舉證責任，僅在「前項通知所載內容（含被控侵權人資訊、涉案貨物貨名、規格、型號或其他資訊），如不明確致執行顯有困難時，或相關執行事項及範圍發生疑義時」，由「海關得敘明事由通知執行法院；執行法院如認爲有採取相關執行措施之必要時，海關應配合辦理。」此處修正了前述過度課與專利權人舉證責任之弊病，頗值贊同。

惟前述作業要點僅針對定暫時狀態假處分的情形，而配合專利法修法另定制定，由專利權人直接向海關申請查扣的「海關查扣侵害專利權物實施辦法」中，該辦法第 2 條第 1 項第 4 款，仍然要求專利權人舉出「足供海關辨認查扣標的物之說明，例如：進口人、統一編號、報單號碼、貨名、型號、規格、可能進口日期、進口口岸或運輸工具等」等他人難以取得之具體資料，顯然重蹈了舊版海關配合執行專利及著作權益保護措施作業要點之覆轍，課與專利權人負擔過重的舉證責任，而從財政部關務署網站的統計資料[179]觀察，自 2014 年修法過後，並未有任何專利權人請求查扣進口貨物之案件，或許即是因為前述具體資料的規定，使得專利權人無法肯定申請查扣之難易，甚而有可能驚動侵權行為人，故過往經驗顯示不欲採行直接向海關申請此一方法。

(三) 邊境執行僅限進口？

在未有專利法第 97 條之 1 到第 97 條之 4 修法前，原本海關配合執行專利及著作權益保護措施作業要點第 2 點對於「專利權侵權案件經司法機關裁定假處分暫停『進出口』相關產品者⋯⋯」有所適用。因此，專利權人對於進口與出口皆可申請邊境執行。然而在新增之專利法第 97 條之 1 第 1 項則明文限制專利權人對於「進口之物有侵害其專利權之虞者」方得申請海關查扣，學者即指出未規定出口部分當屬立法疏漏，應該加以修正補足[180]。

三、結論

本文以晚近引起重大討論之美國邊境管制措施 Align 案為楔子，以及可作為參照之兩項法院先前判決分析，發現就美國司法實務主流見解而言，對於「物品」及「製造、運輸」的概念，主仍停留在傳統工業形式的想像，亦即以對原物料加工製成產品，再透過一般海陸空運輸的方

式，經由海關檢驗並進口的流程途徑。此亦影響了美國國際貿易委員會等行政機關在管轄權範圍的寬窄上，諸如對關稅法第 337 條物品的定性（是否包含無體之數位網路資訊）等見解。就結果而言，更直接影響美國國際貿易委員會有無直接干涉網際網路傳輸之管轄權限。然而，以工業 3.0 之思維處理資通訊科技激烈發展，亦準備邁入工業 4.0 時代下的製造產業，便可能產生若干實務操作與法學解釋上的扞格，如 Align 案與本研究之分析所示。

Align 案雖以一看似單純之醫療器材專利侵權案為始，然審理過程竟引起網路巨擘 Google 和好萊塢影視協會多次表達激烈衝突之立場意見，足見其潛在影響範圍之巨，其經驗自亦值得我國在面對 3D 列印等新興網路科技運用於製造業興革時，於法制層面上之因應提前加以規劃參考。

經研析 Align 案從國際貿易委員會之行政處分，到上訴後之聯邦巡迴上訴法院判決，可發現不同意見之拉鋸對抗，亦反映出美國司法實務之多元並蓄特點。縱然最終多數意見持較保守無劇烈變革之見解，然其中亦可看到如 Newman 法官等擴大管轄權以因應科技挑戰之主張，惟此些前衛觀點雖可能嚇阻欲脫法於現行文藝解釋漏洞之法律適用投機行為，惟於後續實際操作上，仍可能產生諸如海關如何於網路執法、甚或專利屬地主義原則的破壞之可行性與法學根本問題。

對此，本文除真實呈現智財領銜國之一美國面臨之兩難，以提前引以為鑒外，另比較我國對於專利權邊境管制措施之相關規範，以為後續修法因應之準備。我國專利邊境管制措施，近年來始有專利法之明文規定，惟就程序的嚴謹度，以及執行的操作上仍有諸多本文與其他學者指出之適用疑義，統計上更罕有透過該程序保護我國專利權之應用，更遑論思及我國法院及海關尚未觸及之數位資訊傳輸管制。凡此警訊，均值得深思。

綜合言之，於可見之未來，諸如 3D 列印等數位網路傳輸、遠端與

雲端製造，乃至於涉及之跨國合作模式，無可避免將帶來巨大變化挑戰，現行法律制度應思考如何因應科技與商業模式變動，重新檢視智慧財產權屬地主義、海關邊境管制措施等制度根本精神，或可參佐如美國 Align 案之先行經驗，最終由立法者判斷是否以新制度之創造或調整加以因應。

註 釋

* 臺北醫學大學醫療暨生物科技法律研究所碩士，政治大學法律學士

** 政治大學科技管理與智慧財產研究所助理教授，通訊作者信箱：clairex1@nccu.edu.tw 本文作者感謝匿名審稿人之寶貴意見。

1. Certain Digital Models, USITC Inv. No. 337-TA-833, Comm. Op. 1-2 (April 9. 2014).

2. ClearCorrect Operating, LLC v. ITC, 810 F.3d 1283, 1287(2015).

3. *Supra* note 1, at 5-6.

4. *Supra* note 2, at 1288.

5. *Supra* note 1, at 153.

6. *Supra* note 2.

7. *Supra* note 2, 1302-1304.

8. *Supra* note 2, 1304-1312.

9. *Supra* note 1, 15-16.

10. 同註25.，頁5。

11. 蘇昱婷、劉尚志（2013）。臺灣企業於美國國際貿易委員會專利訴訟之實證研究，智慧財產權月刊，第177期，頁58。

12. 同前註，頁59。

13. Thomas A. Broughan, Modernizing § 337's domestic industry requirement for the global economy, 19 Fed. Circuit B.J. 41, 46 (2009).

14. 同註11.，頁60。

15. 同註11.，頁60-64。

16. 馮震宇（2005）。邊境保護措施與智慧財產權之保護：從美國關稅法337條發展趨勢與因應談起，萬國法律，第142期，頁4。

17.同註11.，頁66。

18.同前註。

19.同前註。

20.同註16.。

21.同註16.，頁5。

22.同上註。

23.同前註。

24.35 U.S.C. § 271(a).

25.馮震宇（1998）。論美國對外國不公平貿易之法律救濟體系-以侵害智慧財產權之救濟體系爲例，萬國法律，第97期，頁15-16。

26.同前註，頁17-18。

27.*Supra* note1, 21.

28.*Certain Hardware Logic,* Inv. No. 337-TA-383, Comm'n Op.18(Dec. 1994).

29.*Supra* note 1, at 7. 原文爲"it has jurisdiction and authority to reach digital data electronically transmitted to a recipient in the United States"

30.*Id,* at 22.

31.*Id,* at 36.

32.*Id,* at 37.

33.*Certain Sputtered Carbon Coated Computer Disks and Products Containing Same, Including Disk Drives,* USITC Inv. No. 337-TA-350, Comm. Op. 1, at 4-10(April 9. 2014).

34.*Id.*

35.*Supra* note 1, at 39. 原文爲"Something considered by itself and as apart from other things of the same kind or from the whole of which it forms a part; also, a thing of a particular class or kind...".

36.*Id.*

37. *Supra* note 1, at 40. 原文爲"articles" appears in conjunction with the terms "importation" and "sales", indicating that articles subject to the statue are imported items that are bought and sold in commerce".

38. *Supra* note 1, at 42. 原文爲"Similarly, in defining a violation under Section 337(a)(1)(A) in connection with other "unfair methods of competition and unfarir acts," the phrase "importation of articles" ...".

39. *Rubber Resins and Processes for Manufacturing Same,* Inv. No. 337-TA-849, Comm'n Op. (Jan. 15 2014).

40. *Supra* note 1, at 55.

41. Certain Digital Models, Inv. No. 337-TA-833, Dissenting(April. 10 2014), at 6.

42. Bayer AG. v. Housey, 340 F.3d 1367(Oct. 27 2003), at 1374.

43. *Supra* note 41, at 16.

44. *Supra* note 2, at 1286.

45. *Id.*

46. Chevron原則係自Chevron U.S.A., Inc. v. Natural Resources Defense Council, Inc. , 467 U.S. 837（1984）一案發展而來，該原則之目的在於檢驗法院是否應尊重行政機關對於特定條文的解釋方法。該原則係由兩步驟標準形成：第一步先檢驗國會於立法時，所使用的條文字義是否曖昧不明而有待解釋？若答案爲是，則進入第二步；第二步則檢視行政機關解釋是否落入條文字義之射程範圍，若答案亦爲肯定，則法院於實質法律決定上，即應採納行政機關解釋。Chevron原則的出現，不僅成爲法律解釋方法的經典議題，更使得司法機關與行政機關權力分立關係產生了新的變化。黃丞儀（2015），潔淨空氣，如何解釋？從Duke Energy（2007）與Massachusetts v. EPA（2007）論美國行政法中立法目的、行政解釋和司法審查之關係，臺大法學論叢，第44卷第3期，頁665-744。

47.*Supra* note 2, at 1290.

48.*Id,* at 1290-1291.

49.*Id.*

50.*Id.*

51.*Id,* at 1291-1292.

52.*Id,* at 1292.

53.*Id,* at 1293-1294.

54.*Id,* at 1294.

55.*Id,* at 1295.

56.同上註。

57.*Id,* at 1298.

58.*Id,* at 1298-1299.

59.*Id,* at 1299.

60.*Id.*

61.Bayer AG v. Housey Pharm., Inc., 340 F.3d 1367, 1374 (Fed.Cir.2003).

62.*Supra* note 2, at 1299.

63.*Id,* at 1300.

64.*Id.*

65.*Supra* note 2, at 1301. 原文爲"The provision relating to unfair methods of competition *in the importation of goods* is broad enough to prevent... ".

66.*Id.*

67.H.R.2149 - Trade Promotion Authority Act of 2001.

68.*Supra* note 2, at 1301.

69.*Id,* at 1302.

70.*Id.*

71.*Id.*

72.Utility Air Regulatory Grp. v. EPA, 134 S. Ct. 2427, 2444(2014)

73.*Supra* note 2, at 1302-1303.

74.*Id,* at 1303.

75.*Id.*

76.*Id,* at 1304.

77.*Id,* at 1304-1305.

78.Omnibus Trade and Competitiveness Act of 1988, Pub. L. No. 100-418 § 1341, 102 Stat. 1107.

79.*Supra* note 2, at 1304-1305.

80.*Id,* at 1306.

81.Fortnightly Corp. v. United Artists Television, Inc., 392 U.S. 390 (1968).

82.Twentieth Century Music Corp. v. Aiken, 422 U.S, 151 (1975).

83.原文為"[w]e must read the statutory language ... in the light of drastic technological change."

84.*Supra* note 2, at 1306-1307.

85.*Id,* at 1308.

86.*Id.*

87.Cunard S.S. Co. v. Mellon, 262 U.S. 100, 122 (1923).

88.*Supra* note 2, at 1309.

89.HQ 114459 (Sept. 17, 1998), available at 1998 U.S. Custom HQ LEXIS 640.

90.*Supra* note 2, at 1309.

91.*Id,* at 1309-1310.

92.*Id,* at 1310-1311.

93.Micron Tech., Inc. v. United States, 243 F.3d 1301, 1312 (Fed. Cir. 2001).

94.*Supra* note 2, at 1312.

以網路邊境管制降低專利跨境侵權風險？——美國國際貿易委員會 Align Technology 案之觀察與反思

95. Christopher P. Mazza, Grasping the Intangible: How to Interpret "Articles" Under the Tariff Act and ClearCorrect Operating, LLC v. Int'l Trade Comm'n, Law School Student Scholarship 875, 896(2017).

96. Communictaion act of 1934, 47 U.S.C. 151 et seq.

97. 47 U.S.C. §§151-621 (2012).

98. S. Rep. No. 73-781, at 1 (1934).

99. Daniel T. Kane, Printing a war in three dimensions: expanding "article"to include electronic transmissions before the ITC,23 CommLaw Conspectus 427, 438 (2015).

100. W. Union. Tel. Co. v. Lenroot, 323 U.S. 490, 502 (1945).

101. *Supra* note 99, at 439-440.

102. Certain Hardware Logic, USITC Inv. No. 337-TA-383, Comm. Op. on Remedy, the Public Interest, and Bonding 1 (Mar. 1998).

103. *Id.*, at 3.

104. *Id.*, at 11.

105. *Id.*, at 7. 原文爲"reasonable relation to the unlawful practices found to exist."

106. *Id.*, at 9.

107. *Id.*, at 9-10.

108. *Id.*, at 27.

109. *Id.*

110. *Id.,* at 5-6.

111. *Id.,* at 28-29.

112. *Id.*

113. *Id.,* at 30-31.

114. Certain Systems for Detecting and Removing Computer Virus or Worms, Components Thereof, and Products Containing Same, In. No.

337-TA-510 (2007).

115. Certain Systems for Detecting and Removing Computer Virus or Worms, Components Thereof, and Products Containing Same, In. No. 337-TA-510, Comm'n Determination at 23 (August 2007).

116. *Id.*, at 53-63.

117. *Id.,* at 16.

118. *Id.*

119. *Id.*

120. *Supra* note 31.

121. *Supra* note 45.

122. 參本文第貳節第五項。

123. 參本文第貳節第二項。

124. Microsoft Corp. v. AT&T Corp., 550 U.S. 437 (Apr. 30 2007)

125. AT&T Corp. v. Microsoft Corp., 71 U.S.P.Q.2d 1118, 1 (Mar. 5 2004)

126. *Id.*

127. *Id,* at 2.

128. *Id,* at 4-2.

129. AT&T Corp. v. Microsoft Corp., 414 F.3d 1366, at 1369-2 (Oct. 20 2005).

130. *Id.*

131. *Supra* note 96.

132. *Supra* note 100.

133. *Supra* note 96, at 5.

134. *Id,* at 4-2.

135. *Supra* note 100, at 1370.

136. *Id,* at 1371-6.

137. *Id,* at 1370.

138. *Supra* note 95.

139. *Id,* at 449-2.

140. *Id,* at 450-452.

141. *Id,* at 452-3.

142. *Id,* at 459.

143. *Supra* note 99, at 447-448.

144. *Id.*

145. Bayer AG. v. Housey, 340 F.3d 1367(Oct. 27, 2003).

146. *Id,* at 1369.

147. *Id.*

148. Bayer AG. v. Housey, 169 F.Supp.2d 328(D. Del. 2001).

149. *Supra* note 114.

150. *Id,* at 1371-5.

151. *Id.* at 1371-1372.

152. *Id,* at 1372-6.

153. *Id,* at 1376-1378.

154. Thomas R. Lee, In Rem Jurisdiction in Cyberspce, 75 WASH. L. REV. 97, 145 (2000).

155. Sapna Kumar, Regulating Digital Trade, 67 Fla. L. Rev. 1909 (2015).

156. *Id,* at 9.

157. 19 U.S.C. §1337 (f)(1) (2012).

158. *Supra* note 95, at 903.

159. *Supra* note 157.

160. *Supra* note 95, at 903.

161. H.R. 3782-112th Congress: Online Protection and Enforcement of Digital Trade Act.

162. H.R. 3261-112th Congress: Stop Online Piracy Act..

163. S. 968-112th Congress: Preventing Real Online Threats to Economic Creativity and Theft of Intellectual Property Act of 2011.

164. Joshua D. Furman, Reports of section 337's death have been greatly exaggerated: the ITC's importance in an evolving patent enforcement environment, 30 Berkeley Tech. L.J. 489, 503-504(2015).

165. *Id.,* at 505.

166. *Id.,* at 506-507.

167. Colleen V. Chien & Mark A. Lemley, Patent holdup, the ITC, and the public interest, 98 Cornell L. Rev. 1, 28-38(2012).

168. Thomas F. Cotter, The international trade commission: reform or abolition? A comment on Colleen V. Chien & Mark A. Lemley, patent holdup, the ITC, and the public interest, 98 Cornell L. Rev. Online 43, 52-53(2013).

169. Joshua D. Furman, Reports of section 337's death have been greatly exaggerated: the ITC's importance in an evolving patent enforcement environment, 30 Berkeley Tech. L.J. 489, 508-510(2015).

170. 洪三凱（2014）。臺灣海關專利權邊境執行之疑義分析，專利師，第17期，頁48。

171. 馮震宇（2004）。從美國司法實務看臺灣專利案件之假處分救濟，月旦法學雜誌，第109期，頁18。

172. 同註163，頁49。

173. 同前註，頁55。

174. 海關配合執行專利及著作權益保護措施作業要點：「二、專利權侵權案件經司法機關裁定假處分暫停進出口相關產品者，於專利權人（含專屬被授權人）提供涉案貨物之進、出口時間及地點，裝運進、出口運輸工具名稱、航次等具體資料或進、出口報單號碼後，海關即配合辦理。但貨物業經海關放行者，不在此限。」

175.同註163.，頁62。

176.智慧產權邊境措施統計資料，財政部務署網站，http://web.cus-toms.gov.tw/lp.asp?CtNode=13159&CtUnit=998&BaseDSD=7（最後瀏覽日：2017年7月1日。）

177.海關查扣侵害專利權物實施辦法第2條第1項：「專利權人對進口之物有侵害其專利權之虞，向貨物進口地海關申請查扣，應以書面為之，並檢附下列資料：一、專利權證明文件；其為新型專利權者，並應檢附新型專利技術報告。二、申請人之身分證明、法人證明或其他資格證明文件影本。三、侵權分析報告及足以辨認疑似侵權物之說明，並提供疑似侵權物貨樣或照片、型錄、圖片等資料及其電子檔。四、足供海關辨認查扣標的物之說明，例如：進口人、統一編號、報單號碼、貨名、型號、規格、可能進口日期、進口口岸或運輸工具等。五、申請如由代理人提出者，須附委任書。」

178.同註163.，頁64。

179.同註169.。

180.同註163.，頁66。

參考文獻

洪三凱（2012）。淺析我國專利權邊境保護措施，科技法律透析，第24卷第10期，頁25-28。

洪三凱（2014）。臺灣海關專利權邊境執行之疑義分析，專利師，第17期，頁44-69。

馮震宇（1998）。論美國對外國不公平貿易之法律救濟體系——以侵害智慧財產權之救濟體系為例，萬國法律，第97期，頁2-25。

馮震宇（2005）。邊境保護措施與智慧財產權之保護：從美國關稅法33條發展趨勢與因應談起，萬國法律，第142期，頁2-22。

黃丞儀（2015），潔淨空氣，如何解釋？從Duke Energy（2007）與Massachusetts v. EPA（2007）論美國行政法中立法目的、行政解釋和司法審查之關係，臺大法學論叢，第44卷第3期，頁665。

蘇昱婷、劉尚志（2013）。臺灣企業於美國國際貿易委員會專利訴訟之實證研究，智慧財產權月刊，第177期，頁56-104。

Bayer AG v. Housey Pharmaceuticals, inc., 340 F.3d 1367 (2003).

Certain Digital Models, 337-TA-833 (2014).

Certain Erasable Programmable Read-Only Memories, Components Thereof, Products Containing Such Memories, and Processes for Making Such Memories, Inv. No. 337-TA-276 (1989).

Colleen V. Chien & Mark A. Lemley, Patent holdup, the ITC, and the public interest, 98 Cornell L. Rev. 1 (2012).

Colleen V. Chien, Patently Protectionist? An Empirical Analysis of Patent Cases at the International Trade Commission, 50 WM. & MARY L. REV. 63 (2008).

Daniel T. Kane, Printing a war in three dimensions: expanding "article"to include electronic transmissions before the ITC, 23 CommLaw Conspectus 427 (2015).

Joshua D. Furman, Reports of section 337's death have been greatly exaggerated: the ITC's importance in an evolving patent enforcement environment, 30 Berkeley Tech. L.J. 489 (2015).

Christopher P. Mazza, Grasping the Intangible: How to Interpret "Articles" Under the Tariff Act and ClearCorrect Operating, LLC v. Int'l Trade Comm'n, Law School Student Scholarship 875 (2017).

Microsoft v. AT&T, 550 U.S. 437 (2007).

Sapna Kumar, The Other Patent Agency: Congressional Regulation of the ITC, 61 FLA. L. REV. 529 (2009).

Spana Kumar, Regulating digital trade, 67 Fla. L. Rev. 1909 (2015).

Suprema v. ITC, 796 F.3d 1338 (2015).

Thomas F. Cotter, The international trade commission: reform or abolition? A comment on Colleen V. Chien & Mark A. Lemley, patent holdup, the ITC, and the public interest, 98 Cornell L. Rev. Online 43 (2013).

第十三章

我來 google 看看——商標名稱通用化之爭議與美國最新案例

許炳華[*]

*臺灣高雄地方檢察署檢察事務官兼組長國立中正大學法學博士

摘　要

　　Google 目前已取代 Apple 成爲世界上最有價值之品牌，截至 2017年 4 月粗估其價值約 1 億 950 萬美元，也因此，任何會導致 Google 之商標權喪失之風吹草動，均將引起熱烈關注。試想一個場景，當隨機面臨任何問題，有多少次你的下意識是「我來 google 看看」，然而將google 作爲動詞使用，正爲本文探討之美國最新案例 Elliott v. Google 案的核心爭議。商標之目的在於指示公眾商品之特定來源，眞正之「通用名稱」應該留在「公共領域」，而不應被排他的使用，假使通用名稱賦予其排他使用之權利，結果亦將與促進競爭及排除非法壟斷之反托拉斯法有所扞格。事實上在 Elliott v. Google 案判決前，Yahoo！已開始使用「Do you Yahoo！」，可以預期類似 Elliott v. Google 案之訴訟不必然已止歇，未來可能會有更多相關訴訟進入法院，本文認爲 Elliott v. Google案之背後還有更深層的問題爲商標權之公共領域如何劃定，因此，若最後美國最高法院出面來定紛止爭，亦屬可以期待的，事實上，弔詭的是越成功之商標越可能有商標名稱通用化之危機，本文爬梳 Elliott v.Google 案之脈絡，鳥瞰「商標名稱通用化」之理論與實務，並將重點放在「主要意義判斷標準」之闡述及「商標名稱動詞化」之爭議，以之來作爲我國之比較

關鍵字：商標名稱通用化、商標名稱動詞化、通用名稱、公共領域、主要意義判斷標準。

壹、前言

　　Google 目前已取代 Apple 成爲世界上最有價值之品牌[1]，截至 2017 年 4 月粗估其價值約 1 億 950 萬美元[2]，也因此，任何會導致 Google 之商標權喪失之風吹草動，均將引起熱烈關注。試想一個場景，當隨機面臨任何問題，有多少次你的下意識是「我來 google 看看。」（I'll google it.），然而將 google 作爲動詞使用，正爲本文探討之美國最新案例 Elliott v. Google 案的核心爭議。商標之目的在於指示公眾商品之特定來源，眞正之「通用名稱」（generic terms）應該留在「公共領域」（public domain），而不應被排他的使用，假使通用名稱賦予其排他使用之權利，結果亦將與促進競爭及排除非法壟斷之反托拉斯法有所扞格，本文爬梳 Elliott v. Google 案之脈絡，鳥瞰「商標名稱通用化」（trademark genericism）之理論與實務，並將重點放在「主要意義判斷標準」（primary significance test）之闡述及「商標名稱動詞化」（trademark verbing）之爭議，以之來作爲我國之比較。

貳、美國聯邦第九巡迴上訴法院Elliott v. Google 案

一、案例事實

　　在 2012 年 2 月 29 日至同年 3 月 10 日間，Christ Gillespie 以包含「google」字詞之「網域名稱」（domain name）註冊取得 763 個網域名稱，每個網域名稱均搭配 google 與其他字詞以確認爲特定品牌、人物或產品，諸如：「googledisney.com」，「googlebarackobama.net」，「googlenewtvs.com.」，Google 公司對於上開註冊提起異議，並向「國家仲裁法庭」（National Arbitration Forum, NAF）以前揭網域名稱與

Google 之商標產生實質混淆，且以惡意為註冊行為，即孰知之「網路蟑螂」（cybersquatting），而提出申訴主張該等註冊違反「統一網域名稱爭議解決政策」（Uniform Domain Name Dispute Resolution Policy, UDRP），NAF 採納其主張，並將上揭網域名稱移轉予 Google[3]，不久，Gillespie 及 David Elliott 即向亞利桑那州地方法院起訴主張，依據商標法，Google 之商標已被認知為商品或服務之通用名稱，其論點為大多數相關大眾已使用 google 作為動詞之不爭事實，該等動詞之使用已構成通常使用，Google 則抗辯並無足夠證據足資證明相關大眾已將 google 之字詞主要理解為網路搜尋引擎之通用名稱，地方法院判決 Google 勝訴，全案經上訴至聯邦第九巡迴上訴法院，上訴理由為地方法院錯誤適用主要意義判斷標準、未正視商標被作為動詞使用之重要性[4]。

二、判決理由

(一) 主要意義判斷標準

商標受到保護之可能性有四種分類：「通用名稱型」（generic）、「描述型」（descriptive）、「暗示型」（suggestive）、「創意型」（arbitrary or fanciful terms），本案牽涉上開第一及第四分類，正好分別為商標保護性光譜之兩端，通用名稱意指通常描述性之名稱僅能確認為特定產品或服務，由於通用名稱無法使人確認商品之來源，故不受保護，隨著時間推移，原本有效商標之權利人可能變成「通用化」（genercide）之被害人[5]，當公眾使用一商標作為特定類型商品或服務之通用名稱，而與其來源無關時，即產生通用化，ASPIRIN、CELLO-PHANE、ESCALATOR 均曾經主要被理解為指涉特定商品之來源，而為受保護之創意型商標，然而已因公眾之利用該等商標，現今主要被認知為阿斯匹靈、玻璃紙、電動扶梯之商品而變成通用名稱，然而公眾有時

使用該等商標作為獨一商品之名稱，並不會馬上使得商標通用化，商標只有在當其對於公眾之主要意義為特定類型之商品或服務，而與其商品來源無關時，才會變成通用化，此即為「你是誰／你是什麼檢驗」（who-are-you/what-are-you test），假使相關公眾主要理解系爭商標為描述一特定商品或服務為何人或來自何處，則系爭商標仍為有效，反之則否；簡言之，必須探究者為是否該等名稱在消費大眾心目中之主要意義為產品而非生產者[6]。

(二) 商標名稱動詞化

Elliott 雖主張法院應該審究是否相關大眾主要使用「google」這個字詞作為動詞，然而商標法之條文很清楚地規定已註冊之商標變成商品或服務之通用名稱，方得撤銷其註冊[7]，商標法指明主要意義判斷標準必須審酌的是「已註冊之商標是否已變成特定商品或服務之通用名稱」，也因此，指摘通用化必須與特定之商品或服務有關，故 Elliott 雖提出字詞使用在商標上只能當成形容詞，然而商標被作為動詞使用並不會自動構成通用化使用，Elliott 語意學上之論點違反商標保護性之基本原則，國會在修正商標法以「主要意義判斷標準」來審查通用化之案件時特別表示，可以使用商標作為產品之名稱，也就是，作為名詞，還可以使用特定來源之標識，作為商標，並進一步解釋：「商標提供兩種功能，命名產品，同時指涉其來源，無可否認地，假使一產品是獨特的，極有可能採用該商標使用以確認產品，就如同確認了該產品之名稱，然而此並無法決定該等標識屬於通用性」[8]。

以 Coca-Cola Co. v. Overland, Inc. 案為例，可口可樂公司以一當地餐廳之服務人員定期性地、暗中地將顧客菜單上所點之可樂替換為非可口可樂之飲料，而提起商標侵權訴訟，該餐廳以通用性為抗辯，主張「COKE」之商標已變成所有可樂飲料之通用名稱，然被認定有違常理

不為該案所採 [9]，事實上，顧客使用商標作為名詞，並點用可樂正足以證明其心中並無特定來源，也因此，Elliott 主張商標被使用作為形容詞時，方得提供確認來源之功能並不足取，故原審判決認定商標被作為動詞使用並不自動構成通用化使用之見解並無違誤，甚者，原審判決創設出「差別性動詞」（discriminate verb）、「無差別性動詞」（indiscriminate verb）以解釋通常性使用亦堪稱適當，雖屬新奇，然得以巧妙地描繪消費者是否於心中認知有特定之來源，縱然網路使用者可能心目中不存在特定之搜尋引擎，而以無差別之意識使用動詞「google」，亦可能基於差別之意識而在心目中認知使用 Google 搜尋引擎 [10]，均與公眾對於系爭名稱本身主要之認知無涉，文法上之功能亦與搜尋引擎無關 [11]，況且，依據 Elliott 自行提交之可信調查，在 251 位受訪者中，亦只有半數使用「google」作為動詞 [12]。

(三) 辭典證據

Elliott 再提出辭典作為證據，然而均不足以支撐「google」已被定義為網路搜尋引擎之通用名稱 [13]。

(四) 權利人之使用

Elliott 復提出 Google 之協同創辦人 Larry Page 在公開電子郵件中鼓勵收信者「玩得愉快，並持續 google」（Have fun and keep googling!），然而並無法證明 Page 在呼籲「持續 google」時，心目中沒有特定之搜尋引擎 [14]。

(五) 替代選項

末者，Elliott 主張就搜尋網路之行為並無有效之替代選項得以取代「google」這個字作為名稱，然而，任何單一之競爭者並不會稱呼搜尋

引擎為「google」，消費大眾亦認知還有不同之網路搜尋引擎，此部分自難予以苟同[15]。

(六) 總結

Elliott 雖提出許多證據以支持其大多數相關大眾已以通用性之意思來使用動詞「google」之推論，然而單獨此部分，並無法得出「google」已為相關大眾主要理解為網路搜尋引擎通用名稱的結論[16]。

三、WATFORT 法官協同意見

並無前例認定商標經通常使用而作為動詞即僅指涉商品或服務之使用，然而本案不應排除由陪審團來審酌商標被使用作為動詞是否將使公眾認知為商品或服務之通用名稱，使用名稱作為動詞與如何使用該等名稱作為形容詞或名詞經常相關，該等無差別性作為動詞使用之證據，潛在性地與審酌是否系爭商標已變成商品或服務之通用名稱有關[17]。

四、亞利桑那州地方法院判決摘要[18]

「google」之名稱在本案可能有四種意義：其一，作為商標指涉 Google 之搜尋引擎[19]；其二，作為動詞指涉使用 Google 搜尋引擎在網際網路上進行搜尋之行為；其三，作為動詞指涉使用任何搜尋引擎在網際網路上進行搜尋之行為；其四，通常作為描述搜尋引擎之通用名稱[20]，只有在消費公眾之大多數認知「google」名稱之主要意義屬於上開第四種意義，方為撤銷商標註冊之事由[21]。

而本案縱然接受原告所提出之證據：有高達 51% 的人使用「google」名稱作為動詞，意指在網際網路上進行搜尋，亦只能認屬於上開第二、三種意義，而就算依循有利於原告之推論，多數之消費大眾將「google」作為動詞，以無差別待遇之意思，不管所使用之搜尋引擎

為何來使用網際網路，亦僅意謂上開情況偏向屬於第三種意義，然而原告在欠缺充分之證據下，驟然邏輯跳躍地指摘「google」被作為動詞屬於上開第四種意義而應撤銷其商標，惟該等邏輯在事實上及法律上均無法支持，事實上，原告之證據並無法證明「google」被作為動詞使用較諸非動詞頻繁，在法律上，商標名稱通用化之檢驗並非繫諸該等商標名稱被作為動詞使用之頻繁程度，而在於大多數消費公眾認知系爭商標名稱之主要意義，原告之證據並無法證明本案屬於上開第四種意義[22]，而適用「你是誰／你是什麼檢驗」，亦得出消費大眾壓倒性地認知「google」為特定之搜尋引擎[23]。

五、小結

Gillespie 及 Elliott 於 2018 年再行提起上訴，要求美國聯邦最高法院（下稱最高法院）發出「移審令」（certiorari），其等指摘美國第九巡迴上訴法院（下稱第九巡迴上訴法院）認為商標作為動詞使用與決定系爭商標名稱是否已通用化無關之見解是危險的，並進一步提出應該鼓勵商標名稱通用化，讓人們得以自由使用該等名稱[24]。環繞在商標名稱通用化的問題不僅對於 Google 重要，亦同時涉及「Photoshop」、「Xerox」及其他商標之權利人，該等商標雖在法律上尚未被宣告通用化，然卻無所不在地被動詞化[25]，全案於 2017 年 10 月 16 日經最高法院為不受理之決定，爭端暫告落幕。Elliott v. Google 案判決之重點除了聚焦主要意義判斷標準及相關審酌工具，兩造爭執最激烈處則為 Google 商標是否已動詞化，進而使其商標名稱通用化，另亦有認全案隱隱涉及「競爭性關鍵字廣告」（competitive keyword advertising）的問題[26]，然非全案重點，即不予細論[27]。

參、商標名稱通用化

一、意義

「generic」這個字詞同時爲字典編纂及法律之專門術語,當字典編纂者在每日之言論及書面出版之客觀資料中,發現在流行中廣被使用之品牌名稱具有通用性之技術特徵時,會將其發現具體化於辭典之詞條,並加以定義,例如:「美國傳統英語辭典」(The American Heritage Dictionary of the English Language)[28]。原具「識別性」(distinctivenes)之商標,而逐漸變成通用名稱,通用名稱均應該屬於公共領域,而不受保護,一旦該等名稱進入公共領域,原則上即不再爲受保護之商標,在實務運作上,爲「美國專利商標局」(United States Patent and Trademark Office, USPTO)以通用名稱而核驗註冊者,與法院宣告爲通用化之商標名稱仍有差異,前者一開始即禁止申請人取得權利,後者,則可能在權利人已投注數百萬美元之廣告費並獲得商譽後,加以否定,誠如 Richard Posner 法官所言:「宣告系爭商標已通用化,並丟棄至公共領域,實爲致命一擊,無異對於成功使其商標家喻戶曉之權利人加諸處罰」,此外,拋棄曾經爲強度之商標,亦將混淆持續將系爭商標與權利人品牌爲聯結之消費者,然而,一旦商標名稱眞的出現通用化,強烈之政策考量必須置於權利人維持其商標利益之上[29]。

然而所謂「通用」,在一般語言之常見意義與商標背景下之技術上意義,前者意指「有關於或適用於所有該種類、等級、團體、族群之成員」,然後者,通用有其特定之意義,指涉特定種類之產品或服務其普通之名稱,通用名稱即可能來自不同來源之特定類型產品或服務其普通名稱,在定義上,產品本身之名稱由於未指涉產品之來源,故無法發揮商標之功能,通用與商標兩個名詞應屬互斥[30]。也因此,商標名稱通用化之原則在禁止任何團體,對於他人必須使用在商品或服務上之名稱,

將之在市場上從事競爭行為之排他利用，而不管該等商標曾經或現在服膺之目的 [31]。任何人不得利用公共領域中之通用名稱作為商標，因該等名詞已成為「語言學之公共空間」（linguistic commons），上開利用將同時傷害競爭者及消費者 [32]。

二、原因暨結果

(一) 原因

商標權人特別是擁有專利產品者，經常鼓勵公眾使用其商標作為通用之「家庭箴言」（household words），然而在達到上開目的後，卻發現消費者經年累月使用該等名詞所確認者為商品而非來源，司法實務即曾相當直白地謂商標名稱通用化之過程「使得成功廣告及普及化產品之廠商受到嚴厲之懲罰」[33]。

1. 商標權人之活動

當商標權人習慣於以無確認來源之方式使用自己之商標即可能發生通用化，King-Seeley Thermos Co. v. Aladdin Industries, Inc. 案，King-Seeley 公司在促銷資料及目錄均使用「Thermos」作為燜燒鍋之同義字，而非生產特定燜燒鍋之來源確認 [34]。

2. 競爭者之使用

任令競爭者使用自己之商標亦可能導致通用化，上開「Thermos」之例子，該公司任令競爭者使用「Thermos」在其自家公司產品，自然減損系爭商標為來源之識別，公眾亦接受「Thermos」是在描述產品，而非產品之來源 [35]。

3. 商標化產品之普及或市場主導性

Murphy Door Bed Co. v. Interior Sleep Systems, Inc. 案，Murphy Door

床墊公司乃第一個使用「Murphy Bed」來描述壁床，不但取得專利，且在該等產品中有如居於壟斷之地位，然斯時由於該等產品如此受到歡迎，消費者似乎已將「Murphy Bed」作為壁床之綽號，而非 Murphy Door 床墊公司所生產[36]。

4. 出版、辭典及其他媒體

出版及媒體使用系爭商標之方式亦可導致商標名稱通用化，雖然很難認定究係辭典或媒體之出版反映了公眾先前對於系爭商標之通常使用，或該等出版驅使公眾使用系爭商標朝向通用化，亦可能是在出版中以通用化之方式使用系爭商標同時反映該等商標名稱受到熱烈使用及導致通用化，而其他諸如作家之使用，亦可能出現同樣之效果[37]。

(二) 結果

迴異於專利及著作權，商標在理論上並無權利存續期間，只要商標得使用以區辨及確認，即受到保護，此在經濟上有莫大之意義，對於消費者而言，商品完全之價格包含其上名目上之價錢及發現該等商品之成本，商標即在於降低後者之成本，亦即「搜尋成本」（searching costs）[38]，使得商品之生產者在商品停止銷售前放棄其上之名稱，由於具體化於商標上之資訊已消失，無異課以消費者搜尋之成本，該等結果迫使廠商面臨選擇：增加商品到達消費者手中之總成本或降低商品名目上之價錢以補償消費者[39]。而商標提供之誘因亦在維持商品及服務規定的及耐久的品質，只要品牌仍保有價值，該等誘因即持續存在，然而品牌如有到期的時候，廠商可能在到期日前降低商品之品質，並嘗試榨乾該等商標最後之價值，也因此，理論上，恆久性之權利乃降低消費者成本及給予生產者維持經常性品質之誘因最佳之道，企業實有強大之動機以防止其商標名稱通用化，通用化可謂剝奪了該等標識所有之價值[40]，一旦通用化發生，商標變成通用名稱，任何人均得加以使用之以描述己身商品，原

權利人勢必狼狽地被迫另闢管道而求與其他競爭者區隔[41]。不過,從反面來觀察,商標名稱通用化對於競爭者及公共領域則是有益的[42]。

三、歷史面

(一) 普通法淵源

基於普通法之淵源,早期大多數之司法實務給予描述型名稱及通用名稱相同之地位:均不得作為「技術商標」(technical trademark)[43],然而如果具備識別性,得取得免於受到仿冒之保護,斯時法院在決定描述性、通用性時,並無相當之重要性,因為某些普通法之來源將描述性字詞視為通用名稱之分支,假使權利人得證明系爭描述或通用名稱已取得識別性,仍得以作為來源之區辨,而被定位為「商業名稱」(trade name)[44]。

惟雖然早期普通法將通用名稱與描述性名稱同等對待,然司法實務逐漸體認到限制競爭者使用通用名稱之負面效應,出現之個案典型上均屬案件中專利權部分已屆滿之情況,在這種背景下,商標權之保護無異有效地、卻不合理地延長了專利之壟斷[45]。

(二) 實定法前

在商標法明文核駁通用型商標註冊或維持其效力前,聯邦巡迴上訴法院已著手處理某些個案,使其商標撤銷而進入公共領域,1921 年之 Bayer Co., Inc. v. United Drug Co. 案,對於 Bayer 公司已獲得「阿斯匹靈」(Aspirin)商標註冊使用於「乙醯柳酸」(acetylsalicylic acid)上長達 22 年,法院雖承認 Bayer 花費大量金錢在普及化上開已受到承認之商標,但仍判決撤銷該等商標之註冊,法院審酌之核心在於「購買者對於 Aspirin 之認知為何」,假使其認知並非 Bayer 所生產之乙醯柳酸,即便 Bayer 多努力於使上開商標為大眾理解,仍無解於通用化之事

實[46]；18 年後之 DuPont Cellophane Co. v. Waxed Products Co. 案，法院雖承認 DuPont 公司業努力於使其商標「CELLOPHANE」避免成為玻璃紙產品之名稱，然而法院審理之重點仍為「cellophane 這個名稱對於消費大眾之意義為何？」[47]；在近 10 年後之 Coca-Cola 案，法院雖認為 Coca-Cola 公司業透過廣告及其他途徑來主張名稱「cola」之排他使用，然「cola」對於消費大眾而言，已變成從 cola 樹的堅果中取得飲料之通用名稱[48]。

實定法前之通用性爭議訴訟亦嘗試提出清楚之分析架構，上開 Bayer 案隱隱約約操作主要意義檢驗，然實屬曖昧不清，惟目標相當堅定：不管權利人如何努力，系爭名稱對於消費大眾之意義為何，也因此，實定法後，消費者之認知[49] 乃成為單獨之檢驗標準[50]。

(三) 實定法後

1946 年之商標法區辯「僅為描述型」之名稱（merely descriptive）及「普通描述型」（common descriptive）之名稱（亦即通用名稱），前者在取得識別性後可獲准註冊，後者則否，司法在劃定該道界線更形重要，現行之商標法對於本來具有識別性而獲准註冊之商標，假使被認定為通用名稱，即不再予以保護[51]，並修正商標名稱通用化之原則，假使商標「變成」（becomes）商品或服務之通用名稱，不管基於何理由，即非有效之商標，得隨時加以撤銷，而假使侵權訴訟之被告主張原告之商標為通用名稱，原告並須舉證主張其商標非屬通用名稱，也因此，通用性與描述性名稱之區辨成為受保護之商標事實上之界線[52]。另 1984 年商標法修訂，將主要意義判斷標準實定法化，探究該等已註冊商標對於相關大眾之主要意義，而排除審酌 1938 年最高法院 Kellogg Co. v. National Biscuit Co. 案（下稱 Kellogg 案）提出之消費者購買動機[53]。

四、理論之正當性基礎

商標名稱通用化理論背後之正當性基礎大抵均聚焦在競爭法面向。

(一) 立法目的

理論上，通用名稱獲准註冊將使競爭者在溝通其產品之性質或特質之資訊上居於劣勢，並將迫使消費者不是花費多餘的時間來了解競爭商品，就是給付額外的價格予商標權人，由於競爭乃經濟體系之必然，商標名稱通用化理論即用以阻止上開現象 [54]。另一個立法政策上的考量則為「效益極大化」（maximization of efficiency），實質上，當商標落入通用名稱的世界顯示加以保護之效益降低，持續賦予權利人對於系爭名稱排他控制，將使得競爭者無法利用同一名稱進行廣告及提供消費者搜尋而抑制競爭 [55]。

(二) 搜尋成本

基於市場的原因，生產者擁有強烈之經濟誘因選擇通用名稱作為商標，並促使消費者採用其商標作為家庭用語，而將通用名稱使用在廣告上更是令人稱羨之策略，因為得以排除所有競爭廠商，使其等有如不存在市場，然而由於消費者無法決定潛在之競爭產品是否擁有與通用名稱者同樣之特質，而增加搜尋成本，使用通用名稱作為商標阻遏其他人無異進行「獨占性訂價」（supra-competitive prices）[56]。

五、反思

然而商標名稱通用化之論調亦受到質疑，「西北大學」（Northwestern University）法學院教授 Beverly Pattishall 曾提出「壟斷的恐慌」（monopoly phobia）思維主導了商標法之轉變，然抑制商標的保護明顯牴觸商標法之立法目的，而形成「貿易限制」（restraint of trade），

保護商標本質上之權利是否會形成壟斷實屬有疑[57]。法律經濟學家 Richard Posner 和 William Landes 更提出商標法之經濟分析：「假使生產者聰明到得以自一個字詞命名其品牌，而在日後被使用為同類整體產品之名稱，難道不應該因豐富人類辭庫之價值而受到獎勵？」[58]，在本質上，這不就如同在著作權法被拒斥的「辛勤原則」（Sweat of the Brow）。而「加州柏克萊大學」（University of California, Berkeley）法學院教授 Robert Merges 更大聲抱屈在通用化理論下，不管原權利人如何盡力防止，其商標權還是喪失了，並向法院疾呼應該尊重努力發明該等商標之所有人，商標名稱通用化理論業剝奪創作者之創作所得[59]，也因此，廢除商標名稱通用化理論之呼聲也是存在的[60]。

六、案例舉隅

有人曾歸納美國歷來眾多商標，有些已被認定為通用名稱，也些則有通用化之風險[61]。

(一) 過去式

商標	通用名稱
Aspirin	「阿斯匹靈、乙醯柳酸」（acetylsalicylic acid）
Heroin	「海洛因」
Cellophane	「玻璃紙」
Escalator	「電動梯」
Trampoline	「彈床」
Thermos	「熱水瓶」（vacuum flask）
Dry Ice	「乾冰」
Kerosene	「煤油」
Laundromat	「自助洗衣店」
Linoleum	「油氈」

商標	通用名稱
App Store	「應用程式線上發布平臺」
Yo-Yo	「溜溜球」
ZIP code	「郵遞區號」
Zipper	「拉鍊」
TV Dinner	「電視餐、冷凍餐」

(二) 未來式

商標	通用名稱
Xerox	「複印」（photocopier to make a photocopy）
AstroTurf	「人工草坪」（artificial turf）
Memory Stick	「記憶棒」（flash memory storage device）
Onesies	「連體衣」（infant/adult bodysuit）
Sharpie	「麥克筆」（permanent marker）
Taser	「泰瑟電擊槍」（electroshock weapon, stun gun）
Lava lamp	「熔岩燈」（liquid motion lamp）
Dumpster	「垃圾箱」（front loader waste container）
Fiberglas, Fiberglass	「玻璃纖維」（glass wool）
Formica	「麗光板」（wood or plastic laminate）
Tupperware	「塑膠容器」（plastic storage container）
Tarmac	「柏油碎石」（asphalt road surface）
Jacuzzi	「按摩浴缸」（hot tub or whirlpool）
Putt-Putt golf	「迷你高爾夫」（miniature golf）
Jet Ski	「水上摩托車」（stand-up personal watercraft）

七、小結

當網際網路蓬勃發展及電子商務盛行，許多領域之法律必然須跟上腳步，商標名稱通用化理論亦不能置身事外，源出於智慧財產權法，商標名稱通用化理論卻在經濟效益上形成詭異之諷刺，企業越成功地行銷其特殊之商標，其商標名稱變成通用化而被丟到公共領域之可能性越高，如果再伴隨數位世紀之爆炸，商標理論對於消費者及生產者均彌厥重要，網際網路之巨大成長可能引發更多商標名稱通用化之爭議，該等理論雖有其正當性基礎，然上述之反思亦不容視而不見。

肆、通用化之判斷標準

一、主要意義原則

(一) 理論面

1. 內涵

主要意義原則乃判斷商標有效性之方法；簡言之，該等原則探究相關大眾之心目中將系爭名稱視為商品來源或商品通用名稱，主要意義指消費者心目中認識該商標之主要意義[62]，美國商標法第 14 條 (3) 款規定：「於決定該註冊標章是否為其使用商品或服務之通用名稱的標準，應就使用註冊標章對相關大眾之主要意義而非購買者之動機定之」[63]，主要意義原則被認為是審酌是否通用化適當之法律標準[64]。

2. 第二意義

系爭名稱對於消費大眾之主要意義可同時使用以決定是否已通用化或已藉由取得識別性、「第二意義」（secondary meaning）而應受到保護[65]，客觀上而言，兩者對於主要意義之要求應無不同[66]，然亦有認

爲，相較而言，主要意義原則係較爲精確之標準，其要求需百分之五十以上之消費者來認知系爭商標[67]。

(二) 實務面

主要意義原則在實務上被認爲乃分析商標名稱通用化最重要之詞彙學路徑，該等路徑則源自於最高法院 Kellogg Co. v. National Biscuit Co. 案[68]，該案之爭點在於「Shredded Wheat」是否爲通用名稱而不受保護，法院指出該等名稱在消費大眾心目中之重要意義，必須爲生產者而非商品[69]，並發現「shredded wheat」爲混合之商標，某些消費者認知其爲來源識別，某些消費者認知其爲碎燕麥片之通用名稱，雖然有許多人會將該等產品連結到位於尼加拉瓜瀑布的廠商，然而此僅爲從屬意義（subordinate meaning），尚非主要意義，因此不受商標法保護[70]。該案承認系爭名稱可能蘊含有通用、非通用之雙重意義，主要意義（支配之定義）在於消費者之心目中[71]。該案被認爲是商標名稱通用化分析之試金石，並爲主要意義原則之起源[72]。

(三) 瑕疵

1. 過時之商標功能概念

主要意義原則假定了一個產品與生產者間完美的二分法，並假設競爭廠商間的產品具備明顯的互相交換性；換言之，消費者可做出兩個截然不同之購買決定，一個是想要購買的商品，一個是希望購買之來源，商標唯一之功能只有後者，確然，早期商標之功能只是指明商品之來源，即便是今日，某些商標亦只有該等功能，然而「大眾行銷」（mass marketing）的到來、商品跨境流動、無所不在的廣告，當代之商標已具有更廣之功能，商標所喚起者非僅消費者心目中商品與來源截然獨立之概念，毋寧說在導引出「品牌形象」（brand image），品牌形象乃消費

者對於品牌認識及態度之印象匯聚，可以包含商品來源之認知、其他商品特質之認識、對於商品價值之信念、對於品牌適合性之評價等，主要意義原則僅要求系爭商標必須主要能表明商品來源，方為有效之商標，實忽略品牌形象複雜之本質 [73]。

2. 焦點錯置

　　商標法之立法目的及商標名稱通用化理論之目標都聚焦在競爭面向，主要意義原則之操作重點在於商品與來源，有可能混淆了通用化案件之基本爭議：允許使用系爭通用名稱持續作為商標對於競爭之效益[74]，其使用主要意義原則而狹窄地限於語言學之探究，法院在面對商標名稱通用化之案件時，應尋求平衡商標權人、被指訴之侵權人、相關商品市場促進競爭之利益，並關照公眾之利益，主要意義原則恐怕無法達到該等功能 [75]。

二、其他標準

(一) 種類 / 分支

　　種類 / 分支原則（genus/species principle）為通用性之基礎理論，雖屬較為陳舊，在消費者搜尋商品有限之場域中，用以探究該等名稱是否意指產品之分支或種類尚屬有用 [76]，此乃借用科學的概念 [77]。假使法院認為系爭名稱係指涉產品之類目，將會被視為種類，而變成通用化，然若法院認定為種類之一部分或分支，在具備第二意義下，仍應定位為商標 [78]。一般認為種類 / 分支原則應結合主要意義原則併用為宜，以 H. Marvin Ginn. Corp. v. International Ass'n of Fire Chiefs, Inc. 案為例，爭議之商標為 FIRE CHIEF，法院先探究本案商品或服務之種類為何？接著，審酌系爭商標名稱為相關大眾重要認知之商品種類為何？法院不採 FIRE CHIEF 使用於出版品上為消防產業種類之分支，其次，相關大眾

亦未將 FIRE CHIEF 認知為消防出版品 [79]。再以「Tide」商標為例，依據市場調查，有高達三分之二的受訪者是因為產品相關的理由而購買，「Tide」已變成自己商品的種類，而走向通用化 [80]。

然而上開原則被批評為對於具有獨特性，而無競爭商品之產品有差別待遇，因為在此原則下，該等產品成為自己的種類，將商標結合該等產品必然成為通用名稱 [81]。

(二)「你是誰／你是什麼」檢驗

上開種類／分支專門術語推論下去則為「你是誰／你是什麼」檢驗 [82]，該等原則理念非常簡單，以擬人化的口吻來說：商標回答：「我是誰？」、「我來自何處？」，通用名稱則回答：「我是什麼？」，舉例言之，PEPSI、iPod、BMW 的回答將是產品來自何處，故為商標之適格，然 cola、music player、car 之回答會跟其他競爭產品一樣，故為通用名稱 [83]。以 In Re Steelbuilding.com 案為例，合併兩個通用名稱「steel」及「building」成為「STEELBUILDING.COM」，被認為通過「你是什麼？」的檢驗 [84]。不過該等檢驗亦被批評在實務上並不容易適用 [85]。

三、相關判斷工具

(一) 消費者調查

1. 品牌名稱

「品牌名稱」（brand name）之調查為 EI DuPont De Nemours & Co. v. Yoshida Internat'l, Inc. 案所大力支持，訪談者先描述品牌名稱與通用名稱之區別，然後以事先選擇名單之名稱提問受訪者，該案認為得以顯示消費者主要認知該等名稱為商品或來源 [86]。

2.消費者動機

消費者動機之調查早期曾為聯邦第九巡迴上訴法院採用，以 Anti-Monopoly, Inc. v. General Mills Fun Group 案為例，即設計下列問題：消費者對於系爭遊戲之認知、是否消費者熟悉所購買之該遊戲或意欲購買該遊戲、消費者購買之動機是否為單純喜歡該等遊戲，不過後來該等消費者動機調查被認為與決定商標之主要意義無關，亦無法充分回應商標名稱通用化之問題，實定法中甚至明文不列入考量[87]。

(二) 辭典

司法實務長期以來參閱辭典以決定系爭名稱是否已通用化，其理由為辭典之定義雖非商標名稱通用化案件之最終證據，然由於反映一般公眾對於商標名稱之認知，而具有相當影響性，以前開 Murphy Bed 案為例，法院依據「Murphy Bed」在許多辭典均成為壁床之標準描述，而認定系爭商標已通用化，辭典證據因為編纂辭典者對於字詞意義之專業權威而具說服性，在法庭上，律師及法官對於辭典證據亦多懷有高度敬意[88]。「google」這個字詞在 2006 年被收錄於 Merriam-Webster 辭典，有認為短短 8 年從不存在之名稱進入被通常使用之字詞，為搜尋引擎之里程碑[89]。

不過使用辭典證據來評價通用化的爭議，亦有受到批評之處，其一，辭典編纂者編纂使用之材料，通常來自於得快速閱讀而擇取新字詞、新意義之專家，這種非平常人形成之意識對於需普羅大眾分辨之通用化問題，恐怕意義不大，其二，辭典間對於某字詞之定義可能是互相借用，多本辭典對於同一字詞之定義，不必然是個別辭典編纂者之獨立判斷，也因此，有人挪揄「不容忽視的是我們常常引用的是同一本辭典，並以為該辭典編纂者深究所有字詞之定義」[90]。

(三) 媒體

司法實務常使用之證據還包含報紙、雜誌及商業期刊等媒體，上開 Murphy Bed 案即同時參考辭典及媒體證據，惟此工具亦遭抨擊存有方法論上之謬誤，因為在未進行實證研究下，各自獨立之媒體證據如何使用以評斷消費者心目中所認識者，究為主要意義抑或附屬使用，恐怕還是委諸於人的直覺[91]。

(四) 語料庫語言學

「語料庫語言學」（corpus linguistics）是比較近期被提出之工具，透過該等語言學之方法論進行量化分析，存在於語料庫之字詞都是來自於每天使用於文學小說、報紙、雜誌、學術期刊者，美國當代英語語料庫（Corpus of Contemporary American English, COCA）即為目前最大型、免費供使用之英語語料庫[92]。

四、小結

主要意義標準並不易適用，因為必須探測消費大眾之內心，且亦無明確之方法以證明該等無形之概念，律師欲證明通用化恐怕必須備齊主要意義之直接、非直接證據[93]，主要意義本質上為主觀之標準，然最高法院在 Kellogg 案所揭櫫後仍成為判斷商標名稱通用化之主流，假使系爭商標在消費者心目中所認知之主要意義為商品或服務之種類，而非商品或服務之來源，則該等商標已不能提供商標法所規定之來源確認之功能。至於「你是什麼？你是誰？」的檢驗可以理解為主要意義標準之過程，假使相關大眾對於系爭商標名稱之認知得描述為「特定商品或服務是誰、從哪裡來」，該等商標並無通用化之問題，然如認知描述為「特定商品或服務是什麼」，則該等商標已陷於通用化，不過該等檢驗亦被批評僅嘗試將字詞放入完美之分類箱內，然忽略了字詞在英語語言內有

著多重之意義[94]。

伍、商標名稱動詞化

一、商標使用作為動詞陷於通用化

(一) 實務面

1. 專業團體

　　「國際商標協會」（International Trademark Association, INTA）針對如何適當地使用商標在 2012 年曾提供指引：商標及服務標章需為適當的形容詞，非動詞、非名詞，商標應該一直被使用作為形容詞，以界定產品或服務，商標乃公司品牌的名稱，非產品或服務本身，並舉例：使用「XEROX」品牌之影印機為正確，「XEROX」這些影印為錯誤[95]。

2. 產業界

　　對於上開指引，產業界似亦奉為圭臬，上開 Xerox 即為當代科技商標權人對抗商標名稱動詞化之典型，Xerox 914 乃第一部廣為大眾熟知之影印機，因此，公眾開始使用「xerox」作為影印之一般動詞，由於恐懼商標名稱通用化，Xerox 相當主動地教育公眾關於其品牌，並寄送函件給予那些使用「xerox」作為動詞者，即使屬於非商業使用，雖然小寫之「xerox」被 Merriam-Webster 辭典歸類在動詞，Xerox 始終拒絕承認其商標名稱亦具有動詞意義，並從未放棄遏阻其商標為動詞化，由於積極教育大眾及嚴格管理商標，其目前尚未喪失其商標權之保護[96]。

(二) 理論面

　　學術界主張商標作為動詞使用即變成通用化之學者並不多，「天

主教學院聖母瑪利亞法學院」（Ave Maria School of Law）教授 Vanessa
Bowman Pierce 提出傳統之智慧告訴我們當公眾將該等商標名稱使用作
爲名詞，或甚至作爲動詞，該商標即變成通用化，某些商標權人鼓勵上
開使用，並希冀將其商標變成家庭箴言，這些權利人過於大意，渾然
不知此爲商標名稱通用化重要之因素，商標名稱如相當引人注意，則
在主導市場與變成通用化，也不過是一線之間[97]。馬歇爾法學院（John
Marshall law School）教授 John Dwight Ingram 則認爲商標權人絕對不能
將其商標作爲動詞或名詞使用，因爲將導致商標名稱通用化，當然，使
用商標僅作爲形容詞，而非動詞，亦不保證不會變成通用化[98]。

二、商標使用作爲動詞不代表通用化

(一) 實務面

1. 立法

美國商標法規定：商標包括任何文字、名稱、記號、圖樣，或其聯
合式，其：(1) 經人使用，或 (2) 經任何人善意欲於商業上之使用並依本
法申請註冊於主要註冊簿，以表彰其所提供之商品，包括獨特之商品，
且得與其他人所製造或販賣之商品相區別，並顯示該商品之來源，即便
該商品來源並未爲人所熟知[99]，法條上之定義並未要求商標名稱必須爲
形容詞，僅要求該等商標必須具備識別來源之功能，而包含商標審查程
序手冊（Trademark Manual of Examining Procedure, TMEP）亦未禁止商
標以動詞型態註冊[100]。

2. 司法

回顧判例法，並無任何個案，法院單純只以商標作爲動詞使用，
而認定商標名稱通用化，以 BellSouth. Corp. v. Planum Tech. Corp. 案爲
例，法院認爲即便權利人積極的促銷，而將其商標名稱「PHONE FOR-

WARD」作為動詞使用，該等商標名稱仍為暗示型的，即使後來有若干個案，法院最終認定系爭商標名稱已通用化，然均非單純因商標名稱動詞化之故，係因無法識別其來源而不受保護[101]。

3. 行政

事實上，主管機關專利商標局曾核准包含「DO YOU YAHOO」[102]、「SHEPARDIZE」[103] 之註冊，而「Shepardize」為每個法學院圖書館員最喜歡之名稱[104]。

(二) 理論面

1. 市場

商標作為動詞使用之力量非常強烈，品牌必須與消費者進行情緒性的溝通，而人們對於動態之事務特別感到興趣，動詞得以令人感受到需求、慾望、渴求，行銷理論提出使用動詞乃行銷商品或服務最強大之方式，以「GOOGLE」為例，當 Google 開始反對其商標名稱被作為動詞使用時，其作為消費者「google」搜尋需求之品牌認同感，恐怕已受到影響[105]。

2. 語言學

「動詞化」（verbing）乃一特殊之語言學行為，正快速的在英語世界被使用，動詞化為名詞或其他類型言論之轉化，得以創造雙關語、新詞語或簡化現存之言論，該等機制對於語言之效果非常清楚，諸如「contact」、「impact」、「access」等，一開始均為名詞，然已普遍被接受為動詞，動詞化為進行溝通最有利之工具[106]。

3. 新科技

語言學家發現在商標的場域，動詞受歡迎的理由，因為當創造性或新型產品問世時，用以填補「對話之真空」（conversational vacuum）

相當有用[107]。在新科技的時代，當使用新型態之產品時，總希望尋求一個動詞來傳遞該等行動，當產品之科技相當新穎時，將諸如「xerox」做動詞使用，實能彌補新舊世代間之空白[108]。

三、小結

Microsoft 在 2009 年 5 月推出「Bing」，希望在不久之後，「Bing it」可以取代「Google it」[109]，可見商標動詞化已非牢不可破之禁忌，雖然學術界有少數商標作為動詞使用將陷於通用化之論調，然未見有進一步理論之論述，唯一之依據反而是專業團體及產業界之約定俗成，則該等論調似可謂屬於相沿成習之老祖宗叮嚀，並非固若金湯，當然，持平而言，主張商標使用作為動詞不代表通用化之論點，其理論面徒強調商標作為動詞使用之必要性及效益，亦難謂正當性基礎堅強，本文認為反而是實定法未有規定及並未有何判決先例之實務狀況具說服性，其理由在於商標權為財產權[110]，撤銷商標註冊無異對於財產權之剝奪，應負有合憲性基礎說理之義務。

陸、傍論異議

1998 年 GOOGLE 剛出現時，創辦人 Larry Page 曾倡「玩得愉快，並持續 google」，這應屬權利人自己將商標作為通常使用之類型，一般可能如同 ASPIRIN、CELLOPHANE 一樣自毀商標權[111]。

一、公共領域

就如同著作權法，商標法亦應劃定公共領域之範圍，其大原則即為商標權之保護僅及於文字或標識得以確認其單一來源者，而非僅描述特定類型之商品或服務[112]，標識如已變成通用化，即應充分地開放供公

眾使用，在此基礎上，構成通用化表達之已註冊商標應失其效力[113]，由於該等公共領域之使用具有強烈之公共利益，通用化商標自不應再受到保護，然而爭議可能出現在判斷商標名稱是否已通用化亦須從消費者的角度觀察[114]，也因此，上開公共領域之建構必然出現不確定風險之結果[115]，然而 Elliott v. Google 案在此部分之著墨實過於薄弱[116]。

二、名稱之淵源

Google 之名稱來自於數學名詞「googol」[117]，英文字「googol」仍然意謂自然數 10^{100}，不管 Google 對於相近的名稱作了什麼改變，也因此，Elliott v. Google 案將面臨本質上的衝突：一個法院普遍接受之法律原則「一旦通用化、終身通用化」（once generic, always generic），本案很容易地可以想像，當電腦之速度到達自然數 10^{100}，每一個高速電腦的製造商均會有競爭的需求，將其電腦形容為自然數 10^{100} 的速度，該等使用雖然可主張商標法之「合理使用」（fair use）[118]，然而 Google 必然指摘為商標淡化之行為，而企圖封鎖該等使用，惟 Elliott v. Google 案全案未論及這個通用名稱「googol」，如果兩個商標之發音、意義或外觀看起來一樣，商標法理上應將之視為同一，即便 Google 刻意將之拼錯[119]。

三、購買者意圖

Elliott v. Google 案判決理由看似操作重要意義原則標準，然而係以差別性動詞、無差別性動詞之路徑以釐清消費者心目中之認知，這恐怕探究的是購買者的意圖，而非商標之主要意義，惟消費者意圖此要素早為商標法所揚棄，法院在這類案件應扮演的角色是決定系爭商標名稱之主要意義，而非將該等商標作動詞使用之背後目的，亦即購買者動機[120]。

四、小結

對於 Elliott v. Google 案一、二審之判決由主要意義原則標準及商標名稱動詞化是否形成通用化進行分析,外界普遍均採取肯定之見解,然而亦有如上開所提出之疑義,「哈姆萊大學」(Hamline University)法學院教授 Kenneth L. Port 即指摘將 GOOGLE 商標認定為通用化確實殊難想像,畢竟 Google 投注大量時間、金錢、精力成功地打造出該等商標,法院恐怕亦很難下手將其認定為通用化,惟姑不論 GOOGLE 商標是否已通用化,Elliott v. Google 案可議的地方在於沒有善盡職責進行主要意義標準分析,很難不令人懷疑是懾於 GOOGLE 商標之名聲 [121]。

柒、商標名稱通用化之防止

商標名稱通用化之防止在當代科技發展下,為面臨法律風險應有之風險意識。

一、管理商標

在產品生命週期之始,即應正確地行銷自己之產品及商標 [122],而對於競爭對手誤用自己商標名稱,先發制人地作出回應方能防止商標名稱通用化,在權利人這一方,對於商標使用在產品上必須有所規範,其在確保接觸該等商標之人均得以認知為商標而非通用名稱,為凸顯該等目的,使用商標應附加必要之告示:TM 或 ®,TM 表示該等名稱已作為商標使用,但尚未註冊,® 則表明該等名稱已依據商標法獲准商標註冊,兩者均意謂權利人不希望其商標通用化,至於理性、勤奮之商標權人,對於競爭對手之誤用,亦須視是否已進入商標侵權之範圍,而採取訴訟行動 [123]。

另外,商標之使用盡可能連結多種產品,驅使消費者將該等商標名

稱認知爲商標或商品來源之指示 [124] 。

二、資料之適當使用

商標權人有義務來糾正產業內外對於該等商標之誤用，假使發現該等商標之使用有通用化之可能，包含商業期刊、辭典、廣告等，特別是可能行銷進入公眾心目中者，權利人均應予以嚴加提出糾正 [125] ，必須使相關大眾認知該等商標名稱爲品牌或商品來源，而非該種類商品本身 [126] 。

三、事前預防措施

企業應具備風險意識採取事前預防，例如：時常搜尋本身之商標以確定未被其他廠商使用或有通用化之可能性，這部分可透過 Compu-Mark（SEGIS）、Dialog、IntelliGate 等電腦資料庫來操作 [127] 。

四、語言學上之建議

雖然在商標法及司法實務均未詳細敘及商標在語言學上之使用，然一般有如下建議：其一，絕不將商標使用作爲動詞；其二，將商標作爲形容詞使用而非名詞，例如：「CAMPBELL's soups」，而非「CAMPBELL's」；其三，商標應該被作爲適當的形容詞使用；其四，商標應該以單數使用，廣告及公共關係資料勿使用商標之複數，例如：使用「EASY SPIRIT shoes」，而非「easy spirits」；其五，促銷時盡量避免出現所有格之語詞，例如：使用「The great taste of HEINZ 57 Steak Sauce」，而非「Heniz 57's great taste」 [128] ；其五，商標印刷以黑體、斜體、顏色或大型字體，應與環繞之背景得以區隔 [129] 。

五、小結

「法律風險」（legal crisis）乃當代充滿不確定之社會下必須面對的，如何加以預測，並進而管理[130]，實為大家關注之焦點，商標名稱通用化可謂適例[131]，而雖如本文前述美國最新司法實務及相關理論均不採商標動詞化即陷於通用化之論點，然而畢竟是老祖宗相傳之智慧，即便是 Elliott v. Google 案亦僅認定商標作為動詞使用並不自動構成通用性使用，然語帶保留地稱該案 251 位受訪者僅半數使用「google」作為動詞，然如有 80%，或甚至全數都作為動詞使用呢？若再參酌 WAT-FORT 法官主張商標動詞化是否陷於通用化之問題應交由陪審團認定，足證商標作為動詞使用僅非商標名稱通用化之唯一決定要素，然仍屬輔助判斷的要素之一，因此，上開語言學上之建議，亦不容忽視。

捌、比較我國

一、行政實務

我國商標法自 2003 年 5 月 28 日修正增訂第 63 條第 1 項第 4 款：「商標註冊後有下列情形之一，商標專責機關應依職權或據申請廢止其註冊：四、商標已成為所指定商品或服務之通用標章、名稱或形狀者……」[132]。主管機關智慧財產局於 2012 年 4 月 20 日發布之「商標識別性審查基準」2.2.2 謂：「……通用名稱則為業者通常用以表示商品或服務之名稱，通用名稱亦包括其簡稱、縮寫及俗稱。對相關消費者而言。通用標章或名稱只是一般業者用來表示或指稱商品或服務本身，缺乏識別來源的功能，例如：『紅、藍、白三色旋轉霓虹燈』為理容院的通用標章、『開心果』為阿月渾子果實的俗稱、『阿拉比卡 Arabica』為咖啡樹的品種名稱，不僅消費者無法藉以識別來源，且應避免由一人

取得排他專屬權而影響公平競爭，或以訴訟干擾他人使用該用語，故不得由特定人註冊專用。」，並列舉核駁案例：「樓蘭磚」係一種仿古磚，為指定磁磚、地磚商品的通用名稱；「雪花石」係一種石材，為指定人造石、天然石材商品的通用名稱；「TAPAS」係一種西班牙傳統小酒館或酒前小菜，為所指定餐廳、啤酒屋、酒吧服務本身或服務內容的通用名稱[133]。

嗣於 2017 年 1 月出版有「商標法逐條釋義」針對上開第 63 條第 1 項第 4 款，在第 6 節廢止第 1 項四、謂：「本款係本法民國 92 年修正時，參考德國商標法第 49 條、英國商標法第 46 條及美國商標法第 14 條之規定所新增。若商標註冊後，因怠於維護其商標之識別能力，而使其成為商品或服務的通用標章、通用名稱或形狀（參商 29 I 2），已不具有指示特定商品或服務來源的識別性時，即失去商標的基本功能，應由商標專責機關廢止其註冊。」，並舉「貓眼」商標註冊指定使用於各種汽車、機車及自行車用反射鏡、尾燈等商品為例，經申請廢止人舉證「技術尖兵」雜誌及 Google 網路搜尋結果，「貓眼」已為道路夜間反射標記或反射器製造業者通用的名稱，失去商標所應具有的識別功能[134]。

二、司法實務

由於我國商標法係 2003 年方增訂第 63 條第 1 項第 4 款，因此先前並無該等廢止之司法案例，惟即便在 2003 年後，相關案例亦屬有限，以下擇取數例作分析比較。

(一) 主要意義判斷標準

我國司法實務最早援引前揭美國實定法揭櫫之主要意義原則者為最高行政法院 104 年判字第 488 號：「至商標名稱通用化之判別標準，

以該商標名稱（即該做為商標之詞彙）在一般消費者心目中認識的主要意義為判準，學說上稱為『主要意義判斷標準』（primary signifiance test）。申請廢止商標者，對上開事實應負舉證責任。因商標之廢止，係對已授予之商標專用權事後予以剝奪，故要求較強之證據證明力；必須能證明絕大多數消費者對於該詞彙之用法，係做為商品之通用名稱使用，而非作為商品之來源名稱使用，始能廢止其商標之註冊」[135]，本案明示商標名稱通用化之判別標準為主要意義判斷標準，惜並未將該判斷標準具體適用在個案上，不過認為申請廢止商標乃將權利人之專標專用權予以事後剝奪[136]，應由申請人負擔舉證責任[137]。

(二) 審酌之工具

事實上在最高行政法院 104 年判字第 488 號前之智慧財產法院 99 年行商訴字第 202 號即有審酌商標名稱通用化的爭議，判決中雖未適用主要意義原則，然對於審酌之標準多有著墨：「本件綜合原處分卷附相關證據資料，堪認系爭商標圖樣之中文『諾麗』，於其註冊後業因國內相關業者普遍廣泛之使用，及媒體網路之介紹與報導，已成為通常用以表示以諾麗果為原料所做成果汁等商品之通用名稱，以之作為商標，指定使用於『汽水、果汁、礦泉水、果汁汽水、可樂、濃縮果汁、果菜汁、綜合果汁、果汁露、果汁粉、奶茶、青草茶、運動飲料及製造飲料用糖漿』等商品，自屬其所指定使用商品之通用名稱，而已失其表彰或識別商品來源之功能……」[138]，將相關業者之使用及媒體網路之介紹與報導作為審酌因素。

而最高行政法院 104 年判字第 488 號後之相關判決，不但援引主要意義判斷標準，並多所提出審酌之相關工具，智慧財產法院 103 年民商訴字第 61 號：「惟大部分資料所載之『EINK』大都係指原告公司或原告公司所生產之電子紙……足見縱有消費者將 EInk 指向電子紙之技

技術，惟所謂之 E-Ink 電子紙技術仍然能夠讓消費者聯想到係原告公司所生產之電子紙，是其商標仍具有識別及表彰商品來源之特徵⋯⋯」[139]，將媒體資料作為審酌工具；智慧財產法院 104 年行商更（一）字第 2 號謂：「綜合判斷系爭商標註冊後是否因參加人怠於維護其商標之識別力，而使其成為『美體按摩刷』商品之通用名稱」、「原告提出之證據資料並不足以證明『蠍尾刷』三字於系爭商標註冊後，業已長期且大量於市場流傳，廣為消費者普遍知悉，且因多數業界普遍使用而成為美體按摩刷商品之通用名稱」[140]，同時以權利人維護商標之努力及媒體資料作為審酌標準；智慧財產法院 105 年民專上字第 16 號：「可證明上訴人發現系爭商標有可能成為通用名稱之危險時，已積極維護其商標權⋯⋯被上訴人普來美公司為本件行為時，系爭商標已經上訴人維權多年，實難認於本件侵權行為之 103 年間，系爭商標如被上訴人所稱已成為『隱形胸罩』之代名詞」[141]，則強調權利人維護商標之努力；最高行政法院 106 年判字第 656 號：「⋯⋯認定系爭商標並非業界全然使用，亦說明上訴人所提證據資料數量有限，不足證一般消費者之主要認知蠍尾刷為商品名稱而非商品來源之商標等情⋯⋯」[142]，側重者則為業界之認知及媒體資料。

(三) 商標名稱動詞化的問題

上開判決遭指訴通用化之商標名稱分別為「諾麗→果汁等商品」、「蠍尾刷→美體按摩刷」、「EINK →電子紙」、「NuBra 絕世好波→隱形胸罩」，該等商標名稱均非遭指訴作為動詞使用而可能通用化。

三、小結

我國司法實務於 104 年審酌商標名稱通用化之案件已明示採取主要意義原則標準，可謂與國際接軌，對於使用以輔助審酌之工具，包含業

者之使用、媒體資料、權利人維護權利之努力、業界之認知等，亦堪稱豐富，惟似乎較少使用語言學上之工具，例如：辭典，且亦少見有實證研究，應爲可努力之方向，至於商標名稱動詞化之個案，則尚未出現，無法得知我國司法實務之態度 [143]，上開美國 Elliott v. Google 案及相關論述當可爲未來之參考。

玖、結語

　　商標乃企業最大之無形價值，商標名稱通用化的爭議在市場上向來爲商標權人之競爭者及消費者所關注，Elliott v. Google 案對於有名之商標其權利人自爲一大勝利，傳統上，商標權人被教育不應將其商標名稱作爲動詞使用，然在該案後，將商標作爲動詞使用之權利人可能越來越多，某些公司可能會躍躍欲試地使用其商標作爲動詞在廣告標語上以強化其品牌，事實上在 Elliott v. Google 案判決前，Yahoo! 已開始使用「Do you Yahoo!」，可以預期類似 Elliott v. Google 案之訴訟不必然已止歇，未來可能會有更多相關訴訟進入法院，本文認爲 Elliott v. Google 案之背後還有更深層的問題爲商標權之公共領域如何劃定 [144]，因此，若最後美國最高法院出面來定紛止爭，亦屬可以期待的，事實上，弔詭的是越成功之商標越可能有商標名稱通用化之危機，另一方面，有人則打趣說，Elliott v. Google 案之審理可能還有公平性的問題，有可能歷任審級法官均使用 Google 來進行搜尋 [145]，以審理案件及撰寫判決呢。

註　釋

＊　臺灣高雄地方檢察署檢察事務官兼組長國立中正大學法學博士。

1. Google之發展故事，可參見From the garage to the Googleplex 1, https://www.google.com/about/our-story/, last visited May 09, 2018。

2. Rami S. Yanni, Genericization of a Giant: Has the World's Most Valuable Brand Become Generic? 1, https://www.linkedin.com/pulse/genericization-giant-has-worlds-most-valuable-brand-become-rami-yanni, last visited May 09, 2018.

3. Elliott v. Google, Inc. 860 F. 3d 1151, 1154 (9th Cir. 2017).

4. Id. at 1155.

5. Id. at 1156.

6. Id.

7. See 15 U. S. C. § 1064 (3).

8. See S. Rep. No. 98-627, at 5 (1984).

9. Coca-Cola Co. v. Overland, Inc., 692 F.2d. 1250, 1254,1255 (9th Cir. 1982).

10. Elliott v. Google, Inc., supra note 3, at 1158.

11. Id. at 1159.

12. Id. at 1160.

13. Id. at 1161.

14. Id. at 1162.

15. Id.

16. Id. at 1162-63.

17. Id. at 1164.

18. 聯邦第九巡迴上訴法院原則上均贊同原審即亞利桑那州地方法院之意見，故一、二審見解相同之處，本文僅引介巡迴上訴法院之

判決，此處單就地方法院有特殊見解之處作補充。

19. 有認為「搜尋引擎」還可區分為傳統型及垂直整合型，Google之搜尋引擎係漫遊於網際網路上尋找資訊，然另有如eBay者，屬於垂直整合型之資料庫，Cecilia Sbrolli, A Googol of Generic questions in Ninth Circuit's Elliott v Google decision 1, http://ipkitten.blogspot.tw/2017/06/a-googol-of-generic-questions-in-ninth.htm, last visited May 09, 2018.

20. Elliott v. Google Inc., 45 F. Supp. 3d 1156, 1173-74 (D. Ariz. 2014).

21. Id. at 1174.

22. Id.

23. Id. at 1175.

24. Patrick H. J. Hughes, *'Google' Trademark Ready for Genericide, Petitioners Tell Supreme Court Elliott v. Google, Inc.*, 24 No. 10 WEST JOURNAL INTELLECTUAL PROPERTY 1, 2 (2017).

25. Id. at 1.

26. Eric Goldman, Google Gets Big Ninth Circuit Win That Its Eponymous Trademark Isn't Generic–Elliott v. Google 1, https://blog.ericgoldman.org/archives/2017/05/google-gets-big-ninth-circuit-win-that-its-eponymous-trademark-isnt-generic-elliott-v-google.htm, last visited May 06, 2018.

27. 可參見Kitsuron Sangsuvan,*Trademark Infringement Rules in Google Keyword Advertising*, 89 U. DET. MERCY L. REV. 137, 144-146 (2012).

28. Ronald R. Butters, *A Linguistic Look at Trademark Dilution*, 24 SANTA CLARA HIGH TECH. L. J. 507, 511-12 (2012).

29. Neal Hoopes, *Reclaiming the Primary Significance Test: Dictionaries, Corpus Linguistics, and Trademark Genericide* 12, https://ssrn.com/abstract=3025850, last visited April 22, 2018.

30. Marc C. Levy, *From Genericism to Trademark Significance: Deconstructing the De Facto Secondary Meaning Doctrine*, 95 TRADEMARK REP. 1197, 1199-1200 (2005).

31. Vincent N. Palladino, *Genericism Rationalized: Another View*, 90 TRADEMARK N. REP. 469, 471 (2000).

32. Vanessa Bowman Pierce, *If It Walks Like a Duck and Quacks Like a Duck: How a Functional Approach Ameliorates the Discontinuity Between the Primary Significance Tests for Genericness and Secondary Meaning*, 37 N. M. L. REV. 147, 154 (2007).

33. John Dwight Ingram, *The Genericide of Trademarks*, 2 BUFF. INTELL. PROP. L. J. 154, 159 (2004).

34. Jessica E. Lanier, *Effective Policing: Giving Trademark Holders a Pre-Emptive Strike Against "Genericide"*, 20 B. U. J. SCI. & TECH. L. 247, 256 (2014).

35. Id.

36. Id. at 257.

37. Id.

38. William M. Landes and Richard A. Posner, *Trademark Law: An Economic Perspective*, 30 J L & ECON 265, 268-69 (1987).

39. Peter J. Brody, *Reprotection for Formerly Generic Trademarks*, 82 U. CHI. REV. 475, 480 (2015).

40. Id. at 481.

41. Vanessa Bowman Pierce, supra note 32, at 159.

42. Id. at 158.

43. 「技術商標的概念最初由專門的技術公司或技術研究機構提出，他們將其研發的具有市場競爭力技術的名稱進行商業化品牌包裝並申請註冊成商標，或自己使用或通過商標授權的方式許可給符

合其技術標準的企業使用，表明商標使用者生產的產品使用了該技術，這類商標如（藍牙技術商標，註冊號1992729）和（杜比技術商標，註冊號205798）。隨著市場競爭的發展，越來越多的企業開始採用技術商標策略，即對其研發的新技術、新工藝、新材料等技術元素予以商標化命名並申請註冊成商標，進而作為註冊商標使用，在區分產品來源的同時指示和宣傳某種技術、工藝、配方和新材料。」，張季，技術商標實務初探，https://kknews.cc/zh-tw/tech/bob3vrm.html（最後瀏覽日：2018/04/24）。

44. Sandra L. Rierson, *Toward a More Coherent Doctrine of Trademark Genericism and Functionality: Focusing on Fair Competition*, 27 FORDHAM INTELL. PROP. MEDIA & ENT. L .J. 691, 695-96 (2017).

45. Id. at 699.

46. Andrew Pickett,*The Death of Genericide? A Call for A Return to The Text of The Lanham Act*, 9 TUL. J. TECH. & INTELL. PROP. 329, 333(2007).

47. Id. at 334.

48. Id.

49. 國內學者許忠信認為通用名稱須在交易市場上被一般、普遍地用作該商品或服務之名稱，若只是一般消費者之通常認知，則並不足夠，參見許忠信，由TRIPs與巴黎公約等國際規範論我國商標法上之保持公共使用需求——從廣告名句「鑽石恆久遠一顆永流傳」之商標註冊爭議談起，臺北大學法學論叢，67期，頁45-46，2008年9月。

50. Andrew Pickett, supra note 46, at 335.

51. Lanham Act, 15 U. S. C. §§1051-1141n (2012).

52. Sandra L. Rierson, supra note 44, at 700.

53. Id. at 703.

54. Jerre B. Swann, *Genericism Rationalized*, 89 TRADEMARK REP. 639, 645-

46 (1999).

55. Sung In, *Death of a Trademark: Genericide in the Digital Age*, 21 Rev. Litig. 159, 170 (2002).

56. Id. at 171.

57. Beverly W. Pattishall, *Trade-Marks and the Monopoly Phobia*, 50 Mich. L. Rev. 967, 968 (1952).

58. William M. Landes and Richard A. Posner, supra note 38, at 293.

59. Robert P. Merges, *Who Owns the Charles River Bridge? Intellectual Property and Competition in the Software Industry* 37, https://www.law.berkeley.edu/files/criver.pdf, last visited April 30, 2018.

60. Andrew Pickett, supra note 46, at 338.

61. Mary Beth Quirk, 15 Product Trademarks That Have Become Victims of Genericization 1-12, https://consumerist.com/2014/07/19/15-product-trademarks-that-have-become-victims-of-genericization/, last visited April 22, 2018.

62. Stephen R. Baird, *Putting the Cart Before the Horse in Assessing. Trademark Validity-Toward Redefining the Inherently Generic Term*, 14 J. Corp. L. 925, 940 (1989).

63. See Section 14(3) of the Lanham Act (15 U.S.C. § 1064).

64. Stephen R. Baird, supra note 62, at 941.

65. 商標名稱通用化與第二意義，國內文獻可參見王敏銓，從模組理論看商標通用性與第二意義的連結，智慧財產權月刊，187期，頁39-42，2014年7月。

66. Vanessa B. Pierce, *If It Walks Like a Duck and Quacks Like a Duck, Shouldn't It Be a Duck: How a Functional Approach Ameliorates the Discontinuity between the Primary Significance Tests for Genericness and Secondary Meaning*, 37 N. M. L. Rev. 147, 174 (2007).

67. Jake Linford, *A Linguistic Justification for Protecting "Generic" Trademarks*, 17 Yale J.L. & Tech. 110, 164 (2015).

68. John F. Coverdale, *Trademarks and Generic Words: An Effect on Competition Analysis*, 51 U. Chi. L. Rev. 868, 873 (1984).

69. Kellogg Co. v. National Biscuit Co., 305 U. S. 111, 118 (1938).

70. Id.

71. Sandra L. Rierson, supra note 44, at 720-21.

72 Deven R. Desai & Sandra L. Rierson, *Confronting the Genericism Conundrum*, 28 Cardozo L. Rev. 1789, 1822 (2007).

73. John F. Coverdale, supra note 68, at 874-76.

74. Id. at 880.

75. Id. at 880-81.

76. Jerre B. Swann, supra note 54, at 647.

77. Sandra L. Rierson, supra note 44, at 703.

78. Deven R. Desai & Sandra L. Rierson, supra note 72, at 1828.

79. Stephen R. Baird, supra note 62, at 946.

80. Jacqueline Stern, *Genericide: Cancellation of a Registered Trademark*, 51 Fordham L. Rev. 666, 671 (1983).

81. Robert L. Symonds, Jr., *A Tale Of Two Genericness Tests: A Historical Approach To Anti-Monopoly And Beyond*, 4 J. L. & Com. 403, 413 (1984).

82. Sandra L. Rierson, supra note 44, at 703.

83. Marc C. Levy, supra note 30, at 1200.

84. Luke M. Rona, *Who Are You? Difficulties in Obtaining Trademark Protection for Domain Names*, 8 Wash. J. Tech. & Arts 61, 75 (2012).

85. Sandra L. Rierson, supra note 44, at 703.

86. Robert L. Symonds, Jr., supra note 81, at 416.

87. Id. at 418.

88. Neal Hoopes, supra note 29, at 14-15.

89. Frank Ahrens, So Google Is No Brand X, but What Is 'Genericide'? 1, http://www.washingtonpost.com/wp-dyn/content/article/2006/08/04/ AR2006080401536.html, last visited May 09, 2018.

90. Id. at 15.

91. Id. at 20-21.

92. Id. at 21.

93. Susan Sangillo Bellifemine, *Primary Significance: Proving The Consumer's. Perception*, 14 Seton Hall L. Rev. 315, 354 (1984).

94. Sandra L. Rierson, supra note 44, at 721.

95. International Trademark Association, A Guide To Proper Trademark Use. For Media, Internet and Publishing Professionals 2, http://www. inta.org/Media/Documents/2012_TMUseMediaInternetPublishing.pdf, last visited May 06, 2018.

96. Taylor Carrere, *The Battle of the Verbs: The Ninth Circuit's Reconciliation of " Verbing" with Trademark Law and Practices*, 19 N. C. J. L. & Tech. On. 33, 45-46 (2017).

97. Vanessa Bowman Pierce, supra note 32, at 156-57.

98. John Dwight Ingram, supra note 33, at 160.

99. See 15 U. S. C. § 1127.

100. Rose A. Hagan, *The Myths of Genericide*, 22 No. 2 Intell. Prop. L. Newsl. 13 (2004).

101. Id.

102. Reg. No. 24900998 and others.

103. Reg. No.1743711.

104. Scott Brown, *"I Tweeted on Facebook Today:" Re-Evaluating Trade-*

mark Genericide of Internet-Based Marks, 7 I/S: J. L. & POL'Y FOR INFO. SOC'Y 457, 484（2012）.

105. Id. at 483.

106. Id. at 482-83.

107. Taylor Carrere, supra note 96, at 43.

108. Laura A. Heymann, *The Grammar of Trademarks*, 14 LEWIS & CLARK L. REV. 1313, 1347-48 (2010).

109. Brett Michael, Microsoft Wants You To 'Verb Up' And 'Bing It' 1, http://gawker.com/5272444/microsoft-wants-you-to-verb-up-and-bing-it, last visited May 06, 2018.

110. 我國大法官釋字第492號解釋：「人民之財產權應予保障，為憲法第15條所明定。商標專用權屬於人民財產權之一種，亦在憲法保障之列」；大法官釋字第594號解釋：「……商標權為財產權之一種，依憲法第15條之規定，應予保障」，不過林永謀大法官在釋字第370號部分不同意見書中則認為商標權與傳統意義之財產權仍不可相提並論，其謂：「……商標專用權（商標權）雖為財產權之一種，但與單純私法上之財產權仍有其不同。」。

111. Kenneth L. Port, *The Commodification of Trademarks: Some Final Thoughts on Trademark Dilution*, 46 HOFSTRA L. REV. 669, 696 (2017).

112. Elizabeth L. Rosenblatt, *The Adventure of the Shrinking Public Domain*, 86 U. COLO. L. REV. 561, 595 (2015).

113. Martin Senftleben, *Public Domain Preservation in EU Trademark Law-A Model for Other Regions?*, 103 TRADEMARK REP. 775, 782 (2013).

114. Michael S. Mireles Jr., *Towards Recognizing and Reconciling the Multiplicity of Values and Interests in Trademark Law*, 44 IND. L. REV. 427, 458 (2011).

115. Elizabeth L. Rosenblatt, supra note 112, at 611.

116. 或許這麼大的議題不是下級審法院有意願處理的。

117. Michael Pignataro, Powerful Brands: The Significance of Brand-verbing 1, https://www.corephp.com/blog/powerful-brands-the-significance-of-brand-verbing/, last visited May 09, 2018.

118. 我國商標合理使用之早期文獻可參見蔡明誠，論商標之合理使用，全國律師，1卷11期，頁64-70，1997年11月；陳昭華，商標使用規定之再探討—以我國、歐盟及德國之規定為中心，輔仁法學，23期，頁299-321，2000年6月。

119. Kenneth L. Port, supra note 111, at 696-97.

120. Id. at 700.

121. Id. at 702.

122. Scott Brown, supra note 104, at 467.

123. Sung In, supra note 55, at 173.

124. Anthony W. Silva, *Do or Die: Genericide Prevention*,19 J. Contemp. Legal Issues 189, 192 (2010).

125. Sung In, supra note 55, at 174.

126. Anthony W. Silva, supra note 124, at 191.

127. Sung In, supra note 55, at 174.

128. Scott Brown, supra note 104, at 472.

129. Anthony W. Silva, supra note 124, at 191.

130. 事實上，Google在其網頁上對於其商標提供有使用準則，諸如：「請讓商標與週遭文字有所區隔。您可以使用首字母大寫、將整個商標大寫或以斜體表示、為商標加上括號，或是使用與一般名稱不同的樣式或字型」、「商標的拼法和大小寫必須和Google商標清單連結中顯示的完全一致」、「商標僅能做為形容詞使用，請勿當作名詞或動詞，也不得以複數或所有格形式使用」、「請

採用商標在前、產品名稱在後的一般形式，例如：GOOGLE搜尋引擎、Google搜尋、GOOGLE網頁搜尋」、「使用Google標誌時，僅能使用經Google核准的樣式」、「在網頁上放置Google標誌時，標誌周圍和其他圖片或文字元素之間，請保留至少25像素的空白空間」，Google, https://www.google.com/intl/zh-TW/permissions/trademark/our-trademarks.html last visited May 19, 2018.

131 國內介紹「商標風險」之文獻可參見陶思妤，被授權人違反連鎖加盟契約之進貨渠道限制條款是否構成商標侵權？—從鮮芋仙案看連鎖加盟契約之商標授權風險，科技法務透析，27卷10期，頁9-15，2015年10月；陶思妤，品牌企業南向發展的智財風險—以越南經銷代理銷售常見之商標風險為例，科技法務透析，29卷4期，頁34-42，2017年4月。

132.相較於同法第29條第1項第3款：「商標有下列不具識別性情形之一，不得註冊：二、僅由所指定商品或服務之通用標章或名稱所構成者。」，同法第63條第1項第4款依照立法說明，其規範對象，乃英美法所指之商標名稱通用化問題，亦方屬本文前開Elliot v. Google案及相關探討之範疇，參見鄧振球，商標名稱通用化之理論與實務，科技法學評論，5卷1期，頁187，2008年4月。

133.https://www.tipo.gov.tw/ct.asp?xItem=285308&ctNode=7048&mp=1（最後瀏覽日：2018年5月6日）。

134.https://www.tipo.gov.tw/ct.asp?xItem=285164&ctNode=7049&mp=1（最後瀏覽日：2018年5月6日）。

135.最高行政法院104年判字第488號。

136.此點可用以回應本文上開伍、三、小結的部分。

137.上開Elliot v. Google案之原告容或亦低估獲得美國商標註冊之利益，該等舉證責任可能關鍵性地影響訴訟之勝負，Fenwick & West LLP, Avoiding "Genericide": Lessons from a Recent Case 1, https://www.lexology.com/library/detail.aspx?g=ebd53846-e3ce-48cf-be5c-fec4504224a0, (last visited May 06, 2018).

138. 智慧財產法院99年行商訴字第202號。

139. 智慧財產法院103年民商訴字第61號。

140. 智慧財產法院104年行商更（一）字第2號。

141. 智慧財產法院105年民專上字第16號。

142. 最高行政法院106年判字第656號。

143. 有認爲商標之通用化與地域有密切關聯，施品安，互聯網時代下的品牌商標經營策略，智慧財產權月刊，218期，頁10，2017年2月。

144. 國內對於智慧財產權法有關「公共領域」之重要文獻，可參見劉孔中，論建立資訊時代「公共領域」之重要性及具體建議，國立臺灣大學法學論叢，35卷6期，頁11-29，2006年11月。

145. 此部分可能尚涉及「搜尋偏愛」（search bias）之議題，國內相關文獻可參見許炳華，搜尋偏愛之容許性探討——言論自由與競爭法之交錯，財產法暨經濟法，46期，頁48-71，2016年6月。

參考文獻

中文部分

期刊論文

王敏銓，從模組理論看商標通用性與第二意義的連結，智慧財產權月刊，187期，頁29-52，2014年7月。

施品安，互聯網時代下的品牌商標經營策略，智慧財產權月刊，218期，頁6-16，2017年2月。

許忠信，由TRIPs與巴黎公約等國際規範論我國商標法上之保持公共使用需求——從廣告名句「鑽石恆久遠一顆永流傳」之商標註冊爭議談起，臺北大學法學論叢，67期，頁43-144，2008年9月。

許炳華，搜尋偏愛之容許性探討——言論自由與競爭法之交錯，財產法暨經濟法，46期，頁35-84，2016年6月。

陶思妤，被授權人違反連鎖加盟契約之進貨渠道限制條款是否構成商標侵權？——從鮮芋仙案看連鎖加盟契約之商標授權風險，科技法務透析，27卷10期，頁9-15，105年10月。

陶思妤，品牌企業南向發展的智財風險——以越南經銷代理銷售常見之商標風險為例，科技法務透析，29卷4期，頁34-42，2017年4月。

陳昭華，商標使用規定之再探討——以我國、歐盟及德國之規定為中心，輔仁法學，23期，頁273-339，2000年6月。

鄧振球，商標名稱通用化之理論與實務，科技法學評論，5卷1期，頁183-223，2008年4月。

劉孔中，論建立資訊時代「公共領域」之重要性及具體建議，國立臺灣大學法學論叢，35卷6期，頁1-35，2006年11月。

蔡明誠，論商標之合理使用，全國律師，1卷11期，頁64-70，1997年11月。

網頁資料

張季，技術商標實務初探，

https://kknews.cc/zh-tw/tech/bob3vrm.html（最後瀏覽日：2018/04/24）。

英文部分

期刊論文

Baird, Stephen R., *Putting the Cart Before the Horse in Assessing. Trademark Validity-Toward Redefining the Inherently Generic Term*, 14 J. CORP. L. 925-72 (1989).

Bellifemine, Susan Sangillo, *Primary Significance: Proving The Consumer's. Perception*, 14 SETON HALL L. REV. 315-55 (1984).

Brody, Peter J., *Reprotection for Formerly Generic Trademarks*, 82 U. CHI. REV. 475-516 (2015).

Brown, Scott, *"I Tweeted on Facebook Today:" Re-Evaluating Trademark Genericide of Internet-Based Marks*, 7 I/S: J. L. & POL'Y FOR INFO. SOC'Y 457-502 (2012).

Butters, Ronald R., *A Linguistic Look at Trademark Dilution*, 24 SANTA CLARA HIGH TECH. L. J. 507-19 (2012).

Carrere, Taylor, *The Battle of the Verbs: The Ninth Circuit's Reconciliation of " Verbing" with Trademark Law and Practices*, 19 N. C. J. L. & TECH. ON. 33-65 (2017).

Coverdale, John F., *Trademarks and Generic Words: An Effect on Competition Analysis*, 51 U. CHI. L. REV. 868-90 (1984).

Desai, Deven R. & Rierson, Sandra L., *Confronting the Genericism Conundrum*, 28 CARDOZO L. REV. 1789-1854 (2007).

Hagan, Rose A., *The Myths of Genericide*, 22 No. 2 INTELL. PROP. L. NEWSL. 13 (2004).

Heymann, Laura A., *The Grammar of Trademarks*, 14 Lewis & Clark L. Rev. 1313-50 (2010).

Hughes, Patrick H. J., *'Google ' Trademark Ready for Genericide, Petitioners Tell Supreme Court Elliott v. Google, Inc.*, 24 No. 10 West Journal Intellectual Property 1-3 (2017).

In, Sung, *Death of a Trademark: Genericide in the Digital Age*, 21 Rev. Litig. 159-89 (2002).

Ingram, John Dwight, *The Genericide of Trademarks*, 2 Buff. Intell. Prop. L. J. 154-63 (2004).

Landes, William M. and Posner, Richard A., *Trademark Law: An Economic Perspective*, 30 J L & Econ 265, 268-309 (1987).

Lanier, Jessica E., *Effective Policing: Giving Trademark Holders a Pre-Emptive Strike Against "Genericide"*, 20 B. U. J. Sci. & Tech. L. 247-73 (2014).

Levy, Marc C., *From Genericism to Trademark Significance: Deconstructing the De Facto Secondary Meaning Doctrine*, 95 Trademark Rep. 1197, 1199-220 (2005).

Linford, Jake, *A Linguistic Justification for Protecting "Generic" Trademarks*, 17 Yale J.L. & Tech. 110-70 (2015).

Mireles, Michael S. Jr., *Towards Recognizing and Reconciling the Multiplicity of Values and Interests in Trademark Law*, 44 Ind. L. Rev. 427-501 (2011).

Palladino, Vincent N., *Genericism Rationalized: Another View*, 90 Trademark N. Rep. 469-88 (2000).

Pattishall, Beverly W., *Trade-Marks and the Monopoly Phobia*, 50 Mich. L. Rev. 967-90 (1952).

Pierce, Vanessa B., *If It Walks Like a Duck and Quacks Like a Duck, Shouldn't It Be a Duck: How a Functional Approach Ameliorates the Discontinuity between the Primary Significance Tests for Genericness and Secondary Mean-*

ing, 37 N. M. L. REV. 147-87 (2007).

Pickett, Andrew,*The Death of Genericide? A Call for A Return to The Text of The Lanham Act*, 9 TUL. J. TECH. & INTELL. PROP. 329-46(2007).

Pierce, Vanessa Bowman, *If It Walks Like a Duck and Quacks Like a Duck: How a Functional Approach Ameliorates the Discontinuity Between the Primary Significance Tests for Genericness and Secondary Meaning*, 37 N. M. L. REV. 147-87 (2007).

Port, Kenneth L., *The Commodification of Trademarks: Some Final Thoughts on Trademark Dilution*, 46 HOFSTRA L. REV. 669-707 (2017).

Rierson, Sandra L., *Toward a More Coherent Doctrine of Trademark Genericism and Functionality: Focusing on Fair Competition*, 27 FORDHAM INTELL. PROP. MEDIA & ENT. L .J. 691-760 (2017).

Rona, Luke M., *Who Are You? Difficulties in Obtaining Trademark Protection for Domain Names*, 8 WASH. J. TECH. & ARTS 61-78 (2012).

Rosenblatt, Elizabeth L., *The Adventure of the Shrinking Public Domain*, 86 U. COLO. L. REV. 561-630 (2015).

Sangsuvan, Kitsuron,*Trademark Infringement Rules in Google Keyword Advertising*, 89 U. DET. MERCY L. REV. 137, 144-79 (2012).

Sbrolli, Cecilia, A Googol of Generic questions in Ninth Circuit's Elliott v Google decision , http://ipkitten.blogspot.tw/2017/06/a-googol-of-generic-questions-in-ninth.htm, last visited May 09, 2018.

Senftleben, Martin, *Public Domain Preservation in EU Trademark Law – A Model for Other Regions?*, 103 TRADEMARK REP. 775-827 (2013).

Silva, Anthony W., *Do or Die: Genericide Prevention*,19 J. CONTEMP. LEGAL ISSUES 189-93 (2010).

Stern, Jacqueline, *Genericide: Cancellation of a Registered Trademark*, 51 FORDHAM L. REV. 666-95 (1983).

Symonds, Robert L., Jr., *A Tale Of Two Genericness Tests: A Historical Approach To Anti-Monopoly And Beyond*, 4 J. L. & Com. 403-21 (1984).

Swann, Jerre B., *Genericism Rationalized*, 89 Trademark Rep. 639-56 (1999).

網路文獻

Ahrens, Frank, So Google Is No Brand X, but What Is 'Genericide'?, http://www.washingtonpost.com/wp-dyn/content/article/2006/08/04/AR2006080401536.html, last visited May 09, 2018.

Fenwick & West LLP, Avoiding "Genericide": Lessons from a Recent Case,https://www.lexology.com/library/detail.aspx?g=ebd53846-e3ce-48cf-be5c-fec4504224a0, last visited May 06, 2018.

From the garage to the Googleplex, https://www.google.com/about/our-story/, last visited May 09, 2018.

Goldman, Eric, Google Gets Big Ninth Circuit Win That Its Eponymous Trademark Isn't Generic–Elliott v. Google, https://blog.ericgoldman.org/archives/2017/05/google-gets-big-ninth-circuit-win-that-its-eponymous-trademark-isnt-generic-elliott-v-google.htm, last visited May 06, 2018.

Hoopes, Neal, *Reclaiming the Primary Significance Test: Dictionaries, Corpus Linguistics, and Trademark Genericide*, https://ssrn.com/abstract=3025850, last visited April 22, 2018.

International Trademark Association, A Guide To Proper Trademark Use. For Media, Internet and Publishing Professionals, http://www.inta.org/Media/Documents/2012_TMUseMediaInternetPublishing.pdf, last visited May 06, 2018.

Merges, Robert P., *Who Owns the Charles River Bridge? Intellectual Property and Competition in the Software Industry*, https://www.law.berkeley.edu/files/criver.pdf, last visited April 30, 2018.

我來 google 看看——商標名稱通用化之爭議與美國最新案例

Michael, Brett, Microsoft Wants You To 'Verb Up' And 'Bing It', http://gawker.
com/5272444/microsoft-wants-you-to-verb-up-and-bing-it, last visited May
06, 2018.

Pignataro, Michael, Powerful Brands: The Significance of Brand-verbing,
https://www.corephp.com/blog/powerful-brands-the-significance-of-brand-
verbing/, last visited May 09, 2018.

Quirk, Mary Beth, 15 Product Trademarks That Have Become Victims of Ge-
nericization, https://consumerist.com/2014/07/19/15-product-trademarks-
that-have-become-victims-of-genericization/, last visited April 22, 2018.

Yanni, Rami S., Genericization of a Giant: Has the World's Most Valuable
Brand Become Generic?, https://www.linkedin.com/pulse/genericization-
giant-has-worlds-most-valuable-brand-become-rami-yanni, last visited May
09, 2018.

第十四章

以比較法之視角論商標誠實使用——以歐盟法與我國法為中心

謝國廉[*]

*國立高雄大學財經法律學系教授、系主任

以比較法之視角論商標誠實使用——以歐盟法與我國法為中心

摘　要

　　本文主要包括兩大部分。本研究首先關注者，係 2008 年歐盟商標指令中，以「誠實使用」為共同要件的 3 項商標權限制條款，以及我國現行商標法第 36 條第 1 項第 1 款，亦即以「誠實使用」為共同要件的商標權限制條款。首先，本文依序分析歐盟法中以「誠實使用」為共同要件的商標權限制條款，並藉由對近 10 年來相關司法見解的分析，嘗試釐清其中的商標法爭議。其次，就我國商標法第 36 條第 1 項第 1 款而言，本文認為此條款未來仍有修正的必要。第一，修法說明並未就此等限制條款的規範目的多加著墨，頗為可惜。第二，就商標法第 36 條第 1 項第 1 款而言，不同種類的商標權限制條款，所規範的使用者為何人？使用行為為何？使用的對象為何？「誠實信用方法」要件所指為何？商標法第 36 條第 1 項第 1 款並無清楚的規定。第三，修法說明所謂「有關商標合理使用，包括描述性合理使用及指示性合理使用兩種」的分類方式，顯然有誤，其主要原因在於，商標法第 36 條第 1 項第 1 款對於指示性商標合理使用的規範不甚明確，倘未同時檢視修法說明，則根本無法確認此類合理使用的存在。

關鍵字：誠實使用、商標合理使用、商標權之限制、商標使用、歐盟商標指令。

A Comparative Study on
Honest Use of Trade Marks:
The EU and Taiwan Law Perspectives

Kuo-lien Hsieh[*]

Abstract

This Article has four main parts. The first part briefly considers the Key issues relating to honest ues of trade marks in the European Union and Taiwan. The second part examines the three kinds of limitation of trade mark rights set out in the 2008 Trade Mark Directive in the European Union. A third party's unauthorised use of another's trade mark would fall within the scope of one of the limitations where the third party uses the mark "in accordance with *honest practices* in industrial or commercial matters" (emphasis added). Otherwise, the unauthorised use of trade mark would fall outside the scope. This part of study analyses the major issues relating to the three limitations. It focuses particularly on the issues regarding the common condition of all the three limitations, namely "honest practices". It also considers the relevant preliminary rulings delivered by the European Court of Justice during the last 10 years. The thirol part of this Article examines the limitations of trade mark rights set out in the first subparagraph of Article 36(1) of the Trade Mark Act in Taiwan. The legislator in Taiwan amended this Act in 2011. Nonetheless, it remains necessary to revise the provisions once again in the near future. This Article argues that the first subparagraph of Article 36(1) of the Act is vague, as it does not well categorise the limitations, and it does not define the requirement of "honest practices". In addition, the Intellectual

以比較法之視角論商標誠實使用──以歐盟法與我國法為中心

Property Office in Taiwan states that the first subparagraph of Article 36(1) sets out two kinds of trade mark fair use, namely descriptive use and normative use. Nevertheless, this is not so. The analysis in this study indicates that the limitation relating to normative use is not set out in this provision. The fourth and final part pulls together the conclusion reached in the previous parts and makes a number of proposals for reform of the existing law.

Keywords: Honest practices; Fair use of a trade mark; Limitation of trade mark rights; Trade mark use; EU Trade Mark Directive.

壹、前言

　　相較於著作權法中合理使用條款所受到的重視，我國對於「商標誠實信用使用」（2011年5月商標法修法前稱之爲「商標善意且合理使用」）之概念的關注，較爲有限。商標法制對於商標權的保障，一方面與消費者權益的保護息息相關，另一方面亦與市場秩序的維護有著密切的關係，其重要性無庸置疑。然而，近年來我國商標權侵害訴訟中的被告，時而援引商標誠實使用或善意合理使用的條款作爲抗辯的依據，主張於某些例外的情況下，商標權的效力應有加以限制的必要。此處的主要爭議是，商標法若對於商標提供了過度的保護，則此等保護將有危及商品自由流通或阻礙提供服務之自由的疑慮，故而有限縮保護範圍的必要，不過，以「誠實信用方法」作爲要件的相關商標權限制條款，規範的使用者爲何人？使用行爲爲何？使用的客體爲何？「誠實信用方法」要件所指爲何？此等重要議題皆有深入探討的價值。

　　司法實務上涉及商標誠實使用的相關案例，可約略分爲三類。首先，各類公司於販賣商品或提供服務時，常會使用其公司名稱。當公司名稱的全部或一部相同或近似於他人註冊商標時，商標權的效力是否應受限制？其次，商品或服務的提供者，有時需要使用不具先天識別性的文字或圖形說明其商品或服務的特徵，若不具先天識別性的標識已取得後天識別性，他人能否繼續使用相同或近似於此等商標的標識？第三，販賣商品時，能否於商品說明或廣告中使用他人商標，藉以說明不同商品可搭配使用？此等問題顯示，商標權的效力，有時有適度限制的必要。然而，限制其效力的方式爲何？本研究將就此作比較法的分析。

　　首先，本文將關注的焦點，集中於歐洲聯盟（the European Union; the EU）的商標指令（以下簡稱「商標指令」）中以「誠實使用」爲共同要件的3項商標權限制條款。本文將依序分析此等限制條款，並藉由

對 2004 年之後相關司法見解的分析，嘗試釐清其中的商標法爭議。根據 2008 年商標指令第 6 條（標題為「商標權效力之限制」）第 1 項：[1]

1. 商標不得賦予權利人禁止第三人於進行商業活動之過程中，使用以下三者：

(a) 自己之姓名或地址。

(b) 關於種類、品質、數量、用途、價值、地理來源、製造商品之時間或提供服務之時間或其他商品或服務特徵之說明。

(c) 商標，但限於有必要指明一商品或服務之用途，特別是作為附件或零件之用途。

　　第三人使用時，須符合處理產業或商業事務之誠實方法。

　　須特別說明的是，歐洲法院於 2008 年 10 月以前所作出的初步判決，所適用的商標指令係 1988 年 12 月完成立法的商標指令。[2]歐盟的立法機關，亦即歐洲議會（the European Parliament）及歐盟部長理事會（the Council of the European Union），雖於 2008 年修正了商標指令，但涉及本文主題，即商標誠實使用，並未修正。因此，歐洲法院就此案所作的初步判決，其法律上的拘束力不因此次修正而受到任何影響。

　　根據歐洲法院的見解，第 6 條第 1 項的目的在於竭力調和以下兩類利益：第一，保護商標權所帶來的利益；第二，商品自由流通以及在歐洲共同市場中提供服務的自由。調和此兩類利益的目的，在於使商標權得以扮演其關鍵性的角色，協助維護歐盟公平的競爭秩序。[3]

　　其次，歐盟法針對商標權效力之限制的規範方式，以及歐洲法院的見解，[4]對我國有何參考價值？此乃本研究所關注的第二個重點。我國立法院於 2011 年 5 月 31 日三讀通過商標法的修正草案，修正後的商標法於 2012 年 7 月 1 日施行。此次修正的範圍頗為廣泛，而涉及本文主題的商標權限制條款，亦在修正範圍之

內。根據經濟部智慧局所公布的修正說明，此次修正參考了歐盟商標法的相關條款。本研究將分析歐盟法的規範方式與司法實務的見解，釐清現行法中的相關問題，並嘗試提出未來的修正建議。

貳、歐盟法之相關規範與司法實務見解

一、關於使用自己姓名之商標權限制條款

(一) 爭議之脈絡

自然人、獨資或合夥的商號、各類公司於販賣商品或提供服務時，常會使用自然人姓名或商號、公司名稱，此乃現代商業活動中常見的情況。然而，此等姓名、名稱的全部或一部，有時會出現相同或近似於他人已註冊的商標的情況。為了平衡商標權人的權益，以及前述自然人、商號、公司於販賣商品或提供服務時使用自己姓名或名稱的自由，歐盟的立法者於商標指令的第6條第1項a款，訂定了關於使用自己姓名之商標權限制條款。商標權人依據第6條第1項a款，商標權人不得禁止第三人於商業活動中使用自己之姓名或地址，但此第三人的使用行為，「以符合處理產業或商業事務之誠實方法」為前提。此款的規定非常簡短文，究其意涵，可知商標權人的排他權（exclusive right）效力，不及於他人於進行商業活動之過程中以產業界的誠實方法使用自己姓名或名稱的權利。如此的規範一方面能確保自然人、商號或公司提供商品或服務的自由，另一方面亦不致損及商標權人的權益，係一對於商標權效力妥適的限制。

不過，分析歐盟商標法實務見解後可發現，適用商標指令第6條第1項a款時必須思考的因素頗多，例如：「自己之姓名」是否包括廣義的商號（trade names）？判斷第三人使用自己姓名或地址是否「符合處

理產業或商業事務之誠實方法」，須審酌哪些因素？此等要件於司法實務上皆引起過爭議。本文的第二部分，將分析的重點集中於 2004 年歐洲法院就芬蘭 *Anheuser-Busch Inc. v. Budejovický Budvar, národní podnik* 案（以下簡稱「*Anheuser-Busch* 案」）所作出的「初步判決」（preliminary ruling）。[5] 所謂的「初步判決」，根據歐盟運作條約（Treaty on the Functioning of European Union, TFEU）第 267 條，[6] 係由會員國法院或法庭（any court or tribunal of a Member State）提出聲請，請求歐洲法院解釋歐盟運作條約與歐盟條約（the interpretation of the TFEU and the Treaty on European Union）或解釋歐盟機關所訂定的法令（interpretation of acts of the institutions of the Union）等。初步判決的主要特徵為何？此類判決嚴格來說，並無訴訟當事人的存在。歐洲法院作出初步判決時所扮演的係一協助會員國法院的角色。歐洲法院作出初步判決後，隨即將此初步判決送交提出聲請的會員國法院，而會員國法院將繼續系爭案件的審理。[7]

(二) Anheuser-Busch 案之初步判決

1. 事實

在 Anheuser-Busch 案中，原告為設立於美國密蘇里州聖路易斯市（Saint Louis, Missouri, the United States）的酒商 Anheuser-Busch Inc.，該公司為 Budweiser, Bud, Bud Light, and Budweiser King of Beers 等 4 個商標於芬蘭的商標權人，此等商標所指定的商品為啤酒。[8]4 個商標中最早申請註冊者為 Budweiser，時間為 1980 年 10 月。[9] 被告 Budejovický Budvar, národní podnik（以下簡稱 "Budvar"）為設立於捷克共和國 Ceske Budejovice 的酒商，其於 1967 年 2 月向芬蘭主管機關登記其商號，分別為：

(1) 捷克文 Budejovický Budvar, národní podnik。

(2) 英文 Budweiser Budvar, National Corporation。

(3) 法文 Budweiser Budvar, Entreprise nationale。

被告 Budvar 曾於 1962 年 5 月及 1972 年 11 月分別註冊 Budvar 與 Budweiser Budvar 兩個商標，指定商品亦為啤酒，但由於其後 Budvar 並未使用此二商標（a failure to use the trade marks），故而此二商標皆遭廢止（forfeited）。[10]Budvar 所製造、販賣的啤酒，其酒瓶標籤上的主要標示為 Budejovický Budvar，亦即其捷克文的商號。[11] 原、被雙方皆於芬蘭販賣啤酒產品。

Anheuser-Busch Inc. 於 1996 年 10 月於芬蘭赫爾辛基第一審法院（the Helsingin käräjäoikeus（Finland）; Court of First Instance of Helsinki）提起訴訟，請求法院禁止 Budvar 將 Budejovický Budvar、Budweiser Budvar 等標識，使用於其製造、販賣的啤酒之上，[12] 冗長的訴訟過程於焉展開，當此案上訴至芬蘭最高法院（the Korkein oikeus; the Supreme Court）時，法院認為「關於使用自己姓名之商標權限制條款」中，「自己姓名」是否包括商號，有適用上的疑義，因而裁定停止訴訟，轉而請求歐洲法院作出初步判決。[13]

2. 初步判決之結果與理由

首先，歐洲法院認為，所謂第三人「使用自己之姓名或地址」，更精確地說，指的是第三人得使用特定標識，指示自己的姓名或地址（to use signs to indicate their own name or address）」。[14] 就「自己之姓名」的要件而言，歐洲法院指出，認為「自己之姓名」，自己姓名不僅包括自然人自己的姓名，亦包括廣義的商號（trade names）。[15] 歐洲法院的見解頗為妥適，因為商品及服務的提供者多為法人，倘若所謂自己的姓名僅限於自然人的姓名，則法人無法於提供商品或服務的過程中享有使用法人名稱的自由，著實有損商人提供商品或服務的自由。

其次，歐洲法院指出，依據第 6 條第 1 項 a 款，第三人得使用特定

標識，指明自己的姓名或地址，但以此等使用行為「符合處理產業或商業事務之誠實方法」為前提。[16]判斷第三人使用自己姓名或地址是否「符合處理產業或商業事務之誠實方法」，須審酌哪些因素？歐洲法院認為，第一，原則上第三人得依據第 6 條第 1 項 a 款這項例外條款，以指明自己商號為目的，使用相同或近似於商標的標識，即便此使用行為落入商標指令第 5 條第 1 項商標權效力的範圍內。[17]其次，所謂「誠實使用」之要件（the condition of "honest practice"），係指「以正當之行為維護商標權人合法利益之責任」。[18]法院指出，判斷第三人使用自己姓名或地址的行為是否符合誠實使用方法要件時，應考量以下三者：

(1) 關消費者或至少是大部分的相關消費者，如何理解該第三人商號的使用行為？消費者是否認為，此使用行為顯示了第三人的商品或服務與商標權人或被授權使用該商標之人，具有特定關係。

(2) 第三人就某種程度而言，是否有注意上述情況的義務？[19]

(3) 必須評估系爭商標於其註冊（亦即受保護）的特定會員國，是否享有一定的聲譽；第三人於販賣其商品時，得就系爭商標的聲譽獲取利益。[20]

較為可惜的是，歐洲法院此案的初步判決中，雖就適用第 6 條第 1 項 a 款時應注意的事項，作出頗具參考價值的原則性解釋，但該院並未就被告 Budvar 是否得援引第 6 條第 1 項 a 款使用其公司名稱，作出判斷。針對本案的爭議，芬蘭最高法院於 2005 年 12 月 29 日作出判決。[21]該院指出，被告 Budvar 得援引該款使用商號名稱啤酒瓶的標籤或他處，但使用時須一併呈現 Budweiser Budvar 2 字（即其英文商號前 2 字）與其外文商號。[22]

3. 評析

本文在此將分析重點，聚焦於誠實使用的 3 項標準。就第 1 項標準而言，其重點在於考量消費者如何理解該第三人商號的使用行為？消費

者是否認為，此使用行為顯示了第三人的商品或服務與商標權人或被授權使用該商標之人，具有特定關係。亦即，相關消費者是否清楚知曉第三人的商品來自第三人？抑或相關消費者極可能因為第三人使用自己姓名的行為，因此誤認第三人的商品係來自於商標權人？換句話說，此項因素所需考量的重點，在於判斷第三人行為造成消費者混淆誤認之可能性的高低。就本案而言，若被告 Budvar 於啤酒瓶的標籤或他處，一併呈現 Budweiser Budvar 2 字與其完整的外文商號，例如：

Budweiser Budvar

Budejovický Budvar, národní podnik

此時相關消費者應可清楚知曉此啤酒係來自第三人的商品來自 Budejovický Budvar, národní podnik，而非來自於販賣 Budweiser 啤酒的 Anheuser-Busch 公司。

更進一步來說，歐洲法院雖未就第 1 項因素提供更為具體的判斷標準，但近 10 年來，英國法院受到歐洲法院實務見解的影響，就此逐漸發展出了一種審酌各種相關情況的判斷方式，頗值得參考。英格蘭與威爾斯上訴法院（England and Wales Court of Appeal（Civil Division）；以下簡稱「英格蘭上訴法院」）於 Reed Executive Plc & Ors v. Reed Business Information Ltd & Ors 案（以下簡稱「*Reed* 案」）的判決中指出，一人得使用自己的姓名，即便此使用行為，使得姓名與註冊商標之間的確出現了混淆誤認。[23] 英格蘭上訴法院認為：

混淆誤認是否應被容許，涉及混淆誤認之程度高低的問題；僅有在考量各種情狀後，客觀上第三人所為的行為足以造成不公平競爭時，此時方構成（商標權）侵害。實務上，必須有顯著而具體的欺騙行為。倘若僅有混淆誤認的可能性，特別是其他相關情狀以降低了此種混淆誤認的可能性，則使用自己姓名的行為仍可能被認定為誠實使用。相關的判斷必須考量與該爭議相關的所有情狀。[24]

本文認為，根據英格蘭上訴法院的見解，不得因為自己姓名的使用

可能使得姓名與註冊商標之間出現些許混淆性，即逕行認定系爭姓名使用行為非為誠實使用。首先，自己姓名的使用，客觀上須為顯著而具體的欺騙行為，故而造成不公平競爭時，方構成商標權侵害。其次，相關的判斷必須考量與該爭議相關的所有情狀，其他相關情狀以降低了此種混淆誤認的可能性，則使用自己姓名的行為仍可能被認定為誠實使用。

就第 2 項標準而言，其重點在於判斷第三人對於相關消費者可能產生混淆誤認的這項事實，是否在某種程度上應盡其注意義務。對於第三人這項「應注意消費者可能產生混淆誤認」的義務，歐洲法院雖未作出詳細的說明，但其似乎暗示，若第三人善盡此項注意義務，則其使用自己姓名的行為，較有可能被法院認定為誠實使用。

可補充說明的是，若第三人不僅善盡此項注意義務，甚至進一步採取了合理的預防措施以減少混淆誤認產生的機會，則其於英國較可能成功以使用自己姓名作為抗辯事由。英格蘭上訴法院於前述 Reed 案的判決中指出，毫無疑問地，在某些情況下，倘若某人使用其姓名的行為造成混淆誤認，則其必將難以成功地以使用自己姓名為由作為抗辯。在其他情況下，若此人採取了合理的預防措施以減少混淆誤認，則其可能得以使用自己姓名為由作為抗辯。所有的判斷，均須以與此案相關的各種情狀作為依據。[25]

就第 3 項標準而言，其評估的重點為，系爭商標於其註冊（亦即受保護）的特定會員國，是否享有一定的聲譽？若系爭商標於特定會員國鮮為人知，則第三人使用自己姓名的行為時，如何就系爭商標享有的聲譽獲取不當的經濟利益？因此，系爭商標是否廣為人知或具有良好的品牌形象？此亦為誠實使用的判斷重點。

二、關於使用商品或服務特徵說明之限制條款

(一) 爭議之脈絡

依據商標指令第 6 條第 1 項 b 款,商標權人不得禁止第三人於商業活動中使用各種關於商品或服務特徵的說明,但此第三人的使用行為,係「以符合處理產業或商業事務之誠實方法」為前提。一般而言,商品或服務提供者於說明其商品或服務的特徵時,往往無須使用具有先天識別性的標識,例如:獨創性商標(coined or "fanciful" marks)。舉例來說,Kodak 為獨創性商標,指定使用於照相機以及與攝影相關的商品,但 Kodak 的競爭對手於說明自己商品特徵時,無須使用 Kodak 這個商標。GOOGLE 亦獨創性商標,指定使用於搜尋引擎服務,但 GOOGLE 的競爭對手於說明自己服務特徵時,亦無須使用 GOOGLE 這個商標。然而,商品或服務提供者,可能需要使用不具先天識別性的標識,例如描述性的標識(descriptive signs)及不具先天識別性的字母、簡單線條或簡單幾何圖形。

此處的主要爭議,涉及被利用客體(文字、圖形、記號或其他構成商標之內容)的識別性與「關於商品或服務特徵說明之限制條款」的關係。具體而言,商品或服務提供者需要使用的不具先天識別性的標識,經常為簡短的辭語或簡單的圖形,因此,相較於具有先天識別性的標識,不具先天識別性的標識即便取得後天識別性,他人仍有可能援引上述限制條款,藉機挑戰其排他權。或者,更直接地說,相較於具有先天識別性的標識,取得後天識別性之標識的排他權,受到限制的機會較多。在歐盟會員國,規範此類限制的條文,係商標指令第 6 條第 1 項 b 款「關於商品或服務特徵說明之限制條款」。值得特別說明的是,上述的差異,係基於被利用客體先天識別性的有無,由於取得後天識別性的標識僅就其第二意義(secondary meaning)享有識別性,商標法不應限

制他人使用其第一意義（即本身意義），對其商品或服務特徵加以說明。如此的規範，符合歐盟保護商品自由流通以及自由提供服務的目的。

然而，即便取得後天識別性之標識的排他權受到挑戰、限制的機會較多，但商標指令第 6 條第 1 項 b 款的限制範圍究應如何畫定？此仍是一個值得深思的問題。舉例來說，吾等能否主張，「線條以及簡單線條組成的標識，須為大眾共有的標識，故而此等標識並未享有排他權」？此乃 adidas AG andt adidas Benelux BV v. Marca Mode CV and Others 案（以下簡稱「adidas 案」）之初步判決中的核心爭議。[26]

(二) Adidas 案之初步判決

1. 事實

在 Adidas 案中，原告為 adidas AG 與 adidas Benelux BV（以下統稱 "adidas"），被告為 Marca Mode CV（以下簡稱 "Marca Mode"），C&A Nederland CV（以下簡稱 "C&A"），H&M Hennes & Mauritz Netherlands BV（以下簡稱 "H&M"）and Vendex KBB Nederland BV（以下簡稱 "Vendex"）。[27] 作為原告之一的 adidas AG，乃數個圖形商標的商標權人，構成此等商標的內容皆包括 3 條垂直、平行且寬度相同的線條，標示於運動服與休閒服上，線條顏色與服裝的基本色截然不同。[28] 另一原告 adidas Benelux BV 取得 adidas AG 於荷蘭、比利時及盧森堡販賣 adidas AG 商品的專屬授權（an exclusive licence）。[29] Marca Mode, C&A, H&M 與 Vendex 等被告，則為紡織品產業中與原告具有競爭關係的 4 家公司。[30]

adidas 發現部分被告將 2 條平行線條，標示於其生產、銷售的運動服與休閒服之上，且線條顏色亦與服裝的基本色截然不同。原告因此向荷蘭 Breda 地方法院（the Rechtbank te Breda; local court of Breda）提出

商標權侵害訴訟，另請求法院禁止 Marca Mode, C&A 與 H&M 使用相同或近似於 adidas 註冊的 3 線條標識，例如：被告使用的 2 平行線條標識。[31] 面對 adidas 提出的訴訟，作為被告的四家企業向 Breda 地方法院提起確認之訴，請求法院確認渠等得以裝飾為目的，自由使用 2 平行線條標識於其製造的運動服和休閒服之上。[32] 1997 年 10 月，法院作出定暫時狀態處分（made an interlocutory order）裁定，禁止 H&M 於荷比盧地區使用相同或近似於 adidas 3 線標識的標識（包括 H&M 使用的 2 線標識）。[33] 1998 年 10 月，法院判決原告勝訴，認定其商標確有遭受侵害之情事。[34] 被告不服，向 's-Hertogenbosch 地區上訴法院（the Gerechtshof te's-Hertogenbosch; regional appeal court of 's-Hertogenbosch）提出上訴。[35] 2005 年 3 月，上訴法院撤銷地方法院 1997 年的裁定，並廢棄其 1998 年的判決，一方面認定 adidas 的商標權未受侵害，故而駁回 adidas 禁止使用相同或近似於其 3 線條標識之標識的請求，另一方面，法院亦駁回四被告的確認之訴，認為渠等關於自由使用 2 平行線條標識於服裝的請求過於空泛（too general）。[36]

's-Hertogenbosch 地區上訴法院指出：

3 線條構成的圖形，例如：adidas 所註冊的圖形，本身並未具備高度的識別性，但由於 adidas 於廣告上的投資，adidas 所有的數個 3 線條商標，已取得了極高的識別性且成為著名商標。因此，此等商標就其 3 線條標識，已享有廣泛的保障。然而，由於一般而言，線條以及簡單線條組成的標識，仍須為大眾共有的標識，故而此等標識並未享有排他權，因此，adidas 所擁有的數個商標的保護範圍，並未含括禁止 2 線條圖形的使用行為。[37]

adidas 不服地區上訴法院的判決，將此案上訴至荷蘭最高法院（Hoge Raad der Nederlanden; Supreme Court of the Netherlands），[38] 該院裁定停止訴訟（stayed proceedings），轉而請求歐洲法院作出初步判決。[39]

2. 初步判決之結果與理由

首先，法院重申，總體而言，商標指令第 6 條第 1 項的目的，在於調和保護商標權所帶來的利益以及歐洲共同市場中商品自由流通與提供服務的自由。至於商標指令第 6 條第 1 項 b 款的目的，則在於確保所有從事經濟活動之人（to ensure that all economic operators）皆有使用描述性說明的機會。[40] 參審法官稱之為「共享要件」（the requirement of availability）。[41] 然而，歐洲法院強調，所謂的共享要件，並非是商標指令第 6 條第 1 項 b 款之外的「獨立商標權效力限制」（an independent restriction of the effects of the trade mark）：

商標指令第 6 條第 1 項 b 款，明定了數種關於商品或服務特徵之說明的商標權效力限制條款，至於共享要件，無論於任何情況下，此要件皆不會成為上述條款之外的獨立限制條款。必須說明的是，基於以上的說明，當一第三人依據共享要件，請求適用商標指令第 6 條第 1 項 b 款的商標權限制條款時，按該款之要求，此第三人所使用的說明，必須與第三人行銷的商品或提供的服務的某項特徵，具有關聯性。[42]

法院接著指出，在本案中，根據荷蘭最高法院與 adidas 的競爭對手於相關文件中提供的資訊，adidas 競爭對手合理化渠等使用系爭 2 線條圖形的主要理由，為系爭 2 線條圖形僅具有單純的裝飾特性（the purely decorative nature）。因此，adidas 的競爭對手將 2 線條圖形放置於服裝之上的目的，並非在於提供關於某種服裝特徵的說明。[43]

職是之故，歐洲法院認為，通常在判斷商標權人所享有的排他權範圍之時，無須考量共享要件，僅於適用商標指令第 6 條第 1 項 b 款的商標權效力限制條款時，方有同時考量共享要件的必要。[44]

3. 評析

商標指令第 3 條的標題為「不予註冊或撤銷之事由」（Grounds for refusal or invalidity），根據該條第 1 項 b 款、c 款、d 款，不具任何識

別性的標識、用以標示各種商品或服務特徵的標識或說明、習慣用語，不得註冊，已註冊者，應撤銷之：

(1) b 款：不具任何識別性的標識。

(2) c 款：標示各種商品或服務特徵的標識（signs）或說明（indications）。此等標識或說明，於商業上得用以標示種類、品質、數量、用途、價值、地理來源、製造商品的時間或提供服務的時間，或商品或服務的其他特徵。[45] 簡言之，描述商品或服務特徵的標識或說明由於不具識別性（distinctive character），因此不得註冊。

(3) d 款：已成為現今語言的習慣用語，或者是長期以來商業實務上的習慣用語。

然而，按商標指令第 3 條第 3 項，若一商標於申請註冊之日前，透過使用行為而取得識別性，則此商標的註冊申請不應被核駁或撤銷。[46] 值得注意的是，此等後天取得識別性的標識，可取得商標法上的保護固無疑問，但此種標識的排他權範圍僅限於其取得識別性的部分，就不具識別性的部分（例如：描述性標識原本的語意），則非該商標排他權效力所及。

準此，依據商標指令第 6 條第 1 項 b 款，商標權人不得禁止第三人於商業活動中使用各種關於商品或服務特徵的說明，但此第三人的使用行為，須「以符合處理產業或商業事務之誠實方法」為前提。值得注意的是，後天取得識別性的標識或說明，可能僅為簡短的辭語，例如一形容辭或一句廣告用語，亦可能為為簡單的圖形，例如：蘋果的形狀或簡單幾何圖形，亦即商標指令第 3 條第 1 項 b 款中所謂不具任何識別性的標識。

由 adidas 案的結果可以推論，簡短的辭語或簡單的圖形等不具先天識別性的標識，即便其取得後天識別性，但其排他權受到挑戰、限制的機會仍多。然而，既然此等標識已取得後天識別性，則針對其取得識別性的部分，例如：在本案中 adidas 在運動服或休閒服上的 3 條線條，

其排他權不容他人限縮或侵害，乃至明之理，既然 adidas 的競爭對手將 2 線條圖形放置於服裝之上的目的，並非在於提供關於某種服裝特徵的說明，則 adidas 得禁止其競爭對手使用 2 線條圖形於服裝上的行為。

三、關於指明商品或服務用途之限制條款

(一) 爭議脈絡

工業革命後產業分工精細，加上全球製造商對於商品標準化作出的努力，造成不同企業所製造的商品，可能存在某種互補性，例如智慧型手機與智慧型手機的零件之間的關係，即為一例。此外，商品和服務之間亦可能具有密切的關聯性，例如：一車輛保養廠往往能針對不同廠牌車輛提供維修、保養的服務。因此，不同的商品製造者或服務提供者，有時有必要使用他人商標，以指明自己商品的功能或者是服務的目的，倘若說明用途時，尚須取得商標權人的授權方得使用其商標，否則構成商標權之侵害，則提供商品或服務的自由，必將遭受相當程度的負面影響。

以上述的背景為前提，商標指令第 6 條第 1 項 c 款以促進商品自由流通與提供服務的自由為目的，對於商標權的效力作出了限制。根據該款，第三人於進行商業活動的過程中，若有必要指明其商品或服務的用途，因而使用商標權人的商標，則商標權人不得禁止該第三人使用其商標，但第三人的使用行為，限於有必要指明一商品或服務之用途，特別是作為附件或零件之用途。然而，須深入研究的問題是，何謂必要？判斷的標準為何？第三人使用他人商標目的，可能為了指明「附件或零件」的用途，亦可能為了指明「附件或零件」以外其他商品或服務的用途，此二種使用目的，對於判斷使用商標行為是否符合該條款而為合法使用行為，是否有影響？此外，判斷此款中的的誠實使用要件，應審酌那些因素？凡此種種，皆為實務上適用「指明商品或服務用途之限制條

款」時，必須判斷的關鍵問題。本文的第四部分，將分析的重點集中於 2005 年歐洲法院就芬蘭 The Gillette Company, Gillette Group Finland Oy v. LA-Laboratories Ltd Oy 案（以下簡稱「Gillette 案」）所作出的初步判決。[47]

(二) Gillette 案之初步判決

1. 事實

此案原告為 Gillette 公司與芬蘭 Gillette 集團，被告為 LA-Laboratories Ltd Oy（以下簡稱「LA 公司」），[48] Gillette 公司於芬蘭註冊 Gillette 與 Sensor 2 個商標，指定商品類別為手動工具、刀具、刮鬍刀等商品。[49] 芬蘭 Gillette 集團取得 Gillette 公司的專屬授權，得於芬蘭使用 Gillette 與 Sensor 2 個商標。此案發生時，芬蘭 Gillette 集團於芬蘭販賣 Gillette 公司生產的刮鬍刀已有相當時日，主要商品的種類，係手動式刮鬍刀的可替換刀片，以及帶有刀柄與可替換刀片的手動式刮鬍刀組。[50]

被告 LA 公司於芬蘭販賣該公司生產的刮鬍刀，主要商品的種類，亦為手動式刮鬍刀的可替換刀片，以及帶有刀柄與可替換刀片的手動式刮鬍刀組。[51] LA 公司所販賣的可替換刀片帶有 "Parason Flexor" 2 字的商標，包裝上的貼紙印有以下文字："All Parason Flexor and Gillette Sensor handles are compatible with this blade." 意指「所有 Parason Flexor 與 Gillette Sensor 的刮鬍刀柄皆可使用包裝內的可替換刀片」）。[52] Gillette 公司與芬蘭 Gillette 集團認為此包裝貼紙上的文字，已侵害其 Gillette 與 Sensor 2 個註冊於芬蘭之商標的商標權，因此於芬蘭赫爾辛基第一審法院（the Helsingin käräjäoikeus（Finland）；Court of First Instance of Helsinki）提起訴訟，主張 LA 公司侵害其 Gillette 與 Sensor 2 個芬蘭註冊商標的商標權。[53]

此案冗長的訴訟自此開始，爭執的核心，圍繞於 LA 公司使用 Gillette 與 Sensor 2 個商標行為，是否可適用商標指令第 6 條第 1 項 c 款關於指明商品或服務用途的限制條款，故而非為商標權的效力所及。[54] 此案上訴至芬蘭最高法院（the Korkein oikeus; the Supreme Court）時，法院認為商標指令第 6 條第 1 項 c 款存在著適用上的疑義，因而裁定停止訴訟，轉而請求歐洲法院作出初步判決。[55]

芬蘭最高法院提出的關於商標指令第 6 條第 1 項 c 款適用上的疑義，可歸納為以下四個重要問題：

(1) 根據哪些標準可認定特定產品為該款中所謂的「附件或零件」？[56]

(2) 第三人使用他人商標目的，可能為了指明「附件或零件」的用途，亦可能為了指明「附件或零件」以外其他商品或服務的用途，此二種使用目的，對於判斷使用商標行為是否符合該款而為合法使用行為，是否有影響？[57]

(3) 按該款的規定，第三人於商業活動中由於有必要指明其商品或服務的用途，因而使用商標權人的商標，此時商標權人不得禁止第三人的使用行為，但第三人就他人商標的使用，限於有必要指明一商品或服務之用途。判斷此必要性要件的標準（the criterion of necessity）為何？[58]

(4) 判斷第三人使用他人商標的行為是否符合該款的誠實使用要件，究應審酌哪些因素？[59]

2. 初步判決之結果與理由

針對芬蘭最高法院提出的第 1 個問題，亦即根據哪些標準可認定特定產品為商標指令第 6 條第 1 項 c 款中所謂的「附件或零件」？歐洲法院認為，並無作此認定的必要。其原因在於，此款中「特別是作為附件或零件之用途」的用語，僅係例示規定（cited only by way of example），而毫無疑問地，作為附件或零件的用途，乃是使用他人商標以指明自己商品或服務用途的通常情況（the usual situations），但第 6 條

第 1 項 c 款非僅能適用於此等例示的情況。職是之故，於 Gillette 案，根本無須認定特定產品是否為第 6 條第 1 項 c 款中所謂的「附件或零件」。[60]

對於芬蘭最高法院提出的第 2 個問題，亦即不同的使用目的，對於判斷商標使用是否符合第 6 條第 1 項 c 款而為合法使用行為，有何影響？歐洲法院指出，針對商標使用之合法性的判斷，該款並未對各個可能的用途加以區隔。因此，無論是判斷「以指明附件或零件之用途為目的」的商標使用行為，或者是判斷「以指明其他用途為目的」的商標使用行為，判斷的標準並無不同。[61]

針對第 3 個問題，即涉及該款必要性要件判斷標準的問題，歐洲法院強調，依據商標指令第 6 條第 1 項 c 款判斷特定使用商標的行為是否合法，其關鍵在於，該使用行為是否為指明一商品或服務用途的必要行為。[62] 其次，第三人使用他人商標指明自己的商品或服務時，此商標使用行為若符合商標指令第 6 條第 1 項 c 款的「必要性要件」（the requirement of necessity），則系爭商標使用行為，實際上必須為提供大眾關於該（商品或服務）用途之詳細、完整資訊的唯一方法（the only means）。[63] 歐洲法院指出，在此案中，被告使用 Gillette 公司的 2 個商標，其目的在於提供大眾關於其商品用途的詳細而完整的資訊，而此用途係被告商品與帶有 Gillette 公司（的 2 個）商標的商品，兩者可搭配使用。[64]

至於判斷第三人使用他人商標的行為是否符合該款的誠實方法要件，究應審酌哪些因素？此係芬蘭最高法院提出的第 4 個問題。首先，歐洲法院重申了該院長期以來對於「誠實方法」要件的定義，認為此要件係指「以正當之行為維護商標權人合法利益之義務」。[65] 其次，歐洲法院援引其先前判決的見解，並參考了英國政府（the United Kingdom Government）與歐洲執行委員會（the European Commission）就此案提出的意見，以反向規範的方式，例示了不屬於以「誠實方法」使用（他

人）商標的行為：[66]

(1) 第三人使用他人商標的方式，給予大眾一種第三人與商標權人之間存在商業關係的印象。[67]

(2) 第三人使用他人商標的行為，自他人商標的識別性或聲譽獲取不正當利益，故而減損他人商標的價值。[68]

(3) 第三人使用他人商標的行為，敗壞或貶抑該商標的信譽。[69]

3. 評析

歐洲法院於本案的初步判決中，雖未就被告 LA 公司得否援引第 6 條第 1 項 c 款使用 Gillette 公司的 Gillette 與 Sensor 等 2 個商標，作出判斷，但由於歐洲法院已明確指出，被告使用 Gillette 公司的 2 個商標，其目的在於提供大眾關於其商品用途的詳細而完整的資訊，亦即符合「必要性要件」，LA 公司的行為並未落入所謂「非屬誠實方法」的範圍，因此可推知，歐洲法院應傾向於肯認 LA 公司援引第 6 條第 1 項 c 款使用 2 系爭商標的行為。可補充說明的是，芬蘭最高法院及採取類似的觀點詮釋歐洲法院的見解，故而於 2006 年 2 月判決原告敗訴。[70]

參、以比較法之觀點論我國法之修正

如本文前言所述，我國於 2011 年 5 月所通過的商標法修正案，已於 2012 年 7 月 1 日施行。此次修正的條文頗多，而涉及商標權限制的條款，亦在修正的範圍之內。根據修正前的商標法第 30 條第 1 項第 1 款，下列情形，不受他人商標權之效力所拘束：「凡以善意且合理使用之方法，表示自己之姓名、名稱或其商品或服務之名稱、形狀、品質、功用、產地或其他有關商品或服務本身之說明，非作為商標使用者」（以下簡稱「舊法」）。按修正後的商標法第 36 條第 1 項第 1 款，下列情形，不受他人商標權之效力所拘束：「以符合商業交易習慣之誠實

信用方法，表示自己之姓名、名稱，或其商品或服務之名稱、形狀、品質、性質、特性、用途、產地或其他有關商品或服務本身之說明，非作爲商標使用者」（以下簡稱「新法」）。此係我國現行商標法中以「誠實信用方法」爲共同要件的商標權限制條款。

本文認爲，就此次的修正而言，有以下三個密切相關的問題，值得深入分析：

(一) 首先，新法中以「誠實信用方法」爲共同要件的商標權限制，究竟可分爲幾類？各類商標權限制的判斷基準爲何？

(二) 舊法以「善意且合理使用方法」作爲共同要件，新法則以「誠實信用方法」爲共同要件，用語的修改是否表示新法已放棄舊要件而改採新要件？或者新法與舊法的要件本質上並無不同，而此次的修正僅爲釐清用語的辭意？

(三) 「誠實信用方法」係新法之中的關鍵用語，但新法並未對此一用語加以定義，「誠實信用方法」究竟所指爲何？

釐清上述問題，乃現今至爲重要的工作。由於舊法第 30 條第 1 項第 1 款及新法第 36 條第 1 項第 1 款的要件，皆具有高度的抽象性，因此經常造成理解與適用的困難。舉例來說，商標法修正前，我國法院於涉及商標合理使用的訴訟中，對於舊法第 30 條第 1 項第 1 款中「善意」一辭的界定方式，頗爲紛亂。修法說明僅稱，實務上有認爲，舊法中的「善意」，係指民法上「不知情」，因而產生爭議。但事實上，法院所提出的定義（包括民法上的「不知情」），至少有以下四種：

(一) 關於上述所謂「不知情」的概念，最高法院指出，「所謂之善意，係指不知其爲他人之商標而爲使用者而言」。[71] 由此觀之，第三人須對利用他人商標的行爲不知情，方有符合舊法善意合理使用要件的可能性。

(二) 亦有法院將善意解釋爲「無不正競爭」。智慧財產法院認爲，「按商標法上所稱之善意、惡意，並非係指民法上之知情與不知

情，而係指有無不正競爭之意思，如冒用他人之商標造成消費者混淆誤認，或以依附他人商標之方式掠奪商人之商譽」。[72]

(三) 法院亦有將善意解釋為「相當眞誠之信賴感」者。臺灣高等法院指出，商標法所認之善意合理使用中之「善意」，並非一般民法上所稱「不知情」，而係指以相當眞誠之信賴感。[73]

(四) 最高行政法院曾將善意解釋為「不違反商業習慣誠信方式」，[74]此定義與商標法修正後條文的用語相近，但甚為可惜的是，法院對於為何將善意定義為「不違反商業習慣誠信方式」的原因，以及此一定義的內涵，並未作出較為詳細的說明。

　　各個法院對於善意之概念的界定莫衷一是，由此可見一斑，除了第一種界定方式沿用民法的概念之外，其他三種界定方式，似無明確的理由或依據。

　　針對舊法第 30 條第 1 項第 1 款及新法第 36 條第 1 項第 1 款要件的高度抽象性，本文另舉一例說明之。根據此次的修法說明，商標的合理使用，可分為描述性合理使用與指示性合理使用，且二者皆「為我國實務上所肯認」。然而，就新法第 36 條第 1 項第 1 款而言，不同種類的商標權限制條款，所規範的使用者為何人？使用行為為何？使用的對象為何？「誠實信用方法」要件所指為何？由於此條款並未有清楚的規定，因此，修法說明中所謂「為我國實務上所肯認」一語，實有待斟酌。究竟是我國法院於司法實務上已建立了相關的判斷原則？抑或是經濟部智慧財產局曾以函釋的方式回應了上述問題？兩者的答案似乎均為否定。職是之故，倘若未能釐清上述問題，則我國法院於適用新法第 36 條第 1 項第 1 款時，必將遭遇嚴峻的挑戰。

一、種類

　　關於第一個議題，亦即新法中以「誠實使用方法」為要件的商標權

的限制，究竟可分爲幾類？觀察新法第 36 條第 1 項第 1 款，本文認爲此等限制，可被歸納爲兩大類；第一類係關於使用自己姓名、名稱的商標權限制條款，第二類則爲關於使用商品或服務特徵說明的限制條款。此兩類限制條款的判斷基準，分別爲：

(一) 關於使用自己姓名、名稱之商標權限制條款

1. 符合商業交易習慣之誠實信用方法。

2. 表示自己之姓名、名稱。

3. 非作爲商標使用。

(二) 關於使用商品或服務說明之限制條款

1. 符合商業交易習慣之誠實信用方法。

2. 表示自己之商品或服務之名稱、形狀、品質、性質、特性、用途、產地或其他有關商品或服務本身之說明。

3. 非作爲商標使用。

然而，根據修法說明，「有關商標合理使用，包括描述性合理使用及指示性合理使用兩種」。由此可知，修法說明的分類方式與本文上述的分類方式並不相同，因此有必要就相關議題進行深入分析。

(一) 關於使用商品或服務說明之限制條款

1. 性質

根據修法說明，所謂描述性合理使用，係指：

第三人以他人商標來描述自己商品或服務之名稱、形狀、品質、性質、特性、產地等，此種方式之使用，並非利用他人商標指示商品或服務來源之功能，純粹作爲第三人商品或服務本身之說明，商標權人取得之權利，係排除第三人將其商標作爲第三人指示自己商品或服務來源之使用，第三人所爲之使用既非用以指示來源，即非屬商標權效力拘束範圍。

　　觀察此段修法說明的內容，可知所謂的描述性合理使用，似乎等同於本文前述的第 2 類限制，亦即「關於使用商品或服務說明之限制條款」，但深究修法說明中的相關要件，可發現以下的問題。

　　根據此段說明，「描述性合理使用，指第三人以他人商標來描述自己商品或服務之名稱、形狀、品質、性質、特性、產地等……純粹作為第三人商品或服務本身之說明」，因此第三人似有積極使用他人商標以描述自己商品或服務之特徵的行為，但如此的界定方式，並不妥當。首先，此界定方式不僅與歐盟法中「關於使用商品或服務特徵說明之限制條款」不同，亦與我國新法中相關條款的要件不符。無論是歐盟法或我國法，皆無「第三人以他人商標來描述（商品或服務特徵）」之要件；按歐盟法，商標權人不得禁止第三人於進行商業活動的過程中，使用商品或服務特徵的說明，而根據我國法，第三人表示自己之商品或服務的說明，不受商標權的效力所拘束。

　　其次，無論稱此類商標權限制為描述性合理使用，或者按歐盟法稱之為「關於特徵說明之限制」，兩者於本質上並無差異，亦即，第三人並無積極使用他人商標的行為，充其量僅於第三人說明自己的商品或服務的特徵時，出現此等特徵說明的內容與商標權人的商標「偶然相同或近似」的情況。職是之故，修法說明中「第三人以他人商標來描述（商品或服務特徵）」的用語，極易引起誤解；此用語容易令人誤認此類合理使用涉及第三人積極使用他人商標的行為。

　　第三，倘若修法說明對描述性合理使用的界定方式係屬正確，亦即此種使用確為「第三人以他人商標來描述（商品或服務特徵）」的行為，則系爭商標使用行為如何能符合第 36 條第 1 項第 1 款中「非作為商標使用」的要件？根據修法說明，描述性的商標合理使用，「並非利用他人商標指示商品或服務來源之功能」，但既然存在「第三人以他人商標來描述（商品或服務特徵）」的行為，何以「此種方式之使用，並非利用他人商標指示商品或服務來源之功能」？修法說明中的論述，顯

然不符合商標法對於商標使用的界定方式。

　　總體而言，修法說明中相關用語的語意不清，不僅徒增第三人描述自己商品或服務特徵時的困擾，法院若於判斷描述性合理使用時逕自參酌、詮釋此修法說明的相關內容，恐將引起更多的爭議。

2. 可刪除「非作為商標使用」一語

　　就「關於使用商品或服務特徵說明之限制條款」而言，由於第三人並非積極使用他人商標，因此第 36 條第 1 項第 1 款訂有「非作為商標使用」的要件。然而，嚴格來說，此類限制條款所涉及的第三人使用行為，係第三人說明自己商品或服務之特徵行為，此行為本質上並非商標使用，因此「非作為商標使用」一語並非要件，充其量僅為第三人行為之性質的說明，置入條文與否對此限制條款皆不會造成實質的影響。本文以為，「非作為商標使用」一語是否存在，並不影響第三人行為並非商標使用的本質，因此得予以刪除。

3. 商品或服務之特徵說明

　　根據本文於「參、一」的歸納，「關於使用商品或服務說明之限制條款」的第二項判斷基準為：「表示自己之商品或服務之名稱、形狀、品質、性質、特性、用途、產地或其他有關商品或服務本身之說明」。將此項基準與歐盟法相比較，歐盟法的要件為「商品或服務之特徵說明」（indications concerning characteristics of goods or services），我國法的要件則為「有關商品或服務本身之說明」，兩者的差異在於「特徵」一辭。此看似極不起眼的差異，實則有重大的影響。觀察歐盟商標法的條文與實務見解，簡短的辭語或簡單的圖形等不具先天識別性的標識，即便其取得後天識別性，但其排他權受到挑戰、限制的機會仍多，但既然此等標識已取得後天識別性，則針對其取得識別性的部分，例如：在 adidas 案的初步判決中，adidas 在運動服或休閒服上的 3 條線條，其排他權不容他人限縮或侵害，乃至明之理。因此，於 adidas 案中，由

於 adidas 的競爭對手將 2 線條圖形放置於服裝之上的目的，並非在於提供關於某種服裝特徵的說明，因此 adidas 得禁止其競爭對手使用 2 線條圖形於服裝上的行為。然而，倘若 adidas 案的事實發生於我國，則由於我國法的要件僅為「有關商品或服務本身之說明」，其中並無「特徵」一辭，因此法院未必能適用商標法第 36 條第 1 項第 1 款，禁止其競爭對手使用 2 線條圖形（非特徵的一般商品說明）於服裝上的行為。

4. 是否含括「關於使用自己姓名、名稱之商標權限制」？

「描述性合理使用，指第三人以他人商標來描述自己商品或服務之名稱、形狀、品質、性質、特性、產地等……純粹作為第三人商品或服務本身之說明」。根據此段文前曾引用過的修法說明，描述性的商標合理使用，究竟是否含括「關於使用自己姓名、名稱之商標權限制」？

就「關於使用自己姓名、名稱之商標權限制」而言，由於第三人所為的行為，並非說明自己商品或服務的特徵，而係使用自己的姓名或名稱，因此修法說明中所謂描述性合理使用，顯然並未含括「關於使用自己姓名、名稱之商標權限制」。[75] 此外，由於本質上的差異，指示性合理使用，亦無可能包括「關於使用自己姓名、名稱之商標權限制」。基於此等理由，可知修法說明所謂「有關商標合理使用，包括描述性合理使用及指示性合理使用兩種」的分類方式，顯然有誤。本文認為，「關於使用自己姓名、名稱之商標權限制」，必定為上述兩種合理使用之外的第 3 種類型，應獨立列於商標法第 36 條第 1 項第 1 款，至於描述性合理使用及指示性合理使用，則應依序列於同項第 2 款及第 3 款。

(二) 指示性合理使用

我國現行商標法中，是否有關於指明商品或服務用途的限制條款？針對此項議題，修正說明提供了判斷的依據：

所謂指示性合理使用，係指第三人以他人之商標指示該他人（即商

標權人）或該他人之商品或服務；此種方式之使用，係利用他人商標指示該他人商品或服務來源之功能，用以表示自己商品或服務之品質、性質、特性、用途等，類此使用情形多出現於比較性廣告、維修服務，或用以表示自己零組件產品與商標權人之產品相容；凡此二者皆非作為自己商標使用，均不受商標權效力所拘束，且為我國實務上所肯認，爰參考德國商標法第 23 條規定，增訂指示性合理使用，尚包括表示商品或服務之「用途」，並酌作文字修正，以期周延。

觀察此處所謂指示性商標合理使用的要件，可知其類似於前述歐盟法中關於指明商品或服務用途的限制。然而，頗為弔詭的是，於商標法第 36 條第 1 項第 1 款之中，似乎難以找到所謂指示性合理使用的要件。如前所述，商標法第 36 條第 1 項第 1 款所列舉的商標權限制，可被歸納為「關於使用自己姓名、名稱之商標權限制」以及「關於使用商品或服務說明之限制條款」兩大類，其中並無指示性商標合理使用。此是否為前次修法時的疏漏？本文在此將作深入的討論。

1. 立法疏漏？

根據文前引用的修法說明，一使用他人商標的行為是否為指示性商標合理使用，有以下兩項要件：

(一) 第三人以他人之商標指示商標權人之商品或服務。

(二) 此種方式之使用，係利用他人商標指示該他人商品或服務來源之功能，用以表示自己商品或服務之品質、性質、特性、用途等。

就第 1 項要件而言，指示性商標合理使用為第三人使用商標權人之商標的行為，而此商標使用行為，所指示者為該商標權人之商品或服務。然而，商標法第 36 條第 1 項第 1 款中，並無「第三人使用商標權人之商標」的要件，遑論提及此使用行為所指示者，係該商標權人之商品或服務。

第 2 項要件涉及此使用他人商標行為的目的。指示性商標合理使

用，非為將他人商標作為自己商標使用，造成相關消費者混淆誤認以獲取經濟利益，而係利用他人商標指示該他人商品或服務來源的功能，表示自己商品或服務的品質、性質、特性、用途等。然而，商標法第 36 條第 1 項第 1 款中，並無「利用他人商標指示該他人商品或服務來源之功能」的要件。須特別強調的是，雖然此款之中確有以下的規定，「表示自己之……商品或服務之……品質、性質、特性、用途、產地或其他有關商品或服務本身之說明，非作為商標使用者」，但此處的「品質、性質、特性、用途」等用語，係指第三人直接就自己商品或服務的品質、性質、特性或用途所作的說明，此係「關於使用商品或服務說明之限制」，亦即修法說明中所謂的「描述性合理使用」，與指示性商標合理使用完全無涉，其最主要的差異在於，指示性合理使用，係使用他人商標間接指明自己商品或服務的用途。職是之故，商標法第 36 條第 1 項第 1 款，豈能既為描述性合理使用的條款，同時亦為指示性商標合理使用的條款？

　　總體而言，文前引用的修法說明，雖然界定了指示性合理使用的意涵，但最具爭議的是，商標法第 36 條第 1 項第 1 款，並未清楚地規範指示性合理使用的要件。

2.「非作為自己商標使用」為贅語

　　既然於商標法第 36 條第 1 項第 1 款中，難以找到指示性合理使用的要件，則是否可將修法說明中關於指示性合理使用的內容，轉化為日後修法時相關規範的要件？本文認為，原則上並無不可，但修法說明中「非作為自己商標使用」之要件，實無納入條文的必要。本文認為，按修法說明，指示性商標合理使用所涉及的行為，係第三人以他人之商標指示商標權人之商品或服務，既然如此，則第三人此時並未將商標權人的商標，作為自己商標使用，實乃理所當然，無庸贅言，況且昔日我國法院往往將舊法第 30 條第 1 項第 1 款中「非作為商標使用」的要件，

解釋為「未使用商標權人之商標」，倘若未來法院亦將「非作為自己商標使用」作相同的解釋，則適用時恐衍生更多的問題。

二、改採「誠實信用方法」之用語僅為釐清辭意

舊法以「善意且合理使用」作為不同之商標合理使用類型的共同要件，新法則以「誠實使用」為共同要件。此項用語的修正，是否表示新法已捨棄舊要件而改採新要件？抑或是新法與舊法的要件本質上並無不同，此次修正僅為釐清用語的辭意？按修法說明，此次修正應僅為釐清用語的辭意。由前述內容可知，新法的條文中已無「善意且合理使用」的用語，改採「符合商業交易習慣之誠實信用方法」，但觀察修法說明，其仍然使用「商標合理使用」一辭，由此可知此次修正應僅為釐清用語的辭意。

然而，何以有釐清辭意的必要？修法說明提出了以下的解釋：

現行條文第 1 款規定之「善意且合理使用之方法」，係指依一般商業交易習慣之普通使用方法，且非作為商標使用者，包括知悉他人商標權存在之合理使用，惟實務上有認為此「善意」係指民法上「不知情」，因而產生爭議，為釐清適用範圍，爰參考 2009 年 2 月 26 日歐洲共同體商標條例第 12 條規定，修正為「符合商業交易習慣之誠實信用方法」。

此處的問題是，此次修正看似援用了歐盟法的相關用語，但事實上歐盟法的相關用語為「誠實方法」（honest practices），其中並無我國新法中的「信用」一辭。其次，由於根據民法第 148 條，「行使權利，履行義務，應依誠實及信用方法」，故而此條文中所謂的「誠實及信用方法」與商標法中「誠實信用方法」一辭是否同義？此疑問恐又將衍生適用上的爭議。此外，立法者對於釐清此用語的努力尚嫌不足，似未深究歐洲法院就此「誠實方法」一辭於實務上所建立的判斷基準，遑論將

相關基準納入商標法第 36 條第 1 項第 1 款。

三、「誠實信用」要件

如前所述，新法中所謂的「誠實信用方法」與舊法中「善意且合理使用之方法」，本質上並無不同，而根據修法說明，善意且合理使用之方法「係指依一般商業交易習慣之普通使用方法，且非作為商標使用者，包括知悉他人商標權存在之合理使用」。如此的界定方式，並不妥當，此段說明除了堆砌「一般商業交易習慣」、「普通使用方法」、「非作為商標使用者」及「合理使用」等辭彙外，對於判斷「誠實信用方法」的基準未有任何說明。

從歐盟法的角度觀之，所謂誠實使用的要件，係一頗為複雜的概念。簡單來說，誠實使用涉及第三人「以正當之行為維護商標權人合法利益之責任」，但判斷一涉及商標權侵害爭議的行為，是否符合特定之商標權限制條款的要件時，判斷的基準並不相同，舉例來說，歐洲法院指出，判斷第三人使用自己姓名或地址的行為是否符合誠實使用方法要件時，應優先考量相關消費者是否認為，此使用行為顯示了第三人的商品或服務與商標權人或被授權使用該商標之人，具有特定關係。其次，應考量第三人就某種程度而言，是否有注意上述情況的義務。第三，必須評估第三人於販賣其商品時，是否得就系爭商標的聲譽獲取利益。

另舉一例說明之，判斷第三人使用他人商標的行為，是否符合「關於指明商品或服務用途之限制條款」的誠實方法要件，歐洲法院以反向規範的方式，例示了不屬於以「誠實方法」使用他人商標的行為。例如：第三人使用他人商標的方式，給予大眾一種第三人與商標權人之間存在商業關係的印象，或者，第三人使用他人商標的行為，自他人商標的識別性或聲譽獲取不正當利益，故而減損他人商標的價值。又例如：第三人使用他人商標的行為，敗壞或貶抑該商標的信譽。

總體而言，立法者應採取立法授權的方式，由經濟部智慧財產局整合我國法院關於「誠實信用方法」的見解以及外國立法例及司法實務上的相關見解，以法規命令的形式，提供各界判斷「誠實信用方法」的依據。

肆、結論

本研究所關注者，係 2008 年歐盟商標指令中，以「誠實使用」為共同要件的 3 項商標權限制條款，以及我國現行商標法第 36 條第 1 項第 1 款，亦即以「誠實使用」為共同要件的商標權限制條款。

本文依序分析歐盟法中以「誠實使用」為共同要件的商標權限制條款，並藉由對 2004 年之後相關司法見解的分析，嘗試釐清其中的商標法爭議。首先，關於使用自己姓名的商標權限制條款，其判斷重點在於：第一，相關消費者是否清楚知曉第三人的商品來自第三人？抑或相關消費者極可能因為第三人使用自己姓名的行為，因此誤認第三人的商品係來自於商標權人？第二，第三人對於相關消費者可能產生混淆誤認的這項事實，是否在某種程度上應盡其注意義務？英格蘭上訴法院則更進一步審酌第三人是否採取合理的預防措施以減少混淆誤認。此外，該院亦強調，所有的判斷均須以與此案相關的各種情狀作為依據。第三，系爭商標於其註冊的特定會員國，是否享有一定的聲譽？此亦為評估的重點。

其次，有關歐盟法中商品或服務特徵說明之限制條款的分析，本文將重點聚焦於 adidas 案。由其結果可以推論，不具先天識別性的標識，即便其取得後天識別性，但其排他權受到挑戰、限制的機會仍多，但既然此等標識已取得後天識別性，就其取得識別性的部分，例如此案中 adidas 在運動服或休閒服上的 3 條線條，其排他權即不容他人限縮或侵害。

　　第三，關於歐盟法中指明商品或服務用途之限制條款，歐洲法院將關注的焦點置於必要性要件與誠實方法的認定。就必要性要件而言，法院強調系爭商標使用行為，實際上必須為提供大眾關於特定用途之詳細、完整資訊的唯一方法。至於所謂誠實方法，法院則以反向規範的方式，例示了「非屬以誠實方法使用他人商標」的行為。法院所關注者，在於第三人使用他人商標的行為，是否造成相關消費者混淆誤認，以及是否自他人商標的識別性或聲譽獲取了不正當利益。

　　至於我國商標法第 36 條第 1 項第 1 款，本文認為未來仍有修正的必要。首先，修法說明並未就此等限制條款的規範目的多加著墨，頗為可惜。其次，就新法第 36 條第 1 項第 1 款而言，不同種類的商標權限制條款，所規範的使用者為何人？使用行為為何？使用的對象為何？「誠實信用方法」要件所指為何？此條款並無清楚的規定。

　　第三，修法說明所謂「有關商標合理使用，包括描述性合理使用及指示性合理使用兩種」的分類方式，顯然有誤。本文認為，「關於使用自己姓名、名稱之商標權限制」，必定為上述兩種合理使用之外的第 3 種類型，應獨立列於商標法第 36 條第 1 項第 1 款，至於描述性合理使用及指示性合理使用，則應依序列於同項第 2 款及第 3 款。此外，根據本文的分析，商標法第 36 條第 1 項第 1 款並無指示性商標合理使用。其主要原因在於，商標法第 36 條第 1 項第 1 款中，並無「第三人使用商標權人之商標」的要件，遑論提及此使用行為所指示者，係該商標權人之商品或服務。此外，該款中亦無「利用他人商標指示該他人商品或服務來源之功能」的要件。值得特別說明的是，商標法第 36 條第 1 項第 1 款係描述性合理使用的條款，此款絕無可能同時亦為指示性合理使用的條款。

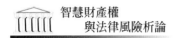
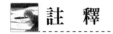 註 釋

* 國立高雄大學財經法律學系教授、系主任，英國愛丁堡大學法學博士

* Associate Professor of Law, National University of Kaohsiung, Department of Economic and Financial Law; PhD (Law), University of Edinburgh, United Kingdom

1. Directive 2008/95/EC of the European Parliament and of the Council of 22 October 2008 to Approximate the Laws of the Member States relating to Trade Marks [2008] OJ L299/25 (hereinafter as the "2008 Trade Mark Directive"). Article 6 of the 2008 Trade Mark Directive, entitled "Limitation of the effects of a trade mark", provides that

   1. The trade mark shall not entitle the proprietor to prohibit a third party from using, in the course of trade:

      (a) his own *name or address*;

      (b) *indications* concerning the kind, quality, quantity, intended purpose, value, geographical origin, the time of production of goods or of rendering of the service, or other *characteristics* of goods or services;

      (c) the *trade mark* where it is *necessary* to indicate the intended purpose of a product or service, in particular as accessories or spare parts; provided he uses them in accordance with *honest practices* in industrial or commercial matters. (emphasis added)

2. First Council Directive 89/104/EEC of 21 December 1988 to approximate the laws of the Member States relating to trade marks [1989] OJ L40/1.

3. 法院強調，「不受扭曲之競爭體系」乃是歐洲共同體條約竭力建

立與維護的市場環境。其原文爲：By thus limiting the effects of the exclusive rights of a trade mark proprietor, Article 6 of the Directive seeks to reconcile the fundamental interests of trade mark protection with those of free movement of goods and freedom to provide services in the common market in such a way that trade mark rights are able to fulfill their essential role in the system of undistorted competition which the EC Treaty seeks to establish and maintain. Case C-558/08 *Portakabib Ltd, Portakabin BV v. Primakabin BV* [2010] ECR I-6963, para. 57 and Case C-63/97 *BMW* [1999] ECR I-905, para. 62.

4. 位於德國慕尼黑的馬克斯普朗克智慧財產及競爭法研究所，曾於2011年2月公布「歐洲商標制度整體運作之研究」（以下簡稱「馬普報告」），此報告的第117頁至第124頁，扼要地介紹了歐盟法關於商標之權利限制（limitation of rights）的規範重點以及歐洲法院的主要見解。此外，此部分的內容，針對相關條文作出了檢討並就未來的修法方向提出建議，極具參考價值。MAX PLANCK INSTITUTE FOR INTELLECTUAL PROPERTY AND COMPETITION LAW MUNICH, STUDY ON THE OVERALL FUNCTIONING OF THE EUROPEAN TRADE MARK SYSTEM 117-124 (Max Planck Institute for Intellectual Property and Competition Law Munich, 2011).國內實務界的專家，曾就馬普報告對於商標權限制的分析，作出簡要的說明。請參考董延茜，歐盟商標制度檢討——馬普報告重點介紹，智慧財產權月刊，第163期，2012年7月，第30頁至第32頁。

5. Case 245/02 *Anheuser-Busch Inc. v. Budejovický Budvar, národní podnik* [2004] ECR I-10989.

6. 2009年12月歐盟里斯本條約生效前，係依據歐洲共同體條約（the Treaty Establishing the European Community, EC Treaty）第234條。

7. 就初步判決的整體程序而言，系爭案件的審理始於提出聲請的會

員國法院，亦終於該會員國法院。就初步判決的效力（effects）
而言，其具有法律上拘束力（legally binding），且提出聲請的
會員國法院，不得對初步判決提出抗告或上訴（not subject to appeal），而事實上歐洲法院之上亦無上級法院的存在。但須特別
說明的是，此處所謂初步判決具有法律上拘束力，非指歐洲法院
就會員國法院的系爭案件，代替提出聲請的會員國法院行使司法
權；歐洲法院僅就會員國法院所提出的法律爭點（points of law）
加以解釋，至於會員國的系爭案件，仍由會員國法院於取得初步
判決後續行訴訟程序。An introduction to preliminary rulings can be
found in TREVOR HARTLEY, THE FOUNDATIONS OF EUROPEAN COMMUNITY
LAW 62-63 and 69-70 (Oxford University Press, 5th ed. 2003); STEPHEN
WEATHERILL, CASES AND MATERIALS ON EU LAW 187-188 and 199-200
(Oxford University Press, 6th ed., 2003); EUROPA, *The Reference for
a Preliminary ruling*, at http://europa.eu/legislation_summaries/institutional_ affairs/decisionmaking_process/l14552_en.htm

8. paras. 2 and 24, *supra* note 5.

9. *Ibid.*

10. para. 25, *supra* note 5.

11. para. 30, *supra* note 5.

12. para. 30, *supra* note 5.

13. para. 39, *supra* note 5.

14. para. 77, *supra* note 5.

15. para. 77, *supra* note 5.

16. para. 77, *supra* note 5.

17. para. 81, *supra* note 5.

18. 其原文為："the expression of a duty to act fairly in relation to the legitimate interests of the trade mark owner". para. 84, *supra* note 5. 法院

於此案中援引Case C-100/02 *Gerolsteiner Brunnen* [2004], para. 24及該案中引述的相關案例法，作爲強化其見解的依據。

19. para. 83, *supra* note 5.其原文爲：In assessing whether the condition of honest practice is satisfied, account must be taken first of the extent to which the use of the third party's trade name is understood by the relevant public, or at least a significant section of that public, as indicating a link between the third party's goods and the trade-mark proprietor or a person authorised to use the trade mark, and secondly of the extent to which the third party ought to have been aware of that.

20. *Ibid.*其原文爲：Another factor to be taken into account when making the assessment is whether the trade mark concerned enjoys a certain reputation in the Member State in which it is registered and its protection is sought, from which the third party might profit in selling his goods.

21. *Anheuser-Busch Inc. v. Budìjovický Budvar, národní podnik*, Finnish Supreme Court Judgment, 29.12.2005, KKO:2005:143 (in Finnish only), http://www.finlex.fi/fi/oikeus/kko/kko/2005/20050143芬蘭最高法院對此爭議之判決結果的英文摘要，可參考以下網址：http://www.iprinfo.com/leh tiarkisto?action=articleDetails&a_id=416&id=30

22. *Ibid.*

23. *Reed Executive Plc & Ors v Reed Business Information Ltd* & Ors [2004] EWCA Civ 159 (03 March 2004), para. 129.

24. 其原文爲：[A] man may use his own name even if there is some actual confusion with a registered trade mark. The amount of confusion which can be tolerated is a question of degree – only if objectively what he does, in all the circumstances, amounts to unfair competition, will there also be infringement. In practice there would have to be significant ac-

tual deception – mere possibilities of confusion, especially where ame-
liorated by other surrounding circumstances (mere aural confusion but
clearly different bottles) can be within honest practices. ⋯ All will turn
on the overall circumstances of the case. ibid.

25. 其原文為：No doubt in some cases where a man has set out to cause
confusion by using his name he will be outside the defence – in others
he may be within it if he has *taken reasonable precautions to reduce
confusion.* (emphasis added) para. 129, *supra* note 23.

26. Case C-102/07 *adidas AG andt adidas Benelux BV v. Marca Mode CV
and Others* [2008] ECR I-2439.

27. para. 2, *supra* note 26..

28. para. 8, *supra* note 26.

29. para. 9, *supra* note 26.

30. para. 10, *supra* note 26.

31. para. 11, *supra* note 26.

32. para. 12, *supra* note 26.

33. para. 13, *supra* note 26.

34. para. 14, *supra* note 26.

35. para. 15, *supra* note 26.

36. para. 16, *supra* note 26.

37. para. 16, *supra* note 26. 其原文為：

The Gerechtshof te 's-Hertogenbosch stated that a three-stripe motif
such as that registered by adidas is not very distinctive per se but that,
owing to the investment in advertising by adidas, the marks it owned
had acquired considerable distinctive character and become well known.
Those marks therefore enjoyed wide protection so far as concerns the
three-stripe logo. However, given that stripes and simple stripe logos

are, generally, signs which must remain available and do not therefore lend themselves to exclusive rights, the marks owned by adidas cannot afford any protection against the use of two-stripe motifs.

38. para. 18, *supra* note 26.

39. para. 19, *supra* note 26.

40. para. 46, *supra* note 26.

41. *Ibid.*

42. 其原文為：However, the requirement of availability cannot in any circumstances constitute an independent restriction of the effects of the trade mark in addition to those expressly provided for in Article 6(1)(b) of the Directive. It must be stated in that regard that, in order for a third party to be able to plead the limitations of the effects of the trade mark in Article 6(1)(b) of the Directive and rely in that respect on the requirement of availability underlying that provision, the indication used by it must, as required by that provision of the Directive, relate to one of the characteristics of the goods marketed or the service. para. 47. In support of its opinions, the Court referred to Joined Cases C-108/97 and C-109/97 *Windsurfing Chiemsee* [1999] ECR I-2779, para. 28, and Case C-48/05 *Adam Opel* [2007] ECR I-1017, paras. 42 to 44.

43. para. 48, *supra* note 26.

44. para. 49, *supra* note 26.

45. Article 3(1)(c) of the 2008 Trade Mark Directive provides that:
The following shall not be registered or, if register, shall be liable to be declared invalid:
(c) trade marks which consist exclusively of signs or indications which may serve, in trade, to designate the kind, quality, quantity, intended purpose, value, geographical origin, or the time of production of the

goods or of rendering of the service, or other characteristics of the goods or services.

46. Article 3(3) of the 2008 Trade Mark Directive provides that "[a] trade mark shall not be refused registration or be declared invalid in accordance with paragraph 1(b), (c) or (d) if, before the date of application for registration and following the use which has been made of it, it has acquired a distinctive character".

47. Case C-228/03 *The Gillette Company, Gillette Group Finland Oy v. LA-Laboratories Ltd Oy* [2005] ECR I-2337.

48. para. 2, *supra* note 47.

49. The products fall within Class 8 of the Nice Agreement Concerning the International Classification of Goods and Services for the Purposes of the Registration of Marks of 15 June 1957, as revised and amended. para. 13, *supra* note 47.

50. *Ibid.*

51. para. 14, *supra* note 47.

52. para. 14, *supra* note 47.

53. para. 16, *supra* note 47.

54. para. 17, *supra* note 47.

55. para. 23, *supra* note 47.

56. paras. 23 and 24, *supra* note 47.

57. *Ibid.*

58. para. 23, *supra* note 47.

59. paras. 23 and 40, *supra* note 47.

60. para. 32, *supra* note 47.

61. paras. 31, 37, and 39, *supra* note 47.

62. para. 39, *supra* note 47.

63.其原文爲：Use of the trade mark by a third party who is not its owner is necessary in order to indicate the intended purpose of a product marketed by that third party where such use in practice constitutes the only means of providing the public with comprehensible and complete information on that intended purpose in order to preserve the undistorted system of competition in the market for that product. In an order to support its argument, the Court refers to the points 64 and 71 of the Advocate General's opinion. paras. 35 and 39, *supra* note 47.

64.para. 34, *supra* note 47.

65.paras. 41 and 49, *supra* note 47. In support of its opinion, the Court refers to Case C-63/97 *BMW* [1999] ECR I-905, para. 61, Case C-100/02 *Gerolsteiner Brunnen* [2004], para. 24 and the case-law cited there, and Case C-245/02 *Anheuser-Busch* [2004] ECR I-10989, para. 84.

66.para. 49, *supra* note 47.其原文爲：Use of the trade mark will not be in accordance with honest practices in industrial and commercial matters if, for example:

 – it is done in such a manner as to give the impression that there is a commercial connection between the third party and the trade mark owner;

 – it affects the value of the trade mark by taking unfair advantage of its distinctive character or repute;

 – it entails the discrediting or denigration of that mark;

 – or where the third party presents its product as an imitation or replica of the product bearing the trade mark of which it is not the owner.

67.paras. 42 and 49, *supra* note 47.

68.paras. 43 and 49, *supra* note 47.

69.paras. 44 and 49, *supra* note 47.

70. *The Gillette Company & Gillette Group Finland Oy v. LA-Laboratories Ltd Oy*, Finnish Supreme Court Judgment, 22.2.2006. KKO:2006:17 (in Finnish only).芬蘭最高法院對此爭議之判決結果的英文摘要，可參考以下網址：http://www.iprinfo.com/lehtiarkisto?action=articleDetails&a_id=416&id=30

71. 最高法院98年臺上字第1595號民事判決。

72. 智慧財產法院99年判字第42號民事判決。

73. 臺灣高等法院96年上易字第597號刑事判決。

74. 最高行政法院100年判字第2262號行政判決。

75. 國內曾有實務界專家將使用自己姓名與使用自己名稱等行為，列為描述性合理使用的態樣。王德博，商標合理使用之判斷基準，智慧財產權月刊，第151期，2011年7月，第30至31頁。經濟部智慧財產局雖未採取此種分類的方式，但智慧局亦未說明「關於使用自己姓名、名稱之商標權限制」是否為上述兩種合理使用之外的第3種類型，反而僅重申修法說明中的二分法。經濟部智慧財產局，商標法逐條釋義，經濟部智慧財產局，2013年，第144頁至第146頁。

 **參考文獻**

中文部分

書籍

經濟部智慧財產局,商標法逐條釋義,2013年12月。

期刊論文

王德博,商標合理使用之判斷基準,智慧財產權月刊,第151期,2011年7月,第27頁至第54頁。

董延茜,歐盟商標制度檢討——馬普報告重點介紹,智慧財產權月刊,第163期,2012年7月,第5頁至第47頁。

西文部分

書籍

HARTLEY, TREVOR, THE FOUNDATIONS OF EUROPEAN COMMUNITY LAW (Oxford University Press, 5th ed. 2003).

MAX PLANCK INSTITUTE FOR INTELLECTUAL PROPERTY AND COMPETITION LAW MUNICH, STUDY ON THE OVERALL FUNCTIONING OF THE EUROPEAN TRADE MARK SYSTEM (Max Planck Institute for Intellectual Property and Competition Law Munich, 2011).

WEATHERILL, STEPHEN, CASES AND MATERIALS ON EU LAW (Oxford University Press, 6th ed. 2003).

歐洲法院判決

Case C-63/97 *BMW* [1999] ECR I-905.

Joined Cases C-108/97 and C-109/97 *Windsurfing Chiemsee* [1999] ECR I-2779.

Case C-100/02 *Gerolsteiner Brunnen* [2004] ECR I-691.

Case C-228/03 *The Gillette Company, Gillette Group Finland Oy v. LA-Laboratories Ltd Oy* [2005] ECR I-2337.

Case C-48/05 *Adam Opel* [2007] ECR I-1017.

Case C-102/07 *adidas AG andt adidas Benelux BV v. Marca Mode CV and Others* [2008] ECR I-2439.

Case C-558/08 *Portakabib Ltd, Portakabin BV v. Primakabin BV* [2010] ECR I-6963.

英國法院判決

Reed Executive Plc & Ors v Reed Business Information Ltd & Ors [2004] EWCA Civ 159 (03 March 2004).

網路資料

EUROPA, *The Reference for a Preliminary ruling*, at http://europa.eu/legislation_summaries/institutional_affairs/decisionmaking_process/l14552_en.htm

第十五章

營業秘密之定暫時狀態處分

林洲富[*]

---

*國立中正大學法律學研究所博士，智慧財產法院法官

摘　要

　　現代商業市場競爭激烈，常有競爭同業以非法或不正當取得營業秘密。而營業秘密法之規範，係保護免於他人使用不正當手段取得營業秘密。受僱人侵害原雇主所有營業秘密，除應負契約或侵權行為之民事損害賠償責任外，亦有負刑事責任之可能性。因具有專業性與技術性之營業秘密，法院認定是否具營業秘密要件及損害賠償數額為何，得囑託專家或專業機構鑑定。有鑒於侵害營業秘密民事事件，權利人無法及時禁止加害人繼續侵害其營業秘密，嗣本案民事判決勝訴前或確定時，其產品已面臨淘汰，導致營業秘密之權利人有不利之重大結果影響，並造成難以預計之損害。自有向法院聲請定暫時狀態處分之必要性，命侵權行為人停止侵害營業秘密之行為，以保護其營業秘密。

關鍵字：資訊、釋明、固有知識、舉證責任、還原工程、不正當方法。

壹、前言

　　營業秘密或商業秘密雖應防止洩漏，或遭他人以不誠實之商業手段取得或使用。然產業蓬勃發展及商業市場競爭激烈，常有經由惡意挖角、跳槽及產業間諜等方式，以非法或不正當取得營業秘密。故必須經由營業秘密法之規範，保護免於他人使用不正當手段取得營業秘密。是雇主為避免受僱人離職後，洩漏營業秘密，雇主應與受僱人簽訂保密條款，以保護自身之權益及避免不公平競爭之發生。倘受僱人侵害原雇主所有營業秘密，除應負契約或侵權行為之民事損害賠償責任外，亦有遭訴究刑事責任之可能性。因具有專業性與技術性之營業秘密，法院認定是否具營業秘密要件及損害賠償數額為何，均屬不易，得囑託專家或專業機構鑑定。有鑑於侵害營業秘密民事事件，倘權利人無法及時禁止加害人繼續侵害其營業秘密，因同業競爭激烈與產品於市場上之替換週期，商機稍縱即逝，嗣本案民事判決勝訴前或確定時，其產品已面臨淘汰，導致營業秘密之權利人被迫退出相關市場，有不利之重大結果影響，並造成難以預計之損害。故有向管轄法院聲請定暫時狀態處分之必要性，命侵權行為人停止侵害營業秘密之行為，以保護其營業秘密。

貳、營業秘密之要件

　　營業秘密之保護客體，係指方法、技術、製程、配方、程式、設計或其他可用於生產、銷售或經營之資訊，而符合秘密性、經濟價值及保密措施等要件（營業秘密法第 2 條；智慧財產案件審理法第 2 條）。職是，營業秘密之類型可分技術機密與商業機密兩種類型：前者為研究設計、發明、製造之專業技術；後者為涉及商業經營之相關資料[1]。當營業秘密所有人主張其營業秘密遭第三人侵害時，請求民事救濟或追究刑

事責任，應證明其持有或所有營業秘密之事實。法院判斷營業秘密要件之次序，應先認定營業秘密之客體或標的，有無秘密性；繼而判斷是否具有經濟價值；最後以主觀上有管理秘密之意思與客觀上管理秘密之狀態為論斷[2]。

一、秘密性

所謂秘密性，係指非一般涉及該類資訊之人士所知悉之資訊（營業秘密法第 2 條第 1 款）。是屬於產業間可輕易取得之資訊，則非營業秘密之標的。申言之，秘密性之判斷，係採業界之標準，除一般公眾所不知者外，相關專業領域中之人亦不知悉。倘為普遍共知或可輕易得知者，則不具秘密性要件[3]。例如：任何所屬血糖機檢測儀領域之人，得於公開網站知悉血糖機檢測儀技術，是血糖機檢測儀評估文件，未具備專業或技術性，該評估內容與營業秘密之秘密性及經濟價值之要件不符[4]。因營業秘密具有秘密性，並無獨占性，故多數人就相同之營業技術上技術或資訊，均得主張有營業秘密而不相排斥，此與專利或商標有獨占性不同，營業秘密之秘密性屬相對性，而非絕對性。

二、經濟價值性

所謂經濟價值性，係指技術或資訊有秘密性，且具備實際或潛在之經濟價值者（營業秘密法第 2 條第 2 款）。保護範圍包括及實際及潛在之經濟價值，尚在研發而未能量產之技術或相關資訊，其具有潛在之經濟價值，亦受營業秘密法之保護，不論是否得以獲利。持有營業秘密之企業較未持有該營業秘密之競爭者，具有競爭優勢或利基。就競爭者而言，取得其他競爭者之營業秘密，得節省學習時間或減少錯誤，提升生產效率，故具有財產價值，縱使試驗失敗之資訊，仍具有潛在之經濟價值。

(一) 研發技術

甲前為乙公司高階主管，因其職務及地位，有機會參與技術之研發，而接觸乙公司之營業秘密，甲現任職於乙公司於大陸市場之最大競爭對手丙公司，乙公司所有之營業秘密，倘未限制甲負保密義務，其可能藉由使用或洩漏於任職時，所知悉之機密資訊，侵害乙公司之營業秘密，丙公司有機會因聘僱甲而取得乙公司非公開，且有利於企業競爭之機密資訊，繼而侵害乙公司之營業利益，除削弱乙公司直接競爭力外，亦增加丙公司於同業之競爭優勢[5]。

(二) 電腦程式內碼

丁公司製造之車床機臺，其配置之電腦程式內碼，須輸入密碼始能夠閱覽、編輯及下載，可知電腦程式內碼設有合理保密措施，而電腦程式內碼，非為一般人所能接觸、知悉或開啟之資料。準此，第三人非法取得車床機臺之電腦程式內碼，即可撰寫功能相同之電腦程式，除侵害丁公司之營業利益，並削弱直接競爭力外，亦增加第三人於同業之競爭優勢，致生丁公司之競爭力減損，故車床機臺之電腦程式內碼，具實際或潛在經濟價值，具備經濟性之要件[6]。

(三) 客戶資料

公司所有客戶交接事項之內容，除記載客戶名稱、品牌、主要銷售地區、地址、聯絡人、電話、手機等基本資料或聯絡方式外，亦有詳細記載如後事項：1. 客戶對應窗口，可區分聯絡對象及具潛在影響力者之行事風格、喜好；2. 客戶特殊需求，如要求併單、重視樣品外觀；3. 客戶相關背景，如國籍、語言能力；4. 客戶與關係企業間之配合；5. 客戶主要銷售市場等資訊；6. 各家客戶之下單狀況；7. 目前進行專案、產品、報價、訂單；8. 出貨注意事項，如指定包裝、運送、報關方法等資

訊。該等商業性資訊係公司與客戶交易往來過程，經過長時間累積所得之交易記錄，且投入相當人力與心力所整理彙總而成，並非一般涉及競爭同業之業務者，自公開管道所可輕易知悉，具有經濟性之價值[7]。

三、合理之保密措施

(一) 主觀保護意圖與客觀積極作為

所謂保密措施者，係指營業秘密所有人已採取合理之保密措施者。申言之，所有人按其人力、財力，依社會通常所可能之方法或技術，將不被公眾知悉之情報資訊，依業務需要分類、分級而由不同之授權職務等級者知悉[8]。故合理保密措施，必須營業秘密之所有人主觀上有保護之意願，且客觀上有保密之積極作為，使人了解其有將該資訊當成秘密加以保守之意思，並將該資訊以不易被任意接觸之方式，予以控管[9]。是否已達合理之程度，應視營業秘密之種類、事業實際經營及社會通念而定。至於資料蒐集是否困難或複雜與否，並非營業秘密之要件。

(二) 盡合理保密措施

營業秘密涵蓋範圍甚廣，取得法律保護之方式，並非難事，倘營業秘密所有人不盡合理之保密措施，使第三人得輕易取得，法律自無保護其權利之必要性[10]。例如：公司未於員工離職時，要求交付或銷毀公司所稱之營業秘密資料，即准予離職，是公司對於營業秘密管理顯有疏失，其未盡合理保密措施，不得主張營業秘密之保護[11]。再者，事業資訊為該產業從業人員所普遍知悉之知識，縱使事業將其視為秘密，並採取相當措施加以保護，其不得因而取得營業秘密權。茲將實務上常見之合理保密措施說明如後，作為所有人保護營業秘密之參考[12]：

1. 簽訂保密契約

　　事業與員工或接觸營業秘密之人，渠等訂定保密契約（non-disclo-sure agreement）或條款，此為契約之法律關係。事業提出簽訂保密條款之事證時，可證明或釋明員工自企業處所取得或持有資訊者，具有秘密性。倘員工否認該等資訊不具秘密性，應提出反證釋明或證明不具秘密性。

2. 設置保密措施

　　事業建立、維持及監督之保密措施，除以書面或公告通知全體員工外，亦得利用電腦管理系統建置制度。例如：設置防火牆、防止電腦駭客入侵、建制網路安全與管理。

3. 重要區域之控管

　　事業之重要區域應有所管制與監控，即建立阻絕措施或限制參觀工廠或生產線等活動，以防止第三人窺視製造程序，竊取營業秘密或相關資訊。例如：要求訪客或客戶簽訂保密條款。

4. 文件標明機密等級

　　事業對於涉及營業秘密之資料，應於文件標明機密等級，督促員工注意與遵守保密規定。舉例說明之：(1) 將文件區分成極機密、機密及限閱等檔案保密程級。(2) 借出或返還均應履行登記制度，就重要資料應有出借之嚴格要件。(3) 限制資料重製份數與追蹤管理。

5. 填寫工作日誌

　　要求事業之研發人員（R&D）填寫工作日誌，以資證明獨立研發過程，經由該步驟或程序，除可作為區別企業所有之營業秘密及員工之一般知識技能外，並可作為完成或取得營業秘密之證據。

6. 建立離職訪談

建立員工離職訪談（exit interview）制度，藉此提醒離職員工有保護營業秘密之義務，減免離職員工故意或過失洩漏或不當使用雇主之營業秘密。

7. 簽訂競業禁止契約

事業與員工簽訂合理之競業禁止之契約或約款，以防止現職員工或離職員工運用，自現雇主或前雇主所取得之資訊或工作經驗，而與現雇主或前雇主從事競爭，此為契約之法律關係。

參、營業秘密之鑑定

一、專業判斷

鑑定為一種調查證據方法，有特別經驗者依據特別法規或經驗法則所得結果，供作法院依自由心證判斷事實真偽之證據資料。當事人就其可處分之事項，對於鑑定人之人選、鑑定結果及於事實認定之效力，本得於起訴前以證據契約之形式為約定、在證據保全程序中依民事訴訟法第 376 條之 1 第 1 項規定成立協議，或於訴訟進行中依同法第 326 條第 2 項前段、第 270 條之 1 第 1 項第 3 款、第 3 項規定達成指定合意或爭點簡化協議。例如：當事人得於起訴前或訴訟進行中，就鑑定人、鑑定範圍、鑑定方法等事項加以合意。此調查證據方法所定之證據契約，兼有程序法與實體法之雙重效力，具紛爭自主解決之特性及簡化紛爭處理程序之功能。倘其內容無礙於公益，而非屬法院依職權應調查之事項，且不侵害法官對證據評價之自由心證，並在當事人原有自由處分之權限內，基於私法之契約自由及訴訟法之辯論主義與處分權主義之原則，自應承認其效力，以尊重當事人本於權利主體與程序主體地位合意選擇追求訴訟經濟之程序利益[13]。反之，無證據契約、指定合意或爭點簡化協

議，法院即不受鑑定結果之拘束，應踐行調查證據之程序，繼而決定取捨[14]。

二、舉證責任

(一) 有利於權利人之事實

資訊或技術是否具有秘密性及價值性，得經由經濟市場之交易模式及其機能加以判斷，其有客觀之判定基準，而於認定上較無困難。當營業秘密所有人主張其營業秘密遭第三人侵害時而請求損害賠償，其有無盡合理保護之措施之事實，其為有利於權利人之事實，自應舉證以實其說（民事訴訟法第 277 條本文）。倘無法證明，則有敗訴之危險性。例如：公司必須對於使知悉營業秘密之員工，明確了解其應有保護營業秘密之義務，並與其簽訂，保密之契約，始已盡為維護秘密性而盡合理之保護措施。

(二) 不可避免揭露理論

所謂不可避免揭露理論，係指縱為意圖良善之員工，均難以期待其能夠從腦海中分辨是固有知識或是自前雇主所獲得之經驗。當員工至競爭企業從事相同或近似之工作時，將會不可避免揭露前雇主之營業秘密，而造成難以彌補之損失。前雇主因而得請求法院核發禁制令，禁止前員工於一定期限內為競爭對手工作，甚至永久禁止其洩漏營業秘密，此為美國普通法之理論。基於營業秘密與員工固有知識本難以區分，倘過度保障營業秘密，將造成資源難以共享流通，創造僅流於公司內部，而無適當之人才流動，其不利於整體產業進步[15]。職是，不可避免揭露理論，對技術市場自由競爭與流通性具有相當程度之影響[16]。

(三) 記憶抗辯

所謂記憶抗辯，係指員工久任特定領域工作，累積相當深厚豐富之專業知識與技能，而該等資訊存在於該員工記憶，其離職後，並未竊取或下載公司文件資料，至新公司後自然將其具備之智識分享予新公司之成員，是否構成營業秘密之侵害，值得探討之[17]。本文認為員工久任特定領域工作，累積相當深厚豐富之專業知識與技能，該等記憶應為其固有知識，並非事業之營業秘密。反之，倘記憶屬事業之營業秘密，則非固有知識。

(四) 雇主之舉證責任

不可避免揭露理論，此為有利於雇主之事實，應由雇主負舉證責任，證明如後事項：1.離職員工知悉為雇主之營業秘密；2.離職員工前後職務之範圍，大致相同或類似；3.離職員工所知悉之原雇主營業秘密，對新雇主有相當經濟價值；4.離職員工在新工作處，不可避免使用得自原雇主之營業秘密；5.離職員工有違於誠信之不正行為（misconduct）[18]。

三、鑑定程序

(一) 聲請程序

聲請鑑定營業秘密要件或侵權事件，應表明鑑定之事項，否則鑑定之必要與否，不能斷定（民事訴訟法第325條）。因聲請鑑定，其與聲請人證有異，無庸聲明鑑定人。故鑑定人由受訴法院選任，並定其人數（民事訴訟法第326條第1項）。法院於選任鑑定人前，得命當事人陳述意見；其經當事人合意指定鑑定人者，雖應從其合意選任之。然法院認其人選顯不適當時，不在此限（第2項）。

(二) 調查證據之程序

1. 鑑定人具結之程式

鑑定人應於鑑定前具結，於結文內記載必為公正、誠實之鑑定，如有虛偽鑑定，願受偽證之處罰等語（民事訴訟法第 334 條）。而法院未命鑑定人於鑑定前具結，固屬違背民事訴訟法第 334 條之規定，惟此規定僅為當事人之利益而設，當事人知其違背或無異議，而為本案之辯論者，依同法第 197 條第 1 項規定，其責問權即行喪失，嗣後不得更以此項訴訟程序規定之違背，為上訴理由[19]。

2. 鑑定人陳述之義務及方法

受訴法院、受命法官或受託法官得命鑑定人具鑑定書陳述意見（民事訴訟法第 335 條第 1 項）。前項情形，依第 334 條規定具結之結文，得附於鑑定書提出（第 2 項）。鑑定書須說明者，得命鑑定人到場說明（第 3 項）。例如：兩鑑定機構或機關之鑑定結果，完全相反時，法院自應通知該等鑑定機構派人到庭陳述鑑定意見，就不明瞭處逐一澄清以為取捨之依據[20]。鑑定人有數人者，得命其共同或各別陳述意見（民事訴訟法第 336 條）。

3. 鑑定證人

訊問依特別知識得知已往事實之人者，適用關於人證之規定（民事訴訟法第 339 條）。例如：甲有參與系爭營業秘密之研發與創作之過程，甲就上開既往事實已親身參與之部分，自得依證人之身分陳述其所經歷之事實。再者，因技術之研發及過程係自構想逐步經過技術分析、反覆測試，並進行可行性分析後，其過程均涉及相關技術領域之專門知識，則甲就系爭營業秘密研發過程，就其確有親身參與之部分，其應為依特別知識陳述鑑定意見之鑑定人，是以甲為鑑定證人，而為不可代替之證據方法，自應適用關於人證規定，而無拒卻鑑定人規定之適用（民

事訴訟法第 331 條第 1 項）。

4.囑託鑑定

法院認爲必要時，得囑託機關、團體或商請外國機關、團體爲鑑定或審查鑑定意見。其須說明者，由該機關或團體所指定之人爲之（民事訴訟法第 340 條第 1 項）。本目關於鑑定人規定，除第 334 條之鑑定人具結及第 339 條之鑑定證人外，前項情形準用之（第 2 項）。職是，法院囑託機關、團體或商請外國機關、團體爲鑑定或審查鑑定意見，無庸踐行具結之程序。再者，囑託鑑定，必須受囑託之機關或團體自身對於鑑定事項具有鑑定能力者，始足當之。倘受囑託之機關或團體並無鑑定能力，或雖有鑑定能力而任意指定第三人鑑定，均不生囑託鑑定之效力 [21]。

(三)判決理由具體說明鑑定意見

法院爲判決時，應斟酌全辯論意旨及調查證據之結果，依自由心證判斷事實之眞僞。但別有規定者，不在此限。法院依自由心證判斷事實之眞僞，不得違背論理及經驗法則。得心證之理由，應記明於判決（民事訴訟法第 222 條第 1 項、第 3 項）。法院固得就鑑定人依其特別知識觀察事實，加以判斷而陳述之鑑定意見，依自由心證判斷事實之眞僞。然就鑑定人之鑑定意見可採與否，應踐行調查證據之程序而後定其取捨。倘法院不問鑑定意見所由生之理由如何，遽採爲裁判之依據，不啻將法院調查證據與認定事實之職權委諸鑑定人，其與鑑定僅爲一種調查證據之方法之趣旨，殊有違背 [22]。例如：大學電機研究所與電機技師公會之鑑定報告，兩者就營業秘密要件之認定不同，法院自應通知兩鑑定機構派人到庭陳述鑑定意見，就不明瞭之處逐一澄清以爲取捨之依據，具體說明其理由，以求詳盡。

肆、營業秘密之侵害態樣

一、不正當取得

以不正當方法取得營業秘密者，為侵害營業秘密（營業秘密法第10條第1項第1款）。所謂不正當方法者，係指竊盜、詐欺、脅迫、賄賂、擅自重製、違反保密義務、引誘他人違反其保密義務或其他類似方法（營業秘密法第10條第2項）。本款侵害營業秘密之態樣，係最常見之營業秘密侵害之行為。諸如盜取他人電腦程式原始碼、引誘員工出售機密資訊、透過網路進入他人伺服器重製機密文件。本款在處理取得營業秘密之行為，倘為取得後之利用，則屬本法第1項第2款之侵害行為[23]。

(一) 非為職務之正當使用

勞動契約之個人資料保護切結書，約定公司客戶資料，受僱人非因職務之需求，不得重製或使用。而受僱人違背該契約義務，擅自重製電腦系統內儲存之公司客戶資料，即非為職務上正當使用，是受僱人重製該營業秘密資料，構成營業秘密法第10條第1項第1款之不正當方法，侵害公司之營業秘密，不論是否有造成公司之實質損害[24]。

(二) 還原工程

以正當方法取得營業秘密，不構成侵害。例如：分析他人之產品或還原工程（reverse engineering）取得他人之營業秘密。因營業秘密無獨占性，他人得經由合法方式取得相同之營業秘密。所謂還原工程或逆向工程，係指針對可公開取得之已知產品，經由逆向程序，逐步解析以獲得該產品之規格、功能、組成、成分、製作過程或運作程序等技術資訊之方法[25]。

二、轉得人轉得時之惡意侵害

知悉或因重大過失而不知其為以不正當方法取得之營業秘密，而取得、使用或洩漏者，為侵害營業秘密（營業秘密法第 10 條第 1 項第 2 款）。本款所規範之對象為前款營業秘密之惡意轉得人，其屬自始惡意之人。可分為如後二種類型[26]：

(一) 第三人向不當持有他人營業秘密者取得

他人不當自營業秘密擁有人或持有人處取得營業秘密後，第三人在知悉或因重大過失而不知之狀況，再向不當持有他人營業秘密之人取得營業秘密。例如：A 公司為發展無線通訊產品，向前來兜售相關 IC 設計資料雇之個人購買，且未探究該個人如何取得該等資料，倘該個人是商業間諜，向其他公司竊取而來，故 A 公司之行為即屬於本款之侵害行為。

(二) 第三人與不當方式取得之人進行合作

自營業秘密擁有人或持有人處以不正當方式取得營業秘密後，知悉或因重大過失而不知此情形者，其與不當方式取得之人進行合作，而加以使用或洩露之行為。例如：B 公司為進軍 TFT 液晶面板產業，挖角 C 公司之重要研發團隊，B 公司利用研發團隊腦中所留存之資料，快速生產出 TFT 產品，並另行授權與他人合資成立 D 公司使用該技術。倘該技術使用先前 C 公司之營業秘密，則 B 公司自行利用、授權他人使用，均會侵害 C 公司之營業秘密，倘 D 公司亦知悉此事，D 公司之利用行為，亦會侵害 B 公司之營業秘密。

三、轉得人轉得後之惡意侵害

取得營業秘密後，知悉或因重大過失而不知其為以不正當方法取得

之營業秘密，而使用或洩漏者。取得時為善意，而嗣後為惡意，成立侵害營業秘密（營業秘密法第 10 條第 1 項第 3 款）。例如：善意取得營業秘密後，因新聞報導該洩密案而知悉此事，其仍然繼續使用或洩漏。本款著重於行為人在不知情或善意之狀況下，取得他人以不正當方法獲取之營業秘密，因行為人不知情，雖本無須負侵害營業秘密之責任，然由於行為人已實際持有該營業秘密，倘行為人知悉或因重大過失而不知其所持有之營業秘密，為他人以不正當方法取得之營業秘密，則行為人應對於其所持有之營業秘密停止繼續使用或提供予他人，以避免營業秘密侵害之情事擴大。故行為人不停止繼續使用或提供予他人，則屬營業秘密法所稱之侵害行為。例如：企業透過管道向某公司取得營業秘密後，透過新聞報導得知其所取得之營業秘密是商業間諜自其他公司所偷竊所得，倘企業仍然繼續使用或將該營業秘密提供予他人，則屬於營業秘密的侵害行為 [27]。

四、法律行為取得後之不正當方法使用或洩漏

法律行為取得營業秘密，而以不正當方法使用或洩漏者，成立侵害營業秘密（營業秘密法第 10 條第 1 項第 4 款）。例如：因僱傭、委任、承攬、授權、信託或合作開發等法律關係而取得營業秘密。本款主要是在處理依法律行為合法取得他人之營業秘密，取得營業秘密之人，應依各該法律行為或契約之內容使用或提供營業秘密予他人，倘逾越其依法律行為所可使用或提供予他人之範圍，則屬於侵害行為。例如：營業秘密之被授權人，依據授權契約中保密條款之規定，在提供予合作夥伴或任何相關人士營業秘密時，須要求該接觸營業秘密之人簽具保密合約，始可提供，倘被授權人未遵守此約定，而任意提供予其他人，其屬於以違反保密義務之不正當方式使用或洩露予其他人，成為本款所規範之侵害行為 [28]。

五、依法令取得後之不當使用或無故洩漏者

依法令有守營業秘密之義務，而使用或無故洩漏者，成立侵害營業秘密（營業秘密法第 10 條第 1 項第 5 款）。例如：營業秘密法第 9 條第 1 項之公務員保密義務、建築師法第 27 條之建築師保密義務、銀行法第 28 條第 4 項之經營信託與證券業務人員之保密義務、民法第 245 條之 1 第 1 項第 2 款之締約過失責任。

伍、定暫時狀態處分

有鑑於侵害營業秘密民事事件，倘權利人無法及時禁止加害人繼續侵害其營業秘密，因同業競爭激烈與產品於市場上之替換週期，商機稍縱即逝，嗣本案民事判決勝訴前或確定時，其產品已面臨淘汰，導致營業秘密之權利人被迫退出相關市場，有不利之重大結果影響，並造成難以預計之損害。故有向管轄法院聲請定暫時狀態處分之必要性，命侵權行為人停止侵害營業秘密之行為，以保護其營業秘密。倘法院發現短期內，有前事業之大量離職員工至有競爭關係之同業任職，依據經驗法則，可認定有惡意挖角、跳槽及產業間諜等情事，以非法或不正當取得營業秘密，藉由定暫時狀態處分以保護事業之營業秘密，自有其急迫性與必要性[29]。

一、釋明責任

聲請定暫時狀態處分，在起訴前，向應繫屬之法院聲請，在起訴後，向已繫屬之法院為之（智慧財產案件審理法第 22 條第 1 項）。聲請定暫時狀態之處分時，聲請人就其爭執之法律關係，為防止發生重大之損害或避免急迫之危險或有其他相類之情形而有必要之事實，應釋明之；其釋明有不足者，法院應駁回聲請（民事訴訟法第 538 條第 1 項；

智慧財產案件審理法第 22 條第 2 項）。就營業秘密侵害事件而言，法院是否准駁定暫時狀態處分之聲請，其影響當事人權益甚鉅，故法院審理定暫時狀態處分之聲請，就聲請人之釋明程度要求，其與一般保全之假扣押或假處分聲請，兩者應有所差異，法院應要求聲請人提出充分釋明與高度釋明。

(一) 充分釋明

營業秘密侵害事件，權利人聲請定暫時狀態處分，禁止被控侵害營業秘密人繼續製造及銷售侵害營業秘密物品等行為。而高科技產業之產品，其於市場上之替換週期甚為短暫，商機稍縱即逝，倘法院命停止繼續製造及銷售商品等行為，其不待本案判決確定，產品已面臨淘汰，導致廠商有被迫退出市場之不利結果，影響至為重大，其造成之損害亦難預計。準此，基於具有技術性與專業性之營業秘密侵害事件，就聲請定暫時狀態處分之要件，法院之審理程序應較假扣押或假處分嚴謹。倘法院認為權利人所供擔保，尚不足補釋明之欠缺者，仍應駁回定暫時狀態處分之聲請，不得僅以權利人願供擔保以代釋明之不足，即予准許。參諸智慧財產案件審理法第 22 條第 2 項亦規定，聲請人就定暫時狀態假處分之請求原因，如未為充分釋明，法院應駁回其聲請。同法條第 3 項更規定，聲請人縱已盡釋明責任，法院仍得依職權命其供擔保後，為定暫時狀態之處分。聲請人釋明事實上所主張所用之證據，雖不限於能即時調查者，已緩和釋明之即時性（民事訴訟法第 284 條但書）。然所謂充分釋明之程度，係介於一般釋明與證明間。當事人提出之證據，能使法院產生堅強之心證，確信其主張或抗辯為真實者，稱為證明。所謂釋明者，係指當事人提出之證據，得使法院產生薄弱之心證，信其主張或抗辯大致如此。故充分釋明所應提出之證據，必須使法院有較強之心證，主觀相信當事人主張或抗辯為真實。一般而言，法院調查供釋明所

用之證據，無庸遵守嚴格之證據程序。例如：未經具結之證人證言，亦得作為供釋明之用途。

(二) 高度釋明

為期定暫時狀態處分請求之內容明確，俾於法院審酌，定暫時狀態處分之聲請，除應表明其請求之說明外，應表明有爭執之法律關係及其原因事實、定暫時狀態處分之必要，聲請人就上開事項應負主張及釋明責任（民事訴訟法第 538 條之 4、第 533 條、第 525 條第 1 項）。因保全程序講求之迅速性，故保全程序僅要求當事人舉證至釋明程度，而無庸至證明程度。釋明就事實存在之證明度，僅要求至優越之蓋然性，即事實存在之蓋然性，較其不存在之蓋然性為高。而在滿足性處分，因聲請人得於本案判決確定前，先獲得權利之滿足或實現，其已形同喪失其對本案訴訟原有之附隨性與暫定性之本質，有類似本案訴訟之機能，故其保全必要性應達到較高之證明度，而以高度之釋明為必要，是定暫時狀態處分其與假扣押或假處分有所區別[30]。所謂高度釋明程度，能使法院相信事實真正之心證，應介於 40% 至 50%。例如：法院命相對人禁止製造、販賣侵害營業秘密物品之定暫時狀態處分，經法院執行後，將使權利人在營業秘密侵害事件之本案判決確定前，獲得如同本案勝訴判決已執行般之權利滿足或實現，該命侵害人停止製造、販賣侵害營業秘密物品之處分方法，係事先預防損害及實現權利之保護措施，其屬滿足性處分，故應要求營業秘密權利人盡高度釋明之責任。易言之，法院執行該滿足性處分，有暫時滿足營業秘密權利人之權利，以確保現在營業秘密不受侵害之效果，要求權利人盡高度釋明責任，有兼顧被控侵權人之權益。

二、定暫時狀態處分要件

當事人向法院聲請定暫時狀態處分時，法院必須先審查有無具備定暫時狀態處分（a temporary status quo）要件，其要件有二：(一) 爭執之法律關係，其事涉保全之對象是否適格。(二) 保全之必要性，係指為防止發生重大之損害或避免急迫之危險或有其他相類之情形有必要者而言。符合定暫時狀態處分之要件後，法院繼而依據具體個案，依職權酌量其認為最妥適之處分方法[31]。例如：營業秘密所有人之產品為新興科技產品，其涉及產品開發及改良，市場競爭激烈，倘營業秘密所有人之技術或業務機密外洩，勢必造成重大損害，縱使其得以訴訟排除該損害，然取得確定判決須經過相當時日，因而延誤商機，致營業秘密所有人所受之損害必屬重大，且難以回復，故認營業秘密所有人主張其為避免重大損害而有定暫時狀態處分之必要性，應屬有據[32]。債權人聲請所為定暫時狀態之處分，係衡平救濟手段之保全方法，具有本案化之特性，為避免動輒有預為實現本案請求內容性質之處分，自應以較高度之保全必要性，為其准許要件[33]。

(一) 有爭執之法律關係

有爭執之法律關係（the legal relation in dispute），涵蓋財產或身分之法律關係，其為財產之法律關係者，亦不以金錢請求以外之法律關係為限；法律關係包含繼續性與非屬繼續性之法律關係、財產或身分之法律關係，財產之法律關係，亦不以金錢請求以外之法律關係為限[34]。僅要為防止發生重大之損害，或避免急迫之危險或有其他相類之情形而有必要，且得以本案訴訟確定時，即得聲請為該項處分[35]。簡言之，法院充足保障債務人程序權，使其有陳述意見機會後，縱為一次性質之給付或滿足性質假處分者，並無不予准許之理[36]。

(二) 保全之必要性

所謂定暫時狀態之必要或保全必要性，係指為防止發生重大損害，或為避免急迫之危險，或有其他相類似之情形發生必須加以制止而言。損害是否重大、危險是否急迫或是否有其他相類之情形，應釋明至何種程度，始得以擔保金補足其釋明，應就具體個案，透過權衡理論及比例原則確認之。法院應就聲請人因許可處分所能獲得之利益、其因不許可處分所可能發生之損害、相對人因處分之許可，可能蒙受之不利益，暨其他利害關係人之利益或法秩序之安定、和平等公益加以比較衡量。而擔保金額究竟如何始為相當，其屬法院職權裁量之行使，除有明顯不當之情形外，非當事人所可任意指摘 [37]。例如：侵害營業秘密事件，每涉及營業秘密之技術研發及市場之競爭特質，應兼顧營業秘密人於其營業秘密權受侵害時迅速獲得救濟、相對人被迫退出市場所受衝擊，暨市場之公平競爭。職是，就侵害營業秘密事件而言，法院酌定暫時狀態假處分之必要性時，自應考量是否造成無法彌補之損害、當事人之利益衡平及有無影響公共利益等事實 [38]。

1. 防止發生重大之損害

所謂防止發生重大之損害，係指使聲請人繼續忍受至本案訴訟判決時止，其所受之痛苦或不利益顯屬過苛。其重大與否，須視聲請人因定暫時狀態處分所應獲得之利益，或防免之損害是否逾相對人因處分所蒙受之不利益或損害而定。聲請人因處分所應獲之利益或防免之損害，大於相對人因該處分所受之不利益或損害，始得謂為重大而具有保全之必要性 [39]。

2. 重大損害之概念

定暫時狀態處分之重大損害，該損害之概念與營業秘密侵害事件請求損害賠償，兩者並非同一。因前者有衡量當事人之利益因素；後者原

則上僅考慮原告所受損害。而兩造所受之損害與市場之運作有關,故法院對於產業與市場等實際狀態之運作,必須有相當程度之知悉,始能妥適運用利益權衡原則。

3. 審酌因素

聲請人就有爭執之智慧財產法律關係聲請定其暫時狀態之處分者,須釋明該法律關係存在及有定暫時狀態之必要;其釋明不足者,應駁回聲請,不得准提供擔保代之或以擔保補釋明之不足。聲請之原因雖經釋明,法院仍得命聲請人供擔保後為定暫時狀態之處分(智慧財產案件審理法第 22 條第 3 項;智慧財產案件審理細則第 37 條第 1 項、第 2 項)。法院審理定暫時狀態處分之聲請時,就保全之必要性,應審酌如後因素:(1) 聲請人將來勝訴可能性;(2) 聲請之准駁對於聲請人或相對人是否將造成無法彌補之損害;(3) 權衡雙方損害之程度;(4) 對公眾利益之影響。前項所稱將來勝訴可能性,倘當事人主張或抗辯智慧財產權有應撤銷或廢止之原因,並為相當之舉證,法院認有撤銷或廢止之高度可能性時,應為不利於智慧財產權人之裁定(智慧財產案件審理細則第 37 條第 1 項、第 3 項、第 4 項)[40]。

三、本案訴訟審理模式

(一) 應令兩造有陳述意見之機會

營業秘密侵害事件中,倘營業秘密所有人聲請定暫時狀態處分,禁止被控侵害營業秘密人繼續製造及銷售侵害營業秘密等行為。因定暫時狀態處分可滿足本案勝訴之內容,故法院命被控侵權人停止繼續製造及銷售商品等行為,自不待本案判決確定,將導致被控侵權人有被迫退出市場之不利結果,影響至為重大,其造成之損害亦難預計。是基於營業秘密侵害事件具有技術性與專業性之特性,就聲請定暫時狀態處分之

要件，法院之審理程序應較假處分嚴謹。法院爲定暫時狀態處分前，應令兩造有陳述意見之機會。但聲請人主張有不能於處分前通知相對人陳述之特殊情事，並提出確實之證據，經法院認爲適當者，不在此限（智慧財產案件審理法第 22 條第 4 項；智慧財產案件審理細則第 38 條第 1 項）。定暫時狀態處分之方法，由法院酌量情形定之，不受聲請人聲請之拘束。但其方法應以執行可能者爲限，不得悖離處分之目的，而逾越其必要之程度（智慧財產案件審理細則第 38 條第 2 項）。準此，營業秘密所有人向法院聲請對侵害營業秘密人爲定暫時狀態之處分，禁止其使用營業秘密，營業秘密所有人應充分與高度釋明其有勝訴可能性、法院駁回聲請將造成無法彌補之損害、營業秘密所有人受損害較大、准許聲請符合公眾利益等要件[41]。

(二) 限期起訴與損害賠償

定暫時狀態處分，自送達聲請人之日起 30 日內未起訴者，法院得依聲請或依職權撤銷之（智慧財產案件審理法第 22 條第 5 項）。前項撤銷處分之裁定應公告，其於公告時生效（第 6 項）。定暫時狀態之裁定，因自始不當或債權人聲請，或因第 5 項之情形，經法院撤銷時，聲請人應賠償相對人因處分所受之損害（第 7 項）。智慧財產案件審理法第 22 條第 5 項規定，依聲請或依職權撤銷定暫時狀態之處分時，法院應向聲請人及其他法院查詢有無提起訴訟（智慧財產案件審理細則第 39 條）。

(三) 禁止反向定暫時狀態處分

營業秘密權利人就侵害營業秘密之法律關係，已向法院聲請爲定暫時狀態之處分，經法院裁定准予處分，繼而進行本案訴訟之審理程序，法院應善盡職責實質審查定暫時狀態處分要件[42]。不論係單純之不作爲

處分，或容忍不作爲處分，經其向法院准予定暫時狀態處分後，相對人僅得對准許裁定，循抗告程序或聲請撤銷假處分裁定之途徑，以謀救濟，不得於法院未爲准駁之裁定前，再行聲請內容相牴觸之定暫時狀態處分，以阻卻法院准許營業秘密權利人之正向定暫時狀態處分[43]。

(四) 緊急處置

聲請定暫時狀態之處分，其必要性如何，不易爲正確之判斷，法院爲定暫時狀態之裁定前，應使兩造當事人有陳述意見之機會，審理上可能須費時日。爲避免緩不濟急，致危害發生或擴大，法院認有必要時，得依聲請以裁定先爲一定之緊急處置。因該處置僅係暫時之權宜措施，故其有效期間不宜過長，應以 7 日爲限，當事人雖於期滿前得聲請延長，然延長期間不得逾 3 日（民事訴訟法第 538 條之 1 第 1 項）。緊急處置之裁定，既於有效期間屆滿時或期間屆滿前因法院另爲裁定而失其效力，當事人自無再向上級法院請求救濟之必要，不得聲明不服（第 3 項）。緊急處置屬中間處分性質，故於處置之有效期間屆滿前，法院已就聲請事件爲裁定，自應以終局裁定之內容爲準。而法院雖裁定准許定暫時狀態，然其內容與先爲之處置內容相異時，其先爲處置於相異之範圍內，應失其效力（第 2 項）[44]。因聲請侵害營業秘密之緊急處置，其有效期間僅 10 日，對於營業秘密之權利人實益不大，故司法實務並無聲請案可循。

四、營業秘密與競業禁止之要件不同

營業秘密具有獨占性及排他性，其保護並無期間限制，在其秘密性喪失前，受有侵害或侵害之虞，被害人得依營業秘密法第 11 條與第 12 條，行使禁止侵害、銷毀侵害物或損害賠償請求權，不受競業禁止契約之限制。因競業禁止約款之目的，係雇主爲保護其商業機密、營業利益

或維持其競爭優勢，而與受僱人約定於在職期間或離職後之一定期間、區域，不得受僱或經營與其相同或類似之業務。此類約款須具必要性，且所限制之範圍未逾越合理程度而非過當，當事人始受拘束，兩者保護之客體、要件及規範目的非盡相同。職是，企業為達保護其營業秘密之目的，雖有以競業禁止約款方式，限制離職員工之工作選擇權，惟不因而影響其依營業秘密法第 11 條與第 12 條定之權利。倘其營業秘密已受侵害或有侵害之虞，縱使於約定之競業禁止期間屆滿後，雇主仍得行使排除或防止侵害請求權[45]。

陸、結論

營業秘密為智慧財產權之一環，係對抗他人以不正方法取得具有經濟價值之秘密之權利，其性質為財產權，故對營業秘密有人，予以適當之保護，有維護產業倫理與競爭秩序之功能，而競業禁止與營業秘密係屬不相同之概念，其等之規範要件與目的有異，縱使受僱人未簽訂競業禁止條款，亦不得侵害原企業主所有營業秘密。營業秘密所有人主張他人侵害營業秘密，就營業秘密要件、侵害營業秘密侵權行為之事實，負有舉證之責任。證明侵權之證據資料，包含直接證據與間接證據。因具有專業性與技術性之營業秘密，就是否具有營業秘密要件及有無侵害營業秘密行為，自得囑託專家或專業機構鑑定，作為證據方法。營業秘密要件及損害賠償數額為何，均屬不易，得囑託專家或專業機構鑑定。有鑒於同業競爭與產品之市場替換週期，故營業秘密權利人可在本案民事判決勝訴前，向管轄法院聲請定暫時狀態處分之必要性，命侵權行為人停止侵害營業秘密之行為，減免營業秘密之被侵害。

註 釋

* 國立中正大學法律學研究所博士，智慧財產法院法官。

1. 曾勝珍，營業秘密法，五南圖書出版股份有限公司，2009年3月，頁33。

2. 最高法院106年度臺上字第350號民事判決。

3. 智慧財產法院106年度民營上字第1號民事判決。

4. 智慧財產法院104年度民營上字第2號民事判決。

5. 智慧財產法院103年度民營訴字第3號民事判決。

6. 智慧財產法院106年度刑秘聲字第1號刑事裁定。

7. 智慧財產法院107年度刑智上訴字第14號刑事判決。

8. 最高法院102年度臺上字第235號民事裁定、106年度臺上字第350號民事判決。

9. 智慧財產法院105年度民暫字第13號民事裁定。

10. 智慧財產法院105年度民營訴字第4號民事判決。

11. 智慧財產法院107年度刑智上訴字第14號刑事判決。

12. 李曉媛、徐弘光、丁建華、陳振中，劉江彬編著，營業秘密與競業禁止案，智慧財產法律與管理案例評析(1)，華泰文化事業股份有限公司，2003年10月，頁222至223。

13. 最高法院102年度臺上字第246號民事判決。

14. 最高法院98年度臺上字第1131號民事判決。

15. 智慧財產法院107年度民暫抗字第4號民事裁定。

16. 廖奕淳，我國營業秘密保護之困境與突破，國立臺灣大學法律學院法律學研究所，2016年7月，頁122至124。

17. 智慧財產法院102年度民營上字第3號民事判決。

18. 王偉霖，2016年美國聯邦保護營業法（DTSA）於我國營業秘密法制之借鏡，2016年10月，萬國法律，209期，頁98。

19.最高法院30年上字第489號民事判例。

20.最高法院80年度臺上字第1941號民事判決。

21.最高法院76年度臺上字第1721號民事判決。

22.最高法院79年臺上字第540號民事判例。

23.經濟部智慧財產局2003年12月營業秘密法制之研究期末報告之頁
18，網頁：http://www.tipo.gov.tw/ch/Download_DownloadPage.aspx
?Path=2962&UID=9&ClsID=46&ClsTwoID=106&ClsThreeID=0&Ke
yWord=，（瀏覽日期：2018年10月20日）。

24.林洲富，營業秘密與競業禁止案例式，2018年8月，三版一刷，頁
72。

25.智慧財產法院104年度民營訴字第3號民事判決。

26.經濟部智慧財產局，註23，頁19。

27.同上註。

28.經濟部智慧財產局，註23，頁20。

29.莊郁沁，智慧財產法院就營業秘密保護案件裁准定暫時狀態處分
聲請之案例介紹，理律法律雜誌雙月刊，2016年1月，頁10。智慧
財產法院104年民暫抗第7號民事裁定。

30.許士宦，定暫時狀態處分之基本構造，臺灣本土法學雜誌，58
期，2004年5月，頁59。

31.林洲富，專利法案例式，五南圖書出版股份有限公司，2017年7
月，7版1刷，頁321。

32.林洲富，註24，頁47。

33.最高法院97年度臺抗字第419號民事裁定。

34.最高法院91年度第7次民事庭會議。

35.最高法院98年度臺抗字第539號民事裁定。

36.最高法院98年度臺抗字第359號民事裁定。

37.最高法院96年度臺抗字第9號民事裁定。

38.林洲富，民事訴訟法理論與案例，元照出版有限公司，2018年2
月，3版1刷，頁374。

39.最高法院101年度臺抗字第497號民事裁定。

40.林洲富，註24，頁48。

41.智慧財產法院107年度民暫抗字第4號民事裁定。

42.黃國昌，民事訴訟理論之新開展，元照出版有限公司，2005年10
月，頁526。

43.林洲富，註37，頁375。最高法院97年度臺抗字第651號民事裁
定。

44.林洲富，註37，頁375。

45.最高法院104年度臺上字第1589號民事判決；智慧財產法院102年
度民營上字第3號民事判決。

參考文獻

李曉媛、徐弘光、丁建華、陳振中，劉江彬編著，營業秘密與競業禁止案，智慧財產法律與管理案例評析(1)，華泰文化事業股份有限公司，2003年10月。

林洲富，專利法案例式，五南圖書出版股份有限公司，2017年7月，7版1刷。

林洲富，民事訴訟法理論與案例，元照出版有限公司，2018年2月，3版1刷。

林洲富，營業秘密與競業禁止案例式，五南圖書出版股份有限公司，2018年8月，3版1刷。

黃國昌，民事訴訟理論之新開展，元照出版有限公司，2005年10月。

曾勝珍，營業秘密法，五南圖書出版股份有限公司，2009年3月。

廖奕淳，我國營業秘密保護之困境與突破，國立臺灣大學法律學院法律學研究所，2016年7月。

經濟部智慧財產局，營業秘密法制之研究期末報告，2003年12月。

經濟部智慧財產局，營業秘密保護實務教戰手冊，2013年12月。

王偉霖，2016年美國聯邦保護營業法（DTSA）於我國營業秘密法制之借鏡，2016年10月，萬國法律，209期，頁87至108。

莊郁沁，智慧財產法院就營業秘密保護案件裁准定暫時狀態處分聲請之案例介紹，理律法律雜誌雙月刊，2016年1月，頁9至10。

許士宦，定暫時狀態處分之基本構造，2004年5月，臺灣本土法學雜誌，58期，頁51至77。

第十六章

高科技產業如何防止技術流失——營業秘密與敏感科技保護

王偉霖 *

*銘傳大學財金法律學系專任教授，美國華盛頓大學法學博士

高科技產業如何防止技術流失——營業秘密與敏感科技保護

摘　要

　　我國廠商因製程及研發技術精良，在世界高科技產業各供應鏈有一席之地，惟因此等技術同時具有國家經濟、軍事國防上之重要意義，通常也被稱為敏感科技。近年常發生中國大陸公司不法竊取我國廠商高科技研發成果或敏感科技之事件，其目的在積極以「紅色供應鏈」擬取代我國廠商地位。在此情形下，確保我國廠商高科技技術或敏感科技不外流刻不容緩，惟我國目前就無形技術之管控無具體法律制度，亟需解決。

　　本文首先就我國防範竊取科技相關產業技術及人才挖角之法規進行盤點，其次就美國等國家防範涉及國家安全、產業發展關鍵技術和科技外流及人才挖角的法規及作法加以說明，再對我國既有規範不足之問題提出建議，最後認為我國刻正研議之「敏感技術保護法」草案在既有規範不足下，有助於建立無形技術與敏感科技之有效管理機制，並就該法提出簡評。希藉此對我國敏感科技管控制度有所貢獻。

關鍵字：營業秘密、敏感科技、商業間諜、競業禁止、出口管制。

壹、前言

我國地域雖小，但因我國廠商不斷改善製程及精進研發技術，與各國間頻繁從事技術交流活動之故，已躋身高科技國家之列，在世界高科技產業各供應鏈仍有一席之地。

惟中國大陸科技產業逐步崛起，為瓜分市場，在戰略上積極以「紅色供應鏈」擬取代我國廠商科技產業供應鏈之地位，復因中國大陸與我國地理位置相近，產業結構雷同，近年來常有發生中國大陸公司運用各種方法強取豪奪，甚或不法竊取我國廠商高科技研發成果之事件。如我國砷化鎵晶圓代工產業知名企業穩懋半導體股份有限公司於民國（下同）104 年 8、9 月間，遭中國大陸廠商以挖角或不正當手法竊取技術文件資料等營業秘密，即屬適例[1]。從而，確保我國廠商高科技技術不外流，為刻不容緩之議題。

然而，我國產業擁有技術在不斷進步下，大部分雖作商業用途，但同時具有國家經濟、軍事國防上之重要意義，通常也被稱為敏感科技[2]，我國廠商固對此等敏感科技以營業秘密嚴格保護，不令有心人士透過商業間諜或挖角等手段不法竊取，然在商業活動下，有心人士亦可能透過網路訂購及三角貿易等方式直接或取得。可是我國針對敏感科技之管控尚無具體法律制度，有建立相關體制之迫切必要。

因此，本文以下將分別針對既有防止敏感科技外流之法規盤點，以及其他國家相關法規及作法為初步介紹，最後提出就我國既有制度不足之處提出建議，藉此對我國敏感科技管控制度有所貢獻。

貳、我國既有防止敏感科技外流之法規盤點

在現行法規下，就商業間諜之防範，我國廠商得透過營業秘密法規

定主張權利或尋求保護；在人才挖角方面，我國廠商通常係以簽署競業禁止約定之方式加以預防。另外，如果我國廠商製造產品屬軍事國防用途，或所用技術包含軍事國防方面之敏感科技，又或者廠商所使用之敏感科技係政府出資補助研發所得智慧財產權者，如要出口至中國大陸或其他地區，政府亦有權管制。以下將分別盤點我國法關於營業秘密、競業禁止，以及出口管制之規定。

一、營業秘密法之規定

(一) 民事方面

我國廠商所有敏感科技，如符合我國營業秘密第 2 條規定[3]：「本法所稱營業秘密，係指方法、技術、製程、配方、程式、設計或其他可用於生產、銷售或經營之資訊，而符合左列要件者：一、非一般涉及該類資訊之人所知者。二、因其秘密性而具有實際或潛在之經濟價值者。三、所有人已採取合理之保密措施者。」得受營業秘密之保障。

敏感科技得為營業秘密者，我國廠商依同法第 10 條規定，對以竊盜、詐欺、脅迫、賄賂、擅自重製、違反保密義務、引誘他人違反其保密義務或其他類似方法取得營業秘密者；知悉或因重大過失而不知其為前款之營業秘密，而取得、使用或洩漏者；取得營業秘密後，知悉或因重大過失而不知其為第 1 款之營業秘密，而使用或洩漏者；因法律行為取得營業秘密，而以不正當方法使用或洩漏者；依法令有守營業秘密之義務，而使用或無故洩漏者。得依同法第 11 條至第 13 條之規定，主張：1. 損害賠償請求權；2. 排除侵害、防止侵害請求權；3 銷毀或其他必要處置請求權[4]。

除以上救濟方式外，我國廠商若於判決確定後再透過強制執行之方式禁止侵害者使用或揭露營業秘密，可能已緩不濟急，故我國廠商亦可預向法院聲請定暫時狀態處分，禁止侵害營業秘密者為一定行為，而在

員工被挖角的情形下，亦得請法院禁止該員工任職於競爭對手[5]。

（二）刑事規範

　　因民事規範不足以嚇阻侵害者以商業間諜或挖角方式侵害我國廠商營業秘密，又刑法中妨害秘密、竊盜、背信等規定無法充分評價此等行為，故立法者於102年1月增訂營業秘密法之刑事規範。

　　修正後營業秘密法第13-1條規定，意圖為自己不法之利益，或意圖為第三人不法之利益，或意圖損害營業秘密所有人之利益而有[6]：1. 以竊取、侵占、詐術、脅迫、擅自重製或其他不正方法而取得營業秘密，或取得後進而使用、洩漏。2. 知悉或持有營業秘密，未經授權或逾越授權範圍而重製、使用或洩漏該營業秘密。3. 持有營業秘密，經營業秘密所有人告知應刪除、銷毀後，不為刪除、銷毀或隱匿該營業秘密。4. 明知他人知悉或持有之營業秘密有前三種情形，而取得、使用或洩漏者。應處以5年以下有期徒刑或拘役，得併科新臺幣100萬元以上1,000萬元以下罰金。同條第2項並設有未遂犯之處罰規定，如侵害營業秘密行為人所得之利益超過罰金最多額，得於所得利益之3倍範圍內酌量加重；依同法第13-3條規定，本條之罪採告訴乃論。

　　同法第13-2條規定，意圖在外國、大陸地區、香港或澳門使用，而犯前條第一項各款之罪者，處1年以上10年以下有期徒刑，得併科新臺幣（下同）300萬元以上5,000萬元以下之罰金。本條之罪亦處罰未遂犯。

　　若發生法人之代表人、法人或自然人之代理人、受僱人或其他從業人員，因執行業務，犯第13-1條及第13-2條之罪者，依第13-4條規定除依各該規定處罰行為人外，對該法人或自然人亦科罰金。

二、我國競業禁止相關規範

競業禁止係指事業單位為保護其商業機密、營業利益或維持其競爭優勢，要求特定人與其約定在在職期間或離職後之一定期間、區域內，不得受僱或經營與其相同或類似之業務工作[7]。在我國法，競業禁止又可分為法定競業禁止與約定競業禁止。其中法定之競業禁止，依我國現行法之規定，有民法債篇的經理人及代辦商之競業禁止規定[8]，與公司法有關經理人的競業禁止等[9]。

約定之競業禁止，係指雇主與員工簽署之離職後競業禁止約款，目前已被普遍運用於營業秘密之保護。因競業禁止約款涉及雇主財產權與勞動者工作權兩個屬憲法保障權利之衝突，其有效性與判斷標準爭議不斷，一般認為應以雇主有營業秘密等值得保護利益為首要條件，再觀察約定限制之營業種類、地域、和禁止競爭之時間是否合理等四要件加以判斷[10]，然最高法院並未明確統一見解，故實務上仍有不同看法。

有鑒於此，立法者為使競業禁止約款有更明確之法源依據，以兼顧工作權與營業秘密之保障，於 104 年 11 月 27 日新增勞動基準法第 9-1 條：「未符合下列規定者，雇主不得與勞工為離職後競業禁止之約定：一、雇主有應受保護之正當營業利益。二、勞工擔任之職位或職務，能接觸或使用雇主之營業秘密。三、競業禁止之期間、區域、職業活動之範圍及就業對象，未逾合理範疇。四、雇主對勞工因不從事競業行為所受損失有合理補償。前項第 4 款所定合理補償，不包括勞工於工作期間所受領之給付。違反第 1 項各款規定之一者，其約定無效。離職後競業禁止之期間，最長不得逾 2 年。逾 2 年者，縮短為 2 年。」規定，將競業禁止約款要件明文化。

由條文內容觀察，可知勞基法對合理性要件採四標準說，且採取一部無效全部無效之見解，規定四標準欠缺其一則競業禁止約款全部無效。然而，勞基法僅能適用於勞動契約，故委任、加盟連鎖關係等法律

關係並不當然適用，仍應由承審法院於個案中判斷有無合理性[11]。

三、出口管制相關規定

若我國廠商敏感科技等營業秘密係受政府補助，或爲具軍事國防意義之敏感科技，我國廠商除可透過營業秘密法或競業禁止約款加以保護外，政府亦得依法管制敏感科技之輸出。

(一) 國家安全法

如敏感科技涉及公務上之應秘密事項，依「國家安全法」第 2-1 條規定：「人民不得爲外國或大陸地區行政、軍事、黨務或其他公務機構或其設立、指定機構或委託之民間團體刺探、蒐集、交付或傳遞關於公務上應秘密之文書、圖畫、消息或物品，或發展組織。」從而該敏感科技不得擅自取得、交付。若意圖危害國家安全或社會安定違反該規定者，依同法第 5 條第 1 項規定，應處 5 年以下有期徒刑或拘役，得併科100 萬元以下罰金。

(二) 貿易法

貨品之輸出入行爲及有關事項，如有危害國家安全或對公共安全之保障有妨害者，主管機關經濟部得依「貿易法」第 6 條第 1 項第 2 款暫停特定國家或地區或特定貨品之輸出入或採取其他必要措施。如涉及戰略性高科技貨品之輸出，需另按「戰略性高科技貨品輸出入管理辦法」規定申請取得許可，並接受定期管控。然而，「貿易法」除第 27 條對違法輸出入戰略性高科技貨品設有刑罰規定外[12]，其餘僅處行政罰鍰或停止出入口許可。雖貨品包括附屬其上之商標權、專利權、著作權及其他已立法保護之智慧財產權，但「貿易法」僅規範有形貨物之輸出入，不涉及無形技術。

(三) 臺灣地區及大陸地區人民關係條例（下稱兩岸人民關係條例）及其子法

依據兩岸人民關係條例第 33 條規定，臺灣地區人民、法人、團體或其他機構，得擔任中國大陸地區法人、團體或其他機構之成員。故臺灣地區人民赴中國大陸工作，除明令禁止擔任中國大陸黨務、軍事、行政或具政治性機關、團體職務外，對於影響國家安全、利益之虞或基於政策需要者，原則上必須經主管機關許可。如有違反，依同條例第 90 條規定涉有刑事處罰，如為退休公務員違反者，依同條例第 90-1 條，將喪失或停止請領退休金之權利。

另該條例第 35 條規定，臺灣地區人民、法人、團體或其他機構，經經濟部許可，得在大陸地區從事投資或技術合作；其投資或技術合作之產品或經營項目，依據國家安全及產業發展之考慮，區分為禁止類及一般類，由經濟部會商有關機關訂定項目清單及個案審查原則，並公告之。但一定金額以下之投資，得以申報方式為之；其限額由經濟部以命令公告之 [13]。違反者依同條例 86 條規定得由主管機關命停止並處以罰鍰，屆期不停止，或停止後再為相同違反行為者，處行為人 2 年以下有期徒刑、拘役或科或併科 2,500 萬元以下罰金。

故而，臺灣人民擬前往中國大陸工作者，其許可或禁止之範圍，應另依「在大陸地區從事商業行為應經許可或禁止之事項公告」、「在大陸地區從事投資或技術合作許可辦法」等行政規則之規範，要件及申請方式不一。

反之，如為中國大陸人民來臺投資，按大陸地區人民來臺投資許可辦法之規定，投資人為中國大陸地區軍方投資或具有軍事目的之企業，應限制其來臺投資。中國大陸軍方以外人士來臺投資者，得投資之業別項目、限額及投資比率，由經濟部會商各中央目的事業主管機關及相關機關擬訂，報行政院核定。投資人所為投資之申請，或投資之經營有經

濟上具有獨占、寡占或壟斷性地位；政治、社會、文化上具有敏感性或影響國家安全[14]；對國內經濟發展或金融穩定有不利影響等情形之一者，主管機關得限制或禁止投資申請，已投資經營者得撤銷或廢止其投資[15]。

(四) 香港澳門關係條例

依「香港澳門關係條例」第 30 條規定：「臺灣地區人民、法人、團體或其他機構在香港或澳門從事投資或技術合作，應向經濟部或有關機關申請許可或備查；其辦法由經濟部會同有關機關擬訂，報請行政院核定後發布之。」復依經濟部投審會以及財政部會銜發布之「對香港澳門投資或技術合作審核處理辦法」規定，對香港或澳門投資或技術合作有影響國家安全；對國家經濟發展有不利影響；違反國際條約、協定之義務；侵害智慧財產權；違反勞動基準法引發重大勞資糾紛尚未解決者；破壞國家形象者；主管機關行政院金融監督管理委員會得不予許可或備查[16]。

(五) 國家機密保護法

如廠商之敏感科技涉及國家機密者，應依「國家機密保護法」規定核定機密等級及保密期限並為維護，如有洩漏者，即視具體情節依該法規定科以刑罰[17]。相關人員未經核准而擅自出境或逾越核准地區者，依該法第 36 條規定，處 2 年以下有期徒刑、拘役或科或併科 20 萬元以下罰金。

(六) 科技研發相關規定

我國廠商敏感科技係受政府補助研發所得，因在將敏感科技商業化時，為追求效益之最大化，常有與境外企業合作之必要，如合作對象

外國人民，是否可以合作應視「科學技術基本法」之相關規定。惟「科學技術基本法」本文就政府補助研發之敏感科技得否為境外實施並無規範，而是授權各主管機關自行訂立辦法[18]，然目前行政院以及轄下各部會就執行單位研發成果運用現行有效之法規命令中，「政府科學技術研究發展成果歸屬及運用辦法」就得否境外實施並無規範，教育部「教育部科學技術研究發展成果歸屬及運用辦法」對境外實施採開放態度，其餘包含經濟部在內之科學技術研究發展成果歸屬及運用辦法多採須報部核准之設計[19]，如有違反，該敏感科技將被收為國有[20]。

除此之外，受政府補助研發之敏感科技，政府單位均按科技部104年提出之「政府資助敏感科技研究計畫安全管制作業手冊」，與我國廠商於資助契約約定遵守敏感科技保護並防止外洩之方式。其中關於敏感科技項目之增刪，由中央主管機關具明理由提報科技小組決定，並於手冊明列敏感科技項目，包括農業科技、製造業關鍵技術、航太及衛星科技、海洋科技、先進積體電路設計及製程技術等五大類[21]。

需特別指出的是，如敏感科技輸出地區為中國大陸，依陸委會「臺灣地區科研機構與大陸地區科研機構進行科技交流注意事項」第2點規定：「凡法令或國際協議所禁止或管制輸往大陸地區之產品或技術，不得與大陸地區科研機構進行科技合作或技術移轉。」第3點規定：「由政府機構資助辦理之科技研究計畫項目，資助機關應約束受資助機構在計畫進行中或計畫完成後2年內，均不得與大陸地區科研機構進行技術移轉。計畫完成2年後，如欲與大陸地區科研機構進行技術移轉，需向資助機關申請許可。」雖此注意事項僅為行政規則，位階劣後於上開所示法規命令，然此注意事項似又可解為特別規範，故於法規適用競合不免產生疑問，然在目前兩岸特殊關係下，仍宜按此注意事項進行較妥。

此外，若我國廠商與外國人民從事商業活動或是學術交流，也需自行依行政院頒布之「科技資料保密要點」規定區分密等、採取保密要領及補救維護措施[22]。

參、美國等主要國家防範涉及國家安全、產業發展 關鍵技術和科技外流及人才挖角的法規及作法

美國就商業間諜之防範，也是透過營業秘密法相關法規為之；在人才挖角方面，各國廠商也係以簽署競業禁止約定之方式加以預防，但美國就競業禁止合理性之規範與我國不盡相同。至於國際間防範涉及國家安全、產業發展關鍵技術和科技外流及人才挖角之作法則莫衷一是。本文以下將分別就美國營業秘密法制、就競業禁止約款之規範，以及美國、韓國出口管制之規定為例說明之。

一、美國營業秘密法制

(一) 民事規範

美國早期就營業秘密之民事保護，主要由各州以普通法（common law）中的不正競爭禁止原則、契約不履行及侵權行為予以處理[23]，後逐步形成 1939 年侵權行為法整編第一版、1979 年統一營業秘密法（Uniform Trade Secret Act, UTSA）、1995 年反不正競爭法整編第三版等模範法，對營業秘密定義與侵害行為均有規範[24]，均認為只要行為人有以不正當方法取得、使用或洩漏他人營業秘密者，即構成營業秘密之侵害，且營業秘密所有人可以尋求禁制令之保護[25]。

(二) 經濟間諜法案

美國在 1980 年代末期共產主義解體之後，因鼓勵產業從事研發活動而成為商業間諜之主要目標，對美國經濟產生嚴重影響，後美國政府更發現許多商業間諜背後是外國政府及機構支持[26]。為遏止商業間諜活動，美國國會終在 1996 年 10 月通過經濟間諜法案（The Economic Espionage Act of 1996，下稱 EEA），以聯邦刑法之方式保護營業秘密，列編為美國聯邦法典第 18 編刑法第 90 章，章名為「營業秘密之保護（Protection of Trade Secret）」。

EEA 第 1831 條定有經濟間諜活動罪[27]，主要適用於外國政府、機構以及其代理人所支持之目標為竊取美國企業營業秘密之間諜行為。在本條規定之下，只要能證明行為人有裨益（benefit）外國政府或機構之意圖或明知之犯意即可，至於該外國政府實際上是否獲取利益則非所問。經濟間諜活動罪之法定刑為 15 年以下有期徒刑，得併科 500 萬美元以下罰金；如果行為人為法人，得處 1,000 萬美元以下罰金或竊取營業秘密所得利益 3 倍罰金，包括因此所減免之研究發展費用或其他回復營業秘密之成本。

另第 1832 條規定竊取營業秘密罪[28]，本條適用於任何與外國政府無關之商業機密竊取行為，著重於美國國內或跨國之一般竊取營業秘密案件，本罪主要規範者，為對於任何人故意或意圖將與州際或外國商務所製造或儲存之商品相關營業秘密，轉化為該營業秘密所有人以外之任何人之經濟利益之行為；惟需注意，只有行為人具意圖或明知其犯行將損傷營業秘密所有人之主觀犯意時始有本條之適用，且本條所指裨益（benefit）僅限於經濟上的利益[29]，故起訴的要件較經濟間諜活動罪嚴苛。竊取營業秘密罪之法定刑為 10 年以下有期徒刑，得併科 25 萬美元以下罰金；如果行為人為法人，得處 500 萬美元以下罰金或竊取營業秘密所得利益 3 倍罰金，包括因此所減免之研究發展費用或其他回復營業秘密之成本。

(三) 2016 年保護營業秘密法（Defend Trade Secrets Act, DTSA）

雖美國多數州已有各自之營業秘密法，然各自州法時套用 UTSA

之模式立法時多有修改，從而各州法仍欠缺統一性[30]，故營業秘密訴訟當事人仍然要面臨各州相互衝突之法律標準以及不同訴訟程序規定之麻煩，美國法界遂有仿專利法、著作權法與商標法之模式制訂聯邦法之聲浪興起，後美國總統歐巴馬最終於 2016 年 5 月 11 日簽署 DTSA，正式將營業秘密納入聯邦法之規範範疇內[31]。

依 DTSA 正式條文，DTSA 並未取消或排除各州州法對營業秘密民事訴訟之管轄權，且 DTSA 之主要框架並未跳脫 UTSA，諸如兩者間對於營業秘密之定義、以及金錢賠償、不當獲利、禁制令救濟、合理權利金、故意侵害（willfully and maliciously misappropriate）他方營業秘密情形下之兩倍懲罰性賠償以及合理律師費等規定；然而，DTSA 對營業秘密之定義較廣[32]，且增加部分創新之規定，如得單方聲請扣押不當取得之營業秘密[33]、吹哨者豁免條款[34]，在損害賠償方面規定可請求 2 倍懲罰性賠償及律師費用[35]，且有域外效力，使得企業或自然人在美國境外之侵權行為因 DTSA 受到追究[36]。

二、美國就競業禁止約款之規範

美國就競業禁止規範亦採合理性判斷標準，與我國之要件大同小異，惟因國情不同，對各標準認定之比重亦有不同。

目前美國大多數州法院認為競業禁止條款若符合「合理原則」（rule of reason），則承認其效力[37]，有幾個州政府如德州、威斯康辛州、佛羅里達州、密西根州、路易斯安那州，以及南塔科達州，則將競業禁止約款的檢視標準納入成文法中[38]。

而不論有無將競業禁止約款合理性標準納入成文法，各州在檢視競業禁止約款合理性時大多均是檢視下列要件[39]：1. 雇主有合法的商業利益（包含營業秘密、機密資訊和商譽）；2. 期間和地域範圍需有合理的限制；3. 有給予合理補償；4. 不違反公共利益。值得一提的是，加州

政府對於競業禁止約款的認定相當嚴格，該州商事與職業法（Business and Professions Code）第 16600 條規定：「除本章另有規定外，任何限制契約相對人或第三人從事合法職業、交易、業務之契約無效[40]。」惟本條仍有例外規定，亦即當公司出售、股票出售以及解除合夥關係時，競業禁止約款仍可適用[41]。雖然加州州法如此規定，實務上法院仍會禁止離職員工使用或揭露前雇主的營業秘密[42]。

三、其他國家管制敏感科技的作法：以美國與韓國為例

（一）美 國

美國就涉及國家安全、產業發展關鍵技術和科技出口管制制度的法律基礎爲「出口管理法」（Export Administration Act, EAA）、「武器出口管制法」（Arms Export Control Act, AECA）、「國際緊急經濟權力法案」（International Emergency Economic Powers Act, IEEPA）等，主要可以分爲以下兩部分：1. 用於軍事或國防目的產品和技術的出口管制（軍事出口管制）；2. 軍民兩用產品和技術的出口管制（商業出口管制）。

其中，軍事出口管制由美國國務院（即外交部門）負責，具體受管制的產品項目，則以國務院頒布「武器國際運輸規則」（International Traffic in Arms Regulations, ITAR）所包含「美國軍品管制清單」（United States Munitions List, USML）[43]。而在商業出口管制方面，主要包括核、生化、電子設備等敏感物項和技術的管制，目前由美國商務部產業及安全局（Bureau of Industry and Security, BIS）主導，並以其制定的「出口管理條例」（Export Administration Regulation, EAR）爲法律依據。

在實際運作上，美國商業出口管制主要通過對特定產品和特定對象（包括特定的國家、社團組織、公司、個人）的禁運來進行管控[44]；而被禁運的產品或對象主要係以 BIS 制定之商業控制清單（Commerce

Control List, CCL）對出口產品進行分類，主要包含十大行業與包含了大部分商業產品[45]。如果外國人擬與美國廠商交易清單內物品，需要在取得出口許可證後始可進行交易。惟 BIS 對於各類型產品都有細部的禁運標準，並就每一商品標誌出口管制級別，管制原因與核發許可證之標準。

而在許可證之申請上，主要係由出口商向 BIS 申請許可，其中涉及與技術出口有關的許可證類別，包括視為出口之外國人身分審查（Foreign National Review for Deemed Export, FNR）、限制類技術與軟體許可（Technology and Software under Restriction, TSR）、非限制類技術與軟體出口許可（Technology and Software Unrestriction, TSU）、加密商品軟體及技術許可（Encryption Commodities, Software and Technology, ENC）、電腦類許可（Computers, APP）、暫時進出口及再出口許可（Temporary Imports, Exports, and Reexports, TMP）、航空器及船舶許可（Aircraft and Vessels, AVS）、附加許可再出口證（Additional Permissive Reexports, APR）等[46]。而具體審查程序相當複雜，包括政府部門磋商（Government-to-Government assurances）、多方審查（Multilateral reviews）等，蓋因 BIS 在收受出口申請後，多會將申請案會同其他更加熟悉該產品和技術的相關部門，包括美國國務院、國防部、能源部，甚至美國國家航空局，中央情報局等進行審查[47]。

如欲有未經允許出口禁運貨品、技術之行為者，得對行為人處以罰鍰、取消出口優先權與命令禁止從事 BIS 相關之代理、會計、諮詢、貨物運送、申請許可等業務。處罰鍰時得同時附加一年以下禁止申請或吊扣許可證及限制使用除外條款，以及緩期支付等條件[48]。且就明知而違反或企圖違反 EAA、EAR 及所發布的命令或許可者設有刑罰，對行為人科以相當於出口所涉價值 5 倍或美金 5 萬元以下罰鍰（依較高者），或處或併處 5 年以下有期徒刑[49]。如明知而違反或企圖違反 EAA、EAR 及所發布的命令或許可而出口，且知悉出口目的地為管制地區，

除對個人出口外，應科以美金 25 萬元以下罰鍰，或處或併處 10 年以下有期徒刑[50]。經依 EAA、EAR 核發許可證對管制國家出口、明知該出口目的為違反許可條件之軍事或情報用途、故意不對國防部報告者應科以相當於出口所涉價值 5 倍或美金 100 萬元以下、或對個人違法者處美金 25 萬元以下罰鍰（依較高者），或處或併處 5 年以下有期徒刑[51]。

然而，在當今商業活動下，欲取得敏感科技者不一定必得透過技術之出口始能達其目的，以跨境投資之方式直接入主擁有敏感科技之廠商亦可。美國為避免外國人士循此途徑損害其國力，於 1988 年通過 1950 年國防製造法（Defense Production Act of 1950）第 721 款 The Exon-Florio 修正案，授權政府組成外資投資委員會（Committee on Foreign Investment in the United States, CFIUS），審查外資併購交易，並在發現有危及美國國家安全或可能產生損害時向總統報告，讓總統有權阻擋該已提議或進行中之美國企業與外國企業之兼併、合併或收購等業務，以防危及國家經濟與軍事安全並致科技技術外流。

總統若欲引用此修正案所賦予之權利，必需在取得已取得「可信證據」（credible evidence）[52] 下作為前提，並且表明「若取得控制權的外國利益企業所採取的行動可能會威脅到國家安全（foreign interest exercising control might take action that threatens to impair the national security）」[53]，始可暫停或中止該項業務交易，以阻止或解除外國企業、外國公司對美國企業所進行收購交易行為。嗣後，美國在 2007 年簽署「外國投資和國家安全法」（The Foreign Investment and National Security Act of 2007, FINSA），針對外國投資安全審查項目再為修正，包括加強國家安全概念、完善 CFIUS 審查與監督職責，令 CFIUS 對於退出審查之交易業務持續採取追蹤調查。

在 FINSA 修正通過後，美國刻正研議「外國投資風險審查現代化法案」（the Foreign Investment Risk Review Modernization Act of 2017, FIRRMA）。旨在推展 CFIUS 現代化改革，限制外資對美國科技公司

和基礎設施的投資，以維護國家安全，將再擴大 CFIUS 管轄權與權力、及美國關鍵技術與基礎設施投資審查，並令 CFIUS 審查時要增加國家安全風險考量因素，此一修正對政府而言固有正面意義，但仍有批評此將破壞出口審查制度，並將使 CFIUS 不堪重負，且在事事皆審查的情況下，將使外資卻步，進而損害美國追蹤關鍵技術的能力[54]。

(二) 韓國

韓國曾發生多起敏感科技因外資剝削而外流之事例，礙於國內產業保密技術不足，難以證明技術外流，且無法針對此等行為定罪等主要原因[55]，在國民強烈要求之下，於西元 2006 年間制定「防止產業技術外流及產業技術保護法」（下稱產業技術保護法），希望能遏止外資透過併購，或技術交流之名實則竊取韓國企業技術[56]。

在架構設計上，產業技術保護法是授權韓國產業通商資源部組成產業技術保護委員會，主要任務在決定國家核心技術項目。該法所稱國家核心技術為「具備國家與海外市場的經濟價值、或存在高度成長潛力，若是洩漏至海外可能對國家安全與國民經濟發展產生不利之影響[57]」之技術。在認定上是由各中央行政首長得綜合考量國家安全、國民經濟、產業技術的海內外市場比率及相關技術領域之趨勢，在最小必要限度內指定之[58]；換言之，國家核心技術項目並非一成不變，而是處於可由主管機關決定、變更或撤銷之狀態。

韓國產業通商資源部在產業技術保護委員會指定國家核心技術後負責處理之事務有：1. 制訂並執行通盤計畫；2. 指定、變更及取消國家核心技術事項；3. 管制出口的國家核心技術；4. 管制擁有國家核心技術機構的海外收購併購；及 5. 其他防止外流及保護產業技術事項等五大項，目前重點工作項目在管制擁有國家核心技術企業的海外併購。依產業技術保護法規定，擁有國家核心技術的產業機構，不論是主動或被動所為

的海外收購或併購，應向韓國產業通商資源部報告；若海外收購併購將嚴重影響國家安全，韓國產業通商資源部得採取必要措施，要求中止、禁止或回復原狀，過程應給予陳述並聽取意見。

在實際運作上，產業技術保護法對國家核心技術之管制密度，係以有無受國家補助作為區分。如國家核心技術受有國家補助，則企業若欲向海外出售、移轉此等技術，需事先申請許可；若未受有國家補助，則採事後報備制，但產業通商資源部長有疑慮時，得於會商相關中央行政機關首長，並經產業技術保護委員會審議，要求必須暫緩、禁止輸出或回復原狀。由產業技術保護法僅針對後者賦予向主管機關表示意見之機會，即可知受有國家補助國家核心技術之管制較為嚴格[59]。

如企業違反產業技術保護法規定，經產業通商資源部向產業技術保護委員會提出，查證屬實，並經產業技術保護委員會審議後，得暫緩、禁止技術輸出或回復原狀等措施。而若是以竊盜、詐欺、恐嚇或其他不正方式，取得、使用或洩漏產業技術於公眾之行為，產業技術保護法對此設有刑罰規定[60]。

肆、我國既有規範之問題與因應建議

如上所述，我國與世界各主要國家為防止技術外流，在制度設計上不外乎採防止竊取，出口管制及投資審查等方式。就前者而言，各國均係透過營業秘密法制給予保護，而就後者，則依賴出口及投資審查等相關法規處理。以下將分別針對我國相關法制設計衍生之問題加以說明，並提出建議。

一、我國營業秘密法制之相關問題與因應建議

首先，在營業秘密相關法制方面，我國營業秘密法固賦予營業秘

密所有人有對包含以違反競業禁止約款等不正方法侵害營業秘密者提起民事救濟之權，且得提出刑事告訴，雖營業秘密法之規範意旨甚佳，但營業秘密所有人在實務上獲得保障之效果不明顯，原因主要在於舉證責任，營業秘密刑事規範要件不明確，既有刑事規範未能有效規範域外犯罪之故，分述如下。

首先，當營業秘密所有人就侵害營業秘密行為發動民刑事訴訟時，法院或檢察官在審酌被告所為是否該當各該民刑事責任構成要件前，必先令營業秘密所有人證明遭侵害之營業秘密存在，且法院將依營業秘密法第 2 條規定判斷營業秘密所有人所主張之資訊是否具備新穎性、價值性、以及合理保密措施等要件 [61]。而在營業秘密所有人證明營業秘密存在之後，就需要證明所受損害之範圍為何。

由現可查得之法院見解觀察，法院對證明營業秘密存在之審酌重點多在是否具有新穎性 [62]，並進而推斷是否具有價值性，故營業秘密所有人證明新穎性之難度，將影響侵害者應否負責之機率。因營業秘密新穎性係指「非一般涉及該類資訊之人所知者」，此一要件屬於消極事實，於舉證責任之分配上，主張消極事實之當事人並不需證明消極事實存在，而應是由對造舉證證明消極事實不存在。從而慮及營業秘密新穎性要件之特性，認為只要營業秘密所有人能舉證證明該當新穎性之表面事實，即應由侵害者就已為「一般涉及該類資訊之人所知」負舉證責任，以調和營業秘密所有人之保護。

在民事訴訟中，此一舉證責任之調整並無太多爭議，且智慧財產案件審理法第 10 條之 1 有明文規定，營業秘密所有人就其主張營業秘密受侵害或有受侵害之虞之事實已釋明，而被告之侵害者否認時，法院應定期命侵害者就其否認之理由為具體答辯，若侵害者無正當理由，逾期未答辯或答辯非具體者，法院得審酌情形認營業秘密所有人已釋明之內容為真實。但在刑事訴訟中，這樣的調整將與刑事訴訟法之規範有所抵觸，蓋因營業秘密所有人或檢察官依刑事訴訟法之規定需負積極之舉證

責任，或指出證明之方法[63]，否則基於無罪推定之原則，不得推斷行為人有犯罪行為。然本文以為縱然為如此調整，營業秘密所有人或檢察官就行為人有不法意圖之主觀要件以及其他客觀構成要件之存在仍須負積極之舉證責任，故此一調整實質上並未陷行為人於不利之地位，且可增加法院認定營業秘密存在之空間，而將訴訟攻防之重點移轉至主觀意圖與行使、洩漏等行為態樣之討論，對我國營業秘密刑事規範之發展將有助益，未必不是可考慮之方向。

而在損害賠償計算方面，雖我國營業秘密法第 13 條定有請求損害賠償之計算方法，包含所受損害與所失利益、受害前後使用營業秘密所獲得利益之差額、侵權人侵害行為所得利益，以及懲罰性違約金等四種[64]。然而，此四種損害賠償計算方式各有利弊，未必準確並反映營業秘密所有人遭侵害當下受損之嚴重程度[65]，且若營業秘密所有人就損害程度舉證不足，甚有可能出現法院以無損害駁回請求之窘境。惟比較美國 DTSA，法院在計算營業秘密所有人之損害時，除得按實際損失、不當得利計算外，亦可以用合理權利金計算營業秘密所有人之損害範圍[66]，即營業秘密所有人無法證明有實際損害或不當得利存在，但可證明侵害者已將竊取之營業秘密用以改善製程，或尚未因竊取營業秘密而得利時，法院可判決侵權人應支付營業秘密所有人合理之權利金[67]。本文以為，DTSA 規定得以合理權利金計算損害賠償，將使營業秘密所有人求償及法院判決內容更有彈性，也能適當調整營業秘密所有人就受損範圍之舉證程度，值得作為我國營業秘密法第 13 條未來修正之參考。

其次，營業秘密法第 13-1 條有構成要件不明確，有處罰過廣之疑慮，可能使法官本於「刑法謙抑」之原則，於涵攝構成要件時偏向採取對被告有利之解釋，難生嚇阻商業間諜行為之效。如營業秘密法第 13-1 條第 1 項第 1 款雖定有「竊取、侵占、詐術、脅迫、擅自重製」等行為，但僅為例示規定，若法院於具體個案中發現侵害營業秘密之人所使用之方法雖非為本項例示之行為，但屬於「不正方法」者，仍有本條之

適用，惟不正方法範圍過廣，難以定義。就此等問題，基於刑法法律明確性之要求，應盡量避免使用「其他不正方法」等不確定法律概念適用之機會，故建議應仿美國 EEA 第 1832 條 (a) 項第 1 款至第 3 款之規定，盡量特定應予刑罰之行爲態樣或爲嚴格或限縮解釋，以符合刑罰明確性之要求，降低爭議[68]，故以爲於未來修正時似可將本條第 1 款「重製或其他不正方法」修正爲「未經授權而重製、複製、筆記、描繪、攝影、下載、上載、刪改、毀損、影印或其他不正方法」，藉以大幅降低使用不確定法律概念之機會，避免侵害者因構成要件不明確而獲益於刑法謙抑性。

此外，我國營業秘密法第 13-2 條固規定：「意圖在外國、大陸地區、香港或澳門使用，而犯前條第一項各款之罪者，處一年以上十年以下有期徒刑，得併科新臺幣三百萬元以上五千萬元以下之罰金。」雖名爲域外侵害營業秘密之處罰，但有論者指出本條並非域外侵害營業秘密罪之立法模式，因該條客觀構成要件並非針對域外使用之行爲[69]，由罪刑法定主義來解釋，本條實際上僅能處罰意圖於外國、中國大陸地區、香港或澳門使用，而於我國境內實施侵害營業秘密行爲之人。另本條並非最輕本刑 3 年以上之重罪，因此本條罪名並不及於意圖在外國、中國大陸地區、香港或澳門使用，但於我國境外犯本罪之行爲人[70]，故本規定不能適用國際經濟間諜犯罪。從而我國宜另設域外侵害營業秘密之規定，以塡補漏洞[71]。

除以上原因外，我國民刑事訴訟時間冗長也是營業秘密所有人難以透過營業秘密法或競業禁止約款取得適當保護的原因之一[72]，法院結案時間短至 1 年，長至 3、5 年者所在多有。由此觀之，營業秘密所有人透過司法訴訟取得終局確定判決平均時間不短，就技術外洩所帶來之立即實害而言緩不濟急。從而，未來立法者研議修法時，應將如何使營業秘密所有人適時取得保障納爲重要思考方向[73]。

二、既有出口管制及投審法制相關問題與因應措施

在出口管制方面,目前我國針對貨品與技術的直接輸出雖有相關法規,但散見於不同法律之中,無統一制度與標準。又我國貿易法僅管制物品之出入口,如僅為技術輸出,除非該技術為「戰略性高科技貨品輸出入管理辦法」規定應申請許可並接受定期管控者外,否則似無從依貿易法規定加以管制。另國家安全法、國家機密保護法、兩岸人民關係條例及其子法,及科學技術基本法及其子法與相關行政規則對技術輸出亦有規範,然若敏感科技不屬公務上機密事項,未經核定屬國家機密,且無政府補助者,可能也不受相關法律拘束。雖我國科技部另有制定「政府資助敏感科技研究計畫安全管制作業手冊」,與我國廠商以契約方式約定敏感科技之管理,然如前所述,此手冊適用者僅為政府相關部門以補助、委辦或出資等方式之研發成果,不包含未經政府補資助之敏感科技。

另就外資來臺投資部分,我國均由經濟部投資審議委員會(下稱投審會)進行審核,目前除中國大陸投資我國需受兩岸人民關係條例、大陸地區人民來臺投資許可辦法等規定限制[74],且在投資審議時需先參考具敏感性或國安(含資安)疑慮之業務範疇外,其他外資投資我國時僅需受外國人投資條例限制,而依該條例,外資除對國家安全、公共秩序、善良風俗或國民健康有不利影響之事業、法律禁止投資之事業[75],以及經濟部公告禁止及限制僑外人投資業別項目外[76],其餘事業應均屬准許投資之範疇。換言之,我國既有投資審議法制除對中國大陸外,似乎未能充分預防外資投資我國廠商而致技術外流之情形。

由我國上述出口管制以及投資審查的相關法規觀之,可知我國缺乏對敏感科技管制的相關體系規範,直言之,我國在技術輸出管制上存在法規漏洞,非無檢討改進之必要。而目前已有建議提出未來在設計審查體制上,宜仿效「歐美國家主要以國家安全或經濟安全為審查原則」作

為審查啟動因素 [77]，對外資投資我國企業所涉技術保護機制作為全面性規範。

參照上開美國就技術輸出之管制，其體系設計均是採由專責主管機關負責，同時明定管制技術類別並配合主管機關間之定期檢討修正，令人民清楚知悉輸出前應先申請審核之技術為何，而不致妨礙廠商技術輸出與併購計畫之擬定。從而我國在研議修正相關法律制度時，應著重在敏感科技管制法制的統整與明確化，使得政府補助或我國廠商自行研發之敏感科技受有完整保障。

然而，美國政府在研議「外國投資風險審查現代化法案」時，亦有批評密度過高之審查機制將破壞既有審查制度，同時將損害產業追蹤關鍵技術的能力。故我國在設計相關法制度時，亦應留意此問題之發生。換言之，在敏感科技保護法制化之同時，除著重專責機構之設計，敏感科技定義，與建立公開透明審查機制外，亦要避免扼殺我國從商業活動中追蹤關鍵技術之能力，方能促進我國技術管制機制之完善。

三、敏感科技保護法草案概說與簡評

我國既有營業秘密法制、出口管制以及投資審查之規範在敏感科技之管制保護有所不足，鑒於創造更有利於國內科技之經營與發展環境等重要科技政策，擬對於國家安全及公共利益有重大影響之敏感科技，採取積極管理措施，避免國安核心技術流失，致影響我國科技實力，爰制定「敏感科技保護法」加以規範，相關草案已由立委提請立法院議決 [78]。

該草案首先定義敏感科技為保護對國家安全及公共利益有重大影響之高敏感性與特殊性之科學資訊，同時必須符合：非一般涉及該類資訊之人所知、因其秘密性而具有實際或潛在之經濟價值、權利人已採取合理之保密措施等條件 [79]。

敏感科技之項目與輸出國家及地區，將由科技部應定期會同其他各目的事業主管機關訂定後報請行政院公告，認定上應以確保國家安全及公共利益，且確具必要性為原則，認定過程中應遴聘（派）有關機關（構）人員、專家、學者及產業界人士參與[80]。經核定敏感科技之公開許可與輸出由主管機關科技部負責[81]。

就未經許可而輸出或公開敏感科學技術者，違反者並處 7 年以下有期徒刑、拘役或科或併科新臺幣 3,000 萬元以下罰金[82]；若其行為出於意圖或明知其行為有利於其他國家或地區之政府、機構或其派遣之人所為者，將加重其刑[83]。特別之處在於，若敏感科技所有人發現有受不法侵害之情事，致敏感科技有輸出或公開之虞者，有主動通報相關目的事業主管機關之義務，且相關目的事業主管機關得進行協調並協助防止侵害擴大[84]。

最後，為避免本法之規定破壞既有出口管制法規與國家安全法規之體系，爰明定敏感科學技術相關資料除應適用國家機密保護法之規定採取保密措施者外，有未核定為國家機密而有保密之必要者，應予保密，相關辦法由相關目的事業主管機關會商定之[85]；科技貨品輸出入，仍依現行貿易相關法律及法規命令規定辦理[86]。

由以上草案內容，可知我國就敏感科技保護已有明確化之規劃，且在敏感科技所有人發現有不法侵害情事時，賦予主管機關主動介入防免損害擴大之法源依據，且注意到既有出口管制法規與國家安全法規相容性之問題，應有助於在現行相關法規就非政府補助研發敏感科技保護不足之情形下，對敏感科技為有效管理，應予支持。

然而，此項草案對於敏感科技之定義與我國法就營業秘密之定義如出一轍，雖有加上應經主管機關指定之要件，但在理論上有可能發生得受營業秘密法保障者即受敏感科技法草案拘束的情形，不無引發政府過度管制人民財產權之疑慮。因此，建議立法者應仿韓國經驗，在法條內要求主管機關指定敏感科技時，除衡量國家安全、國民利益外，亦應一

併衡量產業技術國內外市場比率，相關技術領域趨勢，且在最小必要限度內指定之原則。

雖目前草案內未納入美國、韓國針對投資審查之部分，似不能對藉投資取得敏感科技之問題加以預防，惟因商業活動對關鍵技術發展之追蹤至為重要，對我國而言更是如此，故是否應在就投資審查部分為規範，宜在草案通過後，視具體施行情況加以調整。

伍、結論

我國政府目前尚無規範敏感科技之正式法律規範與制度，且既有營業秘密、出口管制等相關法規有所不足，致在敏感科技管制出現法規漏洞，實有檢討改進之必要。

參照美國、韓國之相關制度，敏感科技輸出或公開之審核通常由專責機關負責，且定期就敏感科技項目與輸出地區等為檢討，以確保科技交易秩序之維護，達成有效管理之目的，故若我國不採統一立法，而僅就既有法制逐一修正，仍無法改善現行規定過於分散，定義不清，各主管機關權責混淆之問題，恐缺乏效率。因此，我國刻正研議之「敏感科技保護法」草案實有助於在相關法制保護不足下建立管理機制，有助對敏感科技之有效管理，提升科技競爭優勢，並確保國家安全與利益。

惟目前敏感科技之定義與營業秘密法之定義並無不同，為免引發政府過度管制人民財產權之疑慮，建議草案中宜增加主管機關指定敏感科技時，除衡量國家安全、國民利益外，亦應一併衡量產業技術國內外市場比率，相關技術領域趨勢，且在最小必要限度內指定之原則。

註 釋

* 銘傳大學財金法律學系專任教授，美國華盛頓大學法學博士。

1. 請參科技報橘網站，中國科技間諜入侵臺灣晶圓產業，一杯咖啡偷走75億元的關鍵砷化鎵技術，107年2月22日，https://buzzorange.com/techorange/2018/02/22/thief-like-movies/（最後瀏覽日：107年12月24日）。

2. 依立法委員蘇治芬等24人提出之敏感科學技術保護法草案第2條第1項規定，所謂「敏感科學技術」，係指「學術研究以外對國家安全及公共利益有重大影響之高敏感性與特殊性之科學資訊」，下載自：https://lci.ly.gov.tw/LyLCEW/agenda1/02/pdf/09/03/15/LCE-WA01_090315_00036.pdf（最後瀏覽日：107年12月24日）。

3. 營業秘密各要件之詳細說明，請參拙作，營業秘密法理論與實務，元照出版有限公司，頁33-63，2017年10月二版。

4. 侵害行為內涵與各救濟方式之詳細說明，請參拙作，前揭註3書第6章。

5. 如台積電梁孟松案，請參智慧財產法院102年度民營上字第3號判決。另請參拙作，論我國引進營業秘密法不可避免揭露理論（Inevitable Disclosure Theory）之可行性與適用限制，萬國法律第203期，頁20-43，2015年10月。

6. 各罪名之詳細說明，請參拙作，前揭註3書第7章。

7. 請參簽訂競業禁止參考手冊，頁2，行政院勞工委員會編印，102年5月，下載自http://www.cla.gov.tw/site/business/414ea820/4899118b/files/data.pdf（最後瀏覽日：107年12月24日）。

8. 請參民法第562條。

9. 請參公司法第32條、公司法第209條第1項。

10. 有關競業禁止約款合理性要件之詳細討論，請參拙作，前揭註3書第5章。

11. 有關加盟連鎖契約競業禁止之合理性判斷，請參王偉霖、楊孝文合著，加盟連鎖契約競業禁止條款之研究，華岡法粹第62期，頁1-47，2017年6月。

12. 戰略性高科技貨品種類、特定戰略性高科技貨品種類及輸出管制地區內容，請參經貿資訊網：https://www.trade.gov.tw/Pages/Detail.aspx?nodeID=1005&pid=472604&dl_DateRange=all&txt_SD=&txt_ED=&txt_Keyword=&Pageid=0（最後瀏覽日：107年12月24日）。

13. 請參經濟部投資審議委員會網站：https://www.moeaic.gov.tw/businessPub.view?lang=ch&op_id_one=5（最後瀏覽日：107年12月24日）。

14. 請參經濟部投資審議委員會，具敏感性或國安（含資安）疑慮之業務範疇及陸資投資資訊產業事業清冊，下載自：https://www.moeaic.gov.tw/businessPub.view?lang=ch&op_id_one=3（最後瀏覽日：107年12月24日）。

15. 請參大陸地區人民來臺投資許可辦法第6條、第8條規定。

16. 請參對香港澳門投資或技術合作審核處理辦法第6條規定。

17. 請參國家機密保護法第32條至第35條規定。

18. 請參科學技術基本法第6條第3項規定。

19. 請參經濟部辦法第16條規定。

20. 請參經濟部辦法第21條規定。

21. 科技部網站，政府資助敏感科技研究計畫安全管制作業手冊，下載自：https://www.most.gov.tw/folksonomy/list?menu_id=3010c688-0cca-4d3b-8deb-e0296ddc9cbe&l=en（最後瀏覽日：107年12月24日）。

22. 請參科技資料保密要點第4至7點。

23.請參王奎，美中商業秘密內涵的思考，政法論壇（中國政法大學學報）第25卷第3期，頁101，2007年5月。

24.請參王奎，同前揭註23文，頁101-102。

25.請參拙作，前揭註3書，第1章第5節。

26.請參劉博文，美國經濟間諜法簡介，2013年2月17日，經濟部智慧財產局網站：https://www.tipo.gov.tw/ct.asp?xItem=207083&ctNode=6740&mp=1（最後瀏覽日：107年12月24日）

27.18 U.S.C. § 1831.

28.18 U.S.C § 1832.

29.William J. Edelman, *The "Benefit" of Spying: Defining the Boundaries of Economic Espionage Under the Economic Espionage Act of 1996*, 63 Stan. L. Rev. 447, 468-474(2011).

30.請參益思科技法律事務所，營業秘密法制之研究，頁52，2003/12/31，下載自經濟部智慧財產局：https://www.google.com.tw/url?sa=t&rct=j&q=&esrc=s&source=web&cd=2&cad=rja&uact=8&ved=0ahUKEwiKksbLv5jQAhWCWrwKHQMaDgAQFgghMAE&url=https%3A%2F%2Fwww.tipo.gov.tw%2Fdl.asp%3FfileName%3Df0f9aebe-f969-462b-8184-aaec45f0af56.pdf&usg=AFQjCNERBqrYinYVFL09KD3chuucz3y4dA&sig2=sEDM8fdNd0TDicjV9zCRpA（最後瀏覽日：107年12月24日）。

31.18 U.S.C. §§ 1836-1839.

32.18 U.S.C. § 1839.

33.18 U.S.C. § 1836 (b) (2) (A).

34.18 U.S.C. §§ 1836(b)(3)(A)(i)(I), 1836(b)(3)(A)(i)(II).

35.18 U.S.C. §§ 1836(b)(3)(B), 1836(b)(3)(C), 1836(b)(3)(D).

36.18 U.S.C. § 1836 (b) (1). 18 U.S.C. § 1837.

37.*See* Jason S. Wood, *A Comparison of the Enforceability of Covenants*

Not to Compete and Recent Economic Histories of Four High Technology Regions, 5 Va. J.L. & Tech. 14 (2000).

38. Texas Business & Commerce Code § 15.50., Wis. Stat. Ann. § 103.465., Flo. Stat. Ann. §542.335., Michigan Compiled Laws § 445.774a., Lou. Rev. Stat. § 23:921., S.D. Codified Laws § 53-9-11.

39. *See* Christine M. O'Malley, *Covenants Not To Compete in the Massachusetts Hi-Tech Industry: Assessing the Need for A Legislative Solution,* 79 B.U.L. Rev. 1215, 1219-1221 (1999). Blue Ridge Anesthesia & Critical Care, Inc. v. Gidick, 239 Va. 369, 371-2 (Va. 1990). *See* Michael L. Agee, *Covenants Not To Compete in Tennessee Employment Contracts: Almost Everything You Wanted to Know but Were Afraid to Ask*, 55 Tenn. L. Rev. 341, 363, 371-378 (1988).

40. Business and Professions Code § 16600.

41. Business and Professions Code § § 16601~16607.

42. *See* State Farm Mutual Automobile Ins. Co. v. Dempster, 174 Cal. App. 2d 418 (Ct. App. 1959).

43. See https://www.law.cornell.edu/cfr/text/22/121.1, last visited on 2018/12/24.

44. 管制方式的設計上，主要從出口行為所涉及產品來源、最終送達地、最終用途、最終使用者考量，請參華冠國際顧問有限公司，美、日、歐盟對無形技術管制之法令規定、作法及我國推動無形技術管控之可行性研究，2011年3月，下載自：https://www.trade.gov.tw/Pages/Detail.aspx?nodeID=830&pid=320227（最後瀏覽日：107年12月24日）。

45. 詳請參BIS網站，https://www.bis.doc.gov/index.php/regulations/export-administration-regulations-ear（最後瀏覽日：107年12月24日）。

46.EAR§740.

47.EAR§750.3.

48.EAR§764.3.

49.*Id.*

50.*Id.*

51.*Id.*

52.P.L. 100-418, Title V, Section 5021 Aug., 23, 1988; 50 USC Appendix sect.2170.

53.請參鄭嘉文、許祐寧，跨境投資技術保護與營業秘密之法制研析，科技法律透析，第29卷12期，頁40，2017年12月。

54.請參壹讀網，CFIUS改革法案因涉嫌出口管制遭到美國商業界反對，2017年11月30日，網址：https://read01.com/nxDk767.html（最後瀏覽日：107年12月24日）。

55.請參自由時報，產業關鍵技術審查韓國可當借鏡，2010年2月22日，網址：http://news.ltn.com.tw/news/business/paper/374577（最後瀏覽日：107年12月24日）。

56.請參顏思妤，跨國惡性關廠的永豐餘集團何以有恃無恐？，2015年4月6日，網址：https://www.tahr.org.tw/news/1577（最後瀏覽日：107年12月24日）。

57.請參鄭嘉文、許祐寧，前揭註53文，頁43。

58.請參詹世榕，國際間關於研發國際化所涉事項之規範研析，科技法律透析，第23卷第7期，頁59，2011年7月。

59 請參詹世榕，前揭註58文，頁59。

60.請參鄭嘉文、許祐寧，前揭註53文，頁45。

61.同前揭註3書。

62.士林地方法院102年度自字第14號刑事判決。新北地方法院103年度聲判字第124號刑事裁定。苗栗地方法院104年聲判字第6號刑事

裁定。

63.請參刑事訴訟法第154條、第161條第1項規定。

64.有關侵害營業秘密損害賠償計算方法之詳細內容，請參拙作，前揭註3書，頁107-112。

65.目前我國侵害營業秘密民事訴訟判決賠償金額最具代表性之案例，為智慧財產法院102年民營訴字第6號大立光電股份有限公司訴先進光電科技股份有限公司一案。本件原告大立光請求之損害賠償，主要為經會計師調查的潛在損害140億餘元，研發營業秘密技術內容所支出之研發費用9億餘元，與減少之銷售利益5億元，但僅請求其中的15.22億元。智財法院認為大立光提出的會計師報告不可採，但認定大立光研發支出僅6億餘元，惟先進光侵害行為屬故意且情節重大，據營業秘密法第13條第2項之規定，大立光可請求3倍的損害賠償，故光以研發費用計算，大立光得請求之金額已超逾所請求之15.22億元，因此智財法院全部照准。本件兩造就損害賠償計算攻防激烈，智財法院於判決中亦有詳細說明。然而，大立光獲賠金額雖高，但所主張潛在損害全被駁回，且主張之研發金額損害9億元與法院認定仍有差距，故目前法定之損害賠償計算方法，是否準確反映營業秘密所有人遭侵害受損之程度，仍有再推求之空間。

66.18 U.S.C. §§ 1836(b)(3)(B), 1836(b)(3)(C), 1836(b)(3)(D).

67.See Linkco, Inc. v. Fujitsu Ltd., 232 F. Supp. 2d 182 (S.D.N.Y. 2002).

68.Robin D. Ryan, *The Criminalization Of Trade Secret Theft Under The Economic Espionage Act Of 1996: An Evaluation Of United States v. Hsu, 40 F. Supp.2d 623 (E.D. Pa. 1999),* 25 Dayton L. Rev. 243, 259 (2000).

69.請參王銘勇，域外侵害營業秘密罪法制研析，收錄於2014年第18屆全國科技法律研討會論文集，頁100-102，國立交通大學

(2014)。

70.請參刑法第7條規定。

71.請參王銘勇，前揭註68文，頁105。

72.據司法院統計，民事案件於106年度之平均結案日數，以智慧財產法院228.4日最長，其次依序為高院185.1日、最高法院39.9日、地院33.1日。刑事案件在不計入檢察官偵查時間下，106年度平均結案日數以智慧財產法院131.4日最長，其次依序為高院80.9日、地院77.5日、最高法院29.2日。請參司法統計，106年司法業務概況，下載自：https://www.judicial.gov.tw/juds/106all.pdf（最後瀏覽日：107年12月24日）。

73.我國立法委員於107年5月24日討論營業秘密案之修正，立法委員鄭運鵬等16人出具修正草案建議增訂偵查中秘密保持命令制度，並賦予未經認許外國法人得依本法提出刑事告訴、自訴與民事訴訟之權利；立法委員邱志偉等16人則另提修正草案建議修訂現行第13條之4，把現行法法人併罰制度課予法人監督義務違反的責任，改為由檢察官證明法人的代表人明知其受僱人或其他從業人員有侵害營業秘密的行為，因而獲得利益。詳細內容請參立法院第9屆第5會期經濟、司法及法制兩委員會第1次聯席會議紀錄，下載自：https://lis.ly.gov.tw/lgcgi/lypdftxt?xdd!cecacacccecbc8cac8c781cecfc8cfc9c7cfcec4cfcfcfcec4cfcfcec9（最後瀏覽日：107年12月24日）。

74.同前揭註14、15。

75.請參外國人投資條例第7條。

76.請參經濟部投資審議委員會，僑外投資負面表列－禁止及限制僑外人投資業別項目，下載自：https://www.moeaic.gov.tw/businessPub.view?lang=ch&op_id_one=1（最後瀏覽日：107年12月24日）。

77. 請參經濟部投資審議委員會，105年7月29日僑外投資條例修法與投資審查制度改革座談會會議記錄，下載自https://www.moeaic. gov.tw/businessPub.view?lang=ch&op_id_one=1（最後瀏覽日：107年12月24日）。

78. 請參立法委員王定宇等16人提出之敏感科技保護法草案，下載自：https://lis.ly.gov.tw/lydbc/lydbkmout?.1dba04A5A0000000000010 000010000^31000000000D0000072104004301（最後瀏覽日：107年12月24日）。

79. 請參草案第2條。

80. 請參草案第7條。

81. 請參草案第5條。

82. 請參草案第11條。

83. 請參草案第12條。

84. 請參草案第14條及第15條。

85. 請參草案第16條。

86. 請參草案第17條。

第十七章

營業秘密與專利侵權的實務觀察

王士豪[*]

---

*建業法律事務所合夥律師

摘　要

　　公司之無形資產爲避免遭他人以不正當取得及利用，可藉由營業秘密及專利法等規範加以保障。營業秘密與專利權之不同在於，專利權人有排除他人實施專利技術之權能，無論該實施人是否基於自身研發而取得該專利技術；然而，營業秘密權利人僅能排除他人取得、使用該營業秘密權利人之營業秘密技術內容，倘若該行爲人係自行取得或經他人合法授權取得該營業秘密技術時，則該營業秘密權利人即無從排除之。

　　而營業秘密與專利權皆屬智慧財產權之一環，雖表面上看來，營業秘密的保護與專利權的申請係相互排斥，因申請專利必須公開專利內容而可能喪失營業秘密保護，使得營業秘密保護僅發生在專利權申請獲准以前，不過在實務上，二者未必爲互斥。兩者可交互運用得以保護企業自身，在與競爭對手間，亦可作爲經營競爭之手段，例如：美商橡華科技（Oak Technology）控告聯發科侵權、聯發科告威盛侵犯到它的智慧財產權。此種手段限制對手產品進入美國市場，也因爲訴訟曠日廢時，連帶影響對手出貨情形，待新產品出現，原有的產品也將失去優勢，此時業者競相控告對手侵犯專利權已不單只是專利權的問題，甚至是種企業策略。透過實務觀察可以更加了解就各個案情形中，法院會採取何種認定，藉以作爲自身參考。此外，亦有助於提升市場敏感度，並避免在追求商業利益的同時，遊走在可能觸法的灰色地帶。

關鍵字：營業秘密、專利侵權、保密措施、保密協議、文義讀取、均等論。

壹、前言

在現今社會產業蓬勃發展與市場競爭激烈下，以不正當取得營業機密或侵害專利權之情形也越趨常見。為此，智慧財產有賴於法規的保護，惟營業秘密與專利侵權在法條認定上因無明確的一定標準，法院就是否涉及營業秘密或專利侵權針對不同個案，多有裁量權，故本文將藉由法院之判決以實務角度為觀察，探討營業秘密以及專利侵權。

貳、營業秘密與專利侵權之關係

一、營業秘密

營業秘密又區分為商業性與技術性之營業秘密。所謂商業性營業秘密又稱之為經營性營業秘密，主要是牽涉到例如公司客戶資料、公司未來中程或長程之發展計畫，甚至是公司的研發方向、經銷據點、商品售價、進貨成本、交易底價、人事管理、成本分析等與經營相關之資訊；而技術性營業秘密則包括與特定產業研發或創新技術有關之機密，包含方法、技術、製程及配方等[2]，例如：公司投下大量的資本、時間所研發的產品，若產品在尚未申請專利保護前就遭竊取，則公司的研發恐怕會血本無歸。藉由營業秘密之保護，達到避免仿冒之目的。

商業性營業秘密與技術性營業秘密二者性質有所差異，故在判斷某資訊是否符合秘密性，自應有不同之條件要求，方能契合維護員工與雇主間、事業體彼此間之倫理與競爭秩序之立法目的。質言之，商業性資訊之秘密性，在程度上並不以其他同業或一般涉及該類資訊者皆無從取得或完全不知為必要，若該等資訊係投注相當人力、財力、時間，且經篩選、分析、整理，可使企業取得經營上之競爭優勢，即非不得認為業已具備秘密性之要件[3]。

(一) 保護要件

依據營業秘密法第 2 條之規定：「本法所稱營業秘密，係指方法、技術、製程、配方、程式、設計或其他可用於生產、銷售或經營之資訊，而符合左列要件者：一、非一般涉及該類資訊之人所知者。二、因其秘密性而具有實際或潛在之經濟價值者。三、所有人已採取合理之保密措施者。」故營業秘密之保護要件有以下三點：

1. 非一般涉及該類資訊之人所知者

依營業秘密法第 2 條規定所保護之營業秘密需是「非一般涉及該類資訊之人所知」之技術或經營資訊等，如果資訊已被廣為人知，那麼法律上即無保護之必要，此乃學說上所稱營業秘密之「秘密性」、「新穎性」。

2. 因其秘密性而具有實際或潛在之經濟價值

營業秘密主要是指可以產生實際或潛在的經濟價值，因為透過對它的使用，可以獲得經濟利益[4]，旨在保護企業經營的利益，缺乏經濟價值的資訊，自無必要視為營業秘密而加以保護，而該資訊之所以具有價值，係因保護得當而未為他人輕易得知，故此即學說上所稱之「價值性」。

3. 所有人已採取合理之保密措施

所謂營業秘密者，除了需為少數人知悉之外，亦必須以「合理保護措施」維持其秘密性，若未盡保密義務或就特定資訊強加保護，則法律亦無加以保護之必要。一般常見的保密措施，包括：保密契約、簽訂競業禁止條款、告知保密義務，或是管制人員進出，甚至於利用的權限控管，都可被認定為保密措施之一種。

(二) 實務認定

1. 營業秘密之秘密性

我國實務關於秘密性要件認定之相關判決，諸多涉及客戶名單、報價資訊、食品配方等資訊之討論[5]。

(1) 以報價資訊為例，因商品交易價值資訊具有經濟價值，故屬於營業秘密法所規範之客體，根據最高法院 106 年度臺上字第 441 號民事判決：「按具有秘密性（非一般涉及該類資訊之人所知）、經濟價值（因其秘密性而具有實際或潛在之經濟價值）、保密措施（所有人已採取合理之保密措施），且可用於生產、銷售或經營之資訊，即屬營業秘密法第 2 條所規定，得作為該法保護對象之營業秘密。如以競爭對手之商品交易價格資訊（報價）為基礎而同時為較低金額之報價，俾取得訂約機會，因違反同法第 1 條所規定維護產業倫理或競爭秩序之法目的，應認該商品交易價格資訊具有經濟價值，以調和社會公共利益。」

(2) 而就客戶資訊而言，實務認定上因具有重要經濟價值，故屬於秘密性之保護客體，由臺灣高等法院 104 年度上易字第 1052 號民事判決可觀之，法院認為被上訴人之客戶資料，不僅係被上訴人就其客戶資料加以蒐集而已，尚涉及被上訴人客戶承辦人員之聯絡方式、客戶特殊需求、商機評估等重要商業機密資料，並經被上訴人整理歸納及研討分析後始得資料結果，核屬被上訴人投入大量人力、物力等成本後，透過資料蒐集及整理分析，始具有相當經濟價值之商業機密文件，足認具有重要經濟價值。

(3) 又以食品配方為例，因屬產業間可輕易得取之資訊，故所標示品名、內容物、主要成分與材料即非屬營業秘密。

由以下判決可知，智慧財產法院 102 年度民營上字第 4 號民事判決：「法院就原告之系爭產品配方、成分及劑量中隱藏不宜之處，屬於常見之中藥材、營養補充品，得自行調配，且認為被上訴人得經由普通

例行性、有限次試作、組合、增減即可得知，認定該配方不屬於營業秘密」。智慧財產法院 104 年民營訴字第 1 號民事判決：「法院認為系爭鱘龍魚養生湯製程配方，去除特殊療效後，僅為一般食材及中藥之混合處理過程，該等成分應為一般食品業者所知悉，該製程配方不具營業秘密之秘密性。」與智慧財產法院民事判決 106 年度民營上更 (一) 字第 2 號：「所謂秘密性或新穎性，係指非一般涉及該類資訊之人士所知悉之資訊。屬於產業間可輕易取得之資訊，非營業秘密之標的。秘密性之判斷，係採業界標準，除一般公眾所不知者外，相關專業領域中之人亦不知悉。倘為普遍共知或可輕易得知者，則不具秘密性要件。標示品名、內容物、主要成分與材料非屬營業秘密」。

(4) 有關商業性資訊之秘密性，依據臺灣高等法院民事判決 102 年度重勞上字第 52 號：「營業秘密所要求之『秘密性』要件，係指可用於生產、銷售或經營之資訊，處於『非一般涉及該類資訊之人所知』之狀態，此觀營業秘密法第 2 條第 1 款規定即可得知。且企業內部之營業秘密，依所涉資訊類型不同，可概分為用於經營、銷售方面之『商業性營業秘密』（包括客戶名單、商品售價、交易底價、成本分析）及與生產製造有關之『技術性營業秘密』（如方法、技術、製程、配方等），二者性質因有差異，故在判斷某資訊是否符合秘密性，自應有不同之條件要求，方能契合維護員工與雇主間、事業體彼此間之倫理與競爭秩序之立法目的。質言之，商業性資訊之秘密性，在程度上並不以其他同業或一般涉及該類資訊者皆無從取得或完全不知為必要，若該等資訊係投注相當人力、財力、時間，且經篩選、分析、整理，可使企業取得經營上之競爭優勢，即非不得認為業已具備秘密性之要件」。故在實務上商業性資訊之秘密性認定乃係投注相當人力、財力、時間，且經篩選、分析、整理後所得之資訊。

2. 營業秘密之價值性

營業秘密之價值性我國實務多採寬鬆審查，多數法院以資訊所有人於資訊之蒐集、取得須花費鉅額、勞力與時間，而認為具備經濟價值。例如：

(1) 智慧財產法院 103 年度民營上字第 5 號民事判決：「所謂經濟性者，係指凡可用於生產、製造、經營、銷售之資訊，亦即可以產出經濟利益或商業價值之資訊，即有經濟性。查上訴人主張之『金屬球塞加工圖紙』及『該圖紙上所載之數據資料』，可用以生產、製造金屬球塞，自具有經濟性。」由此可見，可用於生產、製造系爭產品而對外銷售者，該資訊即具備經濟價值，係採取寬鬆標準之見解。

(2) 臺灣高等法院 94 年度上易字第 1806 號刑事判決：「參酌市面上已有數家廠商生產元件載具，元件載具之生產顯有一定之市場銷售量，元件載具之生產資訊自具有相當之經濟價值，況臺灣○公司所採用生產元件載具之製程，復具有前開產品特徵及生產效率而有別於一般業者，本件臺灣○公司所採用之『特殊輪轉模以及特別規劃之元件載具產品生產流程』實符合營業秘密法有關經濟價值之要件。」故可知，以市場銷售量見解之判決，審查經濟價值要件採取寬鬆之認定標準或偏向不審查。

(3) 智慧財產法院 103 年度民營上第 3 號民事判決亦採寬鬆見解：「就價值性而言，由於可能成為營業秘密之客體相當廣泛，原則上僅需營業秘密所有人所欲保護之資訊具有潛在經濟價值，即可劃入營業秘密法所欲保護之範圍，則前開所欲保護之資訊是否具秘密性，亦即是否容易為他人所知，以及有無採取合理之保護措施，於判斷上即成為重要標準，判斷重點在於該項資訊於客觀上是否不易讓他人得以合法之方式可得知悉，且秘密所有人須盡合理之努力將該項資訊限於特定範圍之人方能得知。」

3. 營業秘密之保密措施

判斷是否已達合理保密措施之程度，應在具體個案中，視該營業秘密之種類、事業實際經營及社會通念而定之。而審查營業秘密所有人之保密措施時，不採嚴格之保密程度，解釋上已達任何人以正當方法無法輕易探知之程度，即可認定具備合理之保密措施[6]。

參照智慧財產法院 103 年度民營上字第 5 號民事判決：合理保密措施係指營業秘密之所有人主觀上有保護之意願，且客觀上有保密的積極作為，使人了解其有將該資訊當成秘密加以保守之意思，例如：與可能接觸該營業秘密之員工簽署保密合約、對接觸該營業秘密者加以管制、於文件上標明「機密」或「限閱」等註記、對營業秘密之資料予以上鎖、設定密碼、作好保全措施（如限制訪客接近存放機密處所）等，又是否採取合理之保密措施，不以有簽署保密協議為必要，若營業秘密之所有人客觀上已為一定之行為，使人了解其有將該資訊作為營業秘密保護之意，並將該資訊以不易被任意接觸之方式予以控管，即足當之。

另參最高法院 102 年度臺上字第 235 號民事判決，所謂「合理保密措施」而言，應指所有人按其人力、財力，依社會通常所可能之方法或技術，將不被公眾知悉之情報資訊，依業務需要分類、分級而由不同之授權職務等級者知悉而言；此於電腦資訊之保護，就使用者每設有授權帳號、密碼等管制措施，尤屬常見。

而不具秘密性或未採取合理保密措施則如：公司已對外揭示資訊內容，故已不具秘密性、電腦系統未設密碼又或無具體機密、限制閱讀等字樣標示註記等。針對法院是否具保密措施之判決中例舉三案如下：

(1) 臺灣高等法院 102 年度重勞上字第 52 號民事判決：「另就『合理保密措施』而言，應指所有人按其人力、財力，依社會通常所可能之方法或技術，將不被公眾知悉之情報資訊，依業務需要分類、分級而由不同之授權職務等級者知悉而言；此於電腦資訊之保護，就使用者每設有授權帳號、密碼等管制措施，尤屬常見（最高法院 102 年度臺上字

第 235 號判決參照）。康來士公司已依員工職務、負責區域設定登入帳號及密碼，以管制相關人員讀取系爭檔案之權限乙節，……（略）而可據以認定康來士公司就系爭檔案內容，已採行防止第三人獲悉之保密措施。姚証元雖質疑證詞之證明力，然僅以空言爭執，並未舉出任何反證以為憑恃，則其抗辯康來士公司之資訊管制內容，仍未符合秘密性之合理保密措施要求云云，核無足取。」

(2) 臺灣高等法院 93 年度上更 (一) 字第 77 號民事判決：「上訴人雖另指稱被上訴人未採取合理保密措施云云。惟所謂『合理之保密措施』，並無一定之要件，應就個案考量，依一般客觀社會經驗判斷，只須依實際情況盡合理之努力，使他人客觀上得認識係屬秘密即足當之。查，被上訴人除與上訴人甲○○簽訂保密切結書外，另發有工廠識別證、領發圖記錄和簽章，且被上訴人將設計圖面放入電腦，設計人員須憑密碼始得進入電腦取得圖面（見本院卷前審卷一第 87 至 98 頁）。上訴人甲○○於刑事案件中亦坦承被上訴人有要求出具保密之切結書、公司電腦設有密碼，公司人員必須知道密碼始可使用（見 90 年度上易字第 1527 號卷一第 129 頁、臺灣新竹地方法院檢察署偵字第 2708 號卷第 4 頁）。且卷附被上訴人所提電腦圖檔調閱單即為上訴人甲○○於 84 年 2 月 20 日所簽具，堪認被上訴人於本件事發前已採取合理之保密措施。」

(3) 臺灣高等法院 103 年度勞上易字第 26 號民事判決：「查系爭勞動契約書第 8 條營業秘密守護 (一) 規定：「乙方（指被上訴人）受僱於甲方（指上訴人）期間，所獲知甲方之產銷、技術及財務上之機密，應盡保守維護之責，不得洩漏。」等文（見調字卷第 12 頁），然上訴人指稱被上訴人於離職後任職於承輝公司所服務之客戶名單中，有曾為上訴人之客戶台灣積體電路製造股份有限公司（下稱台積電公司）一情，業據台積電公司於 102 年 11 月 7 日以（102）積電 12 字第 250 號函覆稱：上訴人向台積電公司提供 TurboPump 維修服務之接洽人員並

非被上訴人，且承輝公司亦非台積電公司之廠商等語（見原審卷第 82 頁），況依上訴人於公開資訊觀測站提供之年報中，於「本年度營業計畫及未來公司發展策略」中已揭示其主要客戶名單，有上訴人 100、101 年度年報附卷可佐（見原審卷第 31 至 34 頁），自難謂上訴人所稱之客戶名單爲其受保護之營業秘密事項；上訴人復未具體舉證陳明被上訴人洩漏何項客戶名單等業務資訊或商業機密，是認上訴人主張之客戶名單既不具秘密性，被上訴人亦無上訴人所稱利用任職於上訴人期間之工作經歷及服務而洩漏客戶名單情事，則上訴人主張被上訴人有洩漏客戶名單等營業秘密，尚乏所據，自不可採。」

二、專利保護與專利侵權

專利侵權之定義乃係在專利權的有效期限內，任何人未經專利權人的同意製造、販賣、使用或進口其專利產品，或者使用其專利方法等之行爲。

而我國專利法第 2 條：「本法所稱專利，分爲下列三種：一、發明專利。二、新型專利。三、設計專利。」參照經濟部智慧財產局 2002 年 5 月 15 日智專字第 0910004134-0 號函解釋：「發明係利用自然法則所產生的技術思想，表現在物或方法或物的用途上者，其保護之標的可爲『物』、『方法』，其中『物』包括物品（有一定空間形態）、物質（包括化學品、醫藥品、飲食品、嗜好品）與微生物（有生命的物質），而『方法』則包括製造方法、工作方法、使用方法（用途）。……新型與新式樣專利所保護者皆爲『物品』，並不包括『製造方法』……。」由上述可知，專利法所保護的客體爲「物」或「方法」。

專利權具有嚴格的區域性及一定的保護期限。專利權人所取得的專利權，只能得到授予該項權利的國家法律保護，在專利權所依法產生的國家地域內才屬有效，亦即在這個國家地域內，任何人未經專利權人或者他的合法受讓人的同意，都不得實施該專利；而在這個國家地域以

外，該專利權則不發生法律效力。同時，專利權在一定的期限內受法律保護，期限屆滿或者專利權經撤銷確定者，專利權即失去法律效力而為社會所共有都可實施該專利權，並不發生專利侵害的問題[7]。

專利保護其效力強，有一定的保護期限，保護期限乃受到審查時間長短之影響，但其有個缺點，乃必須公開技術，一旦公開技術便容易被他人仿冒。

(一) 構成要件

專利之構成要件有三種：

1. 新穎性：依據專利法第 22 條第 1 項之規定，「可供產業上利用之發明，無下列情事之一，得依本法申請取得發明專利：一、申請前已見於刊物者。二、申請前已公開實施者。三、申請前已為公眾所知悉者。」

此處專利法上之新穎性與營業秘密所稱之新穎性要求有所不同。專利法上之新穎性，須與先前技術狀態相異，強調首創亦即為須為前所未有、未曾曝光的技術創作；至於營業秘密所謂之新穎性，則無須絕對新穎，其並非針對專利法上之技術特性而言，而僅針對資訊之秘密性而言。如某企業之資訊只要事實保持機密，則仍可謂具有足夠的新穎性[8]。

2. 實用性：依據專利法第 22 條第 1 項之規定，「可供產業上利用之發明，無下列情事之一，得依本法申請取得發明專利……」，故要求申請專利之發明必須在產業上能夠實際利用，才具備取得專利權之要件。

3. 進步性[9]：非顯而易知之技術，技術需具進步性具一定門檻。根據專利法第 22 條第 2 項之規定：「發明雖無前項各款所列情事，但為其所屬技術領域中具有通常知識者依申請前之先前技術所能輕易完成時，仍不得取得發明專利。」

(二) 法院判斷流程

為了保護發明人的智慧財產權，我國專利法授予專利權人於一定的期間內，享有法律賦予之專利權，排除他人未經其同意而實施其專利。法院在受理發明專利訴訟案件時，依據《專利法》第 103 條第 2 項及第 3 項規定，得囑託司法院指定之侵害專利鑑定專業機構為鑑定。故經濟部智慧財產局（以下簡稱「智財局」）為有助於侵害專利鑑定機構提升作業之正確性，遂提出「專利侵害判斷要點[10]」供法官於送鑑定時參考[11]。

判斷被控侵權物或方法（下稱被控侵權對象）是否侵害發明或新型專利權，首先必須解釋專利權人所主張被侵害之專利（下稱系爭專利）的請求項，以確定專利權之文義範圍，其次比對解釋後之請求項與被控侵權對象，以判斷被控侵權對象是否符合文義讀取而構成文義侵權。若未構成文義侵權，再判斷被控侵權對象是否適用均等論而構成均等侵權。於判斷是否適用均等論時，必須同時考量是否有限制事項之適用。

發明或新型均係利用自然法則技術思想之創作，因此對於二種專利之侵權判斷，其方式原則上相同[12]。

故專利侵權之法院判斷流程主要分為兩大階段：

1. 第一階段：解釋申請專利範圍，即解釋專利請求項。

2. 第二階段：比對解釋後之申請專利範圍與待鑑定對象（物或方法）。第二步驟係分析專利之技術特徵及被控侵權對象對應之技術內容，並進行比對，先判斷被控侵權對象是否符合「文義讀取」；若不符合「文義讀取」，而專利權人主張適用「均等論」時，再判斷被控侵權對象是否適用「均等論」。

其中，所謂「均等論」之適用，必須係待鑑定對象之對應元件、成分、步驟或其結合關係與申請專利範圍之技術特徵係以實質相同之技術手段，達成實質相同之功能，而產生實質相同之結果[13]。而所稱之實質

相同，乃侵害物所採取之替代手段，對所屬技術領域中具有通常知識者於閱讀說明書後，基於一般性之專業知識及職業經驗，易於思及所能輕易置換者。因此，聲請專利範圍之技術特徵與產品之對應元件、成分、步驟或其結合關係有無實質差異，兩者差異處是否基於一般性之專業知識及職業經驗，易於思及所能輕易置換，應予以釐清，如未詳查審酌，即有判決違背法令之處[14]。

此外，參照智慧財產法院 99 年度民專上字第 24 號之民事判決，法院判斷之詳細流程需經以下步驟：

1. 解析申請專利範圍之技術特徵。

2. 解析待鑑定對象之技術內容。

3. 基於全要件原則（all-elementsrule/all-limitationsrule），判斷待鑑定對象是否符合「文義讀取」。

4. 基於全要件原則，判斷待鑑定對象是否適用「均等論」。鑑定侵害判斷應有一定之流程，即鑑定侵害之第一步需先明確申請專利範圍之內容，然後解析申請專利範圍技術特徵之構成及待鑑定樣品（侵害物）技術內容之構成，再適用全要件原則、均等論或逆均等論、禁反言原則等，加以判斷。

(三) 實務案例

1. 未侵害專利權

智慧財產法院 102 年度民專訴字第 114 號民事判決，被告並未侵害原告系爭專利權：

「按「（第 1 項）申請專利之新式樣，經核准審定後，申請人應於審定書送達後三個月內，繳納證書費及第一年年費後，始予公告；屆期未繳費者，不予公告，其專利權自始不存在。（第 2 項）申請專利之新式樣，自公告之日起給予新式樣專利權，並發證書。」99 年專利法第

113 條第 1、2 項定有明文。又按「申請專利之發明經審查認無不予專利之情事者，應予專利，並應將申請專利範圍及圖式公告之。」現行專利法第 47 條第 1 項亦有規定，該規定依同法第 142 條為設計專利準用之。足見專利權人係於公告後取得專利權，斯時始得本於專利權人地位向他人請求損害賠償及排除他人侵害。又發明專利設有補償金制度，以彌補發明專利權人因發明專利早期公開後、公告前因尚未取得專利權之損失，然此規定於新型及新式樣專利並未準用，因此，新式樣專利權人於取得新式樣專利權之前，因尚未有專利權存在，他人即無侵害專利權可言，其亦無補償金請求權可資行使。

經查，原告係自 100 年 9 月 1 日起始取得系爭專利權，而被告稱系爭產品係於 100 年 6 月底即已製造並使用於皇御大廈等情，業經證人即凱旋門公司經理○○○證稱：系爭產品係由凱旋門公司所施作，100 年 4 月間被告公司劉經理前來洽談門板樣式，……（略）業如前述，是縱使系爭產品落入系爭專利權範圍且系爭專利有效，然系爭產品既已於 100 年 6 月 30 日製造、安裝完畢，斯時原告尚未取得系爭專利權，被告之行為即無侵害專利權可言。原告對此僅謂：被告無法證明系爭產品安裝於永泰皇御大廈之門板完成時間為 100 年 6 月 30 日云云，然證人○○○與兩造並無間隙，當無甘冒偽證罪之風險附和被告辯詞之可能，且證人○○○之證詞亦有相關書證可資佐證，復查無其他顯不可信之情形，是證人之證述應屬可採，原告上開所述並無理由。」

本案被告因製造、安裝系爭產品時，原告尚未取得系爭設計專利權，是被告並無侵害專利權可言，被告自無須依上開規定對原告負損害賠償責任。

2. 侵害專利權

如智慧財產法院 101 年度民專訴字第 94 號民事判決：「按侵害專利權之損害賠償與一般侵權行為同採過失責任主義，亦即行為人主觀上

須具備故意或過失，始得令其負侵害專利權之損害賠償責任。是侵權人於收受發明專利權人起訴狀繕本，而依侵權人自行提出之系爭產品販賣明細，侵權人於收受起訴狀繕本後仍有繼續販賣系爭產品之行為。是侵權人收受起訴狀繕本後，已知系爭專利存在及系爭產品有侵權之疑慮，卻仍繼續販賣系爭產品，自難謂無侵害系爭專利權之故意。」是以法院認定已侵害原告專利權，被告公司應負損害賠償責任。

3. 不具新穎性

如智慧財產法院行政 104 年度行專訴字第 70 號行政判決：

證據 2 所揭示之麻糬結構，由外而內，僅包括巧克力層、麻糬本體及餡料組成之三層結構（原處分卷第 18 頁），此與系爭專利請求項 8 之軟性米食係由內部成分、第一餡料層、第二餡料層及基底殼組成之四層構造不同；又查證據 2 有關麻糬之製作方法，載有「其除了包含麻糬本體 1，及在麻糬本體 1 外包覆至少一層巧克力層 2 外，在該麻糬本體 1 內更包有餡料 3。餡料 3 則包含了葷、素等食材，以增加麻糬不同風味。如前所述，本案進一步包含在麻糬原料中加入香料、色料、食材或其組合物，令麻糬更具有選擇性」（參見證據 2 說明書第 6 頁第 5 至 9 行，原處分卷第 12 頁），僅屬一般製作麻糬之簡單混合、包覆步驟描述，並未揭示上開系爭專利請求項 8 之 (3) 一熔化澆置步驟、(4) 一冷卻步驟及 (5) 一包裝步驟，更未揭示其中各步驟所限定之操作條件或參數，而此等步驟及其操作條件或參數之差異，並非該發明所屬技術領域中具有通常知識者，參酌證據 2 即能直接且無歧異得知或置換者。是以，證據 2 並未揭示系爭專利請求項 8 之全部技術特徵，自不足以證明其不具新穎性。

參、實務案例觀察

一、案例一

(一) 事實概要

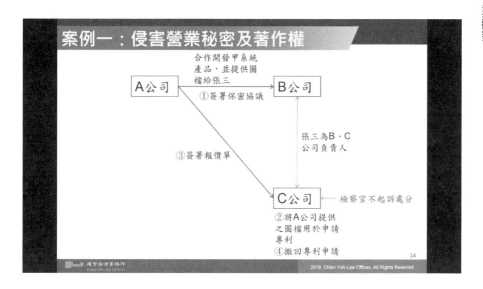

(二) 判決要點

1. 系爭專利申請時間為 103 年 9 月 24 日,顯然在原告與被告 C 公司簽立系爭報價單之 103 年 10 月 17 日前;又原告與被告 B 公司簽立系爭保密協議時,被告 C 公司並未參與簽立,尚不受拘束,基此,自難認被告 C 公司為系爭專利申請時有何違反系爭報價單或系爭保密協議。

2. 被告對於原告主張被告 B 公司及張三揭露系爭電子變速器 3D 圖檔予被告 C 公司乙節未加否認,又被告張三為被告 C 公司之負責人等

情，被告 B 公司、張三未經原告同意，將系爭電子變速器 3D 圖檔揭露予被告 C 公司，被告 C 公司予以重製使用於系爭專利申請資料中，以此方式向智財局為系爭專利申請，被告 B 公司及張三自是違反系爭保密協議，被告前揭所為均屬營業秘密法第 10 條所規範之營業秘密侵害行為，且所為亦是不法侵害原告之著作權財產權。依此，原告主張被告共同侵害其營業秘密及著作財產權，並非無據，而可採信。

3. 系爭報價單乃係 103 年 10 月 17 日所簽訂，時間顯在系爭專利申請之後，且系爭報價單上並未有關系爭電子變速器 3D 圖檔交付、使用或揭露之任何約定，則依上開論述，被告 C 公司雖是針對 ETSS 合作案而為系爭專利申請，並不違反系爭報價單約定，系爭專利申請亦不無可能使用系爭電子變速器 3D 圖檔以為說明，但仍難據以認定或擴張解釋原告已同意並追認被告 B 公司、張三事前將系爭電子變速器 3D 圖檔揭露予被告 C 公司，被告 C 公司可將之重製使用於系爭專利申請資料中等所為，況被告就此復未能提出具體事證以為佐證，是其此部分辯解，洵無足採。

(三) 判決分析

1. 上述判決認為被告 C 公司未違反系爭保密協議的理由，主要係認為被告 C 公司並未參與簽立系爭保密協議，依公司法人格分別獨立之觀點而言，因 C 公司未簽立系爭保密協議，故自難認 C 公司亦受系爭保密協議之拘束，上述判決之見解固屬正確。

2. 但 B、C 公司之負責人均為張三，若張三刻意利用不受系爭保密協議拘束之 C 公司，從事侵害營業秘密之營業行為，縱使張三應負其法律責任，但對於真正受益之 C 公司而言，卻因 C 公司並不受系爭保密協議之拘束，似無對其求償之基礎，若果如此，恐造成營業秘密保護之漏洞。

3. 筆者在思考 A 公司是否可向 C 公司求償時，淺見認為應先區分張三對於 C 公司而言是否具有控制權，若張三對於 C 公司並不具控制權，且 C 公司對於張三違法洩漏使用 A 公司之營業秘密亦不知情時，此時認為 C 公司無須就張三洩漏 A 公司營業秘密之行為同負責任，應屬可接受之範圍。

4. 相對而言，若張三對於 C 公司具有控制權，且張三故意洩漏使用 A 公司營業秘密，則 C 公司亦應同負責任，始屬合理。在認為 C 公司應同負責任始屬合理之前提下，仍必須要解決 C 公司獨立法人格且未受系爭保密協議拘束之困境，在此情形下，或許可適用揭穿公司面紗原則，用以突破此困境。

5. 而我國公司法就股份有限公司揭穿公司面紗之規定，係訂於公司法第 154 條第 2 項：「股東濫用公司之法人地位，致公司負擔特定債務且清償顯有困難，其情節重大而有必要者，該股東應負清償之責」。以此案例而言，若張三濫用 C 公司之法人地位，致使 C 公司負擔特定債務且清償顯有困難，其情節重大而有必要者，張三應負清償之責。但張三因違反保密義務，本身即已需要負擔賠償責任，且 C 公司並未因張三之行為，因而負擔特定債務，故本案例之情形，並未符合目前我國之法令規定，若欲要求 C 公司共同負擔損害賠償責任，仍無適當之法令基礎可加以援用，筆者臆測，或許這也是本案例認為 C 公司無須賠償之緣由。

6. 再者，C 公司將 A 公司之營業秘密用以申請專利時，雖然 C 公司尚未與 A 公司簽署任何協議，但在 C 公司申請專利後，即與 A 公司簽署報價單，若報價單之內容包含使用系爭營業秘密之約定，應可認為 A 公司已事後追認營業秘密使用之授權，而本案例中，似係因報價單中沒有任何關於系爭營業秘密交付、使用或揭露之任何約定，故無法因事後簽署報價單，而認定 A 公司有事後追認的意思表示。但在其他情形中，若事後簽署之文件內容有同意營業秘密使用之約定，應可認為發生

事後追認之效果，而不發生侵權行為責任之疑慮。

二、案例二

(一) 事實概要

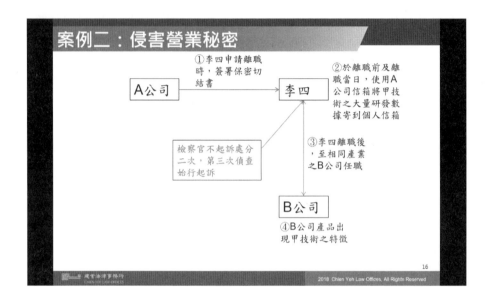

(二) 判決要點

1. 查蕭○○、蔡○○分別於 100 年 9 月 2 日、同年 10 月 31 日離職前，密集將系爭檔案外寄至渠等之外部帳號，而上訴人所提之調查報告書，系爭檔案六封已復原，其餘十二封無法復原，為原審認定之事實。果爾，被上訴人申請離職後，何以尚須外寄郵件，又倘係加班，亦應將工作結果回傳，始合常情。且上訴人所提調查報告書既已復原六封，指明係營業秘密，並請求傳喚證人陳○○證明復原過程。似此情形，能否謂上訴人就其主張被上訴人侵害營業秘密之事實未盡釋明義務，尚非無疑。倘認上訴人已盡釋明義務，被上訴人否認時，自應命其解密檔案，

並敘明加班處理情形，以盡具體答辯義務。原審就此未詳加審究，徒以上訴人未能舉證，遽認系爭檔案非營業秘密且係供加班使用，已有可議。次查系爭檔案外寄後，被上訴人是否業已刪除，屬積極事實，應由其負舉證責任。原審未經被上訴人就此舉證，即認被上訴人抗辯系爭檔案已不存在等語為可採，亦嫌速斷（最高法院106年度臺上字第55號判決意旨）。

2. 按所謂「合理保密措施」，係指工商秘密或營業秘密之所有人主觀上有保護之意願，且客觀上有保密的積極作為，使人了解其有將該資訊當成秘密加以保守之意思。所有人所採取之保密措施必須「有效」，方能維護其資訊之秘密性，惟並不要求須達「滴水不漏」之程度，只需所有人按其人力、財力，依其資訊性質，以社會通常所可能之方法或技術，將不被該專業領域知悉之情報資訊，以不易被任意接觸之方式予以控管，而能達到保密之目的，即符合「合理保密措施」之要求，例如：對接觸該營業秘密者加以管制、於文件上標明「機密」或「限閱」等註記、對營業秘密之資料予以上鎖、設定密碼、作好保全措施（如限制訪客接近存放機密處所）等綜合判斷之，而是否採取合理之保密措施，不以有簽署保密協議為必要，若營業秘密之所有人客觀上已為一定之行為，使人了解其有將該資訊作為營業秘密保護之意，並將該資訊以不易被任意接觸之方式予以控管，即足當之（智慧財產法院105年度刑智上訴字第11號刑事判決意旨參照）。

3. 法人為犯罪之被害人時，由代表人代表告訴方為合法。是告訴乃論之罪，法人為犯罪之被害人時，既應由其代表人代表告訴方為合法，自應以法人代表人何時知悉犯人之時點，判斷法人代表人所提之告訴是否逾6個月之告訴期間。

4. 財團法人○○○研究所鑑定研究報告書，係告訴人自行委託鑑定，並非由審判長、受命法官或檢察官所選任及囑託鑑定，非屬同法第206條所稱之鑑定報告，自不符同法第159條第1項所規定之「除法律

有規定者外」之例外，然被告及其辯護人對此研究報告書均同意其有證據能力，本院審酌該鑑定機構爲政府出資設立之財團法人，復經司法院指定作爲專業鑑定機關，本質上較爲獨立、超然，該等鑑定報告中，就比對鑑定之送鑑物與待鑑物，均逐頁、逐條、逐字進行比對分析，並逐一列明於鑑定報告內，與本案待證事實間復具有相當之關聯性，以之爲本案證據尚無不當，依刑事訴訟法第 159 條之 5 規定，自得採爲本案認定事實之證據。

5. 被告所寄出如附件所示之研發參數等資料，顯係告訴人以相當人力、時間所獲得，且該資料未曾以一般人可輕易得知之方式公開，非外界所能明確知悉，具有秘密性無疑，且屬於告訴人掌握其業界競爭優勢之資訊，具有實際或潛在之經濟價值，顯具有工商秘密所要求之「秘密性」、「經濟性」，且並非所有研發人員都可以參與相關製程，而上開研發參數等資料上均有以英文註明機密資料不得外洩等情，業據告訴代理人○○○於偵查中陳述在卷（○○○卷第○○○頁），並有如附件所示之研發參數等資料郵件在卷可稽（○○○卷第○○○至○○○頁），是告訴人已採取「合理保密措施」無疑。從而，附件所示之研發參數等資料係工商秘密甚明，被告身爲研發人員之一，當知告訴人投入相當人力、時間等成本使獲得上開研究參數等資料，豈能輕易外洩於他人，被告辯稱其不知係工商秘密云云，顯不足採信。

6. 附件所示之研究參數等資料，既限於特定層次人員所持有，業據證人○○○證述如上，復於郵寄上開資料時註記「CONFIDENTIAL-ITY NOTICE」等字樣，並以內部網際網路（需輸入帳號、密碼使用權限）、防火牆等措施予以保護，則告訴人顯已採取合理保密措施。被告及其辯護人所辯，尚不足採。

7. 被告因擔任告訴人公司○○○之種子教官，負責訓練操作人員一情，業據證人○○○證述如上，其對製程之熟悉度自不在話下，然人腦記憶畢竟有限，無法將評價技術之參數全部記憶，此觀附件所示文件

之內容自明，故被告以電子郵件寄送至個人信箱後，殆無可能再憑個人記憶之方式洩露予他人，被告唯有再利用電子郵件或列印或隨身碟等電腦相關設備洩露上開工商秘密。是以，被告利用電腦設備洩露業務持有工商秘密之犯行，應可認定。

(三) 判決分析

1. 本件案例特殊之處，在於歷經三次偵查程序後始行起訴，地檢署檢察官與高檢署智慧財產分署檢察官之見解大相逕庭，主因在於告訴人提出告訴時，地檢署檢察官第一時間並未進行搜索扣押等強制處分，且本案之行為時點是在營業秘密法增訂刑責之前，因此本案被告持有營業秘密之行為並無刑責，僅於違法洩漏營業秘密予第三人時，始有刑法洩漏工商秘密罪之可能。

2. 本案認定是否有罪之關鍵，在於被告是否有洩漏營業秘密予第三人，而因檢察官在案發時並未進行搜索扣押，因此對於告訴人而言，舉證上十分困難，僅能以迂迴之方式來證明被告有洩漏營業秘密之行為。以本案而言，告訴人係以被告任職公司所生產之產品具有告訴人公司特殊製程之特徵，作為被告洩漏營業秘密的證據，但告訴人公司之特殊製程有申請專利，則被告所攜出的資料，是否包含在專利公開範圍內，則又屬於需要另外探討的問題，不在本文探討範圍內。

3. 筆者思考的是，在檢察官決定是否發動搜索扣押時，必須兼顧告訴人與被告之利益，這一點筆者亦認同，畢竟發動強制處分後，固然可以取得大量資料，但會影響被告及其任職公司之聲譽甚鉅，且是否一定可證明犯罪行為亦未可知。但若未進行強制處分，對於告訴人而言，在無公權力之情形下，要證明被告有洩漏營業秘密之內部行為，難度實屬過高，恐造成告訴人因無法舉證，而根本無法有效保護其營業秘密。

4. 筆者認為，在此情形之下，可證明營業秘密法增訂刑責之必要

性，因為對於洩漏要件的認定十分困難，因此若只要證明被告非法持有營業秘密，對於告訴人而言，其舉證難度就降低，以本案例而言，告訴人已可證明被告在任職最後一天把營業秘密之資料寄送至個人信箱，縱使無法證明被告有洩漏之行為，仍可證明被告非法持有營業秘密。

5. 在營業秘密法新增定刑責規定後，類似本案例之情形，應已可有效保護營業秘密，也沒有洩漏要件舉證困難之疑慮，但若行為時點仍在營業秘密法增訂刑責規定之前，筆者仍認為檢察官是否要發動強制處分，宜將心證適度公開予告訴人知悉，使告訴人有機會進行舉證，在告訴人窮盡舉證可能之前，不宜先行傳喚被告，避免被告進行滅證，使告訴人之舉證更加困難。

肆、結論

　　營業秘密與專利權之不同在於，專利權人有排除他人實施專利技術之權能，無論該實施人是否基於自身研發而取得該專利技術；然而，營業秘密權利人僅能排除他人取得、使用該營業秘密權利人之營業秘密技術內容，倘若該行為人係自行取得或經他人合法授權取得該營業秘密技術時，則該營業秘密權利人即無從排除之。

　　而營業秘密與專利權皆屬智慧財產權之一環，雖表面上看來，營業秘密的保護與專利權的申請係相互排斥，因申請專利必須公開專利內容而可能喪失營業秘密保護，使得營業秘密保護僅發生在專利權申請獲准以前，不過在實務上，二者未必為互斥。兩者可交互運用得以保護企業自身，在與競爭對手間，亦可作為經營競爭之手段，例如：美商橡華科技（Oak Technology）控告聯發科侵權、聯發科告威盛侵犯到它的智慧財產權。此種手段限制對手產品進入美國市場，也因為訴訟曠日廢時，連帶影響對手出貨情形，待新產品出現，原有的產品也將失去優勢，此時業者競相控告對手侵犯專利權已不單只是專利權的問題，甚至是種企

業策略。

　　透過實務觀察可以更加了解就各個案情形中，法院會採取何種認定，藉以作為自身參考。此外，亦有助於提升市場敏感度，並避免在追求商業利益的同時，遊走在可能觸法的灰色地帶。以筆者服務之經驗，硬體製造上，因為產品銷售公開之緣故，宜以申請專利之方式來保護自身之智財權；若製程過程及參數，無法從產品上一望即知，即宜以營業秘密之方式來保護。然實務上，公司往往輕忽營業秘密的保護措施，或者誤認營業秘密的要件，導致事後尋求救濟時，因不符合營業秘密之相關要件，而無法獲得救濟。而在公司治理上，除應保護自身之營業秘密外，亦應注意自身員工是否侵害他人之營業秘密，例如：研發人員將他人之營業秘密充作自身之研發成果，實不可不慎。

註 釋

* 私立逢甲大學財經法律研究所法學碩士（LL.M.）、國立臺北大學法律學系法學士（LL.B.）、中華民國律師高考及格、中華民國儲蓄互助協會法律顧問、臺灣南投地方法院刑事庭法官助理、中華法律風險管理學會秘書長、逢甲大學企業法律諮詢研究中心顧問律師、亞洲大學管理學院企業法律風險諮詢中心執行秘書、建業法律事務所合夥律師，shihhaowang@chienyeh.com.tw。

2. 參智慧財產法院103年度民營上字第5號民事判決。

3. 參臺灣高等法院102年度重勞上字第52號民事判決：「按營業秘密所要求之「秘密性」要件，係指可用於生產、銷售或經營之資訊，處於「非一般涉及該類資訊之人所知」之狀態，此觀營業秘密法第2條第1款規定即可得知。且企業內部之營業秘密，依所涉資訊類型不同，可概分為用於經營、銷售方面之「商業性營業秘密」（包括客戶名單、商品售價、交易底價、成本分析）及與生產製造有關之「技術性營業秘密」（如方法、技術、製程、配方等），二者性質因有差異，故在判斷某資訊是否符合秘密性，自應有不同之條件要求，方能契合維護員工與雇主間、事業體彼此間之倫理與競爭秩序之立法目的。質言之，商業性資訊之秘密性，在程度上並不以其他同業或一般涉及該類資訊者皆無從取得或完全不知為必要，若該等資訊係投注相當人力、財力、時間，且經篩選、分析、整理，可使企業取得經營上之競爭優勢，即非不得認為業已具備秘密性之要件。」

4. 經濟部智慧財產局，我國營業秘密法介紹，2018年1月2日。

5. 廖奕淳，營業秘密之認定與我國實務見解評析，司法新聲（第121期），2017年1月，頁124-127。

6. 王玉瓊，上鎖的辦公室抽屜——淺談營業秘密三要件之合理保密

措施，清流雙月刊，2017年5月。

7. 參智慧財產法院102年度民專上字第64號民事判決：「因國家授予專利權及保護專利權，實為國家公權力之行使表徵，專利權所及之領域具有地域性，以授予專利權之國家之主權所及為限，專利權除有一定之保護期限外，亦具有嚴格之區域性，僅能於本國領域內生效，其為屬地主義，無法於領域外發生效力，是專利法為國內法，並非國際法，是為一國一專利權，此為專利權獨立原則。職是，本院基於屬地主義與專利權獨立原則，自得自行認定系爭專利是否有產業上利用性、新穎性、進步性及有無違反83年專利法第71條第1項第3款規定，不受外國行政處分或判決之影響。」

8. 經濟部智慧財產局，我國營業秘密法介紹，2018年1月2日。

9. 進步性係取得發明專利的要件之一，申請專利之發明是否具進步性，應於其具新穎性（包含擬制喪失新穎性）之後始予審查，不具新穎性者，無須再審究其進步性。

10. 經濟部智慧財產局105年2月5日智專字第10512300230號函，修訂93年版之「專利侵害鑑定要點（草案）」，並改稱「專利侵權判斷要點」。

11. 臺灣高等法院93年11月8日院信文速字第0930107665號函：「主旨：檢送「專利侵害鑑定要點」乙份，請參考。說明：一、奉司法院秘書長93年11月2日秘臺廳民一字第0930024793號函辦理。二、經濟部智慧財產局認「專利侵害鑑定要點」有助於侵害專利鑑定機構提升作業之正確性，乃依85年元月公告施行之「專利侵害鑑定基準」修正旨揭要點，提供法官於送鑑定時參考。」

12. 參經濟部智慧財產局，專利侵權判斷要點，2016年2月。

13. 參最高法院106年度臺上字第2466號民事判決。

14. 參最高法院106年度臺上字第585號民事判決。

第十八章

智慧財產權與綠色科技轉移間之調和

陳俊寰[*]

*法瑪法律事務所律師、專利師及格

摘　要

全球增溫，致氣候變遷，影響人類生存，綠色科技之創新、發展、擴散則甚為重要。而智慧財產權之保障是否會成為綠色科技擴散之障礙？成為已開發國家與開發中國家間之主要爭論，開發中國家所提出之強制授權之方法，又為已開發國家所不能接受。智慧財產權與綠色科技轉移間之調和即為綠色科技創新、發展、擴散之重要課題。為了調和智慧財產權與綠色科技轉移間之問題，國際間透過各種規範，建立技術轉移、資金等機制；各國國內所採之配合政策，如實施綠色專利加速審查制度等；私人間所為之合作，如專利聯盟、生態專利共享等，以克服專利叢林、避免專利訴訟、降低綠色科技轉移成本等等，本文又以特斯拉公司開放專利之宣告、智慧電網等例為說明。

關鍵字：智慧財產權、綠色科技、強制授權、專利聯盟、生態專利共享、專利叢林、智慧電網。

壹、前言

人類使用傳統能源如石化燃料（fossil fuel），增加大氣中 CO_2 含量，使地球氣候變暖，因此又使得大氣中的水氣增加，增強了溫室效應。政府間氣候變遷委員會（IPCC）於 2013 年發布的第 5 次評估報告指出，1951-2010 年所觀測到的全球增溫，有一半以上極可能是由人類活動所致。全球增溫致氣候變遷，極端氣候、強降水、氣旋增加、重大乾旱、熱浪等嚴重影響人類生存[1]。調適（adaption）、減緩（mitigation）氣候變遷等綠色科技[2]之創新、發展、擴散則甚為重要。惟一旦有綠色科技創新，又受智慧財產權（Intellectual Property Right, IPR）之保障，其智慧財產權之保障，尤其是專利權，是否會成為綠色科技擴散之障礙？成為已開發國家與開發中國家之主要爭論。

又按國際研究調查報告，歐洲專利局（EPO）、聯合國環境規劃署（United National Environment Programme, UNEP）和國際貿易與可持續發展中心（International Centre for Trade and Sustainable Development, ICTSD）共同合作完成「專利與乾淨能源—架接證據和政策之落差（Patents and clean energy – bridging the gap between evidence and policy）」的研究調查報告（2010 年 9 月 30 日公布）。此報告內容就乾淨能源技術（Clean Energy Technologies, CETs）進行全面的、深入的專利布局分析、以及問卷調查其授權情形。該項調查研究顯示，CETs 類專利申請數量快速成長，尤其是風力、太陽光電能（但非地熱能）和碳收集與儲存（CO_2 capture and storage）技術方面，這些領域的專利數量在 1997 年《京都議定書》簽署後明顯增加，主要來自日本、美國、德國、韓國、法國和英國等 6 國。另就其專利授權實施調查之結果，值得注意的是：大部分填答者（除了具控制性子公司）未將其技術授權予開發中國家之被授權人；在全世界乾淨技術相關的發明中，約 80% 來自日本、美國、德

國、韓國、法國和英國等 6 國；專利授權予開發中國家的情形並不多，且主要限於中國大陸、印度和巴西，但有 70% 的填答者願意對資金不豐的開發中國家的實體提供較有彈性的授權條款[3]。

另外，EPO 首席經濟學家 Yann Ménié 於 2017 年 7 月 3 日與國際可再生能源機構（International Renewable Energy Agency, IRENA）公布了一份減緩氣候變遷技術（Climate Change Mitigation Technologies, CCMTs）最新趨勢的聯合政策簡報（joint policy brief），亦顯示近 10 年來全球的 CCMTs 發明持續增加，也提供下列 6 項重要訊息：1. CCMT 發明的數量和商業價值正全球性的成長中。2. 大多數 CCMT 發明屬於能源類，尤其是可再生能源類成長最多。3. 整合資訊與通信科技（ICTs）納入可再生能源技術，依然是一項重大挑戰。4. 氣候政策是 CCMTs 創新發明的主要驅動力。5.CCMTs 發明申請主要集中在全球少數地區，但是發明人的分布國家則在增加中。6. 專利支援 CCMTs 技術的運用[4]。

智慧財產權與綠色科技轉移間之調和，為綠色科技創新、發展、擴散之重要課題。本文則依序說明：一、有關綠色科技移轉與資金機制、智慧財產權等國際規範；二、已開國家與開發中國家之主要爭論、其中之一爭論即綠色科技專利權是否可援引醫藥科技專利權強制授權之理由；三、以國際協助與合作、國內政策、私人合作等三個層面來談智慧財產權與綠色科技轉移間之調和。

貳、國際規範

一、氣候變遷之國際規範

氣候變遷綱要公約（United Nations Framework Convention on Climate Change, UNFCCC，簡稱公約，1992 年 5 月通過），其前言中提及在考慮經濟和社會效益的條件下，應用新技術以提高能源效率和一般

地控制溫室氣體排放[5]。並規範：已開發國家應提供發展中國家所需資金，包括用於技術轉移的資金[6]、已開發國家應採取一切實際可行步驟轉移無害環境的技術予開發中國家，並協助開發中國家創新技術[7]、確定用於技術轉移的資金機制[8]。

1997年《京都議定書》（Kyoto Protocol）（締約方第3次會議COP3），其前言提及工業化國家於2008年至2012年間使其全部溫室氣體排放量與1990年相比至少削減5%。並規定：研究、促進、開發和增加使用新能源和可再生能源、二氧化碳固碳技術和有益於環境的創新技術[9]；以合作方式發展、應用和傳播有益於環境的技術，並為私營部門創造有利環境，以增進轉讓和獲得有益於環境的技術[10]；§11.2：通過公約之資金機制的經營實體[11]；建立清潔發展機制（Clean Development Mechanism, CDM）[12]。

巴黎協定（Paris Agreement；2015年12月12日通過），其中規定：自主預定減碳貢獻（Intended National Determined Contributions, INDCs）[13]；將全球平均氣溫升幅控制在工業革命前水平以上低於2℃之內，並努力將氣溫升幅限制在工業化前水平以上1.5℃之內；已開發國家締約方應就協助開發中國家延續其在公約現有減緩和調適之義務提供資金；鼓勵其他締約方自願提供或繼續提供這種援助；作為全球努力的一部分，已開發國家締約方應繼續帶領，從各種大量來源、手段及管道活化氣候資金；充分確知藉技術開發和移轉，來促進因應氣候變遷之韌性和減少溫室氣體排放之重要性；締約方應強化技術開發和移轉方面的合作行動；設立一個技術架構，作為該技術機制在促進和加速技術開發和移轉的加強行動；透過技術機制，以及藉公約財務機制，透過財務媒介，來援助研發之合作措施[14]。

二、智慧財產權之國際規範

與貿易有關之智慧財產權協定（agreement on trade-related aspects of intellectual property rights, TRIPS），其中規定：智慧財產權之保護及執行應有助於技術創新之推廣、技術之移轉與擴散；會員於訂定或修改其國內法律及規則時，為保護公共健康及營養，並促進對社會經濟及技術發展特別重要產業之公共利益，得採行符合本協定規定之必要措施；在符合本協定規定下，可採取適當措施，以防止智慧財產權持有人濫用其權利；或在實務上不合理限制交易，或對技術之國際移轉有不利之影響；專利適格性（eligibility）（會員基於保護公共秩序或道德之必要，包括保護人類、動物、植物生命或健康或避免對環境的嚴重破壞，為禁止某些發明於其境內商業利用，得不給予專利）、可專利性（patentability）（所有技術領域之發明應可取得專利，無論為物品或方法，惟需具備新穎性、進步性及可為產業上利用）；強制授權此類使用僅在使用前，意圖使用之人已經努力向權利持有人要求依合理之商業條款及條件獲得許可，但在合理期限內未獲成功，方可允許。如會員處於國家緊急情況或其他極為緊急情況，或基於非營利之公共使用，則可捨棄前述之要件；強制授權此類使用之範圍及期間應限於所許可之目的，如為半導體技術應僅以非營利之公共使用，或作為經司法或行政程序認定為反競爭行為之救濟為限；已開發國家會員應提供其國內企業及機構誘因，推廣並鼓勵將技術移轉至低度開發國家會員，使其能建立一穩定可行之科技基礎；已開發會員應基於請求及雙方同意之條款與條件，提供有利於開發中國家及低度開發國家會員技術上及財務上之合作[15]。

參、國際間主要爭論及強制授權

發展中國家主要主張，IPR 會提高技術轉移價格，阻礙綠色科技之

轉移，且主張對於綠色科技，排除其標的之專利適格性，或限制其 IPR 之保障，或縮短其專利保護期限，並引入強制授權，或採較彈性之授權機制。另，已開發國家則主張，IPR 非綠色科技轉移之障礙，反而能以投資或資金流動促進綠色科技轉移之發展，且主張可以較便宜價格轉移技術，而發展中國家缺少 IPR 之保障是綠色科技轉移之障礙，如輕易強制授權，會威脅 IPR 之功能[16]。

醫藥科技與綠色科技二者之同異，二者相同之處：氣候變遷與公共衛生均屬公共性，並有全球影響性。二者相異之處：1. 市場替代性與成本：醫藥科技市場替代性較低，會提高 IPR 保護成本；綠色科技市場替代性較高，會降低 IPR 保護成本。2. 科技轉移之困難度：醫藥科技擁有者較少，轉移較困難；綠色科技擁有者較多，轉移比較不困難。3. 產業範圍：綠色科技的產業範圍比醫藥科技廣。4. IPR 保護的重要性：IPR 保護對於醫藥科技而言，比綠色科技，更為重要[17]。綠色科技與醫藥科技有其差異，綠色科技似無法比照醫藥科技之強制授權，除非人道主義的強制授權（humanitarian licensing）[18]。

肆、智慧財產權與綠色科技轉移間之調和

一、國際協助與合作

按上述國際規範，2009 年哥本哈根談判（締約方第 15 次會議；COP15）則建立財務機制，如「綠色氣候基金」（Green Climate Fund）[19]。2010 年墨西哥坎昆（Cancun）會議建立技術機制（The Technology Mechanism），由 the Technology Executive Committee（TEC）and the Climate Technology Centre and Network（CTCN）組成，架構共同發展綠色科技平臺[20]。2011 年南非德班會議（COP17; CMP7）啓動綠色氣候基金（GCF），建立其管理框架，且已開發國家承諾從 2020 年開始，每

年將提供 1,000 億美元作為基金，協助開發中國家[21]。2018 年 12 月波蘭卡托維治會議（COP24），為有效實施巴黎協定，通過巴黎協定實施細則（Paris Rulebook），以評估技轉移及進展，解決資金問題[22]。

又，WIPO 與日本智慧財產協會共同合作建構 WIPO Green 綠能技術交流平臺（WIPO Green-The Sustainable Technology Marketplace），為 WIPO 組織所建置綠能技術交流的管道，藉由平臺的技術移轉與授權機會，協助提升綠能技術溝通機會，並且導入開發中國家，以促進各國運用綠能技術之能力[23]。另外，也有區域合作及雙邊合作之實例，如亞太清潔發展與氣候夥伴聯盟（Asia-Pacific Partnership on Clean Development and Climate, APP）、美國與印度清潔淨能源合作（US-India Clean Energy Cooperation）、美國與中國清潔能源聯合研究中心（US-China Clean Energy Research Center）[24]。

二、國內政策

就已開發國家而言，建立完善 IPR 制度，加速能源科技發展，促進技術轉移。予以較好之分類，減少其申請費，建立其早期公開，避免重複研究之浪費，並對於綠色科技之 R&D 或轉移，給予較優惠之稅賦待遇[25]。目前有些國家已建立其加速審查制度，諸如：英國（UKIPO）是較早實施綠色專利加速審查制度的國家，自 2009 年 5 月實施以來，已建立重要的綠色專利加速審查制度。而此綠色專利方案可能只需 9 個月即可取得專利；大陸國家知識產權局（SIPO）於 2012 年 8 月 1 日起施行「發明專利申請優先審查管理辦法」，將優先審查符合條件之綠色技術發明專利申請案，並自優先審查請求獲得同意之日起 1 年內結案；美國專利商標局（USPTO）於 2009 年 12 月宣布「綠色技術申請案試行計畫」（Green Technology Pilot Program），針對涉及節能、再生能源、溫室氣體減量等技術之申請案，可請求優先進入審查。請求該計畫

的申請案，申請人平均在 49 天內可收到首次通知，且有不少專利申請
人於請求後 1 年內便可獲准專利[26]。我國智慧財產局對於綠能技術發明
專利，於 105 年 4 月 1 日亦修正施行加速審查作業方案[27]。

就開發中國家而言，因 TRIPS 給予 WTO 會員國規範可專利性
（Patentability）要件之空間[28]，開發中國家可建立符合 TRIPS 對於 IPR
保護的低度要求之規範，以反應國家發展之現實及其所需之技術發展，
透過資本、現代商業或技術的輸入，而融入國際貿易體系。如有濫用國
內外綠色技術授權條件之行為，可依競爭法以限制競爭行為來處理。並
審慎使用強制授權。另外，再建立吸引綠色科技進口之能力，例如除去
外國綠色科技進口之障礙，或者給予補助等[29]。

三、私人合作

綠色科技可藉由私人間合作而轉移，諸如：外國直接投資（Foreign
Direct Investment, FDI）：由外國之商業實體至他國建立商業運作，取
得其資產或股份，並轉移其資本及技術，充分的 IPR 保護、市場規模、
政策之確定及透明等為影響外國直接投資之因素；國際貿易（Interna-
tional Trade）：跨境之資本、貨物及服務之交易，經由新設備、技術
操作等接觸，促進技術轉移，IPR 之保護亦影響國際貿易[30]；國際技
術授權（International Technology Licensing）或技術合作（Technology
Collaboration）：一方以協議授權予他方、或雙方或多數智慧財產權利
者（IPR Owner）以協議或團體規章交互授權或分享，而轉移其技術，
其影響國際授權或合作之因素，最主要的亦是充分的 IPR 保護，另外
還有市場規模、政策之確定及透明、技術基礎、投資環境等。特別的是
藉由 IPR 分享，如 Open Source, Patent Pools, the Eco Patent Common 等，
以減少授權協商費用、訴訟成本等，並促進研發及技術轉移之效率[31]。

(一) 專利聯盟（Patent Pools）

多數智慧財產權利者之間以協議或團體規章交互授權或分享其 IPR，而不行使其排他權（exclusive rights）。以減少交易成本，克服專利叢林（Patent Thicket）[32] 之問題，避免重複研究之浪費，並激發新創意，加速創新，及更快使消費者接受新產品 [33]。

專利聯盟之實例如下：1856 年, the Sewing Machine Combination; The International Organization for Standardization（ISO）形成 MPEG-2 patent pool[34]; Quirky 與 General Electric 聯合投資成功發展產品（smart phone controlled window air conditioner, PWC）；2017 年，PAX, Google, Samsung, LG, hTC 等同意分享 Android 及 Google apps 專利；OPEN INVENTION NETWOEK（OIN）會員超過兩千家，有微軟、豐田、也有臺灣公司，參加者需簽訂授權契約等。

一旦不同的公司組織在一起，並為其相關之專利的技術領域制定標準，而為避免不公平競爭之問題，智慧財產權權利人間簽訂 RAND 條款（reasonable and non-discriminnatory）[35]，整合互補性專利、解決封鎖性專利問題（clear blocking position）、降低交易成本、避免費用貴之專利侵權訴訟及促進技術之使用 [36]，以促進競爭之效果。

(二) 生態專利共享（Eco-Patent Commons）

專利權人相互同意於符合一定條件下，無償分享有利環境之專利，以解決環境問題，諸如避免環境汙染、能源效率使用，而不行使其排他權 [37]。其優點可促進不同產業間有關環境保護技術創新的合作，減少授權協商成本，縮短進入市場時間 [38]。

Eco-Patent Commons（生態專利共享計畫，簡稱 EPC）是 2008 年 1 月由 IBM、Nokia、Pitney Bowes、Sony 和世界企業永續發展委員會（World Business Council for Sustainable Development, WBCSD）所共同

成立。其目的：1. 提供一個便於分享創新和解決辦法的管道、促成再發明；2. 推動和鼓勵企業間合作，促進對環境有利技術的進步和利用[39]。擁有符合據 IPC 分類作成 EPC List 上之專利權者，可聲請加入 EPC 而成為會員，會員須簽署專利只能用於有利環境之條款、防禦性的終止條款（defensive termination clause）[40]、專利無效之通知等條款[41]。

　　Bosch, Dow, DuPont, Fuji Xerox, IBM, Nokia, Pitney Bowes, Ricoh, Sony, Taisei and Xerox 等公司已加入 EPC100 件專利。如 IBM 提供的專利是一種 recyclable cardboard packaging insert（可再利用的包裝紙箱內襯），與一般使用的泡棉內襯相較，其生產和運送時均比較省油；利用臭氧的半導體晶片清洗技術，並可去除過程中產生的化學汙染物質；DuPont 提供一種利用在汙染環境下會發光的微生物，來偵測土壤、空氣或水中汙染的方法；Xerox 提供一種去除受汙染地下水中有毒廢棄物的方法[42]。

　　Green Xchange 計畫：EPC 與 Nike、Best Buy 合作，在 2010 年初啟動 Green Xchange 分享計畫，內容包括專利技術和持續交換創新的論壇。Green Xchange 計畫比 EPC 更為彈性，專利權人得設定被授權人可以接受之條件，甚至包括收取授權費用（licensing fees）之條件。Nike, Best Buy, the Uni. of California 已加入 463 件專利（其中包括 Nike 加入之 463 件專利）[43]。

(三) 特斯拉公司開放專利的宣告（Tesla's Pledge）

　　2014 年 6 月 12 號，美國電動車大廠 Tesla 執行長 Elon Musk，於部落格上發表文章宣告：「我們的所有專利屬於你。」（All Our Patent Are Belong To You.）、「以軟體開放之精神」（in the spirit of the open source movement）、「Tesla 將不會對於善意使用 Tesla 專利者提出侵權訴訟。」（Tesla will not initiate patent lawsuits against anyone who, in

good faith, wants to use our technology.）。Elon Musk 文章中的說法：「專
利訴訟制度發展至今已嚴重阻礙眞正的發明進步，而保護了大公司的地
位，以及從訴訟中獲利的不是技術的發明人，而是大廠與律師……取得
專利就像是獲得一張進入訴訟的樂透彩券。……由 Tesla 製造電動車之
速度不足以對抗碳危機」[44]。

　　Tesla 開放專利權之利益，可減少授權協商成本，並藉由開放技術
刺激電動車市場熱度，以擴大市場經濟規模。當專利權開放後，仍不斷
投入新技術研發，透過先前技術的開放爲未來發展鋪路，並非只是限於
電動車市場，而是擴及電動車的周邊利益，例如：擴展充電站網路、販
售電池等，成爲電動車產業的標準制定者。有評論者將 Tesla 的技術策
略歸類爲近似 Google 風格，且與 Apple 呈現強力對比。Google 於 2007
年推出「AOSP」計畫，開放 Android 的原始碼，藉以擴大 Android 系
統的陣營，以利與 Apple 的 iOS 系統對抗。開放技術拓大市場勢力是
Tesla 和 Google 的相似之處；反之，Apple 則積極主張專利權，積極捍
衛專利。無論是採開放專利權或是積極主張專利權的專利策略，最終的
目的還是在極大化公司的利益[45]。

　　惟 Tesla 宣告開放其專利，有很多爭議，如部落格的宣告法律效力
爲何？是否是授權意思？Tesla 是否可以隨時撤銷宣告？使用者實質改
變 Tesla 之專利，是否需回饋授權與 Tesla？善意使用（good faith）之
意義及要件爲何？Tesla 已宣告開放專利，是否有禁反言（estopple）
之適用？Open Source 軟體利用開放原始碼，因此所生衍生著作亦須開
放[46]，而汽車產業技術改良，需要更複雜之機械技術，且汽車產業之專
利主要係作爲商業使用，與軟體的修改不同，是否適用 Open Source 的
概念？等等爭議[47]。

　　Tesla 開放其專利，有上述爭議，使用者雖仍有法律風險，但 Tesla
也扮演著開放專利，以對付碳危機觸媒的角色。如豐田（Toyota）於
2015 年 1 月跟進，宣布釋出 5,650 多項氫燃料電池相關專利供自由使

用，而福特（Ford）也加入這個開放專利的行列，宣布將開放所擁有的
400 多項電動車相關專利[48]。

(四) 智慧電網

　　智慧電網（smart grid）是由軟體（如控制電網、測量電力傳輸等
軟體）及硬體（將直流電轉換爲交流電的變流器，inverter）所管理之
電力網路，再生能源（renewable energy）並與智慧電網整合，以增加
能源之效率與可靠性，減少電力浪費[49]。甚者，美國紐約微電網公司
LOS3 Energy、澳洲新興公司 Power Ledger 與瑞典能源公司 Vattenfall 等
將區塊鏈（blockchain）技術應用於分散式能源交易[50]。美國紐約州布
魯克林區之 TransActive Grid 公司就基於區塊鏈的分散式一致性控制使
用（use of blockchain based distributed consensus control）發明有美國、
中國、PCT、歐盟等專利申請[51]。在臺灣，高雄杉林區之智慧微電網實
驗基地「日光小林社區」，居民靠著太陽能板自行發電，多餘的電力存
進儲能系統，替代傳統電力的比例已高達八成；「大愛社區」則是架設
太陽能板賣電，目前已是東南亞產電量第一、全球第二大的太陽能社
區[52]。另外，Google 於 2019 年 1 月 23 日宣布，向臺南太陽能電廠採
購臺灣 10MW 再生能源電力（綠電），係透過 Diode Ventures、臺鹽綠
能、雲豹能源以及永鑫能源的部署設計，採「魚電共生」方式，以架設
在養殖場魚池上約 4 萬片太陽能板發電。其交易型態爲「電證合一」，
亦即 Google 一併取得電力與臺灣再生能源憑證（T-REC）[53]。Google 買
臺灣綠電，創下三個第一，一者是 2017 年修正電業法後[54]，第一件企
業採購再生能源案；二者是 Google 在亞洲第一次買再生能源；三者是
臺灣首度透過臺電併網傳送再生能源的第一例[55]。

　　智慧電網軟體及硬體之應用，就會涉及諸多智慧財產權之問題，
且有侵權訴訟之發生，如美國案例：Solarex Corp v. Arco Solar, Inc. 案例

中，因被告侵害原告之專利（U.S. Patent Numbers 4,064,521、4,317,844、4,217,148），原告所主張此有關太陽能電池半導體之專利侵權訴訟勝訴[56]；Xantrex Technology, Inc. v. Advanced Energy Industries, Inc. 案例中，原告成功的請求獲准對於被告就有關三相型太陽能變流器（three-phase solar inverters）生產與販售之營業秘密（trade secrets）用益之禁制令（injunction）[57]；Mesh Comm, LLC v. E. ON US, LLC 案例中，原告對於智慧電網元件製造商之被告提出故意侵害原告專利各項請求項之訴訟，而被告否認侵害原告之專利，亦以原告之專利缺乏新穎性（novelty）及進步性（non-obviousness）為由而提出反訴（counterclaim）主張原告專利無效（invalid），並聲請法院對於侵害專利損害賠償之本訴與專利無效之反訴分別審理（bifurcation）。法院亦因其所涉及之問題為高度技術性，且為促進訴訟經濟，減少花費，避免陪審員混淆，而准予分別審理[58]。如此技術困難度及侵權訴訟，導致後來的開發者望而止步，並阻礙了智慧電網及解決氣候變遷之技術的全球性轉移[59]。

有學者則建議，以專利聯盟或彈性之授權之機制，來避免侵權訴訟之發生，並減少因智慧財產權保障而致綠色科技轉移之困境[60]。

伍、結論

按上開國際研究調查報告，有關解決氣候變遷之技術專利數量快速成長，且其專利權擁有者又歸屬已開發國家，在專利授權予開發中國家的情形並不多之情形下，已開發國家也願透過彈性之授權機制來轉移其綠色科技，而按多邊或雙邊公約建置綠色科技轉移與資金之機制，且配合國內政策之修訂，以利於綠色科技之轉移。私人企業間亦自主性的成立專利聯盟或公開其專利，雖其仍有公平競爭、授權條款如何簽訂、實踐成效等等問題，但對於克服專利叢林、避免專利訴訟、降低綠色科技轉移成本、調和智慧財產權與綠色科技轉移等等均有助益。

　　專利制度是發明者與社會間之交易，而對於綠色科技採專利權開放之策略，是可吸引更多的盟友加入，而藉由他人的力量加快市場拓展腳步，降低市場拓展的成本，極大化公司利益，又有利於環境保護之社會公益，可達發明者與社會公益雙贏之目的。

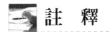 **註　釋**

* 法瑪法律事務所律師、專利師及格。

1. 氣象局網站：https://www.cwb.gov.tw/V7/climate/climate_info/climate_change/change_6/change_6-3.html; https://www.cwb.gov.tw/V7/climate/climate_info/climate_change/change_7.html（最後瀏覽日：2018/09/01）。

2. 智慧財產局之發明專利加速審查作業方案（105年4月1日修正施行），方案內容：我國綠能技術之範圍係以世界智慧財產權組織（WIPO）所定義之替代能源技術領域及我國行政院推動「綠色能源產業旭升方案」及「能源國家型科技計畫」所包含之綠能產業作為依據。(1)涉及節省能源技術、新能源、新能源汽車等技術領域之發明專利申請案。(2)涉及減碳技術及節省資源使用之發明專利申請案。

3. 此項調查研究係以由全球6千萬筆專利文件中找出的40萬件專利為基礎，用以檢視專利對全球CET技術（包括太陽光電、地熱能、風力和碳回收等）移轉的影響。在此研究調查的資料蒐集過程中，EPO建置了一個方便使用的電子資料庫，納入其esp@cenet資料庫，可免費檢索全世界乾淨能源相關技術。智慧財產局網站：https://pcm.tipo.gov.tw/PCM2010/PCM/news2_detail.aspx?id=90（最後瀏覽日：2018/09/01）。

4. 智慧財產局網站：https://www.tipo.gov.tw/ct.asp?xItem=646784&ctNode=7124&mp=1（最後瀏覽日：2018/09/01）。

5. UNFCCC前言。

6. UNFCCC§4.3.

7. UNFCCC§4.5.

8. UNFCCC §11.

9. Kyoto Protocol §2.1.(a).

10. Kyoto Protocol §10.(c).

11. Kyoto Protocol §11.2.

12. Kyoto Protocol §12；已開發國家、私人企業購買「經驗證的減量額度（Certified Emissions Reductions, CER）」，以符合碳排減量之承諾或要求。

13. 中華民國（臺灣）「國家自定預期貢獻」（INDC），於2030年溫室氣體排放量為BAU（business as usual）減量50%（214百萬公噸CO_2）；https://enews.epa.gov.tw/enews/enews_ftp/104/1117/174044/中華民國（臺灣）「國家自定預期貢獻」(INDC).pdf（最後瀏覽日：2018.11.26）。

14. Paris Agreement § 2.1(a)、§6、§ 9.1、§ 9.2、§ 9.3、§10.1、§10.2、§10.4、§10.5.

15. TRIPS § 7、§ 8.1、§ 8.2、§27、; § 31(b)、; § 31(c)、§ 66.2、§ 67.

16. Joy Y. Xing, *Addressing Climate Change: Domestic Innovation , International and Collaboration*, 5 NYU J. INTELL. PROP. & ENT. L.196, Fall, 2015, pp.10-11.

17. id. p12.

18. 因為災難，為確保人類生命，符合其基本需求而使用其技術。Andrea Nocito , *Innovators Beat the Climate Change Heat with Humanitarian Licensing and Patents Pools*, 17 CHI.-KENT J. INTELL. PROP. 164 (2018) pp.9-10.

19. 環境資訊中心網站：https://e-info.org.tw/node/111879（最後瀏覽日：2018/09/10）；https://www.greenclimate.fund/home（最後瀏覽日：2018/09/10）。

20.http://unfccc.int/ttclear/negotiations（最後瀏覽日：2018/10/01）。

21.*UN Climate Talks End with Late Deal*, https://www.bbc.com/news/science-environment-16124670（最後瀏覽日：2018/09/10）

22.波蘭我來了！30秒搞懂聯合國氣候大會COP24，環境資訊中心https://e-info.org.tw/node/215339（最後瀏覽日：2018/02/01）；巴黎氣候協定》細則終達協議，環境資訊中心https://e-info.org.tw/node/215546（最後瀏覽日：2018/02/01）。

23.智慧財產局網站：https://pcm.tipo.gov.tw/PCM2010/PCM/commer-cial/01/wipo-green.aspx?aType=1&Articletype=1&aSn318（最後瀏覽日：2018/09/10）；WIPO Magazine，No.3–june–2012，p.28-30網址：https://www3.wipo.int/green/green-technology/techOverview（最後瀏覽日：2018/09/10）。

24.高仁川著，從中美兩國雙邊能源合作框架模式對臺灣的影響與啓示，法學新論（第38期），2012年10月，p.114; U.S. DEPT OF EN-ERGY, https://www.energy.gov/ia/initiatives/us-india-energy-coopera-tion ; http://www.us-china-cerc.org/（最後瀏覽日：2018/09/01）。

25.Joy Y. Xing, supra note 16, pp.23-24.

26.智慧財產局網站https://pcm.tipo.gov.tw/pcm2010/pcm/news2_detail.aspx?id=122（最後瀏覽日：2017/09/01）。

27.supra note 2.

28.TRIPS § 27.

29.Joy Y. Xing, supra note 16, pp.24-25.

30.Joy Y. Xing, supra note 16, pp.20-22.

31.Joy Y. Xing, supra note 16, p.27; Anna Kingsbury, Joe Gamman, *Patent Collaboration: Licensing, Patent Pools, Patent Commons, Open Source and Communities of Innovation*, New Zealand Intellectual Property Journal, September 2013, p.3.

32.專利叢林（Patent Thicket）如同建造金字塔，要推出新產品就像要將金字塔塊堆放在別人的塔塊（blocking patents）之上或旁邊，要得到其他塔塊之所有人同意，亦即要得到其他IPR者授權，尤其是IPR重疊時，就要獲得多數的IPR者之授權；Carl Shapiro, *Navigating the Patent Thicket: Cross Licenses, Patent Pools, and Standard Setting*, INNOVATION POLICY AND THE ECONOMY, Volume 1, January 2001, pp.120-122.

33.Andrew Boynton , *Eco-Patent Commons: A Donation Approach Encouraging Innovation within the Patent System*, 35 WIM. & MARY ENVTL. L.& POL'Y REV.695(2011), pp.8-9.

34.id, p.8.

35.Benjamin K. Sovacool, *Placing a Glove on the Invisible Hand : How Intellectual Property Rights May Impede Innovation in Energy Research and Development (R&D)*, 18 ALB. L.J. SCI.&TECH. 381,397(2008), pp.16-17.

36.美國司法部（Department of Justice）和聯邦貿易委員會（Federal Trade Commission）於1995年頒布關於智慧財產權授權之反托拉斯準則（Antitrust Guidelines for the Licensing of Intellectual Property）§5.5；何愛文著，專利聯盟所生競爭法上之爭議，公平交易法季刊，第11卷第4期（92/10），p.6.

37.Ivan Morales, *Balancing Intellectual Property Rights and Clean Technology Development: Encouraging Cooperation*, 17 HOUS. J. HEALTH L.& POL'Y 405(2017), pp.8-9; Andrea Nocito, supra note18, p.9; Andrew Boynton , supra note 33, pp.9-10.

38.Kevin Greenleaf, Michael P. Byrne, *Triumph of Eco-Patent Commons*, 4 No. 1 LANDSLIDE43(2011), pp.2-3.

39.智慧財產局網站https://pcm.tipo.gov.tw/pcm2010/pcm/news2_detail.

aspx?id=46（最後瀏覽日：2018/9/4）; id, p.1.

40.EPC之會員承諾不行使排他權之專利權者（Patent Pledger），在其他會員依其未承諾不行使排他權之專利權，來對Patent Pledger主張侵權時,或非會員對Patent Pledger主張侵權時，Patent Pledger得終止或使其不行使排他權之承諾（non-assert）無效；*Open Source and Patent Non-Assertion Pledges: A Comparative Analysis*, The Institute of Computer and Communication Law, Center for Commercial Law Studies, Queen Mary, University of London, October 2014, http://www.pi-jip.org/wp-content/uploads/2015/03/Amanda-Brock-Ian-Walden-Open-Source-Patent-Non-Assertion-Pledges.pd（最後瀏覽日：2019/1/17）; Andrew Boynton, supra note 33, p.9.

41.http://www.otromundoesposible.net/wp-content/uploads/2012/07/Eco-PatentGroundRules.pdf（最後瀏覽日：2019/1/16）。

42.智慧財產局網站https://pcm.tipo.gov.tw/pcm2010/pcm/news2_detail.aspx?id=46（最後瀏覽日：2018/9/4）。

43.id；Kevin Greenleaf, Michael P. Byrne, supra note 38, pp.3-4.

44.http://www.teslamotors.com/blog/all-our-patent-are-belong-you（最後瀏覽日：2018/9/4）; Benjamin M. Hill, *Powering Intellectual Property Sharing: How to Make Tesla's Patent Pledge Effective*, 24 J INTELL. PROP. L.191(2016), pp.2-3, https://digitalcommons.law.uga.edu/jipl/vol24/iss1/10/（最後瀏覽日：2018/11/4）：Ivan Morales, supra note 37, p.9.

45.http://www.valuewalk.com/2014/06/tesla-motors-inc-officially-opens-patents-to-all/;http://www.valuewalk.com/2014/06/tesla-more-like-google-less-like-apple/（最後瀏覽日：2018/9/4）; https://pcm.tipo.gov.tw/PCM2010/PCM/commercial/01/Tesla.aspx?aType=1&Articletype=1&aSn=452（最後瀏覽日：2018/9/4）; Benjamin M. Hill, supra note 44, pp.5-8.

46.軟體著作（software）有原始碼（source code）及目的碼（object code），該軟體著作人有原始碼及目的碼之著作權。如要修改或改進該軟體著作，是需要原始碼。該軟體著作人會開放原始碼（open source），由其他人修改或改進該軟體著作，而不主張其著作權。但第二個修改或改進該軟體之人，如主張其衍生著作（derivative work）時，即會失去該軟體著作人開放原始碼之原意。所以，開放原始碼授權（Open Source Licenses），第二個修改或改進該軟體之人也要同意持續開放其衍生著作；Benjamin M. Hill, supra note 44, pp.12-14.

47.Benjamin M. Hill, supra note 44, pp.8-10, p.21.

48.科技產業資訊室——科技政策研究與資訊中心網站：http://iknow. stpi.narl.org.tw/Post/Read.aspx?PostID=14562（最後瀏覽日：2018/9/4）；科技新報網站：https://technews.tw/2015/06/03/ford-follows-tesla-and-toyota-in-releasing-ev-patents/（最後瀏覽日：2018/9/4）；Ivan Morales, supra note 37, p.9.

49.Andrea Nocito, supra note 18, p.11.

50.區塊鏈是一種去中心化，使用分散式集體運作方法，讓大家基於一種共同、透明的共識協議（如智能合約，Smart Contract），以維護其共同的資料庫（帳本），實現一套不可篡改、可信任的資料庫技術。此技術不僅可應用於金融科技，並藉由智能合約（Smart Contract），而有應用於各行業之可能。例如：目前有專注在智能合約的以太坊（Ethereum）、由IBM等業者所成立專注在商業應用的超級帳本計畫（Hyperledger Project），以及大陸成立的Chinaledger、R3CEV的Corda等區塊鏈；改變習慣地球人類的下一個文明，2016/11/15，工業技術研究院，https://www.itri. org.tw/chi/Content/Publications/contents.aspx?&SiteID=1&MmmID=

2000&MSid=712122423341026236（最後瀏覽日：2019.01.30）；沈煒翔，全球應用區塊鏈技術建構分散式能源交易之實例與效益探討—案例顯示能源區塊鏈有助於促進電力交易的自由化與安全性，p.1, pp.4-6. https://km.twenergy.org.tw/ReadFile/?p=Reference&n=2017428144547.pdf/2017428144547%20(1).pdf（最後瀏覽日：2019.01.30）。

51.Pub. Date: Apr.13,2017; Pub. No.: US 2017/0103468 A1; 申請公布日2018.08.21; 申請公布號CN 108431845;International Publication Number: WO 2017/066431 A1;Publication Number:EP 3362965 A0

52.打造低碳家園　災後重建社區成綠電基地TVBS新聞網https://news.tvbs.com.tw/health/834081（最後瀏覽日：2019.01.30）；莫拉克後重生高雄大愛園區打造陽光微電網能源報導EnergyMagazine,https://energymagazine.tier.org.tw/Cont.aspx?CatID=&ContID=2872（最後瀏覽日：2019.01.30）。

53.「電證合一」就是將綠電跟憑證同時賣給使用者；「電證分離」就是將綠電、憑證分開來賣，例如：綠電賣給A，憑證賣給B，這時B可以主張使用綠電，而A即不能再主張使用綠電，否則就會發生重複計算（double counting）的問題；【綠電憑證翻譯米糕】電證合一VS.電證分離環境資訊中心https://e-info.org.tw/node/215780（最後瀏覽日：2019.01.30）；自願性再生能源憑證實施辦法（訂定時間：民國106年10月27日）；國家再生能源憑證中心(Nation Renewable Energy Certification Center)https://www.trec.org.tw/（最後瀏覽日：2019.02.02）。

54.參見電業法（民國106年1月26日）§45。

55.Google終於買到綠電政府幫大忙，經濟日報https://money.udn.com/money/story/5612/3611020（最後瀏覽日：2019.01.30）;Google買臺灣綠電創三個第一，聯合新聞https://udn.com/news/story/7238/3611198（最後瀏覽日：2019.01.30）。

56. Solarex Corp v. Arco Solar, Inc.,805 F. Supp. 252, 288(D. Del. 1992).

57. Xantrex Technology, Inc. v. Advanced Energy Industries, Inc., 2008 WL 2185882(D. Colo. May 23, 2008).

58. Mesh Comm, LLC v. E. ON US, LLC, 2011 WL 11563901(W.D. Ky. May 10, 2011).

59. Andrea Nocito , supra note 18, pp.11-12.

60. Id, p.12.

第 十九 章

從歐盟 GDPR 探討大數據在醫療領域應用之爭議

莊晏詞 *

---

*逢甲大學、亞洲大學兼任助理教授

摘　要

　　大數據在醫學研究領域方面已呈現許多不同的研究分析，本文嘗試從歐盟一般資料保護規則（GDPR）規定爲討論基礎，依此分析個人資料保護規範對於大數據研究之影響。其中，關鍵議題在於以當事人同意爲基礎，而使特種資料可用於醫學研究，但同意之範圍、限制以及可能替代性方法等皆有待討論，以 GDPR 提到對於科學研究之目的而言，其重點仍在於達到公共健康利益，然而，若爲私人業者將蒐集來的大數據作醫療研究，但最終目的爲開發醫療商品時，此部分又如何界定何謂能達到公共健康利益的科學研究，此等問題可能是立法之際尚未詳加考量之處；其次，取代當事人同意之方式乃是將資料匿名化或去識別化，且除了資料之匿名化達到去識別效果之外，另降低匿名化門檻，而承認部分去連結資料之應用亦爲 GDPR 所採，將使資料的利用更具價值。因此，個人資料保護之規範並非意味著對於大數據利用之限制；相反地應在促進科學研究發展與個人資料保護之間取得平衡。

關鍵字：大數據、GDPR、個人資料保護、去識別化、匿名化。

壹、前言

　　歐盟在 2012 年公布「eHealth 行動計畫 2012-2020」（eHealth Action Plan 2012-2020）[1]，此後並延續計畫架構精神，發展一系列政策法規體制，其中除了以技術互通性與標準化建置為基礎以外，同時一併檢討法規範，其中尤以歐盟一般資料保護規則（General Data Protection Regulation, GDPR）最為重要。歐盟的規範架構原先以 1995 年個人資料保護指令（Directive 95/46）[2]為基礎，然為提高數位時代以及數位單一市場環境下之資料保護層級，歐盟從 2018 年 5 月 25 日開始施行一般資料保護規則以作為目前個人資料保護之依據。歐盟資料保護以兩大基礎原則作為資料保護之基礎，分別為公平性（fairness）與合法性（lawfully）。

　　本文將從大數據作為醫療研究應用所衍生個資法上之問題探討，以歐盟 GDPR 之規範為核心說明，著重在大數據作為公共利益或科學研究利用時將產生的解釋疑慮以及為達資料安全利用，以資料匿名化或去連結方式作為保護方式之可行性，以作為未來我國醫療研究之依據參考。

貳、醫療領域應用大數據之現況

　　大數據係指由許多不同的來源快速產生大量的資料，資料可以由人或機器產生聚集而成。一般而言，大數據具有四項特性（4V），分別為資料量（Volume）、多樣性（Variety）、速度（Velocity）、以及價值（Value）或真實性（Veracity）[3]；相關的架構可區分為：基礎架構、資料管理技術、資料分析、決策支援與應用等。

　　大數據的分析應用，可略分為以下步驟。

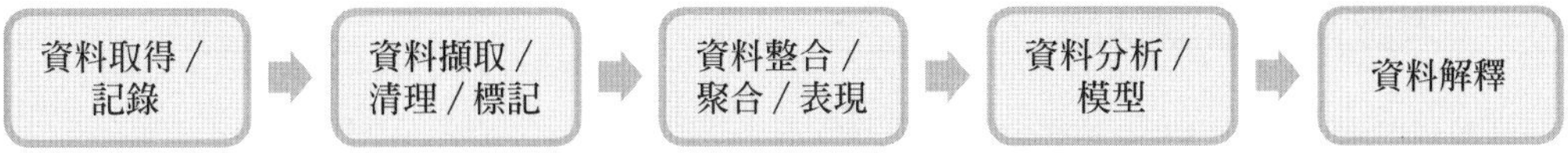

| 資料取得／
記錄 | ➤ | 資料擷取／
清理／標記 | ➤ | 資料整合／
聚合／表現 | ➤ | 資料分析／
模型 | ➤ | 資料解釋 |

圖 19-1　大數據分析步驟 [4]

　　首先，在資料取得與記錄方面，大量資料的彙整結果並未具有意義，但得經過篩選後利用；第二，有關資料之擷取與清理，因資料的蒐集之後並不會以相同格式作為分析，例如：不同醫院的電子病歷紀錄，從不同的醫生、不同的感測器取得結構化之資訊、以及不同的影像記錄格式等等。因此，這需要資訊擷取過程，將資料儲存在一結構化之格式當中作為分析；資料整合和表現方面，因資料之間的異質性，若將資料直接記錄並且放置在資料庫當中，可能無法展現資料的價值。是以，資料整合是資料庫發揮應用的重要階段，但前提是必須找出資料結構的差異性並且其語意之表達能經電腦解讀與機器解析。至於資料的表現，其在於資料庫的設計，一般而言，有許多不同的方法可用於儲存相同的資訊，而部分的設計有利於部分的目的應用，但不論何種方式，其皆在於體現資料庫所呈現的效用與價值。

　　資料的處理、模型化以及分析等是大數據分析中最常受到討論之處，儘管該大數據本身龐大具有複雜性和異質性，但與少量的資料統計相比，這些大數據的連結性卻可以彌補遺失的資料、交互確認爭議的案件、強化有價值的關係、揭露內部的資訊、以及發展未知的關聯性和模式等等；最後，則是關於資料解釋方面，其在於對於資料分析的結果能夠加以解釋。儘管資料本身可能會有部分錯誤，例如：系統錯誤、資料蒐集或分析模型皆是透過一定的假設情況取得、以及資料分析結果是根據錯誤的資料而來等等，但對於電腦系統的分析設計仍儘量朝向完整性，尤其是在大數據具有複雜性的情形下，正確性的分析解釋才能達到預計的成效 [5]。

一、大數據與醫療應用

若具體應用於醫療研究領域，可將資料的應用類型細分為：病歷資料，含醫療記錄、醫學影像資料、醫療研究資料，含臨床試驗結果、醫療研究資料庫、醫療用藥法規資料庫、新藥銷售預測等、診斷資料，含診斷、用藥記錄，以及消費行為，含用藥習慣、購買習慣與運動記錄等[6]。依此，可約區分為臨床運作、公共衛生、以及基因分析等三項領域。首先，在臨床運作方面，透過有效性比較之研究，可確定對病人的治療診斷能更具有臨床上的相關性以及符合成本效益。從研究開發方面，包括：1. 透過預測模型，以減少藥品與器材的耗損，並且促進精簡、快速與更有精準目標之研發流程；2. 利用統計工具與演算法來改善臨床試驗設計，以及招募合於治療目的之病人，以減少試驗失敗並加速產品進入市場；3. 分析臨床試驗以及病人記錄，於產品上市之前追蹤發現產品的副作用。第二，在公共衛生方面，例如：1. 分析疾病模式以及追蹤疾病，用以改善對於公共衛生的監測，並有即時回應疾病控制；2. 更快速地發展精確的疫苗，例如選擇每年的流行性感冒；3. 將大量的資料轉化為可運用之資訊，目的在於可確認需求、提供服務、並且預測與預防病危之際，尤其是以公共健康照護為目的。最後，則是應用在基因分析方面，透過有效地執行基因定序與分析將有助於醫療決策之進行。

二、商業模式形成

依上述之應用，分別可在相關之產業之間發展不同的商業模式[7]，例如：作為藥廠或醫療器材公司研發，依據大數據之分析發展預測模型，內容包括產品安全性以及副作用或臨床試驗報告等；透過統計工具可改善臨床試驗設計之演算法；對於藥物不良反應更為精準分析；發展精準醫療與個人化醫療，找出特定基因可能產生之疾病風險機率；分析

疾病型態，業者可藉此分析疾病與所需要之治療費用趨勢，以分析將來研發之資源分配。又或者，透過醫療資料庫數位化普及，衍生出新型態商業模式，例如：整合相關資料庫之發展，第一種商業模式類型為販售資料，以臺灣健保資料庫為例，其乃透過國家衛生研究院釋出研究，此亦為一種商業模式型態。相同地，許多國家為推動資料庫之整合應用，以政府資料公開提供業者進行加值分析。再者，一般坊間之資料整合公司，亦協助將資料分析，而後將此些資料給予需要在國外進行藥品上市之業者作為該國藥品審查之依據。

以下精準醫療為例，其概念主要在於解決傳統醫學上的問題，將病人的疾病特徵與特定的用藥與劑量選擇之間建立明確的連結。達成個人化醫療的發展原因，主要在於個人健康資料的取得來源增加，且加上基因診斷測試的應用推行，使得傳統一種療法適用於全部病人的醫療方法（one-size-fits-all）受到重新檢討，進而透過電腦演算法的適用，將大數據分析利用，找出更精準的疾病治療方法加速個人化醫療的發展，此不但可降低醫療成本的浪費，同時促進健康照護體系的效率[8]。相關的案例如美國癌症基因圖譜計畫（The Cancer Genome Atlas）分析多樣腫瘤類型，使科學家發現新的差異[9]；瑞士諾華藥廠與美國大學研究團隊之癌症系百科全書計畫（Cancer Cell Line Encyclopedia）[10] 以及英、美合作之癌症藥物敏感性基因體計畫（Genomics of Drug sensitivity in Cancer）[11] 亦產生大量的基因資料庫，主要乃是尋找基因標記和癌症細胞對於藥物敏感性之間的關聯性。為證明有能力可利用大型的藥物基因資料庫來預測藥物敏感性，近來資料建議，用於預測個人細胞使用的藥物，可利用電腦演算法，並且依據基因資料和藥物反應資料來做更進一步的改善。未來的工作會是測試這些演算法對於病人接受化療時的腫瘤反應和毒性反應結果[12]。

參、大數據作為研究應用之爭議

個人資料保護目的在於保護個人對於個人資料的自主權，此與大數據的發展目的不同，由於兩者之差異乃有必要重新檢視現行個資法之規定是否得適用大數據發展下的個資保護情形，一般可分為兩面向，首先在於如何使病人資料揭露達最低風險程度之情形下進行大數據分析；第二，在合於資料保護規範的範疇內，大數據分析如何進行[13]。

在探討大數據所涉之個人資料保護方面，乃因為涉及兩項特徵而具有討論實益。首先為大數據所處理或製造產生之資料具有個人資料或訊息特徵，而非泛指各式各樣統計資料，例如：不相關之化學成分、地理資訊等資料。因此，這些具有個人特徵的資料用於商業上則是可以作為消費者喜好分析，用於醫療健康方面則是作為疾病治療預防之用，或者大數據分析適用於特定群體而產生影響[14]。

一、資料蒐集、處理、及利用之原則與例外

個人資料保護之目的在於促進個人資料之合理使用為目的，此亦為我國個人資料保護法第 1 條之規範意旨[15]，相關的隱私侵害風險與資料保護規定，對於大數據在研究試驗方面亦有適用[16]。首先從我國個資法第 5 條之規定觀之，指個人資料之蒐集、處理或利用，應尊重當事人之權益，依誠實及信用方法為之，不得逾越特定目的之必要範圍，並應與蒐集之目的具有正當合理之關聯，倘具有例外情形者，則得為特定目的外之利用，例如：第 20 條之規定，非公務機關對個人資料之利用，除第 6 條之個人特種個資規定以外，應於蒐集之特定目的必要範圍內為之，但有下列情形者，則得為特定目的外之利用，當中即包含經當事人同意或是公共利益等事由。是以，在具有合目的性之資料蒐集、處理或利用時，個資法更進一步規範公務機關或非公務機關亦具有告知義務，

此即履行告知同意機制[17]。

(一) 告知義務與同意權行使原則與例外

個人資料之蒐集、處理、利用等，主要建構在「告知後同意」之架構下，我國個資法第 8 條規定，公務機關或非公務機關依第 15 條或第 19 條規定向當事人蒐集個人資料時，應明確告知當事人相關事項，如蒐集之目的、個人資料之類別以及利用之期間、地區、對象、方式等，並且，在部分情形，如法律規定免告知、告知將妨害公共利益等，則可免為前項之告知；若為間接蒐集資料者，在第 9 條乃規定若蒐集非當事人提供之資料時，應補行第 8 條之告知義務。除此之外，在第 15 條以及第 19 條分別規定公務機關與非公務機關對於個人資料之蒐集或處理，應有特定目的並且符合一定條件，其中即包括經當事人同意。綜觀此等條文規範，主要以當事人之「事先同意」為核心作為保護機制，此等立法架構建立在小量資料使用環境概念之下，賦予資料使用者應針對個人或少數個人落實告知義務，而後取得同意後，方得蒐集與利用資料[18]。

有關醫療研究之資料利用，應先從醫療、病歷等特種個資觀察，個資法第 6 條規定，病歷、醫療、基因、性生活、健康檢查及犯罪前科之個人資料屬於特種資料，除有例外情形，不得蒐集、處理或利用。例外情形包括法律明文規定、公務機關或學術研究機構基於醫療、衛生或犯罪預防之目的，為統計或學術研究而有必要，且資料經過提供者處理後或經蒐集者依其揭露方式無從識別特定之當事人、經當事人書面同意等。若要判斷資料是否屬於個人資料之範疇，以直接或間接之二方法方式做為判斷似乎尚未說明資料是透過何種要素直接連結至個人而得加以辨識，因此，實際上的判斷方式是須從具體情境脈絡下，進行個案衡量而非跳脫情境進行抽象或靜態的考量，當相互連結的資料越多，則可辨識個人的機率可能性更高[19]。

(二) 告知同意原則在大數據分析之適用程度

　　告知同意的概念分別由揭露資訊知義務以及具有決策之權利等兩要件組成，首先，當經過自動化取得的龐大資料，不論是從醫院電子病歷系統取得的影像資料、數據或是從行動裝置中獲得的個人健康個資等等，若要事先針對每一筆資料進行第 8 條之告知義務[20]，在取得同意後再加以蒐集與利用等，將明顯有適用上的難度。甚者，日後若預計將資料進一步作為使用，則須再重新履行告知義務，方得蒐集與利用資料[21]。實際上，大數據的蒐集通常是在未告知當事人的情況下為之，而此時相關研究仍持進行。研究人員為了使資料取得之行為合法化，多半以符合公益性目的為理由而取代告知義務之履行，同時規避倫理方面的嚴格審查[22]。因此，部分的情形下，將發展替代的模式以解決無法履行告知義務之問題，例如：個人得在試驗過程中選擇退出研究參與，或是請求更正或刪除個人資料等[23]。

　　其次，大數據應用在醫學研究領域的適用上，當特種個資蒐集、處理和利用係以當事人同意以外之事由應用者，亦應具有適當之解釋始得避免使用者規避法律保護之情形。例如：第 6 條第 1 項第 4 款提及，公務機關或學術研究機構基於醫療、衛生、或犯罪預防之目的，為統計或學術研究而有必要，且資料經過提供者處理後，或經蒐集者依其揭露方式無從辨識特定之當事人時，則可就該特種資料為蒐集、處理或利用。基於學術研究之必要，且使用去識別化之資料後即可對資料加以利用，則應考量若導致個人有受到被辨識的風險時，是否適當的機制可以因應。此時，賦予當事人有較多資料利用的參與程度較能降低風險，例如：使當事人有選擇退出之權利，或是使當事人能對自己的資料掌握了解資料應用的程度[24]。

二、資料去識別化之程度

　　從個資法第 2 條第 1 款有關個人資料之定義進行反面解釋時，則可推知當個人資料經過一定之處理過程而不具有得直接或間接之識別性時，即表示該資料已達去識別化之程度，而無法辨識該個人，若已達去識別化而非屬於個人資料時，則後續公務機關或非公務機關之利用將無庸受到個資法之拘束；個資法施行細則第 17 條規定，個資法部分所稱無從識別特定當事人，指個人資料以代碼、匿名、隱藏部分資料或其他方式，無從辨識該特定個人者。因此，從該條觀之，我國將匿名化視為各資去識別化之方式之一。另外，去識別化之概念分別在個資法第 6 條第 1 項第 4 款、第 9 條第 2 項第 4 款、第 16 條但書第 5 款、第 19 條第 1 項第 4 款、第 20 條第 1 項但書第 5 款等均有為統計或學術研究而有必要：「資料經提供者處理後，或蒐集者依其揭露方式無從識別特定當事者」之去個人識別性個資之蒐集、處理或利用規範。舉例來說，若是涉及特種個資之利用，則得依第 6 條第 1 項第 4 款當資料屬於無法識別時，則可基於醫療、衛生或犯罪預防之目的，為統計或學術研究之必要，而例外得蒐集、處理或利用。然而，綜觀我國個資法提及之去識別化之規範，其主體僅限於公務機關或學術機構，目的則侷限在醫療、衛生或犯罪預防、或公共利益為統計或學術研究而有必要者，其適用範圍仍屬有限，此是否合於大數據發展下對個資合理利用的需求仍有疑慮[25]。再者，對於大數據是否能夠將每一筆資訊皆加以去識別化而達到資料利用之目的，則仍屬困難，其原因與前述相同，由於資料的複雜性，利用技術並結合其他資料之後，則將使個人資料具有再度受到辨識之風險。

肆、歐盟一般個人資料保護規則之適用

　　歐盟發展方向著重在於數位單一市場的建立，當中強調資料經濟帶來的發展優勢，為此歐盟針對大數據的應用提出目標方針以及隱私與資料保護需要隨之改革之處。歐盟執委會從 2005 年開始推動數位單一市場政策（digital single market），所謂數位單一市場政策，著重於潛在數位經濟成長，透過不同領域之結合應用，例如：資料經濟、智慧連網、雲端運算、標準化、以及電子政府等，促使整體經濟利益達最佳效果。相關重點在於資料之管理、應用、與保護，其中尤以大數據的分析利用為核心。其中尤以將法規的改革視為重點項目之一，尤其在歐盟將以一般資料保護規則之施行取代歐盟各人資料保護指令時，將以盤點當中可能涉及的面向為大數據發展之際的一個重要參數；至於在大數據發展應用於醫療健康領域當中，歐盟提出可透過公私協力合作制度（public-private partnership）資助大數據發展[26]。

　　大數據發展在醫學研究領域方面有諸多的貢獻，而歐盟 GDPR 的通過適用將使這個議題再度引發討論，其關鍵議題在於以當事人同意為基礎，而使特種資料可用於醫學研究，但同意之範圍、限制以及可能替代性措施等都是有待細部討論；相反地，取代當事人同意之方式乃是將資料匿名化或去識別化。以下乃針對 GDPR 之規範說明，並且一併論述在大數據分析應用可能面臨的法規適用難題。

一、告知同意架構下之資料處理

　　歐盟對於資料之處理與利用採告知同意之架構，一般資料保護規則[27]中涉及大數據與醫療資訊相關部分包括：將健康資訊之定義擴大，如涵蓋生活形態資訊、同意可用於部分研究領域、使資料為基礎的研究有特定的法律例外、符合資料最小化蒐集原則以及維持資料品質、並

且透過設計階段與預設階段保護隱私（privacy-by-design and privacy-by-default）等[28]。

(一) 個資定義

　　歐盟一般資料保護規則規範為重點主要為「個人資料」（personal data）及其「處理」（processing）。依 GDPR 第 4 條第 1 項 (1) 之解釋，個人資料係指任何得直接或間接辨識資料主體之相關資料，此與資料保護指令第 2 條 (a) 所規範之定義相同，但 GDPR 尚附加其他說明指出，若對於辨識資料如姓名、定位資料或線上辨識資料或是原始因素等附加其他參考資料而得以辨識個人時亦屬於個資。此外，歐盟提到應考量所有合理可用於辨識的方法來判斷是否屬於個資，以及應考量相關客觀因素以認定該判斷方式是否屬於合理之方式，此乃 GDPR 所提供之廣泛且具目的性之方法[29]。

(二) 告知義務與同意權行使原則與例外

　　以當事人同意作為基礎而將其資料進行研究，乃是目前許多個資法規範的架構基礎，其重要性在於在正確的時間上取得有意義且為法律上有效的同意要件。不過，在龐大的健康大數據當中，若要對於每一項連結或再利用要取得特定的同意將可能過於繁複且不太可能，因此，目前對於同意的概念有認為應採取概括同意（broad consent），涵蓋資料未來概括使用的同意。但實際上，概括同意仍存有法律上的爭議，以及研究倫理上的爭議性。部分認為，概括同意無法充分確保個人能有意義的去控制個人資料或生物檢體；相反地，亦有論者指出概括同意是用在同意部分機構的管理而已。在 GDPR 尚未公布生效之前，曾經過歐洲議會（European Parliament）和歐盟委員會（European Council）兩者討論，從兩者之論述得以了解，同意之行使在立法上可能採行的程度。歐洲議

會指出，概括同意無法落實個資保護，即便做爲研究亦同，其主張資訊必須完整提供個人了解；相反地，歐盟委員會認爲，概括同意應可能作爲醫學研究，資料主體可以同意部分範圍的科學研究，只要符合所認可的倫理標準作爲科學研究（data subjects can give their consent to certain areas of scientific research when in keeping with recognized ethical standards for scientific research）[30]。儘管概括同意的爭議性存在，但研究例外之規範則是創設另外一種個資利用的方式。

1. 告知同意判斷方式

　　GDPR 較爲嚴格之規範促使機構在利用個人資料之際，須採取更多的步驟和方式以證明資料主體已明確了解資料處理之內涵，所使用之表達方式必須明確且簡易，並且主體之同意乃出於自由意願下所爲，爲知情、特定、明確之意思表示。首先，告知同意乃指經過當事人同意後所賦予的基礎，GDPR 第 6 條乃規定個人資料之處理應具有該條所列之事由者，方屬合法[31]。依 GDPR 第 7 條第 1 項之規定，若資料之處理以同意爲基礎者，控制者應能示範該資料主體已同意對其資料之處理。相關的說明事項包括資料處理之內容，須以具體且容易了解之形式告知，以及使用清楚與明白之語言告知，不得涵蓋不公平之要件[32]。GDPR 進一步規定，倘若資料主體之同意以書面內容爲之，且與其他事項相關者，則該請求同意必須以明確和其他事項做區分，並以具體和簡易易懂之格式、使用清楚和簡明語言[33]。

　　其次，對於當事人同意之判斷，依 GDPR 第 4 條 (11) 之規定，所謂資料處理之同意係指資料主體基於其意思，經由陳述或明確肯定之行爲表達同意，該意思表示爲出於自主性（freely given）、且爲特定（specific）、知情（informed）以及明確（unambiguous）之表示同意處理其個人相關之個人資料[34]。相較於原先個人資料保護指令僅說明須要個人明確同意，GDPR 則爲更詳細之說明，資料主體之同意包含以書面爲之，

電子方式亦同，或是以口頭為之。此可涵蓋瀏覽網站是勾選選擇框、資訊社會服務中選擇技術設定，或是其他聲明和行為明白指出資料主體已同意之內容等。倘有未表達意見、沉默或其他不作為之情形者，則不構成資料主體之同意。當處理多項目的時，必須全部皆為同意，若資料主體之同意乃依據電子方式請求而為之者，則該請求必須明確、簡潔、且不得為對於服務提供的選擇產生不必要的干擾[35]。

2. 基於公共利益、科學等研究目的之例外規範

依 GDPR 第 6 條第 1 項規定，資料之處理必須基於一定目的，包括：(1) 資料之處理為履行契約之必要，因資料主體為當事人或在契約訂定前基於資料主體之請求而須採取之步驟者；(2) 資料之處理基於控制者須遵守履行之法定義務所必要者；(3) 資料之處理基於保護資料主體或其他自然人之重大利益所必要者；(4) 資料之處理為履行職務而實踐公共利益所必要者，或是基於控制者法定公權力（official authority）之施行；(5) 資料之處理係基於資料控制者或是第三人所追求之正當利益（legitimate interests）為目的所必要者，但該資料主體請求個人資料保護之利益、基本權、以及自由權利等，尤其是資料主體為兒童時，優先於該利益者除外。但上述第 (5) 點前段之情形不適用公務機關（public authority）為執行職務而處理個資之情形。

所謂基於公共利益之情形，必須是依歐盟或其他會員國之規範為依據。GDPR 並未要求對於個別之處理須訂有特定之規範，然各會員國得就 GDPR 規範合法處理之情形另行訂定一般要件、對控制者之決策、個人資料之處理類型、資料主體相關之部分、個人資料揭露之對象、目的性限制、以及確認合法和公平處理之方法和期間等制訂特定要件。除此之外，何謂公共利益，包括公共健康或社會保護或是管理健康照護服務等，則亦應由各會員國訂定之[36]；再者，針對科學研究之定義部分，GDPR 僅提及科學研究必須以廣義解釋，例如：涵蓋技術研發、基礎研

究、應用研究或其他私人研究等等，更重要的是，必須是在公共健康領域達成公共利益爲目的。

GDPR 第 89 條第 1 項規定，基於公共利益、科學或歷史研究目的或統計研究目的，應有適當保護措施，並且依據本法依資料主體之權利和自由權利爲之。此些安全保護措施必須確保該技術和組織方法之適當性以達到資料最小化處理知原則。因此，依上述解釋，基於此等研究之必要，歐盟與會員國得在達到適當保護措施時限制部分個人權利，而得直接處理該資料[37]。

作爲例外之規範（research exemption），似乎應該從嚴解釋和適用，於避免以科學研究爲理由，而將所蒐集之資料作爲其他用途。在GDPR 的立法階段，曾有主張所謂的研究例外必須是有法規上的依據，且研究必須是基於高度的公共利益；相反地，另外一主張則認爲，當資料處理是基於科學目的之必要，且具有法規中一定的條件與基礎之後即可進行資料利用。兩個不同見解所衍伸的乃是，有部分爭議認爲研究利用應該限縮（minimum），利用動態同意（dynamic consent）的方式，考量資料利用的必要性與適當性要件；另外則是認爲，同意對於特定的資料利用，尤其在基於強烈的公共利益時候，必須是一開始就預設爲同意利用[38]。

(三) 特種個資之處理

相較於資料保護指令，GDPR 對於資料整體採取較爲廣泛的定義[39]，其中在個人敏感性資料部分，歐盟稱爲特種個資，係指關於個人健康資料、基因資料、宗教信仰，或是資料得以顯示出個人之種族等訊息時，都將被視爲第 9 條第 1 項之特種資料規範範疇，依其規定乃屬於原則禁止處理之情形，但具有第 2 項之事由者除外[40]。有關健康資料之解釋[41]，指資料主體之過去、現在或未來之身體或心理的相關狀態資

訊，包括自然人登記蒐集之資訊、依規定之資訊、醫療照護服務有關之資料；另外，數字、符號、或特別用於辨識個人之資訊，而該資訊作為健康目的者亦屬之。其他如從人體組織部分取得之試驗或實驗之資料，包括基因資訊以及生物樣本等；可從醫生、醫院、醫療設備器材或體外診斷測試當中取得有關任何疾病、失能、疾病風險、醫療病史、臨床治療或生體或生物醫學狀態等資料，以上，則都可歸屬於健康資訊。除此之外，第 9 條第 1 項尚提到基因與生物辨識資料，此或許與健康資料之定義有所重疊，而此類特種個資，即相關生物樣本的處理亦同禁止處理之規範。

第 9 條第 2 項訂有例外得處理特種個資之情形共計 10 項，除了第 1 款屬於個人已明確同意下得為特種個資之處理以外，其他之處理則須具有特定的目的，當中尤其以公共利益、科學研究等與大數據在醫療健康產業發展相關。

例外事由分別為：1. 資料主體已明確同意得基於一個或多個特定目的處理個人資料，但歐盟或會員國法律規定第一項之情形不得免除者除外；2. 資料之處理為履行義務之目的所必要者，以及為行使控制者或資料主體於勞動、社會安全以及社會保護法領域中之權利為目的，該權利乃經歐盟或會員國法律或依會員國法律間集體協議所授權，並基於基本權和資料主體之利益訂有適當保護措施；3. 資料之處理為保護資料主體或其他自然人之重要利益所必要者，因該資料主體在身體上或法律上無法行使同意；4. 基金會、協會或其他非利益團體基於政治、哲學、宗教或組織目的，在合法活動期間，並提供適當保護措施而處理特種資料，以及該處理僅有關於會員國或是前會員國主體或個人基於其目的而有定期接觸者，以及個人資料在未經過資料主體同意前不會於機構外揭露；5. 關於個人資料之處理已經屬於資料主體明確公開者；6. 為建立、履行或防禦法律請求，或法院執行其司法權而有必要處理資料者；7. 資料之處理乃基於實質上公共利益之事由所必要者，此乃依據歐盟或會員國法

律規定對所要達成的目的必須具比例性、尊重資料保護之實質權利以及提供適當和特定的方法作為基本權和資料主體之保護措施；8.依歐盟或會員國法律規定，或依據與健康專家之契約約定，並在一定情形下且具備第三項所訂之安全措施，資料之處理為基於預防醫學或職業醫學所必要者、或為評估員工之工作能力、醫療診斷、社會或健康照護、治療、健康管理、社會照護制度服務等情形；9.在公共健康領域基於公共利益事由而具有處理資料之必要者，例如保護以防止嚴重的跨境健康威脅，或確保健康照護之品質和安全性、醫療產品或醫療器材之高標準，並且是依據歐盟或會員國法律規定已提供適當和特定的措施作為資料主體權利和自由保護安全措施，尤其是在職業秘密之情形；10.資料之處理為達公共利益、科學或歷史研究目的或統計目的，依據第 89 條第 1 項，按歐盟或會員國法律規定，對於目的之達成應具比例性、尊重資料保護實質權利、以及基於基本全之安全措施保護和資料主體之利益應提供適當且特定之方法[42]。

二、資料匿名化與去連結處理

依歐盟規範，資料匿名化後該資料已非屬個人資料，但資料去連結後，仍屬個人資料，應受 GDPR 之拘束。然而，探討資料是否匿名化或去連結之前，採用匿名化或去連結技術本身亦屬於資料處理的一環，因此，仍須符合處理之目的，倘若在特種個資之情形，例如：第 6 條第 1 項 (c) 之事由，基於控制者之法定義務而有處理之必要者，則得直接為資料之去連結或匿名化。

(一) 資料匿名化處理原則

歐盟在 GDPR 當中提到，資料保護乃適用於已識別或可辨識之個人資料，倘若資料已去連結，但是可藉由其他資訊之使用而得辨識個人

者，則該資料亦視為可識別之資料。因此，為判斷是否屬於可辨識之個人，應考量所有合理可使用之方法，例如：挑出某特定資料，或由資料控制者或他人直接或間接辨識個人。至於判斷所使用的方法是否為合理之方式用以辨識個人，則應考量所有客觀因素（objective factors），例如：辨識所需要之成本和時間，將當時處理技術與科技發展一併納入衡量。並且，GDPR 進一步提到，資料保護之原則不適用匿名化資料（anonymous information），因該資料已屬無法辨識，GDPR 不處理匿名化資料之問題，包括統計或研究之目的而使用[43]。因此，從歐盟對於匿名化之規範說明，乃透過可識別性之測試以判斷資料之匿名化與否，採取廣泛之方式以及考量客觀因素來判斷，並且該客觀因素必須參考科技的發展。

至於如何達成有效之匿名化，歐盟第 29 條工作小組已於 2014 年針對資料保護指令當中所涉及的匿名化問題提出建議，該匿名化技術建議（Opinion 05/201 on Anonymisation Techniques）[44]指出，所謂匿名化或去識別化（de-identification）是指一項技術，將不可逆地防止他人辨識，並且一併考量所有可能合理利用的方法。所謂不可逆的匿名化處理係指當進行大量的研究或計畫時，可以延伸性的剝離這些資料集，並大量排除資料的連結以及更新。對於技術之應用對資料是否達匿名化程度，主要環繞在三點考量：1. 是否仍有可能將個人資料挑選出、2. 是否可能連結至個人相關記錄、3. 資料是否可以推斷相關個人。歐盟建議指出匿名化技術可提供隱私保護以及可用於做為有效的匿名化處理，但前提必須為適當應用，亦即該資料內容與匿名化處理之標的必須清楚設定，使有用資料產生能達到匿名化之目標，此應個案為之，並結合不同的技術。另外，所使用的匿名化技術包括資料之隨機處理（randomization）、泛化處理（generalization）、雜訊添加（noise addition）、交換匿名（permutation）等等。

技術程度是否得達到匿名化之程度始終隨著科技的發展而呈現不同

的改變，也因此，GDPR 當中提到應考量科技的變化發展來判斷是否屬於匿名化之有效方法。對此，另有實質上匿名化（de-facto-anonymity）之概念提出，此為匿名化是否達到有效程度提供一項彈性的因應標準，以避免科技發展之際因辨識技術進步不斷降低相關成本，而導致法規範不足以因應資料匿名化之規範[45]。

(二) 資料去連結之判斷標準

去連結並非指資料匿名化之附屬概念，與匿名化所要達到無法再辨識的程度不同，去連結僅聚焦在減少資料集之連結能力，主要在於將資料複雜化而非指去識別化。依 WP216 匿名化技術建議（Opinion 05/201 on Anonymisation Techniques）說明，為達減少資料的連結能力，匿名化涉及姓名或其他可辨識資料之代換，例如：代換為數字、編碼或符號，因此，主要目的為達到原始的可辨識資料已無法呈現而改由其他方式取代；換句話說，此為另一形式之間接個人資料辨識。是以，此為減少連結能力，但仍無法免除資料保護之必要，更非指為資料之匿名化，更進一步來說，所使用的技術包括加密（encryption）或是散列函數（hash function）等。

現行 GDPR 將資料之去連結予以明文化規定，可視為新的權利態樣，依第 4 條 (5) 規定係指處理個人資料之方法，使個人資料在缺乏附加資料（additional information）之使用下已不再歸屬於特定的資料主體。該附加資料必須分別保存，且依技術和組織方法以確保個人資料不再受辨識或可得辨識該個人。相較於資料匿名化之定義，在 GDPR 第 4 條之定義解釋中並未詳加說明。從第 4 條 (5) 文義解釋觀之，所謂附加資訊指原始個人資料已經由去連結方式取代，但該原始資料本身與之分別儲存，並且成為關鍵的附加資料。因此，若屬於不可逆（irreversibility）之去連結，因缺乏原始關鍵資料或附加資訊可判斷時，則無法視為

符合第 4 條 (5) 之去連結定義，因該去連結技術不僅給予資料去連結，同時已達匿名化效果，自非屬個資範疇。在此解釋方法之下，不可逆之去連結方式可能屬於有效的匿名化技術，達到匿名化無法直接或間接識別之效果時，將不受規範拘束。相反地，若是一般去連結資料，在關鍵之附加資料情形下，對於第三人而言，此等去連結之資料亦屬於匿名化情形，是以，有認為得以 GDPR 當中提到匿名化判斷標準來檢視此等去連結資料對第三人而言是否容易辨識資料，包括 1. 是否仍有可能將個人資料挑選出、2. 是否可能連結至個人相關記錄、3. 資料是否可以推斷相關個人[46]。

再者，GDPR 的不同條文中，亦強調得以資料之去連結（pseudonymisation）作為有效的技術或組織技術方法，以避免資料處理產生之風險，例如：第 9 條特種個資例外得處理之情形，必須設有保護措施，而該保護措施得以去連結之方式為之。採取資料去連結之方式旨在降低資料主體相關風險，以及協助資料控制者和處理者達成法規義務，然規範當中若有明示去連結者，則非指得排除任何其他資料保護之方法[47]。GDPR 對於去連結之規範可為義務性與提供誘因之類型，首先在義務部分，GDPR 第 25 條第 1 項要求資料控制者履行技術與組織方法，例如：去連結，並且達到資料處理最小化要求；第 32 條第 1 項 (a) 所提到的安全性處理，要求資料處理者和控制者履行適當之技術和組織方法，其中包含資料去連結；作為第 89 條之科學、歷史或統計研究之用，亦應以處理具有安全性為基礎，是以仍須以去連結作為適當之技術和組織方法，確保資料處理符合各項保護原則。其次，去連結對於業者而言亦具有誘因，能使業者更符合 GDPR 之規範。

伍、歐盟規範之影響與建議（代結論）

一般資料保護規則之通過適用旨在對於個人資料的保護更為完整與

嚴謹，但對於大數據發展而言，則是造成部分限制。依據上述的討論脈絡，分別從基於公益或科學研究等得例外利用之規範以及資料匿名化規定分別討論。

一、基於公共利益或科學研究目的之資料利用

歐盟 GDPR 第 9 條第 2 項規範特種個資得例外處理利用之情形，其中與醫療研究相關者，例如：(g) 款提及必須達到必要的實質上公共利益事由、(i) 款提及基於公共健康維護公共利益之事由、或 (j) 款提到為達到公共利益、科學或歷史研究目的而必須依據第 89 條 (1) 具有適當的安全性保護等。與我國個資法第 6 條第 1 項第 4 款規範相較之下，當中乃規定公務機關或學術研究機構基於醫療、衛生或犯罪預防之目的，為統計或學術研究而有必要，且資料經過提供者處理後或經蒐集者依其揭露方式無從識別特定之當事人。此規範能否完整適用醫療研究仍有疑義，況且我國尚有其他的法律規範，例如：人體試驗規定、人體生物資料庫管理條例、或人體研究法等[48]。

GDPR 提到對於科學研究之目的，其重點仍在於達到公共健康利益，然而，若為私人業者將蒐集來的大數據作醫療研究，但最終目的為開發醫療商品時，此部分又如何界定何謂能達到公共健康利益的科學研究，此等問題可能是立法之際尚未詳加考量之處。過去 GDPR 立法之際有認為應就研究例外之規範從嚴解釋和適用，避免以科學研究為理由，而將所蒐集之資料作為其他用途，但亦有反對見解主張，當資料處理是基於科學目的之必要，且具有法規中一定的條件與基礎之後，即可進行資料利用，後續在透過資料主體所擁有之撤回權利救濟。儘管在解釋適用上的困難，歐盟值得參考之處在於，GDPR 第 89 條乃規範安全保護之方式，例如：得以去連結方式達成資料的安全性等。

二、資料去連結方式之規範方式對於醫療研究之影響

　　從我國個資法第 2 條第 1 款有關個人資料之定義反面解釋，可推知當個人資料經過一定之處理過程而不具有得直接或間接之識別性時，即表示該資料已達去識別化之程度。若已達去識別化而非屬於個人資料時，則後續公務機關或非公務機關之利用將無庸受到個資法之拘束；另外，參考個資法施行細則第 17 條規定，個資法部分所稱無從識別特定當事人，指個人資料以代碼、匿名、隱藏部分資料或其他方式，無從辨識該特定個人者。因此，從該條觀之，我國將匿名化視為個資去識別化之方式之一。再者，去識別化之概念分別在個資法第 6 條第 1 項第 4 款、第 9 條第 2 項第 4 款、第 16 條但書第 5 款、第 19 條第 1 項第 4 款、第 20 條第 1 項但書第 5 款等均有為統計或學術研究而有必要：「資料經提供者處理後，或蒐集者依其揭露方式無從識別特定當事者」之去個人識別性個資之蒐集、處理或利用規範；參酌法務部在 2014 年 11 月 17 日法律字第 10303513040 號函表示，所謂資料去識別化乃指個人資料運用各種技術予以去識別化，而依其呈現方式已無從直接或間接識別該特定個人者，即非屬個人資料，自非個資法之適用範圍。

　　綜觀上述對於資料去識別化之定義，皆以資料具無法辨識之程度作為去識別化之達成；換句話說，乃以資料達到無法識別之效果定義之。但從此等文義解釋觀之，其用語得否適切地表達去識別化之精神，仍有待其他去識別化技術之分析應用方可完成，匿名化主要乃將資料完全無法回復辨識。

　　相較於歐盟 GDPR 規範，除了資料之匿名化達到去識別效果之外，另降低匿名化門檻，而承認部分去連結資料之應用，例如：第 5 條第 1 項 (b)(e)、第 14 條第 5 項 (b)、第 17 條第 3 項 (d)、第 21 條第 6 項以及第 89 條，因基於公益等事由而必須為資料之處理時，去連結之應用可使資料符合處理最小化之目的，亦將使這些未經資料主體之同意之處理

更具有保護。為判斷是否達成去連結之目的，另有學者認為以匿名化之判斷標準來檢視此等去連結資料對第三人而言是否容易辨識資料，包括：1.是否仍有可能將個人資料挑選出、2.是否可能連結至個人相關記錄、3.資料是否可以推斷相關個人[49]。資料之去連結對於研究而言，因仍具部分關鍵資料而具有間接識別之可能，故較能凸顯研究價值，例如：依族群年齡進行某疾病研究，倘若將所有性別年齡予以遮蔽，則此等研究成果將無法完整呈現疾病在不同年齡的發生比率或是疾病表現型態。也因此，資料去連結之概念乃保有部分的研究價值，其重點在於對於資料之利用者在缺乏任何附加資訊之下而難以識別該個人。

 **註 釋**

* 逢甲大學、亞洲大學兼任助理教授。

1. European Commission, eHealth Action Plan 2012-2020(2012), https://ec.europa.eu/digital-single-market/en/news/ehealth-action-plan-2012-2020-innovative-healthcare-21st-century(last visited Mar. 7, 2019).

2. 歐盟資要保護指令主要依據OECD1980年資訊與同意隱私準則（information-and-consent Privacy Guidelines）制訂。

3. 大數據具有資料量、多樣性、速度等特性之概念，最早由2001年Gartner分析師Douglas Laney所提出，在之後並加上真實性之概念，https://www.gartner.com/analyst/40872/Douglas-Laney（最後瀏覽日：2019/3/7）。

4. CRA, Challenges and Opportunities with Big Data, https://cra.org/ccc/wp-content/uploads/sites/2/2015/05/bigdatawhitepaper.pdf (last visited Mar. 7, 2019).

5. *Id.*

6. 資策會產業情報研究所，大數據分析應用與產品發展趨勢剖析，http://mic.iii.org.tw/aisp/reports/reportdetail_register.asp?docid=3049&rtype=freereport（最後瀏覽日：2019年3月7日）。

7. 呂宗學、蘇慧貞，海量分析在醫療照護產業之應用，Formosan J Med 17(6)(2013)，https://www.ntuh.gov.tw/NCTRC/training1/2014/20140724_lecture.pdf（最後瀏覽日：2019年3月7日）。

8. W. Nicholson Price II, *Black-Box Medicine*, 28 Harv. J. L. & Tech. 419, p.425 (2015).

9. 此項大型研究主要由美國國家癌症研究機構（National Cancer Institute, NCI）與國家人類基因圖譜研究機構（National Human Genome Research Institute, NHGRI）合作，自2006年開始進行，希望能系統性了解惡性腫瘤相關的基因體變，包括腫瘤形成、移轉等過程。NIH, The Cancer Genome Atlas, https://cancergenome.nih.gov/ (last visited Mar. 7, 2019).

10. The Broad Institute of MIT & Harvard, Cancer Cell Line Encyclopedia, https://portals.broadinstitute.org/ccle (last visited Mar. 7, 2019).

11. 該計畫由英國Welcome Trust Sanger機構、分子治療中心、以及美國Massachusetts綜合醫院癌症中心共同合作，http://www.cancerrxgene.org/（最後瀏覽日：2019年3月7日）。

12. Daniel Richard Leff and Guang-Zhong Yang, *Big Data for Precision Medicine*, Engineering 2015, 1(3), 278 (2015).

13. Mark Fox, Ganesh Vaidyanathan, *Impacts of Healthcare Big Data: A Framework with Legal and Ethical Insights*, Issues in Information Systems, Volume 17, Issue III, p.2 (2016).

14. Tal Z. Zarsky, Incompatible, *The GDPR in the Age of Big Data*, 47 Seton Hall L. Rev. 995, p. 1000 (2017).

15. 我國個資法之制訂主要是參照OECD個人資料保護原則，包括：目的拘束原則、限制蒐集原則、資料內容原則、安全保護原則、公開原則、個人參與原則、責任義務原則等。

16. 個人資料保護法並非針對人體研究活動所制訂之專法，當中與醫療研究相關之規範包括個資法第5條、第6條、第8條、第9條、第19條、第20條、第22條、以及第27條等。除此之外，與醫療研究相關之規範尚包括人體研究法以及人體生物資料庫管理條例等兩種不同系統，三者之間將產生競合關係。人體研究法旨在保障人體研究之研究對象權益，管制規範客體為人體研究，主要針對

人體試驗委員會之研究計畫審查、告知同意與特定同意；人體生物資料庫管理條例旨在規範保障生物資料庫參與者之權益，規範客體爲人體生物資料庫，包含參與者檢體、其他各資以及去連結保存等，當中亦涉及生物檢體採樣採取告知後同意機制以及研究計畫審查等。蔡奉眞，淺析生醫研究中之隱私權保障規範——以人體研究法、人體生物資料庫管理條例與個人資料保護法三者競合爲中心，司法新聲，第107期，頁47-59，2013年6月，http://ja.lawbank.com.tw/pdf/107%E6%9C%9F_%E6%B7%BA%E6%9E%90%E7%94%9F%E9%86%AB%E7%A0%94%E7%A9%B6%E4%B8%AD%E4%B9%8B%E9%9A%B1%E7%A7%81%E6%AC%8A%E4%BF%9D%E9%9A%9C%E8%A6%8F%E7%AF%84.pdf（最後瀏覽日：2019年3月7日）。

17. 有學者建議將大數據予以概念化而視爲財產權之一種，原因在於當資料處理利用時，資料所有權人得同意而後分享該財產。此等論述飽受爭議，因資料受保護之方法應遠超於一般財產權保護，是以不得一概論之爲財產權即無須再進行更多規範檢討。

18. 更進一步說明，告知後同意的概念亦爲醫學研究倫理之爭議項目，以自主權（autonomy）爲核心，目的在於告知參與者用於研究設計的特定資訊，甚至在藥品試驗階段，會告知參與者控制組與實驗組織存在，所有的試驗將在取得參與者同意後才開始。告知同意在醫療研究領域中的核心價值在於避免個人受非自願性之損害，其中包括隱私侵害的風險，並更可能涉及個人的社會地位或工作層面等。有關醫學研究相關之告知同意規範，除了個資法之通則規定以外，尚應視個別情況參酌是否適用人體研究法與人體生物資料庫管理條例等其他規定。

19. 葉志良，大數據應用下個人資料的法律保護，人文與社會科學簡訊，19卷1期，頁33，2017年12月。

20.個資法已於2015年12月修正通過，於2016年3月施行，其中對於告知同意規範已部分鬆綁，新增第8條規定中部例外免為告知而得直接蒐集個人資料之情形，包括：告知將妨害公共利益、個資之蒐集非基於營利之目的，且對當事人顯無不利之影響。

21.彭金隆、陳俞沛、孫群等，大數據應用在臺灣個資法架構下的法律風險，臺大管理論叢，第27卷第2S期，頁93-118，2017年5月。

22.除個資法有關告知規範以外，在人體研究法第14條規定，在取得研究對象之同意以前，應告知相關事項，包括研究機構名稱、目的、方法、權益與個資保護機制等等；另在人體生物資料庫管理條例第6條規定生物檢體之採集應遵守醫學及研究倫理，並應將相關事項以可理解方式告知參與者，載於同意書、第7條並規定前條應告知之事項包括生物資料庫之設置法令、直接相關利益、使用範圍、期間、方法等等。

23.Research Ethics in an Age of Big Data, https://onlinelibrary.wiley.com/doi/full/10.1002/bul2.2016.1720420207 (last visited Mar. 7, 2018).

24.Privacy & Data Protection, Purpose limitation-clarity at last?, P. & D.P. 2013, 13(6), 13 (2013).

25.范姜真媺，大數據時代下個人資料範圍之再檢討——以日本為借鏡，東吳法律學報，第29卷第2期，頁25，2016年11月。

26.除上述建議以外，歐盟上提出幾點：在展望2020（Horizon 2020）架構下，設立大數據中心，以資料為基礎，將之與雲端使用形成供給鏈，藉此幫助中小企業發展；當透過智慧聯網，及機器與機器間通訊取得資料時，應針對資料所有權以及責任規範建立新的準則；建構資料標準，找出潛在的缺失；建立一系列超級運算中心，增加歐洲資料專家；在不同會員國建立資料處理設施之連結網路。European Commission, Digital Agenda, https://ec.europa.eu/digital-agenda/en/towards-thriving-data-driven-economy;http://europa.

eu/rapid/press-release_IP-14-769_en.htm (last visited Mar. 7, 2019).

27. 全篇共計11章，分別為第1章：通則；第2章：原則；第3章：資料主體權利；第4章：控制者與處理者；第5章：個人資料移轉予第三國之國際組織；第6條：獨立監督機關；第7條：協作與一致性；第8章：救濟、責任與檢驗；第9章：關於特殊資料處理情形規範；第10章：施行規範；第11章：總結規範。EUGDPR.org, Summary of Articles Contained in the GDPR, https://www.eugdpr.org/article-summaries.html (last visited Mar. 7, 2018).

28. European Data Protection, Big data and the new EU data protection regulation, http://www.ema.europa.eu/docs/en_GB/document_library/Presentation/2017/01/WC500219338.pdf (last visited Mar. 7, 2018).

29. GDPR rec. 26.

30. Moster M, etc., Big Data in Medical Research and EU Data Protection Law: Challenge to the Consent or Anonymise Approach, https://www.ncbi.nlm.nih.gov/pubmed/26554881 (last visited Mar. 7, 2019).

31. GDPR rec. 42, art. 6(1).

32. GDPR art. 7.

33. GDPR art. 7(2).

34. GDPR art. 4(11).

35. GDPR rec. 32.

36. GDPR rec. 45, art.6(3).

37. GDPR rec. 156.

38. GDPR rec. 151.

39. Regulation (EU) 2016/679 of the European Parliament and of the Council of 27 April 2016 on the protection of natural persons with regard to the processing of personal data and on the free movement of such data, and repealing Directive 95/46/EC (General Data Protection Regula-

tion), art. 4(1)., 2016 O.J. (L 119) 1, 33；依第4條(1)規定，個人資料指關於已確定或可辨識之自然人（資料主體）；可辨識之自然人指已確定、可直接或間接辨識，特別是透過像是姓名、身分證、地點資料、線上辨識者或是透過個人特定的身體、生理、基因、心理、經濟、文化或社會狀態等而得以辨識該自然人。("personal data" means any information relating to an identified or identifiable natural person (data subject); and identifiable natural person is one who can be identified, directly or indirectly, in particular by reference to an identifier such as a name, an identification number, location data, an online identifier or to one or more factors specific to the physical, physiological, genetic, mental, economic, cultural or social identity of that natural person.)

40. GDPR art. 9(1)；第9條第1項規定，處理個人資料，若為種族或種族血統、政治立場、宗教或信仰、或商業聯盟會員、以及處理基因資料、生物識別資料而有特定辨識自然人之目的者、健康資料或是關於自然人之性別生或性向資料等皆應禁止（Processing of personal data revealing racial or ethnic origin, political opinions, religious or philosophical beliefs, or trade union membership, and the processing of genetic data, biometric data for the purpose of uniquely identifying a natural person, data concerning health or data concerning a natural person's sex life or sexual orientation shall be prohibited.）

41. GDPR rec. 35.

42. GDPR art. 9(2).

43. GDPR rec. 26.

44. Article 29 Working Party, WP 216 Opinion 05.201 Anonymisation Techniques, http://www.pdpjournals.com/docs/88197.pdf (last visited Mar. 7, 2019).

45.Uio, Personal Data, Anonymisation&Pseudonymisation under European Data Protection Law-A Comparison of the DPD and the GDPR on the Example of Cloud Computing, https://www.duo.uio.no/bitstream/handle/10852/54571/ICTLTHESIS_8006.pdf?sequence=1 (last visited Mar. 7, 2019).

46.*Id.*

47.GDPR rec. 28.

48.范姜眞媺，醫學研究與個人資料保護——以日本疫學研究爲中心，科技法學評論，第10卷1期，頁67，2013年。

49.同註45。

第二十章

PICK YOUR "BOTTLES" IN THE WINE INDUSTRY – TRADE DRESS AND LIKELIHOOD OF CONFUSION

Chia-Ling Lee[*]

I. INTRODUCTION
II. TRADE DRESS PROTECTION OF BOTTLES
III. TRADE DRESS CASES REGARDING BOTTLES
IV. CONCLUSIONS

[*]Assistant Professor, Southern Taiwan University of Science and Technology

Abstract

The wine industry has been one of the most exciting, profitable and prosperous industries in the world. In the face of intense competition, the look of the bottle or label design of new brands nowadays is getting more and more visually appealing. On the flip side, the number of intellectual property disputes, especially trademark disputes, in the wine industry has increased exponentially over the past decade. A large portion of these disputes stemmed from startups that are often eager for success but lack trademark awareness. It is crucial for them to have an understanding of why trademarks are important assets and help their business to grow. Part I of this article lays out the challenges faced by wine startups. Part II delves into trade dress protection of bottles, including the definition of trade dress, the likelihood of confusion tests in different U.S. districts, and the distinction between trade dress and design patent. Part III presents the consistent efforts of major winemakers in both registering new brands and protecting existing brands by examining trade dress cases involving bottles. The article concludes with the recommendation in Part IV that all winemakers, especially startups, should not only pick their bottles wisely thus avoiding infringement, but also vigorously protect their own trade dress.

Keywords: Likelihood of Confusion, Trade dress, Functionality, Distinctiveness, Sleekcraft Test.

I.INTRODUCTION

The wine industry has been one of the most exciting, profitable and pros-
perous industries in the world. According to the *Zion Market Research report*
published on April 9th, 2018, the global wine market was valued at approxi-
mately $302.02 billion in 2017 ($62.7 billion in the United States[1]) and is
expected to generate revenues of around $423.59 billion by the end of 2023.[2]
While some long-successful wine brands have their places, many wine brands
enter the market every year.[3] In the face of intense competition, winemakers
with no doubt need to be sure their brands stack up against the competition by
understanding what matters to the targeted consumers. What guided consum-
ers' eyes through the myriad of brands at any local grocery stores or online
shops? Although sophisticated buyers look for traditional cues as indicators
of authenticity and quality, it's undeniable that consumers most likely shop
with their eyes especially when they expect to try something new.[4] That's the
reason why the look of the bottle or label design of new brands nowadays is
getting more and more visually appealing, and even our favorite old-school
wine "is getting a fresh face with innovations in both the design of the label"
and the bottle itself.[5] On the flip side, the number of intellectual property dis-
putes, especially trademark disputes, in the wine industry has increased ex-
ponentially over the past decade.[6] A large portion of these disputes stemmed
from startups that are often eager for success but lack trademark awareness. It
is crucial for them to have an understanding of why trademarks are important
assets and help their business to grow. Accordingly, the main aim of this ar-
ticle is to strengthen their trademark awareness in the wine industry by show-
ing them how aggressive existing brands can be in regards to the protection

of their trademark rights, and to disseminate the information among industry insiders or the general public.

Part I of this article lays out the challenges faced by wine startups. Part II delves into trade dress protection of bottles, including the definition of trade dress, the likelihood of confusion tests in different U.S. districts, and the distinction between trade dress and design patent. Part III presents the consistent efforts of major winemakers in both registering new brands and protecting existing brands by examining trade dress cases involving bottles. The article concludes with the recommendation in Part IV that all winemakers, especially startups, should not only pick their bottles wisely thus avoiding infringement, but also vigorously protect their own trade dress.

II. TRADE DRESS PROTECTION OF BOTTLES

A. Trade Dress, Past and Present

When it comes to the trademark protection of bottles, "trade dress" is somewhat obscure, controversial, and needs to be interpreted in detail. In the mid-20th century, Coca Cola Company was able to register the shape and design of its iconic soft drink bottle as a trademark,[7] which "launched a trend whereby packaging and other three-dimensional things could be registered as so-called 'trade dress.'"[8] Trade dress protected from infringement by the Lanham Act refers to the overall appearance and image in the marketplace of a product or a commercial enterprise.[9] Trade dress consists of the complete image of a product or service, including product features such as design, size, shape, color, packaging, color combinations, textures, graphics, or particular sales techniques.[10] More importantly, these distinctive characteristics of the visual appearance of a product or its packaging are supposed to signify the source of the product to consumers, such as the shape of Ferrari cars.[11]

Trade dress serves the same function as a trademark, and is treated the same way by the Lanham Act and the cases interpreting it.[12] "The same tests apply to both trademarks and trade dress to determine whether they can be protected and whether they have been infringed, regardless of whether they are registered or unregistered."[13] Nevertheless, under the Lanham Act, trade dress protection is broader in scope than trademark protection, "because it protects aspects of packaging and product design that cannot be registered for trademark protection and because evaluation of trade dress infringement claims requires the court to focus on the plaintiff's entire selling image, rather than the narrower single facet of a trademark."[14] Over time, the scope of trade dress protection has been extended to restaurant/store design[15]- Apple store design for instance - and even the look and feel of a website.[16]

B. Likelihood of Confusion Tests in different U.S. Districts

All courts are in general agreement that a trade dress claim has three elements under the Lanham Act: (1) the distinctiveness of the plaintiff's trade dress, which may arise from inherent distinctiveness or secondary meaning; (2) the non-functionality of the plaintiff's trade dress; and (3) likelihood of confusion regarding the trade dress between the plaintiff and the defendant.[17] In other words, the Lanham Act protects trade dress that is either inherently distinctive or has acquired distinctiveness through a secondary meaning, and is not functional.[18] As for the consideration of "likelihood of confusion," each of the 13 federal courts of appeal have their own test for the evaluation of whether a likelihood of confusion exists between two trademarks.[19] Although these tests are not identical, most of them are substantially similar and utilize many of the same factors.[20] Important tests for likelihood of confusion are hereinafter enumerated.

In the Ninth Circuit, eight-factor *Sleekcraft* test for likelihood of confusion set forth in *AMF Inc. v. Sleekcraft Boats*,[21] which are: (1) strength of the mark; (2) proximity of the goods; (3) similarity of the marks; (4) evidence of actual confusion; (5) marketing channels used; (6) type of goods and the degree of care likely to be exercised by the purchaser; (7) defendant's intent in selecting the mark; and (8) the likelihood of product line expansion.

The Sixth Circuit also applies an eight factor test to consider the determination of whether the trade dresses of competing products present a sufficient likelihood of confusion,[22] including "(1) strength of the plaintiff's mark; (2) relatedness of the goods; (3) similarity of the marks; (4) evidence of actual confusion; (5) marketing channels used; (6) likely degree of purchaser care; (7) the defendant's intent in selecting mark; and (8) likelihood of expansion of the product lines."[23]

In the Second Circuit, the *Polaroid* factors set forth in trade dress cases are: "(1) the strength or inherent distinctiveness of the senior user's dress; (2) the degree of similarity between the two dresses; (3) the competitive proximity of the products; (4) the likelihood that the senior user will bridge the gap between the two products; (5) actual confusion; (6) the junior user's good faith in adopting the dress; (7) the quality of the junior user's product; and (8) the sophistication of the consumers."[24]

The Third Circuit uses the Scott factors or the *Lapp* factors, a ten-factor test for the likelihood of confusion in cases of non-competing products are: "(1) the degree of similarity between the plaintiff's trade dress and the allegedly infringing trade dress; (2) the strength of the plaintiff's trade dress; (3) the price of the goods and other factors indicative of the care and attention expected of consumers when making a purchase; (4) the length of time the defendant has used its trade dress without evidence of actual confusion arising; (5) the intent of the defendant in adopting its trade dress; (6) the evidence of actual confusion; (7) whether the goods, though not competing, are marketed through the same channels of trade and advertised through the same media; (8) the extent to which the targets of the parties' sales efforts are the same; (9) the relationship of the goods in the minds of consumers because of the similarity of function; (10) other facts suggesting that the consuming public might expect the plaintiff to manufacture a product in the defendant's market, or that the plaintiff is likely to expand into that market."[25]

The Fourth Circuit utilized a seven-factor test, the *Pizzeria Uno* likelihood of confusion test[26] in trade dress cases, which are "(1) the strength or distinctiveness of the mark; (2) the similarity of the two marks; (3) the similarity of the goods/services the marks identify; (4) the similarity of the facilities the two parties use in their businesses; (5) the similarity of the advertising used by the two parties; (6) the intent of the defendant; (7) actual confusion."[27]

"The above are not a rigid set of factors used by the courts."[28] Most circuits use some form of the factors mentioned above to determine if a likelihood of confusion exists.[29] In balancing these factors, no single factor is dispositive, and all are to be weighed collectively.[30] The balancing of these factors must be performed carefully in light of the particular facts in each case.

C. Bottle Design: Trade Dress versus Design Patent

Different aspects of a product can actually be protected by different types of intellectual property rights (e.g. copyrights, trademarks and patents) at the same time.[31] "When protecting innovative three-dimensional designs, many often consider two distinct options: trade dress or design patent."[32] The latter refers to "any new, original and ornamental design for an article of manufacture."[33] To be more precise, "a unique bottle shape may be protected by trade dress, design patent or both,"[34] which will be typically be fact specific. When taking consumer recognition and protection terms into consideration, "if there is consumer recognition, trade dress protection will exist."[35] If consumer recognition has yet been established, filing a design patent during the initial sales period may make sense for protection[36] since design patent terms are generally limited in duration to 15 years from the date of grant,[37] shorter than the perpetual aspect of trade dress protection.[38] As for functionality, if "the features are conclusively determined to be non-functional, "trade dress protection and design patent protection may exist for the same subject matter, either concurrently or consecutively, so long as the features are determined to be distinctive."[39] For example, the distinctive curved bottle of Coca-Cola was once covered by a design patent.[40] Even though the design patent eventually expired, the bottle is still protected as trade dress.[41] Therefore, "having a design patent may aid in the development of trade dress rights by giving the features in question the time to acquire distinctiveness while the design patent remains in effect and prevents others from using the design."[42]

III. TRADE DRESS CASES REGARDING BOTTLES

A. Legal Battles of Jack Daniel's Properties, Inc. ("Jack Daniel's")

The Brown-Forman Corporation ("Brown-Forman"), founded in 1870, is one of the largest American-owned companies in the wine business, and has more than 25 brands.[43] For the past years, Brown-Forman has been fighting hard to protect its iconic image against purported copycats. Its signature brand Jack Daniel's Old No. 7 Tennessee whiskey was served by Jack Daniel's, a subsidiary of Brown-Forman, and its three-dimensional square bottle has been registered as a trademark since February 28, 2012.[44] This iconic square bottle is registered as US trademark number 4,106,178, and the black figurative mark featuring the phrases, "Old No. 7," "Jack Daniel's," "Tennessee," and "Sour mash whiskey" on the bottle is also trademarked under number 4,106,179.[45] Description of the mark is as follows: "The mark consists of the three-dimensional configuration of the square shaped bottle container for the goods, having an embossed ridge or scalloped design on the neck portion of the bottle, and an embossed signature design comprised of the words 'JACK DANIEL'."[46]

1. Popcorn Sutton Distilling LLC ("Popcorn Sutton")

In 2012, Popcorn Sutton whiskey, produced by Popcorn Sutton and named after the legendary Appalachian moonshiner who took his own life in 2009 rather than facing jail sentence, swapped its transparent mason jar bottle design for a pitch-black square bottle with broad shoulders, beveled corners and a white-on-black label.[47] In October 2013, Jack Daniel's filed a trademark infringement lawsuit in the federal district court in Nashville, alleging that this change infringed its trade dress and results in the public confusion as the bottling and labeling of their whiskey are so alike.[48]

On May 6th, 2014, Jack Daniel's dropped its lawsuit against Popcorn Sutton after the brand agreed to change its packaging.[49] By the end of August 2015, Popcorn Sutton has given a design overhaul to its Tennessee whiskey expression and replaced the mason jar for a more traditional-style bottle.[50]

2. VIP Products, LLC ("VIP")

VIP, a product design and manufacturing company based in Phoenix, Arizona, sells chew toys for dogs.[51] In July 2013, VIP introduced its latest product launch, the "Bad Spaniels" durable rubber squeaky novelty dog toy in the shape of a wine bottle, on packaging that states "the Old No. 2, on your Tennessee Carpet."[52] On the back of the packaging for the Bad Spaniels toy, it states: "The product and its design belong to VIP Products. This product is not affiliated with Jack Daniel Distillery."[53] Jack Daniel's promptly demanded that VIP stop selling the Bad Spaniels toy as the design for the toy has many similarities, including "the shape of the product, the use of white lettering over a black background, and font styles,"[54] to the bottle design for Jack Daniel's Old No. 7 Tennessee Whiskey.[55] Shortly thereafter, VIP reacted by filing a lawsuit in the United States District Court for the District of Arizona seeking a declaratory judgment that its Bad Spaniels toy didn't infringe or dilute Jack Daniel's trademarks and trade dress.[56]

Subsequently, Jack Daniel's responded in answer and counterclaimed that the Bad Spaniels toy infringed and diluted its trademarks and trade dress.[57] "Whether a trademark or trade dress claim, Jack Daniel's must meet three elements in order to establish infringement: (1) distinctiveness; (2) non-functionality, and (3) the likelihood of confusion."[58] "VIP alleges that the bottle dress of the Jack Daniel's Tennessee whiskey bottle and the 'Jack Daniel' embossed signature bottle design lacks distinctiveness and is functional,"[59] but the Court resolved the issues regarding the first two elements in 2016, finding that Jack Daniel's trade dress and bottle design have acquired distinctiveness through secondary meaning, not generic, and that Jack Daniel's trade dress and bottle design are non-functional both from a utilitarian analysis and an aesthetic analysis.[60] At issue to the 2018 holding is whether VIP's Bad Spaniels product caused a "likelihood of confusion" about the source of the product. In *AMF Inc. v. Sleekcraft Boats*,[61] the Ninth Circuit "likelihood of confusion" is assessed by weighing the following eight non-exclusive factors, often referred to as the *Sleekcraft* factors: (1) the strength of the plaintiff's mark; (2) proximity or relatedness of the goods; (3) the similarity of the parties' marks; (4) the evidence of actual confusion; (5) the marketing channels used; (6) the type of goods and degree of care likely exercised by the purchaser; (7) the defendant's intent in adopting the junior mark; and (8) the likelihood of product line expansion.[62] Upon applying the *Sleekcraft* factors to the facts of this matter and giving them due weight, almost all factors favor Jack Daniel's, especially actual confusion factor and the strength factor strongly favor to Jack Daniel's.[63] Accordingly, there is a likelihood of consumer confusion and thus trademark and trade dress infringement.[64] Judgment was in favor of Jack Daniel's, and permanent injunction was warranted.[65]

3. Dynasty Spirits, Inc.

Jack Daniel's has filed a complaint against Dynasty Spirits, Inc. and Buffalo Bayou Distilleries, LLC (together, "Defendants") for trademark and trade dress infringement at the US District Court for the Northern District of California on April 20, 2018,[66] claiming that Jack Daniel's iconic trade dress and Londhand Whiskey's trade dress conveyed a very similar impression in the marketplace, and its trade dress was sold long before Defendants launched Lonehand Whiskey.[67]

On November 6, 2018, the Court dismissed the case with prejudice as both parties have agreed to a settlement.[68]

B. Legal Battles of Sazerac Company, Inc. ("Sazerac")

Sazerac, focusing on bourbon whiskey production, is also one of the world's largest distillers.[69] Sazerac produces a kind of bourbon called "Buffalo Trace" which features a label that contains an image of a buffalo facing head-on towards the right, as well as an image of a buffalo on the neck of the bottle along with white and gold lettering.[70] Sazerac has used the Buffalo Trace trade dress in commerce since 1999, and has several federal trademark registrations for the buffalo design and the word mark BUFFALO TRACE.[71]

1. Crosby Lakes Spirits Company ("Crosby Lake")

Crosby Lake launched Bison Ridge Whiskey in 2011.[72] Because Sazerac believed Bison Ridge's image of a forward-facing buffalo on the label, the coloring and use of the term "bison" could cause confusion among consumers, Sazerac brought a lawsuit against Crosby Lake in the Western District Court of Kentucky,[73] requesting it to "cease using confusing packaging, designs, publish corrective advertising explaining the two brands are not affiliated, and compensate Sazerac where appropriate."[74]

In February, the parties settled and stipulated to a dismissal of the case.[75]

2. Fetzer Vineyards, Inc. ("Fetzer")

In 2013, Fetzer, the largest California winery,[76] developed a male-orientated bourbon aged wine brand and selected the buffalo as the icon for the brand based in part on an article in the Smithsonian magazine entitled "101 Objects That Made America," and one of those "objects" was the American Buffalo.[77] Although Fetzer's wine label also featured an image of a buffalo in which the entire animal is visible, on its wine label the animal faces toward the left and is placed on a black background.[78]

In 2014, Sazerac, the maker of Buffalo Trace bourbon, sent Fetzer a cease and desist letter requesting that Fetzer rebrand and refrain from the use of buffalo imagery on its alcoholic beverage products, but Fetzer continued to use the buffalo imagery on its 1000 Stores brand.[79] Sazerac then initiated a lawsuit against Fetzer in the Northern District of California on October 6th, 2015, alleging that Fetzer's 1000 Stories red zinfandel buffalo mark and trade dress infringe its BUFFALO TRACE word mark, Buffalo logos, and trade dress for its BUFFALO TRACE bourbon whiskey.[80]

At issue is whether Fetzer's 1000 Stories wine label infringed Sazerac's BUFFALO TRACE trade dress. To establish its trade dress infringement claim, Sazerac must prove: "(1) the trade dress is inherently distinctive or has acquired distinctiveness through secondary meaning; (2) there is a likelihood that the public will be confused by the infringing use; and (3) the trade dress is non-functional."[81] Sazerac first had to establish BUFFALO TRACE trade dress's distinctiveness, either inherently or through secondary meaning.[82] However, it "failed to submit any evidence that consumers rely on the Buffalo Trace trade dress to identify its source."[83] It produced no evidence of direct consumer testimony showing that its claimed trade dress had acquired secondary meaning.[84] It also failed to provide a survey professing to demonstrate as such.[85] On top of that, there was no evidence that its marketing efforts effectively created secondary meaning, or that its sales are due to Buffalo Trace's trade dress.[86]

Moving on to likelihood of confusion, the court considered each of the *Sleekcraft* factors,[87] which are "similarity of the trade dresses," "proximity or relatedness of the goods," "strength of the mark," "defendant's intent in selecting the mark," "evidence of actual confusion," "the marketing channels used," "the likelihood of expansion into other markets," "the degree of care likely to be exercised by purchasers of the defendant's product" in this case. In sum, six out of the eight factors weighed heavily in Fetzer's favor due to the lack of meaningful evidence offered by Sazerac.[88] The other two factors - relatedness and marketing channels - weighed slightly in Sazerac's favor, mainly because the products are both alcoholic beverages, with some overlapping target demographic as male bourbon drinkers.[89]

On September 19, 2017, the United States District Court for the Northern District of California held that Fetzer's "bourbon barrel aged" 1000 Stories red zinfandel wine, which features a sketch of a buffalo on its label, does not infringe the trademark or trade dress of Sazerac's Buffalo Trace bourbon.[90] Sazerac was entitled to injunctive relief due to no trademark infringement, no distinctiveness of the trade dress, and no likelihood of confusion.[91]

C. Legal Battles of Goblefill Inc. ("Globefill")

1. Elements Spirits, Inc. ("Elements")

Crystal Head Vodka, created by Dan Aykroyd and John Alexander[92], comes packaged in a signature skull-shaped bottle. It was manufactured by Globefill and first launched in Southern California in September 2008.[93] The Crystal Head bottle design of Globefill is registered as US Trademark Registration number 4,043,730.[94] In 2009, Elements Spirits, Inc. ("Elements"), formed by Kim Brandi ("Kim"), started to sell tequila, also in a skull-shaped bottle, under the brand of KAH Tequila.[95]

In March 2010, Globefill filed a lawsuit against Elements and Kim (together, "Defendants") in the United States District Court for the Central District of California, challenging Elements' use of hand-painted skull-shaped bottles, in connection with its KAH brand of tequilas, and claimed that these bottles infringed Globefill's trade dress.[96] In 2013, judgment was entered in favor of the Defendants.[97] The Court decided that Globefill's skull-shaped bottle design trade dress was inherently distinctive,[98] purely ornamental and cannot be functional.[99] To determine likelihood of confusion, the Court considered the *Sleekcraft* factors[100] enumerated hereinbefore finding that Globefill failed to establish likelihood of confusion.[101] Judgment was in favor of Defendants. Upon Globefill's appeal, the Ninth Circuit Court of Appeals reversed the verdict due to District Court's procedure error.[102] This reversal opened the door for a new trial.[103] The U.S. District Court for the Central District of California on March 30, 2017 held that Globefill prevailed in the second trial because testimony showed that KAH intentionally infringed on Crystal Head's trade dress,[104] therefore, the jury found that consumers would be confused as to the source of the spirits sold in the two bottles.[105]

IV. CONCLUSIONS

As an old saying goes, "Pick your battles wisely." Some battles are worth fighting, and others are best left ignored. In a brand driven market, trademark almost means everything. While putting in the time and money it takes to make a product distinguishable in the marketplace, it is equally important to protect that investment. To sum up the aforementioned cases, major winemakers, Brown-Forman for instance, are rightfully aggressive in the protection of their trademark and trade dress. Most legal battles were used as a tool to aim for settlement, forcing the other parties, most likely startups, to stop the infringement or repackage their products. Usually the time and expense of fighting legal battles substantially detract from startups' profits, and their efforts to grow their companies. Startups in the wine industry might as well take this article as a kindly reminder when it comes to intellectual property rights and legal risks: Picking the right bottle should be a good start in the wine industry to carry out "Pick your battles wisely," not only creating a burning desire to own the wine, but also avoiding legal battles which could significantly decrease net profit.

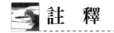 註 釋

* Assistant Professor, Graduate Institute of Financial and Economic Law, Southern Taiwan University of Science and Technology, Taiwan. J.D. 13' & LL.M. 11', Washington University in St. Louis School of Law; LL.M. 13'. Corresponding email: katie121782@hotmail.com.

1. Liz Thach, *Overview of the US Wine Industry in 2018: Stable Growth Forecasted – Based on 2017 Stats*, WORDPRESS (Jan. 31, 2018), https://lizthachmw.com/2018/01/31/overview-of-the-us-wine-industry-in-2018-stable-growth-forecasted-based-on-2017-stats/.

2. Zion Market Research, *Global Wine Market Will Reach USD 423.59 Billion by 2023: Zion Market Research*, WEST (Apr. 9, 2018), https://globenewswire.com/news-release/2018/04/09/1467083/0/en/Global-Wine-Market-Will-Reach-USD-423-59-Billion-by-2023-Zion-Market-Research.html.

3. *See* Hitesh Bhasin, *Top Wine Brands Across the Globe*, MARKETING91 (Oct. 16, 2018) https://www.marketing91.com/top-wine-brands-across-the-globe/.

4. *See* Hilary Pollack, *Everyone Really is Just Picking Their Wine Based on the Label*, MUNCHIES (Apr. 15, 2016), https://munchies.vice.com/en_us/article/xymmnd/everyone-really-is-just-picking-their-wine-based-on-the-label.

5. Laura Medina, *50 of the Best Wine Bottle Designs*, PASTE (March 27, 2013), https://www.pastemagazine.com/articles/2013/03/50-of-the-best-wine-bottle-designs.html.

6. *See* Jeff Quackenbush, *Traversing the Trials of Wine Trademark Protection*, NORTH BAY BUSINESS JOURNAL (Apr. 4, 2017), https://www.north-

baybusinessjournal.com/northbay/sonomacounty/6834732-181/wine-branding-trademark-law.

7. U.S. Reg. No. 2,155,915.

8. Alan Haus, *That Bottle is Not Wearing Any Trade Dress*, Royse Law (Jul. 18, 2018), https://rroyselaw.com/intellectual-property/agtech/that-bottle-is-not-wearing-any-trade-dress/.

9. *See* Lanham Act, § 43(a), 15 U.S.C.A. § 1125(a).

10. *See Id. See also* Clicks Billiards v. Sixshooters, Inc., 251 F.3d 1252, 1257 (9th Cir. 2001).

11. Adrian Künzler, Restoring Consumer Sovereignty: How Markets Manipulate Us and What the Law Can Do About It 66 (Oxford University Press 2017).

12. Two Pesos, Inc. v. Taco Cabana, Inc. 505 U.S. 763, 767 (1992).

13. 87 C.J.S. Trademarks, Etc. § 88

14. Sazerac Co., Inc. v. Fetzer Vineyards, Inc., 265 F. Supp. 3d 1013, 1032 (N.D.Cal. 2017).

15. *See* KatiRoll Co., Inc. v. Kati Junction, Inc., 33 F. Supp. 3d 359, 365 (S.D. N.Y. 2014).

16. Ingrid & Isabel, LLC v. Baby Be Mine, LLC, 70 F. Supp. 3d 1105, 1135 (N.D. Cal. 2014).

17. Lanham Act § § 32, 43, 15 U.S.C.A. § § 1114, 1125(a).

18. *See* Wal-Mart Stores, Inc. v. Samara Bros., 529 U.S. 205, 210 (2000).

19. *See* Bruno Tarabichi, *Likelihood of Confusion Tests by Circuit*, Trademark Well (Feb. 6, 2017), https://trademarkwell.com/likelihood-of-confusion-tests-by-circuit/.

20. *See id.*

21. AMF Inc. v. Sleekcraft Boats, 599 F.2d 341, 348 (9th Cir. 1979).

智慧財產權
與法律風險析論

22. Groeneveld Transport Efficiency, Inc. v. Lubecore Intern., Inc., 730 F.3d 494, 509 (6th Cir. 2013).

23. Frisch's Restaurants, Inc. v. Elby's Boy. 670 F.2d 642, 648 (6th Cir. 1982).

24. Polaroid Corp. v. Polaroid Elecs. Corp., 287 F.2d 492, 495 (2d Cir. 1961).

25. McNeil Nutritionals, LLC v. Heartland Sweeteners, LLC, 511 F.3d 350, 358 (3rd Cir. 2007).

26. Pizzeria Uno Corp. v. Temple, 747 F.2d 1522, 1527 (4th Cir. 1984).

27. *Id.*

28. Jeff Pietsch, *Trademark Infringement: Factors Considered in Consumer Confusion*, TRADEMARK LAW (Jan. 9, 2012), https://www.theiplawblog.com/2012/01/articles/trademark-law/trademark-infringement-factors-considered-in-consumer-confusion-5/.

29. *Id.*

30. *See* International Jensen, Inc. v. Metrosound U.S., Inc., 4 F.3d 819, 823 (9th Cir. 1993).

31. *See* I.P. Lund Trading ApS v. Kohler Co., 163 F.3d 27, 48 (1st Cir. 1998) (concluding that the possibility of obtaining a design patent is not dispositive of the availability of trade dress protection, and more than one form of intellectual property protection may simultaneously protect particular product features).

32. Elizabeth D. Ferrill & Sydney N. English, *Yin and Yang: Design Patents and Trade Dress Rights*, FINNEGAN (July 27, 2015), https://www.finnegan.com/en/insights/yin-and-yang-design-patents-and-trade-dress-rights.html.

33. 35 U.S.C. § 171 (2013).

798

34. Tracy Jong & Luis Ormaechea, *Trends to Note in Alcoholic Beverage Trademark Law that can Impact the Decision Making Process for Businesses at Critical Points in the Alcoholic Beverage Product Life Cycle*, 12 Buff. Intell. Prop. L.J. 19, 74 (2018).

35. David Hoffman, *A Unique Bottle Design Can Be Protected*, The Grapevine Magazine (Jul.-Aug. 2014), https://thegrapevinemagazine.net/article/a-unique-bottle-design-can-be-protected/.

36. *See id.*

37. 35 U.S.C. § 173 (2013).

38. *See* Julie Hopkins, *The Differences Between Design Patents and Trade Dress*, IPWATCHDOG (Jun. 3, 2016), http://www.ipwatchdog.com/2016/06/03/differences-design-patents-trade-dress/id=69591/.

39. *See id.*

40. *See* Strike & Techel, *Bottle Design: Trademark versus Patent*, Alcohol. law Digest (Jul. 19, 2011), http://www.alcohol.law/digest/bottle-design-trademark-versus-patent.

41. *See id.*

42. Alexandra Mackay & Sean P. Ritchie, *Design Patents and Trade Dress*, Stites&Harbison (May 10, 2018), https://www.stites.com/resources/trademarkology/design-patents-and-trade-dress.

43. *See* History of Brown-Forman, https://www.brown-forman.com/about/ (last visited Feb. 10, 2019).

44. U.S. Reg. No. 4,106,178; U.S. Reg. No. 4,106,179.

45. *Id.*

46. Jhtl, *Battling Over Bottles: Jack Daniel's Recent Trade Dress Suit*, the Journal of High Technology Law (Jan 7, 2014), https://sites.suffolk.edu/jhtl/2014/01/07/battling-over-bottles-jack-daniels-recent-trade-

dress-suit/.

47. Vi Mai, *Jack Daniel's Sues Popcorn Sutton's White Whiskey for Trademark Infringement*, AMERICAN UNIVERSITY INTELLECTUAL PROPERTY BRIEF (Oct. 31. 2013), http://www.ipbrief.net/2013/10/31/jack-daniels-sues-popcorn-suttons-white-whiskey-for-trademark-infringement/.

48. Amy Hopkins, *Jack Daniel's Drops Popcorn Sutton Lawsuit*, (May 6, 2014), https://www.thespiritsbusiness.com/2014/05/jack-daniels-drops-popcorn-sutton-lawsuit/.

49. *See id.*

50. *See id.*

51. *See* VIP Prod., LLC v Jack Daniel's Prop., Inc., 291 F. Supp. 3d 891, 897 (D. Ariz. 2018).

52. *See id.* at 898.

53. *See id.*

54. VIP Prod., LLC v. Jack Daniel's Prop., Inc., No. CV-14-2057-PHX-SMM, 2016 WL 5408313, at *1 (D. Ariz. Sept. 27, 2016).

55. *See id.*

56. *See* Lanham Act § § 32, 43, 15 U.S.C.A. § § 1114, 1125(a).

57. *See VIP Prod.*, 291 F. Supp. 3d at 899.

58. *See* Kendall-Jackson Winery, Ltd. v. E. & J. Gallo Winery, 150 F.3d 1042, 1047 (9th Cir. 1998).

59. VIP Prod., 2016 WL 5408313, at *6.

60. *See VIP Prod.*, 291 F. Supp. 3d at 899.

61. *AMF*, 599 F.2d at 348.

62. *See VIP Prod.*, 291 F. Supp. 3d at 905.

63. *See id.* at 906-11.

64. *See id.* at 911.

65. *See id.* at 891.

66. *See* Jack Daniel's Prop., Inc. v. Dynasty Spirits et al., No. 5:18-cv-02400-NC, at *2 (N.D. Cal. Apr. 20, 2018).

67. *See id.*

68. Jack Daniel's Prop., Inc. v. Dynasty Spirits, Inc., No. 18-cv-02400-WHO, 2018 WL 5848962, at *1 (N.D. Cal. Nov. 6, 2018).

69. Sazerac Co., Inc. v. Fetzer Vineyards, Inc., 265 F. Supp. 3d 1013, 1016 (N.D. Cal. 2017).

70. *See* Antony Pfeffer and Chris Civil, *Not All Buffalos are Alike: Court Finds No Likelihood of Consumer Confusion Between Bourbon Bottle and Wine Bottle Trade Dress*, ORRICK IP LANDSCAPE (Oct. 6, 2017), https://blogs.orrick.com/iplandscape/2017/10/06/not-all-buffalos-are-alike-court-finds-no-likelihood-of-consumer-confusion-between-bourbon-bottle-and-wine-bottle-trade-dress/.

71. *See id.*

72. Becky Paskin, *Buffalo Trace Sues Confusingly Similar Whisky*, THE SPIRITS BUSINESS (Mar. 4, 2014), https://www.thespiritsbusiness.com/2014/03/buffalo-trace-sues-confusingly-similar-whisky/.

73. *See* David Kluft, *A Trademark Year in Wine and Beer 2015: Our Holiday Buyer's Guide to Disputed Beverages*, TRADEMARK & COPYRIGHT LAW (Dec. 1. 2015), http://www.trademarkandcopyrightlawblog.com/2015/12/a-trademark-year-in-wine-and-beer-2015-our-holiday-buyers-guide-to-disputed-beverages/.

74. *See* Amy Hopkins, *The 10 Biggest Spirits Trademark Battles*, THE SPIRITS BUSINESS (Apr. 9, 2014), https://www.thespiritsbusiness.com/2014/04/the-10-biggest-spirits-copyright-lawsuits/.

75. Sazerac Co., Inc. v. Intercontinental Packaging Co., No. 3:14-CV-205-H,

2014 WL 12726640, at *3 (W.D. Ky. June 6, 2014).

76. *See* Bill Swindell, *Fetzer Vineyards Becomes California Winery*, THE PRESS DEMOCRAT (Oct. 20, 2015), https://www.pressdemocrat.com/business/4641269-181/fetzer-vineyards-becomes-california-winery.

77. *See Sazerac Co.*, 265 F. Supp. 3d at 1018.

78. *See* Pfeffer & Civil, *supra* note 70.

79. *See Sazerac Co.*, 265 F. Supp. 3d at 1020.

80. *See id.* at 1016.

81. *See id.* at 1033.

82. *See id.*

83. *Id.*

84. *See id at 1034.*

85. *See id..*

86. *See id.*

87. Brookfield Commc'ns, Inc. v. W. Coast Entm't Corp., 174 F.3d 1036, 1053–54 (9th Cir. 1999) (reciting *Sleekcraft* factors).

88. *See Sazerac Co.*, 265 F. Supp. 3d at 1034-38.

89. *See id.* at 1035-37.

90. *See id.* at 1032.

91. *See id.* at 1013.

92. Our Story of Crystal Head Vodka, https://www.crystalheadvodka.com/en/ourstory (last visited Feb.10, 2019).

93. Crystal Head Vodka FAQ, https://www.crystalheadvodka.com/en/faq (last visited Feb.10, 2019).

94. Crystal Head Vodka Homepage, https://www.crystalheadvodka.com/en/home (last visited Feb.10, 2019).

95. *See* Globefill, Inc. v. Elements Spirit, Inc., No. CV102034CBMPLAX,

2010 WL 11458631, at *1 (C.D. Cal. June 22, 2010)

96. *See* Globefill Inc. v. Elements Spirits, Inc., 473 F. Appx. 685, 686 (9th Cir. 2012).

97. *See* Globefill Inc. v. Elements Spirits, Inc., No. 210CV02034CBM-PLAX, 2013 WL 12109779, at *1 (C.D. Cal. Oct. 15, 2013).

98. *See id.* at *3.

99. *See Globefill Inc.*, 473 F. Appx. at 686.

100. *AMF*, 599 F.2d at 348-49.

101. *See Globefill Inc.*, 2013 WL 12109779, at *8.

102. *See* Adam Garson, *Breaking News: Ghostbusters Prevails Over Day of the Dead*, Lipton, Weinberger & Husick (Apr. 14, 2017), https://garson-law.com/ghostbusters-prevails-over-day-of-the-dead/.

103. *See id.*

104. *See id.*

105. *See id.*

國家圖書館出版品預行編目資料

智慧財產權與法律風險析論：人工智慧商業
時代的來臨／施茂林，顏上詠編著. －－初
版.－－臺北市：五南, 2019.09
　　面；　公分
　ISBN 978-957-763-543-3（平裝）

1.智慧財產權　2.法規　3.論述分析

553.433　　　　　　　　　　108012134

1UCA

智慧財產權與法律風險析論：
人工智慧商業時代的來臨

作　　　者 — 施茂林、顏上詠 編著

許忠信、顏上詠、李崇僖、楊智傑、章忠信

張瑞星、陳昭華、葉雲卿、沈宗倫、李素華

牛惠之、鄭菀瓊、詹喨嵋、許炳華、謝國廉

林洲富、王偉霖、王士豪、陳俊寰、莊晏詞

李佳鈴

策　　　劃 — 中華法律風險管理協會

發 行 人 — 楊榮川

總 經 理 — 楊士清

總 編 輯 — 楊秀麗

主　　　編 — 侯家嵐

責任編輯 — 李貞錚

文字校對 — 黃志誠、許宸瑞

封面設計 — 姚孝慈

出 版 者 — 五南圖書出版股份有限公司

地　　　址：106台北市大安區和平東路二段339號4樓

電　　　話：(02)2705-5066　　傳　　　真：(02)2706-6100

網　　　址：http://www.wunan.com.tw

電子郵件：wunan@wunan.com.tw

劃撥帳號：01068953

戶　　　名：五南圖書出版股份有限公司

法律顧問　林勝安律師事務所　林勝安律師

出版日期　2019年9月初版一刷

定　　　價　新臺幣890元